SELECTED WORKS OF CHIEN WEI-ZANG

钱伟长学术论文集

第 二 卷

1956−1980

上海大学出版社
·上海·

图书在版编目(CIP)数据

钱伟长学术论文集.第2卷/钱伟长著.—上海:上海大学出版社,2012.9
ISBN 978-7-5671-0384-9

Ⅰ.①钱… Ⅱ.①钱… Ⅲ.①社会科学—文集 ②自然科学—文集 Ⅳ.①Z427

中国版本图书馆 CIP 数据核字(2012)第 203800 号

本书由上海文化发展基金会图书专项基金资助

责任编辑　王悦生　傅玉芳　江振新
装帧设计　柯国富
技术编辑　章　斐　金　鑫

钱伟长学术论文集

第二卷

(1956—1980)

上海大学出版社出版发行
(上海市上大路 99 号　邮政编码 200444)
(http://www.shangdapress.com　发行热线 021-66135112)
出版人:郭纯生

*

南京展望文化发展有限公司排版
上海书刊印刷有限公司印刷　各地新华书店经销
开本 787×960　1/16　印张 29.25　字数 573 000
2012 年 9 月第 1 版　2012 年 9 月第 1 次印刷
ISBN 978-7-5671-0384-9/Z·035　定价: 78.00 元

本书编委会

主　　　任　　于信汇　罗宏杰　周哲玮
常务副主任　　李友梅
副　主　任　　徐　旭　戴世强
委　　　员　　钱泽红　余　洋　吴嘉彦
　　　　　　　陈志宏　曾文彪　程昌钧
　　　　　　　郭兴明　郭纯生

序 一

今年10月9日,是我国著名的科学家、教育家,伟大的爱国主义者钱伟长先生诞辰100周年的纪念日。全国政协、民盟中央以及钱老的家乡江苏省将会以多种形式来纪念钱先生。作为他度过生命中的最后时光的单位,上海大学将重新收集、整理并出版钱老的文选、学术论文集、博士学位论文等书籍,以纪念这位让广大师生尊敬的老校长,的确是一项极有意义、极具价值的工作,也是值得称道的事情。

钱老出生于江苏无锡的一个书香世家,早年随四叔钱穆研习文史,打下了扎实的国学基础。1931年,他以历史和国学的优异成绩考入清华大学文学院。入学后不久,九一八事变爆发。日本人的入侵,民族危机的严重,促使他在一夜之间改变了想法,立志弃文从理,走科学救国之路。在名师众多、学风严谨的清华物理系,钱伟长的学术能力得到很好的锤炼与提升。1940年,钱老负笈海外,赴加拿大多伦多大学留学,师从辛吉教授研究弹性力学,仅用两年时间就通过了博士学位论文答辩。他和导师合作的弹性板壳的内禀理论的论文,发表于世界导弹之父冯·卡门的60岁祝寿文集内,由此奠定了钱老在国际学术界的地位。1943年,钱老进入美国加州理工学院冯·卡门教授主持的喷射推进研究所工作,从事火箭弹道、火箭的气动及传热设计、人造卫星的轨道计算等研究,成为世界火箭、宇航工程的先行者之一。

1946年,钱老放弃在美国的优厚待遇和舒适的工作环境,毅然决然返回国内,在清华园从事教学和科研工作。20世纪的50年代中期,由周恩来总理亲自主持的"十二年科学规划"工作中,钱老、钱学森和钱三强这三位科学家因具有超前的战略眼光,被周总理赞誉为"中国的三钱"。作为享誉中外的著名科学家,钱老在奇异摄动理论、圆环壳的一般解、广义变分原理的研究及应用等方面贡献卓著;还根据国家的需求,研制出超过国际水平的锌-空气电池;研究高速撞击问题并出版专著《穿甲力学》。1984年,他提出汉字宏观字形编码,简称"钱码",对中文信息处理技术的发展起到了极大的推动作用。

钱老作为杰出的教育家,他非常注重人的全面成长,既重视科学基础知识的教育,同时又强调人文科学对学生教育的影响。主张大学教育应以打好基础,培养学生的自学能力为主;大学专业不应分得过细,科学教育应与人文教育相结合。1983年,他被任命为上海工业大学校长,在上海又延续了对人才培养的持续探索。上任伊始,他就提出并推进了一系列的教育教学改革措施,提出"拆除四堵墙"(学校和社会之间的墙,教学与科研之间的墙,各学院与各专业之间的墙,教与学之间的墙),强调学科交叉,夯实基础,拓宽专业,注重科学教育与人文教育的相互融合,培养全面发展的人。1994年,新上海大学组建,钱老的教育理念有了更加广阔的实践空间,他提出为学首先要学会做人,重视通识教育,强调道德、艺术和文化的基本素养,应是人人必备的;强调文理渗透,理工科学生要具备人文素质修养,注重科学素质教育与人文素质教育的融合,引导学生在专业学习的同时,奠定人文知识的基础,成为一个全面发展的人。他多次在不同的场合中指出,科学教育与人文教育是人类文明发展的双翼,缺一不可。

我个人与钱老有过共事、交往 27 个春秋的经历。多少年过去后,我依然清晰地记得我们当初交往和一起工作的点点滴滴。1983 年初,他履任上海工业大学校长,随后他到各系科调研时和我有了初次见面,不久我便出国。1984 年秋,钱老赴丹麦哥本哈根出席世界力学大会时,我们再次见面,白天我请他去我所在的公司参观考察,晚上彻夜长谈。他热切地敦促我早点回国,希望我能协助他推进上海工业大学的教育改革和提高师资的科研水平。钱老深情地对我说:"国家和学校都需要你,我也需要你回去帮我一起管理学校。"我深感此话的分量,国家正在快速发展,教育科研岗位需要我。于是我尽快结束了在国外的研究工作,提前回国,回到我魂牵梦绕的大学校园。1986 年,我从国外回来后不久就被任命为上海工业大学副校长,几个月以后又被任命为常务副校长。在协助钱老管理学校的那几年里,钱老和我经常为了学校建设的方方面面开展持续的调研和座谈交流工作。钱老总是十分关心与教学、科研和服务社会等密切相关的事。从师资队伍的建设、高端人才的引进,到与大型企业的对接、大型项目的承接;从学校图书馆的建设、原版资料的选购,到实验室仪器设备的配置;从教导学生正确的学习方法,到鼓励教师学计算机、学外语,开展国际学术交流;从学校行政管理改革,到育人环境和制度建设,钱老都密切关注。正是有钱老的关注和督促,才有了学校教育理念的不断更新,管理队伍思想观念的不断进步。

1994年由上海科技大学、上海工业大学、原来的上海大学以及上海科技高等专科学校等四校合并组建新上海大学,德高望重的钱老再次领命就任校长。老骥伏枥,志在千里,在钱校长的带领和广大师生的努力下,1996年新组建的上海大学跻身"211工程",1998年新校区建成投入使用,一个更加宽广的舞台铺开了,学校的发展与改革跨跃新台阶的序幕再次拉开。这个时期,我已经到上海市政府工作,对钱老为推进学校跃升,审时度势、抓住机遇、顺势而上所起到的奠基性的、他人无法替代的作用是非常清楚的。这些往事给我和学校其他同事都留下了深刻的印象。

钱老曾说,回顾这一辈子,他是一个科学工作者、教育工作者,但更是一个爱国主义者。他一辈子投身祖国的科教事业,并取得了卓越的成就,他始终以国家和民族利益为重的高尚品质,已经很好地诠释了他的话。晚年高龄时,他更是积极地参政议政,与共产党人共商国是,积极地推动祖国的和平统一大业。没有对祖国的真挚感情,哪有他的人生动力和远大目标。每每回忆起这些事,我都深深地为钱老的人格魅力和爱国情怀所感动,也深深地觉得当代学界更应该像老一辈科学家一样,将爱国作为自己追求事业成功的唯一动力。

钱老不仅身体力行爱国,他更是重视通过教育来培养具有爱国精神的一代又一代的莘莘学子。他说上海大学的校训光有"自强不息"四个字还不够,还要加上"先天下之忧而忧,后天下之乐而乐"。"所谓'忧',就是要忧国之所忧、忧民之所忧,把个人价值的实现同国家的强盛、民族的发展和人民的利益结合起来",要把百姓之忧、国家之忧、民族之忧时刻放在心上。今天,上海大学的校训因含有"先天下之忧而忧,后天下之乐而乐"而独具特色,彰显了这位科学大师的胸怀与境界。

纪念钱老百年诞辰,就是要缅怀他的伟大成就,就是要继承和发扬他的爱国精神。上海大学拟出版《钱伟长文选》、《钱伟长学术论文集》和他的博士学位论文《弹性板壳的内禀理论》(英文版)等系列书籍来纪念这位科学巨匠、教育大家,这是方便年青后学很好地阅读大师、传承大师,从而继续钱老未竟的事业。其中,《钱伟长文选》精心收录了钱老从1949年至2008年半个多世纪间有关教育、教学、科研等方面的重要文章和讲话稿,共280篇,按时间顺序分六卷出版。这些文章和讲话稿,涉及哲学、历史学、文学、自然科学、工程技术、区域经济、城市建设、管理学、教育学等,反映了钱老对祖国的科学教育事业的真知灼见和热诚实践,对国家和民族在社会、经济、科技、文化发展等方面的关注和投入,其中有许多文章是他前瞻性的思考与探索的结晶,文章的字里行间洋溢着他和中国共产党肝胆相照之情,充分体现了他的拳拳爱国之心以及丰富的学识和坦荡的胸怀。《钱伟长学术论文集》共收录108篇学术论文,内容包括板壳内禀理论、薄板大挠度问题、环壳理论及其应用、广义变分原理、汉字计算机输入编码等。我想,这些书籍的出版,对于我们进一步了解钱老的学术成就和贡献、了解其爱国奉献的一生是极有帮助的。

是为序。

徐匡迪

2012年9月1日

序　二

值此钱伟长先生一百周年诞辰之际,上海大学出版社出版《钱伟长学术论文集》,是对这位著名科学家的最好的纪念,可以让广大读者直接和完整地阅读并研究他半个多世纪的科研生涯中公开发表的主要论文,了解他的学术贡献和治学理念,领略这位大师的风采,因此是一件极有意义的事情。

为了便于读者阅读、理解这一论文集,仅就我个人的了解和体会,尝试着对本书的内容做一概括介绍。

钱伟长先生的科学研究始于上个世纪的三四十年代,那是航空航海事业突飞猛进的时代,现代化大工业蓬勃发展的时代,自然科学基础研究展现价值的时代,大量复杂的科学技术问题向科学家们提出了严峻的挑战,其中的非线性问题一时成为人们集中关注的焦点。钱伟长先生敏锐地抓住这一关键,以大变形板壳力学问题为突破口,主攻非线性力学,且以此为自己毕生的事业,做出了一系列重要贡献。作为兴趣广泛的科学家,他根据时代发展的需要,还涉猎于一些其他研究领域,也卓有成就。

这里概述钱伟长先生的主要学术贡献。

在20世纪40年代,钱伟长先生在弹性板壳的内禀理论方面做了一系列工作。弹性薄板和薄壳是广泛应用于工程技术中的结构元件,当时已有大量分散的工作,但尚无完整的理论体系和系统的简化近似方法。他与他的导师J. L. Synge教授一起,首次采用张量分析这一有力工具,经过宏微观全面分析,建立了弹性板壳内禀统一理论;他在微观分析中采用了一种全新的拖带坐标系,可用以描述各种不同形状的薄壳和薄板问题,并根据板壳特征尺度与曲率半径之比及其与相对厚度的关系,提出了统一的简化近似方法,对薄板、薄壳进行了详尽细致的分类,导出了一些已知的线性和非线性板壳力学方程,并由此产生了由后人命名的"钱伟长方程"。这一工作在国际上产生了重要影响,借此奠定了他在力学界的学术地位。

钱伟长先生回国后的头一个十年,对弹性薄板大挠度问题进行了集中研究,这是一个涉及构件大变形的几何非线性问题,受到了 von Kármán 等科学家的密切关注,但当时缺乏准确有效的解法。1947 年,钱伟长独辟蹊径,提出一种系统近似法(后人称为"钱伟长方法"),对圆薄板大挠度问题采用中心挠度作为摄动参数,进行逐次逼近,取得了符合于实验结果的摄动解。接着,在 1948 年,为了解决更大挠度的问题,他把边界层理论的思想引入圆薄板大挠度分析,提出了一种独到的方法(后人称之为合成展开法),这是具有开创性的一种新的奇异摄动法。此后,他率领一批学生进一步完善和发展了相关工作,并因此于 1955 年获得了国家自然科学二等奖。

钱伟长先生另一项重要成就是对广义变分原理的研究。20 世纪 50 年代末,他率领团队开始从事此项研究。1964 年,为了改变寻求变分原理泛函的试凑途径,提出了一种拉格朗日乘子法,从最小位能原理或最小余能原理等约束条件出发,把约束条件用拉格朗日乘子引入泛函,化为无条件的变分驻值原理,经过变分得到待定的拉格朗日乘子用原始变量的表达式,建立广义变分原理的驻值变分泛函,并据此导出了壳体非线性方程。这是领先于国际同行的开创性工作。1978 年之后,他深入研究了广义变分原理在有限元计算中的应用,推动了协调元、杂交元和混合元方法的发展和应用。1982 年,由于他在广义变分原理方面的成就,再度获得国家自然科学二等奖。

1979 年以后,钱伟长先生关注环壳理论及其应用,显示了他建模分析、解析求解的功力和理论联系实际的卓越能力。圆环壳是弹性元件和其他壳体结构中常见的一种形式,在许多仪器仪表工业中有着广泛的应用。圆环壳方程非常复杂,难于求解。钱伟长给出了轴对称圆环壳的复变量方程的特解和一般解,解决了困扰人们几十年的难题,并提出了非线性计算通用程序,可用于仪表元件和波纹管设计。

钱伟长先生在流体力学方面也做出过积极贡献。1947 年,他采用经他拓广的摄动法,改进了 Th. von Kármán 和 N. B. Moore 的超声速锥型流的渐近解;1949 年,他采用渐近展开法,仅用三个简化假设导出了润滑问题的高阶雷诺方程;1984 年,他从流体力学基本方程出发,建立了更为普遍的变分原理,并用它建立的拉格朗日乘子法建立了广义变分原理。

20 世纪 70 年代,钱伟长先生参与了锌-空气高能电池的研制,取得了富有成效的成果。

20世纪80年代,钱伟长先生提出了汉字宏观字形编码(简称"钱码"),根据汉字使用习惯和识字规律,结合汉字结构特点,给出简洁的输入规则,是早期的最优输入法之一,许多巧妙构思被后来的计算机汉字输入法吸纳。

以上仅归纳了钱伟长先生在漫长的学术生涯中的主要贡献,从这个四卷本论文集中这些贡献得到了较为全面的反映,读者朋友可以细细品味。

细读这本论文集,我们可以体会到钱伟长先生在长期科研实践中形成的治学理念,这就是:高瞻远瞩,锐意创新,求真务实。他一向认为,科学研究要从实际出发,为社会发展和学科发展服务,要高瞻远瞩地根据实际需要来选题;而科学研究必须从基础研究入手,不能就事论事,照抄照搬,必须狠下功夫,大力从事机理性探索,不断提出新概念、新方法,所得到的结果必须接受实践的检验。从文集中的每一篇论文中,我们都可以看到创新精神的光芒。

我相信,不仅力学工作者可以从阅读这本论文集获益,其他领域的读者也可从中得到有益的知识和启示。

郑哲敏

2012年9月6日

目　录

1956

Problem of Large Deflection of Circular Plate ………………………………… 001
On the Large Deflection of Rectangular Plate …………………………………… 011
On the Snapping of a Thin Spherical Cap ………………………………………… 021
КЛАССИЧЕСКИЕ ПОСТРОЙКИ КИТАЯ ……………………………………… 035

1963

关于 Kirchhoff-Love 假设在古典小挠度壳体理论中的近似性问题 ………… 050

1964

关于弹性力学的广义变分原理及其在板壳问题上的应用 …………………… 064
对"半无限弹性体通过刻槽之底施以集中力的平面问题"一文的讨论 ……… 095

1973

锌-空气（氧）电池组的研制 ……………………………………………………… 106
车辆用锌空气电池的研制和试验 ………………………………………………… 121

1974

铁路手提信号灯用锌空气电池 …………………………………………………… 130

1978

关于一些三角级数的和 …………………………………………………………… 139

1979

轴对称圆环壳的复变量方程和轴对称细环壳的一般解 ……………………… 169
环壳方程级数解的收敛性问题及其有关收敛定理的研究 …………………… 191
半圆弧波纹管的计算——细环壳理论的应用 ………………………………… 233

弹性理论中广义变分原理的研究及其在有限元计算中的应用 …………… 250

1980

有限元法的最新发展 …………………………………………………… 278

协调三角形弯曲有限元的形函数及其有关刚度矩阵 …………………… 291

轴对称弹性体的有限元分析 …………………………………………… 305

16 个和 20 个自由度的四面体有限元的场函数表达式的显式 ………… 317

在奇异项上叠加有限元法计算应力强度因子 …………………………… 323

薄壳小挠度理论的合理基础 …………………………………………… 333

波纹管的制造、设计、实验和理论 …………………………………… 344

细环壳极限方程的非齐次解及其在仪器仪表上的应用 ………………… 361

轴对称圆环壳的一般解 ………………………………………………… 388

两个积分公式的证明 …………………………………………………… 402

$\sum_{k=1}^{\infty} \dfrac{\cos kx}{k \pm \dfrac{s}{m}}, \sum_{k=1}^{\infty} \dfrac{\sin kx}{k \pm \dfrac{s}{m}}$ 的数值表 ………………………………… 407

后记 …………………………………………………………………… 452

Problem of Large Deflection of Circular Plate

Abstract Presented before the 3rd Scientific Congress organised at Karpacz, August 1955, by the Department of Mechanics of Continuous Media, IBTP, Polish Academy of Sciences.

Consider a circular plate of radius a and thickness h under uniformly distributed load q per unit area. We denote the lateral deflection by w, the radial membrane stress by N_r, and the circumferential membrane stress by N_t; they are functions of the radial distance r from the centre of plate. They satisfy the following von Kármán equations for large deflection:

$$\left. \begin{aligned} &D\frac{d}{dr}\left[\frac{1}{r}\frac{d}{dr}\left(r\frac{dw}{dr}\right)\right] = N_r \frac{dw}{dr} + \frac{qr}{2}, \\ &r\frac{d}{dr}\left[\frac{1}{r}\frac{d}{dr}(r^2 N_r)\right] + \frac{Eh}{2}\left(\frac{dw}{dr}\right)^2 = 0, \\ &N_t = \frac{d}{dr}(rN_r), \end{aligned} \right\} \quad (1)$$

where E is Young's modulus of the material of the plate and $D = Eh^3/12(1-\nu^2)$ is the flexural rigidity of the plate.

These equations will be solved for the following general edge conditions:

$$\left. \begin{aligned} w = 0, \quad &D\left(\frac{d^2 w}{dr^2} + \frac{\nu}{r}\frac{dw}{dr}\right) = -K_2 \frac{dw}{dr}, \\ &N_r = -\frac{K_1}{Eh}\left[r\frac{dN_r}{dr} + (1-\nu)N_r\right], \end{aligned} \right\} \text{ at } r = a, \quad (2)$$

$$\frac{dw}{dr} \quad \text{and} \quad N_r \quad \text{finite at} \quad r = 0, \quad (3)$$

where K_1 and K_2 are elastic constants for the support. It is evident that for various edge conditions we have the following particular values of K_1 and K_2:

(a) $K_1 = 0$, $\quad K_2 = 0$ $\quad$ for simply supported edges,
(b) $K_1 = \infty$, $\quad K_2 = 0$ $\quad$ for simply supported but fastened edges,
(c) $K_1 = \infty$, $\quad K_2 = \infty$ $\quad$ for rigidly clamped edges,
(d) $K_1 = 0$, $\quad K_2 = \infty$ $\quad$ for clamped edges but free for slipping,
(e) $K_1 \geqslant 0$, $\quad K_2 \geqslant 0$ $\quad$ for all kinds of elastically supported edges.

Equations (1) have been studied by S. Way[1], with the power series method for the case of clamped edge condition. However, the power series method is too laborious to be applicable to any other more important cases.

We shall now treat this general problem by the method of successive approximation based upon a small parameter related to the ratio of deflection to thickness.

In order to simplify these equations and edge conditions, let us introduce the following dimensionless variables:

$$\left.\begin{array}{l} x = 1 - \dfrac{r^2}{a^2}, \ \overline{W} = \sqrt{3(1-\nu^2)}\dfrac{w}{h}, \ S = 3(1-\nu^2)\dfrac{a^2 N_r}{Eh^3}, \\[2mm] T = 3(1-\nu^2)\dfrac{a^2 N_t}{Eh^3}, \ Q = \dfrac{3}{4}(1-\nu^2)\sqrt{3(1-\nu^2)}\dfrac{a^4 q}{Eh^4}. \end{array}\right\} \quad (4)$$

In terms of these variables, von Kármán's equation (1) can be written in the following form:

$$\left.\begin{array}{l} \dfrac{d^2}{dx^2}\left[(1-x)\dfrac{d\overline{W}}{dx}\right] = S\dfrac{d\overline{W}}{dx} - Q, \\[2mm] \dfrac{d^2}{dx^2}\left[(1-x)\dfrac{dS}{dx}\right] + \dfrac{1}{2}\left(\dfrac{d\overline{W}}{dx}\right)^2 = 0, \\[2mm] T = S - 2(1-x)\dfrac{dS}{dx}. \end{array}\right\} \quad (5)$$

The corresponding edge conditions may be written in the form

$$\left.\begin{array}{l} \overline{W} = 0, \ \dfrac{d\overline{W}}{dx} = \lambda\dfrac{d^2\overline{W}}{dx^2}, \ S = \mu\dfrac{dS}{dx} \quad \text{at } x = 0, \\[2mm] \dfrac{d\overline{W}}{dx} \ \text{and} \ S \ \text{finite at} \ x = 1, \end{array}\right\} \quad (6)$$

where λ and μ take various values for various edge conditions:

$$\lambda = \frac{2}{\dfrac{K_2 a}{D} + (1+\nu)}, \quad \mu = \frac{2}{\dfrac{Eh}{K_1} + (1-\nu)}. \tag{7}$$

We shall now solve Eqs. (5) under the edge conditions (6) by the perturbation method based upon the smallness of the maximum deflection at centre.

Let

$$\overline{W}_m = [\overline{W}]_{x=1} = \sqrt{3(1-\nu^2)}\left[\frac{w}{h}\right]_{r=0}. \tag{8}$$

It is evident that

$$\overline{W} = \overline{W}(\overline{W}_m, x), \; S = S(\overline{W}_m, x), \; T = T(\overline{W}_m, x), \; Q = Q(\overline{W}_m). \tag{9}$$

For small $\overline{W}_m$, we may expand every quantity in ascending powers of $\overline{W}_m$:

$$\left. \begin{array}{l} Q = a_1 \overline{W}_m + a_3 \overline{W}_m^3 + \cdots, \\ \overline{W} = w_1(x)\overline{W}_m + w_3(x)\overline{W}_m^3 + \cdots, \\ S = s_2(x)\overline{W}_m^2 + s_4(x)\overline{W}_m^4 + \cdots, \\ T = t_2(x)\overline{W}_m^2 + t_4(x)\overline{W}_m^4 + \cdots, \end{array} \right\} \tag{10}$$

where a's are constants, and $w_k(x)$, $s_k(x)$ and $t_k(x)$ are functions of x to be determined.

We substitute the expressions (10) into (5) and (6). By collecting terms of successive orders in $\overline{W}_m$, we obtain a sequence of linear differential equations for a_1, w_1, s_2, t_2; a_3, w_3, s_4, t_4; $\cdots$, successively accompanied by the corresponding boundary conditions.

For a_1 and w_1, we find the following problem:

$$\left. \begin{array}{l} \dfrac{d^2}{dx^2}\left[(1-x)\dfrac{dw_1}{dx}\right] = -a_1, \\ w_1(1) = 1, \; w_1(0) = 0, \; w_1'(0) - \lambda w_1''(0) = 0, \\ w_1'(1) \quad \text{remains finite.} \end{array} \right\} \tag{11}$$

The solution of (11) is

$$\left. \begin{array}{l} w_1(x) = \dfrac{1}{1+2\lambda}(x^2 + 2\lambda x), \\ a_1 = \dfrac{4}{1+2\lambda}. \end{array} \right\} \tag{12}$$

This is the well-known solution of a circular plate under uniform load with very small deflection (or the solution of Poisson's theory).

For $s_2(x)$ and $t_2(x)$, we have the equations and boundary conditions as follows:

$$\left.\begin{aligned}&\frac{d^2}{dx^2}[(1-x)s_2]+\frac{1}{2}\left(\frac{dw_1}{dx}\right)^2=0,\\&t_2=s_2-2(1-x)\frac{ds_2}{dx},\\&s_2(0)-\mu s'_2(0)=0,\ s_2(1)\text{ remains finite.}\end{aligned}\right\} \quad (13)$$

The solution of this problem is

$$\left.\begin{aligned}s_2=&\frac{1}{6(1+2\lambda)^2}[x^3+(1+4\lambda)x^2+(1+4\lambda+6\lambda^2)x\\&+\mu(1+4\lambda+6\lambda^2)],\\t_2=&\frac{1}{6(1+2\lambda)^2}[7x^3-(1-20\lambda)x^2-(1+4\lambda-18\lambda^2)x\\&+(\mu-2)(1+4\lambda+6\lambda^2)].\end{aligned}\right\} \quad (14)$$

The next approximation gives the equations

$$\left.\begin{aligned}&\frac{d^2}{dx^2}\left[(1-x)\frac{dw_2}{dx}\right]=s_2\frac{dw_1}{dx}-\alpha_3,\\&w_3(1)=0,\ w_3(0)=0,\ w'_3(0)-\lambda w''_3(0)=0,\\&w'_3(1)\text{ remains finite,}\end{aligned}\right\} \quad (15)$$

where s_2 and w_1 have already been found as in (12) and (14). The solution of this problem is

$$\alpha_3=\frac{1}{370(1+2\lambda)^4}[73+388\lambda+825\lambda^2+840\lambda^3+360\lambda^4$$
$$+10\mu(5+35\lambda+108\lambda^2+162\lambda^3+108\lambda^4)], \quad (16.1)$$

$$w_3=-\frac{1}{1\,080(1+2\lambda)^4}\{2(1+2\lambda)x^6+6(1+5\lambda+6\lambda^2)x^5$$
$$+15(1+6\lambda+13\lambda^2+10\lambda^3)x^4+20[1+7\lambda+19\lambda^2+24\lambda^3+12\lambda^4$$
$$+\mu(1+6\lambda+14\lambda^2+12\lambda^3)]x^3-[43+175\lambda+255\lambda^2+120\lambda^3$$
$$+\mu(20+80\lambda+120\lambda^2)]x^2-[86\lambda+356\lambda^2+510\lambda^3+240\lambda^4$$
$$+\mu(40\lambda+160\lambda^2+240\lambda^3)]x\}. \quad (16.2)$$

For s_4 and t_4, we have

$$\left.\begin{array}{l} \dfrac{d^2}{dx^2}[(1-x)s_4] = -\dfrac{dw_1}{dx}\dfrac{dw_3}{dx}, \\[6pt] t_4(x) = s_4(x) - 2(1-x)\dfrac{ds_4}{dx}, \\[6pt] s_4(0) - \mu s'_4(0) = 0, \quad s_4(1) \text{ remains finite.} \end{array}\right\} \quad (17)$$

These equations can be solved straightforwardly.

We shall now be satisfied with the process of successive approximation up to the present stage. Further extension of approximation is not necessary, because in the derivation of von Kármán's equations, terms of the order of magnitude W_m^5 have already been neglected.

This solution shall now be summarized as follows.

(a) The relation between the centre deflection and the pressure for an elastic plate of uniform thickness with various edge conditions is given by

$$Q = \alpha_1 \overline{W}_m + \alpha_3 \overline{W}_m^3, \quad (18)$$

where α_1 and α_3 are functions of λ and μ given in (12) and (16.1). For all supporting conditions

$$\frac{2}{1+\nu} \geqslant \lambda \geqslant 0, \quad \frac{2}{1-\nu} \geqslant \mu \geqslant 0, \quad (19)$$

Table 1 gives the values of α_1 and α_3 for various values of λ and μ ($\nu = 0.3$),

Table 1

	λ	0	0.4	0.8	1.2	1.6
μ						
α_3	0	0.270	0.149	0.121	0.109	0.102
	0.4	0.344	0.129	0.195	0.187	0.184
	0.8	0.418	0.289	0.269	0.265	0.265
	1.6	0.567	0.428	0.418	0.422	0.428
	2.4	0.715	0.568	0.567	0.579	0.591
	3.6	0.863	0.707	0.715	0.735	0.753
α_1	—	4	2.222	1.538	1.176	0.952

It is interesting to compare this result with those of others. Taking plate with clamped edge as an example, the values of α_3 differ from each other as follows:

Present	$\alpha_3 = 0.797$
Nádai[2],	$\alpha_3 = 0.854$
Timoshenko[3],	$\alpha_3 = 0.715$
Federhofer[4],	$\alpha_3 = 0.776$
Waters[5],	$\alpha_3 = 0.694$
McPherson, Ramberg, Levy[6],	$\alpha_3 = 0.861$

It should be noted that both Nádai and Federhofer derive the relation by solving von Kármán's equations under certain assumed physical conditions. Nádai considers a plate subjected to a pressure which is only approximately uniform, while Federhofer assumes a suitable radial distribution of membrane displacement. Timoshenko and Waters use the energy method based upon an assumed form of normal displacement. McPherson, Ramberg and Levy follow the procedure used by Föppl for the treatment of square plate under normal pressure. Föppl makes the assumption that the total pressure is the sum of two parts, namely, the pressure carrying the membrane action, and the pressure resisting bending according to Kirchhoff's theory.

The numerical solution of the differential equations based upon the power series method agrees very well with the present result within the range of computation given by Way ($w/h \leqslant 1$).

It is however well known to us that, for lower pressures, the experimental deflections agree closely with the theoretical curves, but for large pressures ($w/h \approx 4$), the experimental deflection consistently exceed the theoretical values by few per cent.

This disagreement can probably be explained by the rotation and slipping in the actual edge conditions.

(b) The present results give also the stresses in the plate in explicit form. Let us now denote the dimensionless form of the radial tensile stress σ'_r in the middle surface by $\Sigma'_r(x)$, and the dimensionless form of the radial bending stress σ''_r at the convex side of the plate by $\Sigma''_r(x)$, or

$$\left.\begin{aligned}\Sigma'_r(x) &= 3(1-\nu^2)\frac{\sigma'_r a^2}{Eh^2} = S,\\ \Sigma''_r(x) &= (1-\nu^2)\sqrt{3(1-\nu^2)}\frac{a^2 \sigma''_r}{Eh^2} = -2(1-x)\frac{d^2\overline{W}}{dx^2}+(1+\nu)\frac{d\overline{W}}{dx}.\end{aligned}\right\} \quad (20)$$

Hence we have the following useful results:

$\Sigma'_r(0)$ = reduced radial tensile stress at edge $= K_1 \overline{W}_m^2 + K_2 \overline{W}_m^4,$

$\Sigma'_r(1)$ = reduced radial tensile stress at centre $= K_3 \overline{W}_m^2 + K_4 \overline{W}_m^4,$

$\Sigma''_r(0)$ = reduced radial bending stress at edge $= K_5 \overline{W}_m + K_6 \overline{W}_m^3,$

$\Sigma''_r(1)$ = reduced radial bending stress at centre $= K_7 \overline{W}_m + K_8 \overline{W}_m^3,$

where K's are constant coefficients involving ν, λ and μ. In the case of $\nu = 0.3$, we have for various edge conditions various values of K (see Table 2).

Table 2

	K_1	K_2	K_3	K_4	K_5	K_6	K_7	K_8
Simply supported edge	0	0	0.296	−0.005 3	0	0	1.619	−0.048 7
Simply hinged	0.612	0.017 3	0.908	0.075 3	0	0	1.619	−0.086 7
Rigidly clamped	0.476	0.011 6	0.976	−0.010 6	−4	−0.371	2.6	−0.160 3
Clamped but free to slip	0	0	0.5	−0.011 6	−4	−0.159 3	2.6	−0.091 5

For clamped edge, one observes that the radial stress in the extreme fibre along the edge increases with increasing normal deflection in the centre. When yielding stress is reached, the bending strength in the edge breaks gradually. Hence, once yielding occurs in the edge, the boundary conditions for a clamped plate no longer has any physical justification.

(c) The condition of yielding along the edge can be computed from the assumption of Huber-Mises-Hencky theory of plastic failure. If σ_1, σ_2 and σ_3 are three principle stresses, the yielding conditions is

$$(\sigma_1 - \sigma_2)^2 + (\sigma_2 - \sigma_3)^2 + (\sigma_3 - \sigma_1)^2 = 2E_0^2, \tag{21}$$

where E_0 is the yielding tensile stress. At the edge of a circular clamped plate, radial displacement vanishes. Hence

$$\sigma_1 = \sigma_{re}, \quad \sigma_2 = \sigma_{te} = \nu \sigma_{re}, \quad \sigma_3 \ll \sigma_{re}, \tag{22}$$

where σ_{re} and σ_{te} are the extreme fibre stress on the convex side in radial and circumferential directions at the edge.

By neglecting σ_3, we have

$$\sigma_{re} = \frac{E_0}{\sqrt{1-\nu+\nu^2}}, \quad \sigma_{te} = \frac{\nu E_0}{\sqrt{1-\nu+\nu^2}}. \tag{23}$$

The condition of yielding at edge is therefore

$$\frac{a^2 E_0}{h^2 E} = \frac{\sqrt{1-\nu+\nu^2}}{(1-\nu^2)} \left[\frac{1}{3} \Sigma_r'(0) + \frac{1}{\sqrt{3(1-\nu^2)}} \Sigma_r''(0) \right]. \tag{24}$$

Substituting the values of $\Sigma_r'(0)$ and $\Sigma_r''(0)$ into (24), we have finally the condition of yielding at edge:

$$\frac{a^2 E_0}{h^2 E} = \overline{W}_m [2.37 + 0.155 \overline{W}_m + 0.220 \overline{W}_m^2 + 0.011\,3 \overline{W}_m^3]. \tag{25}$$

This result agrees very well with the experimental results given by McPherson, Ramberg and Levy[7].

This method of successive approximation is proved to be very useful in the treatment of large, deflection problems of circular plate. The case of circular plate under concentrated central load with various boundary conditions[8], and the case of an annular circular plate with a central load[9], have been solved by the same method. In all these cases, the calculation is simple and straight-forward, so that the numerical design formula for central deflection and extreme fibre stresses can be obtained explicitly.

Attention has also been given to the problem of a circular plate under combining action of an uniform load and a concentrated load.

Consider a circular plate of radius a and thickness h under uniformly distributed load q and concentrated load p at centre simultaneously. The Kármán equations become

$$\left. \begin{array}{l} D \dfrac{d}{dr} \dfrac{1}{r} \dfrac{d}{dr} r \dfrac{dw}{dr} = N_r \dfrac{dw}{dr} + \dfrac{qr}{2} + \dfrac{p}{2\pi} \dfrac{1}{r}, \\[2mm] r \dfrac{d}{dr} \dfrac{1}{r} \dfrac{d}{dr} (r^2 N_r) + \dfrac{Eh}{2} \left(\dfrac{dw}{dr} \right)^2 = 0. \end{array} \right\} \tag{26}$$

Introducing dimensionless quantities as given in (4), and also

$$\xi = \frac{r^2}{a^2}, \quad P = \frac{3}{4}(1-\nu^2)\sqrt{3(1-\nu^2)} \frac{a^2 p}{\pi E h^4}, \tag{27}$$

these two equations reduce to

$$\left. \begin{array}{l} \dfrac{d^2}{d\xi^2} \left(\xi \dfrac{d\overline{W}}{d\xi} \right) = S \dfrac{d\overline{W}}{d\xi} + Q + \dfrac{P}{\xi}, \\[2mm] \dfrac{d^2}{d\xi^2} \left(\xi \dfrac{dS}{d\xi} \right) + \dfrac{1}{2} \left(\dfrac{d\overline{W}}{d\xi} \right) = 0. \end{array} \right\} \tag{28}$$

In order to solve these equations under various edge conditions, we shall introduce a load parameter f, so that

$$f = Q + P \tag{29}$$

and

$$P = \alpha f, \ Q = \beta f, \ \alpha + \beta = 1. \tag{30}$$

Furthermore, we introduce a generalized dimensionless parameter of deflection δ,

$$\delta = \alpha \Delta + \beta v, \tag{31}$$

where

$$\left.\begin{array}{l} \Delta = [\overline{W}]_{\xi=0} = \text{dimensionless deflection at centre,} \\ v = \int_0^1 \overline{W} \, \mathrm{d}\xi. \end{array}\right\} \tag{32}$$

It is easily seen that δf represents dimensionlessly the work done by the combining action of p and q on the plate.

With given values of α and β, it is then possible to expand every quantity in (28) and corresponding edge conditions into power series in δ. That is

$$\overline{W}(\xi, \delta) = w_1(\xi)\delta + w_3(\xi)\delta^3 + \cdots,$$
$$S(\xi, \delta) = s_2(\xi)\delta^2 + s_4(\xi)\delta^4 + \cdots,$$
$$f(\delta) = a_1 \delta + a_3 \delta^3 + \cdots.$$

All a_1, a_3, $\cdots$ are functions of α and β only. And $w_1(\xi)$, $w_3(\xi)$, $\cdots$, $s_2(\xi)$, $s_4(\xi)$, $\cdots$ are functions of α, β and ξ.

Within these substitutions, the perturbations can be carried out straightforwardly just as that given for a uniformly loaded plate. The results of a clamped plate under combining loads has been worked out in details by Hai-chang Hu[10].

References

[1] Way S. ASME Trans. Appl Mech, 1934, 56: 627 – 636.
[2] Nádai A. Elastische Platten. 1925.
[3] Timoshenko S. Theory of Plates and Shells. 1940: 333 – 337.
[4] Federhofer K. Forsch Geb Ing, Ser B, 1936, 7(3): 148 – 151.
[5] Waters E O. ASME Trans. Appl Mech, 1936, 58: 636.

[6] McPherson, Ramberg, Levy, NACA Rep, 1952,744.
[7] Chien Wei-zang. Chin Journ Phys, 1947,7: 102-113.
[8] Chien Wei-zang, Yeh Kai-yuan. Acta Scientia Sinica, 1954, 3: 405-436.
[9] Yeh Kai-yuan. Acta Scientia Sinica, 1953, 2: 127-144.
[10] Hu Hai-chang. Chin Journ Phys, 1954, 10: 383-394.

On the Large Deflection of Rectangular Plate

The problem of a uniformly loaded, clamped, rectangular plate under large deflection was solved by Way[1], using the Ritz energy method, by Levy[2]. using the double Fourier series method, and also by Chi-teh Wang[3,4], using the method of finite difference.

On the other hand, the problem of circular plate with large deflection under various loading and various edge conditions was solved by a simple and yet sufficiently accurate method of successive approximations based upon the smallness of central deflection[5-8].

The purpose of the present investigation is to examine the method of successive approximation based upon the smallness of central deflection in the case of uniformly loaded, clamped, rectangular plate under large deflection. In order to simplify calculation, polynomial approximations are used in the solution of various linearized differential equations. Numerical results are given for a clamped and uniformly loaded square plate, and comparison is made with results by Way and Levy, and with experiments.

Consider a rectangular plate of length $2b$, width $2a$, and thickness h, under a uniformly distributed load q per unit area (Fig. 1). We denote the lateral deflection, displacements in the x and y directions of points in the middle surface by w, u, and v respectively. Thus the components of membrane stresses are:

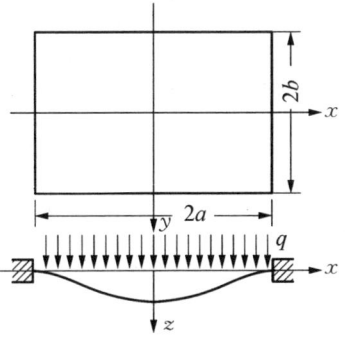

Fig. 1

Authors: Chien Wei-zang and Yeh Kai-yuan. Reprinted from *Proceedings of IX International Congress of Applied Mechanics*, Bruxelles, 1956: 403–412.

$$\left.\begin{aligned}\sigma_x &= \frac{E}{1-\nu^2}\left\{\frac{\partial u}{\partial x}+\frac{1}{2}\left(\frac{\partial w}{\partial x}\right)^2+\nu\left[\frac{\partial v}{\partial y}+\frac{1}{2}\left(\frac{\partial w}{\partial y}\right)^2\right]\right\},\\ \sigma_x &= \frac{E}{1-\nu^2}\left\{\frac{\partial v}{\partial y}+\frac{1}{2}\left(\frac{\partial w}{\partial y}\right)^2+\nu\left[\frac{\partial u}{\partial x}+\frac{1}{2}\left(\frac{\partial w}{\partial x}\right)^2\right]\right\},\\ \tau_{xy} &= \frac{E}{2(1+\nu)}\left\{\frac{\partial u}{\partial y}+\frac{\partial v}{\partial x}+\frac{\partial w}{\partial x}\frac{\partial w}{\partial y}\right\},\end{aligned}\right\} \quad (1)$$

where E is the Young's modulus of the material of the plate and ν the Poisson's ratio, taken to be 1/3 in the following computations.

The equilibrium conditions corresponding to von Kármán's equations for large deflection are

$$\frac{\partial \sigma_x}{\partial x}+\frac{\partial \tau_{xy}}{\partial y}=0, \quad \frac{\partial \tau_{xy}}{\partial x}+\frac{\partial \sigma_y}{\partial y}=0, \quad (2a,b)$$

$$D\nabla^2\nabla^2 w = q+h\left(\sigma_x\frac{\partial^2 w}{\partial x^2}+\sigma_y\frac{\partial^2 w}{\partial y^2}+3\tau_{xy}\frac{\partial^2 w}{\partial x\partial y}\right), \quad (2c)$$

in which $D=Eh^3/12(1-\nu^2)$ is the flexural rigidity of the plate. Substituting (1) into (2), we obtain

$$\left.\begin{aligned}& 2\frac{\partial^2 u}{\partial x^2}+(1-\nu)\frac{\partial^2 u}{\partial y^2}+(1+\nu)\frac{\partial^2 v}{\partial x\partial y}\\ &\quad =-(1-\nu)\frac{\partial w}{\partial x}\left(\frac{\partial^2 w}{\partial x^2}+\frac{\partial^2 w}{\partial y^2}\right)-\frac{1+\nu}{2}\frac{\partial}{\partial x}\left[\left(\frac{\partial w}{\partial x}\right)^2+\left(\frac{\partial w}{\partial y}\right)^2\right],\\ & (1+\nu)\frac{\partial^2 u}{\partial x\partial y}+(1-\nu)\frac{\partial^2 v}{\partial x^2}+2\frac{\partial^2 v}{\partial y^2}\\ &\quad =-(1-\nu)\frac{\partial w}{\partial y}\left(\frac{\partial^2 w}{\partial x^2}+\frac{\partial^2 w}{\partial y^2}\right)-\frac{1+\nu}{2}\frac{\partial}{\partial y}\left[\left(\frac{\partial w}{\partial x}\right)^2+\left(\frac{\partial w}{\partial y}\right)^2\right],\\ & D\nabla^2\nabla^2 w = \frac{Eh}{1-\nu^2}\left\{\left(\frac{\partial u}{\partial x}+\nu\frac{\partial v}{\partial y}\right)\frac{\partial^2 w}{\partial x^2}+\left(\frac{\partial v}{\partial y}+\nu\frac{\partial u}{\partial x}\right)\frac{\partial^2 w}{\partial y^2}\right.\\ &\quad +(1-\nu)\left(\frac{\partial u}{\partial y}+\frac{\partial v}{\partial x}\right)\frac{\partial^2 w}{\partial x\partial y}+q+\frac{Eh}{2(1-\nu^2)}\left\{\left[\left(\frac{\partial w}{\partial x}\right)^2+\nu\left(\frac{\partial w}{\partial y}\right)^2\right]\frac{\partial^2 w}{\partial x^2}\right.\\ &\quad \left.+\left[\left(\frac{\partial w}{\partial y}\right)^2+\nu\left(\frac{\partial w}{\partial x}\right)^2\right]\frac{\partial^2 w}{\partial y^2}+2(1-\nu)\frac{\partial w}{\partial x}\frac{\partial w}{\partial y}\frac{\partial^2 w}{\partial x\partial y}\right\}.\end{aligned}\right\}$$

(3)

To make the above equations dimensionless, we introduce the following quantities,

$$\lambda = \frac{a}{b}, \quad \xi = \frac{x}{a}, \quad \eta = \frac{y}{b},$$

$$U = \frac{12au}{h^2}, \quad V = \frac{12av}{h^2}, \quad W = \frac{2\sqrt{3}w}{h}, \quad (4)$$

$$Q = 24\sqrt{3}(1-\nu^2)a^4 q/Eh^4.$$

Eq's (3) then become

$$2\frac{\partial^2 U}{\partial \xi^2} + (1-\nu)\lambda^2 \frac{\partial^2 U}{\partial \eta^2} + (1-\nu)\lambda \frac{\partial^2 V}{\partial \xi \partial \eta}$$

$$= -(1-\nu)\frac{\partial W}{\partial \xi}\left(\frac{\partial^2 W}{\partial \xi^2} + \lambda^2 \frac{\partial^2 W}{\partial \eta^2}\right) - \frac{1+\nu}{2}\frac{\partial}{\partial \xi}\left[\left(\frac{\partial W}{\partial \xi}\right)^2 + \lambda^2\left(\frac{\partial W}{\partial \eta}\right)^2\right],$$

$$(1+\nu)\lambda \frac{\partial^2 U}{\partial \xi \partial \eta} + (1-\nu)\lambda^2 \frac{\partial V}{\partial \xi^2} + 2\lambda^2 \frac{\partial^2 V}{\partial \eta^2}$$

$$= -(1-\nu)\frac{\partial W}{\partial \eta}\left(\frac{\partial^2 W}{\partial \xi^2} + \lambda^2 \frac{\partial^2 W}{\partial \eta^2}\right) - \frac{1+\nu}{2}\frac{\partial}{\partial \eta}\left[\left(\frac{\partial W}{\partial \xi}\right)^2 + \lambda^2\left(\frac{\partial W}{\partial \eta}\right)^2\right],$$

$$\frac{\partial^4 W}{\partial \xi^4} + 2\lambda^2 \frac{\partial^4 W}{\partial \xi^2 \partial \eta^2} + \lambda^4 \frac{\partial^4 W}{\partial \eta^4} - Q + \left(\frac{\partial U}{\partial \xi} + \lambda\nu\frac{\partial V}{\partial \eta}\right)\frac{\partial^2 W}{\partial \xi^2} + \lambda^2\left(\lambda\frac{\partial U}{\partial \eta} + \nu\frac{\partial V}{\partial \xi}\right)\frac{\partial^2 W}{\partial \eta^2}$$

$$+\lambda(1-\nu)\left(\lambda\frac{\partial U}{\partial \eta} + \frac{\partial V}{\partial \xi}\right)\frac{\partial^2 W}{\partial \xi \partial \eta} + \frac{1}{2}\left[\left(\frac{\partial W}{\partial \xi}\right)^2 + \nu\lambda^2\left(\frac{\partial W}{\partial \eta}\right)^2\right]$$

$$+\frac{\lambda^2}{2}\left[\lambda^2\left(\frac{\partial W}{\partial \eta}\right)^2 + \nu\left(\frac{\partial W}{\partial \xi}\right)^2\right]\frac{\partial^2 W}{\partial \eta^2} + \lambda^2(1-\nu)\frac{\partial W}{\partial \xi}\frac{\partial W}{\partial \eta}\frac{\partial^2 W}{\partial \xi \partial \eta}.$$

(5)

These equations are to be solved under the boundary conditions

$$W = U = V = 0, \quad \text{at} \quad \xi = \pm 1 \text{ or } \eta = \pm 1,$$

$$\frac{\partial W}{\partial \xi} = 0, \quad \text{at} \quad \xi = \pm 1, \quad (6)$$

$$\frac{\partial W}{\partial \eta} = 0, \quad \text{at} \quad \eta = \pm 1.$$

The perturbation procedure used here to solve Eq's (5) will now be briefly outlined. Let the center deflection of the plate be denoted by $W_0 (= W(0, 0))$. From symmetry considerations, Q, W, U, V may be expressed in ascending powers of W_0 in the following manner

$$Q = \alpha_1 W_0 + \alpha_3 W_0^3 + \cdots$$
$$W = w_1(\xi, \eta)W_0 + w_3(\xi, \eta)W_0^3 + \cdots$$
$$U = S_2(\xi, \eta)W_0^2 + S_4(\xi, \eta)W_0^4 + \cdots$$
$$V = t_2(\xi, \eta)W_0^2 + t_4(\xi, \eta)W_0^4 + \cdots \quad (7)$$

where, by definition, we require that

$$w_1(0, 0) = 1, \; w_3(0, 0) = w_5(0, 0) = \cdots = 0. \quad (8)$$

Substituting (7) into Eq's (5) and boundary conditions (6), and equating like powers of W_0, we obtain a series of linear differential equations and boundary conditions. The first order approximation leads to the ordinary small deflection equation and boundary conditions, i. e.

$$\frac{\partial^4 w_1}{\partial \xi^4} + 2\lambda^2 \frac{\partial^4 w_1}{\partial \xi^2 \partial \eta^2} + \lambda^4 \frac{\partial^4 w_1}{\partial \eta^4} = \alpha_1, \quad (9)$$

$$w_1 = \frac{\partial w_1}{\partial \xi} = 0, \text{ at } \xi = \pm 1,$$

$$w_1 = \frac{\partial w_1}{\partial \eta} = 0, \text{ at } \eta = \pm 1.$$

Second order approximation leads to

$$\frac{\partial^2 s_2}{\partial \xi^2} + \frac{\lambda^2}{3} \frac{\partial^2 s_2}{\partial \eta^2} + \frac{2}{3}\lambda \frac{\partial^2 t_2}{\partial \xi \partial \eta} = -\frac{1}{3} \frac{\partial w_1}{\partial \xi}\left(\frac{\partial^2 w_1}{\partial \xi^2} + \lambda^2 \frac{\partial^2 w_1}{\partial \eta^2}\right)$$
$$-\frac{1}{3} \frac{\partial}{\partial \xi}\left[\left(\frac{\partial w_1}{\partial \xi}\right)^2 + \lambda^2\left(\frac{\partial w_1}{\partial \eta}\right)^2\right],$$

$$\frac{2}{3}\lambda \frac{\partial^2 s_2}{\partial \xi \partial \eta} + \frac{1}{3} \frac{\partial^2 t_2}{\partial \xi^2} + \lambda^2 \frac{\partial^2 t_2}{\partial \eta^2} = -\frac{1}{3}\lambda \frac{\partial w_1}{\partial \eta}\left(\frac{\partial^2 w_1}{\partial \xi^2} + \lambda^2 \frac{\partial^2 w_1}{\partial \eta^2}\right)$$
$$-\frac{1}{3} \frac{\partial}{\partial \eta}\left[\left(\frac{\partial w_1}{\partial \xi}\right)^2 + \lambda^2\left(\frac{\partial w_1}{\partial \eta}\right)^2\right], \quad (10)$$

and

$$s_2 = t_2 = 0 \text{ at } \xi = \pm 1 \text{ or } \eta = \pm 1.$$

The next approximation yields

$$\frac{\partial^4 w_3}{\partial \xi^4} + 2\lambda^2 \frac{\partial^4 w_3}{\partial \xi^2 \partial \eta^2} + \lambda^4 \frac{\partial^4 w_3}{\partial \eta^4}$$

$$= a_3 + \left(\frac{\partial s_2}{\partial \xi} + \frac{\lambda}{3}\frac{\partial t_2}{\partial \eta}\right)\frac{\partial^2 w_1}{\partial \xi^2} + \lambda^2\left(\lambda\frac{\partial t_2}{\partial \eta} + \frac{1}{3}\frac{\partial s_2}{\partial \xi}\right)\frac{\partial^2 w_1}{\partial \eta^2}$$

$$+ \frac{2}{3}\lambda\left(\lambda\frac{\partial s_2}{\partial \eta} + \frac{\partial t_2}{\partial \xi}\right)\frac{\partial^2 w_1}{\partial \xi \partial \eta} + \frac{1}{2}\left[\left(\frac{\partial w_1}{\partial \xi}\right)^2 + \frac{\lambda^2}{3}\left(\frac{\partial w_1}{\partial \eta}\right)^2\right]\frac{\partial^2 w_1}{\partial \xi^2}$$

$$+ \frac{\lambda^2}{2}\left[\lambda^2\left(\frac{\partial w_1}{\partial \eta}\right)^2 + \frac{1}{3}\left(\frac{\partial w_1}{\partial \xi}\right)^2\right]\frac{\partial^2 w_1}{\partial \eta^2} + \frac{2}{3}\lambda^2\frac{\partial w_1}{\partial \xi}\frac{\partial w_1}{\partial \eta}\frac{\partial^2 w_1}{\partial \xi \partial \eta}, \quad (11)$$

and

$$w_3 = \frac{\partial w_3}{\partial \xi} = 0 \quad \text{at} \quad \xi = \pm 1,$$

$$w_3 = \frac{\partial w_3}{\partial \eta} = 0 \quad \text{at} \quad \eta = \pm 1.$$

Extention to higher order approximations, if need be, can be easily carried out. However, we consider it unnecessary to go beyond the third order approximation.

We seek approximate solutions of Eq's (9), (10), and (11) in the form of polynomials satisfying required boundary conditions. We may write

$$w_1 = (1-\xi^2)^2(1-\eta^2)^2(1 + B_1\xi^2 + C_1\eta^2 + D_1\xi^4 + E_1\eta^4 + F_1\xi^2\eta^2) \quad (12)$$

which, in addition to satisfying the boundary conditions expressed in (9), meets the requirement of $w_1(0, 0) = 1$ as well. On account of symmetry, there cannot be such terms as ξ, η, $\xi\eta$ in (12). This fact has been made use of in Eq. (12). Substituting (12) into (19), we determine B_1, C_1, D_1, E_1, F_1, as well as a_1, by equating like powers of ξ and η.

Next, we may take in succession,

$$s_2 = (1-\xi^2)(1-\eta^2)\xi(A_2 + B_2\xi^2 + C_2\eta^2 + D_2\xi^4 + E_2\eta^4 + F_2\xi^2\eta^2),$$
$$t_2 = (1-\xi^2)(1-\eta^2)\eta(A_3 + B_3\xi^2 + C_3\eta^2 + D_3\xi^4 + E_3\eta^4 + F_3\xi^2\eta^2), \quad (13)$$

and

$$w_3 = (1-\xi^2)^2(1-\eta^2)^2(B_4\xi^2 + C_4\eta^2 + D_4\xi^4 + E_4\eta^4 + F_4\xi^2\eta^2). \quad (14)$$

In this way, all coefficients can be determined. In the case of a square plate ($\lambda=1$), we have, by symmetry, $B_1 = C_1$, $D_1 = E_1$, $A_2 = A_3$, $B_2 = C_3$, $D_2 = E_3$, $B_3 = C_2$, $D_3 = E_2$, $F_2 = F_3$, $B_4 = C_4$, $D_4 = E_4$.

We present below numerical result based upon the above perturbation procedure for the case $\lambda = 1$:

i) $B_1 = 0.246$, $D_1 = 0.010\ 12$, $F_1 = 0.167\ 6$, $\alpha_1 = 50.4$
ii) $A_2 = 0.795$, $B_2 = -2.23$, $C_2 = 1.67$, $D = -0.503$
   $E_2 = 1.436$, $F_2 = 6.20$
iii) $B_3 = 0.049\ 4$, $D = -0.021\ 8$ $F = 0.218$, $\alpha_3 = 1.82$

It may be recalled that the first approximation corresponds to the case of small deflection. Timoshenko1 gives $Q = 49.5W_0$ as compared with $Q = 50.4W_0$ according to the present polynomial approximation.

Result of two term approximation for Q as a function of W_0 are presented in Fig. 2 by a solid curve. Dotted curves show corresponding results according to Way and Levy. It is seen that for the same value of Q, the center deflection of the plate according to the present method is larger than either way's or Levy's. In Fig. 3, a comparison is made between the present results and experimental results. On the basis of this comparison, it may be said that the present results are in better accord with experiments than those obtained by Way and Levy.

Let Σ'_ξ, Σ'_η, $\Sigma'_{\xi\eta}$, Σ''_ξ, Σ''_η, $\Sigma''_{\xi\eta}$ be the non-dimensionalized components of membrane and bending stresses defined as

$$\left.\begin{aligned}
\Sigma'_\xi &= \frac{2}{1-\nu}\left[\frac{\partial U}{\partial \xi} + \lambda\nu\frac{\partial V}{\partial \eta} + \frac{1}{2}\left(\frac{\partial W}{\partial \xi}\right)^2 + \frac{\nu^2}{2}\lambda^2\left(\frac{\partial W}{\partial \eta}\right)^2\right], \\
\Sigma'_\eta &= \frac{2}{1-\nu}\left[\lambda\frac{\partial V}{\partial \eta} + \nu\frac{\partial U}{\partial \xi} + \nu\left(\frac{\partial W}{\partial \xi}\right)^2 + \frac{\lambda^2}{2}\left(\frac{\partial W}{\partial \eta}\right)^2\right], \\
\Sigma'_{\xi\eta} &= \lambda\frac{\partial U}{\partial \eta} + \frac{\partial V}{\partial \xi} + \lambda\frac{\partial W}{\partial \xi}\frac{\partial W}{\partial \eta}, \\
\Sigma''_\xi &= \mp\frac{2\sqrt{3}}{1-\nu}\left[\frac{\partial^2 W}{\partial \xi^2} + \nu\lambda^2\frac{\partial^2 W}{\partial \eta^2}\right], \\
\Sigma''_\eta &= \mp\frac{2\sqrt{3}}{1-\nu}\left[\lambda^2\frac{\partial^2 W}{\partial \eta^2} + \nu\frac{\partial^2 W}{\partial \xi^2}\right], \\
\Sigma''_{\xi\eta} &= \mp 2\sqrt{3}\lambda\frac{\partial^2 W}{\partial \xi \partial \eta}.
\end{aligned}\right\} \quad (15)$$

Then we find that, for a square plate,

$$\left.\begin{aligned}
\Sigma'_\xi(\pm 1, 0) &= 11.64W_0^2, \\
\Sigma'_\xi(0, 0) &= 3.180\ W_0^2, \\
\Sigma''_\xi(\pm 1, 0) &= \mp(52.2W_0 + 1.147\ W_0^3), \\
\Sigma''_\xi(0, 0) &= \pm(24.3W_0 - 1.270\ W_0^3), \\
\Sigma'_{\xi\eta}(\pm 1, 0) &= \Sigma'_{\xi\eta}(\pm 1, 0) = \Sigma''_{\xi\eta}(0, 0) = 0.
\end{aligned}\right\} \quad (16)$$

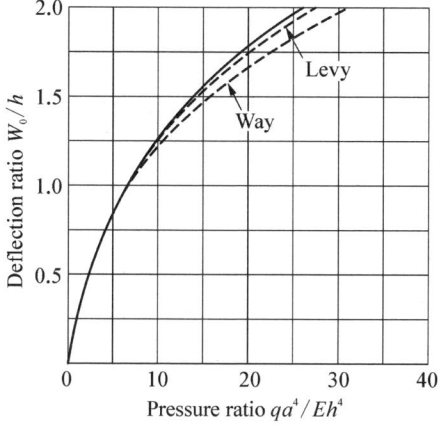

Fig. 2

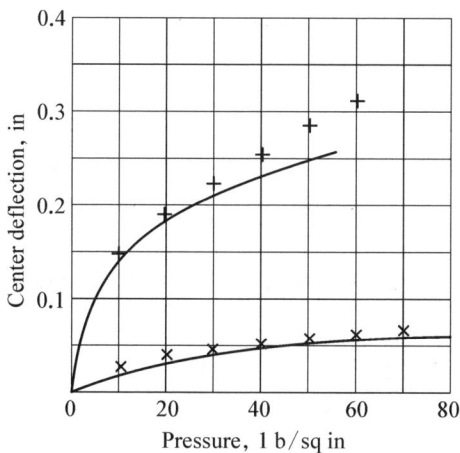

Fig. 3

Experimental Results:	Symbol	h, in	$2a$, in	E, Kip/$\square''$
	$+$	0.090 2	7.5	10.200
	$\times$	0.050 0	2.5	10.200

Present Results $\left(\nu = \dfrac{1}{3}\right)$

Curves representing maximum normal stresses at $\xi = 0$, $\eta = 0$ and $\xi = \pm 1$, $\eta = 0$ are shown in Fig. 4.

According to the Huber-Mises theory, the plastic yield condition is given by

$$(\sigma_1 - \sigma_2)^2 + (\sigma_2 - \sigma_3)^2 + (\sigma_3 - \sigma_1)^2 = 2E_0^2,$$

where σ_1, σ_2, σ_3, are the principal stresses and E_0 is the yielding stress in simple tension. At the midpoint of an edge of the square plate, say $\xi = 1$, $\eta = 0$, and the convex side of the plate, we may identify σ_1 with σ_x and σ_2 with σ_y. σ_3 is in any

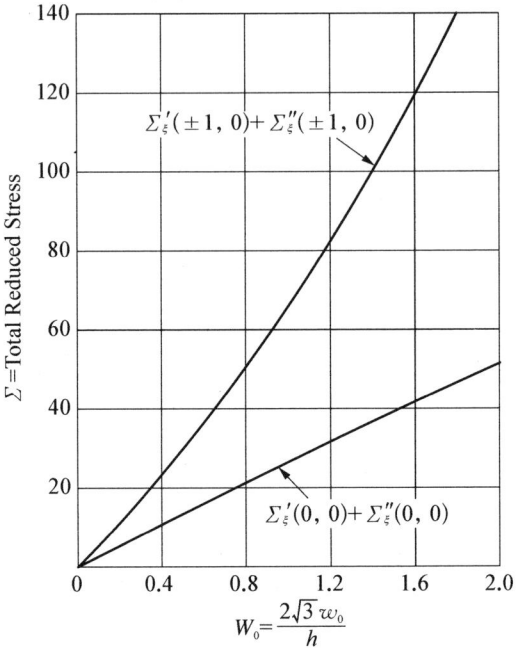

Fig. 4

case small in comparison with σ_1 and σ_2, and may therefore be neglected.

Moreover, since

$$\frac{\partial w}{\partial x} = \frac{\partial w}{\partial y} = \frac{\partial v}{\partial y} = 0 \quad \text{at} \quad \xi = 1, \eta = 0,$$

we have by Eq's (1)

$$\sigma_2 = \nu \sigma_1. \tag{17}$$

Eq (16) then gives

$$\sigma_1 = E_0 / \sqrt{1 - \nu + \nu^2}. \tag{18}$$

On the other hand,

$$\sigma_1 = \frac{h^2 E}{24 a^2 (1+\nu)} [\Sigma'_\xi(1, 0) + \Sigma''_\xi(1, 0)]. \tag{19}$$

Consequently, the yield condition of an element at $\xi = 1$, $\eta = 0$ and on the convex side of the plate is

$$\frac{a^2 E_0}{h^2 E} = \frac{\sqrt{1 - \nu - \nu^2}}{24(1+\nu)} [\Sigma'_\xi(1, 0) + \Sigma''_\xi(1, 0)]. \tag{20}$$

For a square plate and for $\nu = \dfrac{1}{3}$ we obtain

$$\frac{a^2 E_0}{h^2 E} = W_0(1.439 + 0.321 W_0 + 0.0316 W_0^2). \tag{21}$$

This yield condition is plotted in Fig. 5. According to Fig. 4, it is obvious that yielding at the center of the edge preceeds that at the center of the plate.

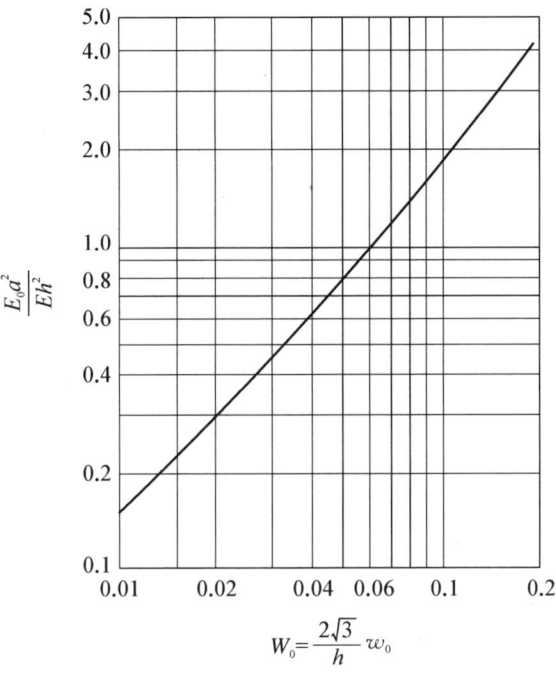

Fig. 5

References

[1] Way S. Uniformly loaded, clamped, rectangular plates with large deflection//Proc Fifth Int Cong Appl Mich (Cambridge, Mass. U. S. A. 1938). 1939: 123 - 128.

[2] Levy S. Bending of rectangular plates with large deflections. NACA, TR 737, 1942; Square plate with clamped edges under normal pressure producing large deflection. NACA, TR 740, AORZ; Bending with large deflections of a clamped rectangular plate with length-width ratio of 1. 5 under normal pressure, with S. Greenman, NACA, TN 853, 1942.

[3] Wang C T. Non-linear large deflection boundary value problems of rectangular plates. NACA, TN 1425, 1948.

[4] Wang C T. Bending of rectangular plates with large deflections. NACA, TN 1462, 1948.

[5] Chien W Z. Large deflection of a circular clamped plate under uniform pressure. Chinese J of Physics, 1947, 7: 102 – 113.

[6] Yeh K Y. Large deflection of a circular plate with a circular hole at the centre. Acta Scientia Sinica, 1953, 2: 127 – 144.

[7] Chien W Z, Yeh K Y. On the large deflection of circular plate. Acta Scientia Sinica, 1954, 3: 405 – 436.

[8] Chien W Z. Problem of large deflection of circular plate. Nadbitka Z Archiwum Mechaniki Stosowanej. Warszawa, Tom, VIII. 1956: 1 – 12.

[9] Timoshenko S. Theory of Plates and Shells. McGrew Hill, 1940: 290 – 293.

[10] Ramberg W, McPherson A B, Levy S. Normal-pressure tests of rectangular plates. NACA Report, 1942, (748).

On the Snapping of a Thin Spherical Cap

I. Introduction

The snapping of thin shallow shells and corrugated plates during loading and unloading are easily observable. But theoretical treatments of these problems appeared only recently. In 1945, V. I. Feodosiev[1] investigated the problem of large deflection of a circular corrugated plate under uniform load by Galerkin's method. Later, V. I. Feodosiev[2] investigated the problem of large deflection and snapping of a thin spherical cap under uniform load by the same method.

The problem of snapping of a thin spherical cap has intimate relations to the problem of buckling of a thin spherical shell under uniform pressure. They are all nonlinear phenomena and the mathematical equations governing these problems are very similar. It was discovered early that the critical pressure of a spherical shell calculated according to linear theory is much larger than that found by experiments. Th. van Kármán and Tsien Hsue-shen[3] first pointed out that the buckling of a spherical shell is a nonlinear phenomenon. Since then, the works of K. O. Friedrich[4], Tsien Hsue-shen[5], Kh. M. Mushtari and R. G. Surkin[6] may be mentioned.

The purpose of this paper is to investigate the snapping of a thin spherical cap under symmetrical line load and under uniform edge moment. The first problem is solved by energy method and the second by an approximate method based on two linear problems. Snapping pressures and moments are determined. In the second problem we find an exact theoretical relation between the mean value of the forward and backward snapping moments and the geometrical characteristic k of the cap.

Authors: Chien Wei-zang and Hu Hai-chang. Reprinted from *Proceeding of IX International Congress of Applied Mechanics*, Brusselles, 1956.

II. Snapping of a thin spherical cap under symmetrical line load

Consider a thin spherical cap of thickness h, radius a and radius of curvature $2f/a^2$ under the action of a line load p uniformly distributed along a concentric circle of radius b as shown in Fig. 1. Let us assume that this problem of thin shells belongs to the type SS12 according to Chien Wei-zang[7]. Since the external load is symmetrical, let us further assume that the deflection is also symmetrical. It has been pointed by D. Y. Panov and V. I. Feodosiev[8] that symmetrical deflections are not necessarily stable under heavy symmetrical loads. According to Eq. (12.34) of [7], the deflection w and the radial membrane stress N_r of the cap satisfy the equation

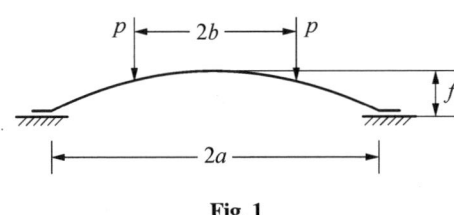

Fig. 1

$$\frac{D}{r}\frac{d}{dr}r\frac{d}{dr}\frac{1}{r}\frac{d}{dr}r\frac{dw}{dr} - \frac{1}{r}\frac{d}{dr}\left[rN_r\left(\frac{2f}{a^2}r + \frac{dw}{dr}\right)\right]q, \tag{1a}$$

$$\frac{1}{hE}r\frac{d}{dr}\frac{1}{r}\frac{d}{dr}(r^2 N_r) + \frac{2f}{a^2}r\frac{dw}{dr} + \frac{1}{2}\left(\frac{dw}{dr}\right)^2 = 0, \tag{1b}$$

with the boundary conditions

$$\left.\begin{array}{l} W = 0, \quad \dfrac{d^2 w}{dr^2} + \dfrac{\mu}{r}\dfrac{dw}{dr} = 0 \\[2mm] N_r = 0 \end{array}\right\} \text{at } r = a. \quad \begin{array}{c}(2a)\\(2b)\end{array}$$

The exact solution of Eq. (1) is very difficult. We shall use energy method. Assume

$$W = W_0(1-\rho^2)\left[1 - \frac{1+\mu}{5+\mu}\rho^2\right], \quad \rho = \frac{r}{a}, \tag{3}$$

where w_0 is an undetermined constant. This expression satisfies the boundary condition (2a). By taking $\mu = 0.3$, expression (3) reduces to

$$W = W_0(1-\rho^2)(1-0.245\,3\rho^2). \tag{4}$$

Substituting this into Eq. (1b), we get an equation satisfied by N_r. From this equation and boundary condition (2a, b) we get

$$N_r = -\frac{fhEW_0}{a^2}(0.540\,88 - 0.622\,64\rho^2 + 0.081\,88\rho^4) +$$
$$+ \frac{hEW_0^2}{a^2}(0.295\,89 - 0.388\,28\rho^2 + 0.101\,16\rho^4 - 0.010\,03\rho^6). \qquad (5)$$

The constant w_0 is then determined by the principle of extremal potential energy. Finally we obtain the load-deflection relation as follows.

$$Q = (0.660\,0 + 0.083\,68k^2)\frac{w_0}{h} - 0.255\,0k\left(\frac{W_0}{h}\right)^2 + 0.173\,4\left(\frac{W_0}{h}\right)^3, \qquad (6)$$

where

$$k = \frac{2f}{h}, \quad Q = \frac{2pba^2}{Eh^4}(1-\alpha^2)(1-0.245\,3\alpha^2), \quad \alpha = \frac{b}{a} \qquad (7)$$

$\left(Q, \dfrac{W_0}{h}\right)$ curves for several values of k are plotted in Fig. 2.

Fig. 2 shows that when k is large, Q has a maximum and a minimum value. It may be proved that the maximum value of Q is the forward snapping pressure Q_f and the minimum value, the backward snapping pressure Q_b. Calculating

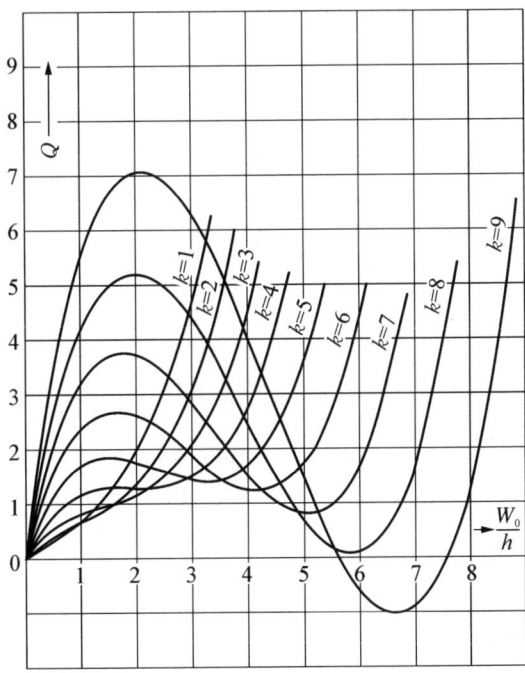

Fig. 2

maximum and minimum values of Q from (6), we obtain

$$\left.\begin{array}{c}Q_f \\ Q_b\end{array}\right\} = (0.3236k + 0.0001588k^3) \pm 0.00774(k^2-16)^{\frac{3}{2}}. \quad (8)$$

The relation between Q_f, Q_b and k are shown by the dotted curve in Fig. 3.

It is seen from Fig. 3 that the theoretical snapping pressures are smaller than the experimental values. In order to reduce the discrepance, we shall employ a semi-empirical method.

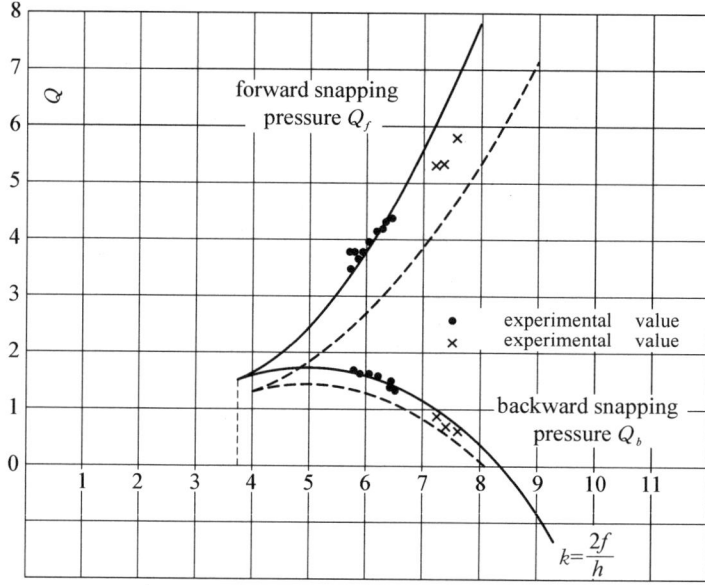

Fig. 3

As a generalization of expression (6), let us assume that the load-deflection relation has the form

$$Q = (n+mk^2)\frac{W_0}{h} - lk\left(\frac{W_0}{h}\right)^2 + S\left(\frac{W_0}{h}\right)^3, \quad (9)$$

where l, m, n, s are constants to be determined by experimental data. From (9) it may be found that Q_f and Q_b have the following forms,

$$\left.\begin{array}{c}Q_f \\ Q_b\end{array}\right\} = \xi k^3 \left\{\frac{1}{2}\left(\frac{n}{k^2}+\zeta\right) - 1 \pm \left[1 - \frac{1}{3}\left(\frac{n}{k^2}+\zeta\right)\right]^{\frac{3}{2}}\right\}, \quad (10)$$

where ξ, η, ζ are constants expressible in terms of l, m, n, S. According to experimental data for $\alpha = 0.8831$, we find

$$\xi = 0.059\,12, \quad \eta = 12.76, \quad \zeta = 2.065. \tag{11}$$

Eq. (10) with coefficients (11) is a semi-empirical formula for $\alpha = 0.8831$. This semi-empirical relation are shown by the solid curve in Fig. 3.

III. Snapping of a spherical cap under edge moment

III. 1 *Fundamental equations and their simplification* Consider the same cap under the action of uniform edge moment M per unit length. The deflection w and the radial membrane stress N_r satisfy the equations

$$\frac{D}{r}\frac{d}{dr}r\frac{d}{dr}\frac{1}{r}\frac{d}{dr}r\frac{dw}{dr} - \frac{1}{r}\frac{d}{dr}\left[rN_r\left(\frac{2f}{a^2}r + \frac{dw}{dr}\right)\right] = 0, \tag{12a}$$

$$\frac{1}{hE}r\frac{d}{dr}\frac{1}{r}\frac{d}{dr}(r^2 N_r) + \frac{2f}{a^2}r\frac{dw}{dr} + \frac{1}{2}\left(\frac{dw}{dr}\right)^2 = 0, \tag{12b}$$

with the boundary conditions

$$W = 0, \quad D\left(\frac{d^2 w}{dr^2} + \frac{\mu}{r}\frac{dw}{dr}\right) = -M, \quad N_r = 0 \quad \text{at} \quad r = a. \tag{13}$$

By integrating Eq. (12a), we get

$$Dr\frac{d}{dr}\frac{1}{r}\frac{d}{dr}r\frac{dw}{dr} - rN_r\left(\frac{2f}{a^2}r + \frac{dw}{dr}\right) = 0. \tag{14}$$

In order to simplify the following calculations, let us introduce the following dimensionless variables.

$$\rho = \frac{r}{a}, \quad y = \sqrt{12(1-\mu^2)}\,\frac{w}{h}, \quad \theta = \frac{dy}{d\rho},$$

$$S_r = \frac{12(1-\mu^2)a^2}{Eh^3} N_r, \quad S = \rho S_r,$$

$$k^2 = 2\sqrt{12(1-\mu^2)}\,\frac{f}{h}, \quad m = \frac{[12(1-\mu^2)]^{3/2}}{Eh^4}M. \tag{15}$$

By regarding θ and S as functions of ρ, Eqs. (14), (12b) and boundary conditions (13) reduce to

$$\frac{d}{d\rho}\frac{1}{\rho}\frac{d}{d\rho}(\rho\theta) + k^2 S = \frac{\partial S}{\rho},$$

$$\frac{d}{d\rho}\frac{1}{\rho}\frac{d}{d\rho}(\rho S) - k^2\theta = -\frac{\theta^2}{2\rho},$$

$$\frac{d\theta}{d\rho}+\mu\frac{\theta}{\rho}=m, \quad S=0 \quad \text{at} \quad \rho=1. \tag{16}$$

Exact solution of these equations for an arbitrary value of m is very difficult. Here we may note that two simple exact solutions may be found when m takes two special values. The first corresponds to the case where the cap is bent into a flat plate. In this case

$$\theta=k^2\rho, \quad S=-\frac{k^4}{16}\rho(1-\rho^2), \quad m=(1+\mu)k^2. \tag{17}$$

The second corresponds to the case where the cap is turned over into an inverted spherical cap. In this case

$$\theta=2k^2\rho, \quad S=0, \quad m=2(1+\mu)k^2. \tag{18}$$

In order to investigate the behavior of the cap having nearly the form of a flat plate, it is convenient to make the following substitutions.

$$\theta=k^2\rho+\theta', \quad S=-\frac{k^4}{16}\rho(1-\rho^2)+S', \quad m=(1+\mu)k^2+m'. \tag{19}$$

Putting expressions (19) into Eqs. (16), we get

$$\frac{d}{d\rho}\frac{1}{\rho}\frac{d}{d\rho}(\rho\theta')+\frac{k^4}{16}(1-\rho^2)\theta'=\frac{\theta'S'}{\rho}, \tag{20a}$$

$$\frac{d}{d\rho}\frac{1}{\rho}\frac{d}{d\rho}(\rho S')=-\frac{\theta'^2}{2\rho}, \tag{20b}$$

$$\frac{d\theta'}{d\rho}+\mu\frac{\theta'}{\rho}=m', \quad S'=0 \quad \text{at} \quad \rho=1. \tag{20c}$$

Equations (16) and (20) are the fundamental equations for the discussion of a spherical cap under edge moment.

III. 2. *Linear theory* We begin with the investigation of small bending of the cap in accodance with the linear theory. This theory will provide some useful results.

By neglecting second order terms θS and θ^2, we get

$$\frac{d}{d\rho}\frac{1}{\rho}\frac{d}{d\rho}(\rho\theta)+k^2 S=0, \quad \frac{d}{d\rho}\frac{1}{\rho}\frac{d}{d\rho}(\rho S)-k^2\theta=0,$$

$$\frac{d\theta}{d\rho}+\mu\frac{\theta}{\rho}=m, \quad S=0 \quad \text{at} \quad \rho=1. \tag{21}$$

The solution of this equation is

$$\theta = \frac{\beta}{2}\left\{\frac{J_1(jk\rho)}{J_1(jk)} + \frac{J_1(j^3k\rho)}{J_1(j^3k)}\right\}, \tag{22a}$$

$$S = \frac{j^2\beta}{2}\left\{\frac{J_1(jk\rho)}{J_1(jk)} - \frac{J_1(j^3k\rho)}{J_1(j^3k)}\right\}, \tag{22b}$$

where $J_1(z)$ is the Bessel function of the first order and of the first kind, $j = \sqrt{i} = \sqrt[4]{-1}$, β is the edge slope, i.e.

$$\beta = (\theta)_{\rho=1}. \tag{23}$$

The edge slope β is connected with the given edge moment m by the relation

$$\frac{m}{\beta} = m_1 = -1 + \mu + \frac{k}{2}\left\{\frac{jJ_0(jk)}{J_1(jk)} + \frac{j^3J_0(j^3k)}{J_1(j^3k)}\right\}. \tag{24}$$

The deflection y may then be found by integrating expression (22a),

$$y = \int_\rho^1 \theta\, d\rho = \frac{\beta}{2k}\left\{\frac{J_0(jk\rho) - J_0(jk)}{jJ_1(jk)} + \frac{J_0(j^3k\rho) - J_0(j^3k)}{j^3J_1(j^3k)}\right\}. \tag{25}$$

When k approaches zero, expressions (22), (24) and (25) approach respectively

$$\theta = \beta\rho, \quad S = 0, \quad \frac{m}{\beta} = 1 + \mu, \quad y = \frac{\beta}{2}(1 - \rho^2). \tag{26}$$

These expressions coincide with those for the case of a flat plate.

When k is large and ρ is not small, we may employ asympototic formulas for Bessel functions. Thus expressions (22), (24) simplify to the forms

$$\theta = \frac{\beta}{\sqrt{\rho}}\exp\left\{-\frac{k}{\sqrt{2}}(1-\rho)\right\}\cos\left[-\frac{k}{\sqrt{2}}(1-\rho)\right],$$

$$S = -\frac{\beta}{\sqrt{\rho}}\exp\left\{-\frac{k}{\sqrt{2}}(1-\rho)\right\}\sin\left[\frac{k}{\sqrt{2}}(1-\rho)\right], \tag{27}$$

$$\frac{m}{\beta} = -1 + \mu + \frac{k}{2\sqrt{2}}.$$

Deflection curves for $k = 0, 2, 4, 6$ are shown in Fig. 4. When k is small, the deflection curves resemble those for a flat plate. But when k is large, the deflection curves have several waves. The transition from n waves to $(n+1)$

waves occurs when k satisfies the following condition

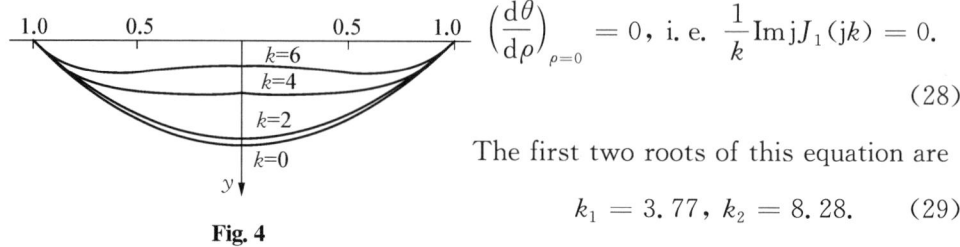

Fig. 4

$$\left(\frac{d\theta}{d\rho}\right)_{\rho=0} = 0, \text{ i. e. } \frac{1}{k} \text{Im} jJ_1(jk) = 0. \tag{28}$$

The first two roots of this equation are

$$k_1 = 3.77, \quad k_2 = 8.28. \tag{29}$$

Let us now consider in details the case when $k_1 < k < k_2$. When m is small, the bending moment at the center of the cap is negative and the shape of the deflection curve resembles that for $k = 4$ as shown in Fig. 4. But when m is sufficiently large, it is evident that the bending moment at the center of the cap must be positive and the corresponding deflection curve resembles that for $k = 0$ as shown in Fig. 4. The transition from a waved deflection curve to an unwaved deflection curve cannot occur in a continuous manner. The transition must be carried out by a sudden jump, i. e. by snapping process. Therefore $k = 3.77$ may be regarded as the upper bound of k for the occurence of snapping. A more precise value given below is $k = 3.54$, which justifies the above reasoning.

III. 3. *Stability of the state in the form of a flat plate*   We have pointed out in Section III. 1 that when the cap deforms into a flat circular plate, the exact solution is (17). The radial membrane stress S_t and the circumferential membrane stress S_r corresponding to this state of deformation are

$$S_r = \frac{S}{\rho} = -\frac{k^4}{16}(1-\rho^2),$$

$$S_t = S_r + \rho \frac{dS_r}{d\rho} = -\frac{k^4}{16}(1-3\rho^2). \tag{30}$$

These expressions reveal that S_r is compressive in the whole region, S_t is compressive in the central portion and is tensile in the edge strip. The absolute values of S_r and S_t increase with increase of k. Hence a question arises whether this state of deformation is stable or not. It is quite clear that the form of a flat plate is the most unstable state of all deformations corresponding to different values of m. If this state is stable, there will be no snapping action. If this state is unstable, then snapping is possible. Therefore the critical value of k for the instability of the flat plate form is also the critical value for the occurence of snapping. In this article we shall determine this critical value approximately.

Let θ and S receive small increments θ' and S', but at the same time the edge moment m is kept unchanged. By neglecting the second order terms $\theta'S'$ in Eq. (20a), we get

$$\frac{d}{d\rho}\frac{1}{\rho}\frac{d}{d\rho}(\rho\theta') + \frac{k^4}{16}(1-\rho^2)\theta' = 0,$$

$$\frac{d\theta'}{d\rho} + \mu\frac{\theta'}{\rho} = 0 \quad \text{at} \quad \rho = 1. \tag{31}$$

The first eigenvalue k_1 of equation (31) can be determined approximately in the following manner. Let Φ_0 be an appropriately chosen function. From Φ_0 we construct successively $\Phi_1, \Phi_2, \cdots$ according to the following relations

$$\frac{d}{d\rho}\frac{1}{\rho}\frac{d}{d\rho}(\rho\Phi_u) + \frac{1}{16}(1-\rho^2)\Phi_{u-1} = 0,$$

$$\frac{d\Phi_u}{d\rho} + \mu\frac{\Phi_u}{\rho} = 0 \quad \text{at} \quad \rho = 1. \tag{32}$$

It can be proved that there exists a number ξ, $0 \leqslant \xi \leqslant 1$, such that

$$k_1^4 = \frac{\Phi_{u-1}(\xi)}{\Phi_u(\xi)}. \tag{33}$$

Therefore it may be concluded that

$$\min \frac{\Phi_{u-1}(\rho)}{\Phi_u(\rho)} \leqslant k_1^4 \leqslant \max \frac{\Phi_{u-1}(\rho)}{\Phi_u(\rho)}, \quad 0 \leqslant \rho \leqslant 1. \tag{34}$$

For example, we take

$$\Phi_0 = \rho. \tag{35}$$

Then it is easily found that

$$\Phi_1 = -\frac{1}{16}\left\{-\frac{(2+\mu)\rho}{12(1+\mu)} + \frac{\rho^3}{8} - \frac{\rho^5}{24}\right\}, \tag{36a}$$

$$\Phi_2 = \frac{1}{16^2}\left\{\frac{123+110\mu+27\mu^2}{5760(1+\mu)^2}\rho - \frac{(2+\mu)\rho^3}{96(1+\mu)} + \frac{(7+5\mu)\rho^5}{216(1+\mu)} - \frac{\rho^7}{36} + \frac{\rho^9}{1920}\right\}, \tag{36b}$$

According to Eq. (34), we have

$$\frac{7680(1+\mu)(2+\mu)}{123+110\mu+27\mu^2} \leqslant k_1^4 \leqslant \frac{7680(1+\mu)}{56+16\mu}. \tag{37}$$

Taking $\mu = \dfrac{1}{3}$, we obtain

$$146.99 \leqslant k_1^4 \leqslant 166.96, \text{ i.e. } 3.4813 \leqslant k_1 \leqslant 3.5946. \tag{38}$$

Therefore by taking

$$k_1 = \frac{1}{2}(3.4813 + 3.5946) = 3.5379, \tag{39}$$

the possible error of this value is less than 1.6%.

III. 4. *Bending of the cap near the form of a flat plate* In this article we shall investigate the bending of the cap near the form of a flat plate. Specially it is our purpose to find out the relation between $\beta' = (\theta')_{\rho=1}$ and m' when β' is small. By neglecting second order terms in Eq. (20), we get the following equation and boundary condition

$$\frac{\mathrm{d}}{\mathrm{d}\rho}\frac{1}{\rho}\frac{\mathrm{d}}{\mathrm{d}\rho}(\rho\theta') + \frac{k^4}{16}(1-\rho)\theta' = 0, \tag{40a}$$

$$\frac{\mathrm{d}\theta'}{\mathrm{d}\rho} + \mu\frac{\theta'}{\rho} = m', \text{ at } \rho = 1. \tag{40b}$$

Assume

$$\theta' = \frac{m'}{1+\mu}(\rho + \Theta). \tag{41}$$

Θ satisfies the following equation and boundary condition

$$\frac{\mathrm{d}}{\mathrm{d}\rho}\frac{1}{\rho}\frac{\mathrm{d}}{\mathrm{d}\rho}(\rho\Theta) + \frac{k^4}{16}(1-\rho^2)\Theta = -\frac{k^4}{16}\rho(1-\rho^2), \tag{42a}$$

$$\frac{\mathrm{d}\Theta}{\mathrm{d}\rho} + \mu\frac{\Theta}{\rho} = 0 \text{ at } \rho = 1. \tag{42b}$$

For small k and for k near the first eigenvalue k_1, Θ may be approximately put in the form

$$\Theta = \frac{\Theta'}{1-(k/k_1)^4}, \tag{43}$$

where Θ' satisfies the following equation and boundary condition

$$\frac{\mathrm{d}}{\mathrm{d}\rho}\frac{1}{\rho}\frac{\mathrm{d}}{\mathrm{d}\rho}(\rho\Theta') = -\frac{k^4}{16}\rho(1-\rho^2), \tag{44a}$$

$$\frac{d\Theta'}{d\rho} + \mu \frac{\Theta'}{\rho} = 0 \quad \text{at} \quad \rho = 1. \tag{44b}$$

By solving this equation we get

$$\Theta' = \frac{k^4}{16} \left\{ \frac{(2+\mu)\rho}{12(1+\mu)} - \frac{\rho^3}{8} + \frac{\rho^5}{24} \right\}. \tag{45}$$

Therefore we have approximately

$$\Theta' = \frac{m'}{1+\mu} \left\{ \rho + \frac{k^4}{16[1-(k/k_1)^4]} \left[\frac{(2+\mu)\rho}{12(1+\mu)} - \frac{\rho^3}{8} + \frac{\rho^5}{24} \right] \right\}. \tag{46}$$

Setting $\rho = 1$ in this expression we get

$$\frac{m'}{\beta'} = m_1 = \frac{(1+\mu)\left[1 - \left(\frac{k}{k_1}\right)^4\right]}{1 - \left(\frac{k}{k_1}\right)^4 + \frac{k^4}{192(1+\mu)}}. \tag{47}$$

III. 5. *The relation between the moment and the slope The forward and backward snapping moments.* Up to now we have only discussed two problems. We do not intend to solve the nonlinear equations (16) or (20). Based upon the previous results, it is possible to construct approximately the nonlinear relation between m and β.

When $k < k_1$, corresponding to one value of m there is only one β, therefore in this case β is a single valued function of m. When $k > k_1$, corresponding to one value of m there may be several deflection curves. Therefore in this case β is a multiple valued function of m. But for not too large values of k, m may be a single valued function of β. Let us first determine the critical value k_s of k such that when $k < k_s$, m is a single valued function of β.

By the same physical consideration as in Section III. 3, we know that the most unstable state of deformation in this case is also the state in the form of a flat plate. The critical value k_s is the first eigenvalue of the following equation

$$\frac{d}{d\rho} \frac{1}{\rho} \frac{d}{d\rho}(\rho\theta') + \frac{k^4}{16}(1-\rho^2)\theta' = 0, \tag{48a}$$

$$\theta' = 0 \quad \text{at} \quad \rho = 1. \tag{48b}$$

The upper and lower bounds of the first eigenvalue of this equation can be determined in a similar manner as in Section III. 3. For example, by taking

$$\Phi_0 = \rho, \tag{49}$$

we have

$$\frac{\Phi_2}{\Phi_3} = \frac{16 \times 24 \times 70 \times (27 - 33\rho^2 + 17\rho^4 - 3\rho^6)}{2\,252 - 3\,418\rho^2 + 2\,672\rho^4 - 1\,178\rho^6 + 292\rho^8 - 30\rho^{10}}. \tag{50}$$

Hence

$$332.3 \leqslant k_s^4 \leqslant 364.5, \text{ i. e. } 4.237 \leqslant k_s \leqslant 4.369. \tag{51}$$

Therefore by taking

$$K_s = \frac{1}{2}(4.237 + 4.369) = 4.303, \tag{52}$$

the possible error of this value is no more than 1.5%.

Therefore when $k \leqslant 4.237$, m is certainly a single valued function of β,

$$m = m(\beta), \quad \text{or} \quad m' = m'(\beta'). \tag{53}$$

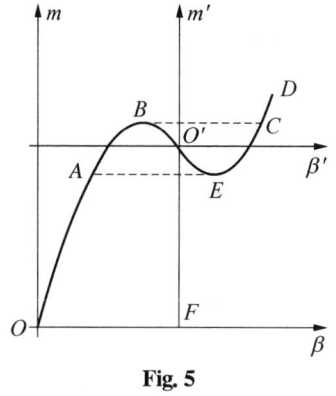

Fig. 5

According to the results obtained previously, the curve $m = m(\beta)$ in the (β, m) plane (Fig. 5) has the following properties:

1) The slope of the tangent at the origin O is m, see Eq. (24).

2) The curve passes through the point O' with coordinates $\beta = k^2$, $m = (1 + \mu)k^2$, see Eq. (17).

3) The slope of the tangent at the point O' is m_1', see Eq. (47).

4) The curve is skew-symmetrical with respect to the coordinate axes $O'\beta'$, $O'm'$. This follows immediately from Eq. (20).

Besides these results, the area $OBO'F$ in Fig. 5 can be found without any difficulty. This area represents the work done by the external edge moment m. According to the principle of conservation of energy, it equals to the strain energy of the cap at the state corresponding to the point O'. Calculating out this strain energy, we get

$$\int_{-k^2}^{0} m'(\beta') d\beta' = -\frac{1}{2}(1+\mu)k^2 + \frac{k^8}{768}. \tag{54}$$

Thus we have known five properties of the (β, m) curve. For the approximate representation of $m(\beta)$ or $m'(\beta')$, we assume a curve of 7th degree

$$\frac{m'}{k^2} = m'_1 \frac{\beta'}{k^2} + m'_3 \left(\frac{\beta'}{k^2}\right)^3 + m'_5 \left(\frac{\beta'}{k^2}\right)^5 + m'_7 \left(\frac{\beta'}{k^2}\right)^7, \qquad (55)$$

where m'_1, m'_3, m'_5, m'_7 are determined by the properties cited above. In this way we obtain

$$m'_3 = \frac{11}{2}(1+\mu) + \frac{m_1}{2} - 6m'_1 - \frac{k^4}{32},$$

$$m'_5 = -\frac{15}{2}(1+\mu) - \frac{3}{2}m_1 + 9m'_1 + \frac{k^4}{16},$$

$$m'_7 = 3(1+\mu) + m_1 - 4m'_1 - \frac{k^4}{32}. \qquad (56)$$

Equation (55) in conjunction with coefficients (56) defines approximately the relation between the edge moment m and the edge slope β. In Fig. 6 is shown (β, m) curves for $k = 3.8, 3.9, 4.0, 4.1$ with $\mu = \frac{1}{3}$.

Neglecting the small irregularities near the origin O, each of the (β, m) curves plotted in Fig. 6 has one maximum and one minimum values. The maximum value is the forward snapping moment m_f and the minmum value is the backward snapping moment m_b. Values of m_f and m_b for various values of k found from Eq. (55) are plotted in Fig. 7.

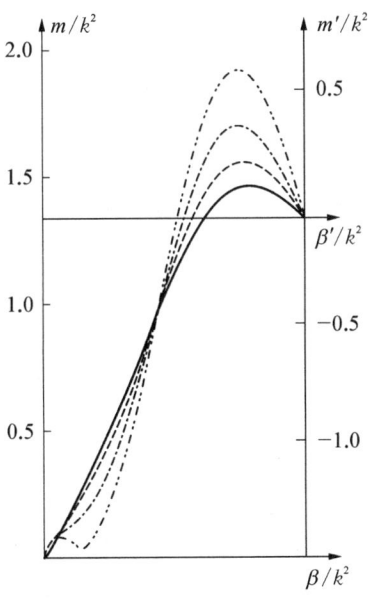

Fig. 6

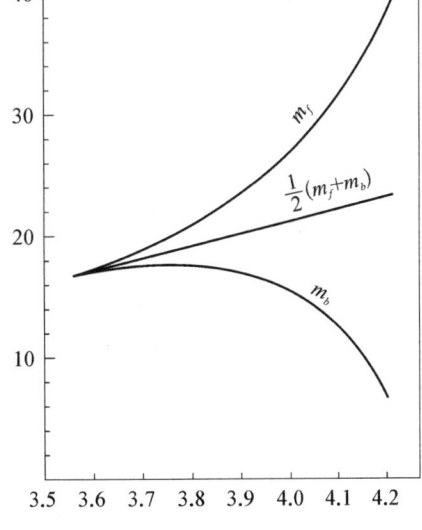

Fig. 7

Since the (β, m) curve is skew-symmetrical with respect to axes $O'\beta'$, $O'm'$, it is easily seen that

$$\frac{1}{2}(m_f + m_b) = (1+\mu)k^2. \tag{57}$$

This is an exact theoretical relation.

References

[1] Feodosiev V I. Large displacements and stability of a circular membrane with fine corrugations. Appl Math Mech, Akad Soi USSR, 1945, 9:389 - 412.

[2] Feodosiev V I. Calculation of thin clicking membranes. Appl Math Mech, Akad Sci, USSR, 1946, 10:295 - 300.

[3] van Kármán Th, Tsien Hsue-shen. The buckling of spherical shells by external pressure. J Aero Sci, 1939,7: 43.

[4] Friedrich K O. On the minimum buckling load for spherical shells//Th van Kármán Anniversary Volume. 1941: 258.

[5] Tsien Hsue-shen. A theory for the buckling of thin shells. J Aero Sci, 1942, 9: 373.

[6] Муштари Х М, и Суркин Р Г. О нелинейной теории устойчивости упругого равновесия тонкой сферической оболочки под действием равномерно распределеного номального внешнего давления. ППМ, 1950, 14: 573.

[7] Chien Wei-zang. The intrinsic theory of thin shells and plates. Quart Appl Math, 1944, 1: 297 - 327; 1944, 2: 43 - 59, 120 - 135.

[8] Панов Д Ю, и Фесдосьев В И. О равновесии и потере устойчивости пологих оболочек при больших прогибах. ПММ, 1948, 12: 389 - 406.

КЛАССИЧЕСКИЕ ПОСТРОЙКИ КИТАЯ[*]

ОТ ПЕРЕВОДЧИКА Настоящая статья является несколько сокращенным переводом одного из разделов книги профессора Цянь Вэй-чжана «Научные изобретения в истории нашей страны».

Насколько мне известно, это — первая за последние годы книга, которая посвящена вопросам истории науки и техники Китая.

Чтобы облегчить советским друзьям понимание статьи, переводчик составил примечания к тексту, а также приложил несколько иллюстраций.

Изучение архитектурных сооружений является одним из наиболее ярких источников познания культурной традиции какой-либо страны. В нашей стране, как и в некоторых других странах, сохранилось много прекрасных классических архитектурных сооружений. История строительного искусства в Китае насчитывает много тысячелетий. Критическое изучение этого классического архитектурного и технического наследия усиливает уверенность в наших силах, а использование лучшего, что есть в нем, обогащает современную технику и искусство.

Статья предназначена для советских друзей и имеет целью ознакомить их с некоторыми классическими сооружениями Китая. Переводчик желает этой статьей содействовать делу укрепления великой дружбы между СССР и Китаем.

В нашей стране строительные системы с древности разделяются на северную и южную. На равнине Северного Китая рыхлые грунты имеют большую толщину и вода находится на значительной глубине; поэтому по своему общему характеру грунты являются прочными. Вследствие этого наши древние стройки на севере, представлявшие вначале землянки, постепенно превратились в здания грунто-каменной и кирпично-каменной конструкции. В бассейне реки Янцзы местность низменная и влажная; поэтому большинство первобытных жителей ютилось здесь

原载 Вопросы Истории Естествознания и Техники Вы Ⅰ, 1956: 124-136.

[*] Редакция выражает глубокую признательность ст. науч. сотруднику Академии архитектуры СССР А. С. Мухину за помощь при подготовке к печати этой статьи.

на деревьях. Затем с положения «гнездового» жительства перешли к этажно-балконным деревянным конструкциям. Унаследованные нами сооружения ссверной системы представлены городскими стенами, каменными мостами, кирпичными и каменными башнями, безбалочными дворцами и т. д. Южная система представлена дворцами, храмами, монастырями и т. д.

В Европе и США в большинстве случаев строительными материалами являются кирпич и камень. Редко где имело место такое широкое распространение в строительстве именно деревянных конструкций, как в нашей стране. Поэтому строительство деревянных конструкций представляет собой оригинальное создание наших предков[①].

В древних постройках прежде всего воздвигался каменный фундамент, на фундаменте устанавливались колонны, затем делался каркас. Монтаж каркаса здания считался в строительстве основной работой.

С тойки-колонны связывались между собой брусьями, на фермах здания устанавливались прогоны, а по ним укладывались обрешетины; все это вместе с колоннами и образует каркас, воспринимающий нагрузки здания. Такой каркас выдерживает основные нагрузки от крыши, карниза, а также от стен. Стены являются только ограждающими конструкциями. Вследствие этого создается возможность свободного размещения проемов. Устройство или устранение проемов, изменение размеров их легко выполнимо.

Таким образом, в одинаковом каркасе можно открыть или закрыть все стороны, можно строить беседку или, наоборот, закрытый склад. Обычно, в зависимости от возможности и потребности, в здании можно произвести полную перепланировку. Эти здания по принципу в значительной степени походят на современные стальные и железобетонные конструкции; в них создана возможность легкого решения вопроса проемов, который на Западе считался трудным. Этот конструктивный принцип был создан, вероятно, не позже 1500—1400 гг. до н. э. Древние здания, описываемые в классических произведениях «Шицзин»[1] и «Ицзин»[2] являются примитивной формой такого сооружения. На площадке бывшего дворца династии Инь[3], при археологических раскопках в Аньяне[4], была

---

① Дерево имело исключительно широкое применение в строительстве народов СССР, особенно русского народа, в дореволюционное время, достигая высокого совершенства (например, Коломенский дворец). Очень много деревянных построек возводилось прежде и в других странах Европы — Норвегии, Швейцарии. Швейцарии. В США дерево также находило и находит широкое применение (например, в мостах); чем действительно китайские постройки превосходят деревянные сооружения других народов, так это исключительной долговечностью их. (Ред.).

обнаружена часть фундамента колонн, что подтверждает правильность вышесказанного суждения. Этот способ конструирования за три с лишним тысячи лет непрерывно развивался. До сих пор на территории различных национальностей, имевших тесные отношения с нашей страной, существуют здания с таким конструктивным решением.

Прославленный народом архитектор Лубань родился в VI или VII в. до н. э. Его достижения в строительстве зданий, мостов и транспортных средств, а также в производстве инструментов и мебели были настолько замечательны, что народ называет его «мастером-волшебником» и «богом столяров».

В Пекине раньше была улица имени Лубаня, на которой продавалась мебель. Несомненно, его творения и изобретения глубоко повлияли на техническое развитие деревянных конструкций в нашей стране.

В деревянных конструкциях для облегчения передачи сосредоточенной поперечной силы, воспринимаемой балкой, в месте сопряжения между балкой и колонной наши предшественники помещали так называемый «доугун», который состоит из прямоугольных брусьев и консолей, выступающих из колонн во все стороны (рис. 1). Доугун стал переходной частью между колоннами и балками, что помогало равномерно распределить нагрузку от верхней части здания на несущий каркас. В дальнейшем конструкция доугуна претерпела большие изменения. Сначала она была проста, но потом (к VI в. до н. э.) усложнилась и стала необходимой в крупных зданиях. Доугун дает возможность увеличить

Рис. 1 Верхняя часть каркаса, включающая доугун

выное карниза. Деревянные конструкции в ханьских[5] шицюе[6] и вырезках по камню, имеющихся на хань-ских могилах, подтверждают наличие и важное значение доугуна.

Еще в эпоху до династии Тан[7], возможно, был уже выработан стандартный набор деталей доугуна. Эти нормали в труде «Формы и методы изготовления строительных конструкций» великого инженера Ли Цзе (1103 г. н. э.) имеют подробные пояснения.

«Формы и методы изготовления строительных конструкций» являются итогом практического опыта строительства деревянных конструкций за две с лишним тысячи лет в Китае. В этом труде раздел, касающийся изготовления каркаса и доугуна, называется «Изготовление крупных деревянных изделий», а разделы, посвященные кирпичной и каменной кладке, возведению стен, дверей и окон, окраске и украшениям, крыше и т. д., называются соответственно «Изготовление каменных изделий», «Изготовление мелких деревянных изделий» «Цветная окраска и фрески» и «Производство кладки». Эта книга-самое совершенное литературное произведение древности по строительству. Еще более ранним трудом по строительству были, конечно, «Записки по исследованию строительства династии Чжоу»[8], составленные за несколько сот лет до начала нашей эры. Известно, что самый старинный труд по строительству в Западной Европе относится к периоду Римской империи; он написан примерно с 30г. до н. э. по 14г. н. э. — это труд Витрувия «Десять книг об архитектуре». Но эта книга была напечатана внервые только около 1486 г. в Риме на латинском языке; в 1521 г. она была переведена на итальянский язык, а затем постепенно получила распространение в различных странах Европы.

После выпуска «Записок по исследованию строительства династии Чжоу» в Китае появился труд юй Хао (средний период династии Сун)[9] под названнем «Деревянные конструкции». Однако все эти старинные труды в отношении полноты и систематичности изложения не достигли уровня книги «Формы и методы изготовления строительных конструкций». В 1925 г. последняя была переработана Чжу Ци-цянем и издана тиражом в тысячу экземпляров. Почти все издание было закуплено странами Европы, Америкой и Японией. Уже по этому факту можно судить о ценности этой книги — ею дорожили народы всех стран.

Что касается расположения здания на участке и его планировки, то у нас «дом одной семьи» состоит из нескольких объектов: главных помещений, вспомогательного вестибюля и коридора и одного или нескольких внутренних дворов (рис. 2) Это отличает планировку дома для одной семьи у нас от планировки европейского типа жилья для одной семьи, которое строится единым домом. В китайской усадьбе в пределы застройки включается и часть пространства вие здания в виде дворов и садов. При этом условии люди, которые живут в этой усадьбе, могут быть лучше обеспечены солнечным светом, свежим воздухом, а также цветами и заленью. В последние годы некоторые из коллективов архите кторов Европы и Америки обратили внимание на важность комплексной застройки

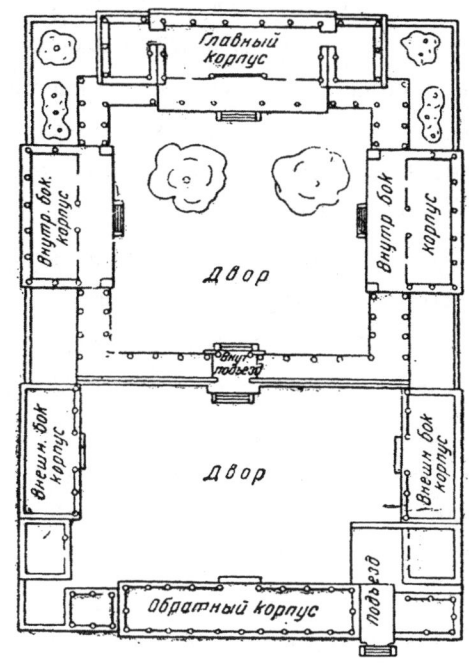

Рис. 2 Усадьба для одной семьи в Пекине

участка и пришли к заключению о пеобходимости при застройке территории учитывать как расположение здания на участке, так и самую распланировку участка.

Деревянные конструкции, как известно, не отличаются долговечностью, однако в различных районах нашей страны многие деревянные конструкции сохранялись веками, в продолжение свыше 500 лет; сохранность деревянного сооружения в течение свыше 700 и 800 лет зафиксирована историками в 30—40 случаях, в течение свыше тысячи лет, помимо карниза каменной пещеры Дуньхуана, — только в нескольких случаях, а именно: главный корпус храма «Фо-гуань»[10], ворота и зал «Гуань-ин»[11] храма «Дулэ» уезда Цзисянь, построенные в период династии Тан. Эти постройки по древности могут считаться единственными в мире. Главный корпус храма «Фо-гуань» в поселке Доуцунь чжань горного района Утайшань провинции шаньси был реконструирован в последнем периоде династии Тан (857 г.) Это одноэтажный корпус из пяти комнат, ориентированных на запад. Доугун этого здания на колоннах очень велик, что ноказывает эффективность его с точки зрения статики сооружений: свисающие части карниза также длинны, и способы конструпрования каркаса в этом здании являются особенными. Эта постройка целиком из деревянных конструкций стоит на высокой площадке около холма и заслуженно пользуется славой среди других памятников классического архитектурного наследия Китая. Она просуществовала свыше 1100 лет и все еще сохраняется в первоначальном виде. Таким образом, эта постройка сохранила нам все достоинства строительного искусства времени династии Тан и представляет собой величайшую ценность.

После X в. практика возведения буддийских зданий на основе деревянных конструкций постененно получала все большее распространение. В качестве наиболее интересных примеров можно привести ворота и зал «Гуань-ин» храма «Дулэ» в уезде Цзисянь. Зал «Гуань-ин» является крупным трехэтажным корпусом; в корпусе стоит глиняная фигура «Гуань-ин» (с 11-ю лицами) высотой свыше 20 м. Не считая глиняных фигур в пещере «Тысяча будд», которые имеют высоту до 30 м (они созданы во времена династии Тан), эта глиняная фигура «Гуань-ин» является самой старинной и крупной среди существующих. Здание, окружающее фигуру, было построено предварительно, и в его середине оставлен проем-колодец. Высота первого этажа доходит только до колен фигуры, высота второго этажа — до груди, а цветные венцы на голове фигуры расположены уже вверху восьмиугольного кессона. Такие крупные и сложные конструкции с многоэтажными карнизами свидетельствуют об очень высоком уровне строительного мастерства того времени.

Кроме указанных нами сооружений, существует еще храм «Хуа-янь» в гор. Датун в провинции Шаньси. В этом храме есть дворец для хранения буддийских священных книг; по трем сторонам этого дворца стоят шкафы для хранения буддийских библий; шкафы украшены мелкими изящными резными карнизами. Эти шкафы относятся к XI в. и представляют собой. большую ценность. В г. Датуи находится большое сооружение XII в. — главный зал храма «Шаньхуа»; его конструкции могучи и монументальны. Храм Конфуция в уезде Цюйфоу провинции Шаньдун и названные буддийские храмы принадлежат к одному типу. Большинство их было построено в XII в. Как храм «Гуаньшэн» уезда Чжаочэн провинции Шаньси (XIV в.), так и храм «Чжихуа» в Пекине (XV в.) — выдающиеся творения наших предков.

Другим прекрасным доказательством больших достижений в области деревянных конструкций Китая является деревянная башня храма «Фогун» в г. Инсянь. Она была построена в 1056 г., имеет пять этажей, в плане восьмиугольная. Общая ее высота с железной вышкой наверху — 66 м (рис. 3).

До династии Тан все башни, построенные с деревянными конструкциями, имели квадратный план. Их основной тип соответствовал многоэтажным зданиям нашей страны; на их вершине устанавливался «судуно»[12] по-индийски. Однако деревянные здания из-за обильного воскурения благовоний подвергались опасности пожара. Поэтому в дальнейшем в большинстве случаев строительство башен было изменено — их возводили из кирпичей или камня. Деревянная башня в Инсяне представляет собой унаследованный нами уникальный памятник таких сооружений. На этой башне существует доска, на которой написано «Топор дьявола, работа бога»;

Рис. 3 Деревянная башня в гор. Инсянь провинции Шаньси

эти слова подчеркивают необычайно высокое искусство строителей.

В истории нашей родины, кроме, Лубаня, прославился строитель Юй Хао ... знаток деревянных конструкций. (конец X в.). Он известен проектами по строительству башен и многоэтажных зданий. Свой опыт Юй Хао подытожил в книге «Деревянные конструкции» (после династии Суи книга не имела распространения). Архитектор проектировал башни «храма Кайбао» в городе Кайфын провинции Хэнань. Сначала он изготовил модель, в соответствии с которой потом осуществлялось строительство. Башня была сделана с наклоном к северо западу, против направления давления местного господствующего ветра. Юй Хао предсказывал, что в течение 100 лет башня выправится ветром; он предполагал также, что в течение 700 лет башня не разрушится. Но, к сожалению, город Кайфын много раз подвергался наводнениям, и к нашему времени от этой башни уже не осталось следа.

Наш народ добился выдающихся достижений не только в области деревянных конструкций, но и в области кирпичных и каменных. Здесь мы также имеем славную историю и крупные творения искусства.

Классическими примерами древних каменных конструкций являются каменные «цюе» и «цы»[13] династии Хань. Хотя они были построены из камня, но выполнены совершенно по формам деревянных конструкций, так что в то время эти стройки стали образцами деревянных конструкций. В наше время полностью сохранившимися и совершенными примерами каменных «цюе» являются могильные «цюе» Гао-и в городе Яань провинции Сикан и могильные «цюе» Янфу-Цзюнь в уезде Миньян провинции Сычуань. Все это — цен-нейшие творения зодчества. Кроме этого, в уездах Цзясянсянь и Фэйчэнсянь провинции Шаньдун еще существует несколько каменных зданий до периода могил Хань; они дали нам немало материалов о старинных постройках.

Китайская стена представляет собой великий памятник кирпичного и каменного строительства (рис. 4). В период «Воюющих государств»[14] для предотвращения агрессии со стороны северных народов три княжества — Янь, Чжао и Цинь — построили свои стены. Первый император династии Цинь — Цинь Ши Хуан-ди соединил эти стены. Начинаясь от Западного Линьтао[15] на западе и доходя до Ляодуна[16] на востоке, стена достигла нескольких тысяч ли[17]. Затем на протяжении правления династий Хань, Цзинь[18], Северных династий[19], Суй[20] и Тан она много раз ремонтировалась и реконструировалась. В период между династиями Ляо, Цзинь и Юань стена была серьезно разрушена, потом при династии Мин[21] она была реконструирована, и земляная насыпь заменена кирпичной и каменной кладкой. В нынешнем виде стена в большой части является памятником строительства времени династии Мин. Стена протянулась на 2300 с лишним километров. Она начинается у Цзяюй-гузня[22] и оканчивается у

Рис. 4 Великая китайская стена

Шаньхайгуаня[23], поднимаясь и опускаясь по крутым горным хребтам. Ее называют самой великой и длинной стеной в мире. Стена имеет высоту в 10—15 м и ширину в 5—7 м. Воспользовавшись строительным материалом Китайской стены, можно построить стену высотою в 3 м и шириной в 1 м, окружив ею весь земной шар по экватору. Остатки грунтовой стены, построенной при династии Хань, еще существуют в западной части провинции Ганьсу. На этих местах за последние годы при раскопках часто обнаруживаются памятники культуры времен династии Хань.

Башня храма «Сунюэ» на горе Суншань провинции Хэнань, построенная в 520 г., является самой старинной кирничной башней. В плане башня имеет вид двенадцатиугольника. Ее высота — 15 этажей. Эти две цифры являются необычными в практике строительства буддийских башен, так как обычно башни бывают четырех, шести или восьмиугольными, число же этажей непревышает 13. В архитектуре этой башни интересна большая высота и сложная конструкция карнизов 15-ти ее ярусов. С точки зрения проектирования постройки она представляет собой превосходное сочетание науки и искусства и свидетельствует о творческой силе наших предков-строителей.

Бесчисленное множество башен (пагод) Китая делятся на следующие основные три типа:

1) Построенные полностью по типу нервоначальных деревянных башен, например, башня Даяньта, или «Большая пагода диких гусей» в городе Сиань провинции Шаньси (завершена в 704 г.). При этом башня имеет в плане вид квадрата, на каждой стороне которого имеется, дверь и окна, по периметру имеются кирничные нилястры и фриз. Башни с восьмиугольнииами в планеполучили распространение после X в., например, двойные пагоды уезда Чиан провинции Хэбэй (построена в XI в.), и двойная башня в Цюаньчжоу провинции Фуцзян (построена в 1111г.). Все они являются точной копией кирничной башни, выстроенной по типу деревянной башни храма «Фогун» в городе Инсянь.

2) «Судупо» по-китайски. Очертание тела башки, которое в индийском «Судупо» имеет форму полушария, заменяется в китайской конструкции кубом или восьмигранником, образующим основную часть всей башни, т. е. первый этаж. Над ним устанавливаются низкие многослойные карнизы. После XI в. было построено много таких башен в Северном Китае. Типичным примером служит пагода «Тяньнинсы» в Пекине.

3) Башни «Судупо», которые появляются в Китае после XIII в. по мере проникновения в страну ламаизма. Самым старинным и выдающимся примером служит башня храма «Мяо-ин» в Пекине (построена в 1260 г.).

Из этих примеров ясно, что строительство пагод является результатом использования зарубежной культуры на базе национальной культуры китайского народа.

На наших бесчисленных реках для удобства сообщения было построено много тысяч мостов. Пекоторые из них имеют историческое значение, например, мост «Бацяо» в городе Сиань, мост «Лугоуцяо» близ Пекина и др. С точки зрения строительной техники самым интересным в Северном Китае является известный мост в Чжосяне. Этот мост длиной 37 м, через реку Цзяо-шуй, имеет вид однонролетной арки (рис. 5) Его построил талантливый строитель Ли Чунь в период династии Суй Для уменьшения площади сопротивления напору воды во время наводков по сторонам большой арки он добавил по две маленькие арки. Таким образом был впервые создан арочный мост с надарочным строением. Эта конструктивная форма впервые появилась в Европе значительно позже. На особых плитах, установленных на мосту, имеется много наднией. восхваляющих это замечательное сооружение — так последующие поколения откли каются на великий вклад Ли-Чуня в технику строительства.

Рис. 5   Мост в Чжосяне

На юго-западе Китая, где на бурных реках трудно построить, промежуточные мостовые опоры, наши предки, учитывая конкретные условия, создали первый канатный мост. Изобретение канатного моста, несомненно, является еще одним большим вкладом китайского народа в мировую цивилизацию. Наши предки не только создали железоканатный мост, но и применили бамбуковый канат с целью облегчения собственного веса моста и для использования местного материала взамен импортной стальной проволоки. Образцовым примером бамбукового канатного моста служит мост уезда Гуань провинции Сычуань (рис. 6а и 6б). Этот мост, как длинная нитка, соединил оба берега реки. В начале правления династии Чжоу у китайских городов уже были свои правила планировки. Обычно города имели прямоугольный план; в городе на переднем плане находились императорский двор и административные здания, на заднем плане торговые улицы и рынки; на обеих боковых сторонах находились жилые здания; с каждой стороны к воротам города вела одна большая улица. Города разделялись на несколько районов, которые раньше назывались «ли», а после династии Тан стали называться «фан».

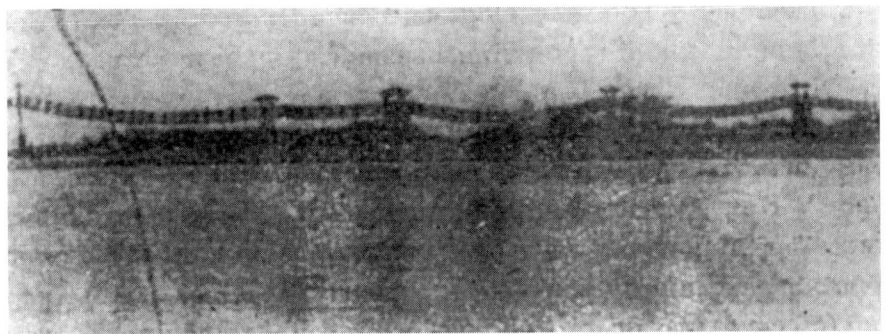

Рис. 6а Бамбуковый канатный мост в уезде Гуаньсянь

По этому плану был построен известный в истории город Чанъань[24] в III в. до н. э. Его и дворец «Вэй Ян» строил архитектор Ян Чэн-янь для императора Гао-цзу династии Хань, создав гениальную планировку города. Образец планировки Чанъяня оказал влияние на Японию. Впоследствии японский город Пинаньцзин (по-японски Хэйанкио) был построен по типу города Чанъань.

В период правления императора Вэнь-ди династии Суй (в конце VI в.) город Чанъань был разрушен. Возле места, где был город Чанъань, Лю Лун и Юй Взнь-кай по своему плану построили город. В этой крупной столице впервые в истории была применена разбивка города на районы: императорские дворцы, ведомственные помещения, жилые дома и рынки размещались на определенных местах. В город ведут 12 ворот, в нем 9 пересекающихся между собой улиц (с севера на юг и с востока на запад). Площадь этого города имела около 70 км^2. Он был больше, чем теперешний город Пекин. При следующей династии Тан столицу перенесли в этот город и улучшили его.

Город Чанъань династии Суй и Тан уже давно перестал быть столицей. Ему на смену пришла нынешняя столица Народного Китая — Пекин, постепенно развивавшаяся уже в эпоху правления трех династий Юань, Мин и Цин.

В середине XIII в. император Хубилай династии Юань перенес столицу в Пекин и напменовал его Даду («Великая столица»). Планировку столицы он поручил арабу Ехдеру. Ехдер с его китайскими коллегами разработал планировку города, имеющую ясно выраженный китайский национальный стиль. Нынешний Пекин претерпел немало изменений, но общие его очертания сохраняют прежнюю планировку. Для решения проблемы водоснабжения Го Шоу-цзин произвел регулирование водных путей около Пекина и тем самым заложил основу для современного решения проблемы водоснабжения города. В первой половине XV в., при династии Мин, Даду был реконструирован главным архитектором Юань Ань. Он был назначен руководителем работы по строительству двух императорских жилых дворцов, трех дворцов для имнераторских учреждений, пяти княжеских резиденций и шести министерств. Помимо этого он упорядочил канализацию города Пекина. При династии Цин ноет главного архитектора столицы стал наследственным. В конце XVII в. один мастер с юга Китая по имени Лей Фа-да был вызван в Пекин и принял участие в работе по строительству дворцов. Благодаря блестящему мастерству, его быстро повышали и назначили на проектную работу. Он, а затем семь поколений его нотомков, вплоть до конца цинской династии, назначались руководителями работ по строительству всех главных сооружений иМнераторского двора дворцов, императорских гробниц-мавзолеев, летних резидеиний «Юаньминьюань»[25] и «Ихэюань».

Облик сегодняшнего Пекина прекрасен благодаря сооружениям, воздвигнутым трудом миллионных масс народа. Пекин становится еще прекраснее благодаря непрерывному усовершенствованию города. В плане города доминирует четкая ось, идущая с юга на север, длиной семь с лишним километров (рис. 7); вдоль этой линии, начиная с Юндинмыня, загородного поселка, расположенного прямо на юг от города, через Цяньмынь[26], Тяньаньмынь (рис. 8), Дуньмынь, Умынь чере з район великих дворцов и бывший императорский дворец до Хоумыня[27], Гулоу[28] и Чжунлоу[29] построено много крунных зданий (например, храм Неба, рие. 9). Если мы стоим на вершине горы Цзин Шан, то все это четко видно. В мире трудно найти другой город, который обладает таким великолеиием, как Пекин, и в котором тка удачно использованы возможности и преимущества планировки города по районам.

Рис. 6б   Фрагмент того же моста

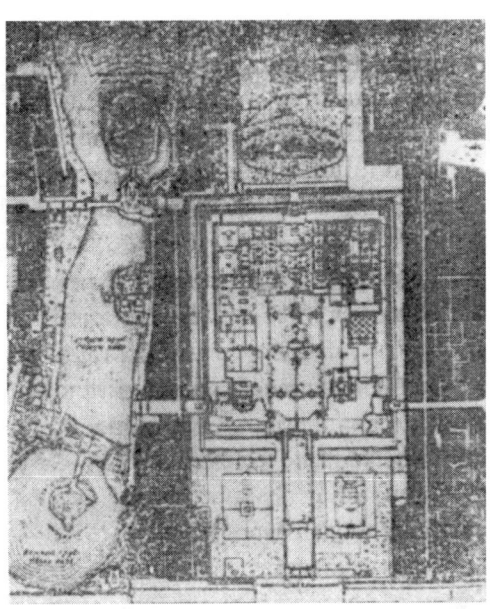

Рис. 7   План части старого Пекина

1—ворога Небесного мира; 2—ворота Возвышенного духа; 3—Южные ворота; 4—ворота Согласия; 5, 6 и 7—тронные залы; 8 и 9—имнераторские дворцы; 10—Верхние северные зорота; 11—библиотека; 12—приемный зал; 13 н 14—Западные и Восточные ворота цветов; 15—храм Предков; 16—усыпальница императора; 17 и 18—дворцовые храмы; 19 павильоны Дракона; 20—храм Будды; 21—Императорский мост; 21—храм Будды; 23 и 24—дворцы матери императора.

Рис. 8   Тяньаньмынь. Площадь у этого сооружения ныне — место проведения парадов и демонстраций н т. д.

Рис. 9　Пекин, храм Неба.

ПРИМЕЧАНИЯ ПЕРЕВОДЧИКА

[1]　«Шицзин» — каноническая книга песен, первая книга конфуцианского пятикнижия.

[2]　«Ицзин» — третья книга конфуцианского пятикнижия.

[3]　Династия Инь — 1766—1122 гг. до н. э.

[4]　Аньян — уезд в провинцииханань.

[5]　Династия Хань — 206 г. до н. э. — 220 г. н. э.

[6]　Шицое, или каменное «цое», — каменная башня над воротами города или памятнику мавзолея.

[7]　Династия Тан — 618—906 гг. н. э.

[8]　Династия Чжоу — 1122—249 гг. до э.

[9]　Династия Сун — 960—1279 гг. н. э.

[10]　Фо-гуань — «Свет Будды».

[11]　Гуань-ин — богиня милосердия.

[12]　Судупо — индийская башенная стройка.

[13]　Цы — общий дом одной самьи.

[14]　Период воюющих государств — 403—221. гг дои. э.

[15]　Линьтао — уезд в провинции Ганьсу.

[16]　Ляодун — уезд в провинции Ляонии.

[17]　Ли — линейная мера, равна половине километра, точнее 576м.

[18]　Династия Цзинь — 265—420 гг. н. э.

[19]　Северные династии — 386—534 гг. н. э.

[20]　Династия Суй — 581—616 гг. н. э.

[21]　Династия Мин — 1368—1644 гг. н. э.

[22] Цзюй-гуань — в прóвинции Ганьсу.

[23] Шаньхайгуань — в провинции Хэбэй.

[24] Чанъань — на месте существующего города Сиань в провинции Шэньси.

[25] Юаньминьюань — загородный дворец с садом. Были уничтожены в дни кровавых событий взятия Пекина объединеннойармией 8 империалистических государств.

[26] Цяньмынь — передний подъезд.

[27] Хоумынь — задний подъезд.

[28] Гулоу — барабанная башня.

[29] Чжунлоу — копокольная башня.

关于 Kirchhoff-Love 假设在古典小挠度壳体理论中的近似性问题

摘要 本文通过比较能量项的大小,证明了 Kirchhoff-Love 假设中的 $e_z=0$ 的影响比其他两个假设 ($\gamma_{\alpha z}=\gamma_{\beta z}=0,\sigma_z=0$) 的影响大一个量级。也证明了如果只保留后面两个假设,而抛弃 $e_z=0$ 的假设,就可以得到壳体的二级近似理论,其能量式中包括了由于 $e_z\neq 0$ 而引起的两个修正项。这个近似理论形式简单,仍以中面位移的三个分量表达其内力素的弹性关系式。这个理论是壳体在 $\gamma_{\alpha\beta}=\gamma_{\beta z}=\sigma_z=0$ 的假设下的最精确的理论,适宜于用来研究较厚的壳体问题。

本文证明有关横剪 $\gamma_{\alpha z},\gamma_{\beta z}$ 和横向正应力 σ_z 的影响,必须以完全的第三级近似理论来处理。但在目前存在的处理横剪的理论,都没有能满足这个要求。

一、绪论

古典小挠度壳体理论有三个基本假设:(1) 垂交于中面的法线在变形后仍保持垂交于中面,即在处理应力应变关系时,初步略去横剪的影响 ($\gamma_{\alpha z}=\gamma_{\beta z}=0$)。(2) 垂直于中面的横向正应力 σ_z 在处理应力应变关系时,也可以略去不计,即横向纤维互不挤压的假设。(3) 横向正应变很小,即在厚度方向,厚度变化很小,在处理应力应变关系时略去不计,即 $e_z=0$。这三个假设在一起,总称为 Kirchhoff-Love 假设,亦即直法线的假设,这些假设在壳体的大挠度理论中也是引用的。

这三个假设在壳体理论中所引起的近似程度,根据 Б. Г. Галеркин[1], В. В. Новожилов 和 Р. М. Финкельштейн[2] 及 А. И. Лурье[3] 的工作,证明具有和 1 相比为 h/R 级的误差。最近,W. T. Koiter[4] 的工作,也达到了相同的结论。因此,不超越 Kirchhoff-Love 假设容许的精确度的壳体理论,只是一级近似理论,这种近似理论只能用以处理较薄的壳。虽然,在目前对于一级近似理论的最合理的表达形式方面,还有一些争论,但是进一步精确的理论牵涉到壳体的基本假设这个结论,似乎是无可非议的了。

晚近,人们注意到 Kirchhoff-Love 假设的影响,把 Kirchhoff-Love 假设的放弃

清华大学材料力学教研组印发(1963 年 12 月).

作为壳体理论进一步研究的重要方向之一,在这一方面进行了工作的有 A. E. Green 和 W. Zerna[5],E. Reissner[6] 和 P. M. Naghdi[7] 等. 但是,这些工作并没有对这三个假设的影响作合理的近似分析,在其所得结果中,并没有能分清这三个假设所引起的影响各有不同的量级,同时也没有能把所有同级近似量都包括在内.

本文的目的,在于进一步分析这三个假设的作用,结果证明壳体的二级近似理论必须包括第(3)假设(即 $e_z \neq 0$)的影响,即厚度变化的影响,而三级近似理论必须包括全部三个假设的影响. 换句话说,三个 Kirchhoff-Love 假设的影响量级不同,e_z 的量级比 σ_z/E,$\tau_{\alpha z}/E(\gamma_{\alpha z})$,$\tau_{\beta z}/E(\gamma_{\beta z})$ 的量级低一级. 壳体的二级近似理论中,可以保留 Kirchhoff-Love 假设的第(3)假设,但必须放弃第(1)(2)假设. 这样的近似壳体理论,根据推导证明,仍可以用中面三个位移分量 u, v, w 作为未知量,在形式上也比较简单,是适宜于用来研究较厚的壳的问题的. 这种二级近似理论只保留了有关三个空间应力分量的假设,和平面应力问题有相类似之处,为了简单起见,建议称为曲面应力假设,而这个二级近似理论,也可以称为曲面应力壳体理论.

必须指出,厚度变化的假设,比中面法向应力和横剪的假设更加重要,这和有些作者只重视横剪的影响而忽视厚度变化的影响完全相反. 例如,Cooper, R. M.[8] 就是在忽视厚度变化的影响下,研究横剪对圆柱壳的影响的.

二、应力应变分量的表达式

设 (α, β, z) 为高斯曲面正交坐标,曲面上的微元线段为

$$ds^2 = A^2 d\alpha^2 + B^2 d\beta^2 \tag{1}$$

其中 A, B 为 α, β 的函数,设 R_1, R_2 为中面的主曲率半径,A, B, R_1, R_2 满足 Gauss-Codazzi 关系式.

$$\frac{\partial}{\partial \alpha}\left(\frac{1}{A}\frac{\partial B}{\partial \alpha}\right) + \frac{\partial}{\partial \beta}\left(\frac{1}{B}\frac{\partial A}{\partial \beta}\right) = -\frac{AB}{R_1 R_2}, \quad \frac{\partial}{\partial \beta}\left(\frac{A}{R_1}\right) = \frac{1}{R_2}\frac{\partial A}{\partial \beta},$$
$$\frac{\partial}{\partial \alpha}\left(\frac{B}{R_2}\right) = \frac{1}{R_1}\frac{\partial B}{\partial \alpha} \tag{2}$$

设壳体内一点 (α, β, z) 处的位移为 $u_\alpha = u_\alpha(\alpha, \beta, z)$,$u_\beta = u_\beta(\alpha, \beta, z)$,$u_z = u_z(\alpha, \beta, z)$,中面上的位移分量为 $u(\alpha, \beta) = u_\alpha(\alpha, \beta, 0)$,$v(\alpha, \beta) = u_\beta(\alpha, \beta, 0)$,$w(\alpha, \beta) = u_z(\alpha, \beta, 0)$,空间各点的应变分量为

$$\left.\begin{aligned}
e_\alpha &= \frac{1}{1+z/R_1}\left[\frac{1}{A}\frac{\partial u_\alpha}{\partial \alpha} + \frac{1}{AB}\frac{\partial A}{\partial \beta}u_\beta + \frac{u_\alpha}{R_1}\right] \\
e_\beta &= \frac{1}{1+z/R_2}\left[\frac{1}{B}\frac{\partial u_\beta}{\partial \beta} + \frac{1}{AB}\frac{\partial B}{\partial \alpha}u_\alpha + \frac{u_\beta}{R_2}\right] \\
\gamma_{\alpha\beta} &= \frac{1}{1+z/R_1}\left[\frac{1}{A}\frac{\partial u_\beta}{\partial \alpha} - \frac{1}{AB}\frac{\partial A}{\partial \beta}u_\alpha\right] + \frac{1}{1+z/R_2}\left[\frac{1}{\beta}\frac{\partial u_\alpha}{\partial \beta} - \frac{1}{AB}\frac{\partial B}{\partial \alpha}u_\beta\right]
\end{aligned}\right\} \tag{3}$$

$$e_z = \frac{\partial u_z}{\partial z}$$

$$\gamma_{\alpha z} = \frac{1}{1+z/R_1}\left[\frac{1}{A}\frac{\partial u_z}{\partial \alpha} - \frac{u_\alpha}{R_1}\right] + \frac{\partial u_\alpha}{\partial z}$$

$$\gamma_{\beta z} = \frac{1}{1+z/R_2}\left[\frac{1}{B}\frac{\partial u_z}{\partial \beta} - \frac{u_\beta}{R_2}\right] + \frac{\partial u_\beta}{\partial z}$$

应力应变关系可以写成

$$\left.\begin{aligned}
\sigma_\alpha &= \frac{E}{1-\nu^2}(e_\alpha + \nu e_\beta) + \frac{\nu}{1-\nu}\sigma_z, & \tau_{\alpha\beta} &= \tau_{\beta\alpha} = G\gamma_{\alpha\beta}\\
\sigma_\beta &= \frac{E}{1-\nu^2}(e_\beta + \nu e_\alpha) + \frac{\nu}{1-\nu}\sigma_z, & \tau_{\alpha z} &= \tau_{z\alpha} = G\gamma_{\alpha z}\\
\sigma_z &= \frac{2G(1-\nu)}{1-2\nu}\left[e_z + \frac{\nu}{1-\nu}(e_\alpha + e_z)\right], & \tau_{\beta z} &= \tau_{z\beta} = G\gamma_{\beta z}
\end{aligned}\right\} \quad (4)$$

其中 G, E, ν 为剪力系数、杨氏模量和泊松比，而且 $G = \dfrac{E}{2(1+\nu)}$.

上面我们并未引进 Kirchhoff-Love 假设，因此，$\tau_{\alpha z}, \tau_{\beta z}, \sigma_z$ 都不等于零，e_z 也不等于零，一般说来，它们都应该是 z 的级数，或可以写成

$$\left.\begin{aligned}
\tau_{\alpha z} &= G\gamma_{\alpha z} = a_0 + a_1 z + a_2 \frac{z^2}{2} + \cdots\\
\tau_{\beta z} &= G\gamma_{\beta z} = b_0 + b_1 z + b_2 \frac{z^2}{2} + \cdots\\
\sigma_z &= \frac{2G(1-\nu)}{1-2\nu}\left[e_z + \frac{\nu}{1-\nu}(e_\alpha + e_\beta)\right] = c_0 + c_1 z + c_2 \frac{z^2}{2} + \cdots
\end{aligned}\right\} \quad (5)$$

其中 $a_0, b_0, c_0, a_1, b_1, c_1, a_2, b_2, c_2, \cdots$ 等为 α, β 的函数，它们都是待定的.

把 u_α, u_β, u_z 展开为 z 的幂级数，相应的应变分量表达式(3)也可以展开为 z 的幂级数，于是，利用(5)式，我们就可以把 u_α, u_β, u_z 的幂级数的系数全部用 u, v, w 及 a_i, b_i, c_i 和它们的导数来表示. 为了表示这些系数，我们引用下列符号

$$\left.\begin{aligned}
\varepsilon_\alpha &= \frac{1}{A}\frac{\partial u}{\partial \alpha} + \frac{1}{AB}\frac{\partial A}{\partial \beta}v + \frac{1}{R_1}w, & \varepsilon_\beta &= \frac{1}{B}\frac{\partial v}{\partial \beta} + \frac{1}{AB}\frac{\partial B}{\partial \alpha}u + \frac{1}{R_2}w\\
\widetilde{\omega}_\alpha &= \frac{1}{A}\frac{\partial v}{\partial \alpha} - \frac{1}{AB}\frac{\partial A}{\partial \beta}u, & \widetilde{\omega}_\beta &= \frac{1}{B}\frac{\partial u}{\partial \beta} - \frac{1}{AB}\frac{\partial B}{\partial \alpha}v\\
K_\alpha &= \frac{1}{A}\frac{\partial \theta}{\partial \alpha} + \frac{1}{AB}\frac{\partial A}{\partial \beta}\psi, & K_\beta &= \frac{1}{B}\frac{\partial \psi}{\partial \beta} + \frac{1}{AB}\frac{\partial B}{\partial \alpha}\theta\\
\tau_\alpha &= \frac{1}{A}\frac{\partial \psi}{\partial \alpha} - \frac{1}{AB}\frac{\partial A}{\partial \beta}\theta, & \tau_\beta &= \frac{1}{B}\frac{\partial \theta}{\partial \beta} - \frac{1}{AB}\frac{\partial B}{\partial \alpha}\psi
\end{aligned}\right\} \quad (6)$$

其中

$$\psi = -\frac{1}{B}\frac{\partial w}{\partial \beta} + \frac{v}{R_2}, \qquad \theta = -\frac{1}{A}\frac{\partial w}{\partial \alpha} + \frac{u}{R_1} \qquad (7)$$

同时，引进

$$\left.\begin{array}{l}\Omega = \varepsilon_\alpha + \varepsilon_\beta, \quad \Phi = K_\alpha + K_\beta \\ \bar{w} = \tilde{\omega}_\alpha + \tilde{\omega}_\beta, \quad \tau = \tau_\alpha + \dfrac{1}{R_1}\tilde{\omega}_\beta = \tau_\beta + \dfrac{1}{R_2}\bar{\omega}_\alpha\end{array}\right\} \quad (8)$$

为了便于书写，引用下列符号代表有关的应变：

$$a'_0 = \frac{a_0}{G}, \quad b'_0 = \frac{b_0}{G}, \quad a'_1 = \frac{a_1}{G}, \quad b'_1 = \frac{b_1}{G},$$

$$c'_0 = \frac{1-2\nu}{2(1-\nu)}\frac{c_0}{G}, \quad c'_1 = \frac{1-2\nu}{2(1-\nu)}\frac{c_1}{G}, \quad c'_2 = \frac{1-2\nu}{2(1-\nu)}\frac{c_2}{G} \quad (9)$$

在上述各式中，用 a'_0, b'_0, c'_0 代替 u, v, w 时，(6),(7),(8)中所得有关各值用 ε_α^0, ε_β^0, $\tilde{\omega}_\beta^0$, $\cdots$, Ω^0, Φ^0, $\tilde{w}^0$, τ^0 等表示之。在上述各式中，用 a'_1, b'_1, c'_1 代替 u, v, w 时，(6),(11),(8)中所得有关各值 ε'_α, ε'_β, $\tilde{\omega}'_\alpha$, $\tilde{\omega}'_\beta$, $\cdots$, Ω', Φ', $\bar{w}'$, τ' 等表示之. 于是，经过计算，得

$$\left.\begin{array}{l}u_\alpha = u + (\theta + a'_0)z + \left(\theta^0 + a'_1 + \dfrac{\nu}{1-\nu}\dfrac{1}{A}\dfrac{\partial \Omega}{\partial \alpha}\right)\dfrac{z^2}{2} + \cdots \\[2mm] u_\beta = v + (\psi + b'_0)z + \left(\psi^0 + b'_1 + \dfrac{\nu}{1-\nu}\dfrac{1}{B}\dfrac{\partial \Omega}{\partial \beta}\right)\dfrac{z^2}{2} + \cdots \\[2mm] u_z = w + \left(c'_0 - \dfrac{\nu}{1-\nu}\Omega\right)z + \left\{c'_1 - \dfrac{\nu}{1-\nu}\left[\Omega^0 + \Phi - \dfrac{\varepsilon_\alpha}{R_1} - \dfrac{\varepsilon_\beta}{R_2}\right.\right. \\[2mm] \left.\left.\qquad - \dfrac{\nu}{1-\nu}\left(\dfrac{1}{R_1} + \dfrac{1}{R_2}\right)\Omega\right]\right\}\dfrac{z^2}{2} + \cdots\end{array}\right\} \quad (10)$$

于是 e_α, e_β, $\gamma_{\alpha\beta}$ 可以写成下列形式

$$e_\alpha = \frac{1}{1+z/R_1}\left\{\varepsilon_\alpha + \left(K_\alpha + \varepsilon_\alpha^0 - \frac{\nu}{1-\nu}\frac{\Omega}{R_1}\right)z\right.$$
$$+ \left[K_\alpha^0 + \varepsilon'_\alpha - \frac{\nu}{1-\nu}\left(\frac{\Omega^0}{R_1} + \frac{\Phi}{R_1} - \frac{\varepsilon_\alpha}{R_1^2} - \frac{\varepsilon_\beta}{R_1 R_2} + \frac{1}{A}\frac{\partial}{\partial \alpha}\frac{1}{A}\frac{\partial \Omega}{\partial \alpha}\right.\right.$$
$$\left.\left.+ \frac{1}{AB^2}\frac{\partial A}{\partial \beta}\frac{\partial \Omega}{\partial \beta}\right) + \left(\frac{\nu}{1-\nu}\right)^2\frac{1}{R_1}\left(\frac{1}{R_1} + \frac{1}{R_2}\right)\Omega\right]\frac{z^2}{2} + \cdots\right\}$$

$$e_\beta = \frac{1}{1+z/R_2}\left\{\varepsilon_\beta + \left(K_\beta + \varepsilon_\beta - \frac{\nu}{1-\nu}\frac{\Omega}{R_2}\right)_z\right.$$

$$+\left[K_\beta^0+\varepsilon_\beta'-\frac{\nu}{1-\nu}\left(\frac{\Omega^0}{R_2}+\frac{\Phi}{R_2}-\frac{\varepsilon_\alpha}{R_1R_2}-\frac{\varepsilon_\beta}{R_2^2}+\frac{1}{B}\frac{\partial}{\partial\beta}\frac{1}{B}\frac{\partial\Omega}{\partial\beta}\right.\right.$$

$$\left.\left.+\frac{1}{A^2B}\frac{\partial B}{\partial\alpha}\frac{\partial\Omega}{\partial\alpha}\right)+\left(\frac{\nu}{1-\nu}\right)^2\frac{1}{R_2}\left(\frac{1}{R_1}+\frac{1}{R_2}\right)\Omega\right]\frac{z^2}{2}+\cdots\right\}$$

$$\gamma_{\alpha\beta}=\frac{1}{1+z/R_1}\left\{\widetilde{\omega}_\alpha+(\tau_\alpha+\widetilde{\omega}_\alpha^0)_z+\left[\tau_\alpha^0+\widetilde{\omega}_\alpha'+\frac{\nu}{1-\nu}\left(\frac{1}{A}\frac{\partial}{\partial\alpha}\frac{1}{B}\frac{\partial\Omega}{\partial\beta}\right.\right.\right.$$

$$\left.\left.\left.-\frac{1}{A^2B}\frac{\partial A}{\partial\beta}\frac{\partial\Omega}{\partial\alpha}\right)\right]\frac{z^2}{2}+\cdots\right\}$$

$$+\frac{1}{1+z/R_2}\left\{\widetilde{\omega}_\beta+(\tau_\beta+\widetilde{\omega}_\beta^0)_z+\left[\tau_\beta^0+\widetilde{\omega}_\beta'+\frac{\nu}{1-\nu}\left(\frac{1}{B}\frac{\partial}{\partial\beta}\frac{1}{A}\frac{\partial\Omega}{\partial\alpha}\right.\right.\right.$$

$$\left.\left.\left.-\frac{1}{AB^2}\frac{\partial B}{\partial\alpha}\frac{\partial\Omega}{\partial\beta}\right)\right]\frac{z^2}{2}+\cdots\right\} \tag{11}$$

到此为止,我们的结果和 В. В. Новожилов[2] 的结果完全一致. 但在下面,我们将通过能量分析来研究这个问题. 为了便于研究,我们将 $\gamma_{\alpha\beta}$ 写成下式:

$$\gamma_{\alpha\beta}=\frac{1}{(1+z/R_1)(1+z/R_2)}\left\{\widetilde{\omega}+(2\tau+\widetilde{\omega}^0)z+\left[2\left(\frac{1}{R_1}+\frac{1}{R_2}\right)\tau\right.\right.$$

$$-\frac{2\widetilde{\omega}}{R_1R_2}+\frac{\widetilde{\omega}_\alpha^0}{R_2}+\frac{\widetilde{\omega}_\beta^0}{R_1}+2\tau^0+\widetilde{\omega}'+\frac{\nu}{1-\nu}\left(\frac{1}{A}\frac{\partial}{\partial\alpha}\frac{1}{B}\frac{\partial\Omega}{\partial\beta}\right.$$

$$\left.\left.\left.-\frac{1}{A^2B}\frac{\partial A}{\partial\beta}\frac{\partial\Omega}{\partial\alpha}+\frac{1}{B}\frac{\partial}{\partial\beta}\frac{1}{A}\frac{\partial\Omega}{\partial\alpha}-\frac{1}{AB^2}\frac{\partial B}{\partial\alpha}\frac{\partial\Omega}{\partial\beta}\right)\right]\frac{z^2}{2}+\cdots\right\} \tag{12}$$

这里只包括 τ, $\widetilde{\omega}$ 诸量.

三、能量表达式及其各级近似

壳体的应变能为

$$U=\iiint\frac{1}{2}[\sigma_\alpha e_\alpha+\sigma_\beta e_\beta+\sigma_z e_z+\tau_{\alpha\beta}\gamma_{\alpha\beta}+\tau_{\alpha z}\gamma_{\alpha z}+\tau_{\beta z}\gamma_{\beta z}]AB$$

$$\left(1+\frac{z}{R_1}\right)\left(1+\frac{z}{R_2}\right)\mathrm{d}\alpha\mathrm{d}\beta\mathrm{d}z \tag{13}$$

或可写成

$$U=\iiint\frac{E}{2(1-\nu^2)}\left[e_\alpha^2+e_\beta^2+2\nu e_\alpha e_\beta+\frac{(1-\nu)^2}{1-2\nu}\sigma_z'^2\right.$$

$$\left.+\frac{1}{2}(1-\nu)(\gamma_{\alpha\beta}^2+\gamma_{\alpha z}^2+\gamma_{\beta z}^2)\right]AB\left(1+\frac{z}{R_1}\right)\left(1+\frac{z}{R_2}\right)\mathrm{d}\alpha\mathrm{d}\beta\mathrm{d}z \tag{14}$$

其中

$$\sigma'_z = \frac{1-2\nu}{2G(1-\nu)}\sigma_z = e_z + \frac{\nu}{1-\nu}(e_\alpha + e_\beta) = c'_0 + c'_1 + c'_2 \frac{z^2}{2} + \cdots \quad (15)$$

把(5),(11),(12),(15)式代入(14),对 z 积分,整理得

$$\begin{aligned}U = &\iint \frac{1}{2}C\Big[\varepsilon_\alpha^2 + \varepsilon_\beta^2 + 2\nu\varepsilon_\alpha\varepsilon_\beta + \frac{1}{2}(1-\nu)\tilde{\omega}^2 + \frac{(1-\nu)^2}{1-2\nu}c'_0 + \frac{1}{2}(1-\nu)(a_0'^2 + b_0'^2)\Big]d\alpha d\beta \\ &+ \iint \frac{1}{2}D\Big[K_\alpha^2 + K_\beta^2 + 2\nu K_\alpha K_\beta + 2(1-\nu)\tau^2(1-\nu)\tilde{\omega}\tau\Big(\frac{1}{R} + \frac{1}{R_2}\Big) + 2(\varepsilon_\alpha K_\alpha - \varepsilon_\beta K_\beta) \cdot \\ &\Big(\frac{1}{R_2} - \frac{1}{R_1}\Big) - \frac{\nu}{1-\nu}(K_\alpha + K_\beta)\Big(\frac{\varepsilon_\alpha + \nu\varepsilon_\beta}{R_1} + \frac{\varepsilon_\beta + \nu\varepsilon_\alpha}{R_2}\Big) - \frac{2\nu}{1-\nu}(\varepsilon_\alpha + \varepsilon_\beta) \cdot \\ &\Big(\frac{K_\alpha + \nu K_\beta}{R_1} + \frac{K_\beta + \nu K_\alpha}{R_2}\Big) + O_1(\varepsilon^0 \cdot \varepsilon) + O_2(\varepsilon^0 \cdot K) + O_3(\varepsilon \cdot \varepsilon) + O_4(\varepsilon' \cdot \varepsilon) \\ &+ O_5(\varepsilon^0 \cdot \varepsilon^0) + O_6(a' \cdot a')d\alpha d\beta + \iint \frac{Eh^5}{160(1-\nu^2)}[\cdots]d\alpha d\beta + \cdots \quad (16)\end{aligned}$$

其中 $O_1, O_2, O_3, O_4, O_5, O_6$ 代替有关各项的总和,例如:

$$\begin{aligned}O_1(\varepsilon^0 \cdot \varepsilon) &= \tilde{\omega}\Big(\frac{\tilde{\omega}_\alpha^0}{R_2} + \frac{\tilde{\omega}_\beta^0}{R_1}\Big), \tau^0\tilde{\omega}, \frac{\tilde{\omega}^0}{K_1}\tilde{\omega}, \varepsilon_\alpha K_\alpha^0, \varepsilon_\alpha \frac{\Omega^0}{R_1}, \frac{1}{R_2}\varepsilon_\alpha \frac{\partial \Omega^0}{\partial \beta}, \varepsilon_\alpha \frac{\varepsilon_\alpha^0}{R_1}, \cdots \\ O_2(\varepsilon^0 \cdot K) &= \tilde{\omega}^0\tau, \varepsilon_\alpha^0 K_\alpha, \varepsilon_\alpha^0 K_\beta, \Omega^0 K_\beta, \varepsilon_\alpha^0 \Phi, \cdots \\ O_3(\varepsilon \cdot \varepsilon) &= \frac{1}{R_1^2}\varepsilon_\alpha^2, \frac{\tilde{\omega}^2}{R_1^2}, \frac{\Omega^2}{R_1R_2}, \frac{\varepsilon_\alpha}{R_2^2}\frac{\partial \Omega}{\partial \beta}, \cdots \\ O_4(\varepsilon' \cdot \varepsilon) &= \varepsilon'_\alpha\varepsilon_\alpha, \tilde{\omega}'\tilde{\omega}, \varepsilon_\beta\varepsilon_\alpha, \cdots \\ O_5(\varepsilon^0 \cdot \varepsilon^0) &= \varepsilon_\alpha^0\varepsilon_\beta^0, \tilde{\omega}^{02}, \tilde{\omega}^0\Omega^0, \cdots \\ O_6(a', a') &= a_1'^2, b_1'^2, c_1'^2, a_1'b_1', \cdots \quad (17)\end{aligned}$$

其中 $C = \dfrac{hE}{1-\nu^2}, D = \dfrac{h^3E}{12(1-\nu^2)}$. (16)式中的 D 项,除了写出的项和 $O_1, O_2, O_3,$ O_4, O_5, O_6 所有各项外,别无其他性质的项. (16)式中未写诸项,都以 $\dfrac{1}{160}\dfrac{Eh^5}{(1-\nu^2)}$ 为系数,或比它们的量级更高的项.

现在让我们比较所有各项的量级大小. 首先让我们讨论弯曲能和拉伸能大小相当的情况. 设 $\varepsilon_\alpha, \varepsilon_\beta, \tilde{\omega}$ 的量级相等,以 $[\varepsilon]$ 来表示其量级. 设 R_1, R_2 的量级为 R, 而 $RK_\alpha, RK_\beta, R_\tau$ 的量级相等,都以 $[RK]$ 来表示. C 的量级为 $[Eh]$, D 的量级为 $[Eh^3]$, 或为 $[C][h]^2$, 于是弯曲能 $\dfrac{1}{2}D[K_\alpha^2 + K_\beta^2 + 2\nu K_\alpha K_\beta + 2(1-\nu)\tau^2]$ 和拉伸能

$\frac{1}{2}C\left[\varepsilon_\alpha^2+\varepsilon_\beta^2+2\nu\varepsilon_\alpha\varepsilon_\beta+\frac{1}{2}(1-\nu)\bar{\omega}^2\right]$ 的量级相当于，$[\varepsilon^2]=\left[\dfrac{D}{C}\right][K^2]\sim[h^2k^2]$，所以

$$[\varepsilon]=\left[\frac{h}{R}\right][RK] \tag{18}$$

于是，根据(18)式，(16)式中有关各项应有下列诸量级：

$$C\left[\varepsilon_\alpha^2+\varepsilon_\beta^2+2\nu\varepsilon_\alpha\varepsilon_\beta+\frac{1}{2}(1-\nu)\bar{\omega}^2\right]\sim C[\varepsilon]^2\sim C\left[\frac{h}{R}\right]^2[RK]^2,$$

$$D[K_\alpha^2+K_\beta^2+2\nu K_\alpha K_\beta+2(1-\nu)\tau^2]\sim D[K]^2\sim C\left[\frac{h}{R}\right]^2[RK]^2,$$

$$D\left[2(\varepsilon_\alpha K_\alpha-\varepsilon_\beta K_\beta)\left(\frac{1}{R_2}-\frac{1}{R_1}\right)-\frac{\nu}{1-\nu}(K_\alpha+K_\beta)\left(\frac{\varepsilon_\alpha+\nu\varepsilon_\beta}{R_1}+\frac{\varepsilon_\beta+\nu\varepsilon_\alpha}{R_2}\right)\right.$$
$$\left.-\frac{2\nu}{1-\nu}\left(\frac{K_\alpha+\nu K_\beta}{R_1}+\frac{K_\beta+\nu K_\alpha}{R_2}\right)-(1-\nu)\bar{\omega}\tau\left(\frac{1}{R}+\frac{1}{R_2}\right)\right]$$
$$\sim D[\varepsilon][K]\left[\frac{1}{R}\right]\sim C\left[\frac{h}{R}\right]^3[RK]^2,$$

$$DO_3(\varepsilon\cdot\varepsilon)\sim D\left[\frac{\varepsilon}{R}\right]^2\sim C\left[\frac{h}{R}\right]^4[RK^2] \tag{19}$$

其他各项的量级，必须根据 a_0'，b_0'，c_0'，a_1'，b_1'，c_1' 的量级决定.

a_0'，b_0' 相当于横剪应变的量级 $[\gamma^0]$，内力素横剪 N_α 或 N_β 的量级应该是 $E[\gamma][h]$，通过内力素的力矩平衡方程，$N_\alpha N_\beta$ 的量级，应该和 $\dfrac{1}{R}[M_\alpha]$ 的量级相当，其中 $[M_\alpha]$ 为弯矩的量级. 但 $[M_\alpha]\sim D[K]\sim E[h]^3[K]$，于是有

$$E[\gamma^0][h]\sim E\left[\frac{1}{R}\right][h]^3[K],\text{ 或}[\gamma^0]\sim\left[\frac{h}{R}\right]^2[RK] \tag{20}$$

同样 C_0' 的量级 $[C^0]$ 可以从 C_0' 的定义来认识. 由于 C_0' 的量级就是 σ_z/E 的量级，σ_z 和壳面法向载荷的强度的量级 $[z]$ 相当. 根据横向力的平衡条件，$[z]$ 的量级和 $\left[\dfrac{1}{R}\right][T_\alpha]$ 的量级相当，其中 $[T_\alpha]$ 为薄膜力的量级，而

$$[T_\alpha]\sim C[\varepsilon]\sim C\left[\frac{h}{R}\right][RK],\text{ 所以}$$

$$[C^0]\sim\frac{1}{E}[z]\sim\frac{1}{E}\left[\frac{1}{R}\right][T_\alpha]\sim\frac{C}{E}\left[\frac{1}{R}\right]\left[\frac{h}{R}\right][RK]\sim\left[\frac{h}{R}\right]^2[RK] \tag{21}$$

由此可见，a_0'，b_0'，c_0' 的量级都相等，同时，从(5)式，可以看到 $a_1'h$，$b_1'h$，$c_1'h$ 和 a_0'，b_0'，c_0' 的量级至多相同. 所以 a_1'，b_1'，c_1' 的量级 $[a']$ 为

$$[a'] \sim \frac{1}{h}[c_0] \sim \frac{1}{R}\left[\frac{h}{R}\right][RK] \tag{22}$$

设 a_0'，b_0'，c_0'，a_1'，b_1' 的导数和它们各自本身的量级相同，则我们有

$$DO_1(\varepsilon^0 \cdot \varepsilon) \sim \left[\frac{D}{R^2}\right][\varepsilon][C^0] \sim C\left[\frac{h}{R}\right]^5 [RK]^2,$$

$$DO_2(\varepsilon^0 \cdot K) \sim \left[\frac{D}{R}\right][K][C^0] \sim C\left[\frac{h}{R}\right]^4 [RK]^2,$$

$$DO_4(\varepsilon' \cdot \varepsilon) \sim \left[\frac{D}{R}\right][a'][\varepsilon] \sim C\left[\frac{h}{R}\right]^4 [RK]^2,$$

$$DO_5(\varepsilon^0 \cdot \varepsilon^0) \sim \left[\frac{D}{R^2}\right][C^0]^2 \sim C\left[\frac{h}{R}\right]^6 [RK]^2,$$

$$DO_6(a' \cdot a') \sim [D][a']^2 \sim C\left[\frac{h}{R}\right]^4 [RK]^2,$$

$$\frac{1}{2}C\left[\frac{(1-\nu)^2}{1-2\nu}C_0'^2 + \frac{1}{2}(1-\nu)(a_0'^2 + b_0'^2)\right] \sim C\left[\frac{h}{R}\right]^4 [RK]^2 \tag{23}$$

于是 U 中各项都有了相当的可比量级，计算可以证明(16)式中未算出诸项的量级，都等于或小于 $C\left[\frac{h}{R}\right]^4 [RK]^2$.

一级近似理论，只在 U 的能量表达式中取 $C\left[\frac{h}{R}\right]^2 [RK]^2$ 为量级的诸项，于是，得

$$U_1 = \iint \frac{1}{2}C\left[\varepsilon_\alpha^2 + \varepsilon_\beta^2 + 2\nu\varepsilon_\alpha\varepsilon_\beta + \frac{1}{2}(1-\nu)\tilde{\omega}^2\right]AB\,d\alpha\,d\beta$$

$$+ \iint \frac{1}{2}D[K_\alpha^2 + K_\beta^2 + 2\nu K_\alpha K_\beta + 2(1-\nu)\tau^2]AB\,d\alpha\,d\beta \tag{24}$$

这相当于 Новожилов 所建议的古典小挠度近似理论. 在这个理论中，和 Kirchhoff-Love 假设有关诸项都略去了. Новожилов 认为在 Kirchhoff-Love 假设下，这是最精确的理论[9]，上面的分析也证明了这点.

二级近似理论，取 $C\left[\frac{h}{R}\right]^2 [RK]^2$，$C\left[\frac{h}{R}\right]^3 [RK]^2$ 为量级的诸项，略去更高级的项，于是得

$$U_2 = \iint \frac{1}{2} C \Big[\varepsilon_\alpha^2 + \varepsilon_\beta^2 + 2\nu \varepsilon_\alpha \varepsilon_\beta + \frac{1}{2}(1-\nu)\bar{\omega}^2 \Big] AB \, d\alpha \, d\beta$$
$$+ \iint \frac{1}{2} D \Big[K_\alpha^2 + K_\beta^2 + 2\nu K_\alpha K_\beta + 2(1-\nu)\tau^2$$
$$+ 2(\varepsilon_\alpha K_\alpha - \varepsilon_\beta K_\beta)\Big(\frac{1}{R_2} - \frac{1}{R_1}\Big) - (1-\nu)\widetilde{\omega}\tau \Big(\frac{1}{R_1} + \frac{1}{R_2}\Big)$$
$$- \frac{\nu}{1-\nu}(K_\alpha + K_\beta)\Big(\frac{\varepsilon_\alpha + \nu\varepsilon_\beta}{R_1} + \frac{\varepsilon_\beta + \nu\varepsilon_\alpha}{R_2}\Big)$$
$$- \frac{2\nu}{1-\nu}\Big(\frac{K_\alpha + \nu K_\beta}{R_1} + \frac{K_\beta + \nu K_\alpha}{R_2}\Big)(\varepsilon_\alpha + \varepsilon_\beta) \Big] AB \, d\alpha \, d\beta \tag{25}$$

如果和保持 Kirchhoff-Love 假设的二级近似理论相比较，则可以看到多了下面两项，即

$$\Delta U_2 = \iint \frac{1}{2} D \Big\{ -\frac{\nu}{1-\nu}(K_\alpha + K_\beta)\Big(\frac{\varepsilon_\alpha + \nu\varepsilon_\beta}{R_1} + \frac{\varepsilon_\beta + \nu\varepsilon_\alpha}{R_2}\Big)$$
$$- \frac{2\nu}{1-\nu}\Big(\frac{K_\alpha + \nu K_\beta}{R_1} + \frac{K_\beta + \nu K_\alpha}{R_2}\Big)(\varepsilon_\alpha + \varepsilon_\beta) \Big\} AB \, d\alpha \, d\beta \tag{26}$$

这些项和 a_0'，b_0'，c_0'，a_1'，b_1'，c_1' 等都没有关系，所以和 Kirchhoff-Love 假设中的(1)，(2)两个假设都没有关系.(26)式中各项在实质上完全于废弃了假设(3)即 $C_z = 0$ 而引起的.假设(1)和(2)在实质上是平行于中面的曲面应力假设.从有关量级上可以看到，如果放弃这个曲面应力假设，就要影响能量式中的 $C\Big[\dfrac{h}{R}\Big]^4 [RK]^2$ 量级项，但不影响 $C\Big[\dfrac{h}{R}\Big]^3 [RK]^2$ 的量级项.所以这里的二级近似理论是在曲面应力假设下所能得到的最精确的理论，进一步精确的理论（如第三级近似理论），必须涉及曲面应力假设的影响.我们可以称第二级近似理论为薄壳小挠度的曲面应力理论，换句话说 Kirchhoff-Love 假设中的三个组成部分，在近似的影响量级上看并不是同量级的.关于厚度方向不可压缩的假设的影响，远较法线保持法线方向和正应力 σ_z 可以略去的曲面应力假设为重要.

曲面应力理论的优点在于：(1) 它比 Kirchhoff-Love 假设下的古典壳体理论有高一级的近似，可以处理较厚的壳的问题.(2) 能量式并不比 Новожилов 的一级近似理论复杂多少，尚便于运用.(3) 它仍旧可以用 u，v，w 三个中面位移来表示，不像一般处理横剪的理论那样要有五个未知量.(4) 平衡方程的导数阶级并不增加.

四、曲面应力理论的弹性关系式

对 U_2 变分得

$$\delta U_2 = \iint \{T_\alpha \delta\varepsilon_\alpha + T_\beta \delta\varepsilon_\beta + S\delta\overline{w} + M_\alpha \delta K_\alpha + M_\beta \delta K_\beta + 2H\delta\tau\} AB \, \mathrm{d}\alpha \mathrm{d}\beta \tag{27}$$

其中 T_α, T_β, S, M_α, M_β, H 为有关的内力素(见 Новожилов[9]），它们是

$$\begin{aligned}
T_\alpha &= C(\varepsilon_\alpha + \nu\varepsilon_\beta) - D\Big[K_\alpha\Big(\frac{1}{R_1} - \frac{1}{R_2}\Big) + \frac{\nu}{1-\nu}\Big(\frac{K_\alpha + \nu K_\beta}{R_2} + \frac{K_\beta + \nu K_\alpha}{R_2}\Big) \\
&\quad + \frac{\nu}{2(1-\nu)}(K_\alpha + K_\beta)\Big(\frac{1}{R_1} + \frac{\nu}{R_2}\Big)\Big] \\
T_\beta &= C(\varepsilon_\beta + \nu\varepsilon_\alpha) - D\Big[K_\beta\Big(\frac{1}{R_2} - \frac{1}{R_1}\Big) + \frac{\nu}{1-\nu}\Big(\frac{K_\alpha + \nu K_\beta}{R_1} + \frac{K_\beta + \nu K_\alpha}{R_2}\Big) \\
&\quad + \frac{\nu}{2(1-\nu)}(K_\alpha + K_\beta)\Big(\frac{\nu}{R_1} + \frac{1}{R_2}\Big)\Big] \\
S &= \frac{1}{2}C(1+\nu)\overline{w} - \frac{1}{2}(1-\nu)D\tau\Big(\frac{1}{R} + \frac{1}{R_2}\Big) \\
M_\alpha &= D\Big\{K_\alpha + \nu K_\beta + \varepsilon_\alpha\Big(\frac{1}{R_2} - \frac{1}{R_1}\Big) - \frac{\nu}{1-\nu}(\varepsilon_\alpha + \varepsilon_\beta)\Big(\frac{1}{R_1} + \frac{\nu}{R_2}\Big) \\
&\quad - \frac{\nu}{2(1-\nu)}\Big(\frac{\varepsilon_\alpha + \nu\varepsilon_\beta}{R_1} + \frac{\varepsilon_\beta + \nu\varepsilon_\alpha}{R_2}\Big)\Big\} \\
M_\beta &= D\Big\{K_\beta + \nu K_\alpha + \varepsilon_\beta\Big(\frac{1}{R_1} - \frac{1}{R_2}\Big) - \frac{\nu}{1-\nu}(\varepsilon_\alpha + \varepsilon_\beta)\Big(\frac{\nu}{R_1} + \frac{1}{R_2}\Big) \\
&\quad - \frac{\nu}{2(1-\nu)}\Big(\frac{\varepsilon_\alpha + \nu\varepsilon_\beta}{R_1} + \frac{\varepsilon_\beta + \nu\varepsilon_\alpha}{R_2}\Big)\Big\} \\
H &= D(1-\nu)\Big[\tau - \frac{1}{4}\widetilde{\omega}\Big(\frac{1}{R_1} + \frac{1}{R_2}\Big)\Big]
\end{aligned} \tag{28}$$

现在让我们来计算薄膜剪力 $T_{\alpha\beta}$, $T_{\beta\alpha}$，和扭矩 $M_{\alpha\beta}$, $M_{\beta\alpha}$ 的表达式. 根据定义

$$M_{\alpha\beta} = \int_{-h/2}^{h/2} \tau_{\alpha\beta z}\Big(1 - \frac{z}{R_2}\Big)\mathrm{d}z, \quad M_{\beta\alpha} = \int_{-h/2}^{h/2} \tau_{\alpha\beta z}\Big(1 - \frac{z}{R_1}\Big)\mathrm{d}z \tag{29}$$

把(12)式中的 $\gamma_{\alpha\beta} = \dfrac{\tau_{\alpha\beta}}{G}$ 代入，保留 D 中有关各项，但略去高次项，如 $\widetilde{\omega}_\alpha^0$, $\widetilde{\omega}_\beta^0$ 等，得

$$\left.\begin{aligned}
M_{\alpha\beta} &= \frac{1}{2}D(1-\nu)\Big[2\tau - \widetilde{\omega}\frac{1}{R_1}\Big] = \frac{1}{2}D(1-\nu)\Big[\tau_\alpha + \tau_\beta + \widetilde{\omega}_\alpha\Big(\frac{1}{R_2} - \frac{1}{R_1}\Big)\Big] \\
M_{\beta\alpha} &= \frac{1}{2}D(1-\nu)\Big[2\tau - \widetilde{\omega}\frac{1}{R_2}\Big] = \frac{1}{2}D(1-\nu)\Big[\tau_\alpha + \tau_\beta + \widetilde{\omega}_\beta\Big(\frac{1}{R_1} - \frac{1}{R_2}\Big)\Big]
\end{aligned}\right\} \tag{30}$$

我们利用(8)式及(28)式,很容易证明

$$H = \frac{1}{2}(M_{\alpha\beta} + M_{\beta\alpha}) \qquad (31)$$

它和 H 的定义[9]是一致的. 根据定义, $S = T_{\alpha\beta} - \dfrac{M_{\beta\alpha}}{R_2} = T_{\beta\alpha} - \dfrac{M_{\alpha\beta}}{R_1}$, 利用(28),(30)式,得

$$\left. \begin{aligned} T_{\alpha\beta} &= S + \frac{M_{\beta\alpha}}{R_2} = \frac{1}{2}C(1-\nu)\tilde{\omega} - \frac{1}{2}(1-\nu)D\left[\tau\left(\frac{1}{R_1} - \frac{1}{R_2}\right) + \tilde{\omega}\frac{1}{R_2^2}\right] \\ T_{\beta\alpha} &= S + \frac{M_{\alpha\beta}}{R_1} = \frac{1}{2}C(1-\nu)\tilde{\omega} - \frac{1}{2}(1-\nu)D\left[\tau\left(\frac{1}{R_2} - \frac{1}{R_1}\right) + \tilde{\omega}\frac{1}{R_1^2}\right] \end{aligned} \right\} \qquad (32)$$

内力素表达式(28),(30),(32)都有相同的第二级近似. 并且自动满足第六个壳体内力素的平衡方程,其中 ε_α, ε_β, K_α, K_β, $\tilde{\omega}_\alpha$, $\tilde{\omega}_\beta$, τ_α, τ_β, $\tilde{\omega}$, τ 为中面应变分量,都可以用(6)式通过中面位移 u, v, w 来表示.

二级近似理论的推导,根据上述结论,可以在假设 $\gamma_{\alpha z} = \gamma_{\beta z} = \sigma_z = 0$ 的条件下进行,其过程和前节所述略同,所得 u_α, u_β, u_z, e_α, e_β, $\gamma_{\alpha\beta}$ 的表达式和(10),(11)式形式相同,只是由于假定 $a_0' = b_0' = c_0' = a_1' = b_1' = c_1' = 0$ 而简单得多.

五、曲面应力理论的外力功的表达式

我们将根据二级近似理论的近似条件,写出有相同近似量级的外力功的表达式.

壳面的外力设为 $z_\alpha^{(+)}$, $z_\beta^{(+)}$, $z_z^{(+)}$（在 $z = \dfrac{h}{2}$）和 $z_\alpha^{(-)}$, $z_\beta^{(-)}$, $z_z^{(-)}$（在 $z = -\dfrac{h}{2}$）, 上表面的位移分量为 $u_\alpha^{(+)}$, $u_\beta^{(+)}$, $u_z^{(+)}$, 下表面的位移分量为 $u_\alpha^{(-)}$, $u_\beta^{(-)}$, $u_z^{(-)}$, 于是壳面外力所做的功为

$$W = \sum_{\alpha,\beta,z} \iint \left\{ z_\alpha^{(+)} u_\alpha^{(+)} \left(1 + \frac{h}{2R_1}\right)\left(1 + \frac{h}{2R_2}\right) - z_\alpha^{(-)} u_\alpha^{(-)} \left(1 - \frac{h}{2R_1}\right)\left(1 - \frac{h}{2R_2}\right) \right\} AB \, d\alpha d\beta \qquad (33)$$

设这个功的首项(即主要项)和应变能的首项量级相同,都是 $C\left[\dfrac{h}{R}\right]^2 [KR]^2$ 的量级. 同时 $z_{\alpha,\beta,z}^{(\pm)}$ 的量级和 $\tau_{\alpha z}$, $\tau_{\beta z}$, σ_z 或 a_0, b_0, c_0 的量级相同,都是 $E\left[\dfrac{h}{R}\right]^2 [RK]$, 于是, u, v, w 的量级都应该是 $\dfrac{C}{E}[RK]$. 根据这些分析,如果把(10)式代入(33),

保留 $C\left[\dfrac{h}{R}\right]^3[RK]^2$ 量级的项，略去 $C\left[\dfrac{h}{R}\right]^4[RK]^2$ 量级或更小量级的项，即得

$$W_1 = \iint\left\{(z_\alpha^{(+)} - z_\alpha^{(-)})\left[u + \theta\frac{h^2}{4}\left(\frac{1}{R_1} + \frac{1}{R_2}\right)\right]\right.$$
$$\left. + (z_\alpha^{(+)} + z_\alpha^{(-)})\left[\theta + \left(\frac{1}{R_1} + \frac{1}{R_2}\right)u\right]\frac{h}{2}\right\}AB\,\mathrm{d}\alpha\,\mathrm{d}\beta$$
$$+ \iint\left\{(z_\beta^{(+)} - z_\beta^{(-)})\left[v + \psi\frac{h^2}{4}\left(\frac{1}{R_1} + \frac{1}{R_2}\right)\right]\right.$$
$$\left. + (z_\beta^{(+)} + z_\beta^{(-)})\left[\psi + \left(\frac{1}{R_1} + \frac{1}{R_2}\right)v\right]\frac{h}{2}\right\}AB\,\mathrm{d}\alpha\,\mathrm{d}\beta$$
$$+ \iint\left\{(z_z^{(+)} - z_z^{(-)})\left[w - \frac{\nu}{1-\nu}\Omega\frac{h^2}{4}\left(\frac{1}{R_1} + \frac{1}{R_2}\right)\right]\right.$$
$$\left. + (z_z^{(+)} + z_z^{(-)})\left[-\frac{\nu}{1-\nu}\Omega + \left(\frac{1}{R_1} + \frac{1}{R_2}\right)\bar{w}\right]\frac{h}{2}\right\}AB\,\mathrm{d}\alpha\,\mathrm{d}\beta \tag{34}$$

θ, ψ, Ω 见 (7), (8). 这是表面外力的功的第二级近似表达式. 它的近似程度和二级近似理论是一致的.

$$W_2 = \sum_{\alpha,\beta,z'}\iiint F_\alpha\left(1 + \frac{z}{R_1}\right)\left(1 + \frac{z}{R_2}\right)u_\alpha\,\mathrm{d}z\,\mathrm{d}\alpha\,\mathrm{d}\beta \tag{35}$$

对于均布（在厚度方向）的体积力而言，上述积分也可以写成 h 的幂级数形式，用同样的量级分析方法，保留二级近似量 $C\left[\dfrac{h}{R}\right]^3[RK]^2$，得

$$W_2 = \iint\left\{F_\alpha\left[uh + \frac{h^3}{12}\theta\left(\frac{1}{R_1} + \frac{1}{R_2}\right)\right] + F_\beta\left[vh + \frac{h^3}{12}\psi\left(\frac{1}{R_1} + \frac{1}{R_2}\right)\right] + F_z wh\right\}AB\,\mathrm{d}\alpha\,\mathrm{d}\beta \tag{36}$$

把 $U - W_1 - W_2$ 变分即可得二级近似理论的平衡方程，这些计算是直接的，为了节省篇幅，略去讨论.

六、三级近似理论和 Kirchhoff-Love 的横剪和横向正应力假设

三级近似理论的能量式中，应该包括 $DO_3(\varepsilon \cdot \varepsilon)$，$DO_2(\varepsilon^0 \cdot K)$，$DO_4(\varepsilon' \cdot \varepsilon)$，$DO_6(a' \cdot a')$ 和 $\dfrac{1}{2}C\left[\dfrac{(1-\nu)^2}{(1-2\nu)}c_0'^2 + \dfrac{1}{2}(1-\nu)(a_0'^2 + b_0'^2)\right]$ 等各种能量级为 $C\left[\dfrac{h}{R}\right]^4[RK]^2$ 的项，而略去 $C\left[\dfrac{h}{R}\right]^5[RK]^2$ 的项. 在这些能量项中，全部包括了有关横剪 a_0', b_0' 的影响和有关横向正应力 c_0' 的影响的项. 我们必须指出，这些项不仅

和 $DO_3(\varepsilon \cdot \varepsilon)$ 诸项同量级,并且还和 $\dfrac{1}{160}\dfrac{h^3 E}{(1-\nu^2)}$ 中的下列诸项同量级

$$\frac{1}{160}\frac{Eh^5}{(1-\nu^2)}\left[\frac{1}{R_1}-\frac{1}{R_2}\right]\left[\frac{K_\alpha^2}{R_1}-\frac{K_\beta^2}{R_2}+\frac{1}{2}(1-\nu)\left(\frac{1}{R_1}-\frac{1}{R_2}\right)\tau^2\right]\sim C\left[\frac{h}{R}\right]^4[KR]^2$$

(37)

也即是说,如果要研究横剪和横向正应力的作用,则必须同时在能量式中保留三级近似理论中量级相同的项,如 $DO_3(\varepsilon \cdot \varepsilon)$ 和(37)式中的诸项. 反之,如果只研究横剪和横向正应力的作用,把它们包括在能量式中,而略去和它们同量级的其他项,则显然是不合理的. A. E. Green[5], E. Reissner[6] 和 P. M. Naghdi[7] 的工作显然就存在着这个矛盾. 例如 P. M. Naghdi[7] 所得的结果,就相当于略去了 $O_3(\varepsilon \cdot \varepsilon)$, $O_4(\varepsilon' \cdot \varepsilon)$, $O_6(a' \cdot a)$ 和(37)式中诸项所得的弹性关系,在 Naghdi 的工作中,把 $\gamma_{\alpha z}=\gamma_{\beta z}=0$ 和 $e_z=0$ 的假设,放在一起称为横剪变形假设,他根本没有研究这两者之间的量级上的区别和性质上的区别.

为了压缩篇幅,本文并未详细推导第三级近似理论的弹性关系.

参考文献

[1] Галеркин Б Г. Равновесие Упругой Сферической Оболочки. ПММ. 1942, 6: 6[本文并未获得阅读,但由文献 2,9 所引证].

[2] Новожилов В В, Финкельштейн Р М. Опогрешности Гипотез Кирхгофа В. Теории Оболочек. 1943, 7, 5: 331 – 340.

[3] Лурье А И. Равновесие Упругой Симметрично Нагруженное Сферической оболочки, 1943, 7, 6: 393 – 404.

[4] Koiter W T. A Consistent First Approximation in the General Theory of Thin Elastic Shells. Delft, 1959: 12 – 33.

[5] Green A E, Zerna W. The equilibrium of thin elastic shells. Quart J Mech Appl Math, 1950, 3(Part Ⅰ): 9 – 22.
Zerna W. General theory of plates and shells without the Bernoulli assumption. Z angew Math Mech, 1950, 20(8/9): 244 – 246.

[6] Reissner E. Stress-strain relations in the theory of thin elastic shells. J Math Phys, 1952, 31: 109 – 119.
Hildertrand F B, Reissner E, Thomas G B. Notes on the foundations of the theory of small displacement of orthotropic shells, NACA Tech Notes, 1949, (1833).

[7] Naghdi P M. On the theory of thin elastic shells. Quarterly of Appl Math, 1957, 14: 369 – 380.

[8] Cooper R M. Cylindrical shells under line load. Annarbor, Mich Paper, Amer Soc Mech Engrs, J of Appl Mech, 1957, 28: 1 – 6.

[9] Новожилов В В. Теория тонких оболочек. 1951;薄壳理论. 北京石油学院材料力学教研

组,译,北京:科学出版社,1959: 9.

On the Approximations Introduced by Kirchhoff-Love Hypotheses in the Classical Small Deflection Theory of Elastic Thin Shells

By means of studying the order of magnitudes of various terms in strain energy expression, this paper shows that one of the kirchhoff-Love hypotheses, $e_z = 0$, gives more dominant infleunce on the theory of elastic thin shells than the other two hypotheses ($\gamma_{az} = \gamma_{\beta z} = 0$), and in fact, they differ in order of magnitudes by a factor of h/R. This also shows that, the 1st approximation of the strain energy expression gives the usual classical small deflection theory of thin shells, while the 2nd approximation corresponds to those taking into account the effect of transversal normal strain and neglecting the effect of transversal shear and normal stress. This theory of 2nd approximtion of elastic thin shells contains only two extra terms in strain energy expression corresponding to the effect of transversal normal strain. Therefore it is quite simple in mathematical formulation, and can be studied as usual in terms of three components of displacement of middle surface. This theory is the most accurate theory under the hypotheses of $\gamma_{az} = \gamma_{\beta z} = \sigma_z = 0$, and can be used to study the problem of elastic shells of moderate thickness.

This paper also shows that the effect of transversal shear and transversal normal stress can be studied by means of 3rd approximation of strain energy expression. However, most of existing theory of shells concerning the effect of transversal shears and transversal normal stresses do not fulfil this reguirement.

关于弹性力学的广义变分原理
及其在板壳问题上的应用

摘要 本文论证了胡海昌、E. Reissner 和 de Veubeke 所提出的弹性力学诸广义变分原理的统一性，并推广到复杂的混合边界条件，和热弹性力学及有限变形的弹性力学.

本文利用广义变分原理处理了带有边框的预支板墙的平面应力问题和处理了有关局部稳定问题的非线性壳体大挠度理论. 尤其关于后者的变分泛函，在计算壳体的非线性稳定时将是非常有用的.

一、引言

在弹性理论中，有关变位移的变分原理，如最小位能原理，和有关变应力的变分原理，如最小余能原理，是众所周知的. E. Reissner(1950)[1] 提出了第三种变分原理，它把位移和应力当作可以独立变分的函数，其变分的结果相当于同时满足平衡方程，应力应变关系和有关边界条件. 此后，F. de Veubeke(1951)[2] 改进了 E. Reissner 的工作. 胡海昌(1954)[3] 提出了广义位能原理和广义余能原理，并指出了 E. Reissner 的变分原理是广义位能原理的一种特殊形式.

本文第二节证明了广义位能原理是一般的最小位能原理的无条件变分原理，广义余能原理是最小余能原理的无条件变分原理. 两者可以任意变分的函数都是 15 个（应力 σ_{ij}、应变 e_{ij} 和位移 u_i），满足相同的边界条件，同样得到相同的结论（即平衡方程、应力应变关系和位移应变关系），因此，在物理上看来应该是恒等的. 我们证明了广义位能原理和广义余能原理的泛函是相等的. 因此，我们认为它们并不是两种本质不同的变分原理，而是根本相同的变分原理，建议统一称为广义变分原理.

本文进一步推广了广义变分原理，使它能满足更广泛的混合边界条件，包括弹性支撑的边界条件. 这些结果都在第二节内.

本文第四节中推广了广义变分原理，使它能用以处理定常温度场的热弹性力

《力学学报》退稿(1964 年 9 月)及附件：《力学学报》编委会退稿信(1964 年 10 月 6 日)和作者给《力学学报》编委会的复信(1964 年 10 月 13 日).

学和有限变形的弹性力学.

本文第五节及第六节是这个广义变分原理的两个应用. 我们处理了带有边框的预制板墙的平面应力问题, 这个问题有极端复杂的边界条件和角顶条件, 是当前建筑中预制构件应力计算[4]的一个重要而又困难的问题. 我们也处理了有关薄壳的局部稳定的非线性大挠度问题, 这个问题的平衡方程和协调方程业已由作者[5](1944)用张量导出, 这里用一般常见的壳体符号经过严格的量级分析, 利用广义变分原理导出相同的结果, 最后, 并且写出了非线性方程的最简单的变分泛函. 这个泛函在处理壳体非线性稳定计算时, 将是非常有用的.

二、广义变分原理的本质

让我们先证明, 胡海昌的广义位能原理为弹性力学中第一变分原理(最小位能原理)的无条件变分形式.

设任一弹性体在小变形中受外力作用达到静力平衡. 设该弹性体的体积为 V, 在表面 S 的一部分 S_σ 上, 表面力 $\bar{p}_i$ 为已知, 即应力 σ_{ij} 满足边界条件

$$\sigma_{ij} n_j = p_i = \bar{p}_i \quad 在 S = S_\sigma 上 \tag{1}$$

其中 n_j 为外法线单位向量. 在 S 的另一部分 S_u 上, 位移 $\bar{u}_i$ 已知, 即位移 u_i 满足边界条件

$$u_i = \bar{u}_i \tag{2}$$

设 $U = U(e_{ij})$ 为用应变分量 e_{ij} 表达的应变能密度, e_{ij} 和位移 u_i 的关系式为

$$e_{ij} = \frac{1}{2}(u_{i,j} + u_{j,i}) \tag{3}$$

于是, 弹性力学的第一变分原理可以写成:

在满足已知位移边界条件(2)的一切位移中, 利用(3)式导出应变分量 e_{ij}, 从而计算应变能密度 $U(e_{ij})$, 当

$$\Pi_1 = \int_V (U(e_{ij}) - F_i u_i) \mathrm{d}v - \int_{S_\sigma} \bar{p}_i u_i \, \mathrm{d}S \tag{4}$$

达到极值(最小值)时, u_i 必满足平衡条件

$$\sigma_{ij,j} + F_i = 0 \tag{5}$$

和在 S_σ 上的边界条件(1), 其中 F_i 为体积力, σ_{ij} 为应力, 满足应力应变关系

$$\frac{\partial U}{\partial e_{ij}} = \sigma_{ij} \tag{6}$$

从变分原理看来,这是一个条件极值的问题,亦即是说,在 Π_1 的变分中,必需满足位移边界条件(2)和位移应变关系(3). 在这种条件下把 Π_1 变分的结果,必满足应力的边界条件(1)和平衡条件(5)及应力应变关系(6).

如果 u_i 的条件(2)和(3)在变分前并不满足,而要求通过变分来达到满足这两个条件的要求,则我们可以利用拉格朗日乘子的无条件变分来进行.

设 $\lambda_{ij} = \lambda_{ji}$,$\mu_i$ 为拉格朗日乘子,它们一般可以不是常量而是坐标的待定函数. 于是,这个问题的无条件变分的泛函可以写成

$$\Pi_1^* = \int_V [U(e_{ij}) - F_i u_i] dV - \int_{S_\sigma} \bar{p}_i u_i \, dS + \int_V \lambda_{ij} \left[\frac{1}{2} u_{i,j} + \frac{1}{2} u_{j,i} - e_{ij}\right] dV$$
$$+ \int_{S_u} \mu_i (u_i - \bar{u}_i) dS \tag{7}$$

其中右端第一、第二项为 Π_1,第三、第四项分别代表 6 个条件(3)和 3 个条件(2). 于是,原来的最小位能原理(有条件的)变成 u_i,e_{ij},λ_{ij},μ_i 都可以任意变分的(没有条件)求 Π_1^* 的极值问题了. 亦即

$$\delta \Pi_1^* = \int_V \left(\frac{\partial U}{\partial e_{ij}} - \lambda_{ij}\right) \delta e_{ij} dV - \int_V (\lambda_{ij,j} + F_i) \delta u_i \, dV$$
$$+ \int_V \left(\frac{1}{2} u_{i,j} + \frac{1}{2} u_{j,i} - e_{ij}\right) \delta \lambda_{ij} dV + \int_{S_\sigma} (\lambda_{ij} n_j - \bar{p}_i) \delta u_i \, dS$$
$$+ \int_{S_u} (u_i - \bar{u}_i) \delta \mu_i \, dS + \int_{S_u} (\lambda_{ij} n_j + \mu_i) \delta u_i \, dS = 0 \tag{8}$$

其中,我们业已利用了 Green 定理,即

$$\int_V \frac{1}{2} \lambda_{ij} (\delta u_{i,j} + \delta u_{j,i}) dV = \int_V \lambda_{ij} \delta u_{i,j} dV = \int_{S_\sigma + S_u} \lambda_{ij} n_j \, \delta u_i \, dS - \int_V \lambda_{ij,j} \delta u_i \, dV \tag{9}$$

当 δe_{ij},δu_i,$\delta \lambda_{ij}$,$\delta \mu_i$ 都可以独立地任意变分时,有

$$\frac{\partial U}{\partial e_{ij}} - \lambda_{ij} = 0, \quad \lambda_{ij,j} + F_i = 0, \quad \frac{1}{2}(u_{i,j} + u_{j,i}) - e_{ij} = 0 \quad \text{在 } V \text{ 中} \tag{10}$$

$$\lambda_{ij} n_j - \bar{p}_i = 0 \quad \text{在 } S = S_\sigma \text{ 上} \tag{11a}$$

$$u_i - \bar{u}_i = 0, \quad \lambda_{ij} n_j + \mu_i = 0 \quad \text{在 } S = S_u \text{ 上} \tag{11b}$$

从(10)中很易看到 λ_{ij} 即为应力 σ_{ij},从(11)中可以看到 $\lambda_{ij} n_j = \sigma_{ij} n_j = p_i$ 而 $\mu_i = -p_i$,于是我们证明了最小位能原理的条件变分的泛函可以写成

$$\Pi_1^* = \int_V \left[U(e_{ij}) - F_i u_i + \sigma_i \left(\frac{1}{2} u_{i,j} + \frac{1}{2} u_{j,i} - e_{ij}\right)\right] dV$$

$$-\int_{S_\sigma} \bar{p}_i u_i \, \mathrm{d}S - \int_{S_u} p_i(u_i - \bar{u}_i) \, \mathrm{d}S \tag{12}$$

在 σ_{ij}, e_{ij}, u_{ir} 作为独立的可以任意变分的条件下，求 Π_1^* 的驻值的变分原理

$$\delta\Pi_1^* = 0 \tag{13}$$

即为胡海昌所提出的广义位能变分原理. (12)式和胡海昌的泛函也完全一致.

其次，我们如果把最小余能原理写成

$$\delta\Pi_2 = 0, \quad \Pi_2 = \int_V [e_{ij}\sigma_{ij} - U(e_{ij})]\mathrm{d}V - \int_{S_u} \bar{u}_i \, p_i \, \mathrm{d}S \tag{14}$$

即 σ_{ij} 在满足平衡条件(5)和应力边界条件(1)的条件下，使 Π_2 为极值时，其结果自然满足应力应变关系(6)，应变位移关系(3)和位移边界条件(2). 这也是一个条件变分问题，只是最小余能原理的条件是(5)和(1)，而不是(2)和(3). 利用拉格朗日乘子，我们可以把这个无条件变分问题写成

$$\delta\Pi_2^* = 0, \quad \Pi_2^* = \int_V [e_{ij}\sigma_{ij} - U(e_{ij})]\mathrm{d}V - \int_{S_u} \bar{u}_i \, p_i \, \mathrm{d}S + \int_V \alpha_i(\sigma_{ij,j} + F_i)\mathrm{d}V$$
$$+ \int_{S_\sigma} \beta_i(p_i - \bar{p}_i)\mathrm{d}S \tag{15}$$

其中 α_i, β_i 为六个待定的拉格朗日乘子，在变分时，e_{ij}, σ_{ij}, α_i, β_i 都是独立的可以任意变分的函数，变分后得

$$\delta\Pi_2^* = \int_V \left[\sigma_{ij} - \frac{\partial U}{\partial e_{ij}}\right]\delta e_{ij}\mathrm{d}V + \int_V \delta\sigma_{ij}(e_{ij} - \alpha_{i,j})\mathrm{d}V + \int_V (\sigma_{ij,j} + F_i)\delta\alpha_i \, \mathrm{d}V$$
$$+ \int_{S_\sigma}(p_i - \bar{p}_i)\delta\beta_i \, \mathrm{d}S + \int_{S_u}(\alpha_i - \bar{u}_i)\delta p_i \, \mathrm{d}S + \int_{S_\sigma}(\alpha_i + \beta_i)\delta p_i \, \mathrm{d}S = 0,$$
$$\tag{16}$$

由此，我们可以得到 $\alpha_i = u_i$, $\beta_i = -u_i$, 于是，得

$$\Pi_2^* = \int_V [e_{ij}\sigma_{ij} - U(e_{ij}) + u_i(\sigma_{ij,j} + F_i)]\mathrm{d}V - \int_{S_u} \bar{u}_i \, p_i \, \mathrm{d}S - \int_{S_\sigma} u_i(p_i - \bar{p}_i)\mathrm{d}S \tag{17}$$

这个泛函和胡海昌的广义余能变分原理的泛函完全相同.

以上证明了所谓广义位能原理和广义余能原理，就是最小位能原理和最小余能原理的无条件变分原理.

从物理上看，广义余能原理和广义位能原理虽然分别建立在不同基础上（即建立在最小余能原理和最小位能原理）的条件变分原理，但是最后的独立和可以任意

变分量都是 σ_{ij}，e_{ij}，u_i，所得结果也完全相同，因此，这两个泛函 Π_1^* 和 Π_2^* 应该相同(有可能差一个正负号或差一个常量). 事实上，我们很容易证明它们是大小相等,正负相反的量.

从(12)和(16)，我们有(根据 Green 定理)

$$\Pi_1^* + \Pi_2^* = \int_V \left[u_i \sigma_{ij,j} + \sigma_{ij} \left(\frac{1}{2} u_{i,j} + \frac{1}{2} u_{j,i} \right) \right] dV - \int_{S_u + S_\sigma} u_i p_i \, dS$$

$$= \int_V (u_i \sigma_{ij})_{,j} dV - \int_S u_i p_i \, dS = 0 \tag{17a}$$

这就证明了虽然最小位能原理和最小余能原理在物理本质上是不同的，但是，胡海昌所定义的广义位能原理和广义余能原理在本质上完全相同，泛函也完全相同(差一正负号)，变分的量相同，所得结果也相同，所以不论从物理上或从数学上看都是恒等的变分原理，我们在这里建议以后无须再区别它们，而应该统一地称为弹性力学的广义变分原理(有关塑性力学的广义变分原理也相同).

但是为了和 E. Reissner[1] 和 F. de Veubeke[2] 的广义变分原理有所区别，可以称它们为广义变分原理的应变能形式，这完全是因为在泛函 Π_1^*，Π_2^* 中，明确利用了以应变为函数的应变能密度 $U(e_{ij})$. 反之，可以称 Reissner，Veubeke 的变分原理为广义变分原理的余能形式，在他们的泛函中，明确利用了以应力为函数的余能密度 $V(\sigma_{ij})$，如果把

$$e_{ij} \sigma_{ij} - U(e_{ij}) = V(\sigma_{ij}) \tag{18}$$

作为余能代入(12)式及(14)式，即得广义变分原理的余能形式

$$\left. \begin{aligned} \delta \Pi_1^{**} &= 0, \quad \Pi_1^{**} = \int_V [V(\sigma_{ij}) + F_i u_i - \sigma_{ij} u_{i,j}] dV + \int_{S_\sigma} \bar{p}_i u_i \, dS + \int_{S_u} p_i (u_i - \bar{u}_i) dS \\ \delta \Pi_2^{**} &= 0 \quad \Pi_2^{**} = \int_V [V(\sigma_{ij}) + u_i (\sigma_{ij,j} + F_i)] dV - \int_{S_u} \bar{u}_i p_i \, dS - \int_{S_\sigma} u_i (p_i - \bar{p}_i) dS \end{aligned} \right\} \tag{19}$$

$$\Pi_1^{**} = \Pi_2^{**}$$

应变能形式和余能形式的区别在于前者有 e_{ij}，σ_{ij}，u_i 等 15 个可以任意变分的独立量，而后者只有 σ_{ij}，u_i 等 9 个独立的变分量. 前者变分的结果，通过 e_{ij} 给出弹性关系，后者直接把 σ_{ij}，u_i 联系起来给出弹性关系. 当然，在两者之间，除了应用和不应用 e_{ij} 作为中间量来联系应力和变形的数学上的区别外，在物理本质上仍旧是恒等的. 同时，必须指出，在某一些问题里，有可能把能量分成两部分，如壳的中面拉伸能和弯曲能，其中一部分用应变能形式(如弯曲能，比较方便，而另一部分则用余能形式比较方便(如中面拉伸能). 如果这样，我们就遇到两种形式的混合问题. 有关壳的非线性大挠度问题就是这种混合问题(见第六节).

三、混合边界条件的广义变分原理

现在设除了有应力已知的表面 S_σ，及位移已知的表面 S_u 外，还有一部分表面 S_k 是弹性支承的．最广义的弹性支承条件可以写成

$$p_i + k_{ij} u_j = 0 \quad 在 S_k 上 (k_{ij} = k_{ji}) \tag{20}$$

其中 k_{ij} 为产生单位位移 u_j，其他位移为零时所需的力 p_i。k_{ij} 亦即刚度系数，或弹簧系数．为了计算在 S_k 边界面上的边界条件的广义变分原理的泛函，我们可以把弹性支座和弹性体本身作为统一体来考虑，而用弹性支座的弹性能来表示它的作用．这种弹性支座的应变能为

$$U_1 = -\int p_i \, du_i = \int k_{ij} u_j \, du_i = \frac{1}{2} k_{ij} u_i u_j \quad 在 S_k 上 \tag{21}$$

于是整个统一体的无条件变分的泛函可以写成

$$\Pi_1^* = \int_V \left[U(e_{ij}) - Fu_i + \sigma_{ij} \left(\frac{1}{2} u_{i,j} + \frac{1}{2} u_{j,i} - e_{ij} \right) \right] dV$$
$$- \int_{S_\sigma} \bar{p}_i u_i \, dS - \int_{S_u} p_i (u_i - \bar{u}_i) dS + \frac{1}{2} \int_{S_k} k_{ij} u_i u_j \, dS \tag{22}$$

通过变分，我们很易证明其结果不仅满足平衡方程、弹性关系和应变位移关系，而且满足所有在 S_σ，S_u，S_k 上的一切边界条件(1)，(2)，(20)．

在很多情况下，我们经常遇到混合边界条件，如法向应力和切向位移已知（扭转的端截面上），或法向位移和切向应力已知（如梁的简支点上）等等．为了解决这类边界条件，我们可以引进法向应力 p_n 和切向应力 p_{t1}，p_{t2}（$p_{t\alpha}$，$\alpha = 1, 2$），法向位移 u_n，和切向位移 $u_{t\alpha}$（$\alpha = 1, 2$），于是，我们有

$$p_i u_i = p_n u_n + p_{t\alpha} u_{t\alpha} \quad 在 S 上 \tag{23}$$

于是边界条件(1)和(2)可以写成

$$p_n = \bar{p}_n, \; p_{t\alpha} = \bar{p}_{t\alpha} \quad 在 S_\sigma 上 \tag{24a}$$
$$u_n = \bar{u}_n, \; u_{t\alpha} = \bar{u}_{t\alpha} \quad 在 S_u 上 \tag{24b}$$

而弹性支承的边界条件可以写成

$$p_n = -k_{nn}^* u_n - k_{n\alpha}^* u_{t\alpha}, \; p_{t\alpha} = -k_{\alpha n}^* u_n - k_{\alpha\beta}^* u_{t\beta} \tag{25}$$

而满足(24)，(25)的泛函为

$$\Pi k^* = \int_V \left[U(e_{ij}) - F_i u_i + \sigma_{ij}\left(\frac{1}{2}u_{i,j} + \frac{1}{2}u_{j,i} - e_{ij}\right) \right]dV - \int_{S_\sigma}(\bar{p}_n u_n + \bar{p}_{ta}u_{ta})dS$$
$$- \int_{S_u}[p_n(u_n - \bar{u}_n) + p_{ta}(u_{ta} - \bar{u}_a)]dS + \frac{1}{2}\int_{S_k}[k_{nn}^* u_n^{*} + k_{\alpha\beta}^* u_{ta}u_{t\beta} + 2k_{an}^* u_{ta}u_n]dS$$
(26)

对于混合边界条件(设 $S = S_{\sigma t} + S_u + S_k + S_{\sigma n}$)

$$p_u = \bar{p}_n, \quad u_{ta} = \bar{u}_{ta} \quad 在 S = S_{\sigma n} 上 \tag{27}$$

而言,我们可以证明泛函为

$$\Pi_k^{**}{}_1 = 〔26〕 - \int_{S_{\sigma n}}[\bar{p}_n u_n + p_{ta}(u_{ta} - \bar{u}_{ta})]dS \tag{28}$$

其中"〔26〕"表示(26)式中右端全部各项的总和. 对于其他混合边界条件的 $\Pi_k^{*}{}_1$ 的有关项见表1. 其中有关 S_k^*, S_{kn1}, S_{kn2}, S_{kt1}, S_{kt2} 诸项,相当于一个单向弹性作用的各种可能的边界条件.

四、热弹性力学及有限变形弹性理论的广义变分原理的泛函

上面这种条件变分的观点,可以用来建立很多有用的其他弹性力学问题的广义变分原理,为了简单起见,我们将只限于简单的应力已知和位移已知的边界条件,推广到其他混合边界条件并不困难.

表 1　各种混合边界条件的泛函项

表　面	边 界 条 件	泛函的有关项
$S_{\sigma n}$	$p_n = \bar{p}_n, \ u_{ta} = \bar{u}_{ta}$	$-\int_{\sigma n}[\bar{p}_n u_n + p_{ta}(u_{ta} - \bar{u}_{ta})]dS$
$S_{\sigma t}$	$u_n = \bar{u}_n, \ p_{ta} = \bar{p}_{ta}$	$-\int_{S_{\sigma t}}[p_n(u_n - \bar{u}_n) + \bar{p}_{ta}u_{ta}]dS$
S_k^*	$p_n = -k_{nn}^* u_n, \ p_{ta} = -k_{\alpha\beta}^* u_{t\beta}$	$\frac{1}{2}\int_{S_k^*}[k_{nn}^* u_n^2 + k_{\alpha\beta}^* u_{ta}u_{t\beta}]dS$
S_{kn1}	$p_n = -k_{nn}^* u_n, \ p_{ta} = \bar{p}_{ta}$	$\frac{1}{2}\int_{S_{kn1}}[k_{nn}^2 u_n^2 - 2\bar{p}_{ta}u_{ta}]dS$
S_{kn2}	$p_n = -k_{nn}^* u_n, \ u_{ta} = \bar{u}_{ta}$	$\frac{1}{2}\int_{S_{kn2}}[k_{nn}^* u_2 n - 2p_{ta}(u_{ta} - \bar{u}_{ta})]dS$
S_{kt1}	$p_n = \bar{p}_n, \ p_{ta} = -k_{\alpha\beta}^* u_{t\beta}$	$\int_{S_{kn1}}\left[-\bar{p}_n u_n + \frac{1}{2}k_{\alpha\beta}^* u_{ta}u_{t\beta}\right]dS$
S_{kt2}	$u_n = \bar{u}_n, \ p_{ta} = -k_{\alpha\beta}^* u_{t\beta}$	$\int_{S_{kn2}}\left[-p_n(u_n - \bar{u}_n) + \frac{1}{2}k_{\alpha\beta}^* u_{ta}u_{t\beta}\right]dS$

首先让我们建立定常温度场中的热弹性力学问题的广义变分原理. 定常温度场中的热弹性力学可以写出如下[6]：

在空间 $V+S_\sigma+S_u$ 内,求解一组单值的 $C^{(1)}$ 级函数 $\sigma_{ij}(p)$ 和 $e_{ij}(p)$ 和一组单值的 $C^{(2)}$ 级函数 $u_i(p)$ 在 $p(x_i)$ 点的解,它们在 V 内 P 点上满足

$$\sigma_{ij,j}+F_i=0 \tag{29}$$

在 $V+S_\sigma+S_u$ 内 P 点上满足

$$e_{ij}=\frac{1}{2}(u_{i,j}+u_{j,i}),\frac{\partial U}{\partial e_{ij}}=\sigma_{ij}+2G\alpha T\delta_{ij} \tag{30}$$

其中 T 为定常温度场,α 为热膨胀系数；$\delta_{ij}=0$ 当 $i\neq j$；$\delta_{ij}=1$ 当 $i=j$,而 $U(e_{ij})$ 为应变能密度

$$U(e_{ij})=\frac{1}{2}\lambda e_{ll}e_{kk}+\mu e_{kl}e_k. \tag{31}$$

λ,μ 为拉梅常数,同时在 S_σ 的 P 点上,满足边界条件

$$\sigma_{ij}n_j=p_i=\bar{p}_i(P) \tag{32}$$

在 S_u 的 P 点上,满足边界条件

$$u_i=\bar{u}_i(P) \tag{33}$$

要建立这样一个热应力问题的广义变分原理,只要增加考虑由热膨胀产生的变形能就可以了. 这个变形能就等于热应力所做的功,它是

$$U_T=-\int_V 2G\alpha T\delta_{ij}e_{ij}dV \tag{34}$$

于是,这个热应力问题的泛函可以写成

$$\Pi_1^*=\int_V\left[U(e_{ij})-F_iu_i+\sigma_{ij}\left(\frac{1}{2}u_{i,j}+\frac{1}{2}u_{j,i}-e_{ij}\right)-2G\alpha T\delta_{ij}e_{ij}\right]dV \\ -\int_{S_\sigma}\bar{p}_iu_i\,dS-\int_{S_u}p_i(u_i-\bar{u}_i)dS \tag{35}$$

把 e_{ij},u_i,σ_{ij} 看作为独立的可以任意变分的量进行变分,即可证明极值时满足(29)~(33)所有条件.

现在让我们研究有限变形弹性力学问题的广义变分原理,有限变形弹性力学问题可以写出如下[7].

在空间 $V+S_\sigma+S_u$ 内,求解一组单值的 $C^{(1)}$ 级函数 $\sigma_{ij}(P)$ 和 $\varepsilon_{ij}(P)$ 和一组单值的 $C^{(2)}$ 级函数 $u_i(P)$ 在 $P(x_i)$ 点的解,它们在 V 内 P 点上满足平衡方程

$$[(\delta_{ij}+u_{i,k})\sigma_{kj}]_{,j}+F_i=0 \tag{36}$$

在 $V+S_u+S_\sigma$ 内 P 点上满足

$$\varepsilon_{ij} = \frac{1}{2}u_{i,j} + \frac{1}{2}u_{j,i} + \frac{1}{2}u_{k,i}u_{k,j}, \quad \frac{\partial U}{\partial \varepsilon_{ij}} = \sigma_{ij} \tag{37}$$

而 $U(\varepsilon_{ij})$ 为根据实验决定的 ε_{ij} 的函数. 同时在 S_σ 的 P 点上, 满足边界条件

$$\sigma_{kj}(\delta_{ki}+u_{i,k})n_j = p_k(\delta_{ki}+u_{i,k}) = \bar{p}_i \tag{38}$$

在 S_u 的 P 点上,满足边界条件

$$u_i = \bar{u}_i \tag{39}$$

对此,我们也可以用拉格朗日乘子来满足最小位能原理的条件变分,亦即

$$\Pi_1^* = \int_V [U(\varepsilon_{ij}) - F_i u_i] dV + \int_V \lambda_{ij} \left[\frac{1}{2} u_{i,j} + \frac{1}{2} u_{j,i} + \frac{1}{2} u_{k,i} u_{k,j} - \varepsilon_{ij} \right] dV$$

$$- \int_{S_\sigma} \bar{p}_i u_i \, dS - \int_{S_u} \lambda_i (u_i - \bar{u}_i) dS \tag{40}$$

把 Π_1^* 中的 ε_{ij}, u_i, λ_{ij}, λ_i 当作可以任意变分的量,得

$$\delta \Pi_1^* = \int_V \left[\frac{\partial U}{\partial \varepsilon_{ij}} - \lambda_{ij} \right] \delta \varepsilon_{ij} dV + \int_V \left[\frac{1}{2} u_{i,j} + \frac{1}{2} u_{j,i} - \frac{1}{2} u_{k,i} u_{k,j} - \varepsilon_{ij} \right] \delta \lambda_{ij} dV$$

$$- \int_V \{[\lambda_{kj}(\sigma_{ik}+u_{i,k})]_{,j} + F_i\} dV + \int_{S_\sigma} [\lambda_{kl} n_l (\delta_{ik}+u_{i,k}) - \bar{p}_i] \delta u_i \, dS$$

$$- \int_{S_u} (u_i - \bar{u}_i) \delta \lambda_i \, dS + \int_{S_u} [\lambda_{kl} n_l (\delta_{ik}+u_{i,k}) - \lambda_i] \delta u_i dS = 0. \tag{41}$$

由此,决定了

$$\lambda_{ij} = \sigma_{ij}, \; \lambda_i = \lambda_{kl} n_l (\delta_{ik}+u_{i,k}) = \sigma_{kl} n_l (\delta_{i,k}+u_{i,k}) = p_k(\delta_{ik}+u_{i,k}), \tag{42}$$

于是,有限变形弹性力学的泛函为

$$\Pi_1^* = \int_V \left\{ U(\varepsilon_{ij}) + \sigma_{ij} \left[\frac{1}{2} u_{i,j} + \frac{1}{2} u_{j,i} + \frac{1}{2} u_{k,i} u_{k,j} - \varepsilon_{ij} \right] - F_i u_i \right\} dV$$

$$- \int_{S_\sigma} \bar{p}_i u_i \, dS - \int_{S_u} p_i (\delta_{ik}+u_{i,k})(u_i - \bar{u}_i) dS \tag{43}$$

如果把 ε_{ij}, u_i, σ_{ij} 当作可以任意变分的独立量,则 (43) 式的变分极值给出 (36) ～ (39) 诸式.

五、带有边框的矩形板墙的平面弹性力学问题

在房屋建筑工程中,应用大型混凝土预制构件时,最基本的构件之一是平面板墙构件(图1),这种板墙带有边框,受有角点垂直集中载荷 P(相当于上层建筑的重

量)和底边边框上受有均布载荷 w(相当于楼板载荷). 这是一个平面应力问题. 但是边界条件由于边框的结构作用,所以比较复杂,张福范曾利用卡氏定理求解过一些简单的载荷下的类似问题[4]. 现在让我们利用条件变分来建立它的广义变分原理,和通过变分,建立有关问题的边界条件和角点条件.

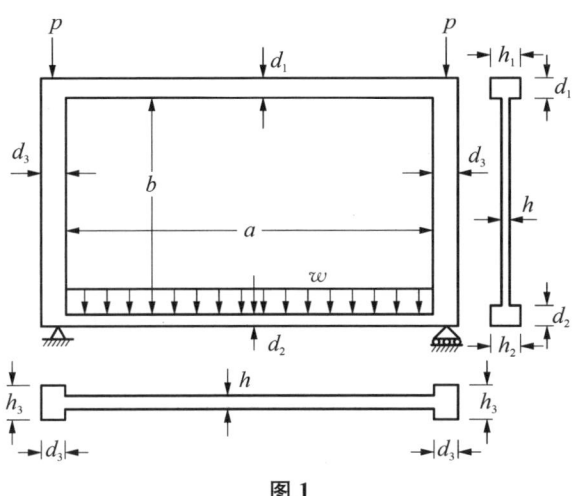

图 1

取板墙中点为原点,板墙中面各点位移为 $u(x,y)$, $v(x,y)$ 由于问题的对称性,我们有

$$u(x,y) = -u(-x,y), \quad v(x,y) = v(-x,y) \tag{44}$$

它们的边界值分别用 $u_1(x)$, $v_1(x)$; $u_2(x)$, $v_2(x)$; $u_3(y)$, $v_3(y)$ 表示,即

$$\left.\begin{array}{l} \text{在 } AB \text{ 边上} \quad u\left(x, \dfrac{b}{2}\right) = u_1(x), \quad v\left(x, \dfrac{b}{2}\right) = v_1(x) \\[2mm] \text{在 } AD \text{ 及 } BC \text{ 边上} \quad u\left(\dfrac{a}{2}, y\right) = -u\left(-\dfrac{a}{2}, y\right) = u_3(y), \\[2mm] \hspace{6em} v\left(\dfrac{a}{2}, y\right) = v\left(-\dfrac{a}{2}, y\right) = v_3(y) \\[2mm] \text{在 } CD \text{ 边上} \quad u\left(x, -\dfrac{b}{2}\right) = u_2(x), \quad v\left(x, -\dfrac{b}{2}\right) = v_2(x) \end{array}\right\} \tag{45}$$

为了方便起见,我们将采用下列微分符号

$$\left.\begin{array}{l} \text{在 } AB \text{ 边上,} \quad \left(\dfrac{\partial u}{\partial x}\right)_{y=b/2} = \dfrac{\partial u_1}{\partial x}, \quad \left(\dfrac{\partial u}{\partial y}\right)_{y=b/2} = \dfrac{\partial u_1}{\partial y}, \\[2mm] \left(\dfrac{\partial v}{\partial x}\right)_{y=b/2} = \dfrac{\partial v_1}{\partial x}, \quad \left(\dfrac{\partial v}{\partial y}\right)_{y=b/2} = \dfrac{\partial v_1}{\partial y}, \cdots \end{array}\right\} \tag{46}$$

我们将分三部分来计算应变能：

(1) 板内的应变能 $\left(-\dfrac{a}{2}\leqslant x\leqslant \dfrac{a}{2}, -\dfrac{b}{2}\leqslant y\leqslant \dfrac{b}{2}\right)$ 为

$$\overline{U}_1 = \int_{-b/2}^{b/2}\int_{-a/2}^{a/2} U_1(e)\,\mathrm{d}x\,\mathrm{d}y \tag{47}$$

$$U_1(e) = \frac{Eh}{2(1-\nu^2)}\left\{e_x^2 + e_y^2 + 2\nu e_x e_y + \frac{1}{2}(1-\nu)e_{xy}^2\right\}, \tag{47a}$$

$$e_x = \frac{\partial u}{\partial x},\ e_y = \frac{\partial v}{\partial y},\ e_{xy} = \frac{\partial u}{\partial x} + \frac{\partial v}{\partial y}. \tag{47b}$$

(2) 边框内的应变能：以边框 $AB\left(-\dfrac{a}{2}\leqslant x\leqslant \dfrac{a}{2},\ \dfrac{b}{2}\leqslant y\leqslant \dfrac{b}{2}+d_1\right)$ 为例，它的应变能可以分成两部分：弯曲能和拉伸能。设边框的宽度很小，边框中线的弯曲曲率可以近似地用平板边界 AB 的弯曲曲率来表示，则 AB 边框的弯曲能为

$$U_{AB}^{(1)} = \frac{1}{12}EJ_1\int_{-a/2}^{a/2}\left(\frac{\partial^2 v_1}{\partial x^2}\right)\mathrm{d}x \tag{48}$$

其中 J_1 为边框 AB 绕中心轴的惯性矩，即 $J_1=\dfrac{1}{2}h_1d_1^3$。在计算边框的伸长变形的应变能时，同样将略去边框的宽度，以板的边界位移作为边框的中线位移。于是，边框中线的伸长应变为 $e_x = \dfrac{\partial u_1}{\partial x}$，而边框 AB 的拉伸应变能为

$$U_{AB}^{(2)} = \frac{1}{2}EF_1\int_{-a/2}^{a/2}\left(\frac{\partial u_1}{\partial x}\right)^2\mathrm{d}x \tag{49}$$

其中 F_1 为 AB 边框的截面面积 $F_1 = h_1 d_1$，于是 AB 边框的总的应变能为

$$U_{AD} = U_{AB}^{(1)} + U_{AB}^{(2)} = \frac{1}{2}EJ_1\int_{-a/2}^{a/2}\left(\frac{\partial^2 v_1}{\partial x^2}\right)^2\mathrm{d}x + \frac{1}{2}EF_1\int_{-a/2}^{a/2}\left(\frac{\partial u_1}{\partial x}\right)^2\mathrm{d}x \tag{50}$$

同样，我们有

$$U_{AD} = U_{BC} = \frac{1}{2}EJ_3\int_{-b/2}^{b/2}\left(\frac{\partial^2 u_3}{\partial y^2}\right)^2\mathrm{d}y + \frac{1}{2}EF_3\int_{-b/2}^{b/2}\left(\frac{\partial v_3}{\partial y}\right)^2\mathrm{d}y$$

$$U_{CD} = \frac{1}{2}EJ_2\int_{-a/2}^{a/2}\left(\frac{\partial^2 v_2}{\partial x^2}\right)^2\mathrm{d}x + \frac{1}{2}EF_2\int_{-a/2}^{a/2}\left(\frac{\partial u_2}{\partial x}\right)^2\mathrm{d}x \tag{51}$$

其中

$$J_2 = \frac{1}{12}h_2 d_2^3, \ J_3 = \frac{1}{12}h_3 d_3^3, \ F_2 = h_2 d_2, \ F_3 = d_3 h_3 \tag{52}$$

（3）四角角块 A，B，C，D 中的应变能，由于角块体积很小，可以略去. 但角块作为边框 AB，BC，CD，DA 的连接作用，则不能略去. 这种连接作用通过边框和角块的连结面上的内力素表现出来. 如以角块 A 和边框 AB，DA 的连结面为例，有弯矩 M_{1A}，M_{3A}，剪力 Q_{1A}，Q_{3A}，拉力 N_{1A}，N_{3A}（如图 2），角块 A 在 M_{1A}，M_{3A}，Q_{1A}，Q_{3A}，N_{1A}，N_{3A} 和外力 P 的作用下取得平衡. 其平衡条件为

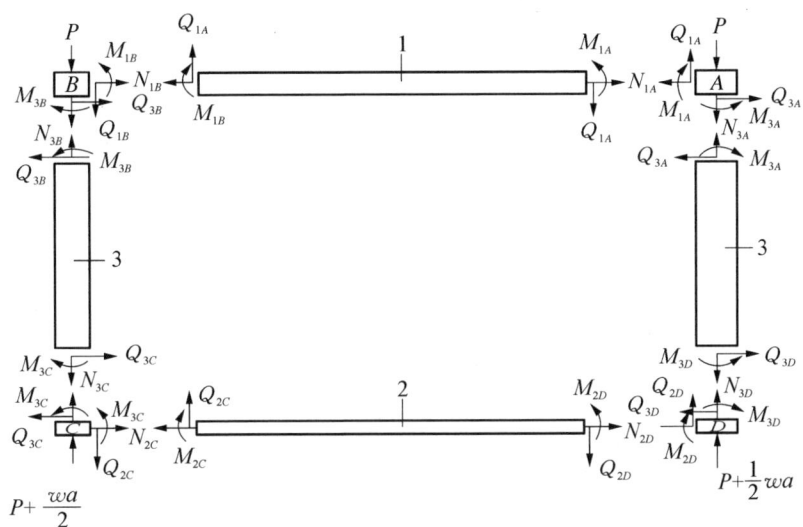

图 2 角块上所受的力和力矩

$$-N_{1A} + Q_{3A} = 0, \ Q_{1A} - N_{3A} - P = 0, \ M_{1A} - M_{3A} + \frac{1}{2}Q_{1A}d_3 - \frac{1}{2}Q_{3A}d_1 = 0 \tag{53}$$

同样，角块 B 的平衡条件为

$$N_{1A} + Q_{3B} = 0, \ N_{3B} + Q_{1B} + P = 0, \ M_{1B} - M_{3B} + \frac{1}{2}Q_{3B}d_1 - \frac{1}{2}Q_{1B}d_3 = 0 \tag{54}$$

角块 C 的平衡条件为

$$N_{2C} - Q_{3C} = 0, \ N_{3C} - Q_{2C} + P + \frac{wa}{2} = 0, \ M_{3C} + M_{2C} + \frac{1}{2}Q_{3C}d_2 - \frac{1}{2}Q_{2C}d_3 = 0 \tag{55}$$

角块 D 的平衡条件为

$$N_{3D} + Q_{2D} + P + \frac{1}{2}wa = 0, \quad N_{2D} + Q_{3D} = 0,$$

$$M_{2D} + M_{3D} + \frac{1}{2}Q_{2D}d_3 - \frac{1}{2}Q_{3D}d_2 = 0 \tag{56}$$

现在的问题是板墙和边框的统一体在底框均布力 w 和角块诸接触力和力矩下的平衡问题,在考虑这样一个问题时,角块诸接触力和力矩作为外力考虑.

现在考虑外力所做的功,w 所做的功为

$$W_1 = -\int_{-a/2}^{a/2} w v_2(x) \mathrm{d}x \tag{57}$$

诸接触力所做的功为

$$\begin{aligned} W_2 =\ & N_{1A}u_A - N_{1B}u_B - N_{2C}u_C + N_{2D}u_D + N_{3A}v_A + N_{3B}v_B \\ & - Q_{3A}\left(u_A - \frac{1}{2}\frac{\partial u_A}{\partial y}d_1\right) - Q_{3B}\left(u_B - \frac{1}{2}\frac{\partial u_B}{\partial y}d_1\right) + Q_{3C}\left(u_C + \frac{1}{2}\frac{\partial u_C}{\partial y}d_2\right) \\ & + Q_{3D}\left(u_D + \frac{1}{2}\frac{\partial u_D}{\partial y}d_2\right) - Q_{1A}\left(v_A - \frac{1}{2}\frac{\partial v_A}{\partial x}d_3\right) + Q_{1B}\left(v_B + \frac{1}{2}\frac{\partial v_B}{\partial x}d_3\right) \\ & + Q_{2C}\frac{\partial v_C}{\partial x}\frac{d_3}{2} + Q_{2D}\frac{\partial v_D}{\partial x}\frac{d_3}{2} + M_{1A}\frac{\partial v_A}{\partial x} + M_{2D}\frac{\partial v_D}{\partial x} + M_{1B}\frac{\partial v_B}{\partial x} \\ & - M_{2C}\frac{\partial v_C}{\partial x} + M_{3A}\frac{\partial u_A}{\partial y} - M_{3D}\frac{\partial u_D}{\partial y} - M_{3B}\frac{\partial u_B}{\partial y} + M_{3C}\frac{\partial u_C}{\partial y} \end{aligned} \tag{58}$$

其中 v_C 和 v_D 等于零,因此,N_{3C},N_{3D},Q_{2D},Q_{2C} 对 v_C 和 v_D 不做功. 这是一个条件变分问题,它可以写成在条件(47b),(53)—(56)和 $v_C = v_D = 0$ 的条件下,求 $\overline{U}_1 + U_{AB} + U_{BC} + U_{CA} + U_{DA} - W_1 - W_2$ 的极值问题. 如果把 $U_1(e)$ 直接用 u, v 表示,则(47b)的条件就可以不用.

于是,这个问题的广义变分的泛函可以写成

$$\begin{aligned} \Pi =\ & \frac{Eh}{2(1-\nu^2)}\int_{-b/2}^{b/2}\int_{-a/2}^{a/2}\left\{\left(\frac{\partial u}{\partial x}\right)^2 + \left(\frac{\partial v}{\partial y}\right)^2 + 2\nu\frac{\partial u}{\partial x}\frac{\partial v}{\partial y} + \frac{1}{2}(1-\nu)\cdot\right. \\ & \left.\left(\frac{\partial u}{\partial y} + \frac{\partial v}{\partial v}\right)^2\right\}\mathrm{d}x\mathrm{d}y + \frac{1}{2}EJ_1\int_{-a/2}^{a/2}\left(\frac{\partial^2 v_1}{\partial x^2}\right)^2\mathrm{d}x + \frac{1}{2}EJ_2\int_{-a/2}^{a/2}\left(\frac{\partial^2 v_2}{\partial x^2}\right)^2\mathrm{d}x \\ & + EJ_3\int_{-b/2}^{b/2}\left(\frac{\partial^2 u_3}{\partial y^2}\right)^2\mathrm{d}y + \frac{1}{2}EF_1\int_{-a/2}^{a/2}\left(\frac{\partial u_1}{\partial x}\right)^2\mathrm{d}x + \frac{1}{2}EF_2\int_{-a/2}^{a/2}\left(\frac{\partial u_2}{\partial x}\right)^2\mathrm{d}x \\ & + EF_3\int_{-b/2}^{b/2}\left(\frac{\partial v_3}{\partial y}\right)^2\mathrm{d}y + \int_{-a/2}^{a/2}wv_2(x)\mathrm{d}x - (N_{1A} - Q_{3A})u_A + (N_{1B} + Q_{3B})u_B \\ & + (N_{2C} - Q_{3C})u_C - (N_{2D} + Q_{3D})u_D - (N_{3A} - Q_{1A})v_A - (N_{3B} + Q_{1B})v_B \end{aligned}$$

$$\begin{aligned}
&-\left(M_{3A}+\frac{1}{2}Q_{3A}d_1\right)\frac{\partial u_A}{\partial y}+\left(M_{3B}-\frac{1}{2}Q_{3B}d_1\right)\frac{\partial u_B}{\partial y}-\left(M_{3C}+\frac{1}{2}Q_{3C}d_2\right)\frac{\partial u_C}{\partial y}\\
&+\left(M_{3D}-\frac{1}{2}Q_{3D}d_2\right)\frac{\partial u_D}{\partial y}-\left(M_{1A}+\frac{1}{2}Q_{1A}d_3\right)\frac{\partial v_A}{\partial x}+\left(M_{1B}-\frac{1}{2}Q_{1B}d_3\right)\frac{\partial v_B}{\partial x}\\
&+\left(M_{2C}-\frac{1}{2}Q_{2C}d_3\right)\frac{\partial v_C}{\partial x}-\left(M_{2D}+\frac{1}{2}Q_{2D}d_3\right)\frac{\partial v_D}{\partial x}+\lambda_A(N_{1A}-Q_{3A})\\
&+\lambda'_A(N_{3A}-Q_{1A}+P)+\lambda''_A\left(M_{1A}-M_{3A}+\frac{d_3}{2}Q_{1A}-\frac{1}{2}Q_{3A}d_1\right)+\lambda_B(N_{1B}+Q_{3B})\\
&+\lambda'_B(N_{3B}+Q_{1B}+P)+\lambda''_B\left(M_{1B}-M_{3B}+\frac{1}{2}Q_{3B}d_1-\frac{1}{2}Q_{1B}d_3\right)\\
&+\lambda_C(N_{2C}-Q_{3C})+\lambda'_C(N_{3C}-Q_{2C}+P)+\lambda''_C\left(M_{3C}+M_{2C}+\frac{1}{2}Q_{3C}d_2-\frac{1}{2}Q_{2C}d_3\right)\\
&+\lambda_D(N_{2D}+Q_{3D})+\lambda'_L\left(N_{3D}+Q_{2D}+P+\frac{wa}{2}\right)\\
&+\lambda''_D\left(M_D+M_{3D}+\frac{1}{2}Q_{2D}d_3-\frac{1}{2}Q_{3D}d_2\right) \tag{59}
\end{aligned}$$

其中 $\lambda_A, \lambda_B, \lambda_C, \lambda_D, \lambda'_A, \lambda'_B, \lambda'_C, \lambda'_D, \lambda''_A, \lambda''_B, \lambda''_C, \lambda''_D$ 都是待定的拉格朗日乘子,变分后(考虑 $u, v, N, \dot{Q}, M, \lambda, \lambda', \lambda''$ 都是可以任意变分的量)即可证明:

$$\left.\begin{aligned}
&\lambda_A=u_A, \lambda_B=-u_B, \lambda_C=-u_C, \lambda_D=u_D\\
&\lambda'_A=v_A, \lambda'_B=v_B, \lambda'_C=0, \lambda'_D=0\\
&\lambda''_A=\frac{\partial v_A}{\partial x}=-\frac{\partial u_A}{\partial y}, \lambda''_B=-\frac{\partial v_B}{\partial x}=\frac{\partial u_B}{\partial y}, \lambda''_C=\frac{\partial u_C}{\partial y}=-\frac{\partial v_C}{\partial x}, \lambda''_D=\frac{\partial v_D}{\partial x}=-\frac{\partial u_D}{\partial y}
\end{aligned}\right\} \tag{60}$$

这就证明了,如果忽略角块的应变能,就相当于假定角块的变形等于零,亦即角点的剪应变等于零,亦即相当于假设[(60)中λ''诸式]

$$\frac{\partial v_A}{\partial x}+\frac{\partial u_A}{\partial y}=0, \frac{\partial v_B}{\partial x}+\frac{\partial u_B}{\partial y}=0, \frac{\partial u_C}{\partial y}+\frac{\partial v_C}{\partial x}=0, \frac{\partial v_D}{\partial x}+\frac{\partial u_D}{\partial y}=0 \quad (61)$$

因此,如果把(60)式代入(69)式,则(59)式的泛函就可以大大简化,其中有关 N,Q,M 诸角块内力素的项都对消了,但也失去了条件(61). 如果要把(60)代入(59)式,简化泛函而保留条件(61),则必进一步运用拉格朗日乘子法,于是有

$$\Pi=\frac{Eh}{2(1-\nu^2)}\int_{-b/2}^{b/2}\int_{-a/2}^{a/2}\left\{\left(\frac{\partial u}{\partial x}\right)^2+\left(\frac{\partial v}{\partial y}\right)^2+2\nu\frac{\partial u}{\partial x}\frac{\partial v}{\partial y}+\frac{1}{2}(1-\nu)\cdot\right.$$
$$\left.\left(\frac{\partial u}{\partial y}+\frac{\partial v}{\partial x}\right)^2\right\}\mathrm{d}x\,\mathrm{d}y+\frac{1}{2}EJ_1\int_{-a/2}^{a/2}\left(\frac{\partial^2 v_1}{\partial x^2}\right)^2\mathrm{d}x+\frac{1}{2}EJ_2\int_{-a/2}^{a/2}\left(\frac{\partial^2 v_2}{\partial x^2}\right)\mathrm{d}x$$

$$+ EJ_3 \int_{-b/2}^{b/2} \left(\frac{\partial^2 u_3}{\partial y^2}\right)^2 \mathrm{d}y + \frac{1}{2} EF_1 \int_{-a/2}^{a/2} \left(\frac{\partial u_1}{\partial x}\right)^2 \mathrm{d}x + \frac{1}{2} EF_2 \int_{-a/2}^{a/2} \left(\frac{\partial u_2}{\partial x}\right)^2 \mathrm{d}x$$

$$+ EF_3 \int_{-b/2}^{b/2} \left(\frac{\partial v_3}{\partial y}\right)^2 \mathrm{d}y + \int_{-a/2}^{a/2} wv_2(x) \mathrm{d}x + pv_A + pv_B + \mu_A \left(\frac{\partial v_A}{\partial x} + \frac{\partial u_A}{\partial y}\right)$$

$$+ \mu_B \left(\frac{\partial v_B}{\partial x} + \frac{\partial u_B}{\partial y}\right) + \mu_C \left(\frac{\partial u_C}{\partial y} + \frac{\partial v_C}{\partial x}\right) + \mu_D \left(\frac{\partial v_D}{\partial x} + \frac{\partial u_D}{\partial y}\right) \tag{62}$$

其中 μ_A，μ_B，μ_C，μ_D 为新的拉格朗日乘子，实际上，$\mu_A = -2M_{1A} = -2M_{3A}$，$\mu_B = 2M_{1B} = 2M_{3B}$，$\mu_C = 2M_{2C} = -2M_{3C}$，$\mu_D = -2M_{2D} = 2M_{3D}$，(62)式就是这个问题的泛函. 通过变分 $\delta\Pi = 0$，就给出板内微分方程和边框上适合的边界条件，和角点上适合的角点条件.

由于略去了角块的变形能而引进的(61)，虽然是一个近似，但总觉得不很自然，如果我们能适当地考虑角块的变形能，这个问题就能更好地得到解决. 我们有两个方案来考虑角块变形能. 比较简单的方案是把角点 $\left(\text{例如} A, x = \frac{a}{2}, y = \frac{b}{2}\right)$ 的应变 $\frac{\partial u_A}{\partial x}$，$\frac{\partial v_A}{\partial y}$，$\frac{\partial u_A}{\partial y} + \frac{\partial v_A}{\partial y}$ 算作角块 A 整个体积内各点的应变，由此计算角块整个的应变能. 这样简单方案的缺点是不适合角块外侧边界外力为零的边界条件. 这样就高估了角块的应变能. 比较接近实际的方案，是选择既适合平面应力的平衡方程，又适合外侧边界条件的应力分量作为角块上的应力近似分布，由此计算角块的应变能.

对于前者而言(即均匀应变假设)，角块的应变能可以写成：

$$U_{块} = \sum_{A,B,C,D} U_A$$

$$U_A = \frac{EV_A}{2(1-\nu^2)} \left\{ \left(\frac{\partial u_A}{\partial x}\right)^2 + \left(\frac{\partial v_A}{\partial y}\right)^2 + 2\nu \left(\frac{\partial u_A}{\partial x} \frac{\partial v_A}{\partial y}\right) + \frac{1}{2}(1-\nu) \left(\frac{\partial u_A}{\partial y} + \frac{\partial v_A}{\partial x}\right)^2 \right\} \tag{63}$$

其中 $V_A = h_A d_1 d_3$ 为角块的体积. 和号 $\sum$ 表示 $U_A + U_B + U_C + U_D$，而 U_B，U_C，U_D 的表达式和 U_A 完全相同.

对于后者而言(不均匀应力假设)，我们假定板墙角点 A 的剪应变 $\frac{\partial u_A}{\partial y} + \frac{\partial v_A}{\partial x}$ 和角块 A 角的剪应变相等. 于是角块 A 点的剪应力为 $S_A = G\left(\frac{\partial u_A}{\partial y} + \frac{\partial v_A}{\partial x}\right)$. 设角块上其余各点的剪应力为

$$\tau_{xy} = S_A\left(1 - \frac{x_1^2}{d_3^2}\right)\left(1 - \frac{y_1^2}{d_1^2}\right) \tag{64}$$

它适合于角块 A 外侧的边界条件，其中 x_1, y_1 为以 A 点为原点的坐标. 根据平衡方程 $\frac{\partial \sigma_x}{\partial x_1} + \frac{\partial \tau_{xy}}{\partial y_1} = 0$，我们有 $\frac{\partial \sigma_x}{\partial x_1} = S_A \frac{2y_1}{d_1^2}\left(1 - \frac{x_1^2}{d_3^2}\right)$，积分并满足边界条件 $(\sigma_x)_{x_1 = d_3} = 0$ 后得

$$\sigma_x = S_A \frac{2y_1}{d_1^2}\left(x_1 - \frac{x_1^3}{3d_3^2} - \frac{2}{3}d_3\right) \tag{65}$$

把 (64) 代入平衡方程 $\frac{\partial \sigma_y}{\partial y_1} + \frac{\partial \tau_{xy}}{\partial x_1} = 0$，积分并满足边界条件 $(\sigma_y)_{y_1 = d_1} = 0$ 后得

$$\sigma_y = S_A \frac{2x_1}{d_3^2}\left(y_1 - \frac{y_1^3}{3d_1^2} - \frac{2}{3}d_1\right) \tag{66}$$

(64), (65), (66) 为既满足外侧边界条件又满足平衡条件的角块内的近似应力系统. 于是角块 A 的变形能可以写成

$$U_A = \frac{h_A}{2E}\int_0^{d_1}\int_0^{d_3}\{(\sigma_x + \sigma_y)^2 - 2(1 + \nu)(\sigma_x \sigma_y - \tau_{xy}^2)\}\mathrm{d}x_1 \mathrm{d}y_1 \tag{67}$$

把 (64), (65), (66) 代入积分得

$$U_A = \frac{1}{2} K_A \left(\frac{\partial u_A}{\partial y} + \frac{\partial v_A}{\partial x}\right)^2 \tag{68}$$

其中 K_A 为刚度系数（上限）.

$$K_A = \frac{EV_A}{18(1+\nu)^2}\left\{\frac{11}{35}\left(\frac{d_1^2}{d_3^2} + \frac{d_3^2}{d_1^2}\right) + 2(1+\nu) - \frac{2}{25}\nu\right\} \tag{69}$$

我们同样可以计算其他各角块的变形能 U_B, U_C, U_D，我们相信，这样计算的各角块的变形能将更接近实际. 于是这个带框的板墙的变分泛函可以写成

$$\Pi = \frac{Eh}{2(1-\nu^2)}\int_{-b/2}^{b/2}\int_{-a/2}^{a/2}\left\{\left(\frac{\partial u}{\partial x}\right)^2 + \left(\frac{\partial v}{\partial y}\right)^2 + 2\nu \frac{\partial u}{\partial x}\frac{\partial v}{\partial y} + \frac{1}{2}(1-\nu)\right.$$

$$\left. \cdot \left(\frac{\partial u}{\partial y} + \frac{\partial v}{\partial x}\right)^2\right\}\mathrm{d}x\mathrm{d}y + \frac{1}{2}EJ_1\int_{-a/2}^{a/2}\left(\frac{\partial^2 v_1}{\partial x^2}\right)^2\mathrm{d}x + \frac{1}{2}EJ_2\int_{-a/2}^{a/2}\left(\frac{\partial^2 v_2}{\partial x^2}\right)^2\mathrm{d}x$$

$$+ EJ_3\int_{-b/2}^{b/2}\left(\frac{\partial^2 u_3}{\partial y^2}\right)^2\mathrm{d}y + \frac{1}{2}EF_1\int_{-a/2}^{a/2}\left(\frac{\partial u_1}{\partial x}\right)^2\mathrm{d}x + \frac{1}{2}EF_2\int_{-a/2}^{a/2}\left(\frac{\partial u_2}{\partial x}\right)^2\mathrm{d}x$$

$$+ EF_3 \int_{-b/2}^{b/2}\left(\frac{\partial v_3}{\partial y}\right)^2 \mathrm{d}y + \int_{-a/2}^{a/2} wv_2 \mathrm{d}x + pv_A + pv_B + \frac{1}{2}K_A\left(\frac{\partial v_A}{\partial x}+\frac{\partial u_A}{\partial y}\right)^2$$
$$+\frac{1}{2}K_B\left(\frac{\partial v_B}{\partial x}+\frac{\partial u_B}{\partial y}\right)^2 + \frac{1}{2}K_C\left(\frac{\partial v_C}{\partial x}+\frac{\partial u_C}{\partial y}\right)^2 + \frac{1}{2}K_D\left(\frac{\partial v_D}{\partial x}+\frac{\partial u_D}{\partial y}\right)^2 \quad (70)$$

通过变分，就可以求得这个问题的平衡方程，和所有边界条件及角点条件．

(1) 在板内适合微分方程 $\left(-\dfrac{a}{2}\leqslant x\leqslant \dfrac{a}{2},-b/2\leqslant y\leqslant b/2\right)$

$$\left.\begin{array}{l}\dfrac{\partial^2 u}{\partial x^2}+\nu\dfrac{\partial^2 v}{\partial x\partial y}+\dfrac{1}{2}(1-\nu)\left(\dfrac{\partial^2 u}{\partial y^2}+\dfrac{\partial^2 v}{\partial x\partial y}\right)=0\\[2mm] \dfrac{\partial^2 v}{\partial y^2}+\nu\dfrac{\partial^2 u}{\partial x\partial y}+\dfrac{1}{2}(1-\nu)\left(\dfrac{\partial^2 v}{\partial x^2}+\dfrac{\partial^2 u}{\partial x\partial y}\right)=0\end{array}\right\} \quad (71)$$

(2) 在边框上适合的边界条件

在边框 $AB\left(y=\dfrac{b}{2},-\dfrac{a}{2}\leqslant x\leqslant \dfrac{a}{2}\right)$ 上

$$\left.\begin{array}{l}EJ_1\dfrac{\partial^4 v_1}{\partial x^4}+\dfrac{hE}{1-\nu^2}\left(\dfrac{\partial v_1}{\partial y}+\nu\dfrac{\partial u_1}{\partial x}\right)=0\\[2mm] EF_1\dfrac{\partial^2 u_1}{\partial x^2}-\dfrac{hE}{2(1+\nu)}\left(\dfrac{\partial v_1}{\partial x}+\dfrac{\partial u_1}{\partial y}\right)=0\end{array}\right\} \quad (72)$$

在边框 $CD\left(y=-\dfrac{b}{2},-\dfrac{a}{2}\leqslant x\leqslant \dfrac{a}{2}\right)$ 上

$$\left.\begin{array}{l}EJ_2\dfrac{\partial^4 v_2}{\partial x^4}-\dfrac{hE}{1-\nu^2}\left(\dfrac{\partial v_2}{\partial y}-\nu\dfrac{\partial u_2}{\partial x}\right)+w=0\\[2mm] EF_2\dfrac{\partial^2 u_2}{\partial x^2}+\dfrac{hE}{2(1+\nu)}\left(\dfrac{\partial v_2}{\partial x}+\dfrac{\partial u_2}{\partial y}\right)=0\end{array}\right\} \quad (73)$$

在边框 $AD\left(x=\dfrac{a}{2},-\dfrac{b}{2}\leqslant y\leqslant \dfrac{b}{2}\right)$ 上

$$\left.\begin{array}{l}EJ_3\dfrac{\partial^4 u_3}{\partial y^4}+\dfrac{hE}{1-\nu^2}\left(\dfrac{\partial u_3}{\partial x}+\nu\dfrac{\partial v_3}{\partial y}\right)=0\\[2mm] EF_3\dfrac{\partial^2 v_3}{\partial y^2}-\dfrac{hE}{2(1+\nu)}\left(\dfrac{\partial u_3}{\partial y}+\dfrac{\partial v_3}{\partial x}\right)=0\end{array}\right\} \quad (74)$$

在边框 CB 上的边界条件可以利用对称条件从(74)式中求得

(3) 在角点上适合的角点条件

在角点 $A\left(x=\dfrac{a}{2},\ y=\dfrac{b}{2}\right)$ 上

$$\left.\begin{array}{l} EJ_1\dfrac{\partial^2 v_A}{\partial x^2}+K_A\left(\dfrac{\partial u_A}{\partial y}+\dfrac{\partial v_A}{\partial x}\right)=0,\ EJ_3\dfrac{\partial^2 u_A}{\partial y^2}+K_A\left(\dfrac{\partial u_A}{\partial y}+\dfrac{\partial v_A}{\partial x}\right)=0,\\ EJ_1\dfrac{\partial^3 v_A}{\partial x^3}-EF_3\dfrac{\partial v_A}{\partial y}-P=0,\ EJ_3\dfrac{\partial^3 u_A}{\partial y^3}-EF_1\dfrac{\partial u_A}{\partial x}=0 \end{array}\right\} \quad (75)$$

在角点 $D\left(x=\dfrac{a}{2},\ y=-\dfrac{b}{2}\right)$ 上

$$\left.\begin{array}{l} EJ_2\dfrac{\partial^2 v_D}{\partial x^2}+K_D\left(\dfrac{\partial u_D}{\partial y}+\dfrac{\partial v_D}{\partial x}\right)=0,\ EJ_3\dfrac{\partial^2 u_D}{\partial y^2}-K_D\left(\dfrac{\partial u_D}{\partial y}+\dfrac{\partial v_D}{\partial x}\right)=0,\\ EJ_3\dfrac{\partial^3 u_D}{\partial y^3}+EF_2\dfrac{\partial u_D}{\partial x}=0,\ v_D=0 \end{array}\right\} \quad (76)$$

在角点 B 和 C 上的条件,可以从(75),(76)分别用对称条件求得.
(71)~(76)就是全部求解预制墙计算的方程式和条件.

六、薄壳大挠度弯曲理论的非线性问题

在研究扁壳的非线性跳跃问题和薄壳的局部失稳的稳定问题时,必须研究壳的大挠度弯曲的非线性理论.这种问题的非线性方程曾由作者[5]通过壳的一般理论求得过.在这个理论中,指出其基本条件为壳的广度 L 较壳的最小曲率半径 R 小得很多,而厚度 h 又比 L 为小,同时壳的中面应变 e_α, e_β, $e_{\alpha\beta}$ 的量级为 $O\left(\dfrac{h^2}{L^2}\right)$,挠度 w 的量级为 $O\left(\dfrac{h}{L}\right)$. 在下面,我们将称

$$\left[\dfrac{h}{L}\right]\sim\varepsilon,\ e_\alpha,\ e_\beta,\ e_{\alpha\beta}\sim O(\varepsilon^2),\ \dfrac{w}{L}\sim O(\varepsilon),\ \dfrac{L}{R}\sim O(\varepsilon) \quad (77)$$

我们将在(77)的量级基础上,从弹性体的三维有限变形理论和它的泛函,建立作者前所导出的非线性壳体微分方程.这个方程的应用,业已在 X. M. Муштари, К. З. Галимов[8] 和 Y. C. Fung, E. E. Sechler[9] 的著作中详细叙述和讨论过,这里不再详谈.

设在中面上取高斯法线正交坐标 α, β, z,中面上的线素为

$$\mathrm{d}s^2=A^2\mathrm{d}\alpha^2+B^2\mathrm{d}\beta^2 \quad (78)$$

如果在壳内，$0 \leqslant \alpha, \beta \leqslant 1$，则 A, B 的量级和 L 相当. 设 R_1, R_2 为主曲率半径，u', v', w' 为空间一点的位移，则有限变形的应变分量在这个曲线坐标内可以写成①

$$\varepsilon_\alpha = \frac{1}{1+z/R_1}\left\{\frac{1}{A}\frac{\partial u'}{\partial \alpha} + \frac{1}{AB}\frac{\partial A}{\partial \beta}v' + \frac{w'}{R_1}\right\} + \frac{1}{2(1+z/R_1)^2}$$
$$\cdot\left\{\left(\frac{1}{A}\frac{\partial u'}{\partial \alpha} + \frac{1}{AB}\frac{\partial A}{\partial \beta}v' + \frac{w'}{R_1}\right)^2 + \left(\frac{1}{A}\frac{\partial v'}{\partial \alpha} - \frac{1}{AB}\frac{\partial A}{\partial \beta}u'\right)^2\right.$$
$$\left. + \left(\frac{1}{A}\frac{\partial w'}{\partial \alpha} - \frac{u'}{R_1}\right)^2\right\}, \tag{79a}$$

$$\varepsilon_\beta = \frac{1}{1+z/R_2}\left\{\frac{1}{B}\frac{\partial v'}{\partial \beta} + \frac{1}{AB}\frac{\partial B}{\partial \alpha}u' + \frac{w'}{R_2}\right\} + \frac{1}{2(1+z/R_2)^2}\left\{\left(\frac{1}{B}\frac{\partial v'}{\partial \beta} + \frac{1}{AB}\frac{\partial B}{\partial \alpha}u' + \frac{w'}{R_2}\right)^2\right.$$
$$\left. + \left(\frac{1}{B}\frac{\partial \alpha'}{\partial \beta} - \frac{1}{AB}\frac{\partial B}{\partial \alpha}v'\right)^2 + \left(\frac{1}{B}\frac{\partial w'}{\partial \beta} - \frac{\sigma'}{R_2}\right)^2\right\}, \tag{79b}$$

$$\varepsilon_{\alpha\beta} = \frac{1}{1+z/R_1}\left\{\frac{1}{A}\frac{\partial v'}{\partial \alpha} - \frac{1}{AB}\frac{\partial A}{\partial \beta}u'\right\} + \frac{1}{1+z/R_2}\left\{\frac{1}{B}\frac{\partial u'}{\partial \beta} - \frac{1}{AB}\frac{\partial B}{\partial \alpha}v'\right\}$$
$$+ \frac{1}{\left(1+\frac{z}{R_1}\right)\left(1+\frac{z}{R_2}\right)}\left\{\left(\frac{1}{A}\frac{\partial u'}{\partial \alpha} + \frac{1}{AB}\frac{\partial A}{\partial \beta}v' + \frac{w'}{R_1}\right)\left(\frac{1}{B}\frac{\partial u'}{\partial \beta} - \frac{1}{AB}\frac{\partial B}{\partial \alpha}v'\right)\right.$$
$$+ \left(\frac{1}{B}\frac{\partial v'}{\partial \beta} + \frac{1}{AB}\frac{\partial \beta}{\partial \alpha}u' + \frac{w'}{R_2}\right)\left(\frac{1}{A}\frac{\partial v'}{\partial \alpha} - \frac{1}{AB}\frac{\partial A}{\partial \beta}u'\right)$$
$$\left. + \left(\frac{1}{A}\frac{\partial w'}{\partial \alpha} - \frac{u'}{R_1}\right)\left(\frac{1}{B}\frac{\partial w'}{\partial \beta} - \frac{v'}{R_2}\right)\right\} \tag{79c}$$

$$\varepsilon_z = \frac{\partial w'}{\partial z} + \frac{1}{2}\left[\left(\frac{\partial u'}{\partial z}\right)^2 + \left(\frac{\partial v'}{\partial z}\right)^2 + \left(\frac{\partial w'}{\partial z}\right)^2\right] \tag{79d}$$

$$\varepsilon_{\alpha z} = \frac{\partial u'}{\partial z} + \frac{1}{1+2/R_1}\left(\frac{1}{A_1}\frac{\partial w'}{\partial \alpha} - \frac{u'}{R_1}\right) + \frac{1}{1+z/R_1}\left\{\left(\frac{1}{A_1}\frac{\partial u'}{\partial \alpha} + \frac{1}{AB}\frac{\partial A}{\partial \beta}v' + \frac{w'}{R_1}\right)\frac{\partial u'}{\partial z}\right.$$
$$\left. + \left(\frac{1}{A}\frac{\partial v'}{\partial \alpha} - \frac{1}{AB}\frac{\partial A}{\partial \beta}u'\right)\frac{\partial v'}{\partial z} + \left(\frac{1}{A}\frac{\partial w'}{\partial \alpha} - \frac{u'}{R_1}\right)\frac{\partial w'}{\partial z}\right\} \tag{79e}$$

$$\varepsilon_{\beta z} = \frac{\partial v'}{\partial z} + \frac{1}{1+z/R_2}\left(\frac{1}{B}\frac{\partial w'}{\partial \beta} - \frac{v'}{R_2}\right) + \frac{1}{1+z/R_2}\left\{\left(\frac{1}{B}\frac{\partial v'}{\partial \beta} + \frac{1}{AB}\frac{\partial \beta}{\partial \alpha}u' + \frac{w'}{R_2}\right)\frac{\partial v'}{\partial z}\right.$$
$$\left. + \left(\frac{1}{B}\frac{\partial u'}{\partial \beta} - \frac{1}{AB}\frac{\partial B}{\partial \alpha}v'\right)\frac{\partial u'}{\partial z} + \left(\frac{1}{B}\frac{\partial w'}{\partial \beta} - \frac{v'}{R_2}\right)\frac{\partial w'}{\partial z}\right\} \tag{79f}$$

而应力应变关系可以写成

---

① 见参考文献[7]的中译本，第 159—161 页，方程式（Ⅵ 26, 27, 37），但（Ⅵ 26）有误.

$$\left.\begin{aligned}&\sigma_\alpha=\frac{E}{1-\nu^2}(\varepsilon_\alpha+\nu\varepsilon_\beta)+\frac{\nu}{1-\nu}\sigma_z,\ \sigma_\beta=\frac{F}{1-\nu^2}(\varepsilon_\beta+\nu\varepsilon_\alpha)+\frac{\nu}{1-\nu}\sigma_z\\ &\sigma_z=\frac{E(1-\nu^2)}{(1+\nu)(1-2\nu)}\left[\varepsilon_z+\frac{\nu}{1-\nu}(\varepsilon_\alpha+\varepsilon_\beta)\right]\\ &\tau_{\alpha\beta}=\frac{E}{2(1+\nu)}\varepsilon_{\alpha\beta},\ \tau_{\alpha z}=\frac{E}{2(1+\nu)}\varepsilon_{\alpha z},\ \tau_{\beta z}=\frac{E}{2(1+\nu)}\varepsilon_{\beta z}\end{aligned}\right\} \quad (80)$$

于是壳的应变能式可以写成

$$\begin{aligned}U(\varepsilon_{ij})&=\frac{1}{2}\{\varepsilon_\alpha\sigma_\alpha+\varepsilon_\beta\sigma_\beta+\varepsilon_z\sigma_z+\tau_{\alpha\beta}\varepsilon_{\alpha\beta}+\tau_{\alpha z}\varepsilon_{\alpha z}+\tau_{\beta z}\varepsilon_{\beta z}\}\\ &=\frac{E}{2(1-\nu^2)}\Big\{\varepsilon_\alpha^2+\varepsilon_\beta^2+2\nu\varepsilon_\alpha\varepsilon_\beta+\frac{1}{2}(1-\nu)\varepsilon_{\alpha\beta}^2+\frac{(1-\nu)^2}{(1-2\nu)}\varepsilon_z'^2\\ &\quad+\frac{1}{2}(1-\nu)(\varepsilon_{\alpha z}^2+\varepsilon_{\beta z}^2)\Big\}\end{aligned} \quad (81)$$

其中

$$\varepsilon_z'=\varepsilon_z+\frac{\nu}{1-\nu}(\varepsilon_\alpha+\varepsilon_\beta) \quad (82)$$

从壳的内力素平衡方程中,可以看到横剪的量级和 $\frac{1}{L}\times$ 弯矩的量级相当. 所以 $\varepsilon_{\alpha z}$, $\varepsilon_{\beta z}$ 的量级为 $O\left(\frac{1}{L}h^2K\right)$, K 为曲率变化的量级 $O\left(\frac{w}{L^2}\right)$, 所以 $\varepsilon_{\alpha z}$, $\varepsilon_{\beta z}$ 的量级为 $O\left(\frac{h^2}{L^2}\frac{w}{L}\right)\sim O(\varepsilon^3)$. 同样从平衡方程中,可以看到 σ_z 的量级(即横截 q 的量级)和 $\frac{1}{R}\times$ 薄膜内力的量级 $O\left(\frac{1}{R}Ehe\right)$ 相当,所以 ε_z' 的量级为 $O\left(\frac{h}{R}e\right)\sim O(\varepsilon^3)$. 由此可知,应变能中 $\varepsilon_z'^2$, $\varepsilon_{\alpha z}^2$, $\varepsilon_{yz}^2\varepsilon_{\beta z}^2$ 三项和 ε_α^2, ε_β^2, $\varepsilon_\alpha\varepsilon_\beta$ 三项相较是可以略去的. 亦即

$$U(\varepsilon_{ij})=\frac{1}{2}\frac{E}{1-\nu^2}\{\varepsilon_\alpha^2+\varepsilon_\beta^2+2\nu\varepsilon_\alpha\varepsilon_\beta\}+EO(\varepsilon^6) \quad (83)$$

现在让我们根据量级简化(79)式. 设 u', v', w' 可以展开为 z 的幂级数.

$$u'=u+u_1z+\frac{1}{2}u_2z^2+\cdots,\ v'=v+v_1z+\frac{1}{2}v_2z^2\cdots,$$
$$w'=w+w_1z+\frac{1}{2}w_2z^2+\cdots \quad (84)$$

u, v 的量级为 $LO(\varepsilon^2)$, w 的量级为 $LO(\varepsilon)$, u_1, σ_1 的量级至多为 $O(\varepsilon)$, w_1 的量级

至多为 $O(\varepsilon^0)$，代入(79)式的第五、第六式，比较量级，得

$$u_1 = -\frac{1}{A}\frac{\partial w}{\partial \alpha} + LO(\varepsilon^2), \quad v_1 = -\frac{1}{B}\frac{\partial w}{\partial \beta} + LO(\varepsilon^2) \tag{85}$$

从(82)式，有

$$\varepsilon_z = -\frac{\nu}{1-\nu}(\varepsilon_\alpha + \varepsilon_\beta) + O(\varepsilon^3) \tag{86}$$

其中第一项 $(\varepsilon_\alpha + \varepsilon_\beta)$ 的量级为 $O(\varepsilon^2)$. 因此 $\dfrac{\partial w}{\partial z}$ 的量级或 w_1 的量级必为 $O(\varepsilon^2)$ 而不是 $O(\varepsilon^0)$[这和 w_1 的量级至多是 $O(\varepsilon^0)$ 不矛盾]. 于是(79)式的第四、五、六式可得

$$u_2 = \frac{1}{L}O(\varepsilon^2), \quad v_2 = \frac{1}{L}O(\varepsilon^2), \quad w_1 = \frac{1}{L}O(\varepsilon^2), \quad w_2 = \frac{1}{L}O(\varepsilon) \tag{87}$$

从(84)式有

$$u' = u - \frac{1}{A}\frac{\partial w}{\partial \alpha}z + LO(\varepsilon^3), \quad v' = v - \frac{1}{B}\frac{\partial w}{\partial \beta}z + LO(\varepsilon^3), \quad w = w' + LO(\varepsilon^3) \tag{88}$$

代入(79)式的第一、二、三式，得

$$\varepsilon_\alpha = e_\alpha + K_\alpha z + O(\varepsilon^3), \quad \varepsilon_\beta = e_\beta + k_\beta z + O(\varepsilon^3), \quad \varepsilon_{\alpha\beta} = \omega + \tau z + O(\varepsilon^3) \tag{89}$$

其中

$$\left.\begin{aligned}
e_\alpha &= \frac{1}{A}\frac{\partial u}{\partial \alpha} + \frac{1}{AB}\frac{\partial A}{\partial \beta}v + \frac{w}{R} + \frac{1}{2A^2}\left(\frac{\partial w}{\partial \alpha}\right)^2 \\
e_\beta &= \frac{1}{B}\frac{\partial v}{\partial \beta} + \frac{1}{AB}\frac{\partial B}{\partial \alpha}u + \frac{w}{R_2} + \frac{1}{2B^2}\left(\frac{\partial w}{\partial \beta}\right)^2 \\
K_\alpha &= -\frac{1}{A}\frac{\partial}{\partial \alpha}\frac{1}{A}\frac{\partial w}{\partial \alpha} - \frac{1}{AB}\frac{\partial A}{\partial \beta}\frac{1}{B}\frac{\partial w}{\partial \beta} \\
K_\beta &= -\frac{1}{B}\frac{\partial}{\partial \beta}\frac{1}{B}\frac{\partial w}{\partial \beta} - \frac{1}{AB}\frac{\partial B}{\partial \alpha}\frac{1}{A}\frac{\partial w}{\partial \alpha} \\
\omega &= \frac{B}{A}\frac{\partial}{\partial \alpha}\left(\frac{v}{B}\right) + \frac{A}{B}\frac{\partial}{\partial \beta}\left(\frac{u}{A}\right) + \frac{1}{AB}\frac{\partial w}{\partial \alpha}\frac{\partial w}{\partial \beta} \\
\tau &= -\frac{2}{AB}\left(\frac{\partial^2 w}{\partial \alpha \partial \beta} - \frac{1}{A}\frac{\partial A}{\partial \beta}\frac{\partial w}{\partial \alpha} - \frac{1}{B}\frac{\partial B}{\partial \alpha}\frac{\partial w}{\partial \beta}\right)
\end{aligned}\right\} \tag{90}$$

(89)中诸项都是同量级的. 因此，壳的应变能取其一级近似可以写成

$$\overline{U} = \iiint U(e_{ij}) \mathrm{d}V = \iiint \frac{E}{2(1-\nu)^2} \bigg[(e_\alpha + K_\alpha z)^2 + (e_\beta + K_\beta z)^2 + 2\nu(e_\alpha + K_\alpha z)(e_\beta + K_\beta z)$$
$$+ \frac{1}{2}(1-\nu)(\widetilde{\omega} + \tau_z)^2 + O(\varepsilon^5) \bigg] \bigg(1 - \frac{z}{R_1}\bigg)\bigg(1 - \frac{z}{R_2}\bigg) AB\, \mathrm{d}\alpha\,\mathrm{d}\beta\,\mathrm{d}z \qquad (91\mathrm{a})$$

或在积分后可以写成

$$\overline{U} = \frac{1}{2}\iint \bigg[C\Big(e_\alpha^2 + e_\beta^2 + 2\nu e_\alpha e_\beta + \frac{1}{2}(1-\nu)\widetilde{\omega}^2\Big)$$
$$+ D\Big(k_\alpha^2 + k_\beta^2 + 2\nu k_\alpha k_\beta + \frac{1}{2}(1-\nu)\tau^2\Big) + LEO(\varepsilon^6) \bigg] AB\, \mathrm{d}\alpha\, \mathrm{d}\beta \qquad (91\mathrm{b})$$

其中

$$C = \frac{hE}{1-\nu^2}, \quad D = \frac{Eh^3}{12(1-\nu^2)} \qquad (91\mathrm{c})$$

(91b)中各项都有相同的量级 $ELO(\varepsilon^5)$.

于是这个问题变成在条件(90)及若干边界条件下求 $\overline{U}$ 的极值问题. 我们同样可以利用拉格朗日乘子的方法,于是,略去体积力的泛函为

$$\Pi = \frac{1}{2}\iint \bigg\{ C\Big(e_\alpha^2 + e_\beta^2 + 2\nu e_\alpha e_\beta + \frac{1}{2}(1-\nu)\widetilde{\omega}^2\Big) + D\Big(k_\alpha^2 + k_\beta^2 + 2\nu k_\alpha k_\beta + \frac{1}{2}(1-\nu)\tau^2\Big) \bigg\}$$
$$\cdot AB\, \mathrm{d}\alpha\,\mathrm{d}\beta + \iint \bigg\{ T_\alpha \bigg[\frac{1}{A}\frac{\partial u}{\partial \alpha} + \frac{1}{AB}\frac{\partial A}{\partial \beta}v + \frac{w}{R_1} + \frac{1}{2A^2}\Big(\frac{\partial w}{\partial \alpha}\Big)^2 - e_\alpha\bigg]$$
$$+ T_\beta \bigg[\frac{1}{B}\frac{\partial v}{\partial \beta} + \frac{1}{AB}\frac{\partial B}{\partial \alpha}u + \frac{w}{R_2} + \frac{1}{2B^2}\Big(\frac{\partial w}{\partial \beta}\Big)^2 - e_\beta\bigg]$$
$$+ T_{\alpha\beta}\bigg[\frac{B}{A}\frac{\partial}{\partial \alpha}\Big(\frac{v}{B}\Big) + \frac{A}{B}\frac{\partial}{\partial \beta}\Big(\frac{u}{A}\Big) + \frac{1}{AB}\frac{\partial w}{\partial \alpha}\frac{\partial w}{\partial \beta} - \widetilde{\omega}\bigg]$$
$$+ M_\alpha \bigg[-\frac{1}{A}\frac{\partial}{\partial \alpha}\frac{1}{A}\frac{\partial w}{\partial \alpha} - \frac{1}{AB}\frac{\partial A}{\partial \beta}\frac{1}{B}\frac{\partial w}{\partial \beta} - k_\alpha\bigg]$$
$$+ M_\beta \bigg[-\frac{1}{B}\frac{\partial}{\partial \beta}\frac{1}{B}\frac{\partial w}{\partial \beta} - \frac{1}{AB}\frac{\partial B}{\partial \alpha}\frac{1}{A}\frac{\partial w}{\partial \alpha} - k_\beta\bigg]$$
$$+ M_{\alpha\beta}\bigg[-\frac{2}{AB}\frac{\partial^2 w}{\partial \alpha \partial \beta} + \frac{2}{A^2B}\frac{\partial A}{\partial \beta}\frac{\partial w}{\partial \alpha} + \frac{2}{AB^2}\frac{\partial \beta}{\partial \alpha}\frac{\partial w}{\partial \beta} - \tau\bigg] \bigg\} AB\,\mathrm{d}\alpha\,\mathrm{d}\beta$$
$$- \iint qw AB\,\mathrm{d}\alpha\,\mathrm{d}\beta + \text{有关边界条件的诸项} \qquad (92)$$

其中 q 为壳所受的法向载荷,有关边界条件诸项将不再写出,它们对于推导微分方程,并无影响. T_α, T_β, $T_{\alpha\beta}$, M_α, M_β, $M_{\alpha\beta}$ 为对应于 e_α, e_β, $\overline{\omega}k_\alpha$, k_β, τ 的诸内力素,

它们就是这个问题的拉格朗日诸乘子.

通过变分,给出(90)式及弹性关系式

$$\left.\begin{aligned}T_\alpha &= C(e_\alpha + \nu e_\beta), \quad T_\beta = C(e_\beta + \nu e_\alpha), \quad T_{\alpha\beta} = \frac{1}{2}(1-\nu)C\bar{\omega}\\ M_\alpha &= D(k_\alpha + \nu k_\beta), \quad M_\beta = D(k_\beta + \nu k_\alpha), \quad M_{\alpha\beta} = \frac{1}{2}(1-\nu)D\tau\end{aligned}\right\} \quad (93)$$

同时,利用 Green 定理或部分积分,给出下列诸平衡方程:

$$\left.\begin{aligned}&\frac{\partial}{\partial\alpha}(BT_\alpha) + \frac{1}{A}\frac{\partial}{\partial\beta}(A^2 T_{\alpha\beta}) - T_\beta\frac{\partial B}{\partial\alpha} = 0,\\ &\frac{\partial}{\partial\beta}(AT_\beta) + \frac{1}{B}\frac{\partial}{\partial\alpha}(B^2 T_{\alpha\beta}) - T_\alpha\frac{\partial A}{\partial\beta} = 0,\\ &\frac{T_\alpha}{R_1} + \frac{T_\beta}{R_2} - \frac{1}{AB}\left\{\frac{\partial}{\partial\alpha}\frac{1}{A}\left[\frac{\partial BM_\alpha}{\partial\alpha} + \frac{1}{A}\frac{\partial A^2 M_{\alpha\beta}}{\alpha\beta} - M_\beta\frac{\partial B}{\partial\alpha}\right]\right.\\ &\left.+ \frac{\partial}{\partial\beta}\frac{1}{B}\left[\frac{\partial AM_\beta}{\partial\beta} + \frac{1}{B}\frac{\partial B^2 M_{\alpha\beta}}{\partial\alpha} - M_\alpha\frac{\partial A}{\partial\beta}\right]\right\}\\ &-\frac{1}{AB}\left[\frac{\partial}{\partial\alpha}\left(\frac{B}{A}\frac{\partial w}{\partial\alpha}T_\alpha\right) + \frac{\partial}{\partial\beta}\left(\frac{A}{B}\frac{\partial w}{\partial\beta}T_\beta\right) + \frac{\partial}{\partial\alpha}\left(\frac{\partial w}{\partial\beta}T_{\alpha\beta}\right)\right.\\ &\left.+ \frac{\partial}{\partial\beta}\left(\frac{\partial w}{\partial\alpha}T_{\alpha\beta}\right)\right] = q\end{aligned}\right\} \quad (94)$$

利用第一、第二式,第三式可以写成

$$\begin{aligned}&\frac{T_\alpha}{R_1} + \frac{T_\beta}{R_2} - \frac{1}{AB}\left\{\frac{\partial}{\partial\alpha}\frac{1}{A}\left[\frac{\partial}{\partial\alpha}(BM_\alpha) + \frac{1}{A}\frac{\partial}{\partial\beta}(A^2 M_{\alpha\beta}) - M_\beta\frac{\partial B}{\partial\alpha}\right]\right.\\ &\left.+ \frac{\partial}{\partial\beta}\frac{1}{B}\left[\frac{\partial}{\partial\beta}(AM_\beta) + \frac{1}{B}\frac{\partial}{\partial\alpha}(B^2 M_{\alpha\beta}) - M_\alpha\frac{\partial A}{\partial\beta}\right]\right\}\\ &+ T_\alpha k_\alpha + T_\beta k_\beta + T_{\alpha\beta}\tau = q\end{aligned} \quad (95)$$

从第一、第二式中可以看到,我们一定有一个应力函数 φ,而

$$\left.\begin{aligned}T_\alpha &= \frac{1}{B}\frac{\partial}{\partial\beta}\frac{1}{B}\frac{\partial\varphi}{\partial\beta} + \frac{1}{A^2 B}\frac{\partial\beta}{\partial\alpha}\frac{\partial\varphi}{\partial\alpha}, \quad T_\beta = \frac{1}{A}\frac{\partial}{\partial\alpha}\frac{1}{A}\frac{\partial\varphi}{\partial\alpha} + \frac{1}{AB^2}\frac{\partial A}{\partial\beta}\frac{\partial\varphi}{\partial\beta},\\ T_{\alpha\beta} &= -\frac{1}{AB}\frac{\partial^2\varphi}{\partial\alpha\partial\beta} + \frac{1}{A^2 B}\frac{\partial A}{\partial\beta}\frac{\partial\varphi}{\partial\alpha} + \frac{1}{AB^2}\frac{\partial B}{\partial\alpha}\frac{\partial\varphi}{\partial\beta}\end{aligned}\right\} \quad (96)$$

我们可以把(96)式代入(94)第一、第二两式,证明(96)是符合一级近似要求的解,即

$$\left.\begin{array}{l}\dfrac{\partial}{\partial \alpha}(BT_\alpha)+\dfrac{1}{A}\dfrac{\partial}{\partial \beta}(A^2 T_{\alpha\beta})-T_\beta \dfrac{\partial \beta}{\partial \alpha}=-\dfrac{B}{R_1 R_2}\dfrac{\partial \varphi}{\partial \alpha}\approx ELO(\varepsilon^5)\\ \dfrac{\partial}{\partial \beta}(AT_\beta)+\dfrac{1}{B}\dfrac{\partial}{\partial \alpha}(B^2 T_{\alpha\beta})-T_\alpha \dfrac{\partial A}{\partial \beta}=-\dfrac{A}{R_1 R_2}\dfrac{\partial \varphi}{\partial \beta}\approx ELO(\varepsilon^5)\end{array}\right\} \quad (97)$$

而 T_α, T_β, $T_{\alpha\beta}$ 为 $ELO(\varepsilon^3)$ 量级的量,这里业已利用了高斯-科达兹关系式

$$\dfrac{\partial}{\partial \alpha}\Big(\dfrac{1}{A}\dfrac{\partial B}{\partial \alpha}\Big)+\dfrac{\partial}{\partial \beta}\Big(\dfrac{1}{B}\dfrac{\partial A}{\partial \beta}\Big)=-\dfrac{AB}{R_1 R_2} \quad (98)$$

我们从(97)式也可以看到,对于柱壳锥壳等展开面壳而言,$\dfrac{1}{R_1 R_2}\to 0$,(96)式为正确解.

我们很易证明有下列关系:

$$\left.\begin{array}{l}T_\alpha+T_\beta=\dfrac{1}{AB}\dfrac{\partial}{\partial \beta}\Big(\dfrac{A}{B}\dfrac{\partial \varphi}{\partial \beta}\Big)+\dfrac{1}{AB}\dfrac{\partial}{\partial \alpha}\Big(\dfrac{B}{A}\dfrac{\partial \varphi}{\partial \alpha}\Big)=\Delta\varphi\\ K_\alpha+K_\beta=-\dfrac{1}{AB}\dfrac{\partial'}{\partial \beta}\Big(\dfrac{A}{B}\dfrac{\partial w}{\partial \beta}\Big)-\dfrac{1}{AB}\dfrac{\partial}{\partial \alpha}\Big(\dfrac{B}{A}\dfrac{\partial w}{\partial \alpha}\Big)=-\Delta w\end{array}\right\} \quad (99)$$

把(93),(90)代入(95)式,我们很易证明

$$D\Delta\Delta w+T_\alpha\Big(\dfrac{1}{R_1}+K_\alpha\Big)+T_\beta\Big(\dfrac{1}{R_2}+K_\beta\Big)+T_{\alpha\beta}\tau=q \quad (100)$$

同样,如果我们从(96)式解出 e_α, e_β, $\widetilde{\omega}$,亦即

$$\left.\begin{array}{l}Ehe_\alpha=\dfrac{1}{B}\dfrac{\partial}{\partial \beta}\dfrac{1}{B}\dfrac{\partial \varphi}{\partial \beta}+\dfrac{1}{A^2 B}\dfrac{\partial B}{\partial \alpha}\dfrac{\partial \varphi}{\partial \alpha}-\nu\Big(\dfrac{1}{A}\dfrac{\partial}{\partial \alpha}\dfrac{1}{A}\dfrac{\partial \varphi}{\partial \alpha}+\dfrac{1}{AB^2}\dfrac{\partial A}{\partial \beta}\dfrac{\partial \varphi}{\partial \beta}\Big)\\ Ehe_\beta=\dfrac{1}{A}\dfrac{\partial}{\partial \alpha}\dfrac{1}{A}\dfrac{\partial \varphi}{\partial \alpha}+\dfrac{1}{AB^2}\dfrac{\partial A}{\partial \beta}\dfrac{\partial \varphi}{\partial \beta}-\nu\Big(\dfrac{1}{B}\dfrac{\partial}{\partial \beta}\dfrac{1}{B}\dfrac{\partial \varphi}{\partial \beta}+\dfrac{1}{A^2 B}\dfrac{\partial B}{\partial \alpha}\dfrac{\partial \varphi}{\partial \alpha}\Big)\\ Eh\widetilde{\omega}=2(1+\nu)\Big[-\dfrac{1}{AB}\dfrac{\partial^2 \varphi}{\partial \alpha\partial \beta}+\dfrac{1}{A^2 B}\dfrac{\partial A}{\partial \beta}\dfrac{\partial \varphi}{\partial \alpha}+\dfrac{1}{AB^2}\dfrac{\partial \beta}{\partial \alpha}\dfrac{\partial \varphi}{\partial \beta}\Big]\end{array}\right\} \quad (101)$$

从(90)式,并利用(98)式,略去高级小量,我们可以导出下列协调方程[①]:

$$\dfrac{\partial}{\partial \alpha}\dfrac{1}{A}\Big[\dfrac{\partial}{\partial \alpha}(Be_\beta)-\dfrac{\partial}{\partial \beta}(A\overline{\omega})-e_\alpha\dfrac{\partial B}{\partial \alpha}-\overline{\omega}\dfrac{\partial A}{\partial \beta}\Big]$$

---

① 这个协调方程首先由作者在(1944)[4]中导出其张量形式,即该文(12.2d)式,同样的结果由 Алумяэ, Н. А. (1949)[9] 和 Галимов, К. З. (1953)[10] 导出,但文献[8]的作者(见该书23页脚注)认为是 Алумяэ, Галимов 所首先导出的,这是不符事实的.

$$+ \frac{\partial}{\partial \beta} \frac{1}{B} \Big[\frac{\partial}{\partial \beta}(A e_\alpha) - \frac{\partial}{\partial \alpha}(B \overline{w}) - e_\beta \frac{\partial A}{\partial \beta} - \overline{w} \frac{\partial B}{\partial \alpha} \Big]$$

$$= AB \Big(\tau^2 - K_\alpha K_\beta - \frac{1}{R_2} K_\alpha - \frac{1}{R_1} K_\beta \Big) \tag{102}$$

把(101)式代入(102),利用(98)式可以证明

$$\frac{1}{Eh} \Delta\Delta\varphi = \Big(\tau^2 - K_\alpha K_\beta - \frac{1}{R_2} K_\alpha - \frac{1}{R_1} K_\beta \Big) \tag{103}$$

(100)和(103)为求解 φ 和 w 的两个非线性方程,这两个方程的张量形式是作者在 1944 年得到的.

如果我们在(92)式中引进(90)式中有关 K_α, K_β, τ 的表达式,则式中 $M_\alpha[\cdots] + M_\beta[\cdots] + M_{\alpha\beta}[\cdots]$ 诸项恒等于零,而弯曲能这一部分可以写成

$$U_B = \frac{1}{2} \iint D \Big[K_\alpha^2 + K_\beta^2 + 2\nu K_\alpha K_\beta + \frac{1}{2}(1-\nu)\tau^2 \Big] AB \, d\alpha \, d\beta$$

$$= \frac{1}{2} \iint D \Big\{ (\Delta w)^2 + 2(1-\nu) \Big[\frac{1}{A^2 B^2} \Big(\frac{\partial^2 w}{\partial \alpha \partial \beta} - \frac{1}{A} \frac{\partial A}{\partial \beta} \frac{\partial w}{\partial \alpha} - \frac{1}{B} \frac{\partial B}{\partial \alpha} \frac{\partial w}{\partial \beta} \Big)^2$$

$$- \Big(\frac{1}{A} \frac{\partial}{\partial \alpha} \frac{1}{A} \frac{\partial w}{\partial \alpha} + \frac{1}{AB} \frac{\partial A}{\partial \beta} \frac{1}{B} \frac{\partial w}{\partial \beta} \Big) \Big(\frac{1}{B} \frac{\partial}{\partial \beta} \frac{1}{B} \frac{\partial w}{\partial \beta} + \frac{1}{A^2 B} \frac{\partial B}{\partial \alpha} \frac{\partial w}{\partial \alpha} \Big) \Big] \Big\} AB \, d\alpha \, d\beta \tag{104}$$

如果我们引用应力函数 φ 来表示 T_α, T_β, $T_{\alpha\beta}$,于是(92)中有关中面拉伸的余能为

$$V_T = \iint \Big\{ T_\alpha e_\alpha + T_\beta e_\beta + T_{\alpha\beta} w - \frac{1}{2} C \Big(e_\alpha^2 + e_\beta^2 + 2\nu e_\alpha e_\beta + \frac{1}{2}(1-\nu)\omega^2 \Big) \Big\} AB \, d\alpha \, d\beta$$

$$= \frac{1}{2} \iint \frac{1}{Eh} \{ (T_\alpha + T_\beta)^2 + 2(1+\nu)(T_{\alpha\beta}^2 - T_\alpha T_\beta) \} AB \, d\alpha \, d\beta$$

$$= \frac{1}{2} \iint \frac{1}{Eh} \Big\{ (\Delta\varphi)^2 + 2(1+\nu) \Big[\frac{1}{A^2 B^2} \Big(\frac{\partial^2 \varphi}{\partial \alpha \partial \beta} - \frac{1}{A} \frac{\partial A}{\partial \beta} \frac{\partial \varphi}{\partial \alpha} - \frac{1}{B} \frac{\partial B}{\partial \alpha} \frac{\partial \varphi}{\partial \beta} \Big)^2$$

$$- \Big(\frac{1}{A} \frac{\partial}{\partial \alpha} \frac{1}{A} \frac{\partial \varphi}{\partial \alpha} + \frac{1}{AB} \frac{\partial A}{\partial \beta} \frac{1}{B} \frac{\partial \varphi}{\partial \beta} \Big) \Big(\frac{1}{B} \frac{\partial}{\partial \beta} \frac{1}{B} \frac{\partial \varphi}{\partial \beta} + \frac{1}{A^2 B} \frac{\partial B}{\partial \alpha} \frac{\partial \varphi}{\partial \alpha} \Big) \Big] \Big\} AB \, d\alpha \, d\beta \tag{105}$$

如果引进应力函数 φ,则积分

$$\iint \Big\{ T_\alpha \Big[\frac{1}{\alpha} \frac{\partial u}{\partial \alpha} + \frac{1}{AB} \frac{\partial A}{\partial \beta} v \Big] + T_\beta \Big[\frac{1}{B} \frac{\partial v}{\partial \beta} + \frac{1}{AB} \frac{\partial B}{\partial \alpha} u \Big]$$

$$+ T_{\alpha\beta} \Big[\frac{B}{A} \frac{\partial}{\partial \alpha} \Big(\frac{v}{B} \Big) + \frac{A}{B} \frac{\partial}{\partial \beta} \Big(\frac{u}{A} \Big) \Big] \Big\} AB \, d\alpha \, d\beta$$

可以利用格林定理或部分积分证明化为一个边界积分,而这个边界积分只和边界条件有关. 于是(92)中只剩下一个积分没有处理,这个积分可以写成

$$U_{WT} = \iint \left\{ T_\alpha \left[\frac{w}{R_1} + \frac{1}{2A^2}\left(\frac{\partial w}{\partial \alpha}\right)^2 \right] + T_\beta \left[\frac{w}{R_2} + \frac{1}{2B^2}\left(\frac{\partial w}{\partial \beta}\right)^2 \right] + T_{\alpha\beta} \frac{1}{AB}\frac{\partial w}{\partial \alpha}\frac{\partial w}{\partial \beta} \right\} AB\,d\alpha\,d\beta$$

$$= \iint \left\{ \left[\frac{1}{B}\frac{\partial}{\partial \beta}\frac{1}{B}\frac{\partial \varphi}{\partial \beta} + \frac{1}{A^2 B}\frac{\partial B}{\partial \alpha}\frac{\partial \varphi}{\partial \alpha} \right]\left[\frac{w}{R_1} + \frac{1}{2A^2}\left(\frac{\partial w}{\partial \alpha}\right)^2 \right] \right.$$

$$+ \left[\frac{1}{A}\frac{\partial}{\partial \alpha}\frac{1}{A}\frac{\partial \varphi}{\partial \alpha} + \frac{1}{AB^2}\frac{\partial A}{\partial \beta}\frac{\partial \varphi}{\partial \beta} \right]\left[\frac{w}{R_2} + \frac{1}{2B^2}\left(\frac{\partial w}{\partial \beta}\right)^2 \right]$$

$$\left. - \frac{1}{AB}\left(\frac{\partial^2 \varphi}{\partial \alpha \partial \beta} - \frac{1}{A}\frac{\partial A}{\partial \beta}\frac{\partial \varphi}{\partial \alpha} - \frac{1}{B}\frac{\partial B}{\partial \alpha}\frac{\partial \varphi}{\partial \beta}\right)\frac{1}{AB}\frac{\partial w}{\partial \alpha}\frac{\partial w}{\partial \beta} \right\} AB\,d\alpha\,d\beta \quad (106)$$

于是,这个问题的泛函可以用 φ, w 两个函数来表示,即

$$\Pi = U_B - V_T + U_{WT} - \iint qw\,AB\,d\alpha\,d\beta + \text{有关边界条件的诸项} \quad (107)$$

其中 U_B, U_T, U_{WT} 见(104),(105),(106)式. 这个泛函可以用来进行有关薄壳的非线性稳定的近似计算. 我们必须在这里指出这个泛函的混合性质,和 w 有关的部分是位能的形式,和 φ 有关的部分是余能的形式,除这两部分外,还有 w 和 φ 相互作用的能量 U_{WT},这一项是非线性的.

本节的主要内容为:证明了壳的非线性方程是建立在 h/L 的一级近似基础上的理论,有关 L/R 的量级和 h/L 的量级相当. 因此,只能处理壳的局部失稳现象,在这种现象中,涉及的区域和 $L \sim \sqrt{hR}$ 的量级相当,或可用以处理扁壳的大挠度现象,在扁壳中 $\dfrac{h}{L} \sim \dfrac{L}{R}$,或 $\dfrac{hR}{L^2}$ 为 $O(\varepsilon^0)$ 的量级的问题. 这些结论和作者(1944)没有用位移的壳的基本理论的结论相同. 其次指出了在一级近似理论的大挠度问题中,Kirchhoff-Love 有关 $e_z, \sigma_z, e_{\alpha z}, e_{\beta z}$ 的假设仍旧满足,最后导出了非线性方程(100)和(103)[和作者(1944)的结果相同],及有关的泛函(107),这个泛函在稳定计算中,将是很有用的.

参考文献

[1] Reissner E. On the variational theorem in elasticity. J Math Phys, 1950, 29: 90 - 95.
[2] Veubeke F. Bull Service Tech Aeronaut, (1951), (24), Brusseles.
[3] 胡海昌. 弹性理论和塑性理论中的一些变分原理. 物理学报. 1954, 10(3): 259 - 290; On some variational principles in the theory of elasticity and the theory of plasticity. Scientia Sinica, 1955, 4(1): 33 - 54.
[4] 张福范,等. 用边框加固的弹性薄板的应力分析(承重预制墙应力分析). 土木工程学报,

1963,9(4).
- [5] Chien Wei-Zang, The intrinsic theory of thin shells and plates. Part I. Quart of Applied Math, 1944, (1): 297 - 327; Part II. 1944, (2), 43 - 59; Part III. 1944, (2): 120 - 134.
- [6] Boley B A, Veiner J H. Theory of Thermal Stresses. New York: John Wiley, 1960.
- [7] Новожилов В В. Основы нелинейнои теории упругости. (1948) огиз Гостехиздат, Москова. 非线性弹性力学基础. 朱兆祥, 译. 北京: 科学出版社, 1958.
- [8] Муштари Х М, Галимов К З. Нелинеиная теория упругих оболочек. Таткнигоиздат казань, 1957.
- [9] Fung Y C(冯元桢), Sechler E E. Instability of thin elastic shells//Structural Mechanics. Proceedings of the 1st Synposium of Naval Structural Mechanics (Stanford University), 1958, Pergaman Press, 1960: 115 - 168.
- [10] Алумяэ Н А. Равновесие тонкостенных упругих оболочек, в послекритической стадии. труды таминского политехн. ин-та, серия 4, 1948, пмм, т. XIII, вып, 1, 1949.
- [11] Галимов К З. Условия неразрывности деформечии поверхности при произвольных изрпбах и дерормадиях, уч записки. казань. ун-та. Т. 113, КН. 10, 1953.

Abstract This paper gives a unified theoretical foundation for the various Variational theorems proposed separately by H. C. Hu, E. Reissner, de Veubeke. Generalizations of these variational principles are given to cover also very general boundary conditions of mixed types, and to the problems of thermal elasticity and to the elasticity of finite deformations.

The applications of this generalized variational principle are given in details in the treatment of the following two problems: (1) A plate with edge frames under the action of external forces on the frame in the plane of plate itself. (2) The problem of large deflection of thin elastic shells. The simple functional thus obtained for the second problem is very useful in the calculations of nonlinear instability of elastic shells.

附(一) 《力学学报》编委会退稿信(1964.10.6)

钱伟长先生:

尊稿经审查后,由于下列原因,认为尚不宜发表,故退回,限于人力,不能一一提供详细参考意见,希予鉴谅,原稿随函寄回。

如有不同意见,欢迎来信讨论,谢谢您对本报的关心,望今后继续予以支持,此致敬祝

《力学学报》编委会(章)

64 年 10 月 6 日

附退稿原因:

审查人甲:本文把广义位能原理看作是普通的最小位能原理的条件变分原理,这样提法不

恰当,是故意把最小位能原理中的位移放松限制,然后再用条件变分把它限制起来,所以得到了作者的提法.实质上最小位能原理的条件比广义位能原理来得严,作者的提示却把这性质倒了过来,还是把它看成广义位能原理为宜.本文系统整理了一些已知的方法和结果,其中包括自己的文章(E. Reissner, J. Math. Phy. 1953;和 Proc. Sym. App. Math., No. 8,刘世宁力学学报6卷1期),并未提供新的重要成果.

审查人乙:

1. 作者把广义位能原理看作是一般的最小位能原理的条件变分原理,但是在利用拉格朗日乘子法讨论条件变分问题时,却将拉格朗日乘子本身也一起变分,似有错误.

2. 其他部分主要内容是整理前人的结果.

附(二) 作者给《力学学报》编委会的复信(1964.10.13)

《力学学报》编辑委员会负责同志:

拙稿"关于弹性力学的广义变分原理及其在板壳问题上的应用(64-057)"自寄出后蒙编委约请两位同志审查,业已在10月6日根据审查意见退回本人.

在仔细阅读了审查意见后,发现本人的意见和审查人意见有严重分歧,本人实在对审查意见不能同意.

根据编委来信指示,"如有不同意见,欢迎来信讨论"的原则,特对审查意见分甲乙两位审查人逐条详细写出了本人的意见,和审查人研究讨论,随原稿附上,谨供编委参考,斟酌处理.对编委对于拙稿的关心和安排,并此表示谢意,此致

敬礼!

钱伟长
1964.10.13

对于审查人甲的意见的答复

1. 审查人甲认为

"本文把广义位能原理看作是普通的最小位能原理的条件变分原理,这样提法不恰当.是故意把最小位能原理中的位移放松了限制,然后再用条件变分把它限制起来,所以得出了本文的提法,实质上最小位能原理的条件比广义位能原理来得严;作者的提法,却把这种性质倒了过来,还是把它看成广义位能原理为宜".

作者实在不能理解审查者意见的根据是什么? 首先:必须指出,本文没有一句话是说"最小位能原理的条件"不"比广义位能原理来得严",在作者的原文中,从来没有"把这种性质倒过来".进一步说,甚至对于"最小位能原理的条件变分原理"而言,作者也没有把它看作比"广义位能原理"的条件严或是宽,而是具体地证明了它们是相同的(见引言第二节和以后的证明).

审查者认为"把广义位能原理看作是普通的最小位能原理的条件变分原理"的提法"不恰当",是"故意把最小位能原理中的位移放松了限制,然后再用条件变分把它限制起来".这里先不谈"故意不故意",而这应该谈这样做法对不对,应该谈这样做法和广义位能原理有什么不同,如果有不同之点,才能研究哪个原理更合理,或是"更恰当".作者和审查者分歧之点,在于"最小位能原理的条件变分原理"的条件和"广义位能原理"的条件是不是相同的问题.[在这里,我们

除了认为审查者"最小位能原理的条件"是"最小位能原理的条件变分原理的条件"的笔误而外，就不能理解审查意见的上下文的逻辑推理. 当然，我们不能设想审查者能把"最小位能原理"和"最小位能原理的条件变分原理"混为一谈的错误想法的.〕

作者理解胡海昌等人的广义变分原理（具体地谈广义位移原理）的条件是比通常的最小位能原理宽，其放宽的具体内容就是位移的限制，这种放宽的条件也是通过变分得到满足的. 我们在最小位能原理中，必须满足位移的限制的先决条件下进行变分，这就是所谓严，这一点作者和审查者不应该有分歧. 但在"最小位能原理的条件变分原理"中，位移的限制得到了和广义变分原理相同的放宽，它的限制也是通过变分满足的. 这一点和广义变分原理完全相同. 所以它们的泛函也相同. 作者证明了"最小位能原理的条件变分原理"和"广义位能原理"完全相同. 这是因为(1)泛函相同,(2)先决条件相同,(3)变分后满足的各种条件相同,(4)在近似计算中的性质也相同（也即是说同样都放宽了位移的限制条件）.

在这里作者愿意具体地了解一下审查者所谓"最小位能原理的条件变分原理"的条件究竟哪一条比"广义变分原理"的条件"严".

也许还值得说明一下，作者用"条件变分原理"的意义，和通常变分学中的涵义相同（例如 Л. Э. 艾利基哥尔兹变分法 1952 商务印书馆第四章），原文为 Conditional Variation，是指原来有条件的极值问题利用拉氏乘子组成新的泛函化为无条件的驻值的变分原理. 例如最小位能原理的泛函为(4)式，但位移必先满足边界条件(2)，但"最小位能原理的条件变分原理"的泛函为(7)，其位移函数除了一定的连续性外，无需满足任何先决条件.

因此，作者并不是"故意"这样做，而是把从拉格朗日以来无数学者在条件变分方面的经验用来处理了这个问题. 使广义变分原理的泛函的建立有一个统一的基础.

从上面的讨论中，作者说明了为什么不能同意审查意见的理由，不知道是否还有别的什么误会.

2. 审查者认为

"本文系统整理了一些已知的方法和结果，其中包括自己的文章（E. Reissner, J. Math. Phy. 1953，和 Proc. Sym. App. Math. Vol. 8，刘世宁力学学报 6 卷 1 期）但未提供新的重要的结果".

作者认为审查者这句话并不符合实际. 首先作者在过去并未发表过有关广义变分原理的文章，谈不上包括自己的文章. 其次，本文的内容和 Reissner，刘世宁的文章虽然都讨论广义变分原理，但是内容范围和结果并不完全相同. 至于那些是新的重要结果或新的次要的结果，可能由于观点问题不一定能有一致的意见，但是，结果是否新. 这是容易证实的.

作者认为下列结果和内容是新的：

A. 在第二节内,(1)证明广义位能原理和最小位能原理的条件变分原理相同,(2)广义余能原理和最小余能原理的条件变分原理相同,(3)广义位能原理和广义余能原理的泛函相同，所以有统一的意义,(4)提出了通过条件变分的拉氏乘子法建立广义变分原理的泛函的方法.

作者认为尤其是(4)，是很根本的，也是有重要性的. 不论 Reissner，胡海昌，刘世宁，或任何其他有关广义变分原理的论文，都只是证明对于特定的问题有某一个泛函，通过变分可以全部满足这个问题的一切条件，谁都没有讲出他的泛函是怎样建立的. 好象在求解微分方程时，提出了某一微分方程有某一个解，用代入法证明了这个解是满足这个微分方程，但是没有说他的解是如何求得的,因为没有求解某一类微分方程的统一方法. 本文通过条件变分的拉氏乘子法提供了这个方法,这是 Reissner、胡海昌的广义变分原理的逆定理,不仅证明某一泛函的变分给出某一问题的解,而且更重要的,是对于任何弹性体的特定问题,提供了建立广义变分原理的泛函的统一基础和统一方法. 作者认为在有了这个方法以后,不必对每一个特定问题写一篇论文谈这个问题的广义变分泛函是什么了. 刘世宁的文章就是这种性质,最近力学学报 7 卷 2 期 (1964)168～170 页富宝连的文章也是这种性质,作者认为在没有建立统一的方法以前,这些文章的发表是可以理解的.

B. 在第三节内讨论了各种可能的混合边界条件的广义变分原理的泛函的有关项. 这种讨论作者并未见诸其他文献.

C. 在第四章内,用本文所提方法提出了建立有限变形弹性力学和热应力问题的广义变分原理的泛函. 这些结果也是新的,富宝连在力学学报 7 卷 2 期发表的有关热应力文章在本文送出以后,他只给出了热应力问题的泛函,并没有谈到这个泛函建立的方法,他对于这些变量所满足的连续性要求也是不明确的.

D. 讨论了带有边框的矩形板墙的平面弹性力学问题. 这里的结果全部是新的,预制板墙结构的重要性是无需多说的,尤其是对于角点条件的讨论,所有这些内容,从来没有发表过.

E. 讨论了薄壳大挠度弯曲理论的非线性问题,这里的微分方程是作者前已发表的结果,但是其泛函是新的,这个泛函比刘世宁的扁壳大挠度问题的泛函有较广泛的形式,刘的泛函只适用于直角坐标的双曲扁壳问题,这里的泛函适用于任意曲面(只要曲率半径的量级满足一定的条件). 在这里给出了以拉氏乘子法为基础的导出过程,因而明确了这个理论的实用范围.

因此,作者并不能同意审查者的意见. 当然,作者对于已发表的著作可能了解不够充分,如果的确有某一部分作者重复了"已知的工作",亦请审查者劳神具体提出来,则感谢不尽.

对于审查人乙的意见的答复

1. 审查人乙认为

"在利用拉格朗日乘子方法讨论条件变分问题时,却把拉格朗日乘子本身也一起变分,似有错误."作者不同意审查人乙的这条意见. 关于条件变分问题中拉格朗日乘子本身是否可以变分问题,是在所有变分学的教科书中都已解决了的问题,例如:请审查者参考"变分法"(Л. Э. 艾利斯哥尔兹著,1952,商务印书馆 1956 年出版)在该书第四章中有明确的叙述. 这一点相信不是作者的错误. 作者对于拉格朗日乘子的处理是和拉格朗日和此后一系列有关条件变分理论的著作一样的.

2. 审查人认为

"其他部分的主要内容是整理前人的结果". 作者也不能同意审查人的这条意见,认为是不合于本文的实际情况的. 审查人可能比作者对广义变分原理读到的"前人结果"多一些,希望审查者给作者具体指出,本文的那一部分主要内容是前人的结果,是什么人的结果. 作者作了什么样的整理,甚或根本没有整理.

作者愿意将自认为本文的新的结果的各个主要方面列举如下:请审查者参考.

A. 在第二节内,(1) 证明广义位能原理和最小位能原理的条件变分原理相同,(2) 证明广义余能原理和最小余能原理的条件变分原理相同,(3) 广义位能原理和广义余能原理泛函相同,所以有统一的意义,(4) 提出了通过条件变分的拉氏乘子法建立广义变分原理的泛函的方法.

作者认为尤其是(4)是很根本的,而且也是重要的. 不论 Reissner,胡海昌,刘世宁或任何其他有关广义变分原理的论文,都只是证明对于特定的问题有某一个泛函,通过变分可以全部满足这个问题的一切条件,谁都没有讲过他的泛函是怎样建立的. 如像在求解微分方程时,提出了某一微分方程有某一个解,用代入法证明了这个解是满足这个微分方程的,但是没有说明他的解是如何求得的,因为并没有求解这一类微分方程的统一方法. 本文通过条件变分的拉氏乘子法提供了这个建立广义变分原理的泛函的统一方法,这是 Reissner,胡海昌的广义变分原理的逆定理,不仅证明某一泛函的变分给出某一问题的解,而是更重要的,是对于任何弹性体的特定问题,提供了建立广义变分原理的泛函的统一基础和统一方法. 作者认为在有了这个方法以后,不必对每一个特定问题写一篇论文谈这个问题的广义变分泛函是什么了. 刘世宁的文章就是这种性质,最近力学学报 7 卷 2 期(1964)168~170 页富宝连的文章也是这种性质,作者认为在没有建立统一的方法以前,这些文章的发表是可以理解的.

B. 在第三节内讨论了各种可能的混合边界条件的广义变分原理的泛函有关项,这种讨论对于建立统一的泛函的方法是必要的,作者并未见诸其他文献.

C. 第四节内,用本文所提出的方法建立了有限变形弹性力学和热应力问题的广义变分原理的泛函. 这些结果也是新的. 富宝连在力学学报 7 卷 2 期发表的有关热应力的文章在本文送出以后,他只给出了热应力问题的泛函,并没有谈到这个泛函建立的方法,他对于这些变量所满足的连续性要求也是不明确的.

D. 讨论了带有边框的矩形板墙的平面弹性力学问题,这里的结果也全部是新的. 预制板墙结构的重要性是无需多说的. 尤其对于角点条件的讨论,对于一般带有边框的结构计算上,有普遍的重要意义,这些内容从来没有发表过.

E. 讨论了薄壳大挠度弯曲理论的非线性问题. 这里的微分方程是作者前已发表的结果(1940),但是推导方法和泛函是新的. 这个泛函比刘世宁的扁壳大挠度问题的泛函有较广泛的形式和内容,刘的泛函只适用于直角坐标的双曲扁壳问题,这里的泛函适用于任意曲面(只要曲率半径的量级满足一定的条件). 在这里给出了以拉氏乘子法为基础的导出过程,因而明确了这个理论的实用范围.

上面是作者认为本文的主要的新的内容. 当然,作者对于已发表的著作可能了解不够全面,如果的确有某一部分作者重复了"已知的工作",务请审查者具体提出来,则感谢不尽.

对"半无限弹性体通过刻槽之底施以集中力的平面问题"一文的讨论*

编者按 力学学报第6卷第1期发表了门福录的论文"半无限弹性体通过刻槽之底施以集中力的平面问题"以后,编委会陆续收到了很多篇讨论该文的稿件.从讨论的情况看来,离问题的完满解决还有一段距离.这个问题是有实际意义的,值得进一步加以研究.但是,由于来稿较多,有些内容重复,所以现在仅将讨论的要点发表,供大家参考.

一、

原文①处理的问题,在求土内应力等问题中,尤其在解决受刻槽轮廓线影响很大的深置基础的土内应力分布问题中,有一定的实用意义.我们在研究开挖地基中的应力分布方面也用类似的方法进行过有关的工作.在比较了原文和我们的工作之后发现,在决定矩形刻槽的变换常数方面,可以无需采用原文那样用级数求解高次联立方程的复杂过程.同时发现,应力复函数的展开式只在较小范围内是收敛的;在原文的基础上采用分区展开应力函数的方法也是不适用的.

设刻槽平面(Z平面)和半无限平面(ζ平面)的变换关系(图1)为

$$Z = A_0 \int_0^\zeta \sqrt{\frac{1-\zeta^2}{1-k^2\zeta^2}} \mathrm{d}\zeta + B_0, \tag{1.1}$$

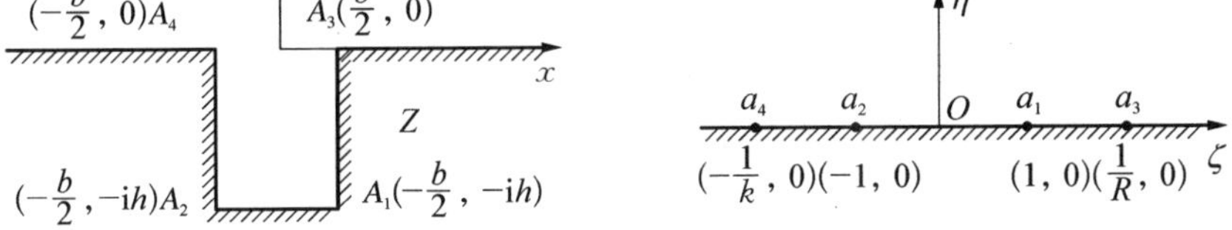

图1

原载《力学学报》,1964,7(3):251-259.

* 本文一、二、三、四都是来稿摘录,五、六为钱伟长的工作,当时,力学学报编委,以众所周知的理由,有意略去了作者的名字,这在力学学报的"学术讨论"中,是稀见的.

① 以下均以"原文"代表下列论文:门福录.半无限弹性体通过刻槽之底施以集中力的平面问题.力学学报,1963,6(1):1-3.

其中常数 A_0, B_0, k^2 由 $\zeta = 0$ 与 $Z = -\mathrm{i}h$, $\zeta = 1$ 与 $Z = \dfrac{b}{2} - \mathrm{i}h$, $\zeta = \dfrac{1}{k}$ 与 $Z = \dfrac{b}{2}$ 三个对应点的条件求得：

$$B_0 = -\mathrm{i}h, \tag{1.2a}$$

$$A_0 = \frac{bk^2}{2(E - k'^2 K)}, \tag{1.2b}$$

$$\frac{2h}{b} = \frac{E' - k^2 K'}{E' - k'^2 K}, \tag{1.2c}$$

其中 K, E 为第一、第二类完全椭圆积分，K', E' 为第一、第二类不完全椭圆积分，$k'^2 = 1 - k^2$，亦即

$$\left. \begin{array}{l} E(k) = E = \displaystyle\int_0^1 \sqrt{\dfrac{1 - k^2 \zeta^2}{1 - \zeta^2}} \mathrm{d}\zeta = \int_0^{\pi/2} \sqrt{1 - k^2 \sin^2 \varphi} \mathrm{d}\varphi, \; E' = E(k'), \\ K(k) = K = \displaystyle\int_0^1 \dfrac{\mathrm{d}\zeta}{\sqrt{(1 - \zeta^2)(1 - k^2 \zeta^2)}} = \int_0^{\pi/2} \dfrac{\mathrm{d}\varphi}{\sqrt{1 - k^2 \sin^2 \varphi}}, \; K' = K(k'). \end{array} \right\} \tag{1.3}$$

在求证式(1.2c)的过程中曾利用变换 $\zeta^2 = (1 - k'^2 t^2)/k^2$，并证明了下列关系式成立：

$$\int_0^{1/k} \sqrt{\frac{\zeta^2 - 1}{1 - k^2 \zeta^2}} \mathrm{d}\zeta = \left(\frac{k'}{k}\right)^2 \int_0^1 \sqrt{\frac{1 - t^2}{1 - k'^2 t^2}} \mathrm{d}t = \frac{1}{k^2}(E' - k^2 K'). \tag{1.4}$$

式(1.2c)给出了 k^2 和刻槽相对尺寸参数 $2h/D$ 的关系式，其数值关系见表 1。由此可见，常见的刻槽形状参数约为 $k^2 = 0.5$。根据椭圆积分的定义

$$\int_0^\zeta \sqrt{\frac{1 - \zeta^2}{1 - k^2 \zeta^2}} \mathrm{d}\zeta = \frac{1}{k^2} [E(\zeta, k) - k'^2 F(\zeta, k)], \tag{1.5}$$

表 1 k^2 和刻槽形状参数 $2h/D$ 的关系

k^2	0	0.1	0.2	0.3	0.4	0.5	0.6	0.7	0.8	0.9	1.0
$2h/D$	∞	10.645	4.506	2.480	1.5578	1.0000	0.6419	0.4033	0.2219	0.09394	0

其中 $E(\zeta, k)$, $F(\zeta, k)$ 为第一、第二类不完全椭圆积分：

$$E(\zeta, k) = \int_0^\zeta \sqrt{\frac{1 - k^2 \zeta^2}{1 - \zeta^2}} p\zeta, \; F(\zeta, k) = \int_0^\zeta \frac{\mathrm{d}\zeta}{\sqrt{(1 - \zeta^2)(1 - k^2 \zeta^2)}}. \tag{1.6}$$

于是，变换(1.1)可以写成

$$Z = \frac{b}{2} \frac{E(\zeta, k) - k'^2 F(\zeta, k)}{E - k'^2 K} - \mathrm{i}h. \tag{1.7}$$

$E(\zeta, k)$，$F(\zeta, k)$ 是有现成的表[1]可以利用的. 利用该表的第一部分 sn 函数表，根据已给的 $\zeta = \xi + \mathrm{i}\eta$ 值，查得 $F(\zeta, k) = u(\xi, \eta) + \mathrm{i}v(\xi, \eta)$ 的实部 u 和虚部 v，然后利用该表的第四部分，根据已知的 u 和 v，查得 $E(u + \mathrm{i}v) = E_R + \mathrm{i}E_1$ 的实部 E_R 及虚部 E_1. 于是有

$$x + \mathrm{i}y = \frac{b}{2} \frac{E_R - k'^2 u}{E - k'^2 K} + \mathrm{i}\left[\frac{b}{2} \frac{E_1 - k'^2 v}{E - k'^2 K} - h\right]. \tag{1.8}$$

根据上式，通过查表即可算出相应的变换曲线.

原文关于矩形槽施以集中力的问题的级数展开式，只在 $|\zeta| \leqslant 1$ 的域内适用. 我们用同样的方法处理了刻槽底面施以分布载荷的问题. 计算结果表明，应力分量表达式只在 $|\zeta| \leqslant 1$ 内收敛，在 $|\zeta| > 1$ 范围内的结果则很不合理，其原因显然是，映射变换的展开式在 $|\zeta| > 1$ 内不收敛.

我们曾试图在 $|\zeta| \leqslant 1$，$1 < |\zeta| \leqslant \frac{1}{k}$，$|\zeta| > \frac{1}{k}$ 的三个域内各用一个收敛级数来展开. 这种作法也是无效的，其原因是：如果用 $1 < |\zeta| \leqslant \frac{1}{k}$ 内收敛的级数来展开，则在槽底上和槽外边界上的边界条件无法满足；如果用 $|\zeta| > \frac{1}{k}$ 内收敛的级数来展开，则所有槽内的边界条件都无法满足.

我们估计，将矩形刻槽边界变换到单位圆上，也许有可能克服上述困难.

二、

原文所得的解不能满足全部边界条件：在集中刻槽上，不满足 $0 < a < h$ 上 $\sigma_x = 0$ 的条件；在半圆刻槽的槽界上，也不满足自由边界条件. 其原因是，原文中 $Z(\zeta)/\overline{Z'(\zeta)}$ 的表达式在槽界上是错误的.

正如 Мусхелишвили[2] 所指出，对于给定的域 ζ，如果可借助于有理函数 $\omega(\zeta)$ 把它映射到半平面上，则基本边界问题可用初等方法来解决. 当采用无理函数来映射时，困难颇大，甚至不能得到有限形式的准确解. 所以，企图用这种映射求得本问题有限形式的准确解是不可能的.

三、

原文中有两个问题值得提出：

1. 微裂缝的解和圆弧刻槽的解并不满足槽界上的边界条件，即微裂缝的解在槽界侧边不满足条件 $X_x = 0$，圆弧刻槽的解不满足条件 $Y_y = 0$。

2. 对于矩形刻槽，所得结果在 $|\zeta| \geqslant h$ 范围内是发散的。

发生第一个问题的原因，直到现在还不很清楚。估计可能是由于保角变换 $Z(\zeta)$ 的奇点的影响。很多文献讨论的对象是以全纯函数（多项式）或顶多是以有简单极点的半纯函数（有理函数）来进行保角变换。文献[2,3]即以此为前提，并且都是对以抛物线为界的半无限平面在分布载荷作用下的问题求解。文献[3]详细讨论了 $Z(\zeta)$ 为有理函数时此种问题的解法，由于此时在域 ζ 中有简单极点，问题的解法就比 $Z(\zeta)$ 为多项式时复杂得多。Крудин[4] 虽未对 $Z(\zeta)$ 的性质加以讨论和限制，但他的例子却是以抛物线为界的半平面在集中力作用下的问题。Föppl[5] 也只讨论了以抛物线为界的同样问题。

对于 $Z(\zeta)$ 为无理函数的情况，例如把具有折线界面的半无限域 Z 变换到半无限域 ζ 的变换式中，在域 ζ 的边界上必有奇点。在这种情况下，是否还能利用化为复变函数的办法来直接（按 Cauchy 型积分）求解，到现在为止，似乎还没有明确答案。Hugi[3] 曾预言，对这种情况通常不能直接求得解答，但他并未对这点给出数学证明。

近十余年来，Szelagowski 在以复变函数方法解弹性平面问题方面进行了很多研究。最近，他把这方面的研究扩展到以无理函数为保角变换的问题中。文献[6]讨论了具有集中刻槽的半无限平面在拉力作用下的问题，文献[7]讨论了矩形平盘半无限楔带或楔体在外力作用下的问题。但他对无理函数变换在边界上产生的奇点的影响并未加以考虑。

原文的 $Z(\zeta)$ 在域内都是解析的，但在边界上都具有奇点。因此，Cauchy 型积分应如何考虑，化为复变函数的边值方程时应如何求解，在原文中还缺乏严格的数学上的考虑。这也许就是在槽界上发生问题的根源。

文献[3]曾建议，利用有理近似函数，即利用 Rutishauser 所发展的商-差算法，在已知条件下把发散的或收敛性较坏的幂级数化为收敛性较好的连分式，来近似地表示函数 $Z(\zeta)$。当然这时边值方程的解法将更为复杂，需要进一步作深入的研究。

四、

原文中有下列问题值得商榷：

1. Cauchy 积分公式（例如原文式（12））通常都要求被积函数在域 S 内全纯，在无穷远处为零，而且连续到边界上。后一要求并非多余的。当函数在积分的边界上有极点时（积分按主值意义），Cauchy 积分公式（12）不再正确。当边界上有一级极点时，Cauchy 积分公式可以推广为

$$\frac{1}{2\pi i}\int_{-\infty}^{\infty}\frac{f(t)\mathrm{d}t}{t-Z}=f(Z)-\frac{A}{2(Z-a)}\quad(Z\in S^+), \tag{4.1}$$

其中点 $Z=a$ 为 $f(Z)$ 在边界上的唯一的一级极点,而且

$$A=\lim_{Z\to a}f(Z)(Z-a). \tag{4.2}$$

以原文求得的公式(14)为例. 因为 $\varphi_1'(\zeta)$ 在 $\zeta=0$ 时有一个一级极点,这时 Cauchy 积分为

$$\frac{1}{2\pi i}\int_{-\infty}^{\infty}\frac{\varphi_1'(t)\mathrm{d}t}{t-\zeta}=-\frac{P}{2\pi i}\int_{-\infty}^{\infty}\frac{\mathrm{d}t}{(t-\zeta)}=-\frac{P}{(2\pi i)^2\zeta}\int_{-\infty}^{\infty}\frac{\mathrm{d}t}{t-\zeta}+\frac{P}{(2\pi i)^2\zeta}\int_{-\infty}^{\infty}\frac{\mathrm{d}t}{t}$$

$$=-\frac{P}{4\pi i\zeta}=\frac{1}{2}\varphi_1'(\zeta)\neq\varphi_1'(\zeta). \tag{4.3}$$

如果函数 $f(Z)$ 在积分边界上有高于一级的极点,则一般说来 Cauchy 积分甚至在主值意义下都是发散的. 例如 $\frac{1}{2\pi i}\int_{-\infty}^{\infty}\left(1+\frac{h^2}{t^2}\right)\frac{\overline{\varphi_1'(t)}}{t-\zeta}\mathrm{d}t$ 就是这种积分.

2. 原文还用到了公式(11): $\frac{1}{2\pi i}\int_{-\infty}^{\infty}\frac{\overline{F(t)}}{t-\zeta}\mathrm{d}t=\frac{1}{2}\overline{F(\infty)}$. $F(\zeta)$ 除了要求在域内全纯和在无穷远处为常数以外,也要求连续到边界上. 下述简单例子说明,函数在边界上有极点时,原文式(11)不成立. 例如 $F(\zeta)=\frac{1}{\zeta}$ 时, $F(t)=\frac{1}{t}$, $\overline{F(t)}=\frac{1}{t}$, 这时

$$\frac{1}{2\pi i}\int_{-\infty}^{\infty}\frac{\overline{F(t)}\mathrm{d}t}{t-\zeta}=\frac{1}{2\pi i}\int_{-\infty}^{\infty}\frac{\mathrm{d}t}{t(t-\zeta)}=\frac{1}{2\zeta}\neq\text{const.}, \tag{4.4}$$

至于函数 $\overline{\psi_1'(\zeta)}$,原文在集中刻槽中求得的为公式(17): $\psi_1'(\zeta)=\frac{iP}{2\pi}\left(\frac{1}{\zeta}-\frac{2h^2}{\zeta^3}\right)$. 这时

$$\frac{1}{2\pi i}\int_{-\infty}^{\infty}\frac{\overline{\psi_1'(t)}\mathrm{d}t}{1-\zeta}=-\frac{iP}{(2\pi)^2 i}\int_{-\infty}^{\infty}\frac{\mathrm{d}t}{t(t-\zeta)}+\frac{iPh^2}{2\pi^2 i}\int_{-\infty}^{\infty}\frac{\mathrm{d}t}{t^3(t-\zeta)}, \tag{4.5}$$

第一个积分等于 $-\frac{Pi}{4\pi\zeta}$,第二个积分在主值意义下也是发散的,无法肯定左方积分恒等于常数.

3. 原文第 5 页第 5 行对微裂缝刻槽的解曾提到满足 $Z=+ia$, $a<h$ 时(即槽界上诸点)的边界条件,但把它直接代入原文式(21),(22a)时,可以证实,在槽界上会出现法向拉应力.

4. 原文在矩形刻槽的讨论中,展开式(32)与(33)的收敛半径都是 1,所以在整个边界条件 $(-\infty < t < \infty)$ 中把展开式代入是不适当的.

5. 原文在使用数学方法上存在一些问题. 关于集中刻槽及半圆刻槽的解是否正确,仍不能肯定. 为了避免以上提到的问题,我们把所讨论的域不映射到半平面上而映射到单位圆上,这时就可以不必对边界条件微分,从而避免了出现发散积分问题. 例如在集中刻槽情形下,可以利用 $Z = \omega(\xi) = ih\sqrt{\left(\dfrac{1+\zeta}{1-\zeta}\right)^2 + 1}$ 变到 $|\zeta| < 1$ 上,此时边界条件是

$$\varphi(\sigma) - \frac{1}{2}\left[\frac{\sigma^2 - 1}{\sigma^2}\overline{\varphi'(\sigma)} + \frac{(\sigma-1)^3}{\sigma^3(\sigma+1)}\overline{\varphi'(\sigma)}\right] + \overline{\psi(\sigma)} = f(\sigma) \quad |\sigma| = 1, \quad (4.6)$$

$f(\sigma) = 0$ 在上半圆周,$f(\sigma) = P$ 在下半圆周. 两边取 Cauchy 型积分,注意

$$\frac{1}{2\pi i}\int_\gamma \frac{f(\sigma)\mathrm{d}\sigma}{\sigma - \rho} = \frac{P}{2\pi i}\ln\frac{1-\zeta}{1+\zeta} + \frac{P}{2}, \tag{4.7}$$

不难求得

$$\left.\begin{aligned}\varphi(\zeta) &= \frac{P}{2\pi i}\ln\frac{1-\zeta}{1+\zeta} + \frac{P}{2}, \\ \psi(\zeta) &= \varphi(\zeta) + \frac{(1+\zeta)^2(1-\zeta) + (1-\zeta)^3}{2(1+\zeta)}\overline{\varphi'(\zeta)} - \overline{\psi(0)}.\end{aligned}\right\} \tag{4.8}$$

如果换回变量 Z,所得的应力表达式即与原文所得结果相同. 不过,这里同样不能得到与槽界上不受外力的边界条件相符的解. 其中究竟是什么原因,仍不明确.

五、

原文中有关保角变换的分支处理有计算错误. 试以集中刻槽的保角变换 $Z = \sqrt{\zeta^2 - h^2}$ 为例. 设 $r_1 = |\zeta - h|$,$r_2 = |\zeta + h|$,$\theta_1 = \arg(\zeta - h)$,$\theta_2 = \arg(\zeta + h)$,则

$$Z = \sqrt{\zeta^2 - h^2} = \sqrt{r_1 r_2}\exp\left[i\frac{1}{2}(\theta_1 + \theta_2)\right]. \tag{5.1}$$

设 ζ 沿 $O\xi$ 变动:

1. 当 $\xi > h$ 时,$\theta_1 = \theta_2 = 0$;$Z = \sqrt{r_1 r_2} = \sqrt{\xi^2 - h^2}$;
2. 当 $-h < \xi < h$ 时,$\theta_1 = \pi$,$\theta_2 = 0$;$Z = \sqrt{r_1 r_2}e^{i\pi/2} = i\sqrt{h^2 - \xi^2}$;
3. 当 $\xi < -h$ 时,$\theta_1 = \theta_2 = \pi$;$Z = \sqrt{r_1 r_2}e^{i\pi} = -\sqrt{\xi^2 - h^2}$,

则原文边界条件(9)中的 $Z(t)/\overline{Z'(t)}$ 应该可以写成

$$\frac{Z(t)}{\overline{Z'(t)}} = \frac{r_1 r_2}{t}, \tag{5.2}$$

也就是说,

$$\left.\begin{array}{l}\text{当}\ |t|>h\ \text{时},\quad \dfrac{Z(t)}{\overline{Z'(t)}} = \dfrac{|r_1 r_2|}{t} = \dfrac{t^2-h^2}{t}; \\[2mm] \text{当}\ |t|<h\ \text{时},\quad \dfrac{Z(t)}{\overline{Z'(t)}} = \dfrac{|r_1 r_2|}{t} = \dfrac{h^2-t^2}{t}.\end{array}\right\} \tag{5.3}$$

和原文的结果比较,这就证明原文的边界条件在 $|t|>h$ 上是正确的,在 $|t|<h$ 上是错误的.

对于圆弧刻槽的边界条件,原文也有同样的计算错误. 相应的正确结果应该是:

$$\left.\begin{array}{l}\text{当}\ t>2h\ \text{时},\quad \dfrac{Z}{Z'} = \sqrt{t^2-4h^2}; \\[2mm] \text{当}\ -2h<t<2h\ \text{时},\quad \dfrac{Z}{Z'} = \dfrac{\sqrt{4h^2-t^2}[t+\mathrm{i}\sqrt{4h^2-t^2}]}{\sqrt{4h^2-t^2}+\mathrm{i}t}; \\[2mm] \text{当}\ t<-2h\ \text{时},\quad \dfrac{Z}{Z'} = -\sqrt{t^2-4h^2}.\end{array}\right\} \tag{5.4}$$

因此,原文的边界条件只有当 $t>2h$ 时才是正确的,其余部分则都是错误的.

不难证明,在边界条件错误的边界上,原文的解并不符合边界力为零的自由边界条件. 所以这个解也是错误的.

六、

原文的解并不满足刻槽边界上的自由边界条件,所以不是刻槽问题的解. 其原因主要有二:

1. 原文在计算 $Z(\zeta) = \sqrt{\zeta^2-h^2}$ 的共轭函数 $\overline{Z(\zeta)}$ 中有计算错误;在边界上,$\overline{Z(t)}$ 的值不等于 $Z(t)$,而应该是

$$Z(t) = \begin{cases} \sqrt{t^2-h^2} & t>h, \\ \mathrm{i}\sqrt{h^2-t^2} & |t|<h, \\ -\sqrt{t^2-h^2} & t<-h, \end{cases} \quad \overline{Z(t)} = \begin{cases} \sqrt{t^2-h^2} & t>h, \\ -\mathrm{i}\sqrt{h^2-t^2} & |t|<h, \\ -\sqrt{t^2-h^2} & t<-h. \end{cases} \tag{6.1}$$

于是

$$\frac{Z(t)}{Z'(t)} = \begin{cases} \dfrac{1}{t}(t^2 - h^2) & |t| > h, \\ -\dfrac{1}{t}(t^2 - h^2) & |t| < h. \end{cases} \quad (6.2)$$

这是一个不连续函数. 对圆弧边界原文也有类似的错误.

2. 原文的 Cauchy 积分并未考虑被积函数在周界上的极点问题.

要解决上述两个问题, 我们建议: (1) 采用变换到单位圆内的保角变换; (2) 放弃 Cauchy 型积分的方法, 而用复数形式的 Fourier 级数来满足边界条件; (3) 将有关的解中由于集中力产生的极点分离开来处理. 现在以微裂缝刻槽为例来说明这种解法.

微裂缝刻槽半平面变换到单位圆内的保角变换为

$$Z(\zeta) = \mathrm{i}\sqrt{2}h\frac{\sqrt{1+\zeta^2}}{1-\zeta}, \quad (6.3)$$

其中 $\zeta = \rho \mathrm{e}^{\mathrm{i}\theta}$, $|\rho| \leqslant 1$, $0 \leqslant \theta \leqslant 2\pi$. 在边界上, $\theta = 0$ 和无穷远点相当, $\theta = \pi/2$, $3\pi/2$ 相当于刻槽双肩, $\theta = \pi$ 相当于刻槽底的集中力作用点. 于是, 在单位圆周界上有 $\sigma = \mathrm{e}^{-\mathrm{i}\theta}$, 而

$$\frac{Z(\sigma)}{Z'(\sigma)} = k\frac{(1-\sigma)(1+\sigma^2)}{\sigma^2(1+\sigma)} \quad (6.4)$$

其中

$$k = \begin{cases} +1 & 0 \leqslant \theta < \pi/2,\ 3\pi/2 < \theta \leqslant 2\pi, \\ -1 & \pi/2 < \theta < 3\pi/2; \end{cases} \quad (6.5)$$

而单位圆上的边界条件可以写成

$$\varphi_1(\sigma) + k\frac{(1-\sigma)(1+\sigma^2)}{\sigma^2(1+\sigma)}\overline{\varphi_1'(\sigma)} + \overline{\psi(\sigma)} = C(-\infty) + Pf(\sigma), \quad (6.6)$$

其中

$$f(\sigma) = \begin{cases} 0 & 0 < \theta < \pi, \\ 1 & \pi < \theta < 2\pi. \end{cases} \quad (6.7)$$

现在我们可以把 k, $f(\sigma)$ 分别展开为 $\sigma = \mathrm{e}^{\mathrm{i}\theta}$ 的 Fourier 级数, 其结果为

$$\left.\begin{aligned} f(\sigma) &= -\frac{\mathrm{i}}{\pi}\sum_{n=1,3,5,\ldots}^{\infty}\frac{1}{n}\sigma^{-n} + \frac{1}{2} + \frac{\mathrm{i}}{\pi}\sum_{n=1,3,5,\ldots}^{\infty}\frac{1}{n}\sigma^n, \\ k &= -\frac{2}{\mathrm{i}\pi}\sum_{n=1,3,5,\ldots}^{\infty}\frac{1}{n}\mathrm{e}^{-\frac{\mathrm{i}n\pi}{2}}\sigma^{-n} + \frac{2}{\mathrm{i}\pi}\sum_{n=1,3,5,\ldots}^{\infty}\frac{1}{n}\mathrm{e}^{\frac{\mathrm{i}n\pi}{2}}\sigma^n. \end{aligned}\right\} \quad (6.8)$$

这两个级数也可以写成

$$f(\sigma) = -\frac{1}{i2\pi}\ln\frac{1+\sigma}{1-\sigma} + \frac{1}{2} + \frac{1}{i2\pi}\ln\frac{1+\sigma^{-1}}{1-\sigma^{-1}}, \tag{6.9a}$$

$$k = \frac{1}{i\pi}\ln\frac{1+i\sigma}{1-i\sigma} - \frac{1}{i\pi}\ln\frac{1+(i\sigma)^{-1}}{1-(i\sigma)^{-1}}. \tag{6.9b}$$

所有这些对数函数都是依一般的辐角 $0 \leqslant \theta \leqslant 2\pi$ 来定义的. 从式(6.6)可以看到, $\varphi_1(\sigma)$, $\psi(\sigma)$ 在 $\theta = 0, \pi$ 处都有相应的对数奇点, 它们起源于集中载荷(在 $\theta = \pi$ 处)和无穷远处的反力(在 $\theta = 0$ 处). 因此, 我们可以假设

$$\left.\begin{array}{l}\varphi_1(\zeta) = -\dfrac{P}{i2\pi}\ln\dfrac{1+\zeta}{1-\zeta} + \dfrac{P}{i\pi}F(\zeta), \\[2mm] \psi_1(\zeta) = -\dfrac{P}{i2\pi}\ln\dfrac{1+\zeta}{1-\zeta} + \dfrac{P}{i\pi}G(\zeta),\end{array}\right\} \tag{6.10}$$

其中 $F(\zeta)$, $G(\zeta)$ 为连续到单位圆边界的、在单位圆内到处全纯的函数. 代入式(6.6), 得到

$$F(\sigma) + \frac{2}{i\pi}\left[\sum_{n=1,3,5,\cdots}^{\infty}\frac{1}{n}e^{i\frac{n\pi}{2}}\sigma^n - \sum_{n=1,3,5,\cdots}^{\infty}\frac{1}{n}e^{-i\frac{n\pi}{2}}\sigma^{-n}\right] \cdot$$
$$\left[-\frac{1+\sigma^2}{(1+\sigma)^2} - \frac{(1-\sigma)(1+\sigma^2)}{\sigma^2(1+\sigma)}\overline{F'(\sigma)}\right] - \overline{G(\sigma)}$$
$$= \left[\frac{P}{2} + C(-\infty)\right]\frac{i\pi}{P}. \tag{6.11}$$

或者可以写成

$$(1+\sigma)^2\left[F(\sigma) - \overline{G(\sigma)} - \frac{i\pi}{2} - \frac{i\pi}{P}C(-\infty)\right]$$
$$-\frac{2}{i\pi}\left[\sum_{n=1,3,5,\cdots}^{\infty}\frac{1}{n}e^{i\frac{n\pi}{2}}\sigma^n - \sum_{n=1,3,5,\cdots}^{\infty}\frac{1}{n}e^{-i\frac{n\pi}{2}}\sigma^{-n}\right]$$
$$\cdot\left[1+\sigma^2+\frac{1}{\sigma^2}(1-\sigma^4)\overline{F'(\sigma)}\right] = 0. \tag{6.12}$$

设 $F(\sigma)$, $G(\sigma)$ 的解可以写成如下的幂级数形式:

$$\left.\begin{array}{l}F(\sigma) = A_1\sigma + A_2\sigma^2 + \cdots \\ G(\sigma) = B_1\sigma + B_2\sigma^2 + \cdots\end{array}\right\} \tag{6.13}$$

其中 $A_1, A_2, \cdots, B_1, B_2, \cdots$ 为待定常数, B_0, A_0 可以吸收在 $C(-\infty)$ 中. 这时, 它们的共轭函数为

$$\left.\begin{array}{l}\overline{F'(\sigma)} = \overline{A}_1 + 2\overline{A}_2 \frac{1}{\sigma} + 3\overline{A}_3 \frac{1}{\sigma^2} + \cdots \\ \overline{G(\sigma)} = \overline{B}_1 \frac{1}{\sigma} + \overline{B}_2 \frac{1}{\sigma^2} + \cdots\end{array}\right\} \quad (6.14)$$

于是式(6.12)可以写成

$$(1+\sigma^2)\left[A_0 + A_1\sigma + A_2\sigma^2 + \cdots - \overline{B}_1 \frac{1}{\sigma} - \overline{B}_2 \frac{1}{\sigma^2} - \cdots - \frac{i\pi}{2} - \frac{i\pi}{P}C(-\infty)\right]$$
$$-\frac{2}{i\pi}\left[\sum_{n=1,3,5,\cdots}^{\infty} \frac{1}{n} e^{i\frac{n\pi}{2}}\sigma^n - \sum_{n=1,3,5,\cdots}^{\infty} \frac{1}{n} e^{-i\frac{n\pi}{2}}\sigma^{-n}\right]$$
$$\cdot \left[(1+\sigma^2) + (1-\sigma^4)\left(\overline{A}_1 \frac{1}{\sigma^2} 2\overline{A}_2 \frac{1}{\sigma^3} + 3\overline{A}_3 \frac{1}{\sigma^4} + \cdots\right)\right] = 0. \quad (6.15)$$

使幂次相同项的系数相等，即得决定无穷个复系数 $C(-\infty)$, A_1, A_2, $\cdots$, B_1, B_2, $\cdots$ 的无穷个方程.

实际计算只能近似地进行. 设在式(6.13)中取级数的第一项，则式(6.15)共有 3 个待定系数 A_1, B_1, $C(-\infty)$. 为了决定这 3 个常数，共需 3 个条件，相当于 σ^1, σ^0, σ^{-1} 等 3 项的系数方程. 解出的结果为

$$A_1 = -3.650, \ B_1 = 2.674, \ C(-\infty) = -\frac{P}{2} + 5.348\frac{P_i}{\pi}. \quad (6.16)$$

这是初步近似解. 第二次近似可以在式(6.13)中取级数的第一、第二两项，于是式(6.15)共有 5 个待定系数 A_1, A_2, B_1, B_2, $C(-\infty)$, 决定这些常数的条件为式(6.15)中的 σ^2, σ^1, σ^0, σ^{-1}, σ^{-2} 等 5 项的系数方程，解出的结果为

$$\left.\begin{array}{l}A_1 = -2.270, \ A_2 = 0.2836, \ B_1 = 2.466, \ B_2 = -0.4814, \\ C(-\infty) = \frac{P}{2} + 3.936\frac{P_i}{\pi}.\end{array}\right\} \quad (6.17)$$

依此类推，可以求得尽可能正确的结果. 但对收敛情况如何并未详细研究.

参考文献

[1] Henderson F M. Elliptic Functions with Complex Arguments. The University of Michigan Press, U.S.A., 1960.

[2] Мусхелишвили Н Н. Некоторые основные задачи математической теории упругости. Изд. АН СССР, М. Л., 1954.

[3] Hugi H. Spannungszustande semi-infinite Bereiche und konforme Abbildung. Mittcilung aus dem Institute für Baustatik an der ETH, Verlag Leemann Zürich, 1958.

[4] Крудин Н С. О напряженном состоянии в полубесконечных областях придействии сосредоточенных сил. Инж жур, 1962, Ⅱ, (4): 303 - 311.

[5] Föppl L. Der elastische Spannungszustand in einer durch eine Parabel begrenzten ebenen Scheibe infolge Einzellast im Kerbgrund. Öster Ing -Arch, 15, E. Melan zum 70 Geburtstag, 1961, 70 - 75.

[6] Szelagowski F. A semi-infinite plate with edge slit, subjected to tension. Bull Acad Polon Sci, Ser Sci techn, 1961,9(6): 357 - 361.

[7] Szelagowski F. Rectangular plate acted on by an external load. Bull Acad Polon Sci, Ser. Sci. techn, 1962,10(3): 91 - 99; The problem of the semi-infinite strip under a load. ibid, 1961, 9(6): 347 - 352; A wedge-shaped plate acted upon by an external load. ibid, 1961, 9(6): 353 - 356.

锌-空气(氧)电池组的研制

摘要 本组在研制高电流密度的锌-空气一次电池的基础上,研制组装了 20 伏 540 安的锌氧电池组,并在 1972 年 6 月进行了某种车辆的起动试验.同时,本组还组装了 40 伏 80 安的锌氧电池组,进行了 2.5 千瓦电瓶车的行驶试验.

本文叙述此次试验电池组的制作、组装及试验结果.

一、单元锌-空气电池的结构

20 伏 540 安的锌-氧电池组是由 110 个单元锌-空气(氧)电池组装而成的.每个单元电池的外形和尺寸见图 1.电池的阳极是一片多孔锌板,它用处理过的三醋酸纤维隔膜包裹着.电池的阴极是两片经过疏水处理并含有银催化剂的碳板,碳板粘贴在有机玻璃片粘接制成的外壳边框上,由碳板和外壳共同组成扁的长方形电池匣,阳极插在两片阴极之间.电解质为比重 1.37 的 KOH 溶液.碳板和锌板的导线接头都从电池匣盖中引出(两片碳极的导线并联).碳板一方面由于疏水处理,能在一定条件下阻止电解液向外渗出,一方面又是多孔性的,保证氧气能进入极板.电极上的电化学反应为

$$\text{碳极(阴极)} \quad \frac{1}{2}O_2 + H_2O + 2e^- \longrightarrow 2OH^- \qquad (1)$$

$$\text{锌极(阳极)} \quad Zn + 2OH^- \longrightarrow ZnO + H_2O + 2e^- \qquad (2)$$

整个电池的反应使锌极中的锌氧化为 ZnO,即

$$\frac{1}{2}O_2 + Zn \longrightarrow ZnO \qquad (3)$$

在阴极上,氧气在催化作用下变为 OH^- 离子.阴极本身在反应中并无消耗.

单元电池外形尺寸为 108 毫米×209 毫米×10 毫米.上下边框都是 1.65 毫米厚,左右边框只有 1 毫米厚.总装电瓶时,相邻电池间上下边框互相贴靠,而在左右边框留下 1.3 毫米的缝隙,作为输入氧气之用.

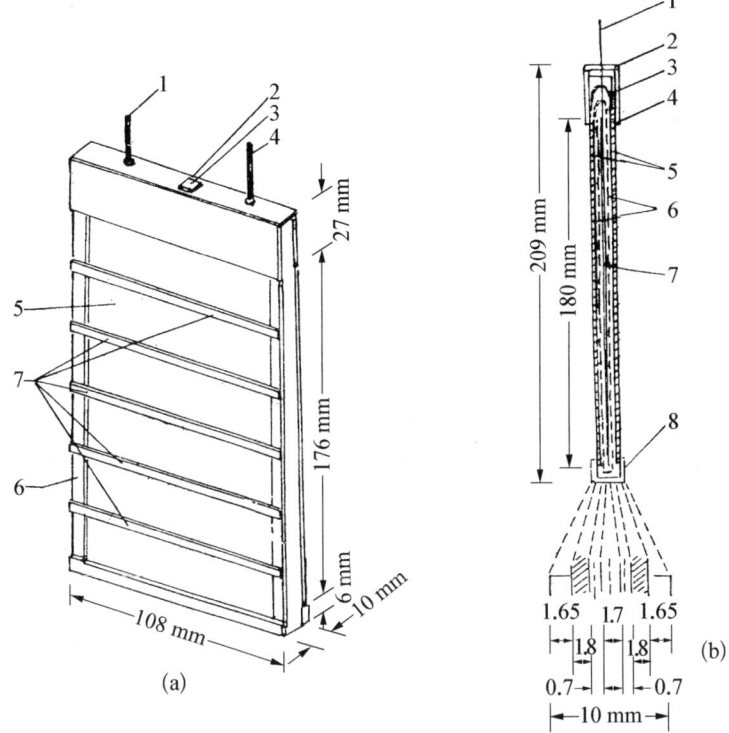

图 1　单元锌-空气电池的外形和结构

（a）外形和尺寸
　　1—碳极导线；2—透气聚四氟乙烯盖；3—气孔；4—锌极导线；5—碳极板；
　　6—有机玻璃边框；7—有机玻璃腰条.
（b）纵断面结构
　　1—锌极导线；2—盖板；3—碳极导线；4—上边框；5—碳极板；6—隔膜；7—锌
　　极和网架；8—底框.

二、阴极（碳板）的制作

碳板分两层：外层为 100～370 目活性炭和聚乙烯按 100∶25 配比制备的混合料，内层为 370 目过筛的活性炭、银催化剂和聚乙烯按 100∶100∶15 配比制备的混合料. 两层之间有一导电骨架，由穿铜线的钢拉网镀银制成. 碳板长 180 毫米，宽 100 毫米，厚 1.8 毫米，重约 46 克. 碳板的制作分备料、催化剂制备、疏水处理、压制各个工序.

（1）备料　将青岛东风化工厂 104 号活性炭在振荡机上筛分 10～15 分钟，得 100～370 目及过 370 目筛的活性炭约各 50%. 将上海高桥化工厂低压聚乙烯（分子量 17 万～25 万）粉料过 60 目筛. 将 180 毫米×100 毫米的钢拉网（厚 0.2 毫米，网眼 5 毫米×12 毫米）退火并压平、镀银. 再在网眼上编织 40 根 φ0.35 毫米的镀银的铜引线，备作碳极的导电骨架（如图 2），其本身电阻低于 0.000 5 欧.

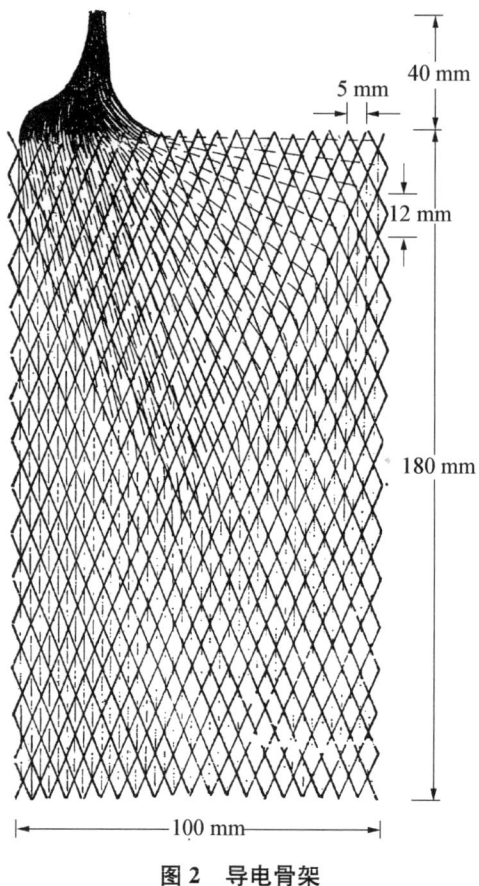

图 2 导电骨架

(2) 催化剂制备 将 120 毫升水合肼(含量 50％以上)加 360 毫升蒸馏水,冷却至 −10℃ 左右;另将 200 克 $AgNO_3$ 溶于 800 毫升蒸馏水中,加入 100 克活性炭(过 370 目筛),搅拌均匀并加热至 93℃ 附近,快速倾入上述水合肼冷液中,搅拌约 15 分钟,静置并过滤,洗涤至中性. 然后将水吸净,把沉淀物在 80～90℃ 下烘干,过 100 目筛,即得催化剂料. 水合肼把 $AgNO_3$ 还原为银的反应为

$$2AgNO_3 + 2NH_4 \cdot H_2O \longrightarrow 2Ag\downarrow + 2NH_4NO_3 + N_2\uparrow + 2H_2O \tag{4}$$

在活性炭中还原银可使银催化剂高度分散,提高催化效果.

(3) 疏水处理 低压聚乙烯既作为粘结剂,也作为疏水剂. 为了使聚乙烯均匀分布在碳粉内,我们采用把聚乙烯溶解于汽油内,然后拌入碳粉的疏水处理方法. 以外层料为例,把 15 克低压聚乙烯放入 600 毫升左右的 200 号汽油中,搅拌加热至全部溶解. 再加入 100～370 目的活性炭 60 克,继续加热搅拌至全部混溶均匀,冷却、挤出汽油、搓散、过 40 目筛备用. 这样可得疏水外层料约 153 克,约含汽油 50％. 这是疏水性较强的外层料,活性炭、聚乙烯、汽油的配比为 100：25：125. 内层料流程相同,其配方为：200 克银碳混合物(约含碳和银各 100 克),15 克低压聚乙烯,800 毫升汽油,所得内层料约含有 40％汽油,疏水性较低.

(4) 铺料压制 模具尺寸为 180 毫米×100 毫米. 将经过疏水处理的内层料 25 克、导电骨架和经过疏水处理的外层料 25 克依次分层铺施在模具内. 把模具放在已预热到 320℃ 的油压机炉盘上,立即加压至混合料所受压强为 91.5 千克/厘米^2,并维持压力不变,此时汽油不断逸出,常在模具周围着火燃烧,模具温度不断上升,约 5 分钟后模温升至 230℃ 时,立即降压,将模具快速转入冷压机,并加压至压强为 163 千克/厘米^2,并保持压力不变,直至模温降至室温,退压出模. 这样制成的碳极约重 46 克,厚约 1.8 毫米.

热压时使聚乙烯粘结剂软化,从而使碳极成形,同时又可除去溶剂汽油,使碳和银的表面活性恢复.通过冷压,使内外层和骨架紧密粘接,防止两层间骨架部分周围产生分层剥离现象,并保持碳板在冷却中不发生扭曲现象.

三、阳极(锌板)的制作

锌极的制板工艺在于保证能适应大电流放电的电性能要求,能适当地抑制自放电,从而延长湿贮存寿命,且有一定的机械强度.经过各种试验后,我们采用4%的汞齐化锌粉,添加0.5%的聚四氟乙烯粉料和0.5%的羧甲基纤维素钠后,冷压制板的工艺.制作过程包括浸酸、汞齐化、过滤选涤、真空干燥、配料和压制各个工序.

从浸酸到干燥,都是锌粉处理工序.因为电解液直接作用于锌粉产生氢气的反应是锌极自溶或自放电的主要原因.为了抑制这一反应,通常是把锌粉汞齐化,从而提高氢在锌上放电的电位(即过电位).但锌粉表面有氧化锌薄膜,对汞齐化不利.浸酸就是在汞齐化前在锌粉表面上除去氧化锌的过程.

(1) 浸酸 我们采用上海硫酸厂生产的电池专用锌粉.将锌粉在搅拌下徐徐加入 1∶4 HCl 溶液中,使锌粉和盐酸充分接触,彻底去除氧化膜,氧化锌通过下列反应变为氯化锌,溶入溶液:

$$ZnO + 2HCl \longrightarrow ZnCl_2 + H_2O \tag{5}$$

过剩的 HCl 将作用于锌的新鲜表面,产生氢气:

$$Zn + 2HCl \longrightarrow ZnCl_2 + H_2 \uparrow \tag{6}$$

因此,为避免锌的大量消耗,盐酸浓度不宜过高.浸酸约 1 小时,倾去清液,立即进行汞齐化.

(2) 汞齐化 我们采用锌与 $HgCl_2$ 溶液反应产生的汞来进行汞齐化,即

$$Zn + HgCl_2 \longrightarrow ZnCl_2 + Hg \tag{7}$$

新生的汞即与锌结合成锌汞合金,即锌汞齐.为了达到100克锌有4克汞(即4%的汞齐化),我们取 5.4 克 $HgCl_2$ 溶于一定量的蒸馏水中,加热促其加速全溶.把已浸过酸的锌粉(原料锌粉 100 克)在搅拌下加入 $HgCl_2$ 溶液中,不断搅拌使汞齐化均匀.汞齐化过程是否完成,可用试管取少量汞齐化清液,逐滴加入 KOH 溶液.试管中若出现黄色沉淀,表示汞齐化尚未完成,必须继续搅拌.若无黄色沉淀,表示汞齐化过程已经完成.

(3) 过滤和洗涤 将汞齐化后的锌粉转移入吸滤漏斗,不断用蒸馏水洗涤,直至用 $AgNO_3$ 溶液检查滤液不发生 AgCl 沉淀为止.继续吸滤至无液滴吸出后,依次用无水乙醇和丙酮各淋洗二、三次,吸滤至无液滴吸出为止.

(4) 真空干燥 把吸滤近干的锌粉转移到干净的搪瓷盘中,用风扇吹约 1 刻

钟,除去剩余的酒精和丙酮.然后放在真空干燥箱内在60～70℃下真空干燥约3小时,即得含汞量为4%的汞齐化锌粉.这种锌粉和制成的锌极一样,都应保存于真空干燥器中,或用塑料袋密封,防止长期接触空气引起锌的氧化.

（5）配料和压制　取锌粉500克,过100目筛后,加进60～80目的聚四氟乙烯和羧甲基纤维素钠各0.5%（即各2.5克）,充分混合后,即为锌极粉料.锌极模具面积也是100毫米×180毫米.取锌极粉料两份各45克,分两层铺施在模具内,两层之间夹一镀锡骨架,锌粉和模具间垫包一层棉纸,将模具加压至190千克/厘米^{2}的压力,即制成所需锌板.镀锡骨架和图2所示略同,面积略小,约为178毫米×98毫米,铜丝略粗,约为ϕ0.45毫米.锌板共重约126.5克,厚1.7毫米.

我们亦曾对其他添加剂如植物纤维素、硅藻土、十六醇、十二烷基磺酸钠等进行了试验,也对添加剂聚四氟乙烯和羧甲基纤维素钠的各种配比进行了试验,所得结果有的强度不好,有的电性能不好,有的性能尚好,但不稳定.这里采用的是电性能较好、强度不差,且性能比较稳定的一种.这一方面的试验尚在进行中.

四、电解液和隔膜

我们使用了银锌电池中常用的三醋酸纤维纸作为隔膜,它是由北京蓄电池厂支援供应的经过皂化和银镁盐处理过的产品.干的纤维纸平均厚度为0.035毫米,重约为0.005克/厘米^2.

电解液主要根据在湿贮存中由于锌极自放电而析出的氢气的体积进行比较来决定的.我们试验了十几种成分不同的溶液,证明下面一种电解液析放出的气体较少.取一定量的KOH（三级纯）,加ZnO 1%,溶于一定量的蒸馏水中.每升KOH溶液用3～5克锌粉浸泡搅拌半小时,再过滤.这样处理可以防止可能存在的杂质铁.最后加足蒸馏水使比重调节至1.37.这种电解液和上述方法制成的40毫米×90毫米的锌板在一起,贮存10天,每天放出氢气1.5毫升.所以自放电很小.

五、单元电池的封装

单元电池外壳是用有机玻璃片拼接而成.粘结剂是有机玻璃锯末溶于工业纯二氯乙烷中制得的胶液.空匣平均重约34.7克.碳板亦用这种粘结剂粘贴在边框内侧,两侧各贴一片,然后放进有隔膜包裹的锌极,盖上盖板（事先把盖板和它的凸榫粘接在一起,并钻三个圆孔）.阴、阳极的导线分别从盖板两旁的圆孔中引出（图1）.然后用环氧树脂密封.在组装成电瓶后,再从顶盖中心圆孔中加入电解液,最后把中心圆孔用聚四氟乙烯多孔性薄板（8毫米×8毫米×1毫米）封死.封粘时也可以用有机玻璃胶液,封粘后能透气但不漏液.

封装过程中应注意防止有机玻璃片的接缝和碳板的接缝间有漏液现象,也一定要防止阳、阴两极之间在加液以前有短路现象.

每个电池加入 60 毫升的电解液,其比重为 1.37,共重 82.2 克.我们的电池约有 40 安时的额定容量(108 安放电),则每一安时有 1.5 毫升的电解液,这是比较少的用量.

电池净重约 339 克.

六、单元电池的电性能

反映单元电池的放电特性的电流电压曲线见图 3.电池用氧气操作时比用空气时电流高很多.例如,180 厘米^2 的极板在 0.9 伏时,锌氧得 108 安,锌空气只得 64 安,氧气比空气增加电流 70%.同时锌空气超过 60 安(约 167 毫安/厘米^2 的电流密度,按 2 厘米×180 厘米极板面积计算)后,即见曲线下弯,表明有显著的浓度极化,而锌氧则到 300 毫安/厘米^2 的大电流还是直线.

下面我们着重讨论曲线的直线部分,其斜率代表电池在工作条件下的"内阻"(它是欧姆极化、活性极化和浓度极化的总和).从图 3 可以算出,本组锌空气电池的内阻为 0.005 3 欧,锌氧电池的内阻为 0.003 1 欧.内阻越低,曲线斜率越小,在一定电压下的电流越大.但内阻和极板尺寸有关,电池大小不同,就不能简单地用内阻比较其优劣.

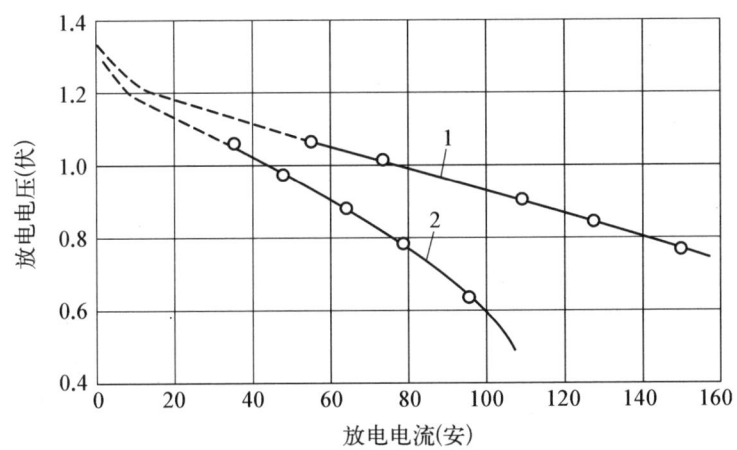

图 3　单元电池的放电电流电压曲线

1—锌氧(0.5 大气压);2—锌空气.

极板尺寸 18 厘米×10 厘米,室温,开路　电压 1.33 伏,有效电动势 1.25 伏

为此,我们用电池放电时的电流密度和电压的关系曲线来表示电池的性能.计算电流密度时应用极板的全尺寸.如大电池两个阴极板的面积为 360 厘米^2,而小电池两个阴极板的面积为 72 厘米^2.图 4 即大极板和小极板的锌空气电池的电流密度和电压的关系曲线.很明显,小极板的电流密度大于大极板的电流密度.如果称这种曲线的直线部分的斜率为"比内阻",其单位为欧·厘米^2,则大极板的比内阻为 1.91 欧·厘米^2,而小极板的比内阻为 0.93 欧·厘米^2,可见小极板在放大过

程中,比内阻有所增加.因此,电流并不能按面积成比例增加[1,2]①

图 5 表示我们的锌空气电池的电流密度电压曲线和国外某些锌空气电池的比

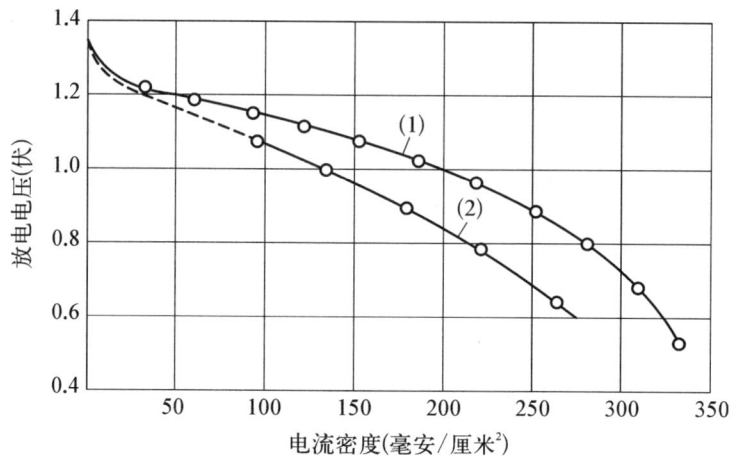

图 4 单元锌空气电池放电电流密度电压曲线在(1)小极板(4 厘米×9 厘米)和(2)大极板(10 厘米×18 厘米)条件下的比较

放电温度:室温,开路电压 1.33 伏,有效电动势 1.25 伏

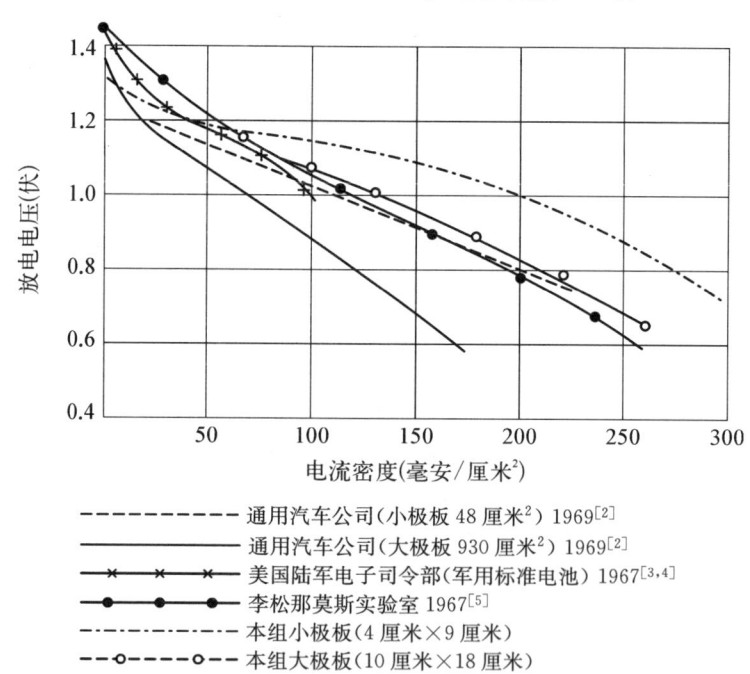

— — — — 通用汽车公司(小极板 48 厘米²) 1969[2]
———— 通用汽车公司(大极板 930 厘米²) 1969[2]
—×—×— 美国陆军电子司令部(军用标准电池) 1967[3,4]
—●—●— 李松那莫斯实验室 1967[5]
—·—·— 本组小极板(4 厘米×9 厘米)
—○—○— 本组大极板(10 厘米×18 厘米)

图 5 本组锌空气电池的电流密度电压曲线和国外同类电池的比较

---

① [1,2]代表文献目序,见本文最后附参考文献,下文同此.

较.表 1 是它们的比内阻、有效电动势(曲线的直线部分延长线和电压坐标轴线的交点)、1 伏和 0.9 伏时的电流密度的比较.必须指出,这里没有电池使用寿命的比较.电池的寿命和电流密度之间存在着一定的矛盾,在这方面我们还没有作系统的工作;目前我们电池的使用寿命还比较短,有待进一步解决.

表 1 锌空气电池和国外同类电池的电性能比较

电池	比内阻 (欧·厘米^2)	有效电动势 (伏)	1 伏时电流密度 (毫安/厘米^2)	0.9 伏时电流密度 (毫安/厘米^2)
本组大极板电池	1.91	1.25	130	178
本组小极板电池	0.93	1.25	205	250
通用汽车小极板[2]	2.30	1.24	110	150
通用汽车大极板[2]	3.70	1.26	70	90
美国陆军电子司令部[3,4]	2.00	1.28	100	
李松那莫斯实验室[5]	2.60	1.35	120	160

图 6 是锌氧电池的电流密度电压曲线和国外同类电池的比较.

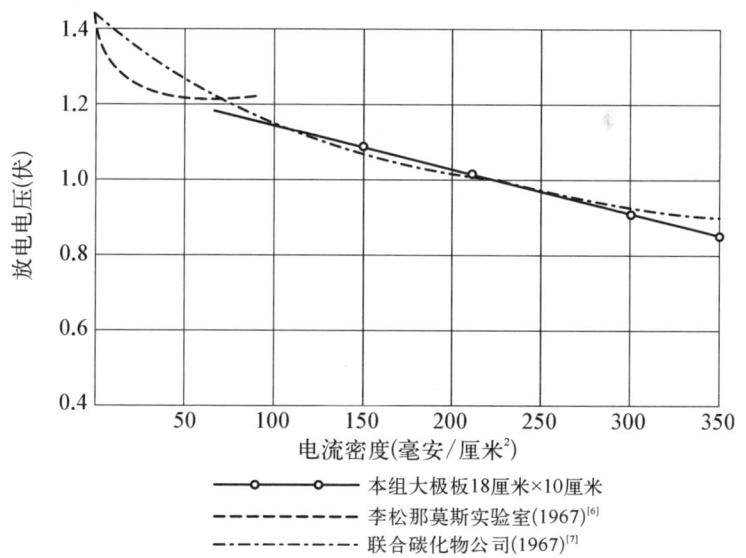

图 6 本组锌氧电池的电流密度电压曲线和国外同类电池的比较

锌空气电池和锌氧电池的其他性能见表 2.在计算锌氧电池的能量密度、功率密度、比能量、比功率时,未将供氧设备计算在内.锌空气电池的比能量为 130 瓦时/千克,如增加阳极锌的用量,比能量尚可提高.

表 2 单元电池性能表

项　　目	锌空气电池	锌氧电池
电池尺寸	209 毫米(高)×108 毫米(宽)×10 毫米(厚)	
电池重量	339 克	
电池额定容量	49 安时	42 安时
放电电压	0.9 伏	0.9 伏
放电电流	64 安	108 安
能量密度(容积)	340 瓦时/分米^3	300 瓦时/分米^3
比能量	130 瓦时/千克	110 瓦时/千克
功率密度(容积)	441 瓦/分米^3	761 瓦/分米^3
比功率	166 瓦/千克	290 瓦/千克

七、20 伏 540 安锌氧电瓶的组装

我们选择单元电池工作电压 0.9 伏,工作电流 108 安.五个电池并联成组,共 22 组串联,整个电瓶的工作电流为 540 安,工作电压为 19.8 伏.这样串、并联就满足了车辆起动的工作要求.22×5 共 110 个电池,分两排放在电瓶箱内,每排长 55 厘米.

电瓶箱外形见图 7,尺寸为 565 毫米×245 毫米×235 毫米,和原用铅酸电瓶(12 伏 400 安)大体相等.箱壳是 2.5 毫米厚并涂有防碱漆的铝板.箱体一端有一个进气孔两个出气孔,以便送进氧气,排除杂气.电瓶箱内充 0.5 大气压氧气.为了密封,箱盖和箱体之间有一层橡皮垫,用螺钉拧紧在箱体的边条上(如图 8).接线板

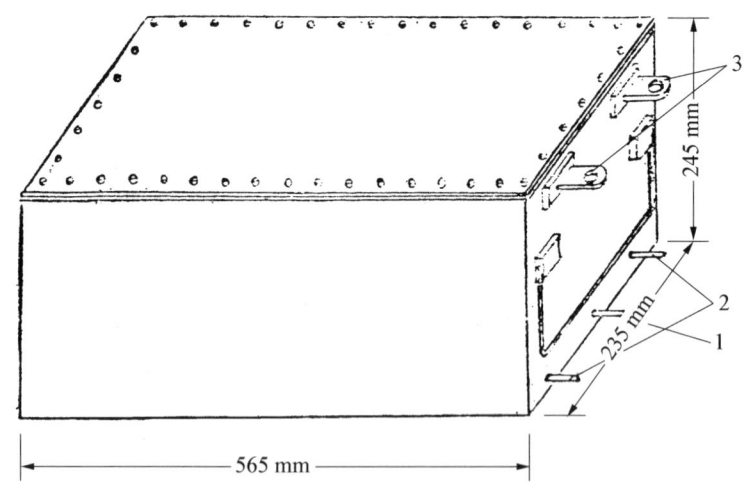

图 7　20 伏 540 安起动电瓶箱外形和尺寸

1—进气孔;2—出气孔;3—接线板.

是一块扁平的紫铜片,尺寸为60毫米×30毫米×3毫米,它位于电池组的上方,和铝壳绝缘,也必须密封.为此,采用了如图9的结构.当540安的电流通过接线板时,两块接线板的电阻造成压降只有0.012伏.

电池组列方案见图10,其中每一方格代表5个并联的单元电池.每个接线片(图11)把5个正极尾线和5个负极尾线连结在一起,接线片的电压降约为0.0026

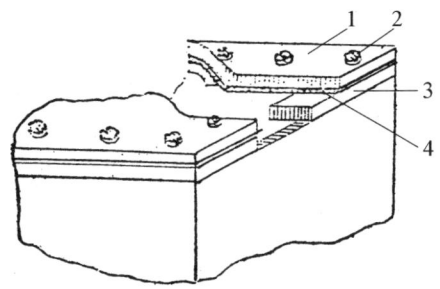

图8　20伏540安起动电瓶箱盖板和密封
1—盖板；2—密封螺钉；3—边条；4—橡皮垫.

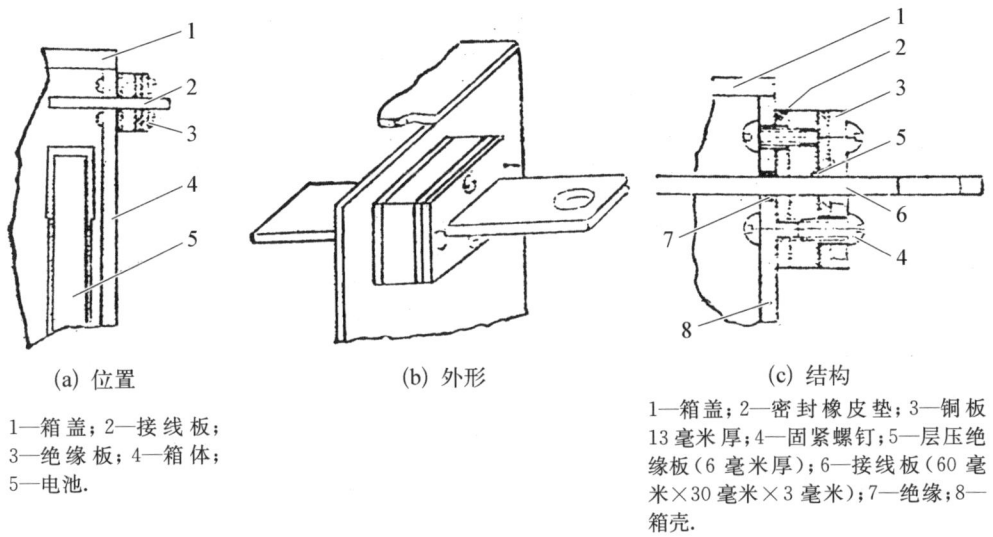

(a) 位置　　　　　(b) 外形　　　　　(c) 结构

1—箱盖；2—接线板；
3—绝缘板；4—箱体；
5—电池.

1—箱盖；2—密封橡皮垫；3—铜板13毫米厚；4—固紧螺钉；5—层压绝缘板(6毫米厚)；6—接线板(60毫米×30毫米×3毫米)；7—绝缘；8—箱壳.

图9　电瓶箱上接线板的位置、外形与结构

伏,22组电池接线片共降压0.046伏.串并联的连接采用堆锡焊法.为了防止由于电池漏液浸蚀箱体,在两排电池的底下,增设了两个薄铁托盘,盘边高15毫米,如有少量漏液,就可以保留在托盘中,免除浸蚀箱体.

电瓶总重44.3千克.材料总成本约700元.每个单元电池的材料成本约6元,其中催化剂占$\frac{1}{3}$,导电骨架占$\frac{1}{6}$.有机玻璃占$\frac{1}{6}$.必须指出,这三方面还都有很大潜力可以降低成本.

20伏540安的起动电瓶的比能量为95瓦时/千克,比功率为244瓦/千克.

八、氧气供应

电池放电时需要氧气量为210毫升/安时(常压).当电瓶以540安放电,22组

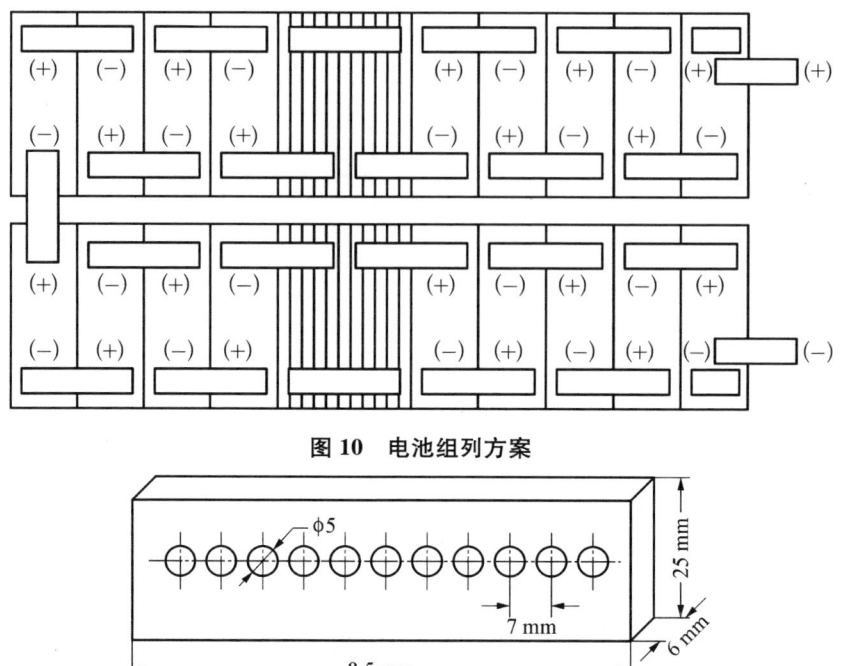

图 10　电池组列方案

图 11　电池串并联接线片

串联的电池共需氧气流量为 690 毫升/秒. 供氧装置见图 12. 氧气从氧气瓶经过开关和减压阀进入电瓶箱进气口. 氧气瓶为 150 大气压、容积 4.2 L. 在它的出口处有氧气表,出口压力调至 5 个大气压,经过开关,进入减压阀(北京水暖器材厂 KGJ-15-BI 型)它可以使气压从 5 个大气压减至 0.5 大气压,并保证有足够的流量.

试验前,先用氧气对电瓶箱充氧(至 0.5 大气压),然后通过排气管开关,排出

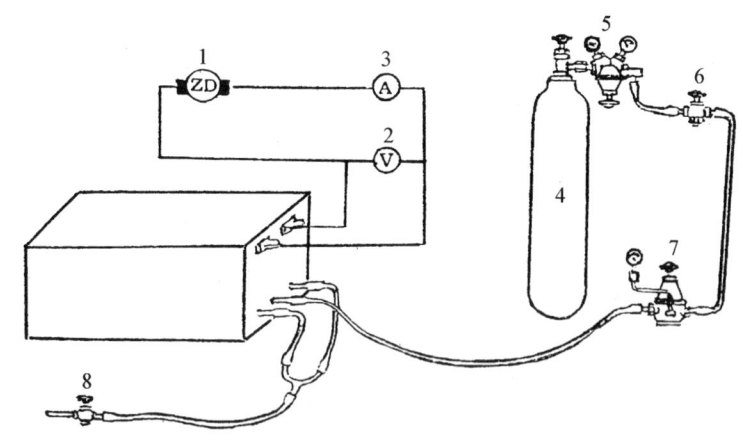

图 12　测试和供氧装置

1—电机；2—电压表；3—电流表；4—氧气瓶；5—氧气表；6—开关；7—减压阀；8—排气管.

气体,充气排气,反复进行 12 次以上,就能使电瓶箱中氧气纯度接近氧气瓶中氧气纯度. 在试验中,排气管开关总是关上的,箱内除了由氧气管在 0.5 大气压下供氧外,是完全和外界隔绝封闭的. 起动一次 5 秒钟,消耗氧气 3 450 毫升,随时由供氧系统自动补充,箱内氧气压力一直保持在 0.5 个大气压.

九、20 伏 540 安锌氧电瓶对车辆的起动试验

我们制作了两个 20 伏 540 安的锌氧电瓶(1 号和 2 号),在 1972 年 6 月底对某种车辆分别进行了现场起动试验(安排见图 12). 该车原用 4 个 12 伏 400 安的起动铅酸电瓶,每个尺寸基本和锌氧电瓶相同,总重 240 千克. 现在我们只用一个电瓶(另附一小氧气瓶)起动.

在接通电机进行起动试验中有两种情况. 一种是正常情况,即在合闸后,电流立刻达到峰值(约 700 安),电压约为 10 伏,这个冲击很快就使电机转动,从而带动了内燃机. 此后,电流即时下降到稳定的工作电流约 530 安,而电压则随着上升到工作电压 20 伏左右,并趋于稳定. 3~5 秒后,断开按钮,电机停止,电流回到零,这是一次正常的起动试验过程. 也有少数几次未能起动的情况,这时冲击电流约为 1 000 安,冲击电压约为 4 伏.

我们先用 1 号电瓶进行试验,连续起动了 40 次后,由于升温引起内部短路而烧毁. 以后又用 2 号电瓶继续试验,但采用了较长的时间间隔,两天内断续起动了共 90 次,最后也是由于升温引起内部短路而烧毁. 试验基本数据见图 13,14. 图中

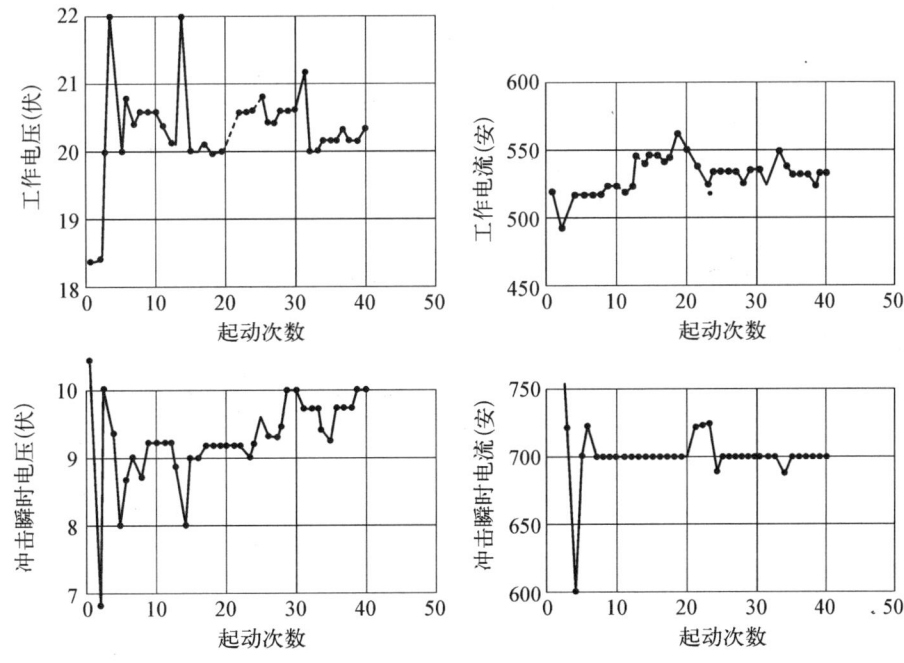

图 13　1 号锌氧电瓶的起动试验数据

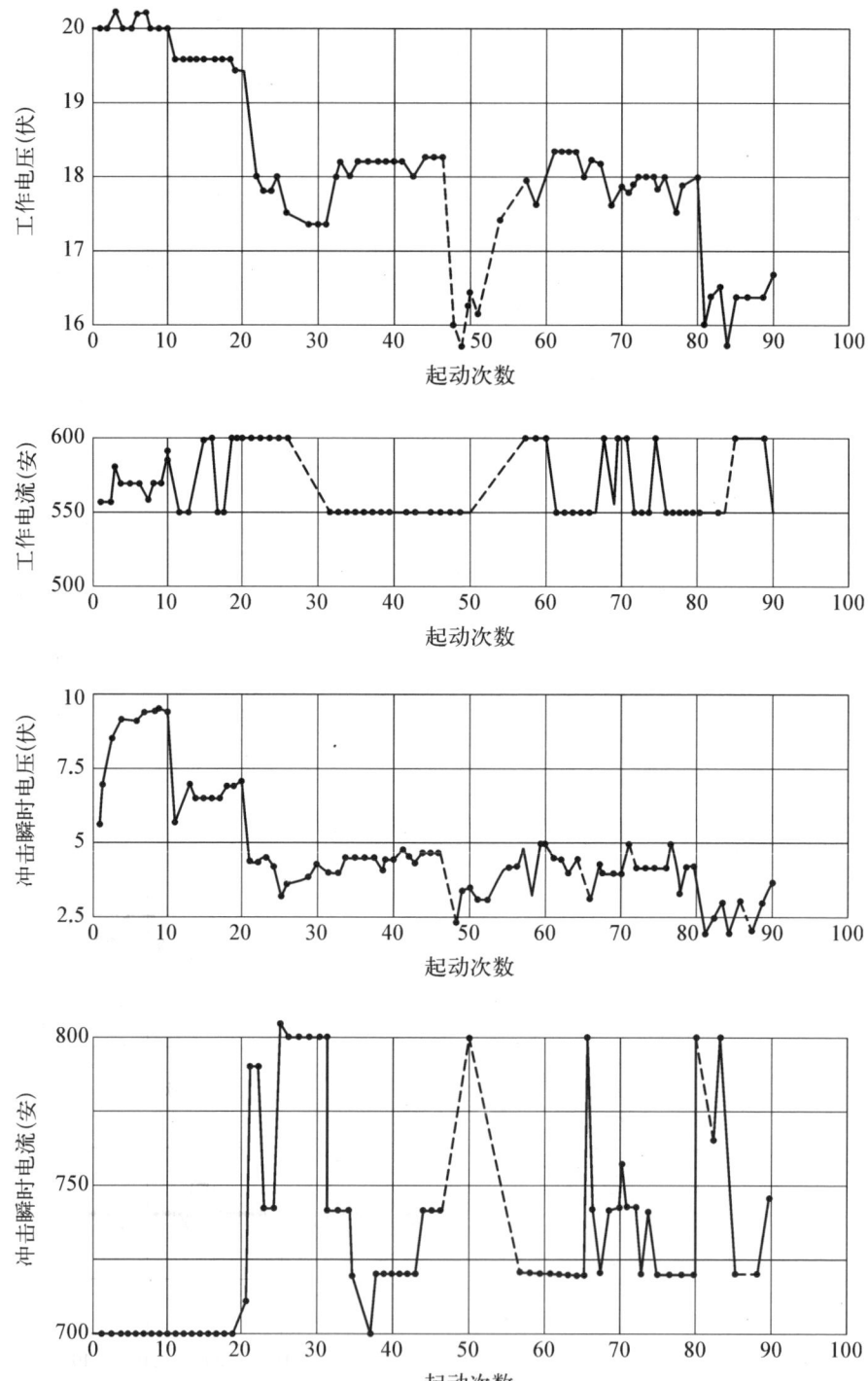

图 14 2号锌氧电瓶的起动试验数据

每点代表一次正常起动的数据,虚线表示未能起动.从图中还可看出,在起动试验过程中,工作电压和工作电流有所波动,而且呈下降趋势.前者可能是由于各次起动时的阻抗略有不同(如接触情况不同等),后者是由于电池极化所致.总的来看,这次起动试验是成功的.

十、40 伏 80 安电瓶行驶 2.5 千瓦电瓶车的试验

电瓶车电机标称功能为 2.5 千瓦,电压 40 伏,电流 80 安,效率 78%. 我们用 42 个单元锌氧电池串联成一箱,容量 42 安时,总尺寸为 25 厘米×25 厘米×25 厘米,重约 20 千克. 附加 4.2 升的小氧气瓶一个. 试车两次,第一次除司机外乘坐 4 人,行程 2.3 公里,第二次乘坐 8 人,行程 3.2 公里. 行驶时电压电流为 45 伏 40 安,起动时最大电流为 120 安,电压为 34 伏. 行驶过程中,电池发热现象严重,两次试车之间虽曾休息一小时多,还是在第二次试车时因过热而失效.

十一、升温问题

这两种电瓶都有发热升温问题. 对于起动电瓶而言,实际使用时是间歇工作的,升温情况要比实验条件好,实际不构成严重问题. 但车辆动力电源是连续使用的,升温问题尚待研究解决[8].

电池放热的计算方法如下:化学反应(3)式的热量变化 ΔH 等于 $-83\,500$ 卡/克分子. ΔH 中只有一部分变为有用的电能消耗在负载上,其余都变成热能使电池升温. 消耗在负载上的电能等于 $2FV/J$,其中 $2F$ 为每克分子锌氧化时放出的电荷,F 为 96 500 库仑/克当量,V 为电池放电电压,J 为热功当量(4.186 瓦秒/卡). 如果每秒有 N 个克分子进行了电化学反应,即电池每秒放出的热量 Q 为

$$Q = N\left(-\Delta H - \frac{2FV}{J}\right) = i\left(-\frac{\Delta H}{2F} - \frac{V}{J}\right)(\text{卡}/\text{秒}) \tag{8}$$

其中 $i = 2FN$ 等于电池的放电电流,单位为安. 每一单元电池在 0.9 伏 108 安放电时,放出热量

$$Q = 108\left(\frac{83\,500}{2\times 96\,500} - \frac{0.9}{4.185}\right) = 23.50(\text{卡}/\text{秒}) \tag{9}$$

每次起动 5 秒钟,110 个电池共放出总热量为 12 925 卡. 根据材料重量和比热,我们可以计算起动电瓶的总热容量,即升高 1℃所需热量,它是 11 880 卡/℃. 于是每起动一次,升温约为 1.1℃.

十二、结论

我们得到了较高电流密度的锌空气(氧)电池. 从制作起动电瓶和动力电瓶累

积了经验.但电流密度和比能量尚需进一步提高,电池的寿命和发热升温问题也待研究解决.

参考文献

[1] Witherspoon R R, Zeifner E J, Schulte H A. Intersociety Energy Conversion Engineering Conference. 1971: 96.
[2] Witherspoon R R. SAE Paper No. 690204.
[3] Linden D, Knopp H R. Proceedings 21st Annual Power Sources Conference, 1967: 108.
[4] Chodosh S M, Rosansky M G, Jagid B E. Proceedings 21st Annual Power Sources Conference, 1967: 193.
[5] Palmer N I. Power Systems for Electric Vehicles (Symposium), 1967: 231.
[6] Chodosh S M, Katsonlis E G, Rosansky M G. Journal of Spacecraft & Rockets, 1967: 680.
[7] Power R A, Bennett R T, Darland W G, Brodd R I. Power Sources 2 (D. H. Collins edt, 1967: 461.
[8] Blurton K F, Oswin H G. Energy Digest, 1972, 11(4): 89.

车辆用锌空气电池的研制和试验

摘要 本组在业已报告的高电流密度锌氧一次电池组[1]的基础上,改进了空气极的制作工艺,进一步提高了电流密度.在今年五月研制、组装了 19 伏 800 安的锌空气电池组(由两个 19 伏 400 安的电池组并联),在强迫通风的情况下,对某种车辆进行了起动试验.同时,还组装了 24 伏 50 安的锌空气电池组两套,在装有电动机的轻型摩托车上进行了两次行车试验.本文叙述空气极制作工艺的改进和此次试验的结果.

一、空气极制作工艺的改进

1972 年 6 月锌氧电池起动车辆和行驶车辆试验成功以后,进一步提出不用氧气瓶而以锌空气电池组来起动和行驶车辆的任务.这个任务的关键在于进一步提高空气阴极的电流密度.一年来,在维持活性碳、银、聚乙烯的配料基本不变的条件下,对空气极的制作工艺进行了多方面的研究,最后决定采用三项改进措施:(一)减薄极板.主要减薄极板的外层,以降低氧气的扩散阻力,从而减少电化学反应中因氧气供应不足而引起的浓度极化;(二)降低热压成型后的冷压压力,从而保持了热压后松压时所形成的孔率,这对减少浓度极化和增加比表面积都有好处;(三)把业已压制成型的极板,在 101℃ 的蒸气中进行热处理,以清除残留的汽油和恢复活性.在采取这三个措施以后,电流密度进一步提高了,并获得了在批量生产中比较一致的性能.

原来的碳板分两层:外层为含活性碳、聚乙烯按 100:25 配比的疏水料(内含汽油为总重的 50%);内层为含活性碳、银、聚乙烯按 100:100:15 配比的疏水料(内含汽油为总重的 40%).外层活性碳为 100~370 目,内层活性碳是通过 370 目的.两层之间有一重 18.5 克的导电网,经热压制成的碳极约重 46 克,长 180 毫米,宽 100 毫米,厚 1.8 毫米,详细制作工艺见前文[1].

原来的碳极在以空气操作时,单元双电池的电流电压曲线(见图 1)在电流超过 60 安(这时电压约为 0.9 伏,相当于电流密度 167 毫安/厘米^2)时,浓度极化程度加剧,曲线开始下弯.浓度极化产生的原因可能有二:(一)电流密度较高后,在

原载《清华大学学报》,1973,(4):1-10.本文署名:锌空气电池研究组,作者:钱伟长.

空气、水和催化剂表面的三相反应区内,氧气消耗速度过快,从外边空气中扩散输入氧气的速度赶不上消耗,引起氧气浓度在反应区内急剧下降所造成的浓度极化;(二)电流较高后,三相反应区内OH^-离子浓度剧增,来不及扩散到电解液本体中去,从而引起OH^-离子浓度在反应区内局部过高所造成的浓度极化.但从上次报告中有关单元电池用空气操作和用氧气操作所得电流电压曲线(见前文[1]的图3)的比较中可以看到,用氧气操作时,电池从60安到150安之间几乎察觉不到有像用空气操作时的那种浓度极化.两者的OH^-离子浓度基本上是相同的,但氧气浓度不同.所以,可以断定,这种碳极在用空气操作时所遇到的浓度极化,主要是由氧气扩散过慢所造成的浓度极化.

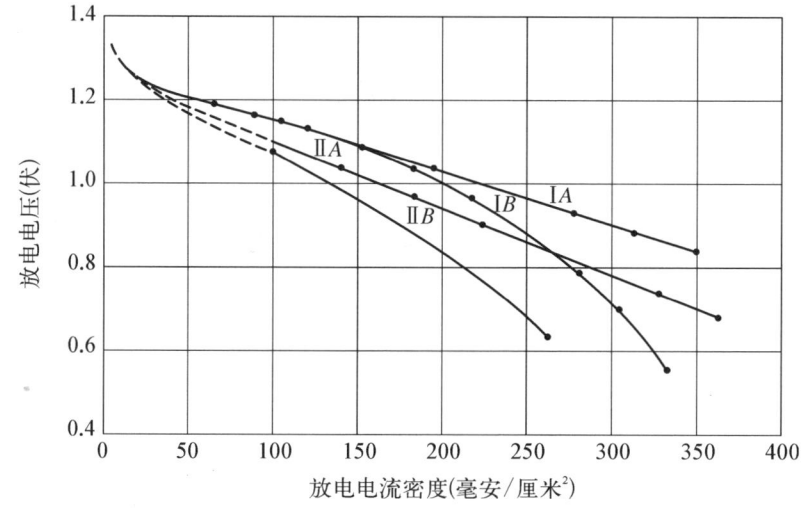

图1 薄极板和厚极板的锌空气电池的电压电流密度曲线比较

ⅠA:小极板4厘米×9厘米,内层4克,外层3克,经蒸汽浴,冷压力30千克/厘米²
ⅠB:小极板4厘米×9厘米,内层5克,外层5克,未经蒸汽浴,冷压力163千克/厘米²
ⅡA:大极板10厘米×18厘米,内层20克,外层15克,经蒸汽浴,冷压力30千克/厘米²
ⅡB:大极板10厘米×18厘米,内层25克,外层25克,未经蒸汽浴.冷压力163千克/厘米²

氧气的扩散速度和氧气分压差成正比,和扩散孔道的平均长度成反比,和扩散孔道平均截面成正比.通过适当减薄极板厚度,尤其是外层厚度,就能缩短扩散孔道的平均长度,从而增加氧气扩散速度,减少浓度极化.

原来的制板工艺中,冷压力较大,在热压后松压过程中业已形成的孔道,大部分压小了,有的压实了.不仅降低了扩散孔道的平均截面,而且堵塞和减少了通气孔道.所以,在尽可能的条件下,降低冷压力,就能保持较高的孔率,从而有利于氧气扩散,减少浓度极化.

在经过一些试验以后,我们决定把小极板的用料量从外层、内层都是5克,改为外层3克、内层4克.大极板的用料量从外层、内层都是25克改为外层15克、内层 20 克,同时把制板冷压力降低到 30 千克/厘米². 这样做了以后,对消除浓度极化有明显的效果.

在试验过程中,发现由于极板压制后残留着微量的汽油,这些汽油影响活性碳和催化剂的活性,因此,制成的各块极板性能很不一致. 为了驱除这些残存的微量汽油,我们曾试验了把制成的极板放在略高于 100℃ 的水蒸汽中进行蒸汽浴,或用热风吹,或热压后在炉盘上多停放一段时间,结果放电性能都大为提高. 在这三者中,以蒸汽浴处理最为方便,并能大量处理. 最后,决定把极板都放在水蒸汽(约 101℃)中热处理 30 分钟,这样处理的结果,不仅提高了电性能,并且无一例外地得到稳定一致的效果.

图 1 表示碳极减薄后的锌空气电池的电流密度电压曲线和碳极未减薄前的比较. 表 1 是它们的比内阻、1 伏和 0.9 伏时电流密度的比较. 必须指出,原来的厚碳极未经蒸汽浴处理,制板冷压力为 163 千克/厘米²,而现在的薄碳板经过蒸汽浴处理,制板冷压力为 30 千克/厘米². 现在的导电网改用 17 目的镀银铜丝布,其引线是从铜丝网上侧抽去一部分横丝后拧成的,网重 16.3 克,制成的空气极板重 31.8 克,厚约 1.2 毫米. 目前我们对电池使用寿命并未进行系统工作,所用锌极和电解液的制备均见前文[1].

表 1　厚极板和薄极板的锌空气电池的电性能比较(有效电动势都是 1.25 伏)

电　池	碳极尺寸 (cm²)	碳极内层料 (g)	碳极外层料 (g)	制板冷压力 (kg/cm²)	蒸汽浴处理	比内阻 ($\Omega \cdot cm^2$)	1 伏时的电流密度 (mA/cm²)	0.9 伏时的电流密度 (mA/cm²)
薄极板小电池	4×9	4	3	30	处理	0.93	227	300
厚极板小电池	4×9	5	5	163	未处理	0.93	200	250
薄极板大电池	10×18	20	15	30	处理	1.60	160	220
厚极板大电池	10×18	25	25	163	未处理	1.91	130	175

二、单元双电池

我们用改进了的空气极,按前文[1]中所述方法制作了两种尺寸略有差别的单元双电池. 一种供组装起动电池组之用,以后称为起动型. 一种供驱动轻型摩托车作为动力,以后称之为动力型. 前者提供高功率,但容量无需太高,需在低电压大电流下运行. 后者提供高能量,要求有较高的容量,可以在较高电压较低电流下运行.

起动型单元双电池的外形尺寸为 10.8 厘米×21.0 厘米×0.95 厘米,锌极重 107 克,含锌 90 克. 电解液 75 毫升,是比重为 1.37 的 KOH 溶液. 电池空匣重 40.4 克,单元电池总重 314 克,空气极板接触空气的外观总面积为 2×17.7×9.7,即 343.4 厘米².

动力型单元双电池的外形尺寸为 11.0 厘米×21.0 厘米×1.1 厘米,锌板两块共重274克,其中共含锌240克,电解液100毫升,是比重为1.37的KOH溶液,电池空匣重62.4克,单元双电池总重537克.空气极板接触空气的总外观面积为$2×17.2×9.2$,即316厘米^2,电池匣边框比起动型电池宽.

起动型电池的理论容量为74安时,在起动电流的放电条件下,初步试验结果,实际容量约为30%,即22安时.动力型电池的理论容量为197安时,在1伏放电时,能放出理论容量的70%,即140安时.

这些电池的性能见表2.表中包括了前文[1]的电池性能,以资比较.从表中可以看到,1973年的起动电池的比功率和功率密度都比1972年的锌空气电池提高了,但仍不如1972年的锌氧电池.1973年的动力电池的比能量和能量密度都比1973年的起动电池高,但比功率和功率密度则不如起动电池.这是符合起动电池和动力电池各自的设计要求的.

表 2　单元电池性能比较表

项　目	单　位	1972年锌空气电池	1972年锌氧电池	1973年起动锌空气电池	1973年动力锌空气电池
电池尺寸	毫米^3	209×108×10	209×108×10	210×108×9.5	210×110×11
电池重量	克	339	339	314	537
电池容量	安时	49	42	22	140
放电电压	伏	0.9	0.9	0.8	1.0
放电电流	安	64	108	100	50
能量密度(容积)	瓦时/分米^3	195*	167*	82	550
比能量	瓦时/千克	130	110	56	260
功率密度(容积)	瓦/分米^3	250*	430*	370	197
比功率	瓦/千克	170	290	255	94

* 这四个数字在前文[1]表2中分别误作为340,300,441,761,现更正如上.

三、19伏400安锌空气电池组的组装

我们选择单元电池工作电压0.8伏,工作电流100安,四个电池并联成组,共24组串联成整个电池组.这样,整个电瓶的工作电压为19.2伏,工作电流为400安.24×4共96个电池,分两排安装在电瓶箱内.单元电池之间的最大间隔为1.5毫米(电池中部),最小间隔为0.5毫米(电池上下端),每排长480毫米,两排之间的空隙为20毫米.电瓶箱由角钢焊成,并蒙有薄铁皮,如图2,外形尺寸为520毫米×242毫米×245毫米.

采用强迫通风来满足大量氧气消耗的要求,根据理论计算,电流1安,每秒需耗空气0.277毫升.每个电池100安,每秒需耗空气27.7毫升.一箱共96个电池,

每秒共耗空气 2 660 毫升. 如果按起动时每个电池的冲击电流 175 安计算, 即一箱电池每秒共耗空气 4 660 毫升. 我们用北京 212 型吉普车上吹暖风用的一个风机来满足这个要求, 该机由 12 伏、10 瓦的直流电机驱动, 每秒送风最大流量能达 8 300 毫升. 吹风机安装在电池箱的一端, 风道如图 3. 为了使风的分布较为均匀, 在电池箱两侧安装两块挡板如图 2 的 2. 在实验时, 风机动力由 12 个 4×7 厘米^2 的小型锌空气电池串联供应. 实验证明, 这个风机完全满足了空气供应的要求. 现在的风机是离心式的, 空间利用率很小, 今后必须采用合适的风机, 以提高空间利用率. 风机动力也可以直接利用起动电池本身的能量, 这样就能进一步简化结构.

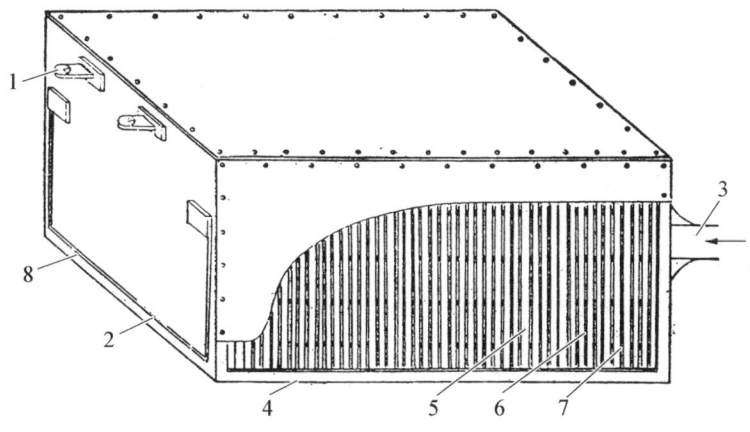

图 2　电瓶箱外形

1—接线板；2—挡板；3—风机位置；4—角钢；5—电池；
6—电池间空隙；7—电池间腰条；8—箱钩.

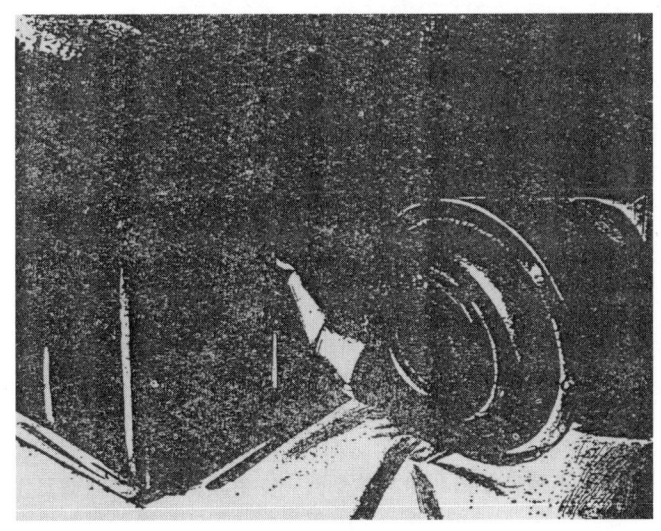

图 3　起动型电瓶箱上的风机

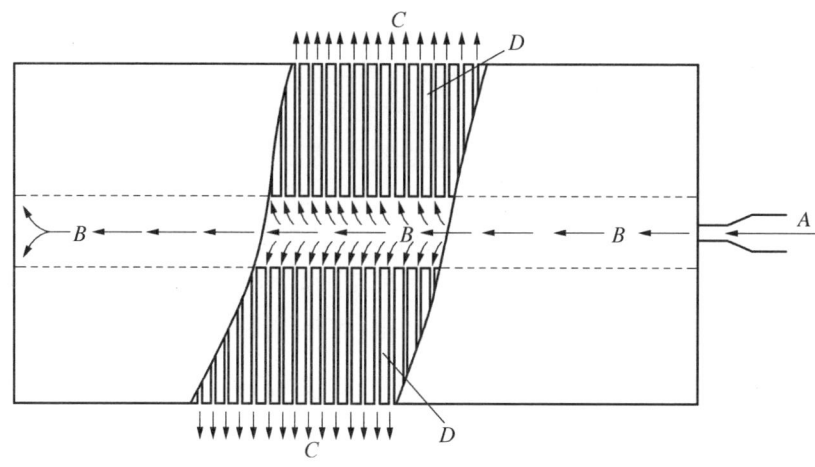

图 4　风道示意图(俯视)

A. 通风道,宽 20 毫米;B. 电池间空隙缝,宽 1.5 毫米;C. 风机送风口;D. 电池.

电池组内部串并联接线方法和接线板的位置、外形和结构等,基本上和前文[1]所述方案相同.电池总重(风扇在外)37.5 千克,19 伏 400 安的起动电池的比能量为 45 瓦时/千克,比功率为 205 瓦/千克,都略小于锌氧电池[1].

四、锌空气电池的起动试验

我们制作了两个 19 伏 400 安的锌空气起动电池,在 1973 年 5 月对某种车辆进行了现场起动试验.该车原用 4 个 12 伏 400 安的起动铅酸电瓶,每个尺寸基本上和锌空气电池相同,总重 240 千克.现在我们两个锌空气电池的体积仅约一半,重量只有 75 千克(风机重量、体积未计入).

这两个电池在试验前都曾发现其中有一两个单元电池由于封装不好产生漏液现象,造成局部短路发热,但仍按原计划进行了起动试验.

起动是用两箱电池并联实现的.起动操作进行了 91 次,其中起动成功次数为 29 次,有冲击电流但未能起动的为 62 次.

前 10 次起动的数据为冲击电流 1 200～1 300 安,冲击电压 10 伏,工作电流 800 安,工作电压 18 伏.

第二个 10 次,电流电压开始下降,冲击电流为 1 100 安,冲击电压为 8～9 伏,工作电流 700 安,工作电压为 15 伏.

以后的电流电压就更低了,直至工作电压为 13.5 伏,工作电流 620 安,以后就不能起动了,并且其中一箱电池有明显的内部短路发热现象.

开路电压只有 31 伏.由上面的数据可以计算两箱电池并联后的内阻 r 为

$$r = \frac{18-10}{1\,300-800} = 0.016\,0\,\text{欧}$$

比 1972 年锌电池的内阻（0.0139 欧）以及原用四个铅酸电池串并联后的内阻（0.007 5 欧）都大．

电池的电性能为什么下降这么快？开路电压为什么只有 31 伏而不是 33 伏，电池的内阻为什么那样大？这是组装中由于工作疏忽电池匣漏液引起局部短路造成的．

五、电动"轻骑"行驶试验

我们用装有电动机的轻型摩托车（简称"轻骑"）对动力型锌空气电池组进行了行车试验．

"轻骑"自重 36.5 千克，从电机到后车轮（直径 26 英寸）由两级链条减速，减速比使用了两个方案：

$$(1)\ \frac{48}{9} \times \frac{80}{12} = 33.5 ; \quad (2)\ \frac{48}{9} \times \frac{48}{12} = 21.3.$$

电动机为 ZD-400A 型，重约 3 千克，功率 400 瓦，6 500 转/分，输入电压 27 伏，电流 30 安．我们将电机进行空转试验，13 伏时的电流为 7 安，24 伏时为 10 安．又将后车轮架空，使电机带动链条和车轮空转，所得数据为 14 伏 10 安和 27 伏 14 安，可见空转时的机械消耗是相当大的．

电池组由上述动力型锌空气电池 24 个串联组成．电池组总重量共约 13.3 千克（其中接线柱约 0.4 千克）．电池组分成两小箱架在车后支架两侧，每箱外形尺寸为 250 毫米×250 毫米×100 毫米．电池箱架共重 3 千克．电池间迎风空隙为 3 毫米，两边和底下垫着有机玻璃（2 毫米厚）和泡沫塑料块．

全车总重为 112.8 千克，其中车重 36.5 千克，电池重 13.3 千克，电池架重 3 千克和驾驶员重 60 千克．

用两组电池进行了试验．第一组试验时采用传动比 33.5，平路行驶时平均速度为 23 千克/时，电流 20 安，电压第一天为 27 伏，以后降低至 23 伏，稳定较长时期，最后降至 19 伏而停止行驶．行驶速度与电流也有相应的变化．例如，迎面有一阵大致为四级风吹来时，电流即升至 25 安，起动加速时，电流达 40 安．行驶试验中，电压表是跨接在电机输入一边的，电池至电机这一段线路中有相当的线路损失，不像在电池试验台上电压表跨接在电池两边，读出的是电池端点电压数值．同时，电表由驾驶员在行驶中读出，比较粗略．所以，这些数据并不能准确反映电池工作情况，数据只供参考．

上述数据与由车辆行驶阻力估算出的功率消耗值大致相应．

平路行驶时，速度为 23 公里/时，总阻力约为 3.3 千克．功率输出为 2 300/3 600×3.3×1/0.102＝207 瓦．功率输入为 23×20＝460 瓦，机电效率为 45%．

我们在9%的坡道上进行了爬坡试验. 在第一天试验时,电压为24伏,电流为36安.

第一组电池行车总里程为165公里,延续5天,其中在第5天行驶了95公里. 估计实际行驶时间7小时,放出安时数总共140安时,放电电压平均23伏,共得3 220瓦时,电池比能量为242瓦时/千克. 每次行车前都添加蒸馏水,行驶后将电池组拆出,发现在电池的进风口和出风口处,每一单元电池的碳极外层都有开裂现象. 在5天的行驶中,经受了剧烈的颠簸和撞击,但电池仍未受损坏.

在进行第二组电池试验时,传动比改用21.3,这样车速加快了,平均约33公里/时,电流增大了,约30安. 电压第一天为25伏,以后稳定在22伏. 第一天曾进行9%坡道试验,电表读数为22伏40安. 传动比虽然提高了车辆性能,但在第10天行驶了40公里后,电机转轴超载折断. 后来在第26天换了新转轴,传动比改回用33.5,继续进行驶车试验,此时电性能已有所降低,平路行驶为20伏20安,本日行驶了33公里,在第31天再行试验,平路行驶为18伏20安,又行驶了45公里后,电压由18伏降至16伏(这时24个电池中有两个单元电池的电压已降至零,其余正常). 在31天中,共行驶了118公里,估计放出125安时,2 410瓦时. 行车试验中,由于电池迎风冷却,发热问题并不严重.

六、结论

本文叙述了进一步提高锌空气电池电流密度的方法在于减薄碳极厚度,尤其是外层厚度和降低冷压力,这样就能降低氧的浓度极化. 同时,进行蒸汽处理,驱除板内残留的汽油,恢复活性,从而保证了极板电性能的均匀一致性. 通过起动和行车试验,累积了起动型电池组和动力型电池组的不同设计经验,并证明了用锌空气电池进行起动和行驶车辆的可能性. "轻骑"试验前景很好. 如果解决了充电问题和进一步提高碳极寿命后,就有一定的实用价值.

参考文献

[1] 锌空气电池研究组. 锌空气(氧)电池组的研制. 清华大学学报,1973,(1):37-53.

Development and Test of Zing Air Batteries for Motor Vehicles

Abstract On the basis of high current density zinc air cells reported in our last paper[1], further improvement of air electrode technology has been made and further increase of current densities has been achieved. In May of this year, a zinc air cell system of 19 volts 800 amperes was assembled from two parallel connected 19 volts 400 amperes batteries and under the condition of forced air supply, starting tests of a certain heavy vehicle have been made. At the same time, two units of 24 volts 50 amperes zinc air cell system were also assembled, and two tests has been made on a light motor cycle with electrical motor unit. In this paper, improvements on air electrode technology and results of these testing runs are reported in details.

铁路手提信号灯用锌空气电池

摘要 本文报道了铁路手提信号灯锌空气电池电源的设计、研制、试验的结果,并报道了有关插拔式电池(机械充电)的试验和设计的重点.该电池业已在工厂试生产成功.

一、引言

铁路用手提信号灯,一般用标称 3.5 安时的 2BP 圆柱形铅酸蓄电池两支,串联得电压 4 伏,作为市售 1 瓦 3.8 伏灯泡电源.电池总重为 600 克左右.实际使用寿命 7~8 个月.在较好的维护条件下可达一年左右.铁路工人反映此种电池容量小,充电频繁.由于铁路工作有分散在较大地区的特点,往返充电费时太多,影响工作效率.

1973 年初山海关车站提出研制锌空气电池以代替铅酸电池的任务.我组与山海关车站工人协作进行了该项电源的试制工作,在暂时保留原用信号灯的电源盒外形尺寸情况下,(1) 第一步研制安时数较大的一次锌空气电池组;(2) 第二步研制简便的插拔式(更换锌极)的锌空气电池,达到机械充电的目的,从而进一步降低成本.

通过半年左右的研制,业已取得初步效果,并在山海关车站进行了两批试验.共试验了 25 盏灯.所用一次电池组总重 450 克,外形总尺寸为 40 毫米×56 毫米×110 毫米,是由四个单元锌空气电池串联组成.灯及试验电池组见图 1.在搬道员、连结员、调车员、制动员、接发车值班员、装卸组防护等作业班组上,该一次电池在实际作业班使用时间都达 45 天以上.性能良好,使用方便.该电池组有

图 1 铁路手提信号灯和试验电池

效容量为33安时,用3.8伏的灯泡,按300毫安的电流连续放电寿命可达110~120小时,比能量达到了260~300瓦时/千克.1973年国庆节前,山海关车站已建厂试产,并进而设计了简便插拔式电池组,目前尚在进一步试验中.

二、电池制作工艺和外形尺寸

锌空气单元电池包括两块并联的碳极作为阴极,它们同时也是电池外壳的一部分,既容许透入空气,又能防止电解液的渗出.在阴极之间,有两块叠置在一起的锌极,它们的尺寸重量都相等,并联着作为电池的阳极,锌极用隔离膜包裹着,泡在电解液中.阳极和阴极导线都从电池的顶盖上引出,单元电池的结构和外形已在[1],[2]文中作过报道.对于信号灯电源,我们作了如下修改.

碳极(阴极)的极板面积为3厘米×8.5厘米.为了加强抗水寿命,极板分成三层([1],[2]都是两层),内层为3.5克含15%聚乙烯的银碳疏水料(银碳配比为1∶1.5),银碳疏水料的制备说明见[1].中层为2克含25%聚乙烯的活性碳疏水料.外层为2克含50%聚乙烯的活性碳疏水料.内层活性碳的粒度高于370目,中层、外层活性碳的粒度在100~370目之间,聚乙烯的分子量为17万~30万.疏水处理都用200号汽油作为聚乙烯的溶剂.在内层和中层之间有16目镀银的铜网作为导电骨架,铜网的丝直径约为0.25毫米.制备电极时的热压压力为160千克/厘米^2,冷压压力为75千克/厘米^2,炉温310℃,模温210℃,制成后碳极厚1.5毫米,连网共重为5.8克.

锌极(阳极)的制备方法见[1],它是含汞4%的汞齐锌粉,外加0.5%的聚四氟乙烯和0.5%的羧甲基纤维素钠,并通过压力为215千克/厘米^{2}的冷压成型.每块锌极共用汞齐锌粉30克,导电网为16目铜丝网镀锌制成,每块锌极重约32.5克,尺寸为3厘米×8.5厘米,厚约3毫米.每个单元电池用两块锌板并联作为阳极.

电液为比重1.37的氢氧化钾水溶液,每个单元电池约加电液20毫升到25毫升.

隔离膜为经过皂化等处理的三醋酸纤维膜.

试验电池的外壳用1.0~1.5毫米厚的有机玻璃板粘结制成,正规生产中已用改性聚苯乙烯注塑成型.单元电池外形尺寸为40毫米×13毫米×110毫米.

原信号灯的电源盒是高110毫米的柱形体,截面的宽为40毫米,长为85毫米,两端圆形,见图2.可容电池的空间约为110毫米(高)×40毫米(宽)×56毫米(长)的长方体.我们的单元电池尺寸就是按这个空间设计的.电池组的安装位置也见图2.在下面我们将称这种电池组为甲型(图3).我们也制作了一种大小不同的三个电池的电池组,横放在电源盒内,其中两个电池的极板尺寸为4.5厘

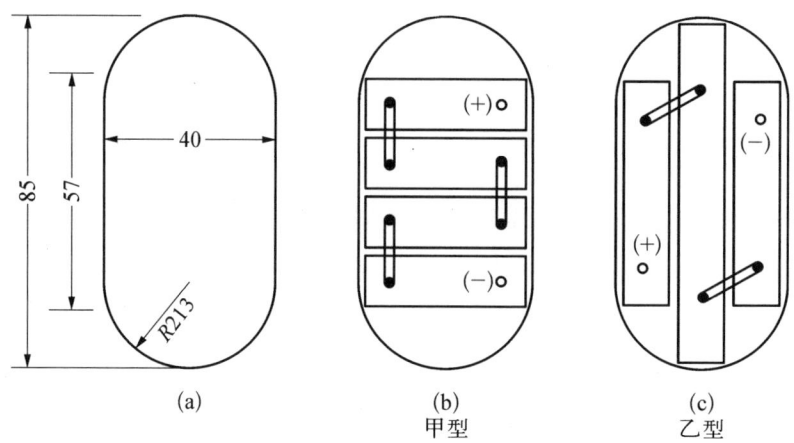

图 2 电源匣截面形状尺寸及电池组的位置

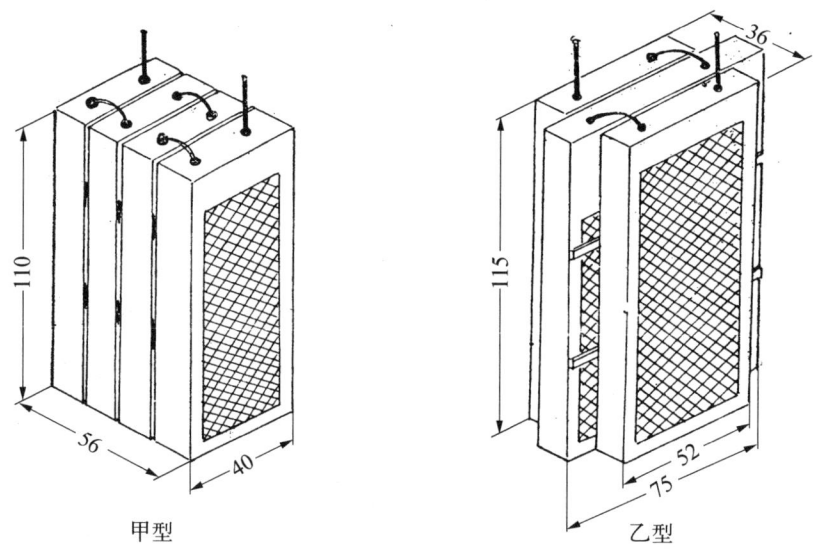

图 3 电池组的外形及尺寸

米×10厘米,中间一个电池的极板尺寸为6厘米×8.5厘米,它们是串联的,下文将称这种电池为乙型.

三、电池的电性能

甲型单元电池在放电时的电流电压曲线见图4.1伏放电时的电流为6.2安,相当于电流密度120毫安/厘米^2.它比[2]所给的低,但寿命较长.放电曲线见图5.这是按信号灯电源要求,在300毫安恒定电流下的放电曲线.当使用3.8

伏灯泡时,如电压低于3.2伏时,亮度较低,不合要求.因此,我们规定电瓶300毫安工作时3.2伏为电瓶的截止电压.按每个电池0.8伏为截止电压时,(四个电池串联时相当于截止电压为3.2伏)能连续放电110小时,相当于33安时的容量.电池组在恒流(电流为300毫安)放电时的连续放电曲线见图6.乙型电池组的连续放电曲线的电压比较低,但比较稳定,放电寿命也较长,达125小时.但间歇放电寿命较短仅达15天,累计放电仅达74小时,见表1.我们现在暂时采用甲型.

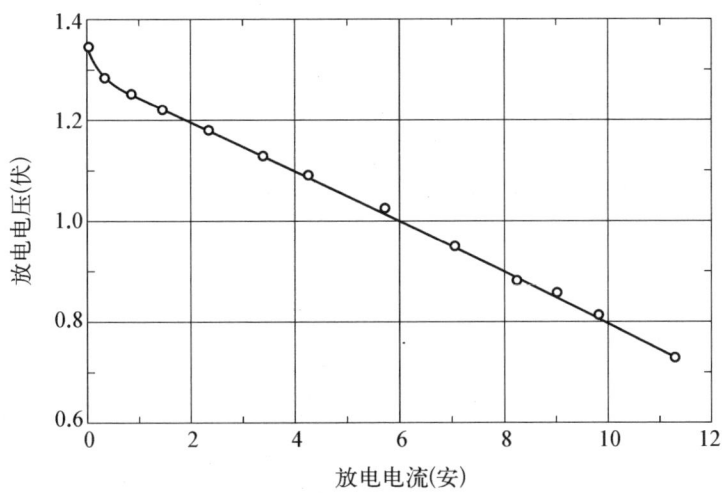

图4 单元电池放电时的电流电压曲线(双电池,极板面积 $2\times 3\times 8.5=51$ 厘米^2)

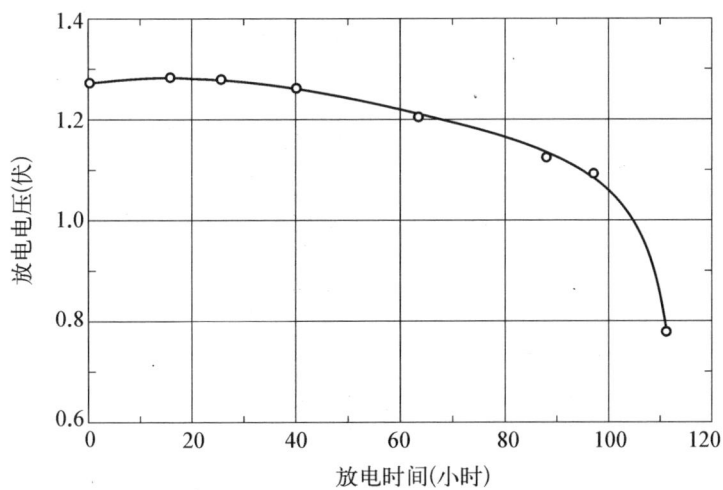

图5 单元电池恒流(300毫安)连续放电时的放电曲线

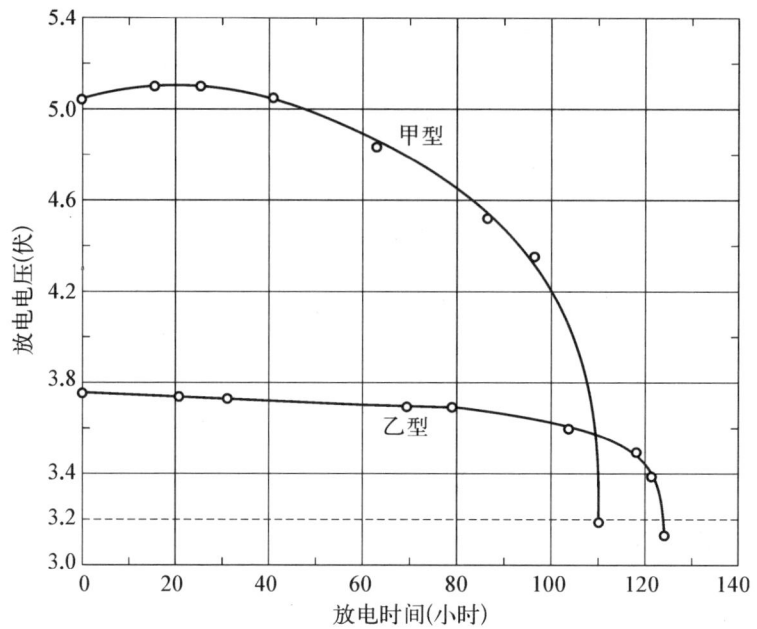

图 6　甲型和乙型电池组在恒流(300 毫安)连续放电时的放电曲线比较

表 1　银碳配比对电池组放电性能的影响

编号	内层配比 银：碳	电池型	300 毫安连续日夜放电		300 毫安间歇放电(注)		
			小　时	安　时	放电天数	实际放电小时	安　时
A	1：1.5	甲	112	33.6	20	97.5	29.3
		乙	124	37.2	15	74	22.2
B	1：4	甲	—	—	19	94.25	28.3
C	1：5.5	甲	99	29.7	—	—	—
D	纯活性碳（无银）	甲	74	22.2	14	60	18

注：每天白昼放电 5～6 小时不等，星期日休息。每天其他时间(约 18～19 小时)休息不用。本表所列数据都是按电池组工作电压第一次降至 3.2 伏时计算的。实际上电池稍经休息，电压又能回升，仍能工作，这种工作的安时，不计在内。

四、减少内层催化剂银含量对信号灯使用性能的影响

为了试验减少内层催化剂银含量对信号灯实际使用性能的影响，我们曾用 4 种不同的银碳配比制作了四组电池组进行 300 毫安连续放电试验，也进行了 300 毫安间歇放电试验，各组内层的银碳配比见表 1，连续放电曲线见图 7，间歇放电曲线见图 8。

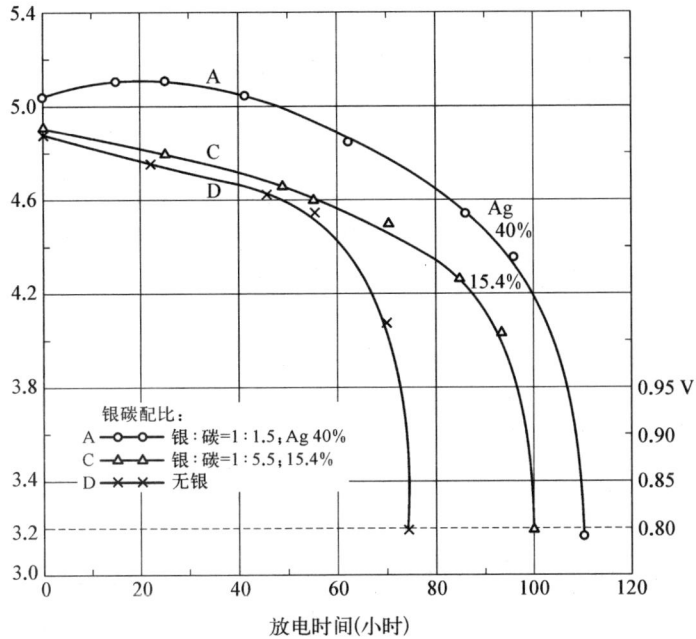

图7 不同银碳配比的甲型电池组在 300 毫安下恒流连续放电的放电曲线

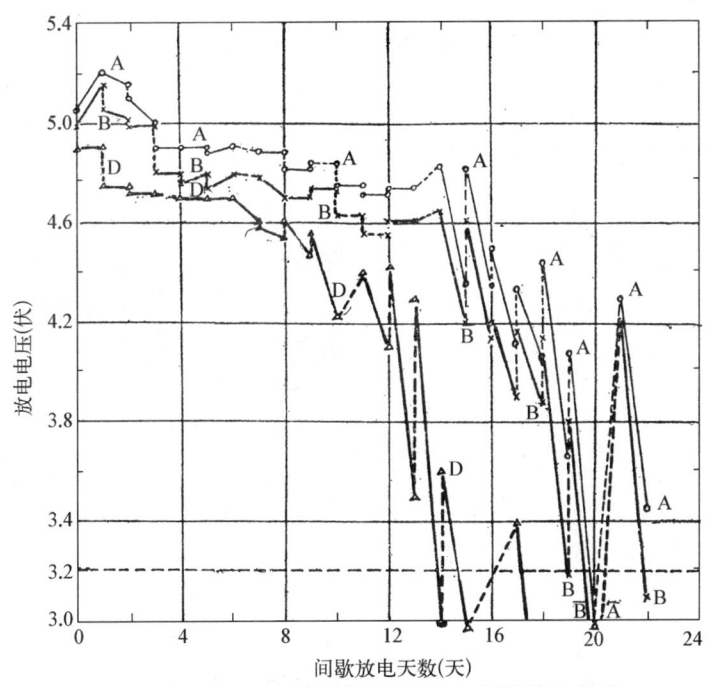

图8 电流为 300 毫安的甲型电池组间隙放电曲线

第一次降至3.2伏截止线的实际放电时间：A：○ 97.3小时,29.3安时；
B：× 94.5小时,28.3安时；D：△ 60小时,18.0安时。

连续放电曲线指出,含银量减少,一方面降低电压,一方面减少放电时间. 如果放电时间要求降低,银碳配比确能降低,纯活性碳(无银)的电极只能放出银碳配比 1∶1.5 的电极所能放出电能的 60% 左右.

间歇放电一般在每天白昼进行,放电 5~6 小时,其他时间(约 18~19 小时)休息不用,星期日也休息. 放电曲线的横坐标以天计,一天相当于 5~6 小时的放电,曲线上只记两点,即每次开始和结束时的电压. 星期日以虚线表示,放电超过容量的三分之二以后,每天放电的电压变化较大,但休息一晚后即能恢复. 例如 A 组电池,在第 15 天起,放电 5~6 小时,电压从 4.83 伏降至 4.36 伏. 但休息一夜后,第 16 天早晨电压又恢复到 4.83 伏,我们的额定安时按第一次降至 3.2 伏为截止计算点. 例如,A 组电池为 20 天 29.3 安时. 其实休息后该电池仍能使用. 在实际使用时每次放电时间较短,约几分钟或几十分钟,性能下降更慢,恢复更加容易,实际安时寿命更长.

实验结果表明,随着内层催化剂银含量的减少,电池的工作电压亦随之降低,实际使用寿命(有效安时容量和工作时间)亦相应缩短. 但当银碳配比降至 1∶5 附近时,尽管电池性能略有降低,但电池的成本却有大幅度的减少. 例如,当银碳配比为 1.5 时每组信号灯电池(共四个单元双电池)催化剂制备成本与银碳配比为 1∶5 时催化剂成本相比,后者仅为前者的 30% 左右,而其有效安时容量和实际使用时间只有较小的损失. 尽管工作电压相应地偏低,但大部分都在灯泡截止电压线(3.2 伏)以上. 所以,我们认为只要在放电时间上略作牺牲,用银碳配比 1.5 的催化剂,就可以大大降低成本.

五、阳极插拔试验及阴极的再生

为了进一步降低电池组的成本,我们认为可用机械充电法. 所谓机械充电法,即是把放完电的锌极从电池中拔出,再把一块新的锌极插入电池中、电池即能重新运行. 拔出的锌极利用外部充电法进行再生循环使用,或经其他处理回收成金属锌.

为了缩短试验周期,我们采用提高放电电流密度的试验方法,即从原来的 6 毫安/厘米^2 放电速率提高到 70 毫安/厘米^2 放电速率. 试验指出,在整个放电过程中,即使不对碳极进行任何处理,插拔式充电周期可达 14 次以上,连续放电安时达到 400 安时以上. 图 9 为循环周期与单元电池前期工作电压的关系曲线.

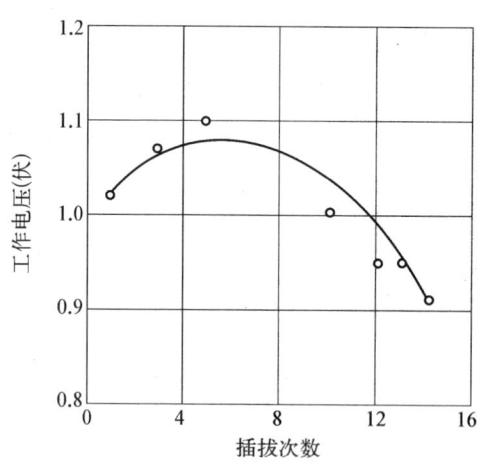

图 9 70 毫安/厘米^2 连续放电下,循环周期与单元电池前期工作电压的关系曲线

所谓前期工作电压是指电池前半周期的工作电压值.

应该指出的是:上述曲线是在电池处于比较恶劣的工作条件下取得的;电池敞口工作,二氧化碳的影响相应地严重得多.在每次循环周期之间,碳极亦未经过任何处理.我组曾试用稀硫酸、硼酸、草酸、柠檬酸等对阴极进行洗涤,并在真空中干燥,电池的性能几乎能得到完全的恢复.

我们设计了插拔式电池的外壳,用改性聚苯乙烯作为外壳材料.外形尺寸为40毫米×18毫米×110毫米,形状如图10.图10(a)为插拔式电池的外形图.图10(b)为拔去锌极以后的外形图,图10(c)为锌极和顶帽盖图.设计要点为:

(1) 碳板贴在壳的外侧.为了使碳极外表面和外壳表面尽可能在同一平面内,在封贴碳极的边条上做成下陷的台阶.

(2) 碳极导线在电池壳外侧,有利于锌极的插拔运动.

(3) 锌极隔膜外面,使用玻璃纤维或尼龙布套,使锌极插拔方便易行.

(4) 锌极既可以固结在顶盖上,也可以不固结.但其导线头可以接入顶盖的接线柱上.

(5) 接线柱装在顶盖上,这样可以节省外壳四周尺寸.

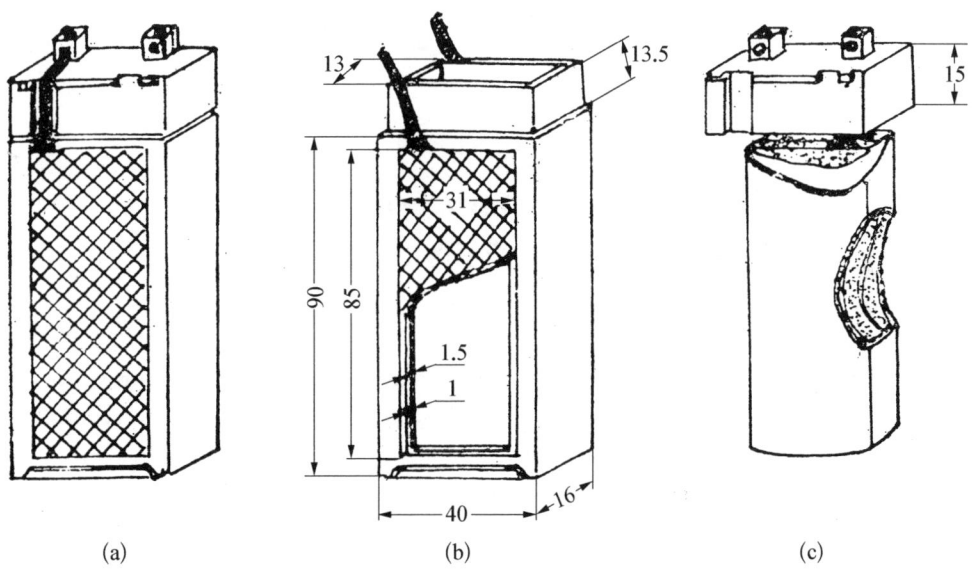

图 10 插拔式电池的外形及尺寸

试验中发现有爬碱现象,尚需改正.

六、结束语

我们成功地试用锌空气电池组替代了铅酸电池组作为铁路手提信号灯的电源.我们用四个单元电池串联为一组.300毫安放电,截止电压为3.2伏时,能连续放电 110 小时左右．实际容量 33 安时．在铁路各作业班随班使用时间达一个半月．电池组重量 450 克．按灯泡标称电压 3.8 伏计算，能放出电能 125.4 瓦时．

目前还准备从四个单元电池改成用三个单元电池，这样做了以后，安时要少一些，但相应的成本也降低．如用插拔式电池，因外形尺寸略大，由于原来电源匣尺寸的限制，也只能用三个电池的电池组．

目前，不仅电源盒子的尺寸限制了电池外形尺寸，而且灯泡的电压设计也是以铅酸电池的电压为基础的，对锌空气电池不很合适．锌空气电压低(1.0～1.2 伏)，铅酸电池的电压高(1.8～2.0 伏)．所以，在灯泡的设计中如能降低电压，提高电流，从而保持功率不变，则对于锌空气电池是有利的，我们建议设计 3.2 伏和 350 毫安的灯泡，则改用三个单元电池的串联锌空气电池组，就能得到较好的效果．如果能设计 2.2 伏，500 毫安的灯泡，则只要两个单元电池的电池组，就能提供很好的光源，而成本则可以大大降低，结构则可以大大简化．

参考文献

[1] 清华大学锌空气电池研究组．锌-空气(氧)电池组的研制．清华大学学报 1973,(1)：37-53．

[2] 清华大学锌空气电池研究组．车辆用锌空气动力电池的研制和试验．清华大学学报，1973,(4)：1-10．

Zinc Air Battery For Signal Hand-lamp in Railway Service

Abstract The results of development, design and testing of zinc air battery for signal hand-lamp used in railway service are reported together with important features in design and testing of replaceable anode construction (or mechanically rechargeable construction) of cells. Batteries of this sort have been produced in factory.

关于一些三角级数的和

摘要 本文用简单函数求得了一些著名而又重要的三角级数之和,这些三角级数是

(1) $\sum_{k=1}^{\infty} \genfrac{}{}{0pt}{}{\cos}{\sin}(km \pm s)x,$ $\sum_{k=1}^{\infty}(-1)^{k+1} \genfrac{}{}{0pt}{}{\cos}{\sin}(km \pm s)x;$

(2) $\sum_{k=1}^{\infty} \frac{1}{km \pm s} \genfrac{}{}{0pt}{}{\cos}{\sin}(km \pm s)x,$ $\sum_{k=1}^{\infty}(-1)^{k+1} \frac{1}{km \pm s} \genfrac{}{}{0pt}{}{\cos}{\sin}(km \pm s)x;$

(3) $\sum_{k=1}^{\infty} \frac{1}{km \pm s} \genfrac{}{}{0pt}{}{\cos}{\sin} kmx,$ $\sum_{k=1}^{\infty}(-1)^{k+1} \frac{1}{km \pm s} \genfrac{}{}{0pt}{}{\cos}{\sin} kmx;$

(4) $\sum_{k=1}^{\infty} \frac{1}{k \pm \frac{s}{m}} \genfrac{}{}{0pt}{}{\cos}{\sin} kx,$ $\sum_{k=1}^{\infty}(-1)^{k+1} \frac{1}{k \pm \frac{s}{m}} \genfrac{}{}{0pt}{}{\cos}{\sin} kx;$

其中 m, s 都是正整数,并且证明了苏联特维列金(1953)[1],萨叶兹杰尼(1961)[2]所公布的结果是错误的.

一、引言

三角级数广泛使用于科学技术计算,而尤以力学、电磁场和电讯计算中最为普遍.凡能用线性常系数微分方程的边界值问题来求解的科学技术问题,一般都使用三角级数求解.例如铁木辛柯著的《板壳理论》一书[3]中,就几乎从头到尾,使用了三角级数求解.对于有周期现象的科技问题,一般地也都使用三角级数来处理.例如萨叶兹杰尼著的《无线电技术和电讯中的调和综合》一书[2]中,就全面地讨论了这个问题.

虽然人们在三角级数求解这个问题上业已累积了丰富的经验,虽然对于三角级数的收敛理论和求和的可能性的理论,业已有大量的工作,但从这些三角级数解中求得数值结果,或进行参量的讨论,还经常遇到相当大的困难.原因是,常常遇到理论上收敛,但实质上收敛很慢的级数,甚至于还会遇到形式上不收敛的级数(如弹性力学中的集中力和电讯中的脉冲载荷),而在已知三角级数,怎样求和的问题

原载《清华大学学报》,1978,18(4):53-78.

上，不但工作很少，而且还经常是困难的. 人们也曾试用有限项之和来近似地代表整个级数，不幸又遇到吉布斯现象[4]，在那些不连续的点附近产生巨大误差.

晚近，由于高速电子计算机等计算技术的发展，对于那些收敛很慢的三角级数，可以通过电子计算机求得几百项甚至上千项之和，问题似乎是解决了；但是，对于一般的技术设计问题而言，人们经常遇到设计参数对于问题答案的影响的问题，亦即要选择最优的设计参数问题，这些参数又常常以函数的形式出现在三角级数的各项系数中，有时不只是一个参数，而是多个参数. 就这类问题而言，计算机求和的数值解仍旧不能解决迫切的技术问题. 因此，用简单函数来表示各种三角级数之和这个问题，在目前科技发展阶段上，仍是重要的，而且越来越显得重要了.

本文求解四类三角级数之和，即

(1) $\sum_{k=1}^{\infty} \genfrac{}{}{0pt}{}{\cos}{\sin}(km \pm s)x,$ $\quad \sum_{k=1}^{\infty}(-1)^{k+1} \genfrac{}{}{0pt}{}{\cos}{\sin}(km \pm s)x;$

(2) $\sum_{k=1}^{\infty} \frac{1}{km \pm s} \genfrac{}{}{0pt}{}{\cos}{\sin}(km \pm s)x,$ $\quad \sum_{k=1}^{\infty}(-1)^{k+1} \frac{1}{km \pm s} \genfrac{}{}{0pt}{}{\cos}{\sin}(km \pm s)x;$

(3) $\sum_{k=1}^{\infty} \frac{1}{km \pm s} \genfrac{}{}{0pt}{}{\cos}{\sin}(kmx),$ $\quad \sum_{k=1}^{\infty}(-1)^{k+1} \frac{1}{km \pm s} \genfrac{}{}{0pt}{}{\cos}{\sin}(kmx);$

(4) $\sum_{k=1}^{\infty} \frac{1}{k \pm \frac{s}{m}} \genfrac{}{}{0pt}{}{\cos}{\sin}kx,$ $\quad \sum_{k=1}^{\infty}(-1)^{k+1} \frac{1}{k \pm \frac{s}{m}} \genfrac{}{}{0pt}{}{\cos}{\sin}kx;$

其中 m, s 都是正整数，这四类三角级数收敛都很慢，甚至在形式上是不收敛的[如(1)]，它们之间都有联系. 在力学和电讯技术中经常碰到这些级数，它们大多数还没有正确的答案. 萨叶兹杰尼的书(1961)中虽曾引用了特维列金(1953)[1]的结果，但可以证明是错误的. 特维列金的原文在这里见不到，所以无可查考；从萨叶兹杰尼的书四个地方重复这个错误这一点看，并不像是印刷错误，所以重新论证这些级数的和，是很重要的.

本文着重于求得级数之和，在推导过程中，除了必要的地方外，不作详细的数学理论上的讨论. 推导过程也采用作者认为最简便的方法. 这种应用数学的处理方法并不损害其结果的正确性，关于纯粹数学理论上的可和性论证和收敛问题，可以参考任一有关三角级数的参考书.

二、$\sum_{k=1}^{\infty} \genfrac{}{}{0pt}{}{\cos}{\sin}(km \pm s)x$，$\sum_{k=1}^{\infty}(-1)^{k+1} \genfrac{}{}{0pt}{}{\cos}{\sin}(km \pm s)x$ 之和

把 $\cot\left(\frac{x}{2}\right)$ 和 $\delta_{2\pi}(x)$ 展开为三角级数，很容易证明下列众所周知的结果：

$$A_1 = \sum_{k=1}^{\infty} \cos kx = \pi \delta_{2\pi}(x) - \frac{1}{2}, \qquad (2.1)$$

$$A_2 = \sum_{k=1}^{\infty} \sin kx = \frac{1}{2}\cot \frac{x}{2}, \tag{2.2}$$

其中 $\delta_{2\pi}(x)$ 是周期为 2π 的 δ 函数,即

$$\delta_{2\pi}(x) = 0, \quad x \neq 2n\pi \quad (n = 0, \pm 1, \pm 2, \cdots) \tag{2.3a}$$

$$\delta_{2\pi}(x) = \infty, \quad x = 2n\pi \quad (n = 0, \pm 1, \pm 2, \cdots) \tag{2.3b}$$

而且,对于在 $x = 2n\pi$ 点连续的函数 $f(x)$ 而言,

$$\int_{2n\pi-0}^{2n\pi+0} f(x)\delta_{2\pi}(x)\mathrm{d}x = f(2n\pi) \quad (n = 0, \pm 1, \pm 2, \cdots) \tag{2.3c}$$

同时,也应该注意:$\delta_{2\pi}(mx)$ 的奇点为 $x = \frac{2n}{m}\pi$,在这些奇点上,有

$$\int_{\frac{2n\pi}{m}-0}^{\frac{2n\pi}{m}+0} f(x)\delta_{2\pi}(mx)\mathrm{d}x = \frac{1}{m}f\left(\frac{2n}{m}\pi\right) \quad (n = 0, \pm 1, \pm 2, \cdots) \tag{2.3d}$$

级数 A_1,A_2 的和(2.1)(2.2)也可以用傅氏变换求得(见[2],73 页),也可以利用阿贝尔定理和解析连续的函数性质证明(见[5],370 页). 我们在这里不再详细讨论.

因为

$$\cos k(x-\pi) = (-1)^k \cos kx, \; \sin k(x-\pi) = (-1)^k \sin kx \tag{2.4}$$

所以,从(2.1),(2.2)式,很易证明

$$A_3 = \sum_{k=1}^{\infty}(-1)^{k+1}\cos kx = \frac{1}{2} - \pi\delta_{2\pi}(x-\pi), \tag{2.5}$$

$$A_4 = \sum_{k=1}^{\infty}(-1)^{k+1}\sin kx = \frac{1}{2}\tan \frac{x}{2}, \tag{2.6}$$

$\delta_{2\pi}(x-\pi)$ 和 $\tan \frac{x}{2}$ 在 $(2n\pm 1)\pi$ 各点上都等于无穷大,但在其他各点上都有限. 所有 A_1,A_2,A_3,A_4 的结果都是已知的[2,6],我们将引用这些结果,推导其他级数.

首先,设 m 为一任意正整数,在 A_1,A_2,A_3,A_4 中,即在(2.1),(2.2),(2.5),(2.6)诸式中,用 mx 代替 x,即得

$$A_5 = \sum_{k=1}^{\infty}\cos mkx = \pi\delta_{2\pi}(mx) - \frac{1}{2}, \tag{2.7}$$

$$A_6 = \sum_{k=1}^{\infty}\sin mkx = \frac{1}{2}\cot\left(\frac{1}{2}mx\right), \tag{2.8}$$

$$A_7 = \sum_{k=1}^{\infty}(-1)^{k+1}\cos mkx = \frac{1}{2} - \pi\delta_{2\pi}(mx-\pi), \qquad (2.9)$$

$$A_8 = \sum_{k=1}^{\infty}(-1)^{k+1}\sin mkx = \frac{1}{2}\tan\left(\frac{1}{2}mx\right); \qquad (2.10)$$

这些级数的和都是以 $\frac{2\pi}{m}$ 为周期的函数，A_5，A_6 的和除了在 $x = \frac{2n\pi}{m}$ 诸点上为无穷大外，在其他各点上都有限，同样 A_7，A_8 的和除了在 $x = \frac{\pi}{m}(2n\pm1)$ 诸点上为无穷大外，在其他各点也都有限.

其次，设 s 为另一正整数，因为我们有

$$\cos(mk\pm s)x = \cos mkx \cos sx \mp \sin mkx \sin sx, \qquad (2.11a)$$

$$\sin(mk\pm s)x = \sin mkx \cos sx \pm \cos mkx \sin sx, \qquad (2.11b)$$

在利用了(2.7)~(2.10)后，可以证明

$$A_9 = \sum_{k=1}^{\infty}\cos(mk\pm s)x = \pi\delta_{2\pi}(mx)\cos sx - \frac{1}{2}\sin\left(\frac{m}{2}\pm s\right)x \csc\frac{m}{2}x, \quad (2.12)$$

$$A_{10} = \sum_{k=1}^{\infty}\sin(mk\pm s)x = \pm\pi\delta_{2\pi}(mx)\sin sx + \frac{1}{2}\cos\left(\frac{m}{2}\pm s\right)x \csc\frac{m}{2}x, \quad (2.13)$$

$$A_{11} = \sum_{k=1}^{\infty}(-1)^{k+1}\cos(mk\pm s)x$$
$$= -\pi\delta_{2\pi}(mx-\pi)\cos sx + \frac{1}{2}\cos\left(\frac{m}{2}\pm s\right)x \sec\frac{m}{2}x, \qquad (2.14)$$

$$A_{12} = \sum_{k=1}^{\infty}(-1)^{k+1}\sin(mk\pm s)x$$
$$= \mp\pi\delta_{2\pi}(mx-\pi)\sin sx + \frac{1}{2}\sin\left(\frac{m}{2}\pm s\right)x \sec\frac{m}{2}x; \qquad (2.15)$$

除了 A_9，A_{10} 的和在 $\frac{2n\pi}{m}$ 诸点，和 A_{15}，A_{16} 的和在 $\frac{\pi}{m}(2n\pm1)$ 诸点以外，它们都是有限的. 它们都是周期为 $\frac{2q\pi}{ms}$ 的周期函数，其中 q 为 m，s 的最小公倍数.

如果取，$m=2$，$s=1$，则从(2.12)~(2.15)得

$$\sum_{k=1}^{\infty}\cos(2k-1)x = \pi\delta_{2\pi}(2x)\cos x \qquad (2.16)$$

$$\sum_{k=1}^{\infty}\sin(2k-1)x=\frac{1}{2}\csc x \qquad (2.17)$$

$$\sum_{k=1}^{\infty}(-1)^{k+1}\cos(2k-1)x=\frac{1}{2}\sec x \qquad (2.18)$$

$$\sum_{k=1}^{\infty}(-1)^{k+1}\sin(2k-1)x=\pi\delta_{2\pi}(2x-\pi)\sin x \qquad (2.19)$$

这里业已使用了恒等式

$$\pi\delta_{2\pi}(2x)\sin x\equiv 0, \quad \pi\delta_{2\pi}(2x-\pi)\cos x=0 \qquad (2.20)$$

用(2.3a,b,c,d),还可以证明

$$\pi\delta_{2\pi}(2x)\cos x=\frac{1}{2}\pi[\delta_{2\pi}(x)-\delta_{2\pi}(x-\pi)] \qquad (2.21a)$$

$$\pi\delta_{2\pi}(2x-\pi)\sin x=\frac{1}{2}\pi\left[\delta_{2\pi}\left(x+\frac{\pi}{2}\right)-\delta_{2\pi}\left(x-\frac{\pi}{2}\right)\right] \qquad (2.21b)$$

于是(2.16)和(2.19)分别可以写成

$$\sum_{k=1}^{\infty}\cos(2k-1)x=\frac{1}{2}\pi[\delta_{2\pi}(x)-\delta_{2\pi}(x-\pi)] \qquad (2.22a)$$

$$\sum_{k=1}^{\infty}(-1)^{k+1}\sin(2k-1)x=\frac{1}{2}\pi\left[\delta_{2\pi}\left(x+\frac{\pi}{2}\right)-\delta_{2\pi}\left(x-\frac{\pi}{2}\right)\right] \qquad (2.22b)$$

这里必须指出,(2.22a)也可以从 $\frac{1}{2}(A_1+A_3)$ 求得;同时,把(2.22a)式中的 x 用 $\left(x+\frac{\pi}{2}\right)$ 代替后,化简也可以求得(2.22b)式. 这就用另一方式求证了(2.16)～(2.19). 当然,它们还可以把(2.16)～(2.19)式右端诸函数用傅里叶级数展开式展开成三角级数,从而来证明(2.16)～(2.19)诸式的正确性.

应该指出萨叶兹杰尼也求得了(2.16)～(2.19)式的结果,即 $m=2,s=1$ 的特殊情况下的(2.12)～(2.15)式的结果(见[2],349页和350页的 AA_3,AA_4,AA_7,AA_8 诸式),但是,在(2.22a),(2.22b)式的右端都丢掉了 $\frac{1}{2}$ 这个因子,这显然是错误的.

三、$\sum_{k=1}^{\infty}\dfrac{1}{mk\pm s}\begin{matrix}\cos\\\sin\end{matrix}(mk\pm s)x$, $\sum_{k=1}^{\infty}\dfrac{(-1)^{k+1}}{mk\pm s}\begin{matrix}\cos\\\sin\end{matrix}(mk\pm s)x$ 之和($s\neq mt$; $t=0,1,2,\cdots$)

本节将只讨论 $s\neq mt$ ($t=0,1,2,\cdots$) 的情况.

把(2.12),(2.13)对 x 积分,得

$$\sum_{k=1}^{\infty}\frac{\sin(mk\pm s)x}{mk\pm s}=\int_{\gamma_1}^{x}\pi\delta_{2\pi}(m\xi)\cos s\xi\,\mathrm{d}\xi-\frac{1}{2}\int_{\gamma_1}^{x}\sin\left(\frac{m}{2}\pm s\right)\xi\csc\frac{1}{2}m\xi\,\mathrm{d}\xi+C_1 \quad (3.1a)$$

$$\sum_{k=1}^{\infty}\frac{\cos(mk\pm s)x}{mk\pm s}=\mp\int_{\gamma_2}^{x}\pi\delta_{2\pi}(m\xi)\sin s\xi\,\mathrm{d}\xi-\frac{1}{2}\int_{\gamma_2}^{x}\cos\left(\frac{m}{2}\pm s\right)\xi\csc\frac{1}{2}m\xi\,\mathrm{d}\xi+C_2 \quad (3.1b)$$

其中 γ_1, γ_2 为某一常数,C_1, C_2 为积分常数,它们都是待定的,在(3.1a)式中,置 x 于零,得

$$0=\int_{\gamma_1}^{0}\pi\delta_{2\pi}(m\xi)\cos s\xi\,\mathrm{d}\xi-\frac{1}{2}\int_{\gamma_1}^{0}\sin\left(\frac{m}{2}\pm s\right)\xi\csc\frac{1}{2}m\xi\,\mathrm{d}\xi+C_1 \quad (3.2)$$

从(3.1a)中减去(3.2)式,消去了 C_1 和 γ_1,得

$$\sum_{k=1}^{\infty}\frac{\sin(mk\pm s)x}{mk\pm s}=\int_{0}^{x}\pi\delta_{2\pi}(m\xi)\cos s\xi\,\mathrm{d}\xi-\frac{1}{2}\int_{0}^{x}\sin\left(\frac{m}{2}\pm s\right)\xi\csc\frac{1}{2}m\xi\,\mathrm{d}\xi \quad (3.3)$$

(3.3)即当 m, s 为任意正整数时的表达式.

把(3.3)式中的 x 置于 $\frac{\pi}{m}$,即得

$$\pm\sin\frac{s\pi}{m}\sum_{k=1}^{\infty}\frac{(-1)^k}{mk\pm s}=\int_{0}^{\frac{\pi}{m}}\pi\delta_{2\pi}(m\xi)\cos s\xi\,\mathrm{d}\xi-\frac{1}{2}\int_{0}^{\frac{\pi}{m}}\sin\left(\frac{m}{2}\pm s\right)\xi\csc\frac{1}{2}m\xi\,\mathrm{d}\xi \quad (3.4)$$

这里必须指出:$\delta_{2\pi}(mx)$ 在 $0<x<\frac{2\pi}{m}$ 之间,恒等于零,同时 $\delta_{2\pi}(0)$ 等于无穷大,而且根据 $\delta_{2\pi}(mx)$ 的特性:

$$\int_{0}^{\frac{\pi}{m}}\pi\delta_{2\pi}(m\xi)\cos s\xi\,\mathrm{d}\xi=\int_{0_-}^{0_+}\pi\delta_{2\pi}(m\xi)\cos s\xi\,\mathrm{d}\xi=\frac{1}{2}\int_{0_-}^{0_+}\pi\delta_{2\pi}(m\xi)\cos s\xi\,\mathrm{d}\xi=\frac{\pi}{2m} \quad (3.5)$$

于是,(3.4)式可以简化为

$$\sum_{k=1}^{\infty}\frac{(-1)^k}{mk\pm s}=\pm\frac{\pi}{2m}\csc\frac{s\pi}{m}\mp\frac{1}{2}\csc\frac{s\pi}{m}\int_{0}^{\frac{\pi}{m}}\sin\left(\frac{m}{2}\pm s\right)\xi\csc\frac{1}{2}m\xi\,\mathrm{d}\xi \quad (3.6)$$

在(3.1b)式中,把 x 置于 $\frac{\pi}{m}$,得

$$\cos\frac{s\pi}{m}\sum_{k=1}^{\infty}\frac{(-1)^k}{mk\pm s}=\mp\int_{\gamma_2}^{\frac{\pi}{m}}\pi\delta_{2\pi}(m\xi)\sin s\xi\,\mathrm{d}\xi-\frac{1}{2}\int_{\gamma_2}^{\frac{\pi}{m}}\cos\left(\frac{m}{2}\pm s\right)\xi\csc\frac{1}{2}m\xi\,\mathrm{d}\xi+C_2 \tag{3.7}$$

从(3.1b)式中减去(3.7)式,即可消去 C_2 和 γ_2,有

$$\sum_{k=1}^{\infty}\frac{\cos(mk\pm s)x}{mk\pm s}=\cos\frac{s\pi}{m}\sum_{k=1}^{\infty}\frac{(-1)^k}{mk\pm s}\mp\int_{\frac{\pi}{m}}^{x}\pi\delta_{2\pi}(m\xi)\sin s\xi\,\mathrm{d}\xi$$
$$-\frac{1}{2}\int_{\frac{\pi}{m}}^{x}\cos\left(\frac{m}{2}\pm s\right)\xi\csc\frac{1}{2}m\xi\,\mathrm{d}\xi \tag{3.8}$$

把(3.6)式代入(3.8)式,消去 $\sum_{k=1}^{\infty}\frac{(-1)^k}{mk\pm s}$,即得

$$\sum_{k=1}^{\infty}\frac{\cos(mk\pm s)x}{mk\pm s}=\pm\frac{\pi}{2m}\cot\frac{s\pi}{m}\mp\frac{1}{2}\cot\frac{s\pi}{m}\int_0^{\frac{x}{m}}\sin\left(\frac{m}{2}\pm s\right)\xi\csc\frac{m}{2}\xi\,\mathrm{d}\xi$$
$$\mp\int_{\frac{\pi}{m}}^{x}\pi\delta_{2\pi}(m\xi)\sin s\xi\,\mathrm{d}\xi-\frac{1}{2}\int_{\frac{\pi}{m}}^{x}\sin\left(\frac{m}{2}\pm s\right)\xi\csc\frac{m}{2}\xi\,\mathrm{d}\xi \tag{3.9}$$

(3.9)式即为 $\sum_{k=1}^{\infty}\frac{\cos(mk\pm s)x}{mk\pm s}$ 的和的表达式. 其中 m,s 为任意正整数,我们现将把(3.3),(3.9)式进一步简化.

(3.3)式和(3.9)式中都有一个阶梯形积分,它们都还能进一步简化. 因为

$$\int_0^x \pi\delta_{2\pi}(m\xi)\cos s\xi\,\mathrm{d}\xi=\frac{\pi}{2m}+\frac{\pi}{m}\left(\cos\frac{2s\pi}{m}+\cos\frac{4s\pi}{m}+\cdots+\cos\frac{2ps\pi}{m}\right)$$

$$\int_{\frac{\pi}{m}}^x \pi\delta_{2\pi}(m\xi)\sin s\xi\,\mathrm{d}\xi=\frac{\pi}{m}\left(\sin\frac{2s\pi}{m}+\sin\frac{4s\pi}{m}+\cdots+\sin\frac{2ps\pi}{m}\right)$$

$$\left[\frac{2p}{m}\pi<x<\frac{2(p+1)}{m}\pi,\ p=0,1,2,\cdots\right] \tag{3.10}$$

当 $x=\frac{2p}{m}\pi$ 时,积分值都是左右两个阶梯所取值的平均值. 根据三角公式

$$\sum_{k=1}^{i}\sin kx=\sin\frac{1}{2}(i+1)x\sin\frac{1}{2}ix\csc\frac{1}{2}x$$
$$\sum_{k=1}^{i}\cos kx=\cos\frac{1}{2}(i+1)x\sin\frac{1}{2}ix\csc\frac{1}{2}x$$
$$(i=1,2,3,\cdots) \tag{3.11}$$

(3.10)式可以写成

$$\int_0^x \pi\delta_{2\pi}(m\xi)\cos s\xi\,\mathrm{d}\xi = \frac{\pi}{2m} + \frac{\pi}{m}\cos(p+1)\frac{s\pi}{m}\sin\frac{ps\pi}{m}\csc\frac{s\pi}{m},$$

$$\int_{\frac{\pi}{m}}^x \pi\delta_{2\pi}(m\xi)\sin s\xi\,\mathrm{d}\xi = \frac{\pi}{m}\sin(p+1)\frac{s\pi}{m}\sin\frac{ps\pi}{m}\csc\frac{s\pi}{m},$$

$$\left[\frac{2p}{m}\pi < x < \frac{2(p+1)}{m}\pi,\ p = 0,1,2,\cdots\right] \tag{3.12}$$

同时，还应注意到

$$\left.\begin{aligned}\frac{\pi}{2m}\cot\frac{s\pi}{m} - \frac{\pi}{m}\sin(p+1)\frac{s\pi}{m}\sin\frac{ps\pi}{m}\csc\frac{s\pi}{m} &= \frac{\pi}{2m}\cos(2p+1)\frac{s\pi}{m}\csc\frac{s\pi}{m},\\ \frac{\pi}{2m} + \frac{\pi}{m}\cos(p+1)\frac{s\pi}{m}\sin\frac{ps\pi}{m}\csc\frac{s\pi}{m} &= \frac{\pi}{2m}\sin(2p+1)\frac{s\pi}{m}\csc\frac{s\pi}{m};\end{aligned}\right\} \tag{3.13}$$

把这些结果分别代入(3.9),(3.3),即得

$$\sum_{k=1}^\infty \frac{\cos(mk\pm s)x}{mk\pm s} = \pm\frac{\pi}{2m}\cos(2p+1)\frac{s\pi}{m}\csc\frac{s\pi}{m} - \frac{1}{2}\int_{\frac{\pi}{m}}^x \cos\left(\frac{m}{2}\pm s\right)\xi\csc\frac{1}{2}m\xi\,\mathrm{d}\xi$$

$$\mp\frac{1}{2}\cot\frac{s\pi}{m}\int_0^{\frac{\pi}{m}}\sin\left(\frac{m}{2}\pm s\right)\xi\csc\frac{1}{2}m\xi\,\mathrm{d}\xi$$

$$\sum_{k=1}^\infty \frac{\sin(mk\pm s)x}{mk\pm s} = \frac{\pi}{2m}\sin(2p+1)\frac{s\pi}{m}\csc\frac{s\pi}{m} - \frac{1}{2}\int_0^x \sin\left(\frac{m}{2}\pm s\right)\xi\csc\frac{1}{2}m\xi\,\mathrm{d}\xi$$

$$\left[\frac{2p}{m}\pi < x < \frac{2(p+1)}{m}\pi,\ p = 0,1,2,3,\cdots\right] \tag{3.14}$$

在 $x = \dfrac{2p\pi}{m}$ 点上，级数的和值等于左右两个区间在 $x = \dfrac{2p\pi}{m}$ 时所取值的中值. 这一点可以从(3.10)在 $x = \dfrac{2p}{m}\pi$ 时取中值的性质来证明，在以后的推导中，都有类似的情形. 将不再重复说明.

我们应该注意到，这些级数一定都是周期为 2π 为周期函数，这一点只要把 $x - 2n\pi$ 作为 x 代入这些级数就能证明. 我们可以把 $2n\pi < x < (2n+2)\pi$ 分成 m 段，每一段的和就可以写成(3.14)的形式，它们是

$$\sum_{k=1}^\infty \frac{\cos(mk\pm s)x}{mk\pm s} = \pm\frac{\pi}{2m}\cos(2p+1)\frac{s\pi}{m}\csc\frac{s\pi}{m} - \frac{1}{2}\int_{\frac{\pi}{m}}^x \cos\left(\frac{m}{2}\pm s\right)\xi\csc\frac{1}{2}m\xi\,\mathrm{d}\xi$$

$$\mp\frac{1}{2}\cot\frac{s\pi}{m}\int_0^{\frac{\pi}{m}}\sin\left(\frac{m}{2}\pm s\right)\xi\csc\frac{1}{2}m\xi\,\mathrm{d}\xi$$

$$\sum_{k=1}^{\infty} \frac{\sin(mk \pm s)x}{mk \pm s} = \frac{\pi}{2m}\sin(2p+1)\frac{s\pi}{m}\csc\frac{s\pi}{m} - \frac{1}{2}\int_0^x \sin\left(\frac{m}{2} \pm s\right)\xi \csc\frac{1}{2}m\xi\, d\xi$$

$$\left[\left(2n+\frac{2p}{m}\right)\pi < x < \left(2n+\frac{2p+2}{m}\right)\pi,\ p=0,1,2,\cdots,m-1\right] \quad (3.15)$$

在 $x=\left(2n+\frac{2p}{m}\right)\pi$ 的交界点上,级数的和取中值.

在(3.15)式中,用 $x+\frac{\pi}{m}$ 代替 x,即可以证明

$$\sum_{k=1}^{\infty}(-1)^{k+1}\frac{\cos(mk \pm s)x}{mk \pm s} = \frac{1}{2}\int_{\frac{\pi}{m}}^{x+\frac{\pi}{m}}\cos\left[\frac{m}{2}\xi \pm s\left(\xi-\frac{\pi}{m}\right)\right]\csc\frac{1}{2}m\xi\, d\xi$$

$$\mp\frac{\pi}{2m}\cos\frac{2ps\pi}{m}\csc\frac{s\pi}{m} \pm \frac{1}{2}\csc\frac{s\pi}{m}\int_0^{\frac{\pi}{m}}\sin\left(\frac{m}{2} \pm s\right)\xi \csc\frac{1}{2}m\xi\, d\xi$$

$$\sum_{k=1}^{\infty}(-1)^{k+1}\frac{\sin(mk \pm s)x}{mk \pm s} = -\frac{\pi}{2m}\sin\frac{2ps\pi}{m}\csc\frac{s\pi}{m}$$

$$+\frac{1}{2}\int_{\frac{\pi}{m}}^{x+\frac{\pi}{m}}\sin\left[\frac{m}{2}\xi \pm s\left(\xi-\frac{\pi}{m}\right)\right]\csc\frac{1}{2}m\xi\, d\xi$$

$$\left[\left(2n+\frac{2p-1}{m}\right)\pi < x < \left(2n+\frac{2p+1}{m}\right)\pi,\ p=0,1,2,\cdots,m-1\right]$$
$$(3.16)$$

在 $x=\left(\frac{2p-1}{m}+2n\right)\pi$ 的交界点上,级数的和取中值. (3.15),(3.16)除 $s=mt$ $(t=0,1,2,\cdots)$ 外,对任意正整数都适用. 现在让我们求(3.15),(3.16)各式中的积分,当 s 大于 m 时,这些积分都不易进行. 为此,设

$$s = mt + s',\ 0 < s' < m; \quad (3.17)$$

其中 t 为某一正整数,s' 为一小于 m 的正整数,于是有

$$\sum_{k=1}^{\infty}\frac{\cos(mk-s)x}{mk-s} = \sum_{k=1}^{t}\frac{\cos(mk-s)x}{mk-s} + \sum_{k=t+1}^{\infty}\frac{\cos(mk-s)x}{mk-s}$$

$$= \sum_{k=1}^{t}\frac{\cos(mk-s)x}{mk-s} + \sum_{k'=1}^{\infty}\frac{\cos(mk'-s')x}{mk'-s'} \quad (3.18)$$

其中 $k'=k-t$,并且利用了(3.17)式,式中右边第一项的 s 大于 mk,第二项中 k' 是一个计数符号,仍可以用另一计数符号 k 代替,于是(3.18)式可以写成

$$\sum_{k=1}^{\infty} \frac{\cos(mk-s)\pi}{mk-s} = -\sum_{k=1}^{t} \frac{\cos(s-mk)x}{s-mk} + \sum_{k=1}^{\infty} \frac{\cos(mk-s')x}{mk-s'} \quad (3.19a)$$

同样我们有

$$\sum_{k=1}^{\infty} \frac{\sin(mk-s)\pi}{mk-s} = \sum_{k=1}^{t} \frac{\sin(s-mk)x}{s-mk} + \sum_{k=1}^{\infty} \frac{\sin(mk-s')x}{mk-s'} \quad (3.19b)$$

在(3.19a,b)中,第二项 s' 都小于 m,当把(3.15)中的 s 用 s' 代替后,所有积分就都可以进行了. 其结果为

$$I_1 = \int_0^x \sin\left(\frac{m}{2} - s'\right)\xi \csc \frac{1}{2} m\xi \, d\xi = -\frac{2}{m} \sum_{k=0}^{m-1} \sin \frac{2\pi s'k}{m} \ln\left[\sin\left(\frac{x}{2} - \frac{\pi k}{m}\right)\right]$$

(3.20a)

$$I_2 = \int_{\frac{\pi}{m}}^x \cos\left(\frac{m}{2} - s'\right)\xi \csc \frac{1}{2} m\xi \, d\xi = \frac{2}{m} \sum_{k=0}^{m-1} \cos \frac{2\pi s'k}{m} \ln\left[\frac{\sin\left(\frac{x}{2} - \frac{\pi k}{m}\right)}{\sin\left(\frac{\pi}{2m} - \frac{\pi k}{m}\right)}\right]$$

(3.20b)

证明从略. 把(3.20a, b)代入(3.15),其中 s 采用 s',根据(3.19a, b),得

$$\sum_{k=1}^{\infty} \frac{\cos(mk-s)x}{mk-s} = -\sum_{k=1}^{t} \frac{\cos(s-mk)x}{s-mk} - \frac{\pi}{2m}\cos(2p+1)\frac{s'\pi}{m}\csc\frac{s'\pi}{m}$$

$$+ \frac{1}{m}\csc\frac{s'\pi}{m}\sum_{k=0}^{m-1}\sin\left[\frac{s'\pi}{m} - \frac{2s'\pi k}{m}\right]\ln\left[\sin\left(\frac{\pi}{2m} - \frac{k\pi}{m}\right)\right]$$

$$- \frac{1}{m}\sum_{k=1}^{m-1}\cos\frac{2s'k\pi}{m}\ln\left[\sin\left(\frac{x}{2} - \frac{k\pi}{m}\right)\right],$$

$$\sum_{k=1}^{\infty} \frac{\sin(mk-s)x}{mk-s} = \sum_{k=1}^{t} \frac{\sin(s-mk)x}{s-mk} + \frac{\pi}{2m}\sin(2p+1)\frac{s'\pi}{m}\csc\frac{s'\pi}{m}$$

$$+ \frac{1}{m}\sum_{k=0}^{m-1}\sin\frac{2s'k\pi}{m}\ln\left[\sin\left(\frac{x}{2} - \frac{\pi k}{m}\right)\right]$$

$$\left[\left(2n + \frac{2p}{m}\right)\pi < x < \left(2n + \frac{2p+2}{m}\right)\pi, \ p = 0, 1, 2, \cdots, m-1\right]$$

(3.21a, b)

(3.21a, b)还可以进一步简化,而且利用 $s' = s - mt$,可以把所有 s' 项都还原为 s 的项. 其中

$$\begin{matrix}\cos\\ \sin\end{matrix}\left(\frac{2s'\pi k}{m}\right) = \begin{matrix}\cos\\ \sin\end{matrix}\left[\frac{2k\pi}{m}(s-mt)\right] = \begin{matrix}\cos\\ \sin\end{matrix}\left(\frac{2sk\pi}{m}\right)$$

$$\sin\frac{s'\pi}{m} = \sin\left(\frac{2\pi}{m} - \pi t\right) = \cos\pi t \sin\frac{s\pi}{m} \tag{3.22}$$

$$\begin{matrix}\cos\\ \sin\end{matrix}\left[(2p+1)\frac{s'\pi}{m}\right] = \begin{matrix}\cos\\ \sin\end{matrix}\left[(2p+1)\frac{s\pi}{m} - (2p+1)t\pi\right] = \cos\pi t \begin{matrix}\cos\\ \sin\end{matrix}\left[(2p+1)\frac{s\pi}{m}\right]$$

还有

$$\sum_{k=0}^{m-1}\sin\left[\frac{s'\pi}{m} - \frac{2s'\pi k}{m}\right]\ln\left[\sin\left(\frac{\pi}{2m} - \frac{k\pi}{m}\right)\right]$$

$$= \cos\pi t \sum_{k=0}^{m-1}\sin\left[\frac{s\pi}{m} - \frac{2s\pi k}{m}\right]\ln\left[\sin\left(\frac{\pi}{2m} - \frac{k\pi}{m}\right)\right] \tag{3.23}$$

而且还能进一步简化如下：

如果称

$$p_k = \sin\left[\frac{s\pi}{m} - \frac{2s\pi k}{m}\right]\ln\left[\sin\left(\frac{\pi}{2m} - \frac{\pi k}{m}\right)\right] \tag{3.24}$$

则很易证明

$$p_0 = \sin\frac{s\pi}{m}\ln\sin\frac{\pi}{2m}$$

$$p_k = -p_{m-k+1} \quad k = 1, 2, 3, \cdots \tag{3.25}$$

当 m 为双数时，有

$$\sum_{k=0}^{m-1}p_k = (p_1 + p_0) + (p_2 + p_{m-1}) + (p_3 + p_{m-2}) + \cdots + (p_{\frac{m}{2}} + p_{\frac{m}{2}+1}) = 0$$
$$\tag{3.26}$$

当 m 为单数时，有

$$\sum_{k=0}^{m-1}p_k = (p_1 + p_0) + (p_2 + p_{m-1}) + (p_3 + p_{m-2}) + \cdots + p_{\frac{m+1}{2}} = p_{\frac{m+1}{2}}$$
$$\tag{3.27}$$

但根据(3.24)式，可以证明

$$p_{\frac{m+1}{2}} = \sin\frac{s\pi}{m}[1-(m+1)]\ln\left\{\sin\left[\frac{\pi}{2m}(1-\overline{m+1})\right]\right\} = 0 \tag{3.28}$$

因此，不论 m 为单数或双数，(3.23)式都恒等于零.

$$\sum_{k=0}^{m-1} p_k = \sum_{k=0}^{m-1} \sin\left[\frac{s'\pi}{m} - \frac{2s'\pi k}{m}\right] \ln\left[\sin\left(\frac{\pi}{2m} - \frac{\pi k}{m}\right)\right] = 0 \qquad (3.29)$$

把(3.22)和(3.29)代入(3.21a, b)，即得

$$\boxed{\begin{aligned}
A_{13} &= \sum_{k=1}^{\infty} \frac{\cos(mk-s)x}{mk-s} = -\sum_{k=1}^{t} \frac{\cos(s-mk)x}{s-mk} - \frac{\pi}{2m}\cos(2p+1)\frac{s\pi}{m}\csc\frac{s\pi}{m} \\
&\quad - \frac{1}{m}\sum_{k=0}^{m-1}\cos\frac{2sk\pi}{m}\ln\left[\sin\left(\frac{x}{2} - \frac{k\pi}{m}\right)\right], \\
A_{14} &= \sum_{k=1}^{\infty} \frac{\sin(mk-s)x}{mk-s} = \sum_{k=1}^{t} \frac{\sin(s-mk)x}{s-mk} + \frac{\pi}{2m}\sin(2p+1)\frac{s\pi}{m}\csc\frac{s\pi}{m} \\
&\quad + \frac{1}{m}\sum_{k=0}^{m-1}\sin\frac{2sk\pi}{m}\ln\left[\sin\left(\frac{x}{2} - \frac{k\pi}{m}\right)\right], \\
&\left[\left(2n + \frac{2p}{m}\right)\pi < x < \left(2n + \frac{2p+2}{m}\right)\pi, \ p = 0, 1, 2, \cdots, m-1\right]
\end{aligned}}$$

$$(3.30)$$

其中 $t < \frac{s}{m} < t+1$，在交界点 $x = \left(2n + \frac{2p}{m}\right)\pi$ 上，级数之和取左右两个区域的值的中值. (3.30)式为 $\sum_{k=1}^{\infty} \frac{1}{mk-s} \begin{matrix}\cos\\\sin\end{matrix}(mk-s)x$ 的最简化的表达式.

现在让我们研究(3.15)式中 s 前的符号是正的时候的积分. 我们可以引入小于 m 的另一个正整数 s''，即

$$s = mt' - s'', \ 0 < s'' < m \qquad (3.31)$$

和(3.17)比较，我们有

$$t' = t+1, \ s'' = m-s' \qquad (3.32)$$

于是有

$$\sum_{k=1}^{\infty} \frac{\cos(mk+s)x}{mk+s} = -\sum_{k=-(t'-1)}^{k=0} \frac{\cos(mk+s)x}{mk+s} + \sum_{k=-(t'-1)}^{\infty} \frac{\cos(mk+s)x}{mk+s}$$

$$(3.33)$$

在上式右侧第一项中，置 $k = -k'$，得

$$-\sum_{k=-(t'-1)}^{k=0} \frac{\cos(mk+s)x}{mk+s} = -\sum_{k'=0}^{k'=t'-1=t} \frac{\cos(s-mk')x}{s-mk'} = -\sum_{k=0}^{t} \frac{\cos(s-mk)x}{s-mk}$$

$$(3.34)$$

在(3.33)式右侧第二项中,置 $s = mt' - s''$,称 $k + t' = k''$,得

$$\sum_{k=1-t'}^{k=0} \frac{\cos(mk+s)x}{mk+s} = \sum_{k=1-t'}^{k=\infty} \frac{\cos[m(k+t')-s'']x}{m(k+t')-s''} = \sum_{k''=1}^{k''=\infty} \frac{\cos(mk''-s'')x}{mk''-s''}$$

$$= \sum_{k=1}^{\infty} \frac{\cos(mk-s'')x}{mk-s''} \tag{3.35}$$

把(3.34),(3.35)的结果代入(3.33),即得

$$\sum_{k=1}^{\infty} \frac{\cos(mk+s)x}{mk+s} = -\sum_{k=0}^{t} \frac{\cos(s-mk)x}{s-mk} + \sum_{k=1}^{\infty} \frac{\cos(mk-s'')x}{mk-s''} \tag{3.36a}$$

同样可以证明

$$\sum_{k=1}^{\infty} \frac{\sin(mk+s)x}{mk+s} = -\sum_{k=0}^{t} \frac{\sin(s-mk)x}{s-mk} + \sum_{k=1}^{\infty} \frac{\sin(mk-s'')x}{mk-s''} \tag{3.36b}$$

其中 t 为一正整数,由下式决定

$$t < \frac{s}{m} < t+1, \tag{3.37}$$

s'' 为一小于 m 的正整数,由(3.31)决定.(4.36a,b)中的右侧第二项和(3.19a,b)中的右侧第二项完全相似,只是用 s'' 代替了 s',而且 s'' 也是小于 m 的正整数. 所以, 求这两项的计算过程也完全一样. 最后,我们可以证明

$$A_{17} = \sum_{k=1}^{\infty} \frac{\cos(mk+s)x}{mk+s} = -\sum_{k=1}^{t} \frac{\cos(s-mk)x}{s-mk} + \frac{\pi}{2m}\cos(2p+1)\frac{s\pi}{m}\csc\frac{s\pi}{m}$$

$$-\frac{1}{m}\sum_{k=0}^{m-1} \cos\frac{2s\pi k}{m}\ln\left[\sin\left(\frac{x}{2} - \frac{k\pi}{m}\right)\right],$$

$$A_{18} = \sum_{k=1}^{\infty} \frac{\sin(mk+s)x}{mk+s} = -\sum_{k=0}^{t} \frac{\sin(s-mk)x}{s-mk} + \frac{\pi}{2m}\sin(2p+1)\frac{s\pi}{m}\csc\frac{s\pi}{m}$$

$$-\frac{1}{m}\sum_{k=0}^{m-1} \sin\frac{2s\pi k}{m}\ln\left[\sin\left(\frac{x}{2} - \frac{k\pi}{m}\right)\right],$$

$$\left[\left(2n + \frac{2p}{m}\right)\pi < x < \left(2n + \frac{2p+2}{m}\right)\pi, \ p = 0, 1, 2, \cdots, m-1\right]$$

$$\tag{3.38}$$

其中, $t < \frac{s}{m} < t+1$, 在区域的交界点 $x = 2n + \frac{2p}{m}$ 上, 级数的和等于左右区域在

该点的值的中值. 把(3.30)和(3.38)相比较,除了若干项正负符号相反外,其第一项有根本差别,(3.30)式的和号起自 $k=1$,但(3.38)式的和式起自 $k=0$.

因为

$$\left.\begin{aligned}\cos(mk\pm s)\left(x+\frac{\pi}{m}\right) &= -(-1)^{k+1}\cos(mk\pm s)x\cos\frac{s\pi}{m} \\ &\quad \pm(-1)^{k+1}\sin(mk\pm s)x\sin\frac{s\pi}{m} \\ \sin(mk\pm s)\left(x+\frac{\pi}{m}\right) &= \mp(-1)^{k+1}\cos(mk\pm s)\sin\frac{s\pi}{m} \\ &\quad -(-1)^{k+1}\sin(mk\pm s)x\cos\frac{s\pi}{m}\end{aligned}\right\} \quad (3.39)$$

解之,得

$$\left.\begin{aligned}(-1)^{k+1}\cos(mk\pm s)x &= -\cos\frac{s\pi}{m}\cos\left[(mk\pm s)\left(x+\frac{\pi}{m}\right)\right] \\ &\quad \mp \sin\frac{s\pi}{m}\sin\left[(mk\pm s)\left(x+\frac{\pi}{m}\right)\right] \\ (-1)^{k+1}\sin(mk\pm s)x &= \pm\sin\frac{s\pi}{m}\cos\left[(mk\pm s)\left(x+\frac{\pi}{m}\right)\right] \\ &\quad -\cos\frac{s\pi}{m}\sin\left[(mk\pm s)\left(x+\frac{\pi}{m}\right)\right]\end{aligned}\right\} \quad (3.40)$$

在利用了(3.30),(3.38)之后,即可证明

$$A_{19} = \sum_{k=1}^{\infty}(-1)^{k+1}\frac{\cos(mk+s)x}{mk+s}$$

$$= -\sum_{k=0}^{t}(-1)^{k+1}\frac{\cos(s-mk)x}{s-mk} - \frac{\pi}{2m}\cos\frac{2ps\pi}{m}\csc\frac{s\pi}{m}$$

$$+ \frac{1}{m}\sum_{k=0}^{m-1}\cos\left[(2k-1)\frac{s\pi}{m}\right]\ln\left[\sin\left(\frac{x}{2}-\overline{2k-1}\frac{\pi}{2m}\right)\right],$$

$$A_{20} = \sum_{k=1}^{\infty}(-1)^{k+1}\frac{\sin(mk+s)x}{mk+s}$$

$$= -\sum_{k=0}^{t}(-1)^{k+1}\frac{\sin(s-mk)x}{s-mk} - \frac{\pi}{2m}\sin\frac{2ps\pi}{m}\csc\frac{s\pi}{m}$$

$$+ \frac{1}{m}\sum_{k=0}^{m-1}\sin\left[(2k-1)\frac{s\pi}{m}\right]\ln\left[\sin\left(\frac{x}{2}-\overline{2k-1}\frac{\pi}{2m}\right)\right],$$

$$A_{15} = \sum_{k=1}^{\infty} (-1)^{k+1} \frac{\cos(mk-s)x}{mk-s}$$

$$= -\sum_{k=1}^{t} (-1)^{k+1} \frac{\cos(s-mk)x}{s-mk} + \frac{\pi}{2m}\cos\frac{2ps\pi}{m}\csc\frac{s\pi}{m}$$

$$+ \frac{1}{m}\sum_{k=0}^{m-1} \cos\left[(2k-1)\frac{s\pi}{m}\right]\ln\left[\sin\left(\frac{x}{2} - \overline{2k-1}\frac{\pi}{2m}\right)\right],$$

$$A_{16} = \sum_{k=1}^{\infty} (-1)^{k+1} \frac{\sin(mk-s)x}{mk-s}$$

$$= \sum_{k=1}^{t} (-1)^{k+1} \frac{\sin(s-mk)x}{s-mk} - \frac{\pi}{2m}\sin\frac{2ps\pi}{m}\csc\frac{s\pi}{m}$$

$$- \frac{1}{m}\sum_{k=0}^{m-1} \sin\left[(2k-1)\frac{s\pi}{m}\right]\ln\left[\sin\left(\frac{x}{2} - \overline{2k-1}\frac{\pi}{2m}\right)\right],$$

$$\left[\left(2n + \frac{2p-1}{m}\right)\pi < x < \left(2n + \frac{2p+1}{m}\right)\pi,\; p = 0, 1, 2, \cdots, m-1\right]$$

(3.41)

其中 $t < \frac{s}{m} < t+1$,(3.30),(3.38),(3.41)式[即 $A_{13} \sim A_{20}$]为本节所求的最简化的结果,所有这些结果都指出,(3.30),(3.38)都是周期为 2π 的周期函数,在每个周期 $(2n\pi) < x < 2(n+1)\pi$ 里,曲线在 $x = \left(2n + \frac{2p}{m}\right)\pi$ 诸点($p = 0, 1, 2, \cdots, m-1$)上分成 m 段,而且在所有这些点上,都是不连续的.(3.41)诸级数也都是周期为 2π 的周期函数,在每个周期 $\left(2n - \frac{1}{m}\right)\pi < x < \left(2n + 2 - \frac{1}{m}\right)\pi$ 中,曲线在 $x = \left(2n + \frac{2p-1}{m}\right)\pi$(其中 $p = 0, 1, 2, \cdots, m-1$)诸不连续点上分成 m 段. 在所有不连续点上,级数的和是该点左右两侧区域的值的中值.

四、$\sum_{k=1}^{\infty} \frac{1}{mk \pm s} \begin{matrix}\cos\\\sin\end{matrix}(mk \pm s)x$,$\sum_{k=1}^{\infty} \frac{(-1)^{k+1}}{mk \pm s} \begin{matrix}\cos\\\sin\end{matrix}(mk \pm s)x$ 之和($s = mt$; $t = 0, 1, 2, \cdots$)

首先,让我们研究 $s = 0$ 时的情况,把(2.7)式从 0 到 x 积分,得

$$\sum_{k=1}^{\infty} \frac{\sin mkx}{mk} = -\frac{1}{2}x + \int_0^x \pi \delta_{2\pi}(mx)\,\mathrm{d}x \quad (4.1)$$

根据(2.3d),上式可以求得为

$$A_{22} = \sum_{k=1}^{\infty} \frac{\sin mkx}{mk} = -\frac{1}{2}x + (2n+1)\frac{\pi}{2m} \quad \left(\frac{2n}{m}\pi < x < \frac{2n+2}{m}\pi\right) \quad (4.2)$$

将(2.8)式积分,得

$$\sum_{k=1}^{\infty} \frac{\cos mkx}{mk} = -\frac{1}{m}\ln\left[\sin\frac{1}{2}mx\right] + C \quad (4.3)$$

其中 C 为积分常数;设在(4.3)式中,置 $x = \frac{\pi}{m}$,则可证明

$$C = \sum_{k=1}^{\infty} \frac{(-1)^k}{mk} = -\frac{1}{m}\ln 2 \quad (4.4)$$

在这里,我们使用了级数展开式

$$\ln(1+x) = \sum_{k=1}^{\infty} (-1)^{k+1} \frac{x^k}{k} \quad (-1 < x < +1) \quad (4.5)$$

于是,求得

$$A_{21} = \sum_{k=1}^{\infty} \frac{\cos mkx}{mk} = -\frac{1}{m}\ln\left[2\sin\frac{1}{2}mx\right] \quad (4.6)$$

把 $x + \frac{\pi}{m}$ 代替(4.2),(4.6)中的 x,即可求得

$$A_{24} = \sum_{k=1}^{\infty} \frac{(-1)^{k+1}}{mk}\sin mkx = \frac{x}{2} - \frac{n\pi}{m} \quad \left(\frac{2n-1}{m}\pi < x < \frac{2n+1}{m}\pi\right), \quad (4.7)$$

$$A_{23} = \sum_{k=1}^{\infty} \frac{(-1)^{k+1}}{mk}\cos mkx = \frac{1}{m}\ln\left[2\cos\frac{1}{2}mx\right], \quad (4.8)$$

(4.2),(4.6),(4.7),(4.8)四式为 $s=0$ 时的级数和. 我们必须指出,这四个级数都是周期为 $\frac{2\pi}{m}$ 的周期函数,亦即在 2π 的区域里有 m 个周期,在 2π 的区域里有 m 个不连续点.

现在让我们讨论 $s=mt$, $t=1,2,3,\cdots$ 的情况. 首先研究 s 前的符号是正号时的情况. 我们可以把和式分成两部分

$$\sum_{k=1}^{\infty} \frac{\cos(mk+mt)x}{mk+mt} = -\sum_{k=-t+1}^{0} \frac{\cos(mk+mt)x}{mk+mt} + \sum_{k=-t+1}^{\infty} \frac{\cos(mk+mt)x}{mk+mt}$$

(4.9)

在上式右侧两项中引进 $k' = k+t$，得

$$-\sum_{k=-t+1}^{0}\frac{\cos(mk+mt)x}{mk+mt} = -\sum_{k'=1}^{t}\frac{\cos mk'x}{mk'}$$

$$\sum_{k=-t+1}^{\infty}\frac{\cos(mk+mt)x}{mk+mt} = \sum_{k'=1}^{\infty}\frac{\cos mk'x}{mk'}$$
(4.10)

这里的 k' 也是计数符号，仍旧可以用 k 表示，于是(4.9)式可以写成

$$\sum_{k=1}^{\infty}\frac{\cos(mk+mt)x}{mk+mt} = -\sum_{k=1}^{t}\frac{\cos mkx}{mk} + \sum_{k=1}^{\infty}\frac{\cos mkx}{mk} \quad (4.11)$$

同样可以证明

$$\sum_{k=1}^{\infty}\frac{\sin(mk+mt)x}{mk+mt} = -\sum_{k=1}^{t}\frac{\sin mkx}{mk} + \sum_{k=1}^{\infty}\frac{\sin mkx}{mk} \quad (4.12)$$

把(4.2),(4.6)的结果代入(4.11),(4.12)，我们有

$$A_{25} = \sum_{k=1}^{\infty}\frac{\cos(mk+mt)x}{mk+mt} = -\sum_{k=1}^{t}\frac{\cos mkx}{mk} - \frac{1}{m}\ln\left[2\sin\frac{1}{2}mx\right],$$
(4.13a)

$$A_{26} = \sum_{k=1}^{\infty}\frac{\sin(mk+mt)x}{mk+mt} = -\sum_{k=1}^{t}\frac{\sin mkx}{mk} - \frac{1}{2}x + (2n+1)\frac{\pi}{2m},$$

$$\left(\frac{2n}{m}\pi < x < \frac{2n+2}{m}\pi\right) \quad (4.13b)$$

利用(3.40)式，从(4.13a,b)式可以证明

$$A_{27} = \sum_{k=1}^{\infty}(-1)^{k+1}\frac{\cos(mk+mt)x}{mk+mt}$$

$$= -\sum_{k=1}^{t}(-1)^{k+t+1}\frac{\cos mkx}{mk} + \frac{(-1)^t}{m}\ln\left[2\cos\frac{mx}{2}\right], \quad (4.14a)$$

$$A_{28} = \sum_{k=1}^{\infty}(-1)^{k+1}\frac{\sin(mk+mt)x}{mk+mt}$$

$$= -\sum_{k=1}^{t}(-1)^{k+t+1}\frac{\sin mkx}{mk} + (-1)^t\left[\frac{x}{2} - \frac{n\pi}{m}\right],$$

$$\left(\frac{2n-1}{m}\pi < x < \frac{2n+1}{m}\pi\right) \quad (4.14b)$$

(4.13a, b),(4.14a，b)是 $s = mt$，而且 s 前为正号时的四种级数的表达式.

对于 $mt = s$，而且 s 前为负号时的情况而言，级数中必有一项的 k 等于 t，这项系数为无穷大，因此，我们将只研究移去了那一项的级数之和，即研究

$$\sum_{\substack{k=1\\k\neq t}}^{\infty} \frac{1}{mk-mt} \begin{matrix}\cos\\\sin\end{matrix}(mk-mt)x, \quad \sum_{\substack{k=1\\k\neq t}}^{\infty}(-1)^{k+1}\frac{1}{mk-mt}\begin{matrix}\cos\\\sin\end{matrix}(mk-mt)x \quad (4.15)$$

为了求这类级数的和，首先，我们也可以把 $k < t$ 和 $k > t$ 两部分的级数项分开：

$$\sum_{\substack{k=1\\k\neq t}}^{\infty}\frac{\cos(mk-mt)}{mk-mt} = \sum_{k=1}^{k=t-1}\frac{\cos(mk-mt)x}{mk-mt} + \sum_{k=t+1}^{\infty}\frac{\cos(mk-mt)x}{mk-mt}$$

(4.16)

用 $k'' = k - t$，和 $k''' = -k''$，(4.16)式中两项分别简化为

$$\sum_{k=1}^{k=t-1}\frac{\cos(mk-mt)x}{mk-mt} = \sum_{k''=1-t}^{k''=-1}\frac{\cos mk''x}{mk''} = -\sum_{k'''=1}^{k'''=t-1}\frac{\cos mk'''x}{mk'''} \quad (4.17a)$$

$$\sum_{k=t+1}^{k=\infty}\frac{\cos(mk-mt)x}{mk-mt} = \sum_{k''=1}^{k''=\infty}\frac{\cos mk''x}{mk''} \quad (4.17b)$$

不论 k''，k'''，都是计数符号，都可以用 k 表示，所以在利用了(4.6)式的 A_{21} 之后，(4.16)式可以化为

$$\boxed{A_{29} = \sum_{\substack{k=1\\k\neq t}}^{\infty}\frac{\cos(mk-mt)x}{mk-mt} = -\sum_{k=1}^{t-1}\frac{\cos mkx}{mk} - \frac{1}{m}\ln\left[2\sin\frac{m}{2}x\right],} \quad (4.18)$$

同样可以证明

$$\boxed{A_{30} = \sum_{\substack{k=1\\k\neq t}}^{\infty}\frac{\sin(mk-mt)x}{mk-mt} = \sum_{k=1}^{t-1}\frac{\sin mkx}{mk} - \left[\frac{1}{2}x - (2n+1)\frac{\pi}{2m}\right],}$$

$$\left(\frac{2n}{m}\pi < x < \frac{2n+2}{m}\pi\right) \quad (4.19)$$

用(3.40)式，从(4.14),(4.15)可以证明

$$\boxed{\begin{aligned}A_{31} &= \sum_{\substack{k=1\\k\neq t}}^{\infty}(-1)^{k+1}\frac{\cos(mk-mt)x}{mk-mt}\\ &= -\sum_{k=1}^{t-1}\frac{(-1)^{k+t+1}}{mk}\cos mkx + \frac{(-1)^t}{m}\ln\left[2\cos\frac{mx}{2}\right],\end{aligned}} \quad (4.20)$$

$$A_{32} = \sum_{\substack{k=1 \\ k \neq t}}^{\infty} (-1)^{k+1} \frac{\sin(mk-mt)x}{mk-mt}$$

$$= \sum_{k=1}^{t-1} \frac{(-1)^{k+t+1}}{mk} \sin mkx + (-1)^t \left[\frac{1}{2}x - \frac{n\pi}{m}\right],$$

$$\left(\frac{2n-1}{m}\pi < x < \frac{2n+1}{m}\pi\right) \tag{4.21}$$

这样就求得了所有这一类的级数之和. 这类级数同样都是周期为 $\frac{2\pi}{m}$ 的周期函数, 在 2π 区域内共有 m 个周期和 m 个不连续点, 在这些不连续点上, 级数的和取左右两个区域中的值的中值.

五、$\sum_{k=1}^{\infty} \frac{1}{mk \pm s} \genfrac{}{}{0pt}{}{\cos}{\sin} mkx$, $\sum_{k=1}^{\infty} \frac{(-1)^{k+1}}{mk \pm s} \genfrac{}{}{0pt}{}{\cos}{\sin} mkx$ 之和

由于

$$\sin mkx = \sin(mk \pm s \mp s)x = \sin(mk \pm s)x \cos sx \mp \cos(mk \pm s)x \sin sx,$$
$$\cos mkx = \cos(mk \pm s \mp s)x = \cos(mk \pm s)x \cos sx \pm \sin(mk \pm s)x \cos sx,$$
$$\tag{5.1}$$

所以我们有

$$\sum_{k=1}^{\infty} \frac{\cos mkx}{mk \pm s} = \cos sx \sum_{k=1}^{\infty} \frac{\cos(mk \pm s)x}{mk \pm s} \pm \sin sx \sum_{k=1}^{\infty} \frac{\sin(mk \pm s)x}{mk \pm s}, \tag{5.2a}$$

$$\sum_{k=1}^{\infty} \frac{\sin mkx}{mk \pm s} = \mp \sin sx \sum_{k=1}^{\infty} \frac{\cos(mk \pm s)x}{mk \pm s} + \cos sx \sum_{k=1}^{\infty} \frac{\sin(mk \pm s)x}{mk \pm s}, \tag{5.2b}$$

$$\sum_{k=1}^{\infty} (-1)^{k+1} \frac{\cos mks}{mk \pm s} = \cos sx \sum_{k=1}^{\infty} (-1)^{k+1} \frac{\cos(mk \pm s)x}{mk \pm s}$$
$$\pm \sin sx \sum_{k=1}^{\infty} (-1)^{k+1} \frac{\sin(mk \pm s)x}{mk \pm s}, \tag{5.2c}$$

$$\sum_{k=1}^{\infty} (-1)^{k+1} \frac{\sin mks}{mk \pm s} = \mp \sin sx \sum_{k=1}^{\infty} (-1)^{k+1} \frac{\cos(mk \pm s)x}{mk \pm s}$$
$$+ \cos sx \sum_{k=1}^{\infty} (-1)^{k+1} \frac{\sin(mk \pm s)x}{mk \pm s}; \tag{5.2d}$$

利用了(3.30),(3.38);(3.41)中 $A_{13}\sim A_{20}$ 诸式以后,我们即可求得

$$A_{33} = \sum_{k=1}^{\infty} \frac{\cos mkx}{mk+s} = -\sum_{k=0}^{t} \frac{\cos mkx}{s-mk} + \frac{\pi}{2m}\cos\left[sx-(2p+1)\frac{s\pi}{m}\right]\csc\frac{s\pi}{m}$$
$$-\frac{1}{m}\sum_{k=0}^{m-1}\cos\left[sx-\frac{2sk\pi}{m}\right]\ln\left[\sin\left(\frac{x}{2}-\frac{k\pi}{2}\right)\right],$$

$$A_{34} = \sum_{k=1}^{\infty} \frac{\sin mkx}{mk+s} = \sum_{k=0}^{t} \frac{\sin mkx}{s-mk} - \frac{\pi}{2m}\sin\left[sx-(2p+1)\frac{s\pi}{m}\right]\csc\frac{s\pi}{m}$$
$$+\frac{1}{m}\sum_{k=0}^{m-1}\sin\left[sx-\frac{2sk\pi}{m}\right]\ln\left[\sin\left(\frac{x}{2}-\frac{k\pi}{2}\right)\right],$$

$$A_{37} = \sum_{k=1}^{\infty} \frac{\cos mkx}{mk-s} = -\sum_{k=1}^{t} \frac{\cos mkx}{s-mk} - \frac{\pi}{2m}\cos\left[sx-(2p+1)\frac{s\pi}{m}\right]\csc\frac{s\pi}{m}$$
$$-\frac{1}{m}\sum_{k=0}^{m-1}\cos\left[sx-\frac{2sk\pi}{m}\right]\ln\left[\sin\left(\frac{x}{2}-\frac{k\pi}{2}\right)\right],$$

$$A_{38} = \sum_{k=1}^{\infty} \frac{\sin mkx}{mk-s} = -\sum_{k=1}^{t} \frac{\sin mkx}{s-mk} - \frac{\pi}{2m}\sin\left[sx-(2p+1)\frac{s\pi}{m}\right]\csc\frac{s\pi}{m}$$
$$-\frac{1}{m}\sum_{k=0}^{m-1}\sin\left[sx-\frac{2sk\pi}{m}\right]\ln\left[\sin\left(\frac{x}{2}-\frac{k\pi}{m}\right)\right],$$

其中 $t<\dfrac{s}{m}<t+1, \left(2n+\dfrac{2p}{m}\right)\pi<x<\left(2n+\dfrac{2p+2}{m}\right)\pi,$

$$p = 0, 1, 2, \cdots, m-1 \tag{5.3}$$

$$A_{35} = \sum_{k=1}^{\infty}(-1)^{k+1}\frac{\cos mkx}{mk+s} = -\sum_{k=0}^{t}(-1)^{k+1}\frac{\cos mkx}{s-mk} - \frac{\pi}{2m}\cos\left[sx-\frac{2ps\pi}{m}\right]\csc\frac{s\pi}{m}$$
$$+\frac{1}{m}\sum_{k=0}^{m-1}\cos\left[sx-\frac{s\pi}{m}(2k-1)\right]\ln\left[\sin\left(\frac{x}{2}-\overline{2k-1}\frac{\pi}{2m}\right)\right],$$

$$A_{36} = \sum_{k=1}^{\infty}(-1)^{k+1}\frac{\sin mkx}{mk+s} = \sum_{k=0}^{t}(-1)^{k+1}\frac{\sin mkx}{s-mk} + \frac{\pi}{2m}\sin\left[sx-\frac{2ps\pi}{m}\right]\csc\frac{s\pi}{m}$$
$$-\frac{1}{m}\sum_{k=0}^{m-1}\sin\left[sx-\frac{s\pi}{m}(2k-1)\right]\ln\left[\sin\left(\frac{x}{2}-\overline{2k-1}\frac{\pi}{2m}\right)\right],$$

$$A_{39} = \sum_{k=1}^{\infty}(-1)^{k+1}\frac{\cos mkx}{mk-s} = -\sum_{k=1}^{t}(-1)^{k+1}\frac{\cos mkx}{s-mk} + \frac{\pi}{2m}\cos\left[sx - \frac{2ps\pi}{m}\right]\csc\frac{s\pi}{m}$$

$$+ \frac{1}{m}\sum_{k=0}^{m-1}\cos\left[sx - \frac{s\pi}{m}(2k-1)\right]\ln\left[\sin\left(\frac{x}{2} - \overline{2k-1}\frac{\pi}{2m}\right)\right],$$

$$A_{40} = \sum_{k=1}^{\infty}(-1)^{k+1}\frac{\sin mkx}{mk-s} = -\sum_{k=1}^{t}(-1)^{k+1}\frac{\sin mkx}{s-mk} + \frac{\pi}{2m}\sin\left[sx - \frac{2ps\pi}{m}\right]\csc\frac{s\pi}{m}$$

$$+ \frac{1}{m}\sum_{k=0}^{m-1}\sin\left[sx - \frac{s\pi}{m}(2k-1)\right]\ln\left[\sin\left(\frac{x}{2} - \overline{2k-1}\frac{\pi}{2m}\right)\right],$$

其中 $t < \dfrac{s}{m} < t+1$, $\left(2n + \dfrac{2p-1}{m}\right)\pi < x < \left(2n + \dfrac{2p+1}{m}\right)\pi,$

$$p = 0, 1, 2, \cdots, m-1 \tag{5.4}$$

当 $s' = mt$ 时，我们可以从(5.2)及(4.13), (4.14), (4.18)~(4.21)导出：

$$A_{41} = \sum_{k=1}^{\infty}\frac{\cos mkx}{mk+mt} = -\sum_{k=1}^{t}\frac{\cos(t-k)mx}{mk} - \frac{1}{m}\cos mtx\ln\left[2\sin\frac{mx}{2}\right]$$

$$-\left[\frac{x}{2} - (2n+1)\frac{\pi}{2m}\right]\sin mtx,$$

$$A_{42} = \sum_{k=1}^{\infty}\frac{\sin mkx}{mk+mt} = +\sum_{k=1}^{t}\frac{\sin(t-k)mx}{mk} + \frac{1}{m}\sin mtx\ln\left[2\sin\frac{mx}{2}\right]$$

$$-\left[\frac{x}{2} - (2n+1)\frac{\pi}{2m}\right]\cos mtx,$$

$$A_{45} = \sum_{\substack{k=1 \\ k\neq t}}^{\infty}\frac{\cos mkx}{mk-mt} = -\sum_{k=1}^{t-1}\frac{\cos(t-k)mx}{mk} - \frac{1}{m}\cos mtx\ln\left[2\sin\frac{mx}{2}\right]$$

$$+\left[\frac{x}{2} - (2n+1)\frac{\pi}{2m}\right]\sin mtx,$$

$$A_{46} = \sum_{\substack{k=1 \\ k\neq t}}^{\infty}\frac{\sin mkx}{mk-mt} = -\sum_{k=1}^{t-1}\frac{\sin(t-k)mx}{mk} - \frac{1}{m}\sin mtx\ln\left[2\sin\frac{mx}{2}\right]$$

$$-\left[\frac{x}{2} - (2n+1)\frac{\pi}{2m}\right]\cos mtx, \quad \left(\frac{2n}{m}\pi < x < \frac{2n+2}{m}\pi\right) \tag{5.5}$$

$$A_{43} = \sum_{k=1}^{\infty} (-1)^{k+1} \frac{\cos mkx}{mk+mt} = -\sum_{k=1}^{t} (-1)^{k+t+1} \frac{\cos(t-k)mx}{mk}$$

$$+ \frac{(-1)^t}{m} \cos mtx \ln \left[2\cos \frac{mx}{2} \right] + (-1)^t \left[\frac{x}{2} - \frac{n\pi}{m} \right] \sin mtx,$$

$$A_{44} = \sum_{k=1}^{\infty} (-1)^{k+1} \frac{\sin mkx}{mk+mt} = \sum_{k=1}^{t} (-1)^{k+t+1} \frac{\sin(t-k)mx}{mk}$$

$$- \frac{(-1)^t}{m} \sin mtx \ln \left[2\cos \frac{mx}{2} \right] + (-1)^t \left[\frac{x}{2} - \frac{n\pi}{m} \right] \cos mtx,$$

$$A_{47} = \sum_{\substack{k=1 \\ k \neq t}}^{\infty} (-1)^{k+1} \frac{\cos mkx}{mk-mt} = -\sum_{k=1}^{t-1} (-1)^{k+t+1} \frac{\cos(t-k)mx}{mk}$$

$$+ \frac{(-1)^k}{m} \cos mtx \ln \left[2\cos \frac{mx}{2} \right] - (-1)^t \left[\frac{x}{2} - \frac{n\pi}{m} \right] \sin mtx,$$

$$A_{48} = \sum_{\substack{k=1 \\ k \neq t}}^{\infty} (-1)^{k+1} \frac{\sin mkx}{mk-mt} = -\sum_{k=1}^{t-1} (-1)^{k+t+1} \frac{\sin(t-k)mx}{mk}$$

$$+ \frac{(-1)^k}{m} \sin mtx \ln \left[2\cos \frac{mx}{2} \right] + (-1)^t \left[\frac{x}{2} - \frac{n\pi}{m} \right] \cos mtx,$$

$$\left(\frac{2n-1}{m}\pi < x < \frac{2n+1}{m}\pi \right) \tag{5.6}$$

上述所有级数之和在不连续点上的值,都为该点左右两区域中的值的中值.

六、$\sum_{k=1}^{\infty} \frac{1}{k-\frac{s}{m}} \begin{matrix}\cos\\\sin\end{matrix} kx$, $\sum_{k=1}^{\infty} \frac{(-1)^{k+1}}{k-\frac{s}{m}} \begin{matrix}\cos\\\sin\end{matrix} kx$ 之和

如果把(5.3),(5.4)诸式乘 m,并把式中 mx 用 x 代替,即得我们所求诸式的和. 以 $\sum_{k=1}^{\infty} \frac{1}{k+\frac{s}{m}} \cos kx$ 为例,把(5.3)式中第一式乘 m,并以 x 代替 mx,即得

$$\sum_{k=1}^{\infty} \frac{\cos kx}{k+\frac{s}{m}} = -\sum_{k=0}^{t} \frac{m\cos kx}{s-mk} + \frac{\pi}{2} \cos \left[\frac{s}{m}(x - \overline{2p+1}\pi) \right] \csc \frac{s\pi}{m}$$

$$- \sum_{k=0}^{m-1} \cos \left[\frac{s}{m}(x - 2k\pi) \right] \ln \left[\sin \frac{1}{2m}(x - 2k\pi) \right]$$

其中 $t < \dfrac{s}{m} < t+1$ $(2nm+2p)\pi < x < (2nm+2p+2)\pi$,
$$p = 0, 1, 2, \cdots, m-1 \tag{6.1}$$

以形式上看，这是一个周期为 $2m\pi$ 的周期函数，其实它只是一个周期为 2π 的周期函数. 首先，我们称

$$2nm + 2p = 2n' \quad n' = 0, 1, 2, \cdots \tag{6.2}$$

于是(6.1)式右侧第二项可以写成

$$T_2 = \frac{\pi}{2}\cos\left[\frac{s}{m}(x-\overline{2p+1}\pi)\right]\csc\frac{s\pi}{m} = \frac{\pi}{2}\cos\left[\frac{s}{m}(x-2nm\pi-2p\pi-\pi)\right]\csc\frac{s\pi}{m}$$

$$= \frac{\pi}{2}\cos\left[\frac{s}{m}(x-2n'\pi-\pi)\right]\csc\frac{s\pi}{m} \tag{6.3}$$

(6.1)式右侧第三项也可以用 n' 表示

$$T_2 = -\sum_{k=0}^{m-1}\cos\left[\frac{s}{m}(x-2k\pi)\right]\ln\left[\sin\frac{1}{2m}(x-2k\pi)\right]$$

$$= -\sum_{k=0}^{m-1}\cos\left[\frac{s}{m}(x-2mn\pi-2k\pi)\right]\ln\left[\sin\frac{1}{2m}(x-2nm\pi-2k\pi)\right]$$

$$= -\sum_{k=0}^{m-1}\cos\left[\frac{s}{m}(x-2n'\pi-2k\pi+2p\pi)\right]\ln\left[\sin\frac{1}{2m}(x-2n'\pi-2k\pi+2p\pi)\right] \tag{6.4}$$

因为

$$\sum_{k=0}^{m-1} = \sum_{k=0}^{p-1} + \sum_{k=p}^{m-1} \tag{6.5}$$

而且，把 $k-p$ 用 k' 表示后，有

$$\sum_{k=p}^{m-1}\cos\left[\frac{s}{m}(x-2n'\pi-2k\pi+2p\pi)\right]\ln\left[\sin\frac{1}{2m}(x-2n'\pi-2k\pi+2p\pi)\right]$$

$$= \sum_{k'=0}^{k'=m-1-p}\cos\left[\frac{s}{m}(x-2n'\pi-2k'\pi)\right]\ln\left[\sin\frac{1}{2m}(x-2n'\pi-2k'\pi)\right]. \tag{6.6}$$

其次，在用了 $k'' = m+k-p$ 以后，可以证明

$$\sum_{k=0}^{k=p-1}\cos\left[\frac{s}{m}(x-2n'\pi-2k\pi+2p\pi)\right]\ln\left[\sin\frac{1}{2m}(x-2n'\pi-2k\pi+2p\pi)\right]$$

$$= \sum_{k=0}^{k=p-1} \cos\left[\frac{s}{m}(x-2n'\pi-2m\pi-2k\pi+2p\pi)\right]\ln\left[\sin\frac{1}{2m}(x-2n'\pi-2m\pi-2k\pi+2p\pi)\right]$$

$$= \sum_{k''=m-p}^{k''=m-1} \cos\left[\frac{s}{m}(x-2n'\pi-2k''\pi)\right]\ln\left[\sin\frac{1}{2m}(x-2n'\pi-2k''\pi)\right] \tag{6.7}$$

(6.6),(6.7)式中的 k' 和 k'' 都是计数符号,都可以统一用 k 表示,于是我们就有了 k 从 0 到 $m-p-1$[即(6.6)式]和从 $m-p$ 到 $m-1$[即(6.7)式]各项,所以我们就证明了

$$T_3 = -\sum_{k=0}^{m-1} \cos\left[\frac{s}{m}(x-2n'\pi-2k\pi)\right]\ln\left[\sin\frac{1}{2m}(x-2n'\pi-2k\pi)\right] \tag{6.8}$$

利用(6.3),(6.4)及(6.8),并在最后用 n 代替计数符号 n' 即得

$$\sum_{k=1}^{\infty} \frac{\cos kx}{k+\frac{s}{m}} = -\sum_{k=0}^{t} \frac{m}{s-mk}\cos kx + \frac{\pi}{2}\cos\left[\frac{sx}{m}-(2n+1)\frac{s\pi}{m}\right]\csc\frac{s\pi}{m}$$

$$-\sum_{k=0}^{m-1} \cos\left[\frac{sx}{m}-(2n+2k)\frac{s\pi}{m}\right]\ln\left[\sin\left(\frac{x}{2m}-\frac{n+k}{m}\pi\right)\right],$$

其中 $\quad t<\frac{s}{m}<t+1, 2n\pi<x<(2n+2)\pi, n=0,1,2,\cdots$ (6.9)

这是一个周期为 2π 的周期函数. 这个表达式适用于 $2n\pi<x<(2n+2)\pi$ 之间,在 $x=2n\pi$ 点上,其和并不连续,在这些点上,其和为其左右两相邻区域的值的中值. 用同样的过程可以求得其他有关级数的和的表达式. 总在一起,它们可以写成:

$$A_{49} = \sum_{k=1}^{\infty} \frac{\cos kx}{k+\frac{s}{m}} = -\sum_{k=0}^{t} \frac{m\cos kx}{s-mk} + \frac{\pi}{2}\cos\left[\frac{sx}{m}-(2n+1)\frac{s\pi}{m}\right]\csc\frac{s\pi}{m}$$

$$-\sum_{k=0}^{m-1} \cos\left[\frac{sx}{m}-(n+k)\frac{2\pi s}{m}\right]\ln\left[\sin\left(\frac{x}{2m}-\frac{n+k}{m}\pi\right)\right],$$

$$A_{50} = \sum_{k=1}^{\infty} \frac{\sin kx}{k+\frac{s}{m}} = \sum_{k=0}^{t} \frac{m\sin kx}{s-mk} - \frac{\pi}{2}\sin\left[\frac{sx}{m}-(2n+1)\frac{s\pi}{m}\right]\csc\frac{s\pi}{m}$$

$$+\sum_{k=0}^{m-1} \sin\left[\frac{sx}{m}-(n+k)\frac{2\pi s}{m}\right]\ln\left[\sin\left(\frac{x}{2m}-\frac{n+k}{m}\pi\right)\right],$$

$$A_{53} = \sum_{k=1}^{\infty} \frac{\cos kx}{k - \frac{s}{m}} = -\sum_{k=1}^{t} \frac{m \cos kx}{s - mk} - \frac{\pi}{2} \cos\left[\frac{sx}{m} - (2n+1)\frac{s\pi}{m}\right] \csc \frac{s\pi}{m}$$

$$- \sum_{k=0}^{m-1} \cos\left[\frac{sx}{m} - (n+k)\frac{2ns}{m}\right] \ln\left[\sin\left(\frac{x}{2m} - \frac{n+k}{m}\pi\right)\right],$$

$$A_{54} = \sum_{k=1}^{\infty} \frac{\sin kx}{k - \frac{s}{m}} = -\sum_{k=1}^{t} \frac{m \sin kx}{s - mk} - \frac{\pi}{2} \sin\left[\frac{sx}{m} - (2n+1)\frac{s\pi}{m}\right] \csc \frac{s\pi}{m}$$

$$- \sum_{k=0}^{m-1} \sin\left[\frac{sx}{m} - (n+k)\frac{2\pi s}{m}\right] \ln\left[\sin\left(\frac{x}{2m} - \frac{n+k}{m}\pi\right)\right],$$

其中 $\quad t < \frac{s}{m} < t+1, \ 2n\pi < x < (2n+2)\pi, \ (n = 0, 1, 2, \cdots)$ \hfill (6.10)

$$A_{51} = \sum_{k=1}^{\infty} (-1)^{k+1} \frac{\cos kx}{k + \frac{s}{m}} = -\sum_{k=0}^{t} (-1)^{k+1} \frac{m \cos kx}{s - mk} - \frac{\pi}{2} \cos\left[\frac{sx}{m} - \frac{2ns\pi}{m}\right] \csc \frac{s\pi}{m}$$

$$+ \sum_{k=0}^{m-1} \cos\left[\frac{sx}{m} - (2n+2k-1)\frac{s\pi}{m}\right] \ln\left[\sin\left(\frac{x}{2m} - \frac{2k+2n-1}{2m}\pi\right)\right],$$

$$A_{52} = \sum_{k=1}^{\infty} (-1)^{k+1} \frac{\sin kx}{k + \frac{s}{m}} = \sum_{k=0}^{t} (-1)^{k+1} \frac{m \sin kx}{s - mk} + \frac{\pi}{2} \sin\left[\frac{sx}{m} - \frac{2ns\pi}{m}\right] \csc \frac{s\pi}{m}$$

$$- \sum_{k=0}^{m-1} \sin\left[\frac{sx}{m} - (2n+2k-1)\frac{s\pi}{m}\right] \ln\left[\sin\left(\frac{x}{2m} - \frac{2k+2n-1}{2m}\pi\right)\right],$$

$$A_{55} = \sum_{k=1}^{\infty} (-1)^{k+1} \frac{\cos kx}{k - \frac{s}{m}} = -\sum_{k=1}^{t} (-1)^{k+1} \frac{m \cos kx}{s - mk} + \frac{\pi}{2} \cos\left[\frac{sx}{m} - \frac{2ns\pi}{m}\right] \csc \frac{s\pi}{m}$$

$$+ \sum_{k=0}^{m-1} \cos\left[\frac{sx}{m} - (2n+2k-1)\frac{s\pi}{m}\right] \ln\left[\sin\left(\frac{x}{2m} - \frac{2k+2n-1}{2m}\pi\right)\right],$$

$$A_{56} = \sum_{k=1}^{\infty} (-1)^{k+1} \frac{\sin kx}{k - \frac{s}{m}} = -\sum_{k=1}^{t} (-1)^{k+1} \frac{m \sin kx}{s - mk} + \frac{\pi}{2} \sin\left[\frac{sx}{m} - \frac{2ns\pi}{m}\right] \csc \frac{s\pi}{m}$$

$$+ \sum_{k=0}^{m-1} \sin\left[\frac{sx}{m} - (2n+2k-1)\frac{s\pi}{m}\right] \ln\left[\sin\left(\frac{x}{2m} - \frac{2k+2n-1}{2m}\pi\right)\right],$$

其中 $t < \dfrac{s}{m} < t+1$, $(2n-1)\pi < x < (2n+1)\pi$, $(n=0,1,2,\cdots)$

(6.11)

萨叶兹杰尼在他的《无线电技术和电信中的调和综合》一书中曾引用公布了特维列金有关(6.10)式的四个级数之和. 见该书 485 页(1),(1a),(3),(2a)四式. 但这四式不仅只能用于 $0<x<2\pi$ 之内, 而且都是错误的. 例如, 以该书 485 页的(1)式为例, 用本文的符号可以写成

$$\sum_{k=1}^{\infty}\frac{\cos kx}{k+\frac{s}{m}} = \frac{\pi}{2}\cos\left[\frac{s}{m}(x-\pi)\right]\csc\frac{s\pi}{m}$$

$$-\sum_{k=0}^{k=m-1}\cos\left[\frac{s}{m}(x-2\pi k)\right]\left\{\ln\left[2\sin\left(\frac{x-2\pi k}{2m}\right)\right]-\sum_{i=0}^{t}\frac{m\cos ix}{s-im}\right\}$$

其中 $t<\dfrac{s}{m}<t+1$, $0<x<2\pi$ (6.12)

从本文(6.10)式的结果, 它在这个 x 值周期里应该是:

$$\sum_{k=1}^{\infty}\frac{\cos kx}{k+\frac{s}{m}} = -\sum_{i=0}^{t}\frac{m\cos ix}{s-im} + \frac{\pi}{2}\cos\left[\frac{s}{m}(x-n)\right]\csc\frac{s\pi}{m}$$

$$-\sum_{k=9}^{k=m-1}\cos\left[\frac{s}{m}(x-2\pi k)\right]\ln\left[\sin\left(\frac{x-2\pi k}{2m}\right)\right],$$

其中 $t<\dfrac{s}{m}<t+1$, $0<x<2\pi$ (6.13)

从(6.12),(6.13)的比较中可以看到有两处不同, 其一为 $\sum_{i=0}^{t}\dfrac{m\cos ix}{s-mi}$ 项被萨叶兹杰尼错误地排列在第三项中, 所有其他三个级数都有类似的错误. 其二为第三项的对数项内多了一个 2 字. 这肯定是由于不知道

$$\sum_{k=0}^{k=m-1}\cos\left[\frac{s}{m}(x-2\pi k)\right]\equiv 0 \qquad (6.14)$$

这个关系而引起的. 在实际上, 当用了这个关系之后, 萨叶兹杰尼的表达式还可以进一步简化, 即得

$$\sum_{k=1}^{\infty}\frac{\cos kx}{k+\frac{s}{m}} = \frac{\pi}{2}\cos\left[\frac{s}{m}(x-\pi)\right]\csc\frac{s\pi}{m}$$

$$-\sum_{k=0}^{k=m-1}\cos\left[\frac{s}{m}(x-2\pi k)\right]\ln\left[\sin\left(\frac{x-2\pi k}{2m}\right)\right]$$

其中 $\quad t<\dfrac{s}{m}<t+1,\quad 0<x<2\pi$ \hfill (6.15)

这样就根本丢掉了(6.13)式的第一项,这显然是错误的.

这里必须指出,(6.10),(6.11)是这类级数之和的最简化的表达式,所有这些级数都是周期为 2π 的周期函数,而且在一个周期内(端点除外)都是连续的,级数之和在 $x=2n\pi$ 上不连续,在这些点上,级数之和取于中值.

用相同的方法,从(5.5),(5.6)式可以导出

$$A_{57}=\sum_{k=1}^{\infty}\frac{\cos kx}{k+t}=-\sum_{k=1}^{t}\frac{1}{k}\cos(t-k)x-\cos tx\ln\left(2\sin\frac{x}{2}\right)$$
$$-\frac{1}{2}[x-(2n+1)\pi]\sin tx,$$

$$A_{58}=\sum_{k=1}^{\infty}\frac{\sin kx}{k+t}=\sum_{k=1}^{t}\frac{1}{k}\sin(t-k)x+\sin tx\ln\left(2\sin\frac{x}{2}\right)$$
$$-\frac{1}{2}[x-(2n+1)\pi]\cos tx,$$

$$A_{61}=\sum_{\substack{k=1\\k\neq t}}^{\infty}\frac{\cos kt}{k-t}=-\sum_{k=1}^{t-1}\frac{1}{k}\cos(t-k)x-\cos tx\ln\left(2\sin\frac{x}{2}\right)$$
$$+\frac{1}{2}[x-(2n+1)\pi]\sin tx,$$

$$A_{62}=\sum_{\substack{k=1\\k\neq t}}^{\infty}\frac{\sin kt}{k-t}=-\sum_{k=1}^{t-1}\frac{1}{k}\sin(t-k)x-\sin tx\ln\left(2\sin\frac{x}{2}\right)$$
$$-\frac{1}{2}[x-(2n+1)\pi]\cos tx,$$

其中 $\quad\dfrac{s}{m}=t,\quad 2n\pi<x<(2n+2)\pi$ \hfill (6.16)

$$A_{59}=\sum_{k=1}^{\infty}(-1)^{k+1}\frac{\cos kx}{k+t}=-\sum_{k=1}^{t}(-1)^{t+k+1}\frac{\cos(t-k)x}{k}$$
$$+(-1)^{t}\cos tx\ln\left[2\cos\frac{x}{2}\right]+(-1)^{t}\left(\frac{x}{2}-n\pi\right)\sin tx,$$

$$A_{60} = \sum_{k=1}^{\infty}(-1)^{k+1}\frac{\sin kx}{k+t} = \sum_{k=1}^{t}(-1)^{t+k+1}\frac{\sin(t-k)x}{k}$$

$$-(-1)^t\sin tx\ln\left[2\cos\frac{x}{2}\right]+(-1)^t\left(\frac{x}{2}-n\pi\right)\cos tx,$$

$$A_{63} = \sum_{\substack{k=1\\k\neq t}}^{\infty}(-1)^{k+1}\frac{\cos kx}{k-t} = -\sum_{k=1}^{t-1}(-1)^{t+k+1}\frac{\cos(t-k)x}{k}$$

$$+(-1)^t\cos tx\ln\left[2\cos\frac{x}{2}\right]-(-1)^t\left(\frac{x}{2}-n\pi\right)\sin tx,$$

$$A_{64} = \sum_{\substack{k=1\\k\neq t}}^{\infty}(-1)^{k+1}\frac{\sin kx}{k-t} = -\sum_{k=1}^{t-1}(-1)^{k+t+1}\frac{\sin(t-k)x}{k}$$

$$+(-1)^t\cos tx\ln\left[2\cos\frac{x}{2}\right]-(-1)^t\left(\frac{x}{2}-n\pi\right)\cos tx,$$

其中 $\dfrac{s}{m}=t$, $(2n-1)\pi<x<(2n+1)\pi$ \hfill (6.17)

(6.10),(6.11),(6.16),(6.17)中的所有级数都是很重要的,从它们,可以推导出很多有用的三角级数,例如:

$$\sum_{k=1}^{\infty}\frac{\cos kx}{k^2-\left(\frac{s}{m}\right)^2} = \frac{m}{2s}\left\{\sum_{k=1}^{\infty}\frac{\cos kx}{k-\frac{s}{m}}-\sum_{k=1}^{\infty}\frac{\cos kx}{k+\frac{s}{m}}\right\}$$

$$= -\frac{m\pi}{2s}\cos\left[\frac{sx}{m}-(2n+1)\frac{s\pi}{m}\right]\csc\frac{s\pi}{m}+\frac{m^2}{2s^2},$$

$$\sum_{k=1}^{\infty}\frac{\sin kx}{k^2-\left(\frac{s}{m}\right)^2} = \frac{m}{2s}\left\{\sum_{k=1}^{\infty}\frac{\sin kx}{k-\frac{s}{m}}-\sum_{k=1}^{\infty}\frac{\sin kx}{k+\frac{s}{m}}\right\}$$

$$= \frac{m^2}{s}\sum_{k=0}^{t}\frac{\sin kx}{s-mk}$$

$$-\frac{m}{s}\sum_{k=0}^{m-1}\sin\left[\frac{sx}{m}-(n+k)\frac{2\pi s}{m}\right]\ln\left[\sin\left(\frac{x}{2m}-\frac{n+k}{m}\pi\right)\right],$$

其中 $t<\dfrac{s}{m}<t+1$, $2n\pi<x<(2n+2)\pi$, $(n=0,1,2,\cdots)$

\hfill (6.18)

又例如

$$\sum_{k=1}^{\infty} \frac{k\cos kx}{k^2 - \left(\frac{s}{m}\right)^2} = \frac{1}{2}\left\{\sum_{k=1}^{\infty} \frac{\cos kx}{k - \frac{s}{m}} + \sum_{k=1}^{\infty} \frac{\cos kx}{k + \frac{s}{m}}\right\}$$

$$= -\frac{m}{2s} - \sum_{k=1}^{t} \frac{m\cos kx}{s - mk}$$

$$- \sum_{k=0}^{m-1} \cos\left[\frac{sx}{m} - (n+k)\frac{2\pi s}{m}\right] \ln\left[\sin\left(\frac{x}{2m} - \frac{n+k}{m}\pi\right)\right],$$

$$\sum_{k=1}^{\infty} \frac{k\sin kx}{k^2 - \left(\frac{s}{m}\right)^2} = \frac{1}{2}\left\{\sum_{k=1}^{\infty} \frac{\sin kx}{k - \frac{s}{m}} + \sum_{k=1}^{\infty} \frac{\sin kx}{k + \frac{s}{m}}\right\}$$

$$= -\frac{\pi}{2}\sin\left[\frac{sx}{m} - (2n+1)\frac{s\pi}{m}\right]\csc\frac{s\pi}{m},$$

其中 $t < \frac{s}{m} < t+1$, $[2n\pi < x < (2n+2)\pi, n = 0, 1, 2, 3, \cdots]$
(6.19)

其次,$\sum_{k=1}^{\infty} \frac{1}{k\pm\sigma}\genfrac{}{}{0pt}{}{\cos}{\sin} kx$ 和 $\sum_{k=1}^{\infty} \frac{(-1)^{k+1}}{k\pm\sigma}\genfrac{}{}{0pt}{}{\cos}{\sin} kx$ 诸级数当 σ 是任意数时,其和式并无简单的函数表达式[7,1]. 在数值计算时,一般都用求几百项之和或用近似积分计算求得. 在有了(6.10),(6.11),(6.16),(6.17)的结果以后,我们可以先用简单函数,求 $\frac{s}{m} = 0, \frac{1}{10}, \frac{2}{10}, \frac{3}{10}, \frac{4}{10} \cdots$ 的数值结果,然后用插值法求 σ 为其他值时的和. 我们业已计算了 $\frac{s}{m}$ 为 $0, \frac{1}{10}, \frac{2}{10}, \cdots, \frac{9}{10}, 1, \Delta x = 1°$ 时 $0° < x < 180°$ 的数值表,有效数为小数点后的五位数,供计算其他 σ 值时之用. 这个表和相关曲线将另文发表.

七、结论

我们在上文推导了一共 $A_1 \sim A_{64}$ 等 64 个有用的三角级数. 这些三角级数中包含着 m, s, t 等正整数参量,所以,在实际上包括了系数渐近于 $\frac{1}{k}$ 的各种分数形式系数的大多数三角级数. 从这些级数中,还可以推导出很多其他形式的三角级数[如(6.8),(6.19)等],所有这些级数都是技术计算中常见的,因此,也是很有实用价值的. 但是, 长期以来, 除了极少数几个特殊情况外, 人们对于这些级数的函数表达式并无正确结果, 因此, 求得这些级数之和的函数表达式, 就是本文的主要任务.

参考文献

[1] Тверитин А Н. об одном классе тригонометрических рядов, научн. зап. днепропетовского. тос унив., т. Ⅺ, вып 4, 1953.

[2] Заездный А М. гармонический синтез в радиотехнике и эдектросвязи. гос. энертетическое изд, москова, 1961.

[3] Timoshenko S, Woinowsky-Krieger S. Theory of Plates and Shells. New York: McGraw-Hill, 1959.

[4] 钱伟长. 应用数学讲义. 清华大学, 1956.

[5] Jeffreys H, Jeffreys B S. Methods of Mathematical Physics. 3rd Edition. Cambridge University Press, 1956.

[6] Tolstow G R. Fourierreihen. Berlin: Deutscher Verlag Der Wissenschaften, 1955.

[7] Рыжик И М, и. Градштейн, И. С. таблицы интегралов, сумм, рядов и. произведенй, гостехиздат, 1951, 或英译本, 1973.

On the Summation of Some Trigonometric Series

Abstract This paper gives the summation of some well-known important trigonometric series in terms of simple functions. These series are

(1) $\sum_{k=1}^{\infty} \genfrac{}{}{0pt}{}{\cos}{\sin}(km \pm s)x,$ $\sum_{k=1}^{\infty}(-1)^{k+1} \genfrac{}{}{0pt}{}{\cos}{\sin}(km \pm s)x,$

(2) $\sum_{k=1}^{\infty} \frac{1}{km \pm s} \genfrac{}{}{0pt}{}{\cos}{\sin}(km \pm s)x,$ $\sum_{k=1}^{\infty} \frac{(-1)^{k+1}}{km \pm s} \genfrac{}{}{0pt}{}{\cos}{\sin}(km \pm s)x,$

(3) $\sum_{k=1}^{\infty} \frac{1}{km \pm s} \genfrac{}{}{0pt}{}{\cos}{\sin} kmx,$ $\sum_{k=1}^{\infty} \frac{(-1)^{k+1}}{km \pm s} \genfrac{}{}{0pt}{}{\cos}{\sin} kmx,$

(4) $\sum_{k=1}^{\infty} \frac{1}{k \pm \frac{s}{m}} \genfrac{}{}{0pt}{}{\cos}{\sin} kx,$ $\sum_{k=1}^{\infty} \frac{(-1)^{k+1}}{k \pm \frac{s}{m}} \genfrac{}{}{0pt}{}{\cos}{\sin} kx,$

in which, m and s are positive integers. The results published by A. M. ЗАЕЗДНЫЙ (1961)[1], which are quoted from A. H. ТВЕРИТИН (1953)[2], are shown to be erroneous.

轴对称圆环壳的复变量方程和轴对称细环壳的一般解[*]

摘要 本文从 H. Reissner-E. Meissner 的轴对称壳方程出发,用统一的复变量化过程,分别导出了 F. Tölke, R. A. Clark,及 В. В. Новожилов 的复变量方程.并研究了这些方程的近似性.

本文提出了细环壳的一个一般解,它适用于 $\alpha = \dfrac{a}{R} \ll 1$ 的情况,其中 a 为细环壳的截面半径,R 为环壳的总体半径.这个解可以用处理波纹管的计算.

一、序言

环壳理论有两个特点:方程复杂和求解不易.在历史上,经过 H. Reissner (1912)[1]和 E. Meissner(1915)[2]的努力,成功地把一般轴对称壳问题化为两个变量的两个二阶常微分方程以后,得到了很大的简化.从 30 年代以后,人们努力用复变量来进一步简化环壳方程,其中 F. Tölke(1938)[3],R. A. Clark (1950)[4],В. В. Новожилов (1951)[5]从不同的简化过程中,得到了不很相同的结果,但不论怎样,这些复变量方程确比 Reissner-Meissner 方程简单得多,从而提供了求解这个问题的可能性.

本文成功地用统一的复变量化过程,分别导出了上述各家的复变量方程,并证明了它们之间的差异都在 Love-Kirchhoff 薄壳假定的容许范围以内的.

对于这些复变量方程的求解方面,除了张维(1948)[6]曾根据修改过的 Tölke 方程提出了一个近似解外,R. A. Clark (1950)[4],В. В. Новожилов(1951)[5]等都着重于求得微分方程的渐近积分解.在求得正确解方面,有 H. Wissler (1916)[7]对于两个特定问题的超越级数解,和 L. N. Tao (1959)[8]有关级数解收敛性的证明.但是后者的证明有错误,因为环壳级数解都有一定的收敛范围,不可能求得适用于全环壳的级数解.L. N. Tao 的错误结论来源于错误地利用了连分式的收敛定理来研究级数的收敛问题.我们将在另文讨论这个问题,但在这里必须

作者:钱伟长、郑思梁.原载《清华大学学报》,1979,19(1):27-47.
[*] 曾在第六届全国弹性元件学术会议(1978 年 12 月在上海)上宣读.

指出,只要级数系数的递推公式和连分式的递推公式相同,则在 $n \to \infty$ 时,极限二次式必完全相同. 由于级数系数的递推公式是依 n 逐级增加的次序来推算系数的,而连分式的递推公式则是依 n 逐级减少的次序来推算连分式的. 所以,级数的系数收敛到极限二次式的"大根",而连分式则收敛至"小根",亦即两者收敛到不同的根值,就不能混为一谈. 这就是 L. N. Tao 的证明的错误所在.

本文在细环壳的特定条件 $\left(\text{即} \dfrac{a}{R} \ll 1,\text{其中} a \text{ 为细环的截面半径}, R \text{ 为环壳的总体半径}\right)$ 下,求得了到处都连续的一般齐次解,把它们和已知的非齐次解[5]合在一起,就能满足细环壳的一切条件,同样的求解方法,可以推广到一般的环壳问题中去 $\left(\text{即} \dfrac{a}{R} \text{ 不一定可以略去的环壳}\right)$. 关于一般的环壳的解;也将另文发表.

二、环壳基本方程的复变量形式及其简化

设 a, R, r 分别为环壳的截面半径,整体半径,和环壳上任意点 P 的离轴距离 (图 1a),φ 为环壳任意点 P 处的外法线和对称轴的夹角(图 1a),位移 v, w(或 Y, Z) 和切线的变形转角 χ 分别见图 1(b),图 1(c). 内力素 $N_\varphi, N_\theta, Q, M_\theta, M_\varphi$ 的定义和正值方向分别见图 2(a),2(b),2(c).

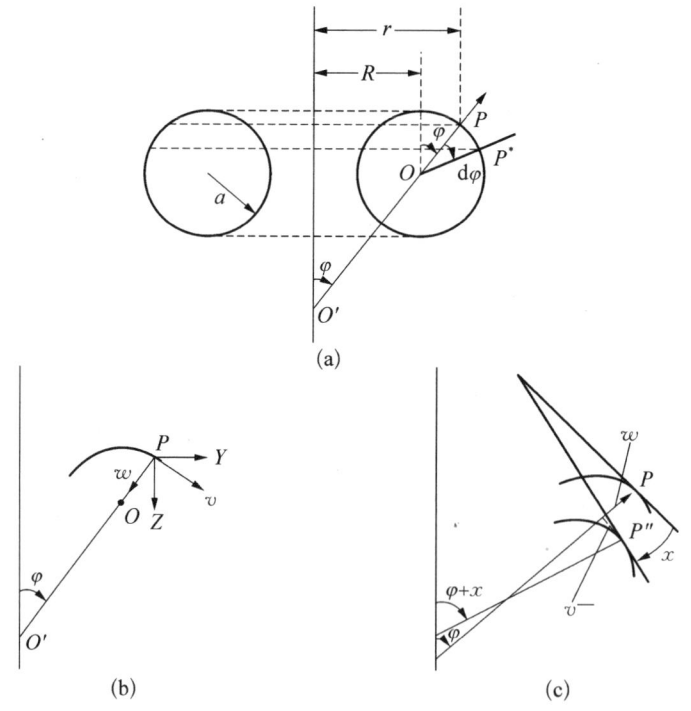

图 1　环壳的尺寸、坐标和位移及转角变形

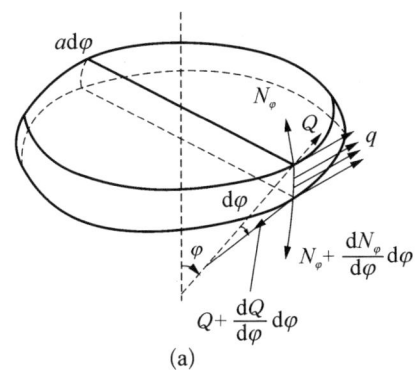

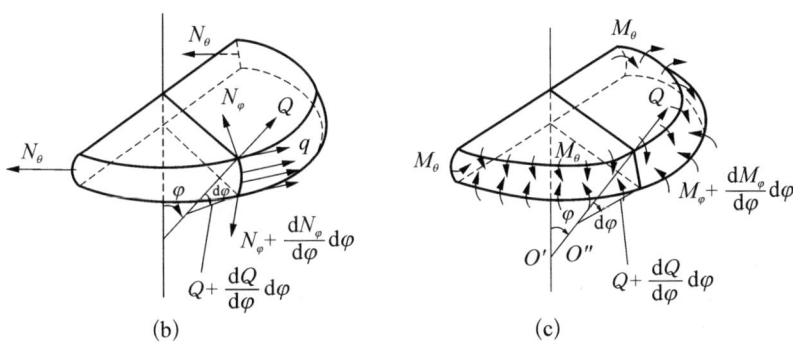

图 2　环壳的内力素，分布载荷及其平衡

应变位移关系为

$$e_\varphi = \frac{1}{a}\left(\frac{dv}{d\varphi} - w\right),\ e_\theta = \frac{1}{r}(v\cos\varphi - w\sin\varphi) \tag{1}$$

转角 χ 和位移的关系为

$$\chi := \frac{1}{a}\left(\frac{dw}{d\varphi} + v\right) \tag{2}$$

曲率变化为

$$k_\varphi = \frac{1}{a} - \frac{d\chi}{d\varphi},\ k_\theta = \frac{\cos\varphi}{r}\chi \tag{3}$$

如果我们用两个基本变量 Φ 和 χ，其中 χ 见(2)式，Φ 为

$$\Phi = \frac{r}{\sin\varphi}Q,\quad \text{或}\quad Q = \frac{\sin\varphi}{R(1+\alpha\sin\varphi)}\Phi \tag{4}$$

式中 $\alpha = \dfrac{a}{R}$。Φ 和 χ 所满足的 Reissner-Meissner 环壳方程为

$$\left.\begin{array}{l}L(\Phi)+\nu\alpha\Phi-ah\alpha E\chi=-\dfrac{a\alpha\cos\varphi}{(1+\alpha\sin\varphi)\sin\varphi}\left[\dfrac{1}{2}aq-\dfrac{2+3\alpha\sin\varphi}{\alpha^2\sin^3\varphi}Q_0\right] \\ L(\chi)-\nu\alpha\chi+\dfrac{a\alpha}{D}\Phi=0\end{array}\right\} \quad (5)$$

其中 q 为壳所受的均布法向载荷,与外法线方向相同为正;Q_0 为 $\varphi=0$ 处的均布剪力;D 为壳的抗弯刚度;$L(\cdots)$ 为一线性微分运算子,它是

$$L(\cdots)=\dfrac{1+\alpha\sin\varphi}{\sin\varphi}\dfrac{d^2}{d\varphi^2}(\cdots)+\alpha\cot\varphi\dfrac{d}{d\varphi}(\cdots)-\dfrac{\alpha^2\cos^2\varphi}{(1+\alpha\sin\varphi)\sin\varphi}(\cdots) \quad (6)$$

(5)式的轴对称壳的一般形式见普通的板壳理论的著作[9]. 当然,(5)式中还包括了 q,Q_0 的两个非齐次项,它们是很容易在推导中证明的.

现在让我们用复变量进行简化. 引进复变量 S,设

$$S=A\Phi+B\chi \quad (7)$$

其中 A,B 为待定复数,则有

$$L(S)=AL(\Phi)+BL(\chi) \quad (8)$$

从(5)式解出 $L(\Phi)$ 和 $L(\chi)$,将结果代入(8)式,整理后得

$$L(S)=-\alpha\left(\nu A+\dfrac{a}{D}B\right)\Phi+\alpha(ahEA+\nu B)\chi$$
$$-\dfrac{\alpha Aa\cos\varphi}{(1+\alpha\sin\varphi)\sin\varphi}\left[\dfrac{1}{2}aq-\dfrac{2+3\alpha\sin\varphi}{\alpha^2\sin^3\varphi}Q_0\right] \quad (9)$$

这里的 A,B 是任意的. 如果我们取

$$-\alpha\left(\nu A+\dfrac{a}{D}B\right)=-\mathrm{i}2\mu A,\ \alpha(ahEA+\nu B)=-\mathrm{i}2\mu B \quad (10)$$

其中 μ 为一待定的比例常数,则(9)式可以化为

$$L(S)+\mathrm{i}2\mu S=-\dfrac{\alpha Aa\cos\varphi}{(1+\alpha\sin\varphi)\sin\varphi}\left[\dfrac{1}{2}aq-\dfrac{2+3\alpha\sin\varphi}{\alpha^2\sin^3\varphi}Q_0\right] \quad (11)$$

(10)式可以用来决定 μ 和 $\dfrac{B}{A}$,其结果为

$$\dfrac{B}{A}=\dfrac{D}{\alpha a}(\mathrm{i}2\mu-\alpha\nu),\ 2\mu=\alpha\sqrt{\dfrac{a^2}{h^2}12(1-\nu^2)-\nu^2} \quad (12)$$

因为,对于一般的环壳而论,在 Love-Kirchhoff 假定范围内,

$$\frac{h^2}{a^2} \ll \frac{12(1-\nu^2)}{\nu^2} \tag{13}$$

所以

$$\mu \cong \sqrt{3(1-\nu^2)}\,\frac{a^2}{Rh} \tag{14}$$

于是得

$$S = A\left[\Phi + \frac{D}{\alpha a}(\mathrm{i}2\mu - \alpha\nu)\chi\right] \tag{15}$$

到此,我们得到一个线性的二阶复变量方程(11). 待定量为 S, 但是 A 仍可任意选择,在历史上,各家有不同的选择.

我们在这里必须指出,在一般常见的条件下,$\frac{2\mu}{\alpha}$ 在 $10\sim100$ 之间,而 ν 则通常为 0.3;因此,可以略去(15)式 χ 项系数中的 $\alpha\nu$ 部分. 于是(15)式也可以写成

$$S \cong A\left[\Phi + \mathrm{i}2\mu\frac{D}{\alpha a}\chi\right] \tag{16}$$

F. Tölke(1938)[3] 取 $A=-1$,并引进新的因子来化去 $L(\cdots)$ 中的一阶导数项. 设

$$F^* = \sqrt{\frac{R(1+\alpha\sin\varphi)}{h}}S = -\sqrt{\frac{R}{h}(1+\alpha\sin\varphi)}\left(\Phi + \mathrm{i}\frac{2\mu D}{\alpha a}\chi\right) \tag{17}$$

从(11)式导出决定 F^* 的复变量微分方程

$$\frac{\mathrm{d}^2 F^*}{\mathrm{d}\varphi^2} + \left[\left(\mathrm{i}2\mu + \frac{\alpha}{2}\right)\frac{\sin\varphi}{(1+\alpha\sin\varphi)} - \frac{3\alpha^2\cos^2\varphi}{4(1+\alpha\sin\varphi)^2}\right]F^*$$

$$= -\alpha a\sqrt{\frac{R}{h}}\frac{\cos\varphi}{(1+\alpha\sin\varphi)^{3/2}}\left[\frac{1}{2}aq - \frac{2+3\alpha\sin\varphi}{\alpha^2\sin^3\varphi}Q_0\right] \tag{18}$$

这就是 F. Tölke 所导出的复变量方程在等厚度环壳中的表达形式. 张维(1949)[6] 曾以这个方程为基础,对轴对称环壳进行了近似解的研究. 在他的工作中,并未考虑均布表面载荷,因此 $\frac{1}{2}aq$ 项是没有的.

在 В. В. Новожилов (1951)[5] 的环壳工作中,他从一般壳的复变方程中导出了和 F. Tölke 方程不同的环壳复变量方程;在实质上,他的结果相当于取

$$A = \mathrm{i}\frac{a}{Rh}\sqrt{12(1-\nu^2)} = \mathrm{i}\frac{2\mu}{a} \tag{19}$$

同时引进新的因子来化简 $L(\cdots)$ 中的零阶导数项,设

$$F^{**} = i\frac{2\mu}{a}\left[\Phi + \frac{D}{a\alpha}i2\mu\chi\right](1+\alpha\sin\varphi) = (1+\alpha\sin\varphi)S \tag{20}$$

代入(11)式,消去 S,即得

$$(1+\alpha\sin\varphi)\frac{\mathrm{d}^2 F^{**}}{\mathrm{d}\varphi^2} - \alpha\cos\varphi\frac{\mathrm{d}F^{**}}{\mathrm{d}F} + (\alpha+\mathrm{i}2\mu)\sin\varphi F^{**}$$

$$= -\mathrm{i}2\mu\alpha\cos\varphi\left[\frac{1}{2}aq - \frac{2+3\alpha\sin\varphi}{a^2\sin^3\varphi}Q_0\right] \tag{21}$$

(21)式还可以进一步简化:引进另一新变量 V,

$$V = F^{**} - \mathrm{i}2\mu\frac{Q_0}{\alpha}\cot\varphi \tag{22}$$

上式可以化为

$$(1+\alpha\sin\varphi)\frac{\mathrm{d}^2 V}{\mathrm{d}\varphi^2} - \alpha\cos\varphi\frac{\mathrm{d}V}{\mathrm{d}\varphi} + (\alpha+\mathrm{i}2\mu)\sin\varphi V = 2\mu P_0\cos\varphi \tag{23}$$

其中

$$P_0 = -\frac{1}{2}a\alpha q\,\mathrm{i} - (\mathrm{i}\alpha - 2\mu)\frac{Q_0}{\alpha} \tag{24}$$

这里必须指出,上面的推导只适用于薄壳理论的 Love-Kirchhoff 假定范围以内,亦即适用于 $\frac{h}{a} \ll 1$ 可以略去的范围以内. 上式中

$$\frac{\alpha}{2\mu} = \frac{h}{a\sqrt{12(1-\nu^2)}} \ll 1 \tag{25}$$

因此,α 相对于 2μ 是应该略去的,亦即

$$\alpha + \mathrm{i}2\mu \approx \mathrm{i}2\mu \quad \mathrm{i}\alpha - 2\mu \approx -2\mu \tag{26}$$

于是(23),(24)式在 Love-Kirchhoff 薄壳假设下,应写为

$$\left.\begin{aligned}(1+\alpha\sin\varphi)\frac{\mathrm{d}^2 V}{\mathrm{d}\varphi^2} - \alpha\cos\varphi\frac{\mathrm{d}V}{\mathrm{d}\varphi} + \mathrm{i}2\mu\sin\varphi V &= 2\mu P\cos\varphi \\ P_0 = -\frac{1}{2}a\alpha q\,\mathrm{i} + \frac{Q_0}{\alpha}2\mu &\end{aligned}\right\} \tag{27}$$

这就是 Новожилов 导出的环壳方程. 本文以后将根据(27)式进行讨论其解法.

如果根据(27)式求得了 V 的解,则从(22)(4)式,我们有

$$\left.\begin{array}{l} \mathrm{Im}V = \dfrac{2\mu}{\alpha}\dfrac{(1+\alpha\sin\varphi)^2}{\sin\varphi}Q - 2\mu\dfrac{Q_0}{\alpha}\cot\varphi \\ \mathrm{Re}V = -\dfrac{4\mu^2 D}{\alpha a^2}(1+\alpha\sin\varphi)\chi \end{array}\right\} \quad (28)$$

于是,我们可以用 $\mathrm{Im}V, \mathrm{Re}V$ 来表达诸内力素.

$$\left.\begin{array}{l} N_\varphi = -\dfrac{\alpha\cos\varphi}{2\mu(1+\alpha\sin\varphi)^2}\mathrm{Im}V + \dfrac{1}{2}aq\dfrac{(2+\alpha\sin\varphi)}{1+\alpha\sin\varphi} + Q_0\dfrac{\alpha+\sin\varphi}{(1+\alpha\sin\varphi)^2} \\ N_\theta = -\dfrac{1}{2\mu}\dfrac{\mathrm{d}}{\mathrm{d}\varphi}\left[\dfrac{\mathrm{Im}V}{(1+\alpha\sin\varphi)}\right] + \dfrac{1}{2}aq - Q_0\dfrac{\alpha+\sin\varphi}{(1+\alpha\sin\varphi)^2} \\ M_\varphi = \dfrac{\alpha a}{4\mu^2}\left\{\dfrac{\mathrm{d}}{\mathrm{d}\varphi}\left[\dfrac{\mathrm{Re}V}{1+\alpha\sin\varphi}\right] + \nu\dfrac{\alpha\cos\varphi}{(1+\alpha\sin\varphi)^2}\mathrm{Re}V\right\} \\ M_\theta = \dfrac{\alpha a}{4\mu^2}\left\{\nu\dfrac{\mathrm{d}}{\mathrm{d}\varphi}\left[\dfrac{\mathrm{Re}V}{1+\alpha\sin\varphi}\right] + \dfrac{\alpha\cos\varphi}{(1+\alpha\sin\varphi)^2}\mathrm{Re}V\right\} \\ Q = \dfrac{\alpha}{2\mu}\dfrac{\sin\varphi}{(1+\alpha\sin\varphi)^2}\mathrm{Im}V + Q_0\dfrac{\cos\varphi}{(1+\alpha\sin\varphi)^2} \end{array}\right\} \quad (29)$$

(29)式和 Новожилов 的表达式完全一样,但是,因为图 2 的 M_φ, M_θ, Q 的正方向和 Новожилов 的定义有所差别,所以,(29)式中的表达式的正负号和 Новожилов 的正负号不尽相同.

从(28)式可以求得 χ 的表达式,从图 1 的定义,我们可以求得轴向位移 Z 和径向位移 Y 的表达式,其结果为

$$\left.\begin{array}{l} \chi = -\dfrac{\mathrm{Re}V}{Eh\alpha(1+\alpha\sin\varphi)} \\ Y = \dfrac{R}{Eh}(1+\alpha\sin\varphi)(N_\theta - \nu N_\varphi) \\ Z = Z_0 - \displaystyle\int_{\varphi_0}^{\varphi}\dfrac{R}{Eh}\dfrac{\cos\varphi}{1+\alpha\sin\varphi}\mathrm{Re}V\,\mathrm{d}\varphi \end{array}\right\} \quad (30)$$

至此,我们还应该提一下 R. A. Clark 的简化方程(1950)[4],他在实质上利用了另一复变量 W:

$$W = \dfrac{a}{\alpha^2}\sqrt{1+\alpha\sin\varphi}\left\{(1+\alpha\sin\varphi)H + \mathrm{i}\dfrac{2\mu D}{a^2}\chi\right\} \quad (31)$$

其中 H 为水平薄膜力

$$H = N_\varphi \cos\varphi - Q\sin\varphi \tag{32}$$

轴向力的平衡方程(图 2a)为

$$\frac{d}{d\varphi}[(1+\alpha\sin\varphi)(Q\cos\varphi + N_\varphi \sin\varphi)] = aq(1+\alpha\sin\varphi)\cos\varphi \tag{33}$$

积分后,得

$$(1+\alpha\sin\varphi)(Q\cos\varphi + N_\varphi \sin\varphi) = aq\left(\sin\varphi - \frac{1}{4}\alpha\cos\alpha\varphi\right) + Q_0 + \frac{1}{4}\alpha aq \tag{34}$$

其中 $Q(0) = Q_0$. 把(4)式和(34)式中的 Q, N_φ 代入(32)式,得

$$H = -\frac{\Phi}{R(1+\alpha\sin\varphi)} + \frac{Q_0 \cot\varphi}{(1+\alpha\sin\varphi)} + \frac{2+\alpha\sin\varphi}{2(1+\alpha\sin\varphi)} aq\cos\varphi \tag{35}$$

再把 H 代入(31)式,得

$$W = \frac{1}{\alpha}\overline{F}^* + \frac{a}{\alpha^2}\sqrt{1+\alpha\sin\varphi}\left\{Q_0\cot\varphi + \frac{1}{2}aq(1+\alpha\sin\varphi)\cos\varphi\right\} \tag{36}$$

其中 $\overline{F}^*$ 为 F^* 的共轭复函数. F^* 见(17)式. 把(36)式的 $\overline{F}^*$ 解出,代入(18)式的共轭式,即可求得 W 的方程式.

三、细环壳的极限方程及其非齐次解

多数实际问题如波纹管及热膨胀补偿器等问题都有一个共同点,即环壳的截面半径 a 和环的整体半径 R 的比率 α 比 1 小得很多,即

$$\alpha \ll 1 \tag{37}$$

如果我们略去 α 在微分方程(27)式中的作用,就相当于把环壳作为一薄壁曲杆问题处理,这类问题被称为细环壳问题.

略去 α 在数学上是取 $\alpha \to 0$ 的极限的问题. 从(28)式,我们可以看到 $\frac{\alpha}{2\mu}V$ 和 Q、Q_0 是同量级的,从(29)式第一式,可以看到 $\frac{\alpha}{2\mu}V$ 和 aq 也是同量级的. 于是,我们将在 $\frac{\alpha}{2\mu}V, Q_0, aq$ 保持不变的条件下取 $\alpha \to 0$ 的极限. 在这种极限条件下,(27),(29)式分别为

$$\left.\begin{array}{l}\dfrac{d^2 V}{d\varphi^2} + i2\mu\sin\varphi V = 2\mu P_0 \cos\varphi \\ P_0 = \dfrac{Q_0}{\alpha}2\mu(Q_0 \neq 0), 或 P_0 = -i\dfrac{1}{2}\alpha aq(Q_0 = 0)\end{array}\right\} \tag{38}$$

而内力素诸量为

$$\left.\begin{aligned} N_\varphi &= -\frac{\alpha}{2\mu}\cos\varphi\,\mathrm{Im}\,V + Q_0\sin\varphi + aq \\ N_\theta &= -\frac{1}{2\mu}\frac{\mathrm{d}}{\mathrm{d}\varphi}\mathrm{Im}\,V \\ Q &= \frac{\alpha}{2\mu}\sin\varphi\,\mathrm{Im}\,V + Q_0\cos\varphi \\ M_\varphi &= \frac{\alpha a}{4\mu^2}\frac{\mathrm{d}}{\mathrm{d}\varphi}\mathrm{Re}\,V \\ M_\theta &= \nu\frac{\alpha a}{4\mu^2}\frac{\mathrm{d}}{\mathrm{d}\varphi}\mathrm{Re}\,V \end{aligned}\right\} \qquad (39)$$

位移、转角表达式为

$$\left.\begin{aligned} \chi &= -\frac{1}{Eh_\alpha}\mathrm{Re}\,V \\ Y &= \frac{R}{Eh}N_\theta \\ Z &= Z_0 - \int_{\varphi_0}^{\varphi}\frac{R}{Eh}\cos\varphi\,\mathrm{Re}\,V\,\mathrm{d}\varphi \end{aligned}\right\} \qquad (40)$$

其他各项都在极限条件下略去不计了.

现在让我们求(38)式的非齐次解. 让我们称这个非齐次解为 V^*,设 V^* 为三角级数:

$$\begin{aligned} V^* = -2P_0\{&A_1\cos\varphi + A_2\sin 2\varphi - A_3\cos 3\varphi - A_4\sin 4\varphi \\ &+ A_5\cos\varphi + A_6\sin 2\varphi - A_7\sin 3\varphi - A_8\sin 4\varphi + \cdots \\ &+ A_{4n+1}\cos(4n+1)\varphi + A_{4n+2}\sin(4n+2)\varphi \\ &- A_{4n+3}\cos(4n+3)\varphi - A_{4(n+1)}\sin 4(n+1)\varphi + \cdots\} \end{aligned} \qquad (41)$$

把上式代入(38),恒等两端有关项的系数,并利用三角关系

$$\sin n\varphi\sin\varphi = \frac{1}{2}[\cos(n-1)\varphi - \cos(n+1)\varphi] \qquad (42\mathrm{a})$$

$$\cos n\varphi\sin\varphi = -\frac{1}{2}[\sin(n-1)\varphi - \sin(n+1)\varphi] \qquad (42\mathrm{b})$$

得递推关系

$$\left.\begin{array}{l} -A_1 + i\mu A_2 = -\mu \\ i\mu A_1 - 2^2 A_2 + i\mu A_3 = 0 \\ i\mu A_2 - 3^2 A_3 + i\mu A_4 = 0 \\ \qquad\qquad \vdots \\ i\mu A_{n-1} - n^2 A_n + i\mu A_{n+1} = 0 \\ \qquad\qquad \vdots \end{array}\right\} \tag{43}$$

从(43)式中的一般式可以得到

$$\frac{A_n}{A_{n-1}} = \frac{i}{\dfrac{n^2}{\mu} - i\dfrac{A_{n+1}}{A_n}} \tag{44}$$

从(43)式中的第一式可以求得

$$A_1 = \frac{1}{\dfrac{1}{\mu} - i\dfrac{A_2}{A_1}} \tag{45}$$

从(44),(45)逐一迭代,消去 $\dfrac{A_2}{A_1}, \dfrac{A_3}{A_2}, \dfrac{A_4}{A_3}, \cdots$,即得一求 A_1 的连分式

$$A_1 = \cfrac{1}{\dfrac{1}{\mu} + \cfrac{1}{\dfrac{2^2}{\mu} + \cfrac{1}{\dfrac{3^2}{\mu} + \cfrac{1}{\dfrac{4^2}{\mu} + \cdots}}}} \tag{46}$$

其他系数的比值 $\dfrac{A_n}{A_{n-1}}$ 可以写成

$$S_n = \frac{A_n}{A_{n-1}} = \cfrac{i}{\dfrac{n^2}{\mu} + \cfrac{1}{\dfrac{(n+1)^2}{\mu} + \cfrac{1}{\dfrac{(n+2)^2}{\mu} + \cdots}}} \qquad n \geqslant 2 \tag{47}$$

很易证明

$$\lim_{n \to \infty} S_n = 0 \tag{48}$$

所以(41)是绝对收敛的. 求得了 S_n 以后,

$$A_n = A_1 S_2 S_3 \cdots S_n \quad n \geqslant 2 \tag{49}$$

在实际计算时,一般可以直接利用(44),逐一计算系数比值.

显然(41)式所表示的非齐次解是周期性的,只能用来解决一系列闭合截面的问题.例如环管型热膨胀补偿器问题,均布内压的细环壳,细圆曲管的弯曲理论等.

四、细环壳极限方程的齐次解

(38)式的齐次式可以写成

$$\frac{d^2V}{d\varphi^2} + \mu(e^{i\varphi} - e^{-i\varphi})V = 0 \tag{50}$$

设其解为

$$V = e^{\lambda\varphi} \sum_{n=-\infty}^{\infty} C_n e^{in\varphi} \tag{51}$$

其中 λ 为待定的指数,C_n 为待定系数. 代入(50)式,得有关系数的递推公式

$$(\lambda + in)^2 C_n + \mu(C_{n-1} - C_{n+1}) = 0 \quad -\infty < n < \infty \tag{52}$$

它也可以写成

$$\left. \begin{array}{ll} n > 0 & \dfrac{C_n}{C_{n-1}} = \dfrac{-1}{\dfrac{(\lambda+in)^2}{\mu} - \dfrac{C_{n+1}}{C_n}} \quad \text{(A)} \\[2ex] n < 0 & \dfrac{C_n}{C_{n+1}} = \dfrac{1}{\dfrac{(\lambda+in)^2}{\mu} + \dfrac{C_{n-1}}{C_n}} \quad \text{(B)} \\[2ex] n = 0 & \dfrac{C_{-1}}{C_0} + \dfrac{\lambda^2}{\mu} - \dfrac{C_1}{C_0} = 0 \quad \text{(C)} \end{array} \right\} \tag{53}$$

从(53A)可以逐一求得$\cdots\dfrac{C_4}{C_3},\dfrac{C_3}{C_2},\dfrac{C_2}{C_1},\dfrac{C_1}{C_0}$,而$\dfrac{C_1}{C_0}$作为连分式可以写为

$$\frac{C_1}{C_0} = \cfrac{-1}{\cfrac{(\lambda+i)^2}{\mu} + \cfrac{1}{\cfrac{(\lambda+2i)^2}{\mu} + \cfrac{1}{\cfrac{(\lambda+3i)^2}{\mu} + \cfrac{1}{\cfrac{(\lambda+4i)^2}{\mu} + \cdots}}}} \tag{54}$$

同样从(53B)也可以逐一求得…，$\dfrac{C_{-4}}{C_{-3}}$，$\dfrac{C_{-3}}{C_{-2}}$，$\dfrac{C_{-2}}{C_{-1}}$，$\dfrac{C_{-1}}{C_0}$，而 $\dfrac{C_{-1}}{C_0}$ 作为连分式可以写成

$$\frac{C_{-1}}{C_0} = \cfrac{1}{\cfrac{(\lambda-i)^2}{\mu}+\cfrac{1}{\cfrac{(\lambda-2i)^2}{\mu}+\cfrac{1}{\cfrac{(\lambda-3i)^2}{\mu}+\cfrac{1}{\cfrac{(\lambda-4i)^2}{\mu}+\cdots}}}} \tag{55}$$

把(54)，(55)代入(53C)，得

$$\frac{\lambda^2}{\mu} = \cfrac{-1}{\cfrac{(\lambda+i)^2}{\mu}+\cfrac{1}{\cfrac{(\lambda+2i)^2}{\mu}+\cfrac{1}{\cfrac{(\lambda+3i)^2}{\mu}+\cdots}}} + \cfrac{-1}{\cfrac{(\lambda-i)^2}{\mu}+\cfrac{1}{\cfrac{(\lambda-2i)^2}{\mu}+\cfrac{1}{\cfrac{(\lambda-3i)^2}{\mu}+\cdots}}} \tag{56}$$

这是一个决定 λ 的代数式，λ 是 μ 的函数。在已给 μ 值的条件下，从(56)式求得待定指数 λ 值以后，通过(53A, B)就可以逐一计算…，$\dfrac{C_4}{C_3}$，$\dfrac{C_3}{C_2}$，$\dfrac{C_2}{C_1}$，$\dfrac{C_1}{C_0}$，和…，$\dfrac{C_{-4}}{C_{-3}}$，$\dfrac{C_{-3}}{C_{-2}}$，$\dfrac{C_{-2}}{C_{-1}}$，$\dfrac{C_{-1}}{C_0}$ 从而求得(51)式中的各系数，其中 C_0 为待定的积分常量。

必须指出，如果将 λ 改写为 $-\lambda$，则(56)式相同。其差别只在于有关的 $\dfrac{C_{-n}}{C_0}$，$\dfrac{C_n}{C_0}$ 相互对换而已，因此，

$$\left. \begin{array}{l} V_{(1)} = e^{\lambda\varphi} \sum\limits_{n=-\infty}^{\infty} C_n e^{in\varphi} \\ V_{(2)} = e^{-\lambda\varphi} \sum\limits_{n=-\infty}^{\infty} (-1)^n C_n e^{-in\varphi} \end{array} \right\} \tag{57}$$

是一对独立解。

从(56)式中可以看到，λ 的解一定是一个实数。因为(56)式右方的两个连分式，在 λ 是实数时是共轭的，其两项之和为一实数。只要这两个连分式的实数部分是正值，则就可以肯定 λ 的解一定是实数。对这个问题，我们将在下节中有比较严格的讨论。

一般说来，$\dfrac{C_n}{C_0}$是复数，从(53)式，我们可以证明

$$\left.\begin{aligned}\dfrac{C_n}{C_0} &= \dfrac{1}{2}(a_n + ib_n) \qquad n = 1, 2, 3, \cdots \\ \dfrac{C_{-n}}{C_0} &= \dfrac{1}{2}(a_n - ib_n)(-1)^n \quad n = 1, 2, 3, \cdots \end{aligned}\right\} \tag{58}$$

其中$\dfrac{1}{2}a_n$，$\dfrac{1}{2}b_n$为$C_n/C_0 (n>0)$的实数和虚数部分。如果这个环壳的区域为$\varphi_1 \leqslant \varphi \leqslant \varphi_2$，其中$\varphi = \varphi_1$，$\varphi = \varphi_2$为两条边界，我们认为在处理边界值问题时最方便合用的两个独立的齐次解可以写成

$$\left.\begin{aligned}V_{(1)} &= [C_0' + i\bar{C}_0']e^{-\lambda(\varphi_2-\varphi)}[f_1(\varphi) + if_2(\varphi)] \\ V_{(2)} &= [B_0' + i\bar{B}_0']e^{-\lambda(\varphi-\varphi_1)}[g_1(\varphi) + ig_2(\varphi)] \end{aligned}\right\} \tag{59}$$

$f_1(\varphi)$，$f_2(\varphi)$，$g_1(\varphi)$，$g_2(\varphi)$为三角级数形式的实函数，C_0'，$\bar{C}_0'$，B_0'，$\bar{B}_0$为待定的实数。

$$\begin{aligned}f_1(\varphi) &= 1 + a_2\cos 2\varphi - b_2\sin 2\varphi + a_4\cos 4\varphi - b_4\sin 4\varphi + \cdots \\ &\quad + a_{2n}\cos 2n\varphi - b_{2n}\sin 2n\varphi + \cdots\end{aligned} \tag{60a}$$

$$\begin{aligned}f_2(\varphi) &= a_1\sin\varphi + b_1\cos\varphi + a_3\sin 3\varphi + b_3\cos 3\varphi + \cdots \\ &\quad + a_{2n+1}\sin(2n+1)\varphi + b_{2n+1}\cos(2n+1)\varphi + \cdots\end{aligned} \tag{60b}$$

$$\begin{aligned}g_1(\varphi) &= 1 + a_2\cos 2\varphi + b_2\sin 2\varphi + a_4\cos 4\varphi + b_4\sin 4\varphi + \cdots \\ &\quad + a_{2n}\cos 2n\varphi + b_{2n}\sin 2n\varphi + \cdots\end{aligned} \tag{60c}$$

$$\begin{aligned}g_2(\varphi) &= a_1\sin\varphi - b_1\cos\varphi + a_3\sin 3\varphi - b_3\cos 3\varphi + \cdots \\ &\quad + a_{2n+1}\sin(2n+1)\varphi - b_{2n+1}\cos(2n+1)\varphi + \cdots\end{aligned} \tag{60d}$$

我们必须指出，决定$\dfrac{C_n}{C_{n-1}}$的连分式收敛很快，它们和决定非齐次解的系数比$\dfrac{A_n}{A_{n-1}}$的连分式收敛的情况完全一样，所以(60)式中各三角级数的收敛都是很快的。同时，由于(59)式的解中有$e^{-\lambda(\varphi-\varphi_1)}$和$e^{-\lambda(\varphi_2-\varphi)}$，所以这些解在远离边界时衰减很快，这种衰减的性质指出，$V_{(1)}$，$V_{(2)}$都是代表边界效应性质的应力部分。在壳的内部，其应力分布主要决定于非齐次解。其次，上述齐次解适用于壳的全域，它们没有奇点，可见级数解的收敛域的限制，完全是由于采取级数解的形式所引起的，并不是微分方程解的本质问题。最后，这两个齐次解是非周期性的。

上面的讨论都指出(59)式的解有其优越性。现在剩下的唯一重要问题，是如何

有效地计算指数 λ.

五、指数 λ 的计算方法

原则上我们可以利用重演法从(56)式求解指数 λ. 但是这样计算一般须要耗费较多的计算工作量. 在下面,我们介绍一种更加有效的途径,直接计算 λ, 而把(56)式作为计算结果的校核之用.

求解 C_n 的无穷个联立方程(52)可以写成

$$\frac{\mu}{(\lambda+\mathrm{i}\mu)^2}C_{n-1}+C_n-\frac{\mu}{(\lambda+\mathrm{i}\mu)^2}C_{n-1}=0 \quad -\infty<n<\infty \tag{61}$$

当 C_n 有不等于零的解时,其充分和必要的条件也可以写成其系数行列式恒等于零的形式. 称其系数行列式为 $\Delta(\lambda)$, 它是 λ 的函数.

$$\Delta(\lambda) = \begin{vmatrix} \cdot & \cdot & \cdot & \cdot & \cdot & \cdot & \cdot & \cdot & \cdot & \cdot & \cdot \\ \cdot & \frac{\mu}{(\lambda-3\mathrm{i})^2} & 1 & -\frac{\mu}{(\lambda-3\mathrm{i})^2} & \cdot & \cdot & \cdot & \cdot & \cdot & \cdot & \cdot \\ \cdot & \cdot & \frac{\mu}{(\lambda-2\mathrm{i})^2} & 1 & -\frac{\mu}{(\lambda-2\mathrm{i})^2} & \cdot & \cdot & \cdot & \cdot & \cdot & \cdot \\ \cdot & \cdot & \cdot & \frac{\mu}{(\lambda-\mathrm{i})^2} & 1 & -\frac{\mu}{(\lambda-\mathrm{i})^2} & \cdot & \cdot & \cdot & \cdot & \cdot \\ \cdot & \cdot & \cdot & \cdot & \frac{\mu}{\lambda^2} & 1 & -\frac{\mu}{\lambda^2} & \cdot & \cdot & \cdot & \cdot \\ \cdot & \cdot & \cdot & \cdot & \cdot & \frac{\mu}{(\lambda+\mathrm{i})^2} & 1 & -\frac{\mu}{(\lambda+\mathrm{i})^2} & \cdot & \cdot & \cdot \\ \cdot & \cdot & \cdot & \cdot & \cdot & \cdot & \frac{\mu}{(\lambda+2\mathrm{i})^2} & 1 & -\frac{\mu}{(\lambda+2\mathrm{i})^2} & \cdot & \cdot \\ \cdot & \cdot & \cdot & \cdot & \cdot & \cdot & \cdot & \frac{\mu}{(\lambda+3\mathrm{i})^2} & 1 & -\frac{\mu}{(\lambda+3\mathrm{i})^2} & \cdot \\ \cdot & \cdot & \cdot & \cdot & \cdot & \cdot & \cdot & \cdot & \cdot & \cdot & \cdot \end{vmatrix}$$

(62)

这是一个无穷行列式. $\Delta(\lambda)$ 在 $\lambda=\pm \mathrm{i}k$ ($k=0,1,2,3,\cdots$) 时有二阶的奇点, 称 $\gamma_n(\lambda)=\dfrac{\mu}{(\lambda\pm\mathrm{i}n)^2}$, 则 $\gamma_{-n}(\lambda)=\gamma_n(-\lambda)$, $\gamma_n(\lambda+\mathrm{i}k)=\gamma_{n+k}(\lambda)$, 因此 $\Delta(\lambda)$ 为 λ 的偶函数, 而且有以 i 为周期的性质, 根据上面的性质, $\Delta(\lambda)$ 这个函数应该可以写成

$$\Delta(\lambda) = \frac{N}{\cosh 2\pi\lambda - 1} + M \tag{63}$$

其中 N, M 为待定常数,它们和 λ 无关系. 当 $\lambda = \infty$ 时,$\Delta(\infty) = 1$,所以得

$$\Delta(\infty) = M = 1 \tag{64}$$

当 $\lambda = 0$ 时,称

$$\lim_{\lambda \to 0} \lambda^2 \Delta(\lambda) = N_1 \tag{65}$$

从(62)式,有

$$N_1 = N_1(\mu) = \lim_{\lambda \to 0} \lambda^2 \Delta(\lambda) = \begin{vmatrix} \cdot & \cdot & \cdot & \cdot & \cdot & \cdot & \cdot & \cdot & \cdot \\ \cdot & \dfrac{-\mu}{3^2} & 1 & \dfrac{\mu}{3^2} & \cdot & \cdot & \cdot & \cdot & \cdot \\ \cdot & \cdot & \dfrac{-\mu}{2^2} & 1 & \dfrac{\mu}{2^2} & \cdot & \cdot & \cdot & \cdot \\ \cdot & \cdot & \cdot & \dfrac{-\mu}{1^2} & 1 & \dfrac{\mu}{1^2} & \cdot & \cdot & \cdot \\ \cdot & \cdot & \cdot & \cdot & \mu & 0 & -\mu & \cdot & \cdot \\ \cdot & \cdot & \cdot & \cdot & \cdot & \dfrac{-\mu}{1^2} & 1 & \dfrac{\mu}{1^2} & \cdot \\ \cdot & \cdot & \cdot & \cdot & \cdot & \cdot & \dfrac{-\mu}{2^2} & 1 & \dfrac{\mu}{2^2} \\ \cdot & \cdot & \cdot & \cdot & \cdot & \cdot & \cdot & \dfrac{-\mu}{3^2} & 1 & \dfrac{\mu}{3^2} \\ \cdot & \cdot & \cdot & \cdot & \cdot & \cdot & \cdot & \cdot & \cdot \end{vmatrix} \tag{66}$$

从(63)式,当 $\lambda^2 \Delta \lambda$ 在 $\lim\limits_{\lambda \to 0}$ 时,有

$$N_1 = \frac{N}{2\pi^2}, \quad 或 \quad N = 2\pi^2 N_1 \tag{67}$$

最后得

$$\Delta(\lambda) = 1 + \frac{2\pi^2 N_1}{\cosh 2\pi\lambda - 1} \tag{68}$$

从上式,我们可以决定指数 λ. 因为 $\Delta(\lambda) = 0$,所以有

$$1 + \frac{2\pi^2 N_1}{\cosh 2\pi\lambda - 1} = 0 \quad 或 \quad \lambda = \frac{1}{2\pi} \operatorname{arcosh}(1 - 2\pi^2 N_1) \tag{69}$$

关键在于求 N_1 这个无穷行列式的值,它可以对不同的 μ 值用计算机直接计算. 我

们也可以用归纳法通过逐步近似求其正确解.
一级近似为

$$N_1^{(1)} = \begin{vmatrix} 1 & \dfrac{\mu}{1^2} & 0 \\ \mu & 0 & -\mu \\ 0 & -\dfrac{\mu}{1^2} & 1 \end{vmatrix} = \mu \cdot \dfrac{\mu}{1^2} \begin{vmatrix} 1 & 1 & 0 \\ 1 & 0 & -1 \\ 0 & -1 & 1 \end{vmatrix} = -2\mu \cdot \dfrac{\mu}{1^2} \quad (70)$$

二级近似为

$$N_1^{(2)} = \begin{vmatrix} 1 & \dfrac{\mu}{2^2} & \cdot & \cdot & \cdot \\ -\dfrac{\mu}{1^2} & 1 & \dfrac{\mu}{1^2} & \cdot & \cdot \\ \cdot & \mu & \cdot & -\mu & \cdot \\ \cdot & \cdot & -\dfrac{\mu}{1^2} & 1 & \dfrac{\mu}{1^2} \\ \cdot & \cdot & \cdot & -\dfrac{\mu}{2^2} & 1 \end{vmatrix} = \begin{vmatrix} 1 & \dfrac{\mu}{2^2} & \cdot & \cdot & \cdot \\ \cdot & 1+\dfrac{\mu^2}{1^2 \cdot 2^2} & \dfrac{\mu}{1^2} & \cdot & \cdot \\ \cdot & \mu & \cdot & -\mu & \cdot \\ \cdot & \cdot & -\dfrac{\mu}{1^2} & 1+\dfrac{\mu^2}{1^2 \cdot 2^2} & \cdot \\ \cdot & \cdot & \cdot & -\dfrac{\mu}{2^2} & 1 \end{vmatrix}$$

$$= \begin{vmatrix} 1+\dfrac{\mu^2}{1^2 \cdot 2^2} & \dfrac{\mu}{1^2} & \cdot \\ \mu & \cdot & -\mu \\ \cdot & -\dfrac{\mu}{1^2} & 1+\dfrac{\mu^2}{1^2 \cdot 2^2} \end{vmatrix} = \left[1+\dfrac{\mu^2}{1^2 \cdot 2^2}\right]^2 \begin{vmatrix} 1 & \dfrac{\dfrac{\mu}{1^2}}{1+\dfrac{\mu^2}{1^2 \cdot 2^2}} & \cdot \\ \mu & \cdot & -\mu \\ \cdot & -\dfrac{\dfrac{\mu}{1^2}}{1+\dfrac{\mu^2}{1^2 \cdot 2^2}} & 1 \end{vmatrix}$$

$$= \mu \cdot \dfrac{\mu}{1^2} \left[1+\dfrac{\mu^2}{(1 \cdot 2)^2}\right]^2 \left[\dfrac{1}{1+\dfrac{\mu^2}{(1 \cdot 2)^2}}\right] \begin{vmatrix} 1 & 1 & \cdot \\ 1 & \cdot & -1 \\ \cdot & -1 & 1 \end{vmatrix}$$

$$= -2\mu \cdot \dfrac{\mu}{1^2} \left[1+\dfrac{\mu^2}{(1 \cdot 2)^2}\right]^2 \left[\dfrac{1}{1+\dfrac{\mu^2}{(1 \cdot 2)^2}}\right] \quad (71)$$

三级近似用相同的方法可以证明为

$$N_1^{(3)} = -2\mu \cdot \frac{\mu}{1^2}\left[1+\frac{\mu^2}{(2\cdot 3)^2}\right]^2 \left[1+\frac{\frac{\mu^2}{(1\cdot 2)^2}}{1+\frac{\mu^2}{(2\cdot 3)^2}}\right]^2 \left[\frac{1}{1+\frac{\frac{\mu^2}{(1\cdot 2)^2}}{1+\frac{\mu^2}{(2\cdot 3)^2}}}\right] \quad (72)$$

四级近似为

$$N_1^{(4)} = -2\mu \cdot \frac{\mu}{1^2}\left[1+\frac{\mu^2}{(3\cdot 4)^2}\right]^2 \left[1+\frac{\frac{\mu^2}{(2\cdot 3)^2}}{1+\frac{\mu^2}{(3\cdot 4)^2}}\right]^2 \left[1+\frac{\frac{\mu^2}{(1\cdot 2)^2}}{1+\frac{\frac{\mu^2}{(2\cdot 3)^2}}{1+\frac{\mu^2}{(3\cdot 4)^2}}}\right]^2 \left[\frac{1}{1+\frac{\frac{\mu^2}{(1\cdot 2)^2}}{1+\frac{\frac{\mu^2}{(2\cdot 3)^2}}{1+\frac{\mu^2}{(3\cdot 4)^2}}}}\right]$$

(73)

等,依此类推,当求 $N_1^{(5)}$, $N_1^{(6)}$, ⋯逐一达极值时,

$$N_1^{(\infty)} = N_1 \quad (74)$$

称

$$\alpha_n = 1 + \frac{\frac{\mu^2}{n^2(n+1)^2}}{1+\frac{\frac{\mu^2}{(n+1)^2(n+2)^2}}{1+\frac{\frac{\mu^2}{(n+2)^2(n+3)^2}}{1+\cdots}}} \quad (75)$$

我们有

$$\alpha_n = 1 + \frac{\mu^2}{n^2(n+1)^2 \alpha_{n+1}} \quad (76)$$

则在极限条件下可以证明

$$N_1 = -2\mu^2 \frac{1}{\alpha_1}\prod_{n=1}^{\infty}\alpha_n^2 \quad (77)$$

最后从(69)式,得

$$\lambda = \frac{1}{2\pi}\operatorname{arcosh}\left[1 + 4\pi^2\mu^2 \frac{1}{\alpha_1}\left(\prod_{n=1}^{\infty}\alpha_n\right)^2\right] \tag{78}$$

因为 $\lim_{n\to\infty}\alpha_n = 1$,所以(78)中的无穷连乘是收敛的. 所有 α_n 都是 μ 函数. 所以从(78)式,我们可以在已给 μ 值的基础上计算 λ 指数值. 这样求的 λ 值应该满足(56)式. 因为(56)式和 $\Delta(\lambda) = 0$ 都同样表示方程式(53)式有解的充分和必要条件.

(78)中的无穷乘积在计算时,还可以适当简化. 对于已给的 μ 的值而言,一定可以找到一个 $n = n_1$ 值,使

$$\frac{\mu^2}{n^2(n+1)^2} \ll 1 \quad n \geqslant n_1 \tag{79}$$

在这种情况下,(75)式可以写成

$$\alpha_n \approx 1 + \frac{\mu^2}{n^2(n+1)^2} \quad n \geqslant n_1 \tag{80}$$

于是

$$\prod_{n=1}^{\infty}\alpha_n = \left(\prod_{n=1}^{n=n_1-1}\alpha\right)\left(\prod_{n=n_1}^{\infty}\alpha_n\right) \tag{81}$$

而

$$\prod_{n=n_1}^{\infty}\alpha_n \approx \prod_{n=n_1}^{\infty}\left(1 + \frac{\mu^2}{n^2(n+1)^2}\right) \subseteq 1 + \Omega(n_1)\mu^2 \tag{82}$$

其中经过适当计算后,可以证明

$$\Omega(n_1) = \sum_{n=n_1}^{\infty}\frac{1}{n^2(n+1)^2} = \frac{\pi^2}{3} - \frac{1}{n_1^2} - 2\sum_{n=1}^{n_1-1}\frac{1}{n^2} \tag{83}$$

从(78)式求得了对应于某一 μ 值的 λ 值以后,就可以通过(53A)式计算 $\frac{C_n}{C_{n-1}}$,从而计算 $\frac{C_n}{C_0} = \frac{1}{2}(a_n + ib_n)$,其结果见附表Ⅱ,从(46),(47)和(49)式计算所得的非齐次解系数,见附表Ⅰ,上面所得的结果足以用来求解若干如波纹壳的实用问题.

郑思梁同志用计算机计算了(66)式的 $N_1(\mu)$ 值,和表中其他数值. 证明附表Ⅰ,Ⅱ中的结果是完全可靠的.

参考文献与资料

[1] Reissner H. Müller-Breslau-Festschrift. Leipzig, 1912: 181.
[2] Meissner E. Physik Zeits, 1913, 14: 343; Vierteljahrsschr. Naturforsch Gas, Zurich, 1915, 60: 23.
[3] Tölke F. Ingenieur Archiv, 1938, 9: 282.
[4] Clark R A. J of Math and Physics, 1950, 29: 146 – 178.
[5] Новожилов В В. 薄壳理论. 北京石油学院, 译. 北京: 科学出版社, 1951.
[6] 张维. 清华大学理科报告, 1949, 5A: 289 – 349.
[7] Wissler H. Festigkeitberechung von Ringsflachen. Promotionarbeit, Zurich, 1916.
[8] Tao L N. J of Math and Physics, 1959, 38: 130 – 134.
[9] Timoshenko S. Woinowsky-Krieger S. 板壳理论. 北京航空学院, 译. 1959.

Equations of Symmetrical Ring Shells in Complex Quantities and Their General Solutions for Slender Ring Shells

Abstract From H. Reissner-E. Meisser's equations of axial symmetrical shells of revolution, it is able to derive various equations of F. Tölke, R. A. Clrak, and B. B. Новожилов, in terms of respective complex quantities by means of an unified method of complex transformation. Their approximations are also discussed.

In this paper, general solutions for slender ring shells are also given. They are suitable for $\alpha = a/R \ll 1$, where a is the sectional radius of the slender ring, and R is the radius of the ring in itself. This solution can be used for the studies of corrugated pipes.

附表 I 细环壳的非齐次解的系数[见方程(46),(47),(49)]

	$\mu = 0.1$	$\mu = 0.2$	$\mu = 0.3$	$\mu = 0.4$	$\mu = 0.5$	$\mu = 0.6$
A_1	$0.099\ 75_1$	$0.198\ 02_2$	$0.293\ 41_5$	$0.384\ 68_1$	$0.470\ 77_9$	$0.550\ 90_8$
A_2	$0.002\ 49_3 i$	$0.009\ 89_0 i$	$0.021\ 95_1 i$	$0.038\ 29_8 i$	$0.058\ 44_2 i$	$0.081\ 82_0 i$
A_3	$-0.000\ 02_8$	$-0.000\ 21_8$	$-0.000\ 73_1$	$-0.001\ 70_0$	$-0.003\ 24_1$	$-0.005\ 44_1$
A_4	$-0.000\ 00_0 i$	$-0.000\ 00_3 i$	$-0.000\ 01_4 i$	$-0.000\ 04_2 i$	$-0.000\ 10_1 i$	$0.000\ 20_4 i$
A_5	$0.000\ 00_0$	$0.000\ 00_0$	$0.000\ 00_0$	$0.000\ 00_0$	$0.000\ 00_2$	$0.000\ 00_5$
A_6	$0.000\ 00_0 i$	$0.000\ 00_0 i$	$0.000\ 00_0 i$	$0.000\ 00_0 i$	$0.000\ 00_0 i$	$0.000\ 00_0 i$

续 表

	$\mu=0.7$	$\mu=0.8$	$\mu=0.9$	$\mu=1.0$	$\mu=2$	$\mu=3$
A_1	0.62452_0	0.69131_0	0.75120_9	0.80431_8	1.05129_5	1.06345_9
A_2	$0.10782_8 i$	$0.13585_8 i$	$0.16532_3 i$	$0.19568_1 i$	$0.47435_2 i$	$0.64551_4 i$
A_3	-0.00836_8	-0.01202_3	-0.01644_0	-0.02159_3	-0.10259_0	-0.20277_4
A_4	$-0.00036_5 i$	$-0.00060_0 i$	$-0.00092_3 i$	$-0.00134_6 i$	$-0.01269_7 i$	$-0.03719_2 i$
A_5	0.00001_0	0.00001_9	0.00003_3	0.00005_4	0.00101_1	0.00441_1
A_6	$0.00000_0 i$	$0.00000_0 i$	$0.00000_0 i$	$0.00000_0 i$	$0.00005_6 i$	$0.00036_6 i$
A_7					-0.00000_2	-0.00002_2
A_8					$-0.00000_0 i$	$-0.00000_0 i$

	$\mu=4$	$\mu=5$	$\mu=6$	$\mu=7$	$\mu=8$	$\mu=9$
A_1	1.03787_0	1.01747_4	1.00599_2	1.00062_0	0.99863_2	0.99828_0
A_2	$0.74053_2 i$	$0.79650_5 i$	$0.83233_3 i$	$0.85705_4 i$	$0.87517_1 i$	$0.88908_0 i$
A_3	-0.29733_8	-0.38027_0	-0.45110_3	-0.51087_5	-0.56104_7	-0.60313_1
A_4	$-0.07152_3 i$	$-0.11202_0 i$	$-0.15568_1 i$	$-0.20022_2 i$	$-0.24399_3 i$	$-0.28595_0 i$
A_5	0.01124_6	0.02180_7	0.03595_4	0.05324_0	0.07306_1	0.09477_8
A_6	$0.00123_8 i$	$0.00298_7 i$	$0.00587_4 i$	$0.01007_6 i$	$0.01567_8 i$	$0.02267_9 i$
A_7	-0.00010_0	-0.00030_2	-0.00071_1	-0.00141_8	-0.00250_9	-0.00406_2
A_8	$-0.00000_6 i$	$-0.00002_4 i$	$-0.00006_6 i$	$-0.00015_4 i$	$-0.00031_0 i$	$-0.00056_3 i$
A_9	-0.00000_0	-0.00000_1	-0.00000_5	0.00001_3	0.00003_0	0.00006_2
A_{10}	$0.00000_0 i$	$0.00000_0 i$	$0.00000_0 i$	$0.00000_0 i$	$0.00000_0 i$	$0.00000_0 i$

	$\mu=10$	$\mu=11$	$\mu=12$	$\mu=13$	$\mu=14$	$\mu=15$
A_1	0.99858_5	0.99906_7	0.99951_7	0.99986_0	1.00008_8	1.00022_2
A_2	$0.90014_2 i$	$0.90917_6 i$	$0.91670_3 i$	$0.92308_1 i$	$0.92856_5 i$	$0.93331_9 i$
A_3	-0.63852_8	-0.66845_9	-0.69394_8	-0.71583_2	-0.73478_4	-0.75133_8
A_4	$-0.32546_6 i$	$-0.36225_5 i$	$-0.39624_7 i$	$-0.42751_2 i$	$-0.45620_7 i$	$-0.48251_6 i$
A_5	0.11778_2	0.14154_2	0.16562_0	0.18966_4	0.21340_7	0.23665_4
A_6	$0.03101_2 i$	$0.04056_8 i$	$0.05120_5 i$	$0.06277_4 i$	$0.07512_0 i$	$0.08809_3 i$
A_7	-0.00613_7	-0.00877_6	-0.01200_4	-0.01582_7	-0.02024_3	-0.02523_0
A_8	$-0.00094_1 i$	$-0.00147_4 i$	$-0.00219_1 i$	$-0.00311_5 i$	$-0.00427_0 i$	$-0.00567_4 i$
A_9	0.00011_5	0.00019_7	0.00032_0	0.00048_8	0.00072_1	0.00102_3
A_{10}	$0.00001_3 i$	$0.00002_7 i$	$0.00003_8 i$	$0.00006_3 i$	$0.00009_9 i$	$0.00015_1 i$
A_{11}	-0.00000_0	-0.00000_2	-0.00000_4	-0.00000_7	-0.00001_1	-0.00001_8
A_{12}		$-0.00000_0 i$	$-0.00000_0 i$	$-0.00000_0 i$	$-0.00000_1 i$	$-0.00000_2 i$
A_{13}					0.00000_0	0.00000_0

附表 Ⅱ 细环壳的齐次解的系数及有关参数 λ [见(53),(60),(78)]

	$\mu=0.1$ $\lambda=0.137\,35_2$		$\mu=0.2$ $\lambda=0.256\,15_0$		$\mu=0.3$ $\lambda=0.353\,35_7$		$\mu=0.4$ $\lambda=0.433\,51_3$	
	a_n	b_n	a_n	b_n	a_n	b_n	a_n	b_n
$n=1$	$0.188\,65_6$	$0.052\,62_4$	$0.328\,06_5$	$0.177\,19_7$	$0.416\,20_5$	$0.324\,96_9$	$0.469\,83_5$	$0.472\,37_3$
$n=2$	$0.004\,47_0$	$0.001\,93_8$	$0.013\,41_3$	$0.012\,48_4$	$0.020\,34_1$	$0.032\,48_5$	$0.022\,25_8$	$0.059\,40_2$
$n=3$	$0.000\,04_7$	$0.000\,02_6$	$0.000\,24_5$	$0.000\,32_2$	$0.000\,40_2$	$0.001\,19_3$	$0.000\,19_9$	$0.002\,75_2$
$n=4$	$0.000\,00_0$	$0.000\,00_0$	$0.000\,00_3$	$0.000\,00_4$	$0.000\,00_3$	$0.000\,02_3$	$-0.000\,01_0$	$0.000\,06_7$
$n=5$			$0.000\,00_0$	$0.000\,00_0$	$0.000\,00_0$	$0.000\,00_0$	$-0.000\,00_0$	$0.000\,00_1$
$n=6$								$0.000\,00_0$

	$\mu=0.5$ $\lambda=0.501\,37_9$		$\mu=0.6$ $\lambda=0.560\,41_3$		$\mu=0.7$ $\lambda=0.612\,96_6$		$\mu=0.8$ $\lambda=0.660\,63_7$	
	a_n	b_n	a_n	b_n	a_n	b_n	a_n	b_n
$n=1$	$0.502\,76_1$	$0.612\,69_0$	$0.523\,43_7$	$0.745\,38_9$	$0.536\,75_4$	$0.871\,72_1$	$0.545\,55_3$	$0.993\,27_2$
$n=2$	$0.018\,48_7$	$0.090\,95_0$	$0.009\,17_2$	$0.125\,65_2$	$-0.005\,35_9$	$0.162\,61_7$	$-0.024\,79_5$	$0.201\,32_3$
$n=3$	$-0.000\,64_8$	$0.004\,98_7$	$-0.002\,35_6$	$0.007\,75_0$	$-0.005\,09_6$	$0.010\,99_5$	$-0.009\,08_6$	$0.014\,58_9$
$n=4$	$-0.000\,05_7$	$0.000\,14_3$	$-0.000\,16_1$	$0.000\,25_0$	$-0.000\,35_0$	$0.000\,38_3$	$-0.000\,64_2$	$0.000\,53_1$
$n=5$	$0.000\,00_1$	$0.000\,00_3$	$-0.000\,00_5$	$0.000\,00_5$	$-0.000\,01_2$	$0.000\,00_8$	$-0.000\,02_4$	$0.000\,01_1$
$n=6$	$0.000\,00_0$	$0.000\,00_0$	$0.000\,00_0$	$0.000\,00_0$	$0.000\,00_0$	$0.000\,00_0$	$0.000\,00_0$	$0.000\,00_0$

	$\mu=0.9$ $\lambda=0.704\,53_4$		$\mu=1.0$ $\lambda=0.745\,44_1$		$\mu=2$ $\lambda=1.066\,54_9$		$\mu=3$ $\lambda=1.310\,94_9$	
	a_n	b_n	a_n	b_n	a_n	b_n	a_n	b_n
$n=1$	$0.551\,52_1$	$1.111\,54_7$	$0.555\,68_3$	$1.227\,87_8$	$0.568\,76_6$	$2.502\,42_0$	$0.572\,87_9$	$4.838\,16_6$
$n=2$	$-0.048\,89_9$	$0.241\,46_7$	$-0.077\,51_8$	$0.282\,89_0$	$-0.629\,84_3$	$0.778\,69_3$	$-2.091\,17_1$	$1.659\,55_8$
$n=3$	$-0.014\,21_7$	$0.018\,41_7$	$-0.020\,83_3$	$0.022\,37_1$	$-0.190\,80_8$	$0.044\,40_8$	$-0.737\,64_0$	$-0.079\,10_4$
$n=4$	$-0.001\,07_0$	$0.000\,67_9$	$-0.001\,65_6$	$0.000\,80_8$	$-0.021\,82_3$	$-0.006\,40_2$	$-0.093\,41_5$	$-0.082\,46_2$
$n=5$	$-0.000\,04_3$	$0.000\,01_3$	$-0.000\,07_1$	$0.000\,01_1$	$0.001\,32_4$	$-0.001\,12_1$	$-0.004\,66_6$	$-0.013\,11_2$
$n=6$	$0.000\,00_1$	$0.000\,00_0$	$0.000\,00_2$	$0.000\,00_0$	$-0.000\,04_6$	$-0.000\,08_1$	$0.000\,09_4$	$-0.001\,09_0$
$n=7$	$0.000\,00_0$	$0.000\,00_0$	$0.000\,00_0$	$0.000\,00_0$	$0.000\,00_0$	$-0.000\,00_4$	$0.000\,02_9$	$-0.000\,05_9$
$n=8$						$0.000\,00_0$	$0.000\,00_2$	$0.000\,00_2$
$n=9$							$0.000\,00_0$	$0.000\,00_0$

	$\mu=4$ $\lambda=1.516\,72_9$		$\mu=5$ $\lambda=1.697\,75_0$		$\mu=6$ $\lambda=1.861\,23_1$		$\mu=7$ $\lambda=2.011\,46_4$	
	a_n	b_n	a_n	b_n	a_n	b_n	a_n	b_n
$n=1$	$0.575\,40_3$	$15.275\,87_8$	$0.577\,01_9$	$-16.251\,36_5$	$0.577\,46_1$	$-5.177\,90_8$	$0.578\,05_3$	$-2.878\,73_9$
$n=2$	$-9.397\,60_9$	$5.402\,80_1$	$13.253\,53_0$	$-5.726\,31_0$	$5.449\,59_0$	$-1.768\,28_8$	$3.905\,95_8$	$-0.920\,44_8$
$n=3$	$-3.626\,30_0$	$-1.273\,30_8$	$5.391\,93_8$	$3.029\,57_2$	$2.284\,92_5$	$1.741\,96_9$	$1.661\,68_5$	$1.604\,75_3$
$n=4$	$-0.427\,08_6$	$-0.714\,72_0$	$0.484\,19_0$	$1.551\,91_3$	$0.099\,22_6$	$0.877\,28_1$	$-0.036\,81_7$	$0.808\,77_4$
$n=5$	$0.004\,49_3$	$-0.121\,02_4$	$-0.093\,96_3$	$0.273\,33_6$	$-0.099\,48_6$	$0.155\,31_0$	$-0.134\,66_3$	$0.138\,96_1$
$n=6$	$0.006\,31_8$	$-0.010\,88_5$	$-0.028\,27_7$	$0.023\,75_2$	$-0.025\,46_5$	$0.011\,21_6$	$-0.033\,02_1$	$0.005\,84_8$

续 表

	$\mu=4$ $\lambda=1.516\,72_9$		$\mu=5$ $\lambda=1.697\,75_0$		$\mu=6$ $\lambda=1.861\,23_1$		$\mu=7$ $\lambda=2.011\,46_4$	
	a_n	b_n	a_n	b_n	a_n	b_n	a_n	b_n
$n=7$	$0.000\,79_6$	$-0.000\,57_0$	$-0.003\,45_1$	$0.000\,80_2$	$-0.003\,14_9$	$-0.000\,30_5$	$-0.004\,09_3$	$-0.001\,60_0$
$n=8$	$0.000\,05_7$	$-0.000\,01_4$	$-0.000\,25_9$	$0.000\,04_9$	$-0.000\,23_9$	$-0.000\,14_6$	$-0.000\,29_4$	$-0.000\,34_1$
$n=9$	$0.000\,00_3$	$0.000\,00_0$	$-0.000\,01_3$	$-0.000\,00_8$	$-0.000\,01_1$	$-0.000\,01_6$	$-0.000\,01_0$	$-0.000\,03_5$
$n=10$	$0.000\,00_0$	$0.000\,00_0$	$0.000\,00_0$	$-0.000\,00_0$	$0.000\,00_0$	$0.000\,00_1$	$0.000\,00_0$	$0.000\,00_2$
$n=11$					$0.000\,00_0$	$0.000\,00_0$	$0.000\,00_0$	$0.000\,00_0$

	$\mu=8$ $\lambda=2.151\,23_0$		$\mu=9$ $\lambda=2.282\,45_2$		$\mu=10$ $\lambda=2.406\,53_0$		$\mu=11$ $\lambda=2.524\,51_6$	
	a_n	b_n	a_n	b_n	a_n	b_n	a_n	b_n
$n=1$	$0.578\,51_7$	$-1.808\,40_8$	$0.578\,88_4$	$-1.143\,15_4$	$0.579\,18_0$	$-0.657\,16_7$	$0.579\,42_4$	$-0.261\,56_3$
$n=2$	$3.234\,91_8$	$-0.508\,93_4$	$2.850\,58_3$	$-0.241\,07_3$	$2.593\,80_6$	$-0.036\,11_2$	$2.403\,09_0$	$0.138\,19_1$
$n=3$	$1.379\,79_1$	$1.631\,17_9$	$1.206\,54_8$	$1.716\,14_4$	$1.078\,59_2$	$1.833\,19_2$	$0.971\,01_5$	$1.974\,30_1$
$n=4$	$-0.150\,95_6$	$0.825\,76_8$	$-0.268\,90_8$	$0.872\,08_7$	$-0.399\,25_1$	$0.933\,08_9$	$-0.547\,42_0$	$1.003\,82_1$
$n=5$	$-0.182\,03_3$	$0.132\,58_9$	$-0.240\,38_0$	$0.124\,99_6$	$-0.310\,22_7$	$0.111\,99_3$	$-0.392\,92_5$	$0.090\,72_3$
$n=6$	$-0.043\,92_6$	$-0.001\,38_4$	$-0.057\,32_6$	$-0.012\,38_7$	$-0.072\,86_3$	$-0.028\,60_7$	$-0.090\,26_4$	$-0.051\,58_2$
$n=7$	$-0.005\,32_3$	$-0.003\,73_9$	$-0.006\,56_2$	$-0.007\,08_3$	$-0.007\,50_6$	$-0.012\,00_7$	$-0.007\,75_6$	$-0.018\,94_1$
$n=8$	$-0.000\,32_3$	$-0.000\,68_1$	$-0.000\,25_1$	$-0.001\,22_1$	$0.000\,02_3$	$-0.002\,01_4$	$0.000\,64_6$	$-0.003\,10_7$
$n=9$	$0.000\,00_2$	$-0.000\,07_0$	$0.000\,03_7$	$-0.000\,12_4$	$0.000\,11_6$	$-0.000\,20_1$	$0.000\,26_8$	$-0.000\,29_3$
$n=10$	$-0.000\,00$	$0.000\,00_5$	$0.000\,00_7$	$-0.000\,00_8$	$0.000\,01_8$	$-0.000\,01_2$	$0.000\,03_8$	$-0.000\,01_4$
$n=11$	$0.000\,00_0$	$0.000\,00_0$	$0.000\,00_0$	$0.000\,00_0$	$0.000\,00_2$	$0.000\,00_0$	$0.000\,00_3$	$0.000\,00_0$
$n=12$					$0.000\,00_0$	$0.000\,00_0$	$0.000\,00_0$	$0.000\,00_0$

	$\mu=12$ $\lambda=2.637\,22_3$		$\mu=13$ $\lambda=2.745\,31_6$		$\mu=14$ $\lambda=2.849\,30_6$		$\mu=15$ $\lambda=2.949\,63_2$	
	a_n	b_n	a_n	b_n	a_n	b_n	a_n	b_n
$n=1$	$0.579\,63_1$	$0.087\,54_1$	$0.579\,81_0$	$0.416\,31_6$	$0.579\,96_7$	$0.743\,73_5$	$0.580\,11_5$	$1.086\,82_2$
$n=2$	$2.249\,16_3$	$0.298\,21_2$	$2.115\,71_1$	$0.454\,22_2$	$1.992\,16_3$	$0.614\,24_4$	$1.870\,37_5$	$0.786\,07_5$
$n=3$	$0.871\,33_1$	$2.138\,16_0$	$0.771\,72_1$	$2.327\,05_8$	$0.665\,98_4$	$2.546\,22_7$	$0.547\,90_5$	$2.804\,32_1$
$n=4$	$-0.718\,73_6$	$1.082\,77_8$	$-0.919\,69_5$	$1.170\,11_8$	$-1.159\,04_6$	$1.267\,17_9$	$-1.449\,25_7$	$1.376\,49_8$
$n=5$	$-0.490\,60_8$	$0.058\,36_5$	$-0.606\,36_8$	$0.011\,53_4$	$-0.744\,7_7$	$-0.054\,27_4$	$-0.912\,24_1$	$-0.145\,42_4$
$n=6$	$-0.109\,25_2$	$-0.083\,19_4$	$-0.129\,50_2$	$-0.125\,89_2$	$-0.150\,60_5$	$-0.183\,01_8$	$-0.172\,01_0$	$-0.259\,32_9$
$n=7$	$-0.006\,76_9$	$-0.028\,39_3$	$-0.003\,79_9$	$-0.041\,00_3$	$0.002\,20_4$	$-0.057\,60_5$	$0.012\,75_3$	$-0.079\,34_3$
$n=8$	$0.001\,82_3$	$-0.004\,54_2$	$0.003\,83_8$	$-0.006\,34_6$	$0.007\,09_2$	$-0.008\,52_6$	$0.012\,15_9$	$-0.011\,05_3$
$n=9$	$0.000\,53_5$	$-0.000\,39_2$	$0.000\,97_3$	$-0.000\,47_0$	$0.001\,65_9$	$-0.000\,48_1$	$0.002\,70_3$	$-0.000\,34_1$
$n=10$	$0.000\,07_3$	$-0.000\,00_9$	$0.000\,12_5$	$0.000\,01_0$	$0.000\,21_5$	$0.000\,05_7$	$0.000\,33_9$	$0.000\,15_7$
$n=11$	$0.000\,00_7$	$0.000\,00_2$	$0.000\,01_1$	$0.000\,00_7$	$0.000\,01_7$	$0.000\,01_6$	$0.000\,02_5$	$0.000\,03_5$
$n=12$	$0.000\,00_0$	$0.000\,00_0$	$0.000\,00_0$	$0.000\,00_0$	$0.000\,00_0$	$0.000\,00_2$	$0.000\,00_0$	$0.000\,00_4$
$n=13$					$0.000\,00_0$	$0.000\,00_0$	$0.000\,00_0$	$0.000\,00_0$

环壳方程级数解的收敛性问题及其有关收敛定理的研究

摘要 本文全面地研究了环壳方程级数解的收敛问题,并指出了 L. N. Tao (1959)[5] 认为环壳方程级数解到处都收敛的结论的错误所在,从而结束了人们有关这个问题的疑虑和争论.本文提出了两个有关三项递推公式的级数解的收敛定理,它们有普遍的实用价值.

一、环壳方程及 Wissler 的 $x = 1 - \sin\varphi$ 和 $y = 1 + \sin\varphi$ 的级数解

以 Love-Kirchhoff 的薄壳理论基本假设为基础的轴对称环壳方程,可以写成下述复变量形式

$$(1 + \alpha\sin\varphi)\frac{\mathrm{d}^2 V}{\mathrm{d}\varphi^2} - \alpha\cos\varphi\frac{\mathrm{d}V}{\mathrm{d}\varphi} + \mathrm{i}2\mu\sin\varphi V = 2\mu P_0\cos\varphi \tag{1}$$

其中 φ 是以环壳轴心 O 为中心的坐标角(图1),α 和 P_0 分别为

$$\alpha = \frac{a}{R} \tag{2}$$

$$P_0 = -\frac{1}{2}\alpha a q \mathrm{i} + \frac{Q_0}{\alpha}2\mu \tag{3}$$

a, R 分别见图1,a 为环本身的半径,q 为环壳上的分布法向载荷,从环心 O' 向外为正,Q_0 代表 $\varphi=0$ 处的剪力,μ 为一无量纲参量

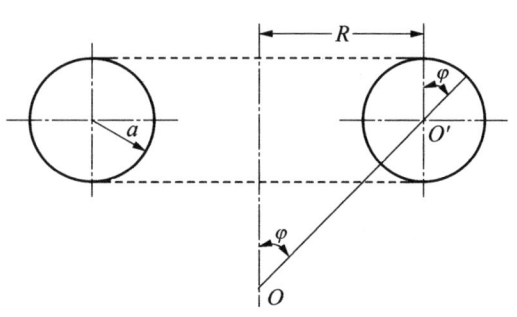

图1 环壳的尺寸和坐标

$$\mu = \sqrt{3(1-\nu^2)}\,\frac{a^2}{hR} \tag{4}$$

h 为壳厚，ν 为泊松比.

V 为一复变量，它的实数和虚数部分分别为

$$\left.\begin{aligned}\operatorname{Im} V &= \frac{2\mu}{\alpha}\frac{(1+\alpha\sin\varphi)^2}{\sin\varphi}Q - 2\mu\frac{Q_0}{\alpha}\cot\varphi \\ \operatorname{Re} V &= -\frac{4\mu^2 D}{\alpha a^2}(1+\alpha\sin\varphi)\chi\end{aligned}\right\} \quad (5)$$

其中 D 为壳的抗弯刚度，χ 为位移所引起的子午线切线的转角，Q 为壳的剪力.

式(1)为环壳在轴对称载荷下的基本方程，在求得其解 V 后，就可以计算环壳的诸内力素，其详细推导见钱伟长另文[4]. 本式和 Wissler (1916)[1]，Tölke (1938)[2]，Новожилов(1951)[3] 等人所提出的环壳方程大同小异，没有本质差别.

Wissler(1916)[1] 首先对轴对称环壳方程的齐次式，用 $x=1-\sin\varphi$ 的级数和 $y=1+\sin\varphi$ 的级数，进行了研究①. 替换自变量，设

$$u = \sin\varphi \quad (6)$$

则(1)式可以写成

$$(1+\alpha u)(1-u^2)\frac{\mathrm{d}^2 V}{\mathrm{d}u^2} - (u+\alpha)\frac{\mathrm{d}V}{\mathrm{d}u} + \mathrm{i}2\mu V = 2\mu P_0 \sqrt{1-u^2} \quad (7)$$

这是一个 Fuch 型线性方程[7]，在所有方程式的奇点

$$u = -\frac{1}{\alpha}, \quad u = 1, \quad u = -1, \quad u = \infty \quad (8)$$

都有解. 当 $\alpha<1$ 时，由于 $|u|\leqslant 1$，所以只有两个奇点 $u=+1$，$u=-1$ 是有意义的. 根据微分方程的性质，如果在 $u=+1$（即 $\varphi=90°$）处展开求级数解，则它在整个壳内，除去 $u=-1$ 处（即 $\varphi=270°$ 或 $\varphi=-90°$）一点附近外，都是收敛的. 反之，如果在 $u=-1$ 处展开求级数解，则它在整个壳内，除去 $u=+1$ 处一点附近外，也都是收敛的（图2a）.

当 $\alpha=1$ 时，奇点 $u=-\frac{1}{\alpha}$ 和 $u=-1$ 重合，这时也有两个有意义的奇点（图2b）.

当 $\alpha>1$ 时，也只有两个奇点 $u=-\frac{1}{\alpha}$，$u=1$ 有意义（当处理 $u>-\frac{1}{\alpha}$ 的环壳部分时）. 在 $u=-\frac{1}{\alpha}$ 处展开的级数解在 $u=+1$ 处不收敛，在 $u=+1$ 处展开的级

---

① H. Wissler(1916)的学位论文原文作者未能见到，但其结果见张维(1949)[6]的论文.

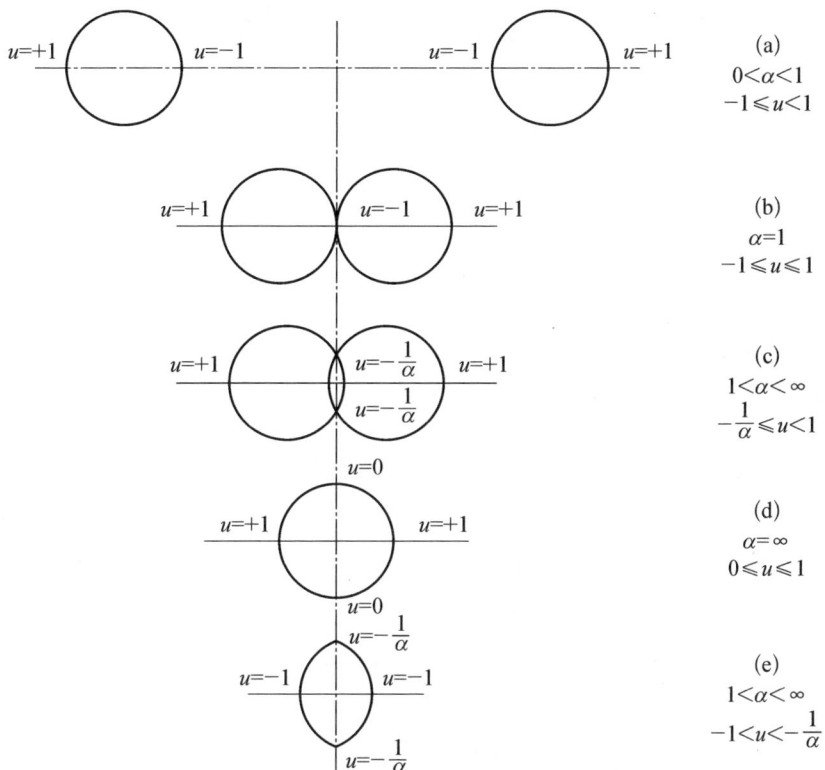

图 2 环壳在各种尺寸比下的奇点

数解在 $u=-\dfrac{1}{\alpha}$ 处不收敛(图 2c).

当 $\alpha=\infty$ 时,环壳成为轴对称载荷下的圆球壳,有意义的奇点有 $u=-\dfrac{1}{\alpha}=0$, $u=1$ 两点(图 2d).

当 $\alpha>1$ 时,也可以用来处理 $u<-\dfrac{1}{\alpha}$ 的环壳部分,这时有意义的奇点有 $u=-\dfrac{1}{\alpha}$, $u=-1$(图 2e).

我们将逐一研究这些级数解,本节将首先研究在 $u=+1$ 及 $u=-1$ 处展开的两种级数解.

为了研究在 $u=+1$ 处展开的级数解,让我们引进

$$x=1-u, \quad -1 \leqslant u \leqslant 1, \quad 0 \leqslant x \leqslant 2 \tag{9}$$

于是(1)式的齐次式可以写成

$$(1+\alpha-\alpha x)x(2-x)\frac{\mathrm{d}^2V}{\mathrm{d}x^2}+(1+\alpha-x)\frac{\mathrm{d}V}{\mathrm{d}x}+\mathrm{i}2\mu(1-x)V=0 \qquad (10)$$

设(10)式的解为

$$V=x^\rho\sum_{n=0}^{\infty}a_nx^n \qquad (11)$$

代入(10)式,恒等各项系数,得

$$\left.\begin{aligned}&a_0(1+\alpha)\rho(2\rho-1)=0\\&a_1(1+\alpha)(\rho+1)(2\rho+1)+a_0\{-\rho[(3\alpha+1)(\rho-1)+1]+\mathrm{i}2\mu\}=0\\&a_{n+1}(1+\alpha)(\rho+n+1)(2\rho+2n+1)+a_n\{\mathrm{i}2\mu-(\rho+n)[(3\alpha+1)\\&\quad(\rho+n-1)+1]\}+a_{n-1}\{\alpha(\rho+n-1)(\rho+n-2)-\mathrm{i}2\mu\}=0\ (n\geqslant 1)\end{aligned}\right\} \qquad (12)$$

这里有两个独立的解,即 $\rho=0$ 和 $\rho=\dfrac{1}{2}$. 我们将用 a_n 表示 $\rho=0$ 的级数的系数,用 a_n' 表示 $\rho=\dfrac{1}{2}$ 的级数的系数,于是(10)式的两个独立解可以写成

$$V_1=\sum_{n=0}^{\infty}a_nx^n,\quad V_2=\sum_{n=0}^{\infty}a_n'x^{n+\frac{1}{2}} \qquad (13)$$

其中

$$\left.\begin{aligned}&a_0\neq 0\\&a_1(1+\alpha)+\mathrm{i}2\mu a_0=0\\&a_{n+1}(1+\alpha)(n+1)(2n+1)+a_n\{\mathrm{i}2\mu-n(3\alpha n+n-3\alpha)\}\\&\quad\quad +a_{n-1}\{\alpha(n-1)(n-2)-\mathrm{i}2\mu\}=0\quad (n\geqslant 1)\end{aligned}\right\} \qquad (14)$$

$$\left.\begin{aligned}&a_0'\neq 0\\&3a_1'(1+\alpha)+a_0'\left\{\mathrm{i}2\mu-\frac{1}{4}(1-3\alpha)\right\}=0\\&2a_{n+1}'(1+\alpha)\left(n+\frac{3}{2}\right)(n+1)+a_n'\left\{\mathrm{i}2\mu-\left(n+\frac{1}{2}\right)\left[(3\alpha+1)\left(n-\frac{1}{2}\right)\right.\right.\\&\quad\left.\left.+1\right]\right\}+a_{n-1}'\left\{\alpha\left(n-\frac{1}{2}\right)\left(n-\frac{3}{2}\right)-\mathrm{i}2\mu\right\}=0\quad (n\geqslant 1)\end{aligned}\right\} \qquad (15)$$

为了计算使用方便,我们将(14),(15)式的各系数写出如下,并取第一项系数为

$a_0 = a_0' = 1.$

$$\left.\begin{aligned}
a_0 &= 1 \\
a_1 &= -\frac{\mathrm{i}2\mu}{1+\alpha} \\
a_2 &= \frac{\mathrm{i}2\mu\alpha - 4\mu^2}{2\cdot 3(1+\alpha)^2} \\
a_3 &= \frac{4\mu}{(2\cdot 3)(3\cdot 5)(1+\alpha)^3}\{(\alpha+2)\mu + [2\mu^2 + \alpha(3\alpha+2)\mathrm{i}]\} \\
a_4 &= \frac{4\mu}{(2\cdot 3\cdot 4)(3\cdot 5\cdot 7)(1+\alpha)^4}\{4\mu^3 + \mu(39\alpha^2 + 64\alpha + 18) \\
&\quad + [3\alpha(13\alpha^2 + 16\alpha + 6) + 4(\alpha-4)\mu^2]\mathrm{i}\} \\
a_5 &= \frac{8\mu}{(2\cdot 3\cdot 4\cdot 5)(3\cdot 5\cdot 7\cdot 9)(1+\alpha)^5}\{20(\alpha-2)\mu^3 + \mu(573\alpha^3 + 1\,120\alpha^2 \\
&\quad + 612\alpha + 162) + \mathrm{i}[-4\mu^4 - \mu^2(107\alpha^2 + 404\alpha + 90) \\
&\quad + 2(225\alpha^4 + 378\alpha^3 + 270\alpha^2 + 72\alpha)]\} \\
&\cdots\cdots
\end{aligned}\right\} \quad (16)$$

$$\left.\begin{aligned}
a_0' &= 1 \\
a_1' &= \frac{1}{1\cdot 3(1+\alpha)}\left[\frac{1}{4}(1-3\alpha) - \mathrm{i}2\mu\right] \\
a_2' &= \frac{1}{(1\cdot 2)(3\cdot 5)(1+\alpha)^2}\left[\frac{1}{16}(1+\alpha)(3-5\alpha) - 4\mu^2 + \mathrm{i}\mu\right] \\
a_3' &= \frac{1}{(1\cdot 2\cdot 3)(3\cdot 5\cdot 7)(1+\alpha)^2}\left\{\frac{45}{64}(1+\alpha)(-7\alpha^2 - 2\alpha + 5)\right. \\
&\quad \left. + \mu^2(17 - 6\alpha) + \left[8\mu^3 + \mathrm{i}\frac{1}{8}\mu(15\alpha^2 + 136\alpha + 81)\right]\right\} \\
&\cdots\cdots
\end{aligned}\right\} \quad (17)$$

在实际计算中,我们可以通过递推公式,用数值计算,算出各级系数,一直到所需要的正确度为止.

我们很容易看到,由于

$$x = 1 - \sin\varphi = 2\left[\sin\frac{1}{2}\left(\varphi - \frac{\pi}{2}\right)\right]^2 \quad (18)$$

所以，V_1 的解对于 $\varphi = \dfrac{\pi}{2}$ 那一点是对称的，而 V_2 的解对于 $\varphi = \dfrac{\pi}{2}$ 那一点则反对称．

当 $\alpha < 1$ 时，所有这两个级数解的收敛域都只限于 $0 \leqslant x < 2$，亦即在 $x = 2$ 那一点是发散的．一般说来，级数在靠近 $x = 2$ 时，收敛缓慢，并不实用．有关这两个级数的收敛问题，将在下节内详细讨论.

为了求得在 $x = 2$ 点及其附近的实用的级数解，我们将求得在 $x = 2 \Big($ 或 $\varphi = -\dfrac{\pi}{2}$, $\varphi = \dfrac{3\pi}{2} \Big)$ 那一点展开的级数．设

$$y = 1 + \sin\varphi = 1 + u \tag{19}$$

于是(1)式的齐次式可以写成

$$(1 - \alpha + \alpha y)(y - 2)y \frac{\mathrm{d}^2 V}{\mathrm{d}y^2} - (1 - \alpha - y)\frac{\mathrm{d}V}{\mathrm{d}y} + \mathrm{i}2\mu(1 - y)V = 0 \tag{20}$$

从(20)式和(10)式的比较中可以看到，如果把(10)中的 (α, x) 改写为 $(-\alpha, y)$，则即得(20)式．可见(20)式的解和(10)式的解完全相似，只要把(13)，(14)，(15)式作相同的改变即可求得．称(20)式的解为

$$V_1' = \sum_{n=0}^{\infty} b_n y^n, \quad V_2' = \sum_{n=0}^{\infty} b_n' y^{n+\frac{1}{2}} \tag{21}$$

其中 b_n，b_n' 满足递推公式

$$\left.\begin{aligned}
&b_0 = 1 \\
&b_1(1 - \alpha) + \mathrm{i}2\mu b_0 = 0 \\
&b_{n+1}(1 - \alpha)(n + 1)(2n + 1) + b_n\{\mathrm{i}2\mu - n(n - 3\alpha n + 3\alpha)\} \\
&\qquad + b_{n-1}\{-\alpha(n - 1)(n - 2) - \mathrm{i}2\mu\} = 0 \quad (n \geqslant 1)
\end{aligned}\right\} \tag{22}$$

$$\left.\begin{aligned}
&b_0' = 1 \\
&3b_1'(1 - \alpha) + b_0'\Big\{\mathrm{i}2\mu - \dfrac{1}{4}(1 + 3\alpha)\Big\} = 0 \\
&2b_{n+1}'(1 - \alpha)\Big(n + \dfrac{3}{2}\Big)(n + 1) + b_n'\Big\{\mathrm{i}2\mu - \Big(n + \dfrac{1}{2}\Big)\Big[(1 - 3\alpha)\Big(n - \dfrac{1}{2}\Big) + 1\Big]\Big\} \\
&\qquad + b_{n-1}'\Big\{-\alpha\Big(n - \dfrac{1}{2}\Big)\Big(n - \dfrac{3}{2}\Big) - \mathrm{i}2\mu\Big\} = 0 \quad (n \geqslant 1)
\end{aligned}\right\} \tag{23}$$

同样,如果把(16),(17)式中的 α 改写为 $-\alpha$,即得有关 b_n, b_n' 的表达式.

由于
$$y = 1 + \sin\varphi = 2\left[\cos\frac{1}{2}\left(\varphi - \frac{\pi}{2}\right)\right]^2 \tag{24}$$

因此 V_1' 对于 $\varphi = \frac{3\pi}{2}$ 或 $\varphi = -\frac{\pi}{2}$ 是对称的,而 V_2' 则对该点反对称.同样,当 $\alpha < 1$ 时,这两个级数的收敛域为 $0 \leqslant y \leqslant 2$,亦即它们在 $\varphi = \frac{\pi}{2}$ 那一点上是发散的,在那点附近区域内,收敛缓慢.

V_1, V_2 是微分方程(7)的一对齐次独立解,V_1', V_2' 也是一对齐次独立解,这两对独立解的区别,只在于收敛范围的不同.

V_1, V_2 和 V_1', V_2' 从原则上讲,都是 Wissler(1916)[1] 的级数解. 当然,Wissler 的级数解是根据下式的齐次式导出的[4].

$$\frac{d^2 F^*}{d\varphi^2} + \left[i2\mu \frac{\sin\varphi}{1+\alpha\sin\varphi} - \frac{3\alpha^2 \cos^2\varphi}{4(1+\alpha\sin\varphi)^2} + \frac{\alpha\sin\varphi}{2(1+\alpha\sin\varphi)}\right] F^*$$
$$= \alpha a \sqrt{\frac{R}{h}} \frac{\cos\varphi}{(1+\alpha\sin\varphi)^{3/2}} \left[\frac{1}{2}aq - \frac{2+3\alpha\sin\varphi}{\alpha^2 \sin^3\varphi} Q_0\right] \tag{25}$$

F^* 和 V 的关系为
$$F^* = \frac{iaR}{2\mu h} \frac{1}{\sqrt{1+\alpha\sin\varphi}} \left[V + i2\mu \frac{Q_0}{\alpha}\cot\varphi\right] \tag{26}$$

所以,Wissler 的级数解和 V_1, V_2, V_1', V_2' 只差一个乘子 $(1+\alpha\sin\varphi)^{1/2}$,把 Wissler 的级数解乘 $(1+\alpha\sin\varphi)^{1/2}$,即得 V_1, V_2 或 V_1', V_2'.由于 Wissler 的级数解比 V_1, V_2 或 V_1', V_2' 多了一个因子 $(1+\alpha\sin\varphi)^{-1/2}$,其系数必然要比(16),(17)式复杂得多. 为了简单起见,我们仍称 V_1, V_2, V_1', V_2' 为 Wissler 的齐次级数解.

二、有关级数解收敛性质的几个定理

我们将建立有关级数(13),(21)的收敛域的定理,这些级数的特点是:其系数满足三项递推公式(14),(15),(22),(23),同时设

$$\lim_{n\to\infty} \frac{a_{n+1}}{a_n} = \lim_{n\to\infty} \frac{a_n}{a_{n-1}} = S, \tag{27}$$

则在极限 $n \to \infty$ 的条件下,递推公式(14)有极限形式

$$2(1+\alpha)S^2 - (3\alpha+1)S + \alpha = 0 \tag{28}$$

其解为

$$S = \frac{1}{2} \quad \text{或} \quad \frac{\alpha}{1+\alpha} \tag{29}$$

这里的问题是：$\frac{a_{n+1}}{a_n}$ 究竟趋近于这两个极限中的哪一个极限？因为级数 V_1 的收敛域是由 $Sx<1$ 的条件决定的，而且这里的 $S>0$，如果 S 等于 $\frac{1}{2}$，则 V_1 的收敛域是 $-2 \leqslant x < 2$；如果 $S = \frac{\alpha}{1+\alpha}$，则 V_1 的收敛域是 $-\frac{1+\alpha}{\alpha} \leqslant x < \frac{1+\alpha}{\alpha}$。当 $\alpha<1$ 时，$S = \frac{1}{2}$ 的情形和微分方程的奇点理论一致，因为 $x=2$ 是和 $x=0$ 相邻的奇点，在 $x=0$ 点上展开的级数，其收敛域只能扩展到相邻奇点 $x=2$ 的附近。但是当 $\alpha<1$ 时，$S = \frac{\alpha}{1+\alpha} < \frac{1}{2}$，则 $x=0$ 点上展开的级数 V_1 将在 $-\frac{1+\alpha}{\alpha} \leqslant x < \frac{1+\alpha}{\alpha}$ 中都是收敛的，所以它包括相邻奇点 $x=2$ 点在内都是收敛的，这样就和 Fuch 型微分方程级数解的奇点理论发生了矛盾[7]。虽然这种微分方程的奇点的收敛理论的证明，还不十分严格，但一般相信还是正确的。也即是说，在奇点上展开的级数解，其收敛域不可能超出相邻奇点所限制的区域。现在的问题有两个：(1) L. N. Tao (1959)[5] 具体地利用连分式的收敛定理，证明了环壳齐次式的级数解，其收敛域可以超越相邻的奇点，因而认为 V_1 和 V_2 可以适用于环壳全域，并且认为 Wissler[1] 和张维[6] 害怕收敛有问题不敢放手使用级数解是不对的；(2) V_1, V_2 如果是收敛的，则收敛的快慢如何？Wissler 和张维都通过具体数值计算，感觉到收敛较慢，或是很慢。但是，在什么情况下快，什么情况下慢，问题并未解决。对于其他级数解，也同样有这两个问题。

在实质上，有关这类级数的收敛问题到目前为止并没有什么有效的理论。所以下面给出的两个收敛定理和它们的证明都有其一般性的重要意义。

收敛定理 I 设级数

$$a_0 + a_1 x + a_2 x^2 + \cdots + a_n x^n + \cdots \tag{30}$$

的系数满足下列递推方程

$$a_{n+1} - b a_n + c a_{n-1} = 0, \quad n = 0, 1, 2, \cdots \tag{31}$$

其中 b, c 一般可以是复数，而且

$$a_{-1} = 0, \quad a_0 = 1 \tag{32}$$

设 λ, λ' 为

$$S^2 - bS + c = 0 \tag{33}.$$

的两个根,则不论 (1) $|\lambda'| < |\lambda|$,或 (2) $\lambda' = \lambda$,或 (3) $\lambda' \neq \lambda$ 但 $|\lambda'| = |\lambda|$,(30) 式的收敛域都是 $|x| < \dfrac{1}{|\lambda|}$. 对于 $\lambda' \neq \lambda$ 但 $|\lambda'| = |\lambda|$ 的情况而言,令 $\lambda' = |\lambda| e^{-i\theta}$, $\lambda = |\lambda| e^{i\theta}$;如果有某一整数 $k > 1$,使 $\sin k\theta = 0$,则 (30) 式的系数中 a_{k-1}, a_{2k-1}, a_{3k-1}, $\cdots$ 恒等于零.

证明如下:

设 $|\lambda'| \leqslant |\lambda|$,并为 (33) 的根,则有

$$b = \lambda + \lambda', \qquad c = \lambda\lambda' \tag{34}$$

于是 (31) 式可以写成

$$a_{n+1} - (\lambda + \lambda')a_n + \lambda\lambda' a_{n-1} = 0, \qquad n = 0, 1, 2, \cdots \tag{35}$$

或可写成

$$a_{n+1} - \lambda' a_n = \lambda(a_n - \lambda' a_{n-1}), \qquad n = 0, 1, 2, \cdots \tag{36}$$

用递推方程,得

$$a_1 - \lambda' a_0 = a_1 - \lambda' a_0 \tag{37a}$$

$$a_2 - \lambda' a_1 = \lambda(a_1 - \lambda' a_0) \tag{37b}$$

$$a_3 - \lambda' a_2 = \lambda^2 (a_1 - \lambda' a_0) \tag{37c}$$

$$\cdots\cdots$$

$$a_n - \lambda' a_{n-1} = \lambda^{n-1}(a_1 - \lambda' a_0) \tag{37n}$$

在 (37a) 式上乘 λ'^{n-1},(37b) 式上乘 λ'^{n-2},(37c) 式上乘 λ'^{n-3},依此类推,最后在 (37n) 式上乘 1,然后将结果相加,得

$$a_n - \lambda'^n a_0 = (\lambda'^{n-1} + \lambda\lambda'^{n-2} + \lambda^2\lambda'^{n-3} + \cdots + \lambda^{n-2}\lambda' + \lambda^{n-1})(a_1 - \lambda' a_0) \tag{38}$$

或当 $\lambda \neq \lambda'$ 时

$$a_n - \lambda'^n a_0 = \frac{\lambda'^n - \lambda^n}{\lambda' - \lambda}(a_1 - \lambda' a_0) \tag{39}$$

利用 (36) 式及 (32) 式,当 $n = 0$ 时,有 $a_1 - \lambda' a_0 = \lambda a_0 = \lambda$,这是因为 $b = \lambda + \lambda'$,而且 $a_0 = 1$,上式可以写成

$$a_n = \lambda'^n + \lambda \frac{\lambda'^n - \lambda^n}{\lambda' - \lambda} = \frac{\lambda'^{n+1} - \lambda^{n+1}}{\lambda' - \lambda} = \lambda^n \frac{1-\left(\frac{\lambda'}{\lambda}\right)^{n+1}}{1-\frac{\lambda'}{\lambda}} \tag{40}$$

于是,有

$$\frac{a_n}{a_{n-1}} = \lambda \frac{1-\left(\frac{\lambda'}{\lambda}\right)^{n+1}}{1-\left(\frac{\lambda'}{\lambda}\right)^n} \tag{41}$$

当 $|\lambda| > |\lambda'|$ 时,

$$S = \lim_{n \to \infty} \frac{a_n}{a_{n-1}} = \lambda \tag{42}$$

所以,在(1) $|\lambda'| < |\lambda|$ 的条件下,S 趋近于大根 λ,而级数(30)的收敛域为 $|x| < \frac{1}{|\lambda|}$. 这就证明了定理的第一部分.

当(2) $\lambda' = \lambda$ 时,(38)式可以写成

$$a_n - \lambda^n a_0 = n\lambda^{n-1}(a_1 - \lambda a_0) \tag{43}$$

利用(31)式,其中 $n=0$, $a_{-1}=0$, $a_0=1$, $b=\lambda+\lambda'=2\lambda$,所以,$a_1=2\lambda$,上式可以写成

$$a_n = (n+1)\lambda^n \text{ 或 } \frac{a_n}{a_{n-1}} = \frac{n+1}{n}\lambda \tag{44}$$

于是

$$S = \lim_{n \to \infty} \frac{a_n}{a_{n-1}} = \lambda \tag{45}$$

所以,当(2) $\lambda' = \lambda$ 的条件下,级数(30)的收敛域也是 $|x| < \frac{1}{|\lambda|}$. 这证明了定理 I 的第二部分.

当(3) $\lambda' \neq \lambda$,但 $|\lambda'| = |\lambda|$ 时,这只有当(33)式的根的表达式中 $b^2 - 4c$ 是负实数时,才是可能的,亦即 $\lambda' = \frac{1}{2}b + \mathrm{i}\frac{1}{2}\sqrt{4c-b^2}$, $\lambda = \frac{1}{2}b - \mathrm{i}\frac{1}{2}\sqrt{4c-b^2}$. 所以 $|\lambda'| = |\lambda| = \sqrt{c} > 0$. 于是,有

$$\lambda' = |\lambda|\mathrm{e}^{\mathrm{i}\theta} \qquad \lambda = |\lambda|\mathrm{e}^{-\mathrm{i}\theta} \tag{46}$$

其中
$$|\lambda| = \sqrt{c} \qquad \tan\theta = \frac{1}{b}\sqrt{4c-b^2} \tag{47}$$

把(46)式代入(40)式、(41)式,得
$$a_n = |\lambda|^n \frac{\sin(n+1)\theta}{\sin\theta} \qquad \frac{a_n}{a_{n-1}} = \lambda \frac{\sin(n+1)\theta}{\sin n\theta} \tag{48}$$

从上式可以看到,$\dfrac{a_n}{a_{n-1}}$ 的极限并不存在.但是这并不证明级数不收敛.因为这种情况下的级数(30)式可以写成

$$1 + \frac{1}{\sin\theta}\{|\lambda|x\sin 2\theta + |\lambda|^2 x^2 \sin 3\theta + |\lambda|^3 x^3 \sin 4\theta + \cdots$$
$$+ |\lambda|^n x^n \sin(n+1)\theta + \cdots\} \tag{49}$$

如果 $\sin\theta \neq 0$,则这个级数和下面的级数

$$\frac{1}{\sin\theta}\{1 + |\lambda|x + |\lambda|^2 x^2 + |\lambda|^3 x^3 + \cdots + |\lambda|^n x^n + \cdots\} \tag{50}$$

相比,显然是收敛的.但是级数(50)的收敛域为 $|x| \leqslant \dfrac{1}{|\lambda|}$,由于 $|\sin n\theta| \leqslant 1$,所以(49)式的收敛域也是 $|x| \leqslant \dfrac{1}{|\lambda|}$.当 $\sin k\theta = 0, k > 1$ 时,$a_{k-1} = 0$,$a_{2k-1} = 0$,$a_{3k-1} = 0$,$\cdots$,上述收敛域的结论不变.如果 $\sin\theta = 0$ 或 $\theta = \pi$,则 $\sin k\theta$ 也必等于零,这时取 $\theta \to \pi$ 的极限,从(48)式得

$$a_n = |\lambda|^n (-1)^n (n+1) \tag{51}$$

则级数(30)可以写成
$$1 - 2|\lambda|x + 3|\lambda|^2 x^2 - 4|\lambda|^3 x^3 + \cdots + (-1)^n |\lambda|^n (n+1) x^n + \cdots \tag{52}$$

其收敛域也是 $|x| \leqslant \dfrac{1}{|\lambda|}$.这就证明了定理Ⅰ的第三部分.

以上证明了定理Ⅰ的全部内容.

收敛定理Ⅱ 当级数
$$\bar{a}_0 + \bar{a}_1 x + \bar{a}_2 x^2 + \cdots + \bar{a}_n x^n + \cdots \tag{53}$$

的系数满足下列递推公式

$$\bar{a}_{n+1} - b_{n+1}\bar{a}_n + c_{n+1}\bar{a}_{n-1} = 0, \bar{a}_0 = 1, \bar{a}_{-1} = 0 \tag{54}$$

同时,当

$$\lim_{n\to\infty} c_n = c \neq 0 \qquad \lim_{n\to\infty} b_n = b \neq 0 \tag{55}$$

则级数(30)和级数(53)在相同的收敛域内收敛.

为了证明这个定理,我们首先必须证明下列引理.

引理 设 λ_n, λ_n' 为 $n \geqslant n_0 > 0$ 时由下列关系式所定义

$$\lambda_n + \lambda_n' = b_n, \lambda_{n+1} + \lambda_{n+1}' = b_{n+1}, \lambda_n\lambda_{n+1}' = c_{n+1} (n = n_0, n_0+1, n_0+2, \cdots) \tag{56}$$

其中对于所有 n 而言

$$|\lambda_n'| \geqslant |\lambda_n| \qquad (n \geqslant n_0 > 0) \tag{57}$$

于是,在(55)式的条件下,当 n 无限增加时,λ_n, λ_n' 取极限 λ 和 λ'.

现设 $n \to \infty$, λ_n, λ_n' 的极限存在,而且用 λ 和 λ' 来分别表示,亦即

$$\lim_{n\to\infty}\lambda_n = \lambda, \qquad \lim_{n\to\infty}\lambda_n' = \lambda' \tag{58}$$

从(56)的极限可知,λ, λ' 适合等式(34),由(56)式推得

$$\lambda_n(b_{n+1} - \lambda_{n+1}) = c_{n+1} \text{ 或 } \lambda_{n+1} = \frac{b_{n+1}\lambda_n - c_{n+1}}{\lambda_n} \tag{59}$$

利用(34)式,从上式可以推得

$$\lambda - \lambda_{n+1} = \lambda - \frac{\lambda_n b_{n+1} - c_{n+1}}{\lambda_n} = \frac{\lambda_n(\lambda - b_{n+1}) + c_{n+1}}{\lambda_n} = \frac{\lambda_n(b - b_{n+1} - \lambda') + c_{n+1}}{\lambda_n}$$
$$= \frac{\lambda_n(b - b_{n+1}) - \lambda_n\lambda' + \lambda\lambda' - c + c_{n+1}}{\lambda_n} \tag{60a}$$

利用(34)式,上式可以写成

$$\lambda - \lambda_{n+1} = \frac{\lambda_n(b - b_{n+1}) + \lambda'(\lambda - \lambda_n) - \frac{1}{c}(c - c_{n+1})\lambda\lambda'}{\lambda - (\lambda - \lambda_n)}$$
$$= \lambda' \frac{\frac{\lambda_n}{\lambda}\left(\frac{\lambda}{\lambda'} + 1\right)\left(1 - \frac{b_{n+1}}{b}\right) + \left(1 - \frac{\lambda_n}{\lambda}\right) - \left(1 - \frac{c_{n+1}}{c}\right)}{1 - \left(1 - \frac{\lambda_n}{\lambda}\right)} \tag{60b}$$

也可以写成

$$1-\frac{\lambda_{n+1}}{\lambda} = \frac{\lambda'}{\lambda}\left\{\frac{\frac{\lambda_n}{\lambda}\left(\frac{\lambda}{\lambda'}+1\right)\left(1-\frac{b_{n+1}}{b}\right)+\left(1-\frac{\lambda_n}{\lambda}\right)-\left(1-\frac{c_{n+1}}{c}\right)}{1-\left(1-\frac{\lambda_n}{\lambda}\right)}\right\}$$

$$= \frac{\lambda'}{\lambda}\left\{\frac{\left(1-\frac{\lambda_n}{\lambda}\right)\left[1-\left(1+\frac{\lambda}{\lambda'}\right)\left(1-\frac{b_{n+1}}{b}\right)\right]+\left(1+\frac{\lambda}{\lambda'}\right)\left(1-\frac{b_{n+1}}{b}\right)-\left(1-\frac{c_{n+1}}{c}\right)}{1-\left(1-\frac{\lambda_n}{\lambda}\right)}\right\}$$
(61)

让我们用 η 表示 $\left|\frac{\lambda'}{\lambda}\right|$,于是 $0 < \eta < 1$. 因此,有不等式

$$\left|1-\frac{\lambda_{n+1}}{\lambda}\right| \leqslant \frac{\left|1-\frac{\lambda_n}{\lambda}\right|\left\{\eta+(1+\eta)\left|1-\frac{b_{n+1}}{b}\right|\right\}+(\eta+1)\left|1-\frac{b_{n+1}}{b}\right|+\eta\left|1-\frac{c_{n+1}}{e}\right|}{\left|1-\left|1-\frac{\lambda_n}{\lambda}\right|\right|}$$
(62)

设对某一指定的 $n = n_0$ 而言,不等式

$$\left|1-\frac{\lambda_n}{\lambda}\right| \leqslant 1-N \tag{63}$$

成立,而且 N 是满足 $0 < N < 1$ 的某一个数,于是

$$\left|1-\left|1-\frac{\lambda_n}{\lambda}\right|\right| \geqslant N \tag{64}$$

而且(62)式化为下式

$$\left|1-\frac{\lambda_{n+1}}{\lambda}\right| \leqslant \frac{1}{N}\left|1-\frac{\lambda_n}{\lambda}\right|\left\{\eta+(1+\eta)\left|1-\frac{b_{n+1}}{b}\right|\right\}$$
$$+(\eta+1)\frac{1}{N}\left|1-\frac{b_{n+1}}{b}\right|+\frac{\eta}{N}\left|1-\frac{c_{n+1}}{c}\right| \tag{65}$$

由于 $\lim\limits_{n\to\infty}c_n = c$, $\lim\limits_{n\to\infty}b_n = b$,所以我们一定能找到一个增序列的整数 n_ν ($\nu = 0, 1, 2, 3, \cdots$),使 $n_{\nu+1} \geqslant n \geqslant n_\nu$ 时,有

$$\left.\begin{aligned}\left|1-\frac{c_{n+1}}{c}\right| &\leqslant N^{\nu-1}(1-N)^2 \\ \left|1-\frac{b_{n+1}}{b}\right| &\leqslant \frac{\eta}{1+\eta}N^{\nu-1}(1-N)^2\end{aligned}\right\} \tag{66}$$

这里 N 是只满足 $0<N<1$ 的任意数,而且相对于每一个指定的 N,有一个 n_ν 序列. 现在让我们把 η 和 N 联系起来,它们都是大于零而又小于1的数,但是 η 是已给的,它等于 $\left|\dfrac{\lambda'}{\lambda}\right|$. 设 N 满足条件

$$\eta \leqslant \frac{N^3}{3-3N+N^2} \tag{67}$$

这样就决定了 N,同时也就决定了 n_ν ($\nu=0,1,2,3,\cdots$).

现在让我们从 $n=n_0$ 开始. 当 $n=n_0$ 时,有(63)式

$$\left|1-\frac{\lambda_{n_0}}{\lambda}\right|\leqslant 1-N, \qquad \left|1-\left|1-\frac{\lambda_{n_0}}{\lambda}\right|\right|\geqslant N \tag{68}$$

同样从(66)式有

$$\left|1-\frac{c_{n_0+1}}{c}\right|\leqslant N^{-1}(1-N)^2, \qquad \left|1-\frac{b_{n_0+1}}{b}\right|\leqslant \frac{\eta}{1+\eta}N^{-1}(1-N)^2 \tag{69}$$

于是从(62)式,有

$$\left|1-\frac{\lambda_{n_0+1}}{\lambda}\right|\leqslant \frac{\eta}{N}(1-N)\{1+N^{-1}(1-N)^2\}+\eta\frac{1}{N^2}(1-N)^2+\eta\frac{1}{N^2}(1-N)^2 \tag{70}$$

或可写成

$$\left|1-\frac{\lambda_{n_0+1}}{\lambda}\right|\leqslant (1-N)\frac{\eta}{N^2}[3-3N+N^2] \tag{71}$$

根据(67)式,即证明

$$\left|1-\frac{\lambda_{n_0+1}}{\lambda}\right|\leqslant N(1-N) \tag{72}$$

由于 $0<N<1$,所以,(72)式也可以写成

$$\left|1-\frac{\lambda_{n_0+1}}{\lambda}\right|< 1-N \tag{73}$$

这就证明了一个结论:如果 $\left|1-\dfrac{\lambda_{n_0}}{\lambda}\right|\leqslant 1-N$,则 $\left|1-\dfrac{\lambda_{n_0+1}}{\lambda}\right|<1-N$. 现在我们有

$$\left|1-\frac{\lambda_{n_0+1}}{\lambda}\right|<1-N, \quad \left|1-\left|1-\frac{\lambda_{n_0+1}}{\lambda}\right|\right|>N \tag{74}$$

同时,从(66)式,有

$$\left|1-\frac{c_{n_0+2}}{c}\right|\leqslant N^{-1}(1-N)^2, \quad \left|1-\frac{b_{n_0+2}}{b}\right|\leqslant \frac{\eta}{1+\eta}N^{-1}(1-N)^2 \tag{75}$$

于是,从(65)式,取 $n=n_0+1$,并重复利用(67)式,同样可以证明

$$\left|1-\frac{\lambda_{n_0+2}}{\lambda}\right|\leqslant N(1-N)<1-N \tag{76}$$

依此类推,逐一证明

$$\left.\begin{array}{l}\left|1-\dfrac{\lambda_{n_0+3}}{\lambda}\right|\leqslant N(1-N)<1-N \\ \cdots\cdots \\ \left|1-\dfrac{\lambda_{n_1-1}}{\lambda}\right|\leqslant N(1-N)<1-N \\ \left|1-\dfrac{\lambda_{n_1}}{\lambda}\right|\leqslant N(1-N)\end{array}\right\} \tag{77}$$

对于 $n_2\geqslant n\geqslant n_1$ 而言,从(66)式,有

$$\left|1-\frac{c_{n+1}}{c}\right|\leqslant (1-N)^2, \quad \left|1-\frac{b_{n+1}}{b}\right|\leqslant \frac{\eta}{1+\eta}(1-N)^2 \tag{78}$$

于是,对于 $n=n_1$ 而言,为

$$\left.\begin{array}{ll}\left|1-\dfrac{\lambda_{n_1}}{\lambda}\right|\leqslant N(1-N)<1-N, & \left|1-\left|1-\dfrac{\lambda_{n_1}}{\lambda}\right|\right|>N \\ \left|1-\dfrac{c_{n_1}}{c}\right|\leqslant (1-N)^2, & \left|1-\dfrac{b_{n_1+1}}{b}\right|\leqslant \dfrac{\eta}{1+\eta}(1-N)^2\end{array}\right\} \tag{79}$$

代入(65)式,$n=n_1$,有

$$\left|1-\frac{\lambda_{n_1+1}}{\lambda}\right|\leqslant N(1-N)\frac{\eta}{N^2}(2-2N^2+N^3) \tag{80}$$

但是

$$\frac{\eta}{N^2}(2-2N^2+N^3) = \frac{\eta}{N^2}[3-3N+N^2-(1-N)^3] \leqslant \frac{\eta}{N^2}(3-3N+N^2) \tag{81}$$

所以,根据(67),从(80)式可得

$$\left|1-\frac{\lambda_{n_1+1}}{\lambda}\right| \leqslant N(1-N)\frac{\eta}{N^2}(3-3N+N^2) \leqslant N^2(1-N) < N(1-N) \tag{82}$$

重演上述过程,从(65)式,可以证明

$$\left.\begin{array}{l}\left|1-\dfrac{\lambda_{n_1+2}}{\lambda}\right| \leqslant N^2(1-N) < N(1-N) \\[2mm] \left|1-\dfrac{\lambda_{n_1+3}}{\lambda}\right| \leqslant N^2(1-N) < N(1-N) \\[2mm] \cdots\cdots \\[2mm] \left|1-\dfrac{\lambda_{n_2-1}}{\lambda}\right| \leqslant N^2(1-N) < N(1-N) \\[2mm] \left|1-\dfrac{\lambda_{n_2}}{\lambda}\right| \leqslant N^2(1-N)\end{array}\right\} \tag{83}$$

对于 $n_3 \geqslant n \geqslant n_2$ 而言,(65)式仍适用,但(66)式应该写成 $\nu=2$,即

$$\left|1-\frac{c_{n+1}}{c}\right| \leqslant N(1-N)^2, \quad \left|1-\frac{b_{n+1}}{b_n}\right| \leqslant \frac{\eta}{1+\eta}N(1-N)^2 \tag{84}$$

例如,当 $n=n_2$ 时,(65)式可以写成

$$\left|1-\frac{\lambda_{n_2+1}}{\lambda}\right| \leqslant N^2(1-N)\frac{\eta}{N^2}[3-3N+N^2-(1-N)^3(1+N)] \tag{85}$$

但是

$$\frac{\eta}{N^2}[3-3N+N^3-(1-N)^3(1+N)] \leqslant \frac{\eta}{N^2}(3-3N+N^2) \tag{86}$$

在利用了(67)式后,(85)式可以证明为

$$\left|1-\frac{\lambda_{n_2+1}}{\lambda}\right| \leqslant N^3(1-N) < N^2(1-N) \tag{87}$$

同样,可以证明

$$\left.\begin{aligned}\left|1-\frac{\lambda_{n_2+2}}{\lambda}\right| &\leqslant N^3(1-N) < N^2(1-N) \\ \left|1-\frac{\lambda_{n_2+3}}{\lambda}\right| &\leqslant N^3(1-N) < N^2(1-N) \\ &\cdots\cdots \\ \left|1-\frac{\lambda_{n_3-1}}{\lambda}\right| &\leqslant N^3(1-N) < N^2(1-N) \\ \left|1-\frac{\lambda_{n_3}}{\lambda}\right| &\leqslant N^3(1-N) \end{aligned}\right\} \qquad (88)$$

依此类推，我们有

$$\left|1-\frac{\lambda_{n+1}}{\lambda}\right| \leqslant N^{\nu+1}(1-N) < N^{\nu}(1-N) \quad n_\nu \leqslant n \leqslant n_{\nu+1}-1 \qquad (89)$$

要证明(89)式，设

$$\left.\begin{aligned}\left|1-\frac{\lambda_{n\nu}}{\lambda}\right| &\leqslant N^{\nu+1}(1-N) < N^{\nu}(1-N) \\ \left|1-\frac{c_{n\nu+1}}{c}\right| &\leqslant N^{\nu-1}(1-N)^2 \\ \left|1-\frac{b_{n\nu+1}}{b}\right| &\leqslant \frac{\eta}{1+\eta}N^{\nu-1}(1-N)^2 \end{aligned}\right\} \qquad (90)$$

于是(65)式可以写成

$$\left|1-\frac{\lambda_{n\nu+1}}{\lambda}\right| \leqslant N^\nu(1-N)\frac{\eta}{N^2}[3-3N+N^2-(1-N^\nu)(1-N)^2] \qquad (91)$$

但是

$$\frac{\eta}{N^2}[3-3N+N^2-(1-N^\nu)(1-N)^2] \leqslant \frac{\eta}{N^2}(3-3N+N^2) \qquad (92)$$

即可证明

$$\left|1-\frac{\lambda_{n\nu+1}}{\lambda}\right| \leqslant N^{\nu+1}(1-N) < N^{\nu}(1-N) \qquad (93)$$

同样，也可以证明 $\left|1-\frac{\lambda_{n\nu+1}}{\lambda}\right|$，……等的不等式．

由于 $0 < N < 1$，从(93)式，有

$$\left|1-\frac{\lambda_n}{\lambda}\right| < N^\nu(1-N) \quad n_\nu \leqslant n \leqslant n_{\nu+1} \tag{94}$$

当 $n \to \infty$ 时,$\nu \to \infty$,因此,得证明

$$\lim_{n\to\infty}\lambda_n = \lambda \tag{95}$$

要证明 λ_n' 的极限是 λ',只要利用

$$\lambda' = b-\lambda, \qquad \lambda_n' = b_n - \lambda \tag{96}$$

于是,有

$$\lambda' - \lambda_n' = b - b_n - (\lambda - \lambda_n) \tag{97}$$

所以

$$|\lambda' - \lambda_n'| \leqslant |b-b_n| + |\lambda - \lambda_n| \tag{98}$$

当 $n \to \infty$ 时,$b_n \to b$,$\lambda_n \to \lambda$,所以

$$\lim_{n\to\infty}\lambda_n' = \lambda' \tag{99}$$

这就证明了全部引理.

同样,我们也可以证明 $\dfrac{\lambda_n'}{\lambda_n}$ 的极限为 $\dfrac{\lambda'}{\lambda}$. 因为

$$\frac{\lambda'}{\lambda} - \frac{\lambda_n'}{\lambda_n} = \frac{b-\lambda}{\lambda} - \frac{b_n - \lambda_n}{\lambda_n} = \frac{b}{\lambda} - \frac{b_n}{\lambda_n} = \frac{b\lambda_n - b_n\lambda}{\lambda\lambda_n}$$
$$= \frac{b}{\lambda}\left[\left(1-\frac{b_n}{b}\right) + \left(1-\frac{\lambda_n}{\lambda}\right) - \left(1-\frac{b_n}{b}\right)\left(1-\frac{\lambda_n}{\lambda}\right)\right] \tag{100}$$

所以有

$$\left|\frac{\lambda'}{\lambda} - \frac{\lambda_n'}{\lambda_n}\right| \leqslant \frac{b}{\lambda}\left\{\left|1-\frac{b_n}{b}\right| + \left|1-\frac{\lambda_n}{\lambda}\right| + \left|1-\frac{b_n}{b}\right|\left|1-\frac{\lambda_n}{\lambda}\right|\right\} \tag{101}$$

当 $n \to \infty$ 时,$b_n \to b$,$\lambda_n \to \lambda$,所以 $\dfrac{\lambda_n'}{\lambda_n} \to \dfrac{\lambda'}{\lambda}$.

现在让我们来证明收敛定理 II.

将(56)式代入(54)式,得

$$\bar{a}_{n+1} - (\lambda_{n+1} + \lambda_{n+1}')\bar{a}_n + \lambda_n\lambda_{n+1}'\bar{a}_{n-1} = 0, \quad n \geqslant n_0 \tag{102}$$

或可写成

$$\bar{a}_{n+1} - \lambda_{n+1} \bar{a}_n = \lambda'_{n+1}(\bar{a}_n - \lambda_n \bar{a}_{n-1}) \qquad (103)$$

于是,有

$$\bar{a}_{m+1} - \lambda_{m+1} \bar{a}_m = \lambda'_{m+1}\lambda'_m\lambda'_{m-1}\cdots\lambda'_{n+1}(\bar{a}_n - \lambda_n \bar{a}_{n-1})$$

$$= \lambda_{m+1}\lambda_m\lambda_{m-1}\cdots\lambda_{n+1}(\bar{a}_n - \lambda_n \bar{a}_{n-1}) \frac{\lambda'_{m+1}}{\lambda_{m+1}} \frac{\lambda'_m}{\lambda_m} \cdots \frac{\lambda'_{n+1}}{\lambda_{n+1}} \qquad (104)$$

将(104)式中的 m 换成 $m-1, m-2, \cdots, n+1, n$,得下列各式

$$\left.\begin{aligned}
\bar{a}_m - \lambda_m \bar{a}_{m-1} &= \lambda_m\lambda_{m-1}\cdots\lambda_{n+1}(\bar{a}_n - \lambda_n \bar{a}_{n-1}) \frac{\lambda'_m}{\lambda_m} \frac{\lambda'_{m-1}}{\lambda_{m-1}} \cdots \frac{\lambda'_{n+1}}{\lambda_{n+1}} \\
\bar{a}_{m-1} - \lambda_{m-1} \bar{a}_{m-2} &= \lambda_{m-1}\lambda_{m-2}\cdots\lambda_{n+1}(\bar{a}_n - \lambda_n \bar{a}_{n-1}) \frac{\lambda'_{m-1}}{\lambda_{m-1}} \frac{\lambda'_{m-2}}{\lambda_{m-2}} \cdots \frac{\lambda'_{n+1}}{\lambda_{n+1}} \\
&\cdots\cdots \\
\bar{a}_{n+2} - \lambda_{n+2} \bar{a}_{n+1} &= \lambda_{n+2}\lambda_{n+1}(\bar{a}_n - \lambda_n \bar{a}_{n-1}) \frac{\lambda'_{n+2}}{\lambda_{n+2}} \frac{\lambda'_{n+1}}{\lambda_{n+1}} \\
\bar{a}_{n+1} - \lambda_{n+1} \bar{a}_n &= \lambda_{n+1}(\bar{a}_n - \lambda_n \bar{a}_{n-1}) \frac{\lambda'_{n+1}}{\lambda_{n+1}}
\end{aligned}\right\} \qquad (105)$$

分别以 $\lambda_{m+1}, \lambda_{m+1}\lambda_m, \lambda_{m+1}\lambda_m\lambda_{m-1}, \cdots, \lambda_{m+1}\lambda_m\cdots\lambda_{n+2}$ 乘(105)各式,然后和(104)式相加,得

$$\bar{a}_{m+1} - \lambda_{m+1}\lambda_m\lambda_{m-1}\cdots\lambda_{n+1} \bar{a}_n = \lambda_{m+1}\lambda_m\lambda_{m-1}\cdots\lambda_{n+1}(\bar{a}_n - \lambda_n \bar{a}_{n-1})\sigma_{m,n} \qquad (106)$$

其中 $\sigma_{m,n}$ 为下列级数

$$\sigma_{m,n} = \frac{\lambda'_{n+1}}{\lambda_{n+1}} + \frac{\lambda'_{n+1}\lambda'_{n+2}}{\lambda_{n+1}\lambda_{n+2}} + \frac{\lambda'_{n+1}\lambda'_{n+2}\lambda'_{n+3}}{\lambda_{n+1}\lambda_{n+2}\lambda_{n+3}} + \cdots$$

$$+ \frac{\lambda'_{n+1}\lambda'_{n+2}\cdots\lambda'_m\lambda'_{m+1}}{\lambda_{n+1}\lambda_{n+2}\cdots\lambda_m\lambda_{m+1}} \qquad (107)$$

于是从(106)式得

$$\frac{\bar{a}_{m+1}}{\lambda_{m+1}\lambda_m\cdots\lambda_{n+1}} = \bar{a}_n + (\bar{a}_n - \lambda_n \bar{a}_{n-1})\sigma_{m,n} \qquad (108)$$

这就是递推公式(54)作为差分方程的解. 还有

$$\frac{\bar{a}_m}{\lambda_m\lambda_{m-1}\cdots\lambda_{n+1}} = \bar{a}_n + (\bar{a}_n - \lambda_n \bar{a}_{n-1})\sigma_{m-1,n} \qquad (109)$$

两式相除,得

$$\frac{\bar{a}_{m+1}}{\bar{a}_m} = \lambda_{m+1} \frac{\bar{a}_n + (\bar{a}_n - \lambda_n \bar{a}_{n-1})\sigma_{m,n}}{\bar{a}_n + (\bar{a}_n - \lambda_n \bar{a}_{n-1})\sigma_{m-2,n}} \tag{110}$$

按 D'Alember 判别法，级数

$$\sigma_n = \lim_{m \to \infty} \sigma_{m,n} = \frac{\lambda'_{n+1}}{\lambda_{n+1}} + \frac{\lambda'_{n+1}\lambda'_{n+2}}{\lambda_{n+1}\lambda_{n+2}} + \frac{\lambda'_{n+1}\lambda'_{n+2}\lambda'_{n+3}}{\lambda_{n+1}\lambda_{n+2}\lambda_{n+3}} + \cdots + \frac{\lambda'_{n+1}\lambda'_{n+2}\cdots\lambda'_m\lambda'_{m+1}}{\lambda_{n+1}\lambda_{n+2}\cdots\lambda_m\lambda_{m+1}} + \cdots \tag{111}$$

是收敛的，这是因为

$$\lim_{m \to \infty} \left|\frac{\lambda'_m}{\lambda_m}\right| = \left|\frac{\lambda'}{\lambda}\right| = \eta < 1 \tag{112}$$

所以

$$\bar{S} = \lim_{m \to \infty} \frac{\bar{a}_{m+1}}{\bar{a}_m} = \lambda \frac{\bar{a}_n + (\bar{a}_n - \lambda_n \bar{a}_{n-1})\sigma_n}{\bar{a}_n + (\bar{a}_n - \lambda_n \bar{a}_{n-1})\sigma_n} = \lambda \tag{113}$$

这就证明了(53)式的系数的比值在极限条件下和(30)式相同，所以级数(53)和(30)的收敛域相同，这就证明了收敛定理Ⅱ.

在这里我们附带介绍一下有关的连分式的收敛定理. 这些收敛定理是 L. N. Tao(1959)[5]利用来证明环壳级数解的收敛性而得到在全域内都收敛的错误结论的根源. 这定理在我们以后的工作中也有用处.

连分式收敛定理① 设由递推公式

$$S_{n+1} = b_{n+1} - c_{n+1} \frac{1}{S_n} \quad \text{或} \quad S_n = \frac{c_{n+1}}{b_{n+1} - S_{n+1}} \tag{114}$$

所定义的连分式为

$$S_n = \frac{c_{n+1}}{\mid b_{n+1}} - \frac{c_{n+2} \mid}{\mid b_{n+2}} - \frac{c_{n+3} \mid}{\mid b_{n+3}} - \cdots \tag{115}$$

设 c_n 和 b_n 的极限为 c 和 b，而且二次式

$$S^2 - bS + c = 0 \tag{116}$$

的两个根为 λ 和 λ'. 当 $|\lambda| \neq |\lambda'|$ 或 $\lambda = \lambda'$ 时，(115) 式有 $n \to \infty$ 的极限，是收敛的；当 $\lambda \neq \lambda'$，但 $|\lambda| = |\lambda'|$ 时，$\lim_{n \to \infty} S_n$ 的极限不存在，亦即是发散；而且，如果 $|\lambda'| < |\lambda|$ 或 $\lambda' = \lambda$，则这个连分式的收敛极限为

$$\lim_{n \to \infty} S_n = \lambda' \tag{117}$$

---

① 这个定理见 L. N. Tao(1959)[50]的原文，据说引自 O. Perron, *Die Lehre von den Kettenbrüchen*，第 7 章(1950)，原书未见.

其他连分式的著作上也有大同小异的收敛定理，我们将不去重复这些证明。但有一点必须指出，在递推公式相同的条件下，连分式趋近于极限二次式的小根 λ'，而级数则趋近于大根 λ。这个区别是很根本的，Tao 就是错误地用连分式的收敛定理来讨论级数的收敛条件，以致得到了完全错误的结论。

三、x，y 级数的收敛域和 L. N. Tao 的错误结论的讨论

我们很容易看到，级数(13)的递推公式(14)，(15)和级数(21)的递推公式(22)，(23)都符合收敛定理Ⅱ的要求，因此，它们的收敛性质可以用它们系数的极限值来表示。现在把它们作为例子，说明如下：

1) V_1，V_2 [见(13)，(14)，(15)式]的系数极限二次式见(28)式，其根为 $\frac{1}{2}$ 和 $\frac{\alpha}{1+\alpha}$，则 1a) 当 $\alpha \leqslant 1$ 时，大根为 $\lambda = \frac{1}{2}$，于是级数的收敛域为 $|x| < 2$；1b) 当 $\alpha > 1$ 时，大根为 $\lambda = \frac{\alpha}{1+\alpha}$，于是级数的收敛域为 $|x| < 1 + \frac{1}{\alpha}$。

2) V_1'，V_2' [见(21)，(22)，(23)式]的系数极限二次式为

$$2(1-\alpha)S^2 - (1-3\alpha)S - \alpha = 0 \tag{118}$$

其根为 $\frac{1}{2}$ 和 $-\frac{\alpha}{1-\alpha}$，则 2a) 当 $\alpha \leqslant \frac{1}{3}$ 时，大根为 $\lambda = \frac{1}{2}$，级数的收敛域为 $|y| > 2$；2b) 当 $\frac{1}{3} < \alpha < 1$ 时，大根为 $\lambda = -\frac{\alpha}{1-\alpha}$，级数的收敛域为 $|y| < \left|\frac{1}{\alpha} - 1\right|$；2c) 当 $\alpha > 1$ 时，大根为 $\lambda = \frac{\alpha}{\alpha-1}$，级数的收敛域为 $|y| < \left|1 - \frac{1}{\alpha}\right|$；2d) 当 $\alpha = 1$ 时，大根为 $\lambda = \infty$，级数不收敛。

以上收敛性质，和微分方程级数解的一般收敛性质是一致的。但有两点值得注意：其一是 2b)，当 $\frac{1}{3} < \alpha < 1$ 时，级数收敛域 $|y| < \left|\frac{1}{\alpha} - 1\right|$，这是因为这时的最近相邻奇点是 $u = -\frac{1}{\alpha}$，而不是 $u = 1$，或即在 y 坐标内，最近的相邻奇点是 $y = 1 - \frac{1}{\alpha}$，而不是 $y = 2$(图3)；其二为 2d)，当 $\alpha = 1$ 时，在这个奇点上的级数展开式将另行研究。

从上面的讨论中可以看到，L. N. Tao (1959)[5] 根据连分式的收敛定理认为这些级

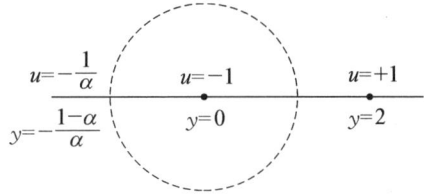

图 3　$\frac{1}{3} < \alpha < 1$ 时，y 级数的收敛域[即 2b) 型]

数收敛域不论在什么条件下都可以通用于环壳全域,那是完全错误的.

虽然级数系数的递推公式(54)和连分式的递推公式(114)完全相同,它们在 $n \to \infty$ 时的极限二次式(33)和(116)也完全一样,而且有相同的根值,但是由于级数的递推公式是依 n 逐级增加的次序来推算系数的,而连分式的递推公式是依 n 逐级减少的次序来推算连分式的,所以级数的系数收敛到极限二次式的大根,而连分式则收敛至小根,亦即两者收敛到不同的根值.

为了证明上面的理论结果的有效性,我们选择 $2\mu = 5$ 和 $\alpha = \dfrac{1}{2}$,1,3 来分别计算 x 级数的系数比值 S_n. 亦即从(14)式

$$\left. \begin{aligned} S_n &= \frac{a_{n+1}}{a_n} = \frac{n[(3\alpha+1)n - 3\alpha] - \mathrm{i}2\mu}{(1+\alpha)(n+1)(2n+1)} - \frac{\alpha(n-1)(n-2) - \mathrm{i}2\mu}{(1+\alpha)(n+1)(2n+1)S_{n-1}}, \quad n \geqslant 1 \\ S_0 &= -\mathrm{i}\frac{2\mu}{1+\alpha} \end{aligned} \right\}$$
(119)

计算结果证明了(见图4) $\alpha = \dfrac{1}{2}$ 和 $\alpha = 1$ 时的 S_n 极限值为 $\lambda = \dfrac{1}{2}$,这相当于1a);在 $\alpha = 3$ 时,S_n 的极限值为 $\dfrac{\alpha}{1+\alpha} = 0.75$,这相当于1b).

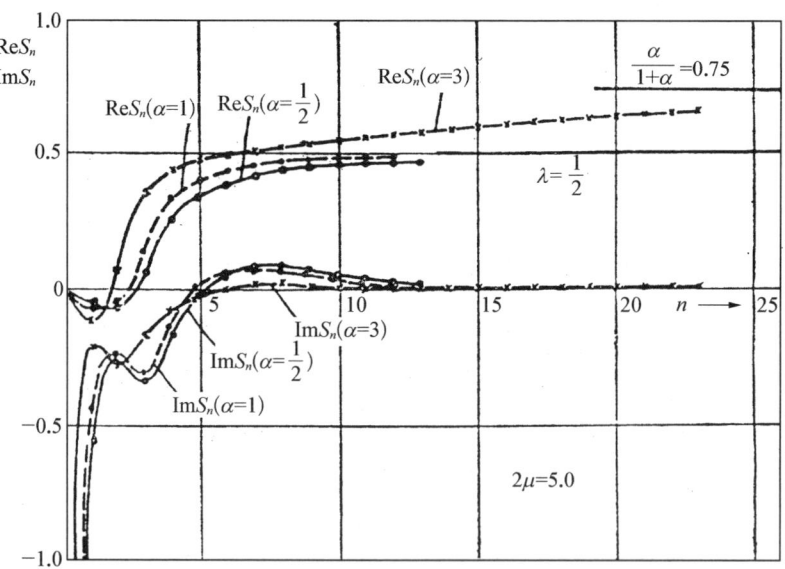

图 4 x 级数的 $S_n = \dfrac{a_{n+1}}{a_n}$ 值的极限与 α 值的关系

$0 < \alpha \leqslant 1$ 时,$\lim\limits_{n\to\infty} S_n = \dfrac{1}{2}$;$1 < \alpha$ 时,$\lim\limits_{n\to\infty} S_n = \dfrac{\alpha}{1+\alpha}$

同时,我们也在 $2\mu = 5$, $\alpha = \dfrac{1}{4}$, $\dfrac{1}{3}$, 3 的条件下计算 y 级数的系数比极限值. 设从(22)

$$\left. \begin{aligned} & S_n' = \frac{b_{n+1}}{b_n},\ S_0' = -\mathrm{i} \\ & S_n' = \frac{n[(1-3\alpha)n+3\alpha]-\mathrm{i}2\mu}{(1-\alpha)(n+1)(2n+1)} - \frac{\alpha(n-1)(n-2)+\mathrm{i}2\mu}{(1-\alpha)(n+1)(2n+1)S_{n-1}'} \quad (n \geqslant 1) \end{aligned} \right\}$$
(120)

计算结果证明(见图 5),当 $0 < \alpha < \dfrac{1}{3}$ 时,S_n' 的极限值为 $\dfrac{1}{2}$,相当于 $2a$;当 $\dfrac{1}{3} <$

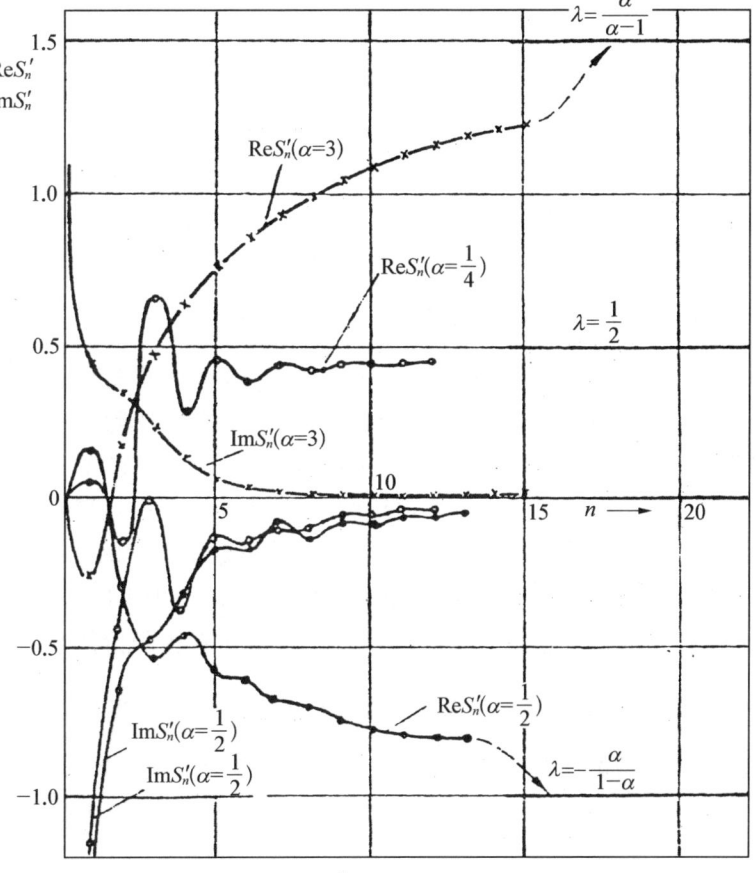

图 5　y 级数的 $S_n' = \dfrac{b_{n+1}}{b_n}$ 值的极限和 α 值的关系

$0 < \alpha \leqslant \dfrac{1}{3}$ 时,$\lim\limits_{n\to\infty} S_n' = \dfrac{1}{3}$；$\alpha > \dfrac{1}{3}$ 时,$\lim\limits_{n\to\infty} S_n' = -\dfrac{\alpha}{1-\alpha}$

$\alpha<1$, S_n' 的极限为 $-\dfrac{\alpha}{1-\alpha}$,相当于 2b);当 $\alpha>1$ 时,S_n' 的极限为 $\dfrac{\alpha}{\alpha-1}$,相当于 2c).

我们在这里也从计算实践中否定了 L. N. Tao (1959)[5] 的结论. 根据 L. N. Tao 的理论,对图 4 的 x 级数而言,$\alpha=1$,$\alpha=\dfrac{1}{2}$ 的 S_n 极限值应该是 $\dfrac{\alpha}{1+\alpha}$,而不是 $\dfrac{1}{2}$;当 $\alpha=3$ 时,S_n 的极限值应该是 $\dfrac{1}{2}$,而不是 $\dfrac{\alpha}{1+\alpha}$. 对于图 5 的 y 级数而言,当 $\alpha=\dfrac{1}{4}$ 时,S_n' 的极限值应该是 $-\dfrac{\alpha}{1+\alpha}=-\dfrac{1}{3}$,而不是 $\dfrac{1}{2}$;当 $\alpha=\dfrac{1}{2}$ 时,S_n' 的极限值应该是 $\dfrac{1}{2}$ 而不是 $-\dfrac{\alpha}{1-\alpha}=-1$;当 $\alpha=3$ 时,S_n' 的极限值应该是 $\dfrac{1}{2}$ 而不是 $\dfrac{\alpha}{\alpha-1}=\dfrac{3}{2}$. 但是计算结果完全和这些结论是相反的.

四、x,y 级数的收敛快慢问题

x,y 级数的收敛域既已肯定,它们是否可以有效地用来计算环壳问题,完全看它们的收敛快慢. 设 x 级数的收敛域为 $|x|<x_1$,则当 $\dfrac{x}{x_1}=1$ 时,x 级数发散,只要 $\dfrac{x}{x_1}$ 的比值比 1 越小,则级数收敛越快. 我们的问题是,当 $\dfrac{x}{x_1}$ 为一个小于 1 的数值时,究竟要计算 x 级数多少项,才能达到一定正确度,例如才能有三位有效数字或是有 1/1 000 的正确度? 为了给出这样的估计,让我们首先研究一下,x 级数的系数比 S_n 的特点:1) 根据(119)式或图 4,x 级数的系数比 S_n 的首几项可能大于 1,例如图 4 的首项 S_0 大于 1. 一般说来,究竟有几项大于 1 呢? 这要看 2μ 的数值,2μ 越大,S_n 大于 1 的项数越多. 当 S_n 大于 1 时,级数系数是递增的,所以 S_n 大于 1 的项数越多(即 2μ 越大),级数的收敛越慢. 2) 当 S_n 开始小于 1 以后,级数的系数按 S_n 的比例衰减. 但应特别注意,在较小的 n 数序时,S_n 较极限比值 $S=\lambda$ 小得很多,一般在 $n\leqslant 10$ 时,S_n 可以按平均值 $\dfrac{2}{3}\lambda$ 估计;在 $n\leqslant 5$ 时,S_n 可以按平均值 $\lambda/2$ 估计. 亦即是说,x 级数的系数在它们的最大项后面,有若干项收敛得很快,其收敛速度大于 n 很大以后的极限值 λ 所决定的收敛速度. 这是一个对于数值计算有利的性质.

现在让我们估计一下,x 级数的 S_n 在常用的范围 $0<\alpha<1$,$1\leqslant 2\mu<30$ 内究竟有几个 S_n 大于 1.

从(119)式,有

$$S_0 = -\mathrm{i}\frac{2\mu}{1+\alpha} \text{ 或 } |S_0| > 1 \text{ （当 } \mu = 1, 0 < \alpha < 1 \text{ 时）} \tag{121}$$

所以在常用范围内,S_0 一定大于 1,亦即第二项系数 a_1 一定大于 1(第一项系数 $a_0 = 1$). 把(121)式的 S_0 代入(119)式的 S_n 式,计算 S_1,得

$$S_1 = \frac{1-\mathrm{i}2\mu}{6(1+\alpha)} + \frac{\mathrm{i}2\mu}{6(1+\alpha)S_0} = \frac{1-\mathrm{i}2\mu}{6(1+\alpha)} - \frac{1}{6} \approx -\frac{\mathrm{i}2\mu}{6(1+\alpha)} \tag{122}$$

我们将以最不利的条件 ($\alpha = 0$) 来估计. 当 $|S_1| = \frac{2\mu}{6} > 1$ 时,$\mu > 3$,亦即说,当 $\alpha = 0$ 时,凡是 $\mu > 3$ 的壳,其第三个系数 a_2 也一定比 a_1 大. 在最有利的条件下,$\alpha = 1$,于是 $|S_1| = \frac{2\mu}{12} > 0$ 时,$\mu > 6$,亦即是说,如果 $\alpha = 1$,则 $\mu > 6$ 时,a_2 才比 a_1 大. 所以得到二项系数递增的条件是 $\mu > 3 \sim 6$. 现在将(122)式代入(119)式的 S_n,计算 S_2.

$$S_2 = \frac{2(3\alpha+2) - \mathrm{i}2\mu}{15(1+\alpha)} + \frac{\mathrm{i}2\mu}{15(1+\alpha)S_1} = \frac{2(3\alpha+2) - \mathrm{i}2\mu}{15(1+\alpha)} - \frac{2}{5} \approx -\frac{\mathrm{i}2\mu}{15(1+\alpha)} \tag{123}$$

因此,当 $\mu = 7 (\alpha = 0) \sim 15(\alpha = 1)$ 时,$|S_2| > 1$,亦即有三项系数递增.

再把(123)式代入(119)式,计算 S_3

$$S_3 = \frac{3(6\alpha+3) - \mathrm{i}2\mu}{28(1+\alpha)} - \frac{2\alpha - \mathrm{i}2\mu}{28(1+\alpha)S_2} \tag{124}$$

考虑到 $2\mu > 7 \sim 15$,所以 $2\alpha < 2\mu$,同时

$$\frac{3(6\alpha+3)}{28(1+\alpha)} + \frac{\mathrm{i}2\mu}{28(1+\alpha)S_2} = \frac{3(6\alpha+3)}{28(1+\alpha)} - \frac{15}{28} = \frac{3\alpha - 6}{28(1+\alpha)} \ll 1 \tag{125}$$

所以

$$S_3 \approx -\frac{\mathrm{i}2\mu}{28(1+\alpha)} \tag{126}$$

这时,只当 $\mu = 14 (\alpha = 0) \sim 28 (\alpha = 1)$ 时,$|S_3|$ 才有可能大于 1,亦即相当于有四项系数逐一递增. 用相同的方法,求得

$$S_4 \approx -\frac{\mathrm{i}2\mu}{45(1+\alpha)} \tag{127}$$

当 $\mu = 23 (\alpha = 0) \sim 45 (\alpha = 1)$ 时,$|S_4|$ 有可能大于 1,这时有五项系数逐一递增.

总起来讲,我们有下列结果:

(a) $S_0 > 1$,S_1,S_2,$\cdots < 1$,最大系数为 a_1,当 $\alpha = 0$ 时,$1 < \mu < 3$;当 $\alpha = 1$ 时,$1 < \mu < 6$;

(b) S_0,$S_1 > 1$,S_2,S_3,$\cdots < 1$,最大系数为 a_2,当 $\alpha = 0$ 时,$3 < \mu < 7$;当 $\alpha = 1$ 时,$6 < \mu < 15$;

(c) S_0,S_1,$S_2 > 1$,S_3,S_4,$\cdots < 1$,最大系数为 a_3,当 $\alpha = 0$ 时,$7 < \mu < 14$;当 $\alpha = 1$ 时,$15 < \mu < 28$;

(d) S_0,S_1,S_2,$S_3 > 1$,S_4,S_5,$\cdots < 1$,最大系数为 a_4,当 $\alpha = 0$ 时,$14 < \mu < 23$;当 $\alpha = 1$ 时,$28 < \mu < 45$.

通常实用的范围包括在(a),(b),(c)三部分之内. 亦即是说,x 级数在最不利的情况下,至多有 a_1,a_2,a_3 三项是递增的系数,从 a_4 以后就是递减了.

究竟需要有多少项才能保证有三位有效数字的问题,主要由三个因素决定,即 x 的最大值,$a_n x^n$ 的最大项是那一项和最大项以后各项的平均比值(即 $S_n x$).

现在以 $\mu = 10$,$\alpha = 0.5$,$x = 1.5$ 的例子来说明这个问题. 利用(123)和(126)式有 $S_2 x \approx 1.3$,$S_3 x \approx 0.7$,所以最大项是 $a_3 x^3$. 在 S_2 以后的系数比值,如果平均以 $\frac{1}{3}$ 来估计(即 S_4 的约计值),则 $S_n x \sim \frac{1}{2}$. 由于 $\left(\frac{1}{2}\right)^{10} \sim 0.001$,所以在 $a_3 x^3$ 以后,还需要有 10 项才能降到最大项的 $1/1\,000$. 因此这个 x 级数解要有 14 项才能达到三位有效数字的要求. 如果要多一位有效数字,尚应增加 $3 \sim 4$ 项. 但是,对于同一问题而言,如果 x 不是 1.5 而是 1.0,则需要的项数就可以大大降低. 这时 $S_1 x = 2.2$,$S_2 x = 0.9$,最大项是 $a_2 x^2$,以后各项的比值 $S_n x \sim \frac{1}{3}$(这是从 $S_3 x$,$S_4 x$ 估计的). 由于 $\left(\frac{1}{3}\right)^7 \sim 0.000\,5$,所以在最大项 $a_2 x^2$ 后尚须有 7 项才能满足 3 位有效数字的要求. 这样总共就只要有 10 项就能够满足要求. 要增加一位有效数字,也只要增加 2 项.

从上面的讨论中可以看到,x 级数的收敛快慢问题主要由 x 项决定. 如果能限制 $x \leqslant 1 \left(即 x \leqslant \frac{1}{2} x_1 \text{ 或 } x \leqslant \frac{1}{2\lambda}\right)$,一般只要 $10 \sim 12$ 项就能正确到三位有效数字,每增一位有效数字,要增加两项. 如果要求 $x \leqslant \frac{3}{2} \left(即 x \leqslant \frac{3}{4} x_1, x \leqslant \frac{3}{4\lambda}\right)$,就要求有 $14 \sim 16$ 项级数才能有三位有效数字,每增一位有效数字要增加三项到四项. 所以 x 值不宜过大. 如果 $x \geqslant \frac{3}{4} x_1$,则级数收敛更慢,级数解的效果就异常不好了. 其次,x 级数的收敛快慢问题多少也和 μ 值有关. μ 值大时,最大项向后面移动,这样就要求有较多的项进行计算. 但是在 $1 < 2\mu < 30$ 以内,这种变动至多只影响 $2 \sim 3$

项,所以,比起 x 来,其影响是次要的.最后,当 $0<\alpha<1$ 时,α 值对于 x 级数收敛的快慢问题影响很小,可以略去不计.

总起来说,当 $\alpha<1$ 时,x 级数最好用以处理 $x\leqslant\frac{1}{2}x_1=1$ 的问题,勉强可以用来处理 $x<\frac{3}{4}x_1=1.5$ 的问题.对于 $x>1.5$ 的问题收敛缓慢,应用不便.对于 $\alpha>1$ 的问题而言,我们可以得到相同的结论,最好也是用以处理 $x\leqslant\frac{1}{2}x_1=\frac{1+\alpha}{2\alpha}$ 的问题,勉强可以用以处理 $x\leqslant\frac{3}{4}x_1=\frac{3(1+\alpha)}{4\alpha}$ 的问题.对于 $x\geqslant\frac{3(1+\alpha)}{4\alpha}$ 的问题而言,收敛缓慢,应用不便.

对于 y 级数而言,除了最大项的位置比 x 级数后移一两项外,其他情况相同.因此,对于 $0<\alpha<\frac{1}{3}$ 而言,y 级数的使用最好限于 $y\leqslant\frac{1}{2}y_1=1$ 以内,勉强可以用到 $y\leqslant\frac{3}{4}y_1\leqslant1.5$.在 $y\geqslant1.5$ 以后,y 级数收敛缓慢,应用不便.对于 $\alpha>\frac{1}{3}$ 的情况而言,y 级数的使用最好限于 $y\leqslant\frac{1}{2}y_1$,或 $y\leqslant\left|\frac{\alpha-1}{2\alpha}\right|$,勉强可以用到 $y\leqslant\frac{3}{4}y_1=\left|\frac{3(\alpha-1)}{4\alpha}\right|$.在 $y\geqslant\left|\frac{3(\alpha-1)}{4\alpha}\right|$ 以后,收敛缓慢,应用不便.

五、x,y 级数解和它们的分区组合解的非周期性

由于 x 级数解 $V_1(x)$,$V_2(x)$ 的收敛域小于 $x=2$,所以这个解在 $\varphi=\frac{3}{2}\pi$ 那一点不收敛.这就说明 x 级数解不可能是以 $\varphi=2\pi$ 为周期的周期解,亦即是说,它是非周期性的解.同样 y 级数解 $V_1'(y)$,$V_2'(y)$ 的收敛域也小于 2.具体说来,在 $\alpha\leqslant\frac{1}{3}$ 时,收敛域小于 2;在 $\alpha>\frac{1}{3}$ 时,收敛域小于 $\left|\frac{\alpha-1}{\alpha}\right|<2$.所以,$V_1'(y)$,$V_2'(y)$ 只在 $\varphi=\frac{3}{2}\pi$ 那一点为中心的一段壳内是收敛的,在 $\varphi=\frac{\pi}{2}$ 或在 $\varphi=\frac{\pi}{2}$ 相邻的一段区域内不收敛,所以它们也是非周期性的解.

有没有可能把 $V_1(x)$,$V_2(x)$ 和 $V_1'(y)$,$V_2'(y)$ 分区连接起来组成一个在闭合的全壳上都收敛的解呢?如果可能,则这个分区组合的解必为周期解.我们在下面要证明,对于开口的壳而言,我们可以有分区组合的非周期解,这个解既在 $\varphi=\frac{\pi}{2}$ 处收敛,也在 $\frac{3}{2}\pi$ 处收敛.但对于闭口的壳而言,就不可能有以 x,y 级数为基础的

分区组合而成的周期性解.

现在让我们考虑图 6 上的两个典型情况,它们都是开口的截面. 图 6a 中的截面 $\overset{\frown}{ACB}$ 既通过 $\varphi = \dfrac{\pi}{2}(x=0)$. 也通过 $\varphi = \dfrac{3\pi}{2}(y=0)$. 同时,$y$ 级数解的收敛域为 $\overset{\frown}{y_1 y_2 y_2 y_1}$,其中 $\overset{\frown}{y_2 y_2}$ 为其收敛较快的区域,$\overset{\frown}{y_2 y_1}$ 为其收敛较慢的区域. 同样,$\overset{\frown}{x_1 x_2}$ 为 x 级数解收敛较慢的区域,$\overset{\frown}{x_2 x_2}$ 为其收敛较快的区域. 因此,如果我们选择 C 点,使它处于 x,y 级数都收敛的域内,最好都在收敛较快的域内,并用 y 级数解表示 $\overset{\frown}{AC}$ 中适用的解,用 x 级数解表示 $\overset{\frown}{CB}$ 中适用的解,同时使这两个解在 C 点上连接起来,则我们就得到了在 $\overset{\frown}{ACB}$ 上都收敛较快的分区组合解.

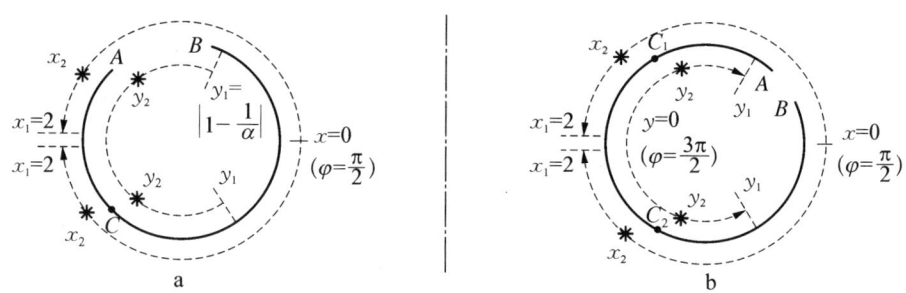

图 6　分区组合和解的收敛域的关系

在 x,y 级数都收敛的域内(即 $y_1 y_2 x_2 x_1$),$V_1(x)$,$V_2(x)$ 为一组互相独立的解,而 $V_1'(y)$,$V_2'(y)$ 为另一组互相独立的解. 因此,在这共同域内,我们一定可以用 $V_1(x)$,$V_2(x)$ 的线性组合来表示 $V_1'(y)$,$V_2'(y)$;或用 $V_1'(y)$,$V_2'(y)$ 的线性组合来表示 $V_1(x)$,$V_2(x)$. 设

$$\left. \begin{array}{l} V_1(x) = \alpha_{11} V_1'(y) + \alpha_{12} V_2'(y) \\ V_2(x) = \alpha_{21} V_1'(y) + \alpha_{22} V_2'(y) \end{array} \right\} \tag{128}$$

其中 α_{11},α_{12},α_{21},α_{22} 为待定常数,它们可以用 C 点上的连续条件求得. 在 C 点上,$u = u_C$,于是

$$y_C = 1 + u_C, \qquad x_C = 1 - u_C \tag{129}$$

C 点上的连接条件从(128)式给出,为

$$\left. \begin{array}{l} V_1(x_C) = \alpha_{11} V_1(y_C) + \alpha_{12} V_2'(y_C) \\ -\dfrac{\mathrm{d} V_1}{\mathrm{d} x_C} = \alpha_{11} \dfrac{\mathrm{d} V_1'}{\mathrm{d} y_C} + \alpha_{12} \dfrac{\mathrm{d} V_2'}{\mathrm{d} y_C} \end{array} \right\} \tag{130}$$

$$\left. \begin{array}{l} V_2(x_C) = \alpha_{21} V_1'(y_C) + \alpha_{22} V_2'(y_C) \\ -\dfrac{\mathrm{d} V_2}{\mathrm{d} x_C} = \alpha_{21} \dfrac{\mathrm{d} V_1'}{\mathrm{d} y_C} + \alpha_{22} \dfrac{\mathrm{d} V_2'}{\mathrm{d} y_C} \end{array} \right\} \tag{131}$$

其中

$$\left.\begin{array}{l}\dfrac{\mathrm{d}V_1'}{\mathrm{d}y_C}=\left(\dfrac{\mathrm{d}V_1'}{\mathrm{d}y}\right)_{y=y_C},\ \dfrac{\mathrm{d}V_2'}{\mathrm{d}y_C}=\left(\dfrac{\mathrm{d}V_2'}{\mathrm{d}y}\right)_{y=y_C}\\[2mm] \dfrac{\mathrm{d}V_1}{\mathrm{d}x_C}=\left(\dfrac{\mathrm{d}V_1}{\mathrm{d}x}\right)_{x=x_C},\ \dfrac{\mathrm{d}V_2}{\mathrm{d}x_C}=\left(\dfrac{\mathrm{d}V_2}{\mathrm{d}x}\right)_{x=x_C}\end{array}\right\} \quad (132)$$

$\dfrac{\mathrm{d}V_1}{\mathrm{d}x_C}$ 和 $\dfrac{\mathrm{d}V_2}{\mathrm{d}x_C}$ 前面的负号是由于 $-\mathrm{d}x=\mathrm{d}u=\mathrm{d}y$ 的缘故造成的. 从(130)式可以解出 α_{11},α_{12},从(131)式可以解出 α_{21},α_{22}. 在写出结果以前,让我们先计算 Weierstrass 行列式 W' 之值

$$W'(y_C)=V_1'(y_C)\frac{\mathrm{d}V_2'}{\mathrm{d}y_C}-V_2'(y_C)\frac{\mathrm{d}V_1'}{\mathrm{d}y_C} \quad (133)$$

(20)式可以写成

$$\frac{\mathrm{d}}{\mathrm{d}y}\left[\frac{\sqrt{y(y-2)}}{(1-\alpha+\alpha y)}\frac{\mathrm{d}V_1'}{\mathrm{d}y}\right]+\frac{\mathrm{i}2\mu(1-y)}{\sqrt{y(y-2)}(1-\alpha+\alpha y)^2}V_1'=0 \quad (134)$$

$$\frac{\mathrm{d}}{\mathrm{d}y}\left[\frac{\sqrt{y(y-2)}}{(1-\alpha+\alpha y)}\frac{\mathrm{d}V_2'}{\mathrm{d}y}\right]+\frac{\mathrm{i}2\mu(1-y)}{\sqrt{y(y-2)}(1-\alpha+\alpha y)^2}V_2'=0 \quad (135)$$

在(134)式上乘 $V_2'(y)$,在(135)式上乘 $V_1'(y)$,相减,得

$$\frac{\mathrm{d}}{\mathrm{d}y}\left\{\frac{\sqrt{y(y-2)}}{(1-\alpha+\alpha y)}W'(y)\right\}=0 \quad (136)$$

其中

$$W'(y)=V_1'(y)\frac{\mathrm{d}V_2'}{\mathrm{d}y}-V_2'(y)\frac{\mathrm{d}V_1'}{\mathrm{d}y} \quad (137)$$

积分(136)式,得

$$W'(y)=\frac{1-\alpha+\alpha y}{\sqrt{y(y-2)}}C_1 \quad (138)$$

C_1 为积分常数,在 $y=0$ 处,我们有

$$V_1'(0)=1,\ V_1'(0)=0,\ \left[\sqrt{y}\frac{\mathrm{d}V_1'}{\mathrm{d}y}\right]_{y=0}=0,\ \left[\sqrt{y}\frac{\mathrm{d}V_2'}{\mathrm{d}y}\right]_{y=0}=\frac{1}{2} \quad (139)$$

于是有

$$[\sqrt{y}W'(y)]_{y=0} = \frac{1}{2} \text{ 或 } C_1 = \frac{i}{\sqrt{2}(1-\alpha)} \text{ 或 } W'(y) = \frac{1-\alpha+\alpha y}{(1-\alpha)\sqrt{2y(2-y)}} \tag{140}$$

当 $y = y_C$ 时,有

$$W'(y_C) = \frac{1-\alpha+\alpha y_C}{(1-\alpha)\sqrt{2y_C(2-y_C)}} \tag{141}$$

最后,α_{11},α_{12},α_{21},α_{22} 可以写成

$$\left. \begin{aligned} \alpha_{11} &= \frac{(1-\alpha)\sqrt{2y_C(2-y_C)}}{1-\alpha+\alpha y_C} \left\{ V_1(x_C) \frac{dV_2'}{dy_C} + V_2'(y_C) \frac{dV_1}{dx_C} \right\} \\ \alpha_{12} &= -\frac{(1-\alpha)\sqrt{2y_C(2-y_C)}}{1-\alpha+\alpha y_C} \left\{ V_1(x_C) \frac{dV_1'}{dy_C} + V_1'(y_C) \frac{dV_1}{dx_C} \right\} \\ \alpha_{21} &= \frac{(1-\alpha)\sqrt{2y_C(2-y_C)}}{1-\alpha+\alpha y_C} \left\{ V_2(x_C) \frac{dV_2'}{dy_C} + V_2'(y_C) \frac{dV_2}{dx_C} \right\} \\ \alpha_{22} &= -\frac{(1-\alpha)\sqrt{2y_C(2-y_C)}}{1-\alpha+\alpha y_C} \left\{ V_2(x_C) \frac{dV_1'}{dy_C} + V_1'(y_C) \frac{dV_2}{dx_C} \right\} \end{aligned} \right\} \tag{142}$$

根据上面的分析,在图 6a 的 $\widehat{ACB}$ 全域内,到处都连续和收敛的较快的分区组合解的两个独立解可以写成

$$V_1 = \begin{cases} V_①(x), & -x_B^{1/2} \leqslant x \leqslant x_C^{1/2} \quad (BC \text{ 段}) \\ \alpha_{11}V_1'(y) + \alpha_{12}V_2'(y), & -y_A^{1/2} \leqslant y^{1/2} \leqslant y_C^{1/2} \quad (AC) \text{ 段} \end{cases}$$

$$V_2 = \begin{cases} V_②(x), & -x_B^{1/2} \leqslant x \leqslant x_C^{1/2} \quad (BC \text{ 段}) \\ \alpha_{21}V_1'(y) + \alpha_{22}V_2'(y), & -y_A^{1/2} \leqslant y^{1/2} \leqslant y_C^{1/2} \quad (AC) \text{ 段} \end{cases} \tag{143}$$

到此,我们还没有一定的规律决定 C 点的 x_C,y_C,或决定 u_C.我们将根据"$V_1(x)$,$V_2(x)$ 和 $V_1'(y)$,$V_2'(y)$ 在 C 点收敛得同样地好"为标准决定 C 的位置.要满足这个条件,我们必须有

$$y_C = \gamma y_1, \quad x_C = \gamma x_1 \tag{144}$$

其中 x_1,y_1 为收敛域的极限.即在图 6a 中,$\alpha > \frac{1}{3}$,$x_1 = 2$,$y_1 = \left|1 - \frac{1}{\alpha}\right|$.同时,根据(129)式,有 $x_C + y_C = 2$,和(144)式在一起,可以解出 x_C,y_C 及 γ,其结果为

$$\gamma = \frac{2}{x_1 + y_1}, \quad x_C = \frac{2x_1}{x_1 + y_1}, \quad y_C = \frac{2y_1}{x_1 + y_1} \tag{145}$$

又例如,设 $\alpha \leqslant \frac{1}{3}$,则 $x_1 = y_1 = 2$,于是,$x_C = y_C = 1$,亦即是,C 点为 $\varphi = 0$,或 $\varphi = \pi$ 处.

现在让我们考虑另一典型情况(图 6b). $\widehat{AC_1}$ 段中有一段在 y 级数的收敛域以外,所以必须接一段 x 级数的解. 同样 $\widehat{BC_2}$ 也必须接一段 x 级数的解. 因此,在这个问题内,组合解应该分为三区: $\widehat{AC_1}$ 区和 $\widehat{BC_2}$ 区分别为两个不同的 x 级数解,$\widehat{C_2C_1}$ 区为一个 y 级数解,它们的连接点可以是 C_1 和 C_2. 分区组合解为

$$V_1' = \begin{cases} \beta_{11}V_1(x) + \beta_{12}V_2(x), & -x_{C_1}^{1/2} \leqslant x^{1/2} \leqslant -x_A^{1/2} & (\widehat{AC_1} \text{ 区}) \\ V_1'(y), & -y_{C_1}^{1/2} \leqslant y^{1/2} \leqslant y_{C_2}^{1/2} & (\widehat{C_1C_2} \text{ 区}) \\ \beta_{11}'V_1(x) + \beta_{12}'V_2(x), & -x_B^{1/2} \leqslant x^{1/2} \leqslant x_{C_2}^{1/2} & (\widehat{BC_2} \text{ 区}) \end{cases} \quad (146a)$$

$$V_2' = \begin{cases} \beta_{21}V_1(x) + \beta_{22}V_2(x), & -x_{C_1}^{1/2} \leqslant x^{1/2} \leqslant -x_A^{1/2} & (\widehat{AC_1} \text{ 区}) \\ V_2'(y), & -y_{C_1}^{1/2} \leqslant y^{1/2} \leqslant y_{C_2}^{1/2} & (\widehat{C_1C_2} \text{ 区}) \\ \beta_{21}'V_1(x) + \beta_{22}'V_2(x), & -x_B^{1/2} \leqslant x^{1/2} \leqslant x_{C_2}^{1/2} & (\widehat{BC_2} \text{ 区}) \end{cases} \quad (146b)$$

其中 β_{ij},β_{ij}' 可以从 C_1 和 C_2 点的连接条件求得,即

$$\left.\begin{aligned} V_1'(y_{C_1}) &= \beta_{11}V_1(x_{C_1}) - \beta_{12}V_2(x_{C_1}) \\ -\frac{dV_1'}{dy_{C_1}} &= -\beta_{12}\frac{dV_2}{dx_{C_1}} + \beta_{11}\frac{dV_1}{dx_{C_1}} \end{aligned}\right\} \quad (147a)$$

$$\left.\begin{aligned} -V_2'(y_{C_1}) &= \beta_{21}V_1(x_{C_1}) - \beta_{22}V_2(x_{C_1}) \\ -\frac{dV_2'}{dy_{C_1}} &= \beta_{21}\frac{dV_1}{dx_{C_1}} - \beta_{22}\frac{dV_2}{dx_{C_1}} \end{aligned}\right\} \quad (147b)$$

$$\left.\begin{aligned} V_1'(y_{C_2}) &= \beta_{11}'V_1(x_{C_2}) + \beta_{12}'V_2(x_{C_2}) \\ -\frac{dV_1'}{dy_{C_2}} &= \beta_{11}'\frac{dV_1}{dx_{C_2}} + \beta_{12}'\frac{dV_2}{dx_{C_2}} \end{aligned}\right\} \quad (147c)$$

$$\left.\begin{aligned} V_1'(y_{C_2}) &= \beta_{21}'V_1(x_{C_2}) + \beta_{22}'V_2(x_{C_2}) \\ -\frac{dV_2'}{dy_{C_2}} &= \beta_{21}'\frac{dV_1}{dx_{C_2}} + \beta_{22}'\frac{dV_2}{dx_{C_2}} \end{aligned}\right\} \quad (147d)$$

其中 $-\frac{dV_1'}{dy_{C_1}}$,$-\frac{dV_1'}{dy_{C_2}}$ 等前面的负号是由于 $dy_{C_1} = -dx_{C_1} = du_{C_1}$,$dy_{C_2} = -dx_{C_2} = du_{C_2}$ 的原因产生的. β_{12},β_{22} 前面的负号是由于 V_2,$\frac{dV_2}{dx}$ 在 $x^{1/2} = -x_C^{1/2}$ 处的值和

$V_2(x_{C_1})$, $\dfrac{\mathrm{d}V_2}{\mathrm{d}x_{C_1}}$ 的值差一负号而产生的. 这里的 $V_2(x_{C_1})$ 表示单纯把 x_{C_1} 代入(13)式的 x 而得的值, 而 $\dfrac{\mathrm{d}V_2}{\mathrm{d}x_{C_1}}$ 则为其导数在 x_{C_1} 处的值.

这里必须指出, 在数值上, $x_{C_1}=x_{C_2}$, $y_{C_1}=y_{C_2}$, 由于(147a, c)式内有正负号的差别, 所以在数值上虽然 $V_1'(y_{C_1})=V_1'(y_{C_2})$, $V_1(x_{C_1})=V_1(x_{C_2})$, $V_2(x_{C_1})=V_2(x_{C_2})$ 等, 但 β_{11}, β_{12} 和 β_{11}', β_{12}' 仍不相等. 同样 β_{21}, β_{22} 和 β_{21}', β_{22}' 也不相等.

我们可以证明

$$\beta_{11}=\beta_{11}'=\frac{(1+\alpha)\sqrt{2x_C(2-x_C)}}{1+\alpha-\alpha x_C}\left\{V_1'(y_C)\frac{\mathrm{d}V_2}{\mathrm{d}x_C}+V_2(x_C)\frac{\mathrm{d}V_1'}{\mathrm{d}y_C}\right\} \quad (148\mathrm{a})$$

$$-\beta_{12}=\beta_{12}'=-\frac{(1+\alpha)\sqrt{2x_C(2-x_C)}}{1+\alpha-\alpha x_C}\left\{V_1(x_C)\frac{\mathrm{d}V_1'}{\mathrm{d}y_C}+V_1'(y_C)\frac{\mathrm{d}V_1}{\mathrm{d}x_C}\right\} \quad (148\mathrm{b})$$

$$-\beta_{21}=\beta_{21}'=\frac{(1+\alpha)\sqrt{2x_C(2-x_C)}}{1+\alpha-\alpha x_C}\left\{V_2'(y_C)\frac{\mathrm{d}V_2}{\mathrm{d}x_C}+V_2(x_C)\frac{\mathrm{d}V_2'}{\mathrm{d}y_C}\right\} \quad (148\mathrm{c})$$

$$\beta_{22}=\beta_{22}'=-\frac{(1+\alpha)\sqrt{2x_C(2-x_C)}}{1+\alpha-\alpha x_C}\left\{V_1(x_C)\frac{\mathrm{d}V_2'}{\mathrm{d}y_C}+V_2'(y_C)\frac{\mathrm{d}V_1}{\mathrm{d}x_C}\right\} \quad (148\mathrm{d})$$

其中

$$x_C=x_{C_1}=x_{C_2}, \qquad y_C=y_{C_1}=y_{C_2} \quad (149)$$

它们是根据(145)式决定的.

由于(146a, b)式中的 $\beta_{12}=-\beta_{12}'$, $\beta_{21}=-\beta_{21}'$, 所以, 如果把 $\widehat{AC_1}$ 区的解延伸用到 $\widehat{BC_2}$ 区中去, 并不能得到 $\widehat{BC_2}$ 区的解. 同样, 把 $\widehat{BC_2}$ 区中的解延伸到 $\widehat{AC_1}$ 区中去, 也得不到 $\widehat{AC_1}$ 区的解. 这就是说, 分区组合解(146)式是非周期性的.

如果把图 6b 中的 A, B 两端点连接起来, 亦即使 $x_A=x_B$, 从直觉上我们得到一个闭合全壳, 但是这个壳的解无法从(146a, b)的分区组合解中求得, 因为这个解是非周期性的. $\widehat{AC_1}$ 区的解和 $\widehat{BC_2}$ 区的解无法在 $A=B$ 连接点满足恒等的连续条件. 这里证明了用 x, y 级数解, 无法通过分区组合的过程, 获得满足闭合壳的周期性解. 我们这里证明了: x 级数解和 y 级数解以及它们的分区组合解都是非周期性的. 我们将在以后证明, 在环壳问题中, 只有(7)式的非齐次解才是周期性的.

六、$\alpha>1$ 时在奇点 $u=-\dfrac{1}{\alpha}$ 处展开的级数解(z 级数解)

当 $\alpha>1$ 时, 在方程式(7)的奇点 $u=-\dfrac{1}{\alpha}$ 上, 不论 x 级数或 y 级数都是不收敛

的. 当 x 级数解和 y 级数解接近这个奇点时, 收敛都很慢. 为了解决这个问题, 我们还必须求得在 $u=-\dfrac{1}{\alpha}$ 处展开的级数解. 以后称这个解为 z 级数解. 这个级数解从来没有研究过, 这和我们对 x, y 级数的收敛域的认识不够清楚有关.

让我们引用新的变量 z, 设

$$z = u + \frac{1}{\alpha} \tag{150}$$

于是(7)的齐次式可以写成

$$z\left[\alpha - \frac{1}{\alpha} - \alpha z^2 + 2z\right]\frac{\mathrm{d}^2 V}{\mathrm{d}z^2} - \left(z + \alpha - \frac{1}{\alpha}\right)\frac{\mathrm{d}V}{\mathrm{d}z} + \mathrm{i}2\mu\left(z - \frac{1}{\alpha}\right)V = 0 \tag{151}$$

设其解为

$$V = z^\rho \sum_{n=0}^{\infty} c_n z^n \tag{152}$$

代入(151)式, 恒等各项系数为零, 首先决定 ρ 的指数方程

$$\rho(\rho - 2) = 0 \tag{153}$$

这个指数方程的根为 $0, 2$, 它们之间, 只差一整数. 因此, 只有一个解是独立的. 设这个解相当于 $\rho = 2$, 这时(151)式的第一个 z 级数解为

$$V_1''(z) = z^2 \sum_{n=0}^{\infty} c_n z^n \tag{154}$$

这些系数 c_n 满足递推公式

$$\left.\begin{aligned}
&c_0 = 1, \\
&3\left(\alpha - \frac{1}{\alpha}\right)c_1 + \left(2 - \frac{\mathrm{i}2\mu}{\alpha}\right)c_0 = 0, \\
&(n+1)(n+3)\left(\alpha - \frac{1}{\alpha}\right)c_{n+1} + \left[(n+2)(2n+1) - \frac{\mathrm{i}2\mu}{\alpha}\right]c_n \\
&\quad + [\mathrm{i}2\mu - \alpha n(n+1)]c_{n-1} = 0, \quad (n \geqslant 1)
\end{aligned}\right\} \tag{155}$$

这个级数的收敛性质可以从(155)式的极限二次式 ($n \to \infty$) 求得. 设 $\dfrac{c_{n+1}}{c_n} = S_n''$, 和 $S''' = \lim\limits_{n \to \infty} S_n'' = \lim\limits_{n \to \infty} S_{n-1}''$, 有

$$\left(\alpha - \frac{1}{\alpha}\right)S''^2 + 2S'' - \alpha = 0 \tag{156}$$

其根为

$$\lambda' = \frac{\alpha}{1+\alpha}, \qquad \lambda = -\frac{\alpha}{1-\alpha} \tag{157}$$

其中 λ 是绝对值较大的根. 根据收敛定理Ⅱ, (154)中的系数比 S_n'' 必收敛到 λ, 亦即是说, z 的收敛域为

$$|z| \leqslant 1 - \frac{1}{\alpha} \quad (\alpha > 1) \tag{158}$$

现在让我们寻找(151)式的第二个独立解, 设

$$V_2''(z) = \ln z V_1''(z) + \widetilde{V}(z) \tag{159}$$

把它代入(151)式, 即得决定 $\widetilde{V}(z)$ 的微分方程

$$z\left[\alpha - \frac{1}{\alpha} - \alpha z^2 + 2z\right]\frac{d^2\widetilde{V}}{dz^2} - \left(z + \alpha - \frac{1}{\alpha}\right)\frac{d\widetilde{V}}{dz} + i2\mu\left(z - \frac{1}{\alpha}\right)\widetilde{V}$$
$$= -2\left[\alpha - \frac{1}{\alpha} - 2z^2 + 2z\right]\frac{dV_1''}{dz} + \frac{1}{2}\left[2\left(\alpha - \frac{1}{\alpha}\right) - \alpha z^2 - 3z\right]V_1'' \tag{160}$$

如果把 $\widetilde{V}(z)$ 展开为 z 的级数, 很易看到它应该是

$$\widetilde{V}(z) = \sum_{n=0}^{\infty} c_n'' z^n \tag{161}$$

亦即

$$V_2''(z) = \ln z \sum_{n=0}^{\infty} c_n z^{n+2} + \sum_{n=0}^{\infty} c_n' z^n \tag{162}$$

(160)式的齐次解和(151)式的解相同, 它和 $V_1''(z)$ 不独立. (160)式的解中独立于 $V_1''(z)$ 的系指(160)式的非齐次解. 把(154), (161)式代入(160)式, 分别恒等 z^n 系数, 即得决定 c_n' 的递推公式

$$\left.\begin{aligned}
&-\frac{i2\mu}{\alpha}c_0' - \left(\alpha - \frac{1}{\alpha}\right)c_1' = 0 \\
&i2\mu c_0' - \left(1 + \frac{i2\mu}{\alpha}\right)c_1' = -2\left(\alpha - \frac{1}{\alpha}\right)c_0 \\
&i2\mu c_1' + \left(2 - \frac{i2\mu}{\alpha}\right)c_2' + 3\left(\alpha - \frac{1}{\alpha}\right)c_3' = -4\left(\alpha - \frac{1}{\alpha}\right)c_1 - 5c_0 \\
&(n^2-1)\left(\alpha - \frac{1}{\alpha}\right)c_{n+1}' + \left[n(2n-3)\frac{i2\mu}{\alpha}\right]c_n' + [i2\mu - \alpha(n-1)(n-2)]c_{n-1}' \\
&\quad = -2n\left(\alpha - \frac{1}{\alpha}\right)c_{n-1} - (4n-3)c_{n-2} + \alpha(2n-3)c_{n-3}, \quad (n \geqslant 3)
\end{aligned}\right\} \tag{163}$$

其中 $c_0 = 1$, c_1, c_2, $\cdots$, c_n 是根据递推公式(155)计算所得的结果. 从(163)式中, 可以逐一在已知 c_n 的基础上求解 c_n'.

现在让我们证明 $\widetilde{V}(z)$ 的收敛范围和 $V_1''(z)$ 的收敛范围完全相同. 为此, 把(163)写成

$$\frac{(n^2-1)\left(\alpha-\dfrac{1}{\alpha}\right)}{n\left(n-\dfrac{3}{2}\right)-\dfrac{i\mu}{\alpha}}\frac{c_{n+1}'}{c_n'} + 2 + \frac{i2\mu-\alpha(n-1)(n-2)}{n\left(n-\dfrac{3}{2}\right)-\dfrac{i\mu}{\alpha}}\frac{c_{n-1}'}{c_n'}$$

$$= \frac{\left(2n-\dfrac{3}{2}\right)c_{n-2}}{\left[n\left(n-\dfrac{3}{2}\right)-\dfrac{i\mu}{\alpha}\right]c_n'}\left\{-\frac{2n\left(\alpha-\dfrac{1}{\alpha}\right)}{2n-\dfrac{3}{2}}\frac{c_{n-1}}{c_{n-2}} - 2 + \frac{\alpha(2n-3)}{2n-\dfrac{3}{2}}\frac{c_{n-3}}{c_{n-2}}\right\} \quad (164)$$

当 $n \to \infty$ 时, 根据(156)式, 得

$$\left(\alpha-\frac{1}{\alpha}\right)\widetilde{S}^2 + 2\widetilde{S} - \alpha = 0 \quad (165)$$

其中

$$\widetilde{S} = \lim_{n\to\infty}\frac{c_{n+1}'}{c_n'} \quad (166)$$

这就证明了这两个解 $V_1''(z)$ 和 $V_2''(z)$ 的收敛域都是(158)所规定的范围.

对 $\alpha > 1$ 的环壳而言, 如果环壳的计算区域超过了 x 级数的收敛域, 即 $0 \leqslant x < x_1$, $x_1 = 1 + \dfrac{1}{\alpha}$, 或超过了 z 级数的收敛域, 即 $0 \leqslant z \leqslant z_0$, $z_0 \geqslant z_1 = 1 - \dfrac{1}{\alpha}$, 就无法单独用 x 级数或 z 级数处理了. 又如果超过了 x 级数的收敛域的 $\dfrac{3}{4}$, 即 $0 \leqslant x \leqslant x_0$, $x_0 = \dfrac{3}{4}x_1 = \dfrac{3}{4}\left(1+\dfrac{1}{\alpha}\right)$, 或超过了 z 级数的收敛域的 $\dfrac{3}{4}$, 即 $0 < z \leqslant z_0$, $z_0 = \dfrac{3}{4}z_1 = \dfrac{3}{4}\left(1-\dfrac{1}{\alpha}\right)$, 则虽然允许用 x 级数或 z 级数, 但收敛缓慢, 应用不便, 在这些问题中我们也必须采用分区组合的解来处理.

以图7的情况为例, 全壳应该分为三区, 即 $\widehat{AC_1}$, $\widehat{C_1OC_2}$, $\widehat{C_2B}$ 三个区. 在 $\widehat{C_1OC_2}$ 中用 x 级数, 在 $\widehat{AC_1}$, $\widehat{C_2B}$ 中用两种不同的 z 级数. 在这里仍须指出 $x^{1/2}$ 在 $\widehat{AC_1O}$ 中是

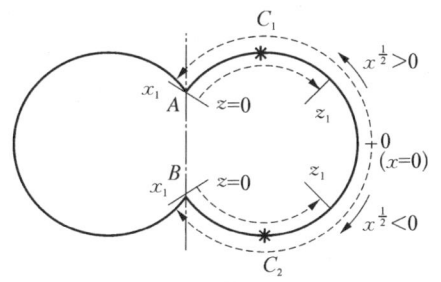

图7 x 及 y 坐标, 其收敛范围及分区连接点

负的,在$\overline{BC_2O}$中是正的. C_1 和 C_2 处的 $x_{C_1} = x_{C_2} = x_C$, $z_{C_1} = z_{C_2} = z_C$,而

$$x_C = \frac{1+\frac{1}{\alpha}}{x_1+z_1}x_1, \quad z_C = \frac{1+\frac{1}{\alpha}}{x_1+z_1}z_1 \tag{167a}$$

或

$$x_C = \frac{1}{2}\left(1+\frac{1}{\alpha}\right)^2, \quad z_C = \frac{1}{2}\left(1+\frac{1}{\alpha^2}\right) \tag{167b}$$

于是,在壳内的分区组合的独立解可以写成

$$V_1 = \begin{cases} \gamma_{11}V_1''(z) + \gamma_{12}V_2''(z), & 0 \leqslant z \leqslant z_{C_1}, -x_A^{1/2} \leqslant x^{1/2} \leqslant -x_{C_1}^{1/2} \\ V_1(x), & -x_{C_1}^{1/2} \leqslant x \leqslant x_{C_2}^{1/2} \\ \gamma_{11}'V_1''(z) + \gamma_{12}'V_2''(z), & 0 \leqslant z \leqslant z_{C_2}, x_B^{1/2} \leqslant x^{1/2} \leqslant x_{C_2}^{1/2} \end{cases} \tag{168a}$$

$$V_2 = \begin{cases} \gamma_{21}V_1''(z) + \gamma_{22}V_2''(z), & 0 \leqslant z \leqslant z_{C_1}, x_B^{1/2} \geqslant x^{1/2} \geqslant x_{C_1}^{1/2} \\ V_2(x), & -x_{C_1}^{1/2} \leqslant x^{1/2} \leqslant x_{C_2}^{1/2} \\ \gamma_{21}'V_1''(z) + \gamma_{22}'V_2''(z), & 0 \leqslant z \leqslant z_{C_2}, x_B^{1/2} \geqslant x^{1/2} \geqslant x_{C_2}^{1/2} \end{cases} \tag{168b}$$

γ_{11}, γ_{12}, γ_{21}, γ_{22} 及 γ_{11}', γ_{12}', γ_{21}', γ_{22}' 可以根据下列连续条件决定:

$$\left.\begin{aligned} V_1(x_{C_1}) &= \gamma_{11}V_1''(z_{C_1}) + \gamma_{12}V_2''(z_{C_1}) \\ -\frac{\mathrm{d}V_1}{\mathrm{d}x_{C_1}} &= \gamma_{11}\frac{\mathrm{d}V_1''}{\mathrm{d}z_{C_1}} + \gamma_{12}\frac{\mathrm{d}V_2''}{\mathrm{d}z_{C_1}} \end{aligned}\right\} \tag{169a}$$

$$\left.\begin{aligned} V_1(x_{C_2}) &= \gamma_{11}'V_1''(z_{C_2}) + \gamma_{12}'V_2''(z_{C_2}) \\ -\frac{\mathrm{d}V_1}{\mathrm{d}x_{C_2}} &= \gamma_{11}'\frac{\mathrm{d}V_1''}{\mathrm{d}z_{C_2}} + \gamma_{12}'\frac{\mathrm{d}V_2''}{\mathrm{d}z_{C_2}} \end{aligned}\right\} \tag{169b}$$

$$\left.\begin{aligned} -V_2(x_{C_1}) &= \gamma_{21}V_1''(z_{C_1}) + \gamma_{22}V_2''(z_{C_1}) \\ \frac{\mathrm{d}V_2}{\mathrm{d}x_{C_1}} &= \gamma_{21}\frac{\mathrm{d}V_1''}{\mathrm{d}z_{C_1}} + \gamma_{22}\frac{\mathrm{d}V_2''}{\mathrm{d}z_{C_1}} \end{aligned}\right\} \tag{169c}$$

$$\left.\begin{aligned} V_2(x_{C_2}) &= \gamma_{21}'V_1''(z_{C_2}) + \gamma_{22}'V_2''(z_{C_2}) \\ -\frac{\mathrm{d}V_2}{\mathrm{d}x_{C_2}} &= \gamma_{21}'\frac{\mathrm{d}V_1''}{\mathrm{d}z_{C_2}} + \gamma_{22}'\frac{\mathrm{d}V_2''}{\mathrm{d}z_{C_2}} \end{aligned}\right\} \tag{169d}$$

$V_1''(z)$ 和 $V_2''(z)$ 的 Weierstrass 行列式可以证明为

$$W(z) = -\frac{2c_0' z \sqrt{\alpha - \dfrac{1}{\alpha}}}{\sqrt{\alpha - \dfrac{1}{\alpha} - \alpha z^2 + 2z}} \tag{170}$$

其中 c_0' 由(163)的第一第二式决定

$$c_0' = -\frac{2\left(\alpha - \dfrac{1}{\alpha}\right)^2}{\dfrac{\mathrm{i}2\mu}{a}\left(\alpha^2 + \dfrac{\mathrm{i}2\mu}{\alpha}\right)} \tag{171}$$

在利用了 C_1 和 C_2 处 $x_{C_1} = x_{C_2} = x_C$, $z_{C_1} = z_{C_2} = z_C$ 后,从(169)式可以解得 γ_{11}, γ_{12}, γ_{21}, γ_{22} 及 γ_{11}', γ_{12}', γ_{21}', γ_{22}' 各值,它们是

$$\left.\begin{aligned}
\gamma_{11} &= \gamma_{11}' = \frac{1}{W(z_C)}\left[V_1(x_C)\frac{\mathrm{d}V_2''}{\mathrm{d}z_C} + V_2''(z_C)\frac{\mathrm{d}V_1}{\mathrm{d}x_C}\right] \\
\gamma_{12} &= \gamma_{12}' = \frac{1}{W(z_C)}\left[V_1''(z_C)\frac{\mathrm{d}V_1}{\mathrm{d}x_C} + V_1(x_C)\frac{\mathrm{d}V_1''}{\mathrm{d}z_C}\right] \\
\gamma_{21} &= -\gamma_{21}' = -\frac{1}{W(z_C)}\left[V_2(x_C)\frac{\mathrm{d}V_2''}{\mathrm{d}z_C} + V_2''(z_C)\frac{\mathrm{d}V_2}{\mathrm{d}x_C}\right] \\
\gamma_{22} &= -\gamma_{22}' = \frac{1}{W(z_C)}\left[V_1''(z_C)\frac{\mathrm{d}V_2}{\mathrm{d}x_C} + V_2(x_C)\frac{\mathrm{d}V_1''}{\mathrm{d}z_C}\right]
\end{aligned}\right\} \tag{172}$$

其中 x_C, z_C 值由(157)式决定,所有这些解都和 $V_1(x)$ 和 $V_2(x)$ 有相同的对称性.

七、$\alpha = 1$ 时在奇点 $u = -1$ 上展开为级数的解

当 $\alpha = 1$ 时,(7)式的两个奇点 $u = -\dfrac{1}{\alpha}$ 和 $u = -1$ 重合为一,在这个奇点上,y 级数和 z 级数都失效(图 2b). (7)式的齐次方程可以写成

$$(1+u^2)(1-u)\frac{\mathrm{d}^2 V}{\mathrm{d}u^2} - (1+u)\frac{\mathrm{d}V}{\mathrm{d}u} + \mathrm{i}2\mu u V = 0 \tag{173}$$

通过坐标变换

$$y = 1 + u \tag{174}$$

上式可以化为

$$y^2(y-2)\frac{\mathrm{d}^2 V}{\mathrm{d}y^2} + y\frac{\mathrm{d}V}{\mathrm{d}y} + \mathrm{i}2\mu(1-y)V = 0 \tag{175}$$

设其解可以写成

$$V = \sum_{n=0}^{\infty} b_n'' y^{n+\rho} \tag{176}$$

把(176)式代入(175)式,得指数方程

$$2\rho^2 - 3\rho - i2\mu = 0 \tag{177}$$

有两个根

$$\rho_1 = \frac{3+\sqrt{9+i16\mu}}{4} \qquad \rho_2 = \frac{3-\sqrt{9+i16\mu}}{4} \tag{178}$$

于是,我们有两个独立的解

$$V_2'''(y) = y^{\rho_1} \sum_{n=0}^{\infty} b_n^{(1)} y^n \qquad V_2'''(y) = y^{\rho_2} \sum_{n=0}^{\infty} b_n^{(2)} y^n \tag{179}$$

其递推公式为

$$\left.\begin{array}{l} b_0^{(j)} = 1 \\ [i2\mu - (\rho_j + n)(2\rho_j + 2n - 3)] b_n^{(j)} + [(\rho_j + n - 1)(\rho_j + n - 2) - i2\mu] b_{n-1}^{(j)} = 0 \\ \qquad\qquad j = 1, 2, \qquad n \geqslant 1 \end{array}\right\} \tag{180}$$

很易看到

$$\lim_{n \to \infty} \frac{b_n^{(j)}}{b_{n-1}^{(j)}} = \frac{1}{2} \qquad (j = 1, 2) \tag{181}$$

所以,这两个解的收敛域都是

$$|y| < 2 \tag{182}$$

对于像图 2b 这样的壳而言,这两个解和 z 级数解也可以分区组合使用,其分区点 C 为 $\varphi = 0$ 和 $\varphi = \pi$,即 $x_C = y_C - 1$. 这样所得的分区组合解也可以证明是非周期的. O. Jenssen(1960)[8] 曾用渐近解研究过这样的壳在轴向力作用下的近似解.

八、非齐次解的级数形式

首先提出环壳方程(1)的非齐次解的是 В. В. Новожилов(1951)[3],他的解是三角级数的形式. 现在让我们研究方程式(7)的非齐次解的级数形式,下面的解据作者所知,从未被研究过.

设(7)的解可以写成

$$V = P_0\sqrt{1-u^2}F(u) = P_0 F(u)\cos\varphi \qquad (183)$$

代入(7)式,即可求得决定 $F(u)$ 的方程式为

$$(1+\alpha u)(1-u^2)\frac{\mathrm{d}^2 F}{\mathrm{d}u^2} - (2\alpha u^2 + 3u + \alpha)\frac{\mathrm{d}F}{\mathrm{d}u} + (\mathrm{i}2\mu u - 1)F = 2\mu \qquad (184)$$

这个方程的解,可以写成 $(1-u)=x$ 的级数形式,引进

$$x = 1 - u \qquad (185)$$

从(184),得

$$(1+\alpha-\alpha x)(2-x)x\frac{\mathrm{d}^2 F}{\mathrm{d}x^2} + [2\alpha x^2 - (4\alpha+3)x + 3(1+\alpha)]\frac{\mathrm{d}F}{\mathrm{d}x}$$
$$+ (\mathrm{i}2\mu - 1 - \mathrm{i}2\mu x)F = 2\mu \qquad (186)$$

设 $F(x)$ 的非齐次解为

$$E = \sum_{n=0}^{\infty} f_n x^n \qquad (187)$$

把(187)代入(186),恒等 x^n 的各级系数,得递推公式

$$\left.\begin{array}{l}(\mathrm{i}2\mu-1)f_0 + 3(1+\alpha)f_1 = 2\mu \\ \cdots\cdots \\ [\alpha n(n-1) - \mathrm{i}2\mu]f_n + [\mathrm{i}2\mu - 1 - n(n-1)(1+3\alpha) - n(4\alpha+3)]f_n \\ + (1+\alpha)(n+1)(2n+3)f_{n+1} = 0\end{array}\right\} \qquad (188)$$

这些递推公式和以前各齐次解级数系数的递推方程不同. 在前面的那些方程中,我们可以任取 a_0, b_0 或 c_0, 一般都取它们为1,然后逐一按次序求得 a_1, a_2, a_3, …, 这时的 a_0, b_0, c_0 相当于积分常数. 如果把(188)第一式右端的 2μ 置于零, 就可以得到这样的解, 这时, f_0 是积分常数, 其结果就相当于 $V_1(x)/\sqrt{1-u^2}$ 的齐次解. 因此, 如果把 f_0 置于零, 然后逐一求解(188)式, 即得(186)式的非齐次解, 其结果可以写成

$$\left.\begin{array}{l}f_0 = 0 \\ f_1 = \dfrac{2\mu}{3(1+\alpha)} \\ f_2 = -\dfrac{2\mu}{3(1+\alpha)}\left[\dfrac{\mathrm{i}2\mu - 4(1+\alpha)}{10(1+\alpha)}\right] \\ \cdots\cdots \\ f_{n+1} = \dfrac{1}{(1+\alpha)(n+1)(2n+3)}\Big\{-[\alpha n(n-1) - \mathrm{i}2\mu]f_{n-1} \\ \qquad\qquad - [\mathrm{i}2\mu - 1 - n(n-1)(1+3\alpha) - n(4\alpha+3)]f_n\Big\}\end{array}\right\} \qquad (189)$$

而(7)式的非齐次解可以写成

$$V^* = P_0 \cos\varphi \{f_1 x + f_2 x^2 + \cdots + f_n x^n + \cdots\} \qquad (190)$$

现在让我们研究一下这个级数的收敛特性,称

$$S_n^* = \frac{f_{n+1}}{f_n}, \qquad \lim_{n\to 0} S_n^* = S^* \qquad (191)$$

于是递推公式(188)的 $n \to \infty$ 极限形式可以写成

$$2(1+\alpha)S^{*2} - (1+3\alpha)S^* + \alpha = 0 \qquad (192)$$

其根为

$$\lambda_1 = \frac{1}{2}, \qquad \lambda_2 = \frac{\alpha}{1+\alpha} \qquad (193)$$

当 $\alpha \leqslant 1$ 时,λ_1 为大根,所以(190)的收敛域根据收敛定理Ⅱ,应该是 $|x|<\alpha$;当 $\alpha>1$ 时,λ_2 为大根,(190)的收敛域为 $|x|<1+\frac{1}{\alpha}$,这和 x 级数的齐次解 $V_1(x)$,$V_2(x)$ 完全一致. 当然,我们也可以求得在 $u=-1$ 处展开的 y 级数非齐次解,或 z 级数非齐次解. 它们的收敛性质和相关的齐次解完全相同,所有这些非齐次解都是非周期性的,而这些非齐次解只能适用于只包含有一个微分方程的开口截面问题.

我们在这里必须指出,从(188)式的递推公式,我们可以求得适用于全壳的周期性的非齐次解,其关键在于处理 f_0. 设 f_0 不等于零,从(188)式,有

$$f_0 = \frac{2\mu}{\mathrm{i}2\mu - 1 + 3(1+\alpha)f_1/f_0} \qquad (194\mathrm{a})$$

$$\frac{f_1}{f_0} = \frac{-\mathrm{i}2\mu}{\mathrm{i}2\mu - 4(1+\alpha) + 2\cdot 5(1+\alpha)f_2/f_1} \qquad (194\mathrm{b})$$

$$\cdots\cdots$$

$$\frac{f_n}{f_{n-1}} = \frac{\alpha n(n-1) - \mathrm{i}2\mu}{\mathrm{i}2\mu - 1 - n(n-1)(1+3\alpha) - n(4\alpha+3) + (1+\alpha)(n+1)(2n+3)f_{n+1}/f_n}$$
$$n \geqslant 2 \qquad (194\mathrm{c})$$

如果我们称

$$\left.\begin{aligned}
& Q_0 = 2\mu, \ Q_1 = -\mathrm{i}2\mu, \ Q_n = \alpha(n+1)n - \mathrm{i}2\mu \quad (n \geqslant 2) \\
& R_0 = \mathrm{i}2\mu - 1, \quad R_1 = \mathrm{i}2\mu - 4(\alpha+1) \\
& R_n = \mathrm{i}2\mu - 1 - n(n+1)(1+3\alpha) - n(4\alpha+3) \quad (n \geqslant 2) \\
& \Omega_0 = 3(1+\alpha), \ \Omega_1 = 10(1+\alpha), \ \Omega_n = (n+1)(2n+3)(1+\alpha) \quad (n \geqslant 2) \\
& S_1^* = \frac{f_1}{f_0}, \ S_2^* = \frac{f_2}{f_1}, \ S_n^* = \frac{f_n}{f_{n-1}}
\end{aligned}\right\} \qquad (195)$$

则(194)式可以写成

$$f_0 = \frac{Q_0}{R_0 + \Omega_0 S_1^*}, \quad S_1^* = \frac{Q_1}{R_1 + \Omega_1 S_2^*},$$

$$S_2^* = \frac{Q_2}{R_2 + \Omega_2 S_3^*}, \quad \cdots, \quad S_n^* = \frac{Q_n}{R_n + \Omega_n S_{n+1}^*} \quad (n \geq 2) \tag{196}$$

用逐一代入的方法，就可以求得以连分式所表示的 $f_0, S_1^*, S_2^*, \cdots, S_n^*, \cdots$，其结果为

$$\left.\begin{aligned}
f_0 &= \frac{Q_0}{|R_0} + \frac{\Omega_0 \Omega_1}{|R_1|} + \frac{\Omega_1 \Omega_2}{|R_2|} + \frac{\Omega_2 \Omega_3}{|R_3|} + \cdots \\
S_1^* &= \frac{Q_1}{|R_1} + \frac{\Omega_1 \Omega_2}{|R_2|} + \frac{\Omega_2 \Omega_3}{|R_3|} + \cdots \\
S_2^* &= \frac{Q_2}{|R_2} + \frac{\Omega_2 \Omega_3}{|R_3|} + \frac{\Omega_3 \Omega_4}{|R_4|} + \cdots \\
&\cdots\cdots \\
S_n^* &= \frac{Q_n}{|R_n} + \frac{\Omega_n \Omega_{n+1}}{|R_{n+1}|} + \frac{\Omega_{n+1} \Omega_{n+2}}{|R_{n+2}|} + \cdots \quad (n \geq 1)
\end{aligned}\right\} \tag{197}$$

于是，从 $f_0, S_1^*, S_2^*, \cdots, S_n^*$ 可以计算 f_n

$$f_0 = f_0, \quad f_1 = f_0 S_1^*, \quad f_2 = f_0 S_1^* S_2^*, \quad \cdots, \quad f_n = f_0 S_1^* S_2^* \cdots S_n^* \tag{198}$$

这就证明了级数的收敛性，即解

$$V^* = P_0 \cos\varphi \{f_0 + f_1 x + f_2 x^2 + \cdots + f_n x^n + \cdots\} \tag{199}$$

的收敛性质. 我们必须研究

$$S^* = \lim_{n \to \infty} S_n^* \tag{200}$$

的值. 根据连分式收敛定理（见第二节），S^* 收敛到 λ_1, λ_2 之中的小根. 当 $\alpha \leq 1$ 时，S^* 收敛到 $\frac{\alpha}{1+\alpha}$. 于是(199)的收敛域为 $|x| < \left|1 + \frac{1}{\alpha}\right|$. 这个收敛域远较整壳的全域 $0 \leq x \leq 2$ 为大. 所以在 $\alpha \leq 1$ 时，(199)式这个非齐次解在整壳全域都收敛，亦即它是周期性的解. 其次为 $\alpha > 0$，S^* 收敛到小根 $\frac{1}{2}$. 于是级数的收敛域为 $|x| < 2$，这个收敛域也远较壳的全域 $0 \leq x \leq 1 + \frac{1}{\alpha}$ 为大. 所以，这个解也在壳全

域中收敛的.

参考文献

[1] Wissler H. Festigkeitsberechenung von Ringflachenschalen. Dissertation, Technisch Hochschule in Zurich, 1916.

[2] Tölke F. Zur Integration der Differentialgeichungen der Rotationsschale. Ingenieur Archiv, 1938, 9: 282.

[3] Новожилов В В. Теория тонких оболочек, ГИСЛ, 1951; 薄壳理论. 北京石油学院, 译. 北京: 科学出版社, 1959.

[4] 钱伟长, 郑思梁. 轴对称圆环壳的复变量方程和轴对称细环壳的一般解. 清华大学学报, 1979, 19(1): 27 - 47.

[5] Tao L N. On toroidal shells. J Math and Phys, 1959, 38(2): 130 - 134.

[6] Chang W (张维). The state of stress in Toroidal and simmilar shells with azimental rings under torsionally symmetrically stress (德文). 清华大学学报, 1949, 5(A): 289 - 349.

[7] Forsyth A R. Theory of Differential Equations. III. Dover Publications, 1959: 1902.

[8] Jonssen O, Asymptotic integration of the differontial equation for a special case of symmetrically loaded toroidal shells. J Math and Phys, 1961, 39(1): 1 - 17.

半圆弧波纹管的计算——细环壳理论的应用[*]

摘要 本文利用文献[2]所述细环壳的一般解计算了半圆弧波纹管在轴向力和内压作用下的变形和应力分布,并和 C. E. Turner-H. Ford(1957)的实验结果进行校核,证明即使在 $a/R\approx 0.3$ 时,细环壳理论仍基本可用.

本文根据计算结果,提出了有关刚度和应力的设计公式.

一、引言

波纹管是圆柱形的薄壁壳,沿着侧面在轴向制成有波纹的折皱,最简单的折皱单元是由正负两个半圆弧连接而成的(图1),称为半圆弧波纹管,也称 C 型波纹管. 它的平均半径为 R,半圆弧的半径为 a,壁厚为 h,波纹总长为 $4na$,其中 n 为波纹总数,如果取一个单元 $AFGEB$ 如图2,则在计算时,应该分段取不同的坐标. 在

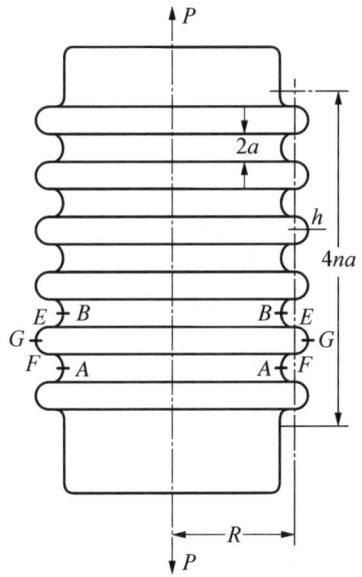

图 1 半圆弧波纹管的尺寸

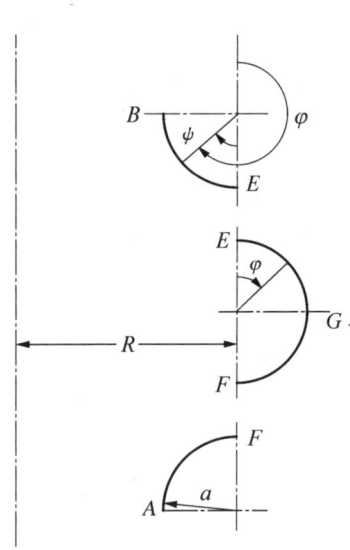

图 2 半圆弧波纹管单元的坐标

原载《清华大学学报》,1979,19(1):84-99.

[*] 1978年10月完成,并在1978年12月在上海召开的第六届弹性元件会议上宣读.

BE 段中，用角 ψ 表示角坐标，$\psi = \varphi - \pi$；在 EGF 中，可用 φ 为角坐标. N_θ, N_φ, M_θ, M_φ 都对称于 G 点 $\left(\varphi = \dfrac{\pi}{2}\right)$ 和 B 点 $\left(\psi = \dfrac{\pi}{2}\right)$.

在波纹管内，$\alpha = \dfrac{a}{R}$ 一般都很小（约在 0.1 左右，甚或更小），计算可按细环壳理论处理.

波纹管的计算，长期以来，除了用近似法外[如 C. E. Turner-H. Ford (1957)[1]]，由于求解方程的困难，一直未得妥善解决.

本文根据作者提出的细环壳的一般解[2]，把波纹管单元分为正负两个细环壳处理，对它们在轴向力和内压作用下的变形和应力进行了系统计算，并提出了工程设计公式. 本文的计算结果和 C. E. Turner-H. Ford 的实验结果进行了校核，证明这样的计算是有效的.

二、半圆弧波纹管单元受轴向力作用时在不同区域内解的形式

这个问题可以分成两个区域求解，即区域 EGF 和区域 BE（图 2），首先让我们写出 EGF 区域内的解，在这个区域内，文献[2]中的(38)式可以写成

$$\left.\begin{aligned} & \frac{d^2 V_I}{d\varphi^2} + i2\mu \sin\varphi V_I = 2\mu P_0 \cos\varphi \\ & P_0 = \frac{Q_0}{\alpha} 2\mu \end{aligned}\right\} \quad (1)$$

它的解可以分为非齐次解 V_I^* 和齐次解 $V_I^{(1)} + V_I^{(2)}$ 两部分:

$$V_I^* = -4\mu \frac{Q_0}{\alpha} \{ A_1 \cos\varphi + A_2 \sin 2\varphi - A_3 \cos 3\varphi - A_4 \sin 4\varphi$$
$$+ A_5 \cos 5\varphi + A_6 \sin 6\varphi - A_7 \cos 7\varphi - A_8 \sin 8\varphi + \cdots \} \quad (2)$$

$$V_I^{(1)} = [C_0' + i\bar{C}_0'] e^{-\lambda(\frac{\pi}{2} - \varphi)} [f_1(\varphi) + i f_2(\varphi)] \quad (3a)$$

$$V_I^{(2)} = [B_0' + i\bar{B}_0'] e^{-\lambda\varphi} [g_1(\varphi) + i g_2(\varphi)] \quad (3b)$$

而

$$V_I = V_I^* + V_I^{(1)} + V_I^{(2)} \quad (4)$$

其中 A_n 见文献[2]的附表 I，而 $Q_0 = \dfrac{P}{2\pi R}$，这里的 P 是轴向合力，拉力为正. $f_1(\varphi)$, $f_2(\varphi)$, $g_1(\varphi)$, $g_2(\varphi)$ 可以分别从[2]中的(60a, b, c, d)式证明为

$$f_1(\varphi) = G_1(\varphi) + F_1(\varphi), \quad f_2(\varphi) = G_2(\varphi) + F_2(\varphi) \brace g_1(\varphi) = G_1(\varphi) - F_1(\varphi), \quad g_2(\varphi) = G_2(\varphi) - F_2(\varphi)} \tag{5}$$

式中 $G_1(\varphi)$, $G_2(\varphi)$ 是对称于 $\varphi = \dfrac{\pi}{2}$（即 G 点）的函数，$F_1(\varphi)$, $F_2(\varphi)$ 是反对称于 $\varphi = \dfrac{\pi}{2}$（即 G 点）的函数，它们分别为

$$F_1(\varphi) = -b_2 \sin 2\varphi - b_4 \sin 4\varphi - \cdots - b_{2n} \sin 2n\varphi - \cdots \tag{6a}$$

$$F_2(\varphi) = b_1 \cos \varphi + b_3 \cos 3\varphi + \cdots + b_{2n+1} \cos(2n+1)\varphi + \cdots \tag{6b}$$

$$G_1(\varphi) = 1 + a_2 \cos 2\varphi + a_4 \cos 4\varphi + \cdots + a_{2n} \cos 2n\varphi + \cdots \tag{6c}$$

$$G_2(\varphi) = a_1 \sin \varphi + a_3 \sin 3\varphi + \cdots + a_{2n+1} \sin(2n+1)\varphi + \cdots \tag{6d}$$

其中 a_n, b_n 见文献[2]附表Ⅱ. 内力素和位移根据文献[2]的(39、40)式应该可以写为 ($q = 0$) 为

$$\left. \begin{aligned} & N_\varphi = -\frac{\alpha}{2\mu} \cos \varphi \operatorname{Im} V_\mathrm{I} + \frac{P}{2\pi R} \sin \varphi, \quad M_\varphi = \frac{a\alpha}{4\mu^2} \frac{\mathrm{d}}{\mathrm{d}\varphi} \operatorname{Re} V_\mathrm{I} \\ & N_\theta = -\frac{1}{2\mu} \frac{\mathrm{d}}{\mathrm{d}\varphi} \operatorname{Im} V_\mathrm{I}, \quad\quad\quad\quad\quad\quad M_\theta = \nu M_\varphi \\ & Q = \frac{\alpha}{2\mu} \sin \varphi \operatorname{Im} V_\mathrm{I} + \frac{P}{2\pi R} \cos \varphi \end{aligned} \right\} \tag{7}$$

$$\chi = -\frac{1}{Eh\alpha} \operatorname{Re} V_\mathrm{I}, \quad Y = \frac{R}{Eh} N_\theta, \quad Z = \int_\varphi^{\frac{\pi}{2}} \frac{R}{Eh} \cos \varphi \operatorname{Re} V_\mathrm{I} \mathrm{d}\varphi \tag{8}$$

（以上适用于 EGF 段，$0 \leqslant \varphi \leqslant \pi$）

这里业已利用了 $Z_0 = Z_{\varphi_0 = \frac{\pi}{2}} = 0$ 的条件，即取 G 点的轴向位移的零，这是根据轴向位移的计数起点从 G 点开始这个原则决定的. 同时也必须指出，$Z > 0$ 时，相当于压缩的轴向位移.

本题中，N_θ, N_φ, M_θ, M_φ 都对称于 G 点 $\left(\text{即 } \varphi = \dfrac{\pi}{2}\right)$，根据(7)式，$V_\mathrm{I}^{(1)} + V_\mathrm{I}^{(2)}$ 所决定的齐次解对于 G 点而言，一定是反对称的. 如果我们把 $V_\mathrm{I}^{(1)} + V_\mathrm{I}^{(2)}$ 写成对称和反对称的两项，即

$$V_\mathrm{I}^{(1)} + V_\mathrm{I}^{(2)} = [C_0' + \mathrm{i}\overline{C}_0' + (B_0' + \mathrm{i}\overline{B}_0')\mathrm{e}^{-\lambda\frac{\pi}{2}}]\left\{[G_I(\varphi) + \mathrm{i}G_2(\varphi)]\cosh\lambda\left(\frac{\pi}{2} - \varphi\right)\right.$$

$$\left. - [F_1(\varphi) + \mathrm{i}F_2(\varphi)]\sinh\lambda\left(\frac{\pi}{2} - \varphi\right)\right\} + [C_0' + \mathrm{i}\overline{C}_0' - (B_0' + \mathrm{i}\overline{B}_0')\mathrm{e}^{-\lambda\frac{\pi}{2}}]$$

$$\cdot \left\{ [F_1(\varphi)+\mathrm{i}F_2(\varphi)]\cosh\lambda\left(\frac{\pi}{2}-\varphi\right)-[G_1(\varphi)+\mathrm{i}G_2(\varphi)]\sinh\lambda\left(\frac{\pi}{2}-\varphi\right)\right\} \tag{9}$$

由于对 $V_\mathrm{I}^{(1)}+V_\mathrm{I}^{(2)}$ 有反对称的要求，第一项必须恒等于零，这就要求

$$C_0'+\mathrm{i}\overline{C}_0' = (B_0'+\mathrm{i}\overline{B}_0')\mathrm{e}^{-\lambda\frac{\pi}{2}} \tag{10}$$

同时，为了便于计算，引进新的待定常数 C_I，C_I'，使

$$B_0'+\mathrm{i}\overline{B}_0' = -\frac{1}{2}(C_\mathrm{I}+\mathrm{i}C_\mathrm{I}')\frac{2\mu P}{\pi a} \tag{11}$$

于是，(9)式可以化成

$$V_\mathrm{I}^{(1)}+V_\mathrm{I}^{(2)} = \frac{2\mu P}{\pi a}(C_\mathrm{I}+\mathrm{i}C_\mathrm{I}')\mathrm{e}^{-\lambda\frac{\pi}{2}}\left\{[F_1(\varphi)+\mathrm{i}F_2(\varphi)]\cosh\lambda\left(\frac{\pi}{2}-\varphi\right)\right.$$
$$\left. -[G_1(\varphi)+\mathrm{i}G_2(\varphi)]\sinh\lambda\left(\frac{\pi}{2}-\varphi\right)\right\} \tag{12}$$

而 V_I 的实数部分和虚数部分分别可以写成

$$\mathrm{Re}V_\mathrm{I} = -\frac{2\mu P}{\pi a}\Big\{ A_1\cos\varphi-A_3\cos 3\varphi+A_5\cos 5\varphi-A_7\cos 7\varphi+\cdots$$
$$-C_\mathrm{I}\mathrm{e}^{-\lambda\frac{\pi}{2}}\left[F_1(\varphi)\cosh\lambda\left(\frac{\pi}{2}-\varphi\right)-G_1(\varphi)\sinh\lambda\left(\frac{\pi}{2}-\varphi\right)\right]$$
$$+C_\mathrm{I}'\mathrm{e}^{-\lambda\frac{\pi}{2}}\left[F_2(\varphi)\cosh\lambda\left(\frac{\pi}{2}-\varphi\right)-G_2(\varphi)\sinh\lambda\left(\frac{\pi}{2}-\varphi\right)\right]\Big\} \tag{13a}$$

$$\mathrm{Im}V_\mathrm{I} = -\frac{2\mu P}{\pi a}\Big\{ B_2\sin 2\varphi-B_4\sin 4\varphi+B_6\sin 6\varphi-B_8\sin 8\varphi+\cdots$$
$$-C_\mathrm{I}\mathrm{e}^{-\lambda\frac{\pi}{2}}\left[F_2(\varphi)\cosh\lambda\left(\frac{\pi}{2}-\varphi\right)-G_2(\varphi)\sinh\lambda\left(\frac{\pi}{2}-\varphi\right)\right]$$
$$-C_\mathrm{I}'\mathrm{e}^{-\lambda\frac{\pi}{2}}\left[F_1(\varphi)\cosh\lambda\left(\frac{\pi}{2}-\varphi\right)-G_1(\varphi)\sinh\lambda\left(\frac{\pi}{2}-\varphi\right)\right]\Big\} \tag{13b}$$

（以上适用于 EGF 段，$0\leqslant\varphi\leqslant\pi$）

其中 $A_{2n}=\mathrm{i}B_{2n}$，而 A_{2n}，A_{2n+1} 见文献[2]表Ⅰ. 把(13a)(13b)代入(7)式，即得 EGF 段中的诸内力素的解：

$$N_\varphi\Big/\frac{P}{2\pi R} = (1+B_2)\sin\varphi+(B_2-B_4)\sin 3\varphi-(B_4-B_6)\sin 5\varphi+(B_6-B_8)\sin 7\varphi-\cdots$$

$$-2C_1 e^{-\lambda\frac{\pi}{2}}\cos\varphi\left[F_2(\varphi)\cosh\lambda\left(\frac{\pi}{2}-\varphi\right)-G_2(\varphi)\sinh\lambda\left(\frac{\pi}{2}-\varphi\right)\right]$$

$$-2C_1' e^{-\lambda\frac{\pi}{2}}\cos\varphi\left[F_1(\varphi)\cosh\lambda\left(\frac{\pi}{2}-\varphi\right)-G_1(\varphi)\sinh\lambda\left(\frac{\pi}{2}-\varphi\right)\right] \quad (14a)$$

$$N_\theta\Big/\frac{P}{\pi a}=2B_2\cos 2\varphi-4D_4\cos 4\varphi+6B_6\cos 6\varphi-8B_8\cos 8\varphi+\cdots$$

$$+C_1 e^{-\lambda\frac{\pi}{2}}\Big\{[\lambda F_2(\varphi)+G_2'(\varphi)]\sinh\lambda\left(\frac{\pi}{2}-\varphi\right)-[\lambda G_2(\varphi)$$

$$+F_2'(\varphi)]\cosh\lambda\left(\frac{\pi}{2}-\varphi\right)\Big\}+C_1' e^{-\lambda\frac{\pi}{2}}\Big\{[\lambda F_1(\varphi)+G_1'(\varphi)]\sinh\lambda\left(\frac{\pi}{2}-\varphi\right)$$

$$-[\lambda G_1(\varphi)+F_1'(\varphi)]\cosh\lambda\left(\frac{\pi}{2}-\varphi\right)\Big\} \quad (14b)$$

$$M_\varphi\Big/\frac{\alpha P}{2\pi\mu}=A_1\sin\varphi-3A_3\sin 3\varphi+5A_5\sin 5\varphi-7A_7\sin 7\varphi+\cdots$$

$$+C_1 e^{-\lambda\frac{\pi}{2}}\Big\{-[\lambda F_1(\varphi)+G_1'(\varphi)]\sinh\lambda\left(\frac{\pi}{2}-\varphi\right)+[\lambda G_1(\varphi)$$

$$+F_1'(\varphi)]\cosh\lambda\left(\frac{\pi}{2}-\varphi\right)\Big\}+C_1' e^{-\lambda\frac{\pi}{2}}\Big\{[\lambda F_2(\varphi)+G_2'(\varphi)]\sinh\lambda\left(\frac{\pi}{2}-\varphi\right)$$

$$-[\lambda G_2(\varphi)+F_2'(\varphi)]\cosh\lambda\left(\frac{\pi}{2}-\varphi\right)\Big\} \quad (14c)$$

$$M_\theta=\nu M_\varphi \quad (14d)$$

$$Q\Big/\frac{P}{2\pi R}=(1-B_2)\cos\varphi+(B_2+B_4)\cos 3\varphi-(B_4+B_6)\cos 5\varphi+(B_6+B_8)\cos 7\varphi-\cdots$$

$$+2C_1 e^{-\lambda\frac{\pi}{2}}\Big\{F_2(\varphi)\cosh\lambda\left(\frac{\pi}{2}-\varphi\right)-G_2(\varphi)\sinh\lambda\left(\frac{\pi}{2}-\varphi\right)\Big\}$$

$$+2C_1' e^{-\lambda\frac{\pi}{2}}\Big\{F_1(\varphi)\cosh\lambda\left(\frac{\pi}{2}-\varphi\right)-G_1(\varphi)\sinh\lambda\left(\frac{\pi}{2}-\varphi\right)\Big\} \quad (14e)$$

在 BE 区域内，文献[2]中的(38)式可以写成

$$\frac{d^2 V_{\text{II}}}{d\psi}-i2\mu\sin\psi V_{\text{II}}=-2\mu\overline{P}_0\cos\psi,\quad \overline{P}_0=\frac{\overline{Q}_0}{\alpha}2\mu \quad (15)$$

其中根据图 2，$\overline{Q}_0=-\dfrac{P}{2\pi R}$，而且 $\psi=\varphi-\pi$，(15)式的解可以写成

$$V_{\mathrm{II}} = V_{\mathrm{II}}^* + V_{\mathrm{II}}^{(1)} + V_{\mathrm{II}}^{(2)} \tag{16a}$$

$$V_{\mathrm{II}}^* = -\frac{2\mu P}{\pi a}\{A_1\cos\psi - A_2\sin 2\psi - A_3\cos 3\psi + A_4\sin 4\psi + A_5\cos 5\psi$$
$$- A_6\sin 6\psi - A_7\cos 7\psi + A_8\sin 8\psi + \cdots\} \tag{16b}$$

$$\left.\begin{aligned} V_{\mathrm{II}}^{(1)} &= \frac{2\mu P}{\pi a}(C_{\mathrm{II}} + \mathrm{i}C_{\mathrm{II}}')\mathrm{e}^{-\lambda\left(\frac{\pi}{2}-\psi\right)}[\overline{f}_1(\psi) + \mathrm{i}\overline{f}_2(\psi)] \\ V_{\mathrm{II}}^{(2)} &= \frac{2\mu P}{\pi a}(B_{\mathrm{II}} + \mathrm{i}B_{\mathrm{II}}')\mathrm{e}^{-\lambda\psi}[\overline{g}_1(\psi) + \mathrm{i}\overline{g}_2(\psi)] \end{aligned}\right\} \tag{16c}$$

其中 $\overline{f}_1(\psi), \overline{f}_2(\psi), \overline{g}_1(\psi), \overline{g}_2(\psi)$ 可以从文献[2]的(60a，b，c，d)式中证明为

$$\left.\begin{aligned} f_1(\psi+\pi) &= \overline{f}_1(\psi) = G_1(\psi) + F_1(\psi) \\ f_2(\psi+\pi) &= \overline{f}_2(\psi) = -G_2(\psi) - F_2(\psi) \\ g_1(\psi+\pi) &= \overline{g}_1(\psi) = G_1(\psi) - F_1(\psi) \\ g_2(\psi+\pi) &= \overline{g}_2(\psi) = -G_2(\psi) + F_2(\psi) \end{aligned}\right\} \tag{17}$$

而 $F_1(\psi), F_2(\psi), G_1(\psi), G_2(\psi)$ 分别见(6)式，只是把式中 φ 改为 ψ 就可以了。

$V_{\mathrm{II}}^{(1)} + V_{\mathrm{II}}^{(2)}$ 可以写为

$$V_{\mathrm{II}}^{(1)} + V_{\mathrm{II}}^{(2)} = \frac{2\mu P}{\pi a}[(C_{\mathrm{II}}+\mathrm{i}C_{\mathrm{II}}') + (B_{\mathrm{II}}+B_{\mathrm{II}}')\mathrm{e}^{-\frac{\pi}{2}\lambda}]\Big\{[G_1(\psi)-\mathrm{i}G_2(\psi)]\cosh\lambda\Big(\frac{\pi}{2}-\psi\Big)$$
$$- [F_1(\psi)-\mathrm{i}F_2(\psi)]\sinh\lambda\Big(\frac{\pi}{2}-\psi\Big)\Big\} + \frac{2\mu P}{\pi a}[-(C_{\mathrm{II}}+\mathrm{i}C_{\mathrm{II}}')$$
$$+ (B_{\mathrm{II}}+\mathrm{i}B_{\mathrm{II}}')\mathrm{e}^{-\frac{\pi}{2}\lambda}]\Big\{-[F_1(\psi)-\mathrm{i}F_2(\psi)]\cosh\lambda\Big(\frac{\pi}{2}-\psi\Big)$$
$$+ [G_1(\psi)-\mathrm{i}G_2(\psi)]\sinh\lambda\Big(\frac{\pi}{2}-\varphi\Big)\Big\} \tag{18}$$

$N_\theta, N_\varphi, M_\theta, M_\varphi$ 都对称于 B 点 $\left(\psi=\frac{\pi}{2}\right)$，所以 $V_{\mathrm{II}}^{(1)}+V_{\mathrm{II}}^{(2)}$ 所决定的齐次解对于 B 点而言，一定是反对称的。于是(18)式的对称项必须等于零，亦即

$$C_{\mathrm{II}} + \mathrm{i}C_{\mathrm{II}}' + (B_{\mathrm{II}}+\mathrm{i}B_{\mathrm{II}}')\mathrm{e}^{-\mathrm{i}\frac{\pi}{2}} = 0 \tag{19}$$

而(18)式可以简化为

$$V_{\mathrm{II}}^{(1)} + V_{\mathrm{II}}^{(2)} = \frac{4\mu P}{\pi a}(B_{\mathrm{II}}+\mathrm{i}B_{\mathrm{II}}')\mathrm{e}^{-\frac{\pi}{2}\lambda}\Big\{-[F_1(\psi)-\mathrm{i}F_2(\psi)]\cosh\lambda\Big(\frac{\pi}{2}-\psi\Big)$$

$$+[G_1(\psi)-\mathrm{i}G_2(\psi)]\sinh\lambda\left(\frac{\pi}{2}-\psi\right)\right\} \tag{20}$$

所以 V_{II} 的实数和虚数部分如下：

$$\mathrm{Re}V_{\mathrm{II}} = -\frac{2\mu P}{\pi a}\left\{A_1\cos\psi - A_3\cos3\psi + A_5\cos5\psi - A_7\cos7\psi + \cdots\right.$$

$$+2B_{\mathrm{II}}\mathrm{e}^{-\lambda\frac{\pi}{2}}\left[F_1(\psi)\cosh\lambda\left(\frac{\pi}{2}-\psi\right)-G_1(\psi)\sinh\lambda\left(\frac{\pi}{2}-\psi\right)\right]$$

$$+2B_{\mathrm{II}}\mathrm{e}^{-\lambda\frac{\pi}{2}}\left[F_2(\psi)\cosh\lambda\left(\frac{\pi}{2}-\psi\right)-G_2(\psi)\sinh\lambda\left(\frac{\pi}{2}-\psi\right)\right]\right\} \tag{21a}$$

$$\mathrm{Im}V_{\mathrm{II}} = \frac{2\mu P}{\pi a}\left\{B_2\sin2\psi - B_4\sin4\psi + B_6\sin6\psi - B_8\sin8\psi + \cdots\right.$$

$$+2B_{\mathrm{II}}\mathrm{e}^{-\lambda\frac{\pi}{2}}\left[F_2(\psi)\cosh\lambda\left(\frac{\pi}{2}-\psi\right)-G_2(\psi)\sinh\lambda\left(\frac{\pi}{2}-\psi\right)\right]$$

$$-2B_{\mathrm{II}}'\mathrm{e}^{-\lambda\frac{\pi}{2}}\left[F_1(\psi)\cosh\lambda\left(\frac{\pi}{2}-\psi\right)-G_1(\psi)\sinh\lambda\left(\frac{\pi}{2}-\psi\right)\right]\right\} \tag{21b}$$

其中 $A_{2n} = \mathrm{i}B_{2n}$。在 BE 段内有关的内力素和位移表达式[根据文献[2]的(36)]式为

$$\left.\begin{array}{ll} \overline{N}_\varphi = \dfrac{\alpha}{2\mu}\cos\psi\,\mathrm{Im}V_{\mathrm{II}} + \dfrac{P}{2\pi R}\sin\psi, & \overline{M}_\varphi = \dfrac{a\alpha}{4\mu^2}\dfrac{\mathrm{d}}{\mathrm{d}\psi}\mathrm{Re}V_{\mathrm{II}} \\[2mm] \overline{N}_\theta = -\dfrac{1}{2\mu}\dfrac{\mathrm{d}}{\mathrm{d}\psi}\mathrm{Im}V_{\mathrm{II}}, & \overline{M}_\theta = \nu\overline{M}_\varphi \\[2mm] \overline{Q} = -\dfrac{\alpha}{2\mu}\sin\psi\,\mathrm{Im}V_{\mathrm{II}} + \dfrac{P}{2\pi R}\cos\psi & \end{array}\right\} \tag{22}$$

$$\overline{x} = -\frac{1}{Eh\alpha}\mathrm{Re}V_{\mathrm{II}},\quad \overline{Y} = \frac{R}{Eh}\overline{N}_\theta,\quad \overline{Z} = Z_E + \int_0^\psi \frac{R}{Eh}\cos\psi\cdot\mathrm{Re}V_{\mathrm{II}}\,\mathrm{d}\psi \tag{23}$$

$$\left(\text{适用于 }BE\text{ 段},\ 0\leqslant\psi\leqslant\frac{\pi}{2}\right)$$

其中 Z_E 为 E 点的轴位移，在(23),(24)式中，字母上方一横代表属于 BE 段内的量，在(7),(9),(14)中，字母上方都没有一横，它们都代表属于 EGF 段内的有关各量，将(21a, b)代入(22)式，得 BE 段的解：

$$\overline{N}_\varphi\Big/\frac{P}{2\pi R} = (1+B_2)\sin\psi + (B_2-B_4)\sin3\psi - (B_4-B_6)\sin5\psi + \cdots$$

$$+4B_{II}e^{-\lambda\frac{\bar{\pi}}{2}}\cos\psi\left[F_2(\psi)\cosh\lambda\left(\frac{\pi}{2}-\psi\right)-G_2(\psi)\sinh\lambda\left(\frac{\pi}{2}-\psi\right)\right]$$

$$-4B'_{II}e^{-\lambda\frac{\bar{\pi}}{2}}\cos\psi\left[F_1(\psi)\cosh\lambda\left(\frac{\pi}{2}-\psi\right)-G_1(\psi)\sinh\lambda\left(\frac{\pi}{2}-\psi\right)\right]$$

$$\tag{24a}$$

$$\overline{N}_\theta\bigg/\frac{P}{\pi\alpha} = -2B_2\cos2\psi+4B_4\cos4\psi-6B_6\cos6\psi+\cdots$$

$$-2B_{II}e^{-\lambda\frac{\pi}{2}}\left\{\left[F'_2(\psi)+\lambda G_2(\psi)\right]\cosh\lambda\left(\frac{\pi}{2}-\psi\right)-\left[G'_2(\psi)\right.\right.$$

$$\left.\left.+\lambda F_2(\psi)\right]\sinh\lambda\left(\frac{\pi}{2}-\psi\right)\right\}+2B'_{II}e^{-\lambda\frac{\pi}{2}}\left\{\left[F'_1(\psi)+\lambda G_1(\psi)\right]\right.$$

$$\left.\cdot\cosh\lambda\left(\frac{\pi}{2}-\psi\right)-\left[G'_1(\psi)+\lambda F_1(\psi)\right]\sinh\lambda\left(\frac{\pi}{2}-\psi\right)\right\} \tag{24b}$$

$$\overline{M}_\varphi\bigg/\frac{\alpha P}{2\pi\mu} = A_1\sin\psi-3A_3\sin3\psi+5A_5\sin5\psi-7A_7\sin7\psi+\cdots$$

$$+2B_{II}e^{-\lambda\frac{\bar{\pi}}{2}}\left\{-\left[F'_1(\psi)+\lambda G_1(\psi)\right]\cosh\lambda\left(\frac{\pi}{2}-\psi\right)+\left[G'_1(\psi)\right.\right.$$

$$\left.\left.+\lambda F_1(\psi)\right]\sinh\lambda\left(\frac{\pi}{2}-\psi\right)\right\}-2B'_{II}e^{-\lambda\frac{\pi}{2}}\left\{\left[F'_2(\psi)+\lambda G_2(\psi)\right]\right.$$

$$\left.\cdot\cosh\lambda\left(\frac{\pi}{2}-\psi\right)-\left[G'_2(\psi)+\lambda F_2(\psi)\right]\sinh\lambda\left(\frac{\pi}{2}-\psi\right)\right\} \tag{24c}$$

$$\overline{M}_\theta = \nu\overline{M}_\varphi \tag{24d}$$

$$\overline{Q}\bigg/\frac{P}{2\pi R} = (1-B_2)\cos\psi+(B_2+B_4)\cos3\psi-(B_4+B_6)\cos5\psi+\cdots$$

$$-4B_{II}e^{-\lambda\frac{\pi}{2}}\left\{\left[F_2(\psi)+\lambda G_2(\psi)\right]\cosh\lambda\left(\frac{\pi}{2}-\psi\right)-\left[G'_2(\psi)\right.\right.$$

$$\left.\left.+\lambda F_2(\psi)\right]\sinh\lambda\left(\frac{\pi}{2}-\psi\right)\right\}+4B'_{II}e^{-\lambda\frac{\pi}{2}}\left\{\left[F'_1(\psi)+\lambda G_1(\psi)\right]\right.$$

$$\left.\cdot\cosh\lambda\left(\frac{\pi}{2}-\psi\right)-\left[G'_1(\psi)+\lambda F_1(\psi)\right]\sinh\lambda\left(\frac{\pi}{2}-\psi\right)\right\} \tag{24e}$$

(14),(24)中共有 C_I, C'_I, B_{II}, B'_{II} 等待定常数,它们是由 E 点的连续条件所决定的.

现在让我们求波纹管单元的轴向柔度. 在轴向拉力 P 作用下的总伸长等于 B 点相对于 G 点的轴向位移的 2 倍, 即 $2\bar{Z}_B$, 从(8)式和(23)式, 我们有

$$\delta_1 = -2\bar{Z}_B = -\frac{2R}{Eh}\left\{\int_0^{x/2}\cos\varphi\,\mathrm{Re}\,V_{\mathrm{I}}\mathrm{d}\varphi + \int_0^{x/2}\cos\psi\,\mathrm{Re}\,V_{\mathrm{II}}\mathrm{d}\psi\right\} \quad (25)$$

把(13a), (21a)代入上式, 积分后得

$$\delta_1 = \frac{4\mu RP}{\pi ahE}\left\{\frac{\pi}{2}A_1 + (2B_{\mathrm{II}} - C_{\mathrm{I}})\Delta_{\mathrm{I}} - (2B'_{\mathrm{II}} + C'_{\mathrm{I}})\Delta'_{\mathrm{I}}\right\} \quad (26)$$

其中 Δ_{I}, Δ'_{I} 为有关 $\lambda(\mu)$ 的函数

$$\Delta_{\mathrm{I}} = -\frac{1}{2}(1 + \mathrm{e}^{-\lambda x})\varGamma_{\mathrm{I}} \qquad \Delta'_{\mathrm{I}} = -\frac{1}{2}(1 - \mathrm{e}^{-\lambda x})\varGamma'_{\mathrm{I}} \quad (27)$$

$\varGamma_{\mathrm{I}}$, $\varGamma'_{\mathrm{I}}$ 为两个无穷级数

$$\varGamma_{\mathrm{I}} = \frac{1}{2}\left\{\frac{1}{\lambda^2 + 1}[\lambda(2 + a_2) + b_2] + \frac{1}{\lambda^2 + 3^2}[\lambda(a_2 + a_4) + 3(b_2 + b_4)]\right.$$
$$\left. + \frac{1}{\lambda^2 + 5^2}[\lambda(a_4 + a_6) + 5(b_4 + b_6)] + \cdots\right\} \quad (28\mathrm{a})$$

$$\varGamma'_{\mathrm{I}} = \frac{1}{2}\left\{\frac{b_1}{\lambda} + \frac{1}{\lambda^2 + 2^2}[\lambda(b_1 + b_3) - 2(a_1 + a_3)] + \frac{1}{\lambda^2 + 4^2}[\lambda(b_3 + b_5) - 4(a_3 + a_5)]\right.$$
$$\left. + \frac{1}{\lambda^2 + 6^2}[\lambda(b_5 + b_7) - 6(a_5 + a_7)] + \cdots\right\} \quad (28\mathrm{b})$$

当 B_{II}, B'_{II}, C_{I}, C'_{I} 决定后, 我们就能从(26)式计数柔度系数.

三、波纹管单元在轴向力作用下的变形和应力分布

决定 B_{II}, B'_{II}, C_{I}, C'_{I} 的四个 E 点连续条件为

$$\left.\begin{array}{ll}(\mathrm{a})\ \bar{x}_E = x_E, & (\mathrm{b})\ \bar{N}_{\varphi E} = N_{\varphi E} \\ (\mathrm{c})\ \bar{N}_{\theta E} = N_{\theta E}, & (\mathrm{b})\ \bar{M}_{\varphi E} = -M_{\varphi E}\end{array}\right\} \quad (29)$$

把(8), (14), (24), (23)式代入上式, 得下列联立方程

$$\left.\begin{array}{l}(C_{\mathrm{I}} + 2B_{\mathrm{II}})(1 - \mathrm{e}^{-\lambda\pi})G_1 + (C'_{\mathrm{I}} - 2B'_{\mathrm{II}})(1 + \mathrm{e}^{-\lambda\pi})F_2 = 0 \quad (\mathrm{a}) \\ (C_{\mathrm{I}} + 2B_{\mathrm{II}})(1 + \mathrm{e}^{-\lambda\pi})F_2 - (C'_{\mathrm{I}} - 2B'_{\mathrm{II}})(1 - \mathrm{e}^{-\lambda\pi})G_1 = 0 \quad (\mathrm{b}) \\ -(C_{\mathrm{I}} - 2B_{\mathrm{II}})(1 - \mathrm{e}^{-\lambda\pi})(G'_2 + \lambda F_2) + (C'_{\mathrm{I}} + 2B'_{\mathrm{II}})(1 + \mathrm{e}^{-\lambda\pi}) \quad (\mathrm{c}) \\ \quad \cdot (F'_1 + \lambda G_1) = S_3 \\ (C_{\mathrm{I}} - 2B_{\mathrm{II}})(1 + \mathrm{e}^{-\lambda\pi})(F'_1 + \lambda G_1) + (C'_{\mathrm{I}} + 2B'_{\mathrm{II}})(1 - \mathrm{e}^{-\lambda\pi}) \quad (\mathrm{d}) \\ \quad \cdot (G'_2 + \lambda F_2) = 0\end{array}\right\} \quad (30)$$

其中

$$\left.\begin{array}{l}G_1 = G_1(0) = 1 + a_2 + a_4 + a_6 + \cdots + a_{2n} + \cdots \\ F_2 = F_2(0) = b_1 + b_3 + b_5 + \cdots + b_{2n+1} + \cdots \\ F_1' = F_1'(0) - 2b_2 - 4b_4 - 6b_6 - \cdots - 2nb_{2n} - \cdots \\ G_2' = G_2'(0) = a_1 + 3a_3 + 5a_5 + \cdots + (2n+1)a_{2n+1} + \cdots \\ S_3 = 4(2B_2 - 4B_4 + 6B_6 - 8B_8 + \cdots)\end{array}\right\} \quad (31)$$

(30a, b)是求解 $(C_\mathrm{I} + 2B_\mathrm{II})$，$(C_\mathrm{I}' - 2B_\mathrm{II}')$ 的两个齐次方程式，其系数行列式为

$$(1 + \mathrm{e}^{-\lambda\pi})^2 F_2^2 + (1 - \mathrm{e}^{-\lambda\pi})^2 G_1^2 \neq 0 \quad (32)$$

因此，$C_\mathrm{I} + 2B_\mathrm{II}$，$C_\mathrm{I}' - 2B_\mathrm{II}'$ 必恒等于零，亦即

$$C_\mathrm{I} = -2B_\mathrm{II}, \quad C_\mathrm{I}' = 2B_\mathrm{II}' \quad (33)$$

用(33)式，从(30c, d)式中消去 B_II，B_II'，即得决定 C_I，C_I' 的两个联立方程

$$\left.\begin{array}{l}-2C_\mathrm{I}(1 - \mathrm{e}^{-\lambda\pi})(G_2' + \lambda F_2) + 2C_\mathrm{I}'(1 + \mathrm{e}^{-\lambda\pi})(F_1' + \lambda G_1') = S_3 \\ 2C_\mathrm{I}(1 + \mathrm{e}^{-\lambda\pi})(F_1' + \lambda G_1)2C_\mathrm{I}'(1 - \mathrm{e}^{-\lambda\pi})(G_2' + \lambda F_2') = 0\end{array}\right\} \quad (34)$$

解之，得

$$\left.\begin{array}{l}C_\mathrm{I} = \dfrac{-(1 - \mathrm{e}^{-\lambda\pi})(G_2' + \lambda F_2)}{(1 - \mathrm{e}^{-\lambda\pi})^2 (G_2' + \lambda F_2)^2 + (1 + \mathrm{e}^{-\lambda\pi})^2 (F_1' + \lambda G_1)^2} \dfrac{S_3}{2} \\ C_\mathrm{I}' = \dfrac{(1 - \mathrm{e}^{-\lambda\pi})(F_1' + \lambda G_2)}{(1 - \mathrm{e}^{-\lambda\pi})^2 (G_2' + \lambda F_2)^2 + (1 + \mathrm{e}^{-\lambda\pi})^2 (F_1' + \lambda G_1)^2} \dfrac{S_3}{2}\end{array}\right\} \quad (35)$$

根据(33)式，我们可以从(14)，(24)中看到，当 ψ 和 φ 相同时，N_φ 和 $\overline{N}_\varphi$，M_φ 和 $\overline{M}_\varphi$，x 和 $\overline{x}$ 分别相等，但 N_θ 则和 $\overline{N}_\theta$ 正负相反。这里可以看到在 EGF 段中和在 EB 段中，解是有对称性的。

图3给出了 $\delta_1 \Big/ \dfrac{4\mu RP}{\pi ahE}$ 和 μ 的关系曲线，它是根据(26)式计算求得的。图3中亦给出了 Turner-Ford 实验(1957)中有关的三个数据。Turner-Ford 实验的热膨胀器的尺寸及所测得的单位变形(1 t 拉力下的伸长)如下：

从图3可以看到模型 C 和模型 D 的结果和曲线很一致，但模型 B 的结果和曲线有较大误差。这里必须指出，在下面的计算中可以看到，模型 B 的试验应力点和分析理论曲线比较接近。这可以证明，理论计算基本上是可靠的。这里只能对模型 B 的变形测量结果产生怀疑。

从图3的计算结果，我们可以求得适用于较大 μ 值的渐近表达式为：

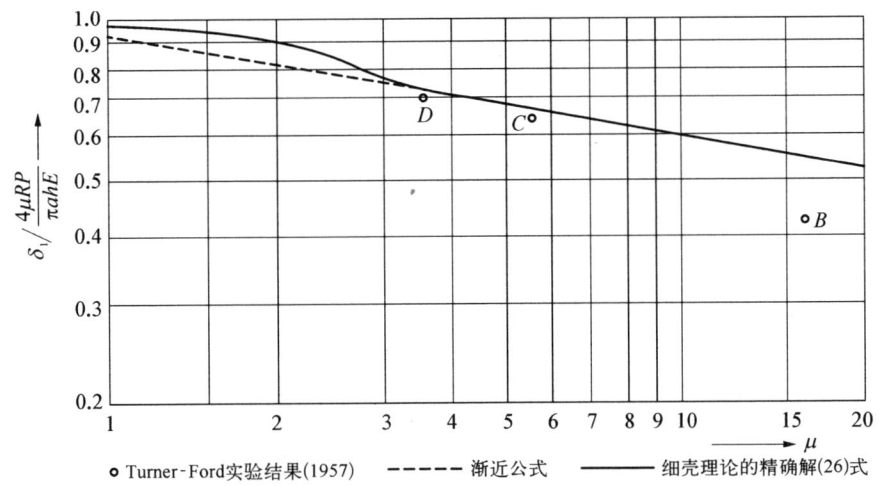

○ Turner-Ford实验结果(1957)   ----- 渐近公式   —— 细壳理论的精确解(26)式

图 3   半圆弧波纹管的单位轴向柔度系数和尺寸参数的关系

表 1   Turner-Ford 实验模型的尺寸和变形

	a(in)	R(in)	h(in)	μ	$\dfrac{S_3}{P}$(in/t)	E(t/in²)	$\delta_1 / \dfrac{4\mu RP}{\pi ahE}$
模型 B	1.95	6.93	0.055	16.50	0.041 2	14 000	0.426
模型 C	1.97	6.93	0.170	5.43	0.007 1	14 400	0.669
模型 D	0.89	6.93	0.054	3.55	0.032 1	14 250	0.702

$$\delta_1 = \frac{4\mu RP}{\pi ahE}[0.860\mu^{-0.148\,2}] \qquad 适用于 \mu \geq 4 \tag{36}$$

由(14),(24)计算所得的薄膜和弯曲应力见图 4A,B,C. 所有曲线都是对称的或反对称的. 利用这些结果,我们可以用插值法近似地计算各种 μ 值的应力分布. 在 Turner-Ford 实验报告中,给出了模型 B($\mu=16.5$),C($\mu=5.51$)和 D($\mu=3.55$)的应力分布实验测定值,在图 5A,B,C,6A,B,C 中,我们给出了利用插值法求得的理论曲线和相关的实验点. 我们可以看到,所有这三种不同尺寸的模型的实验结果都是和细管理论很好地符合的. 我们必须指出,在应力剧变的区域,测得实验值一般都低于理论值,这种误差是合理的. 因为剧变区域,只能测得电阻片覆盖面积内的应力平均值,这个平均值当然小于应力的峰值.

根据图 4A,B,C,我们可以计算最大应力如图 7,其中虚线代表 μ 较大时的渐近线,它们可以用下面的渐近公式表示

$$\left.\begin{aligned} \sigma_\varphi^{\max} &= 1.34\mu^{0.666} \frac{P}{2\pi ah} \qquad \mu \geq 2 \\ \sigma_\theta^{\max} &= 0.712\mu^{0.666} \frac{P}{2\pi ah} \qquad \mu \geq 3 \end{aligned}\right\} \tag{37}$$

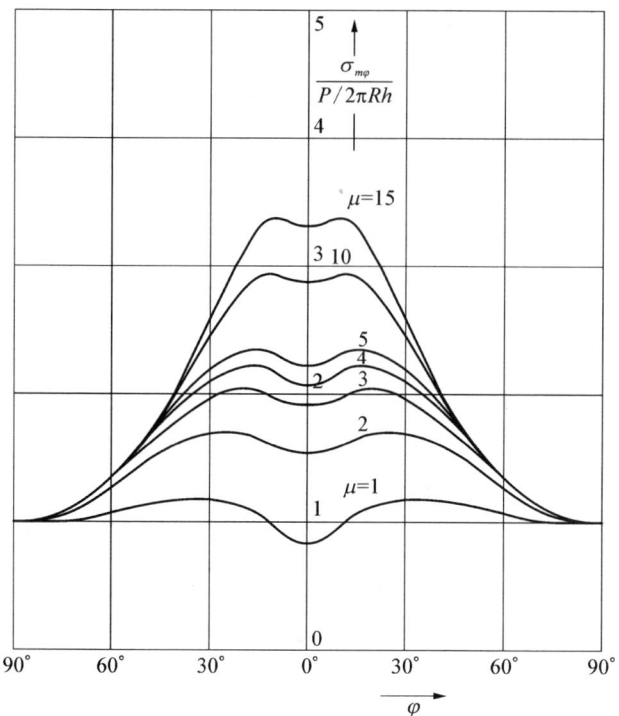

A 半圆弧波纹管单元在轴向拉力 P 作用下的轴向薄膜应力 $\sigma_{m\varphi}$ 和 μ 的关系

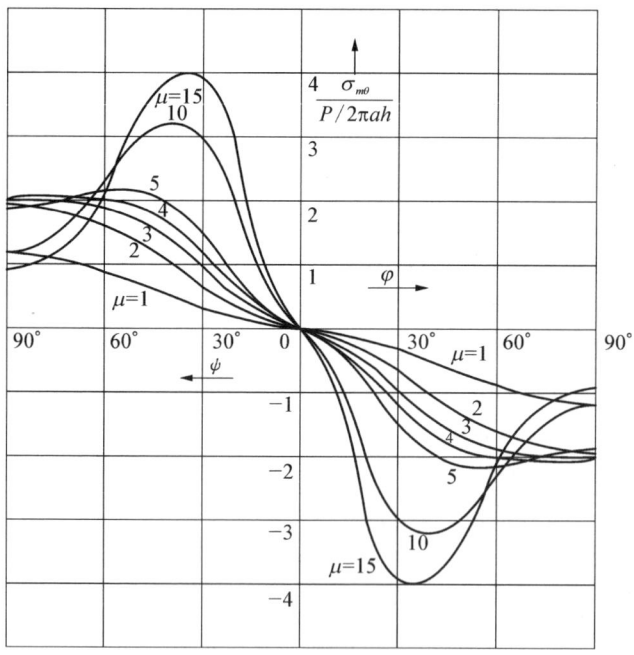

B 半圆弧波纹管单元在轴向拉力 P 作用下的环向薄膜应力 $\sigma_{m\theta}$ 和 μ 的关系

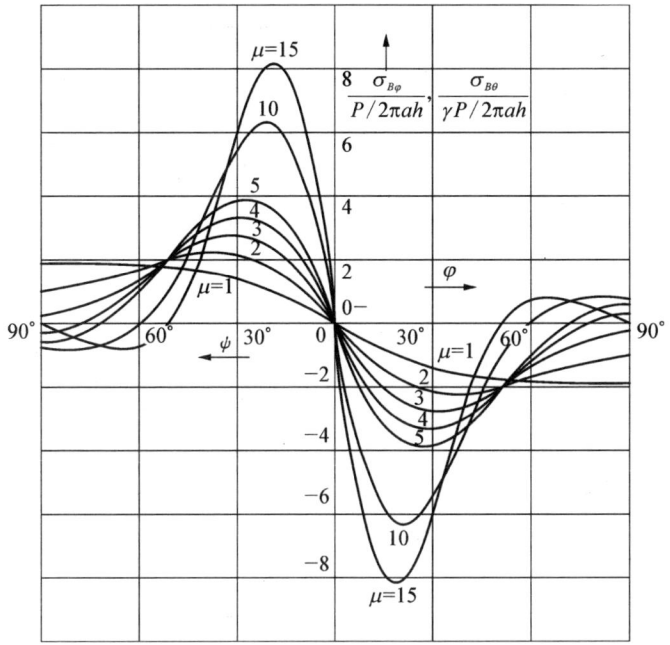

C 半圆弧波纹管单元在轴向拉力 P 作用下的弯曲应力 $\sigma_{B\varphi}$, $\sigma_{B\theta}$ 和 μ 的关系

图 4

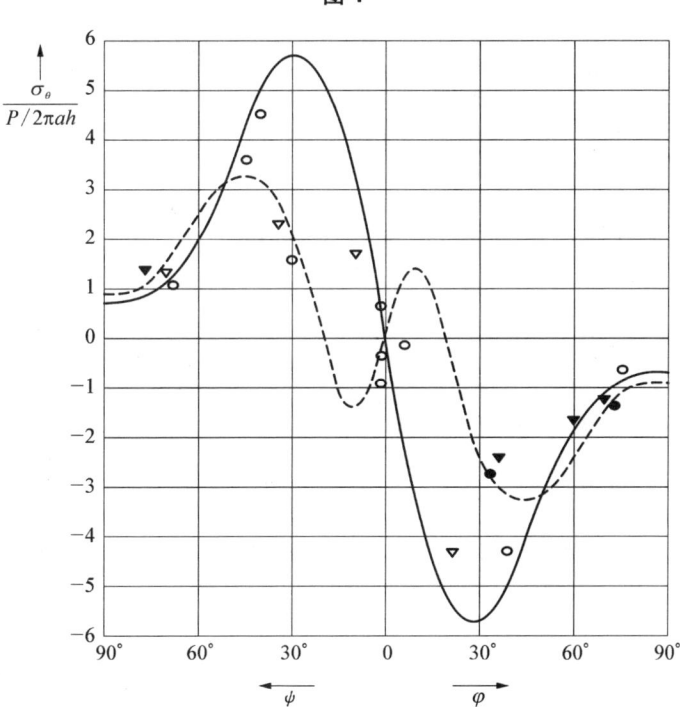

A $\mu = 16.5$ $a/R = 0.282$ 模型 B

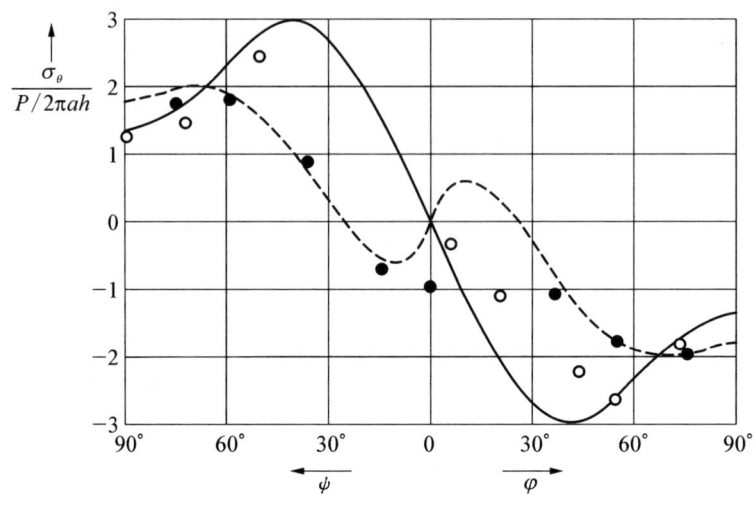

B $\mu = 5.43$ $a/R = 0.284$ 模型 C

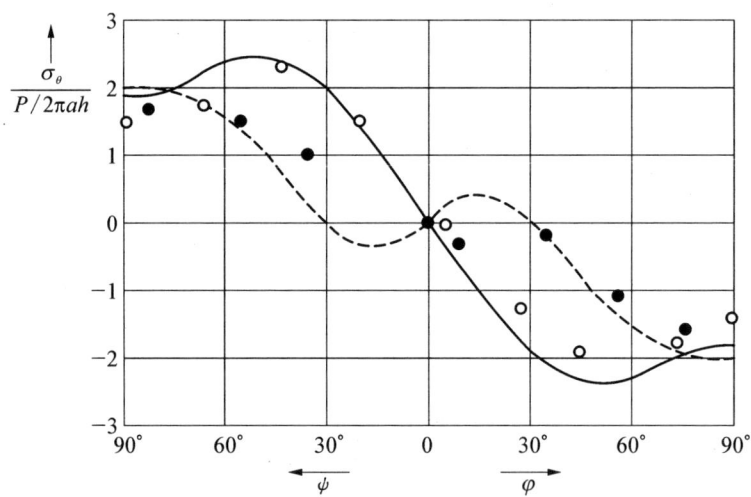

C $\mu = 3.55$ $a/R = 0.282$ 模型 D

图 5 半圆弧波纹管单元在轴向力作用下的环向应力分布、
Turner-Ford 实验点和理论曲线的比较

—○—▽—外侧表面的实验点及理论曲线   —●—▼—内侧表面的实验点及理论曲线

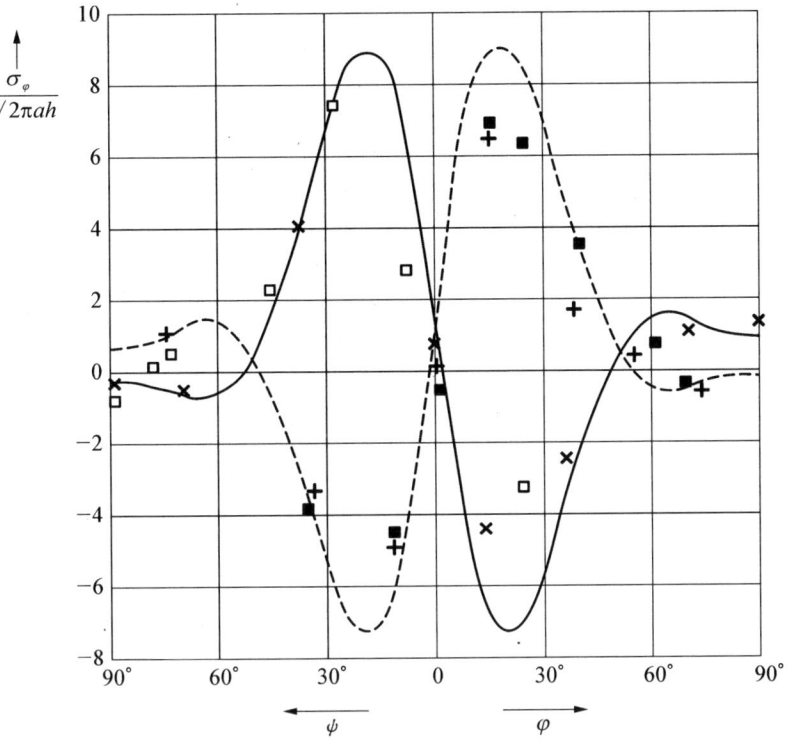

A $\mu = 16.5$ $a/R = 0.282$ 模型 B

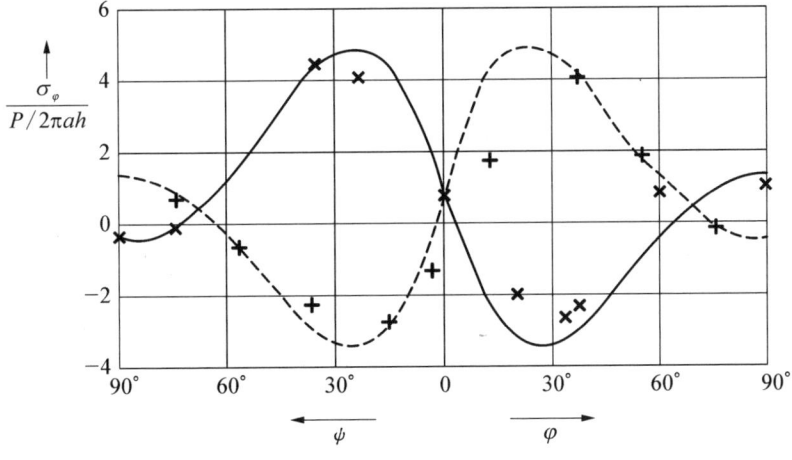

B $\mu = 5.43$ $a/R = 0.284$ 模型 C

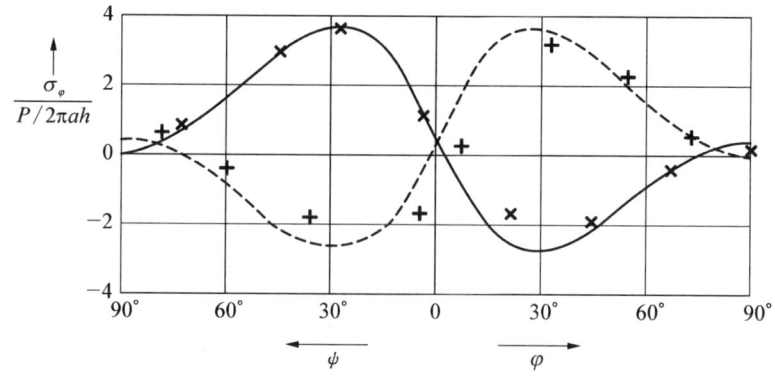

C $\mu = 3.55$ $a/R = 0.282$ 模型 D

图 6 半圆弧波纹管在轴向力 P 作用下的轴向应力分布(σ_φ)、Turner-Ford 实验点和理论曲线的比较

—×—□—外侧表面的实验点及理论曲线 —+—■—内侧表面的实验点及理论曲线

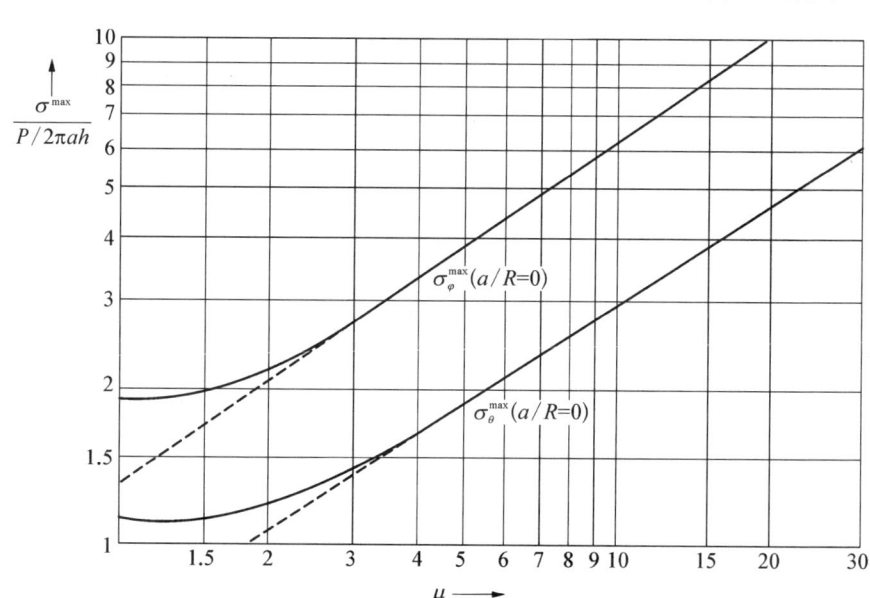

图 7 半圆弧波纹管在轴向力 P 作用下的最大应力和 μ 的关系

四、两端封闭的波纹管在内压作用下的应力和变形

当两端封闭的波纹管受内压 q 作用时,在图 2 的 EE 截面上的横剪 Q_0 应该是内压 q 的总轴向力 $\pi R^2 q$ 所产生的,因此它等于

$$Q_0 = \frac{\pi R^2 q}{2\pi R} = \frac{1}{2} Rq \tag{38}$$

把它代入文献[2]的(27)式,即一般圆环壳的复变量方程,得

$$\left.\begin{array}{l}(1+\alpha\sin\varphi)\dfrac{\mathrm{d}^2V}{\mathrm{d}\varphi^2}-\alpha\cos\varphi\dfrac{\mathrm{d}V}{\mathrm{d}\varphi}+\mathrm{i}2\mu\sin\varphi V=2\mu P_0\cos\varphi\\ P_0=-\dfrac{1}{2}\alpha a q\mathrm{i}+\dfrac{Rq}{\alpha}\mu=\dfrac{Rq}{\alpha}\mu\left(1-\dfrac{1}{2}\dfrac{\alpha^3}{\mu}\mathrm{i}\right)\end{array}\right\} \quad (39)$$

当取 $\alpha \to 0$ 时,上式的细环壳极限方程为

$$\dfrac{\mathrm{d}^2V}{\mathrm{d}\varphi^2}+\mathrm{i}2\mu\sin\varphi V=2\mu^2\dfrac{R}{\alpha}q\cos\varphi \quad (40)$$

这就相当于受轴向力 $P=\pi R^2 q$ 作用下的复变量方程. 这就指出,在细环壳的近似理论中,壳内应力和变形主要是由内压 q 的轴向合力 $\pi q R^2$ 所产生的;由内压直接产生的膨胀变形和有关应力,在细管理论中是高级小量,是可以忽略不计的. 这个结论对于波纹管的设计试验工作是大家都知道的,也是很重要的. 显然,这里证明了,这个结论只在细环管理论的近似条件下才是成立的.

参考文献

[1] Turner C E, Ford H. Stress and deflection of pipeline expansion bellows, Proceedings of the Institute of Mechanical Engineers, 1957, 171: 526-552.
[2] 钱伟长,郑思梁. 轴对称圆环壳的复变量方程和轴对称细环壳的一般解. 1979,1(1): 27-47.

弹性理论中广义变分原理的研究及其在有限元计算中的应用*

摘要 本文的目的在于说明怎样系统地建立各种广义变分原理,怎样合理地使用各种广义变分原理来改进有限元计算的成效. 为了易于说明问题,本文只局限于弹性理论的各种广义变分原理,但其推广并不困难.

本文指出,广义变分原理的泛函,可以系统地采用拉格朗日乘子法,把一般有条件的变分原理化为无条件的变分原理来唯一地决定的. 拉格朗日所代表的物理量,可以通过变分求极值或驻值的过程求得,从而消除了在建立广义变分原理的泛函时,人们经常陷入的像猜谜一样的困境.

本文也指出:我们同样可以用拉格朗日乘子法,把一般有多个条件的变分原理,化为条件个数较少的变分原理. 我们称变分条件减少了的变分原理为各级不完全的广义变分原理. 凡是全部变分条件都消除了的变分原理,称为完全的广义变分原理,或简称广义变分原理;实际上是完全无条件的变分原理.

本文建立了弹性小位移变形理论中的各级不完全的广义位能原理和各级不完全的广义余能原理,包括从最小位能原理和最小余能原理分别导出的最完全的广义变分原理,并且证明了这两个弹性力学广义变分原理的泛函是等同的. 在这些广义变分原理中,包括了 Hellinger-Reissner(1950)[1,2],胡海昌-鹫津久一郎(1955)[3,4]的广义变分原理.

本文也建立了弹性大位移变形理论中的位能原理和余能原理,并建立了有关位能余能的各级不完全的广义变分原理,包括从大位移变形的最小位能和最小余能原理分别导出的弹性力学广义变分原理,并且也证明了在大位移变形情况下,这两个弹性力学的广义变分原理也是等同的. 本文除了列举广义变分原理在有限元法上的众所周知的应用外,还补充了三个比较重要的应用范围.

一、小位移变形弹性理论的最小位能原理和最小余能原理

本文只限于考虑弹性静力学问题,当然不难推广至弹性动力学和有关的塑性

原载《机械工程学报》,1979,15(2):1-23;《力学与实践》,1979,1(1):16-24;1(2):18-27.

* 本文为清华大学科学报告 TH 78011(1978 年 11 月),曾在大连召开的全国高等院校的计算结构力学会议(1978 年 9 月)以及机械工程学会、航空学会、造船学会在蚌埠召开的全国有限元会议大会上宣读(1978 年 11 月).

力学问题. 设在卡氏坐标系 $x_i(i=1,2,3)$ 中, 弹性体内各点位移为 $u_i(i=1,2,3)$, 应变和应力分别为 e_{ij}, $\sigma_{ij}(i,j=1,2,3)$. 应变与位移服从下列小位移变形关系:

$$e_{ij} = \frac{1}{2}(u_{i,j} + u_{j,i}) \quad (i,j=1,2,3) \tag{1}$$

$u_{i,j}$ 代表 u_i 对 x_j 的偏导数. 对于小应变的线性弹性而言, 最一般的应力应变关系为

$$\sigma_{ij} = a_{ijkl}e_{kl} \tag{2}$$

或

$$e_{ij} = b_{ijkl}\sigma_{kl} \tag{3}$$

其中 a_{ijkl} 称为弹性常数, b_{ijkl} 称为劲度系数. 它们有下列对称性质:

$$\left.\begin{array}{l} a_{ijkl} = a_{jikl} = a_{ijlk} = a_{klij} \\ b_{ijkl} = b_{jikl} = b_{ijlk} = b_{klij} \end{array}\right\} \tag{4}$$

在弹性体的体积 τ 内, 弹性体的应力 σ_{ij} 和体积力 $F_i(i=1,2,3)$ 间, 满足静力平衡方程:

$$\sigma_{ij,j} + F_i = 0 \quad (\text{在 } \tau \text{ 内}) \quad (i=1,2,3) \tag{5}$$

在弹性体边界面上, 满足相应的边界条件. 边界表面 S 一般可以分为两部分: 在 S_p 上, 外力 $\bar{p}_i$ 已知; 在 S_u 上, 位移 $\bar{u}_i$ 已知.

$$S = S_p + S_u \tag{6}$$

而

$$\sigma_{ij}n_j = \bar{p}_i \quad (\text{在 } S_p \text{ 上}) \tag{7a}$$

$$u_i = \bar{u}_i \quad (\text{在 } S_u \text{ 上}) \tag{7b}$$

其中 n_j 为 S_p 上的外法线矢量的方向余弦.

从上述诸关系中看到, 弹性体的平衡问题是一个边界值问题, 共有 15 个未知数: 即 6 个应力分量 σ_{ij}, 6 个应变分量 e_{ij}, 3 个位移分量 u_i, 它们通过 (1), (2), (5) 中 15 个方程求解, 它们必须满足边界条件 (7) 式.

设 $A(e_{ij})$ 代表弹性体的应变能密度, 它是应变分量的函数, 而且根据应变能密度的定义, 我们有

$$\frac{\partial A}{\partial e_{ij}} = \sigma_{ij} \quad (i,j=1,2,8) \tag{8}$$

在小应变的情况下，用(2)式中的 σ_{ij} 代入上式，积分求得线性理论的弹性应变能密度：

$$A(e_{ij}) = \frac{1}{2}a_{ijkl}e_{ij}e_{kl} \qquad (9)$$

同样，在小应变条件下，我们有余能密度 $B(\sigma_{ij})$，它和应变能密度 $A(e_{ij})$ 的关系为

$$A(e_{ij}) + B(\sigma_{ij}) = e_{kl}\sigma_{kl} \qquad (10)$$

我们很易证明

$$\frac{\partial B}{\partial \sigma_{ij}} = e_{ij} \qquad (11)$$

或是通过积分

$$B(\sigma_{ij}) = \frac{1}{2}b_{ijkl}\sigma_{ij}\sigma_{kl} \qquad (12)$$

于是，我们有众所周知的小位移变形线性弹性体的最小位能原理和最小余能原理.

变分原理 I（小位移变形线性弹性理论的最小位能原理）

在满足小位移应变关系(1)式和边界位移已知的条件(7b)式的所有允许的应变 e_{ij} 和位移 u_i 中，实际的 e_{ij} 和 u_i 必使弹性体的总位能

$$\Pi_{\mathrm{I}} = \iiint_{\tau}\{A(e_{ij}) - F_i u_i\}\mathrm{d}\tau - \iint_{S_p}\bar{p}_i u_i \mathrm{d}S \qquad (13)$$

为最小. 亦即，使(13)式的泛函 Π_{I} 为最小的 u_i，e_{ij} 必满足平衡方程(5)式和边界外力已知条件(7a)式；在证明中，我们认为(13)中的 $A(e_{ij})$ 是 $\frac{1}{2}a_{ijkl}e_{ij}e_{kl}$ 的简写. 并利用了应力应变关系(2)式，或认为(8)式成立. 证明是众所周知的.

变分原理 II（小位移变形线性弹性理论的最小余能原理）：

在满足小位移变形的平衡方程式(5)和边界外力已知的条件(7a)式的所有允许的应力 σ_{ij} 中，实际的应力 σ_{ij} 必使弹性总余能

$$\Pi_{\mathrm{II}} = \iiint_{\tau}\{B(\sigma_{ij})\}\mathrm{d}\tau - \iint_{S_u}\bar{u}_i \sigma_{ij} n_i \mathrm{d}S \qquad (14)$$

为最小. 亦即，使(14)式的泛函 Π_{II} 为最小的 σ_{ij} 必满足边界位移已知的条件(7b)；在证明中，我们认为(14)式中的 $\dot{B}(\sigma_{ij})$ 为 $\frac{1}{2}b_{ijkl}\sigma_{ij}\sigma_{kl}$ 的简写，并利用了应力应变关

系(3)式,应变位移关系(1)式,或利用(11)和(1). 证明是众所周知的.

不论变分原理 I 或 II,都是有条件的变分原理,最小位能原理的条件是(1)式和(7b)式,最小余能原理的条件是(5)式和(7a)式. 当然在前者,我们还利用了应力应变关系(2)或(8)式;在后者,我们也利用了应力应变关系(3)或(11)式和应变位移关系(1)式. 其实这些被利用的关系,也可以当作某种形式的条件.

二、小位移弹性理论的完全的广义变分原理和各级不完全的广义变分原理

现在让我们采用拉格朗日乘子法把有两组条件(1)(7b)式的最小位能原理(变分原理 I)化为无条件的广义变分原理.

设 λ_{ij} 和 u_i 为待定的拉格朗日乘子,于是根据(13)式导出的无条件的广义变分原理的泛函为

$$\Pi_{\mathrm{I}}^* = \iiint_\tau \{A(e_{ij}) - F_i u_i\} \mathrm{d}\tau - \iint_{S_p} \bar{p}_i u_i \mathrm{d}S + \iiint_\tau \left\{e_{ij} - \frac{1}{2}(u_{i,j} + u_{j,i})\right\} \lambda_{ij} \mathrm{d}\tau$$
$$+ \iint_{S_u} (u_i - \bar{u}_i) \mu_i \mathrm{d}S \tag{15}$$

把 e_{ij}, u_i, λ_{ij}, μ_i 都当作独立变量进行变分,当 Π_{I}^* 达到驻值时,有 $\delta\Pi_{\mathrm{I}}^* = 0$,即

$$\delta\Pi_{\mathrm{I}}^* = \iiint_\tau \left\{ \begin{array}{l} \left(\dfrac{\partial A}{\partial e_{ij}} + \lambda_{ij}\right)\delta e_{ij} + \left(e_{ij} - \dfrac{1}{2}u_{i,j} - \dfrac{1}{2}u_{j,i}\right)\delta\lambda_{ij} \\ -\lambda_{ij}\delta u_{i,j} - F_i\delta u_i \end{array} \right\}\mathrm{d}\tau$$
$$+ \iint_{S_u}[\mu_i\delta u_i + (u_i - \bar{u}_i)\delta\mu_i]\mathrm{d}S - \iint_{S_p}\bar{p}_i\delta u_i \mathrm{d}S = 0 \tag{16}$$

其中,利用(8)式,我们有 $\dfrac{\partial A}{\partial e_{ij}} = \sigma_{ij}$,再利用 Green 公式,

$$\iiint_\tau \lambda_{ij}\delta u_{i,j}\mathrm{d}\tau = \iint_{S_p+S_u}\lambda_{ij}n_j\delta u_i\mathrm{d}S - \iiint_\tau \lambda_{ij,j}\delta u_i\mathrm{d}\tau \tag{17}$$

其中 n_j 为表面 S_p+S_u 的外法线单位矢量的方向余弦. 把(8)和(17)代入(16),得

$$\delta\Pi_{\mathrm{I}}^* = \iiint_\tau \left\{(\sigma_{ij}+\lambda_{ij})\delta e_{ij} + \left(e_{ij} - \frac{1}{2}u_{i,j} - \frac{1}{2}u_{j,i}\right)\delta\lambda_{ij} + (\lambda_{ij,j} - F_i)\delta u_i\right\}\mathrm{d}\tau$$
$$+ \iint_{S_u}\{(\mu_i - \lambda_{ij}n_j)\delta u_i + (u_i - \bar{u}_i)\delta\mu_i\}\mathrm{d}S - \iint_{S_p}(\lambda_{ij}n_j + \bar{p}_i)\delta u_i\mathrm{d}S = 0 \quad (17\mathrm{a})$$

由于 τ 内的 δe_{ij}, $\delta\lambda_{ij}$, δu_i 和 S_u 上的 δu_i, $\delta\mu_i$, 和 S_p 上的 δu_i 都是独立的,所以

$\delta\Pi_{\mathrm{I}}^*$ 的驻值条件导出了

$$\lambda_{ij} = -\sigma_{ij},\ e_{ij} = \frac{1}{2}(u_{i,j} + u_{j,i}),\ \lambda_{ij,j} - F_i = 0 \quad (\text{在 } \tau \text{ 中}) \quad (18\text{a, b, c})$$

$$\mu_i = \lambda_{ij}n_j,\ u_i - \bar{u}_j = 0 \quad (\text{在 } S_u \text{ 上}) \quad (18\text{d, e})$$

$$\lambda_{ij}n_j + \bar{p}_i = 0 \quad (\text{在 } S_p \text{ 上}) \quad (18\text{f})$$

(17b, e)为原来的变分条件. (17a), (17d)给出了待定的拉格朗日乘子所代表的物理量,即

$$\lambda_{ij} = -\sigma_{ij} \quad (\text{在 } \tau \text{ 中}),\ \mu_i = \lambda_{ij}n_j = -\sigma_{ij}n_j \quad (\text{在 } S_u \text{ 上}) \quad (19)$$

把(19)式代入(18c),即得平衡方程,把(19)式代入(18f),即得外力已给的边界条件. 把(19)式代入(15)式,即得无条件的弹性理论广义变分原理的泛函.

变分原理Ⅲ(完全的小位移线性弹性理论的广义变分原理——从最小位能原理导出的):

满足(1),(2),(5),(7)诸关系的 u_i, e_{ij}, σ_{ij} 的解,必使下述泛函 Π_{I}^* 为驻值

$$\Pi_{\mathrm{I}}^* = \iiint_\tau \left\{ A(e_{ij}) - \left(e_{ij} - \frac{1}{2}u_{j,i}\right)\sigma_{ij} - F_i u_j \right\} \mathrm{d}\tau \\ - \iint_{S_p} \bar{p}_i u_i \mathrm{d}S - \iint_{S_u} (u_i - \bar{u}_i)\sigma_{ij}n_j \mathrm{d}S \quad (20)$$

这里必须指出,在使用这个变分原理时,$A(e_{ij})$ 认为是 $\frac{1}{2}a_{ijkl}e_{ij}e_{kl}$ 的简写. 其次,所有 e_{ij}, σ_{ij}, u_i 诸量都是独立的变分量. 第三,这只是一个驻值原理,不是一个"最小"原理. 最后,我们应该指出,这个广义变分原理是胡海昌(1955)[3]首先提出的,但胡海昌只是证明了这个广义变分原理的驻值解相当于小位移变形问题的解,并没有说明泛函是怎样求得的. 作者[5]曾在1964年提出用拉格朗日乘子法寻找广义变分泛函的方法,并指出这个方法有广泛的实用价值,但由于种种原因,未能公开发表. 当时人们并不理解拉格朗日乘子的作用,在建立广义变分的泛函时,只能用假设——试验——修正——再试验的方法进行工作. 在1964年力学学报[6,9]曾展开过一场关于极限设计广义变分原理中某一乘子究竟代表什么的论争,就是由于这种原因所引起的. 这场争论只有在正确利用了拉格朗日乘子法(1974)[8]以后,才得结束. 在国际上,人们利用拉格朗日乘子法建立广义变分的泛函,从国内接触到的文献看,大概在1968~1969年左右. 首先是鹫津久一郎(1968)[9],其次是卞学璜(1969)[10]曾明确提出了这个观点,但没有充分利用这个观点. 例如,在鹫津久一郎的著作中,在建立泛函(19)时,拉格朗日乘子 λ_{ij} 就直接使用了 $-\sigma_{ij}$;在这一点上,

他和胡海昌的工作并无什么不同,也没有什么改进.在本文以后的讨论中,都是用待定的拉格朗日乘子,通过变分,而认识其所代表的物理量的.当然,为了节省篇幅有时并没有一一推导.

变分原理Ⅳ(完全的小位移线性弹性理论的广义变分原理——从最小余能原理导出的):

满足(1),(2),(5),(7)诸方程的 σ_{ij},e_{ij},u_i 的解,必使下述泛函 $\Pi_{\mathrm{II}a}^*$ 或 $\Pi_{\mathrm{II}b}^*$ 为驻值.

$$\Pi_{\mathrm{II}a}^* = \iiint_\tau \{B(\sigma_{ij}) + (\sigma_{ij,j} + F_i)u_i\} d\tau \\ - \iint_{S_p}(\sigma_{ij}n_j - \bar{p}_i)u_i dS - \iint_{S_u}\sigma_{ij}n_j \bar{u}_i dS \quad (21)$$

或在利用了(10)式以后,

$$\Pi_{\mathrm{II}b}^* = \iiint_\tau \{e_{ij}\sigma_{ij} - A(e_{ij}) + (\sigma_{ij,j} + F_i)u_i\} d\tau \\ - \iint_{S_p}(\sigma_{ij}n_j - \bar{p}_i)u_i dS - \iint_{S_u}\sigma_{ij}n_j \bar{u}_i dS \quad (22)$$

其中 u_i,e_{ij},σ_{ij} 都是独立变量.$A(e_{ij})$ 代表 $\frac{1}{2}a_{ijkl}e_{ij}e_{kl}$ 的简写,$B(\sigma_{ij})$ 代表 $\frac{1}{2}b_{ijkl}\sigma_{ij}\sigma_{kl}$ 的简写.

证明(21)或(22)时,我们可以从最小余能原理(14)开始.它有两组条件:即平衡方程(5)和边界外力已知条件(7a).用拉格朗日乘子法,引进待定的拉格朗日乘子 λ_i,μ_i,广义变分的泛函为

$$\Pi_{\mathrm{II}b}^* = \iiint_\tau \{e_{ij}\sigma_{ij} - A(e_{ij}) + (\sigma_{ij,j} + F_i)\lambda_i\} d\tau \\ + \iint_{S_p}(\sigma_{ij}n_j - \bar{p}_i)\mu_i dS - \iint_{S_u}\sigma_{ij}n_j \bar{u}_i dS \quad (23)$$

其中业已用了(10)式,把 $B(\sigma_{ij})$ 写成 $e_{ij}\sigma_{ij} - A(e_{ij})$.把 σ_{ij},e_{ij},λ_i,μ_i 作为独立变量进行变分,得

$$\delta\Pi_{\mathrm{II}b}^* = \iiint_\tau \{(\sigma_{ij} - a_{ijkl}e_{kl})\delta e_{ij} + (e_{ij} - \lambda_{i,j})\delta\sigma_{ij} + (\sigma_{ij,j} + F_i)\delta\lambda_i\} d\tau \\ + \iint_{S_p}\{(\sigma_{ij}n_j - \bar{p}_i)\delta\mu_i + (\mu_i + \lambda_j)n_j\delta\sigma_{ij}\} dS + \iint_{S_u}(\lambda_i - \bar{u}_i)n_j\delta\sigma_{ij} dS \quad (24)$$

在利用了(1)式后

$$\iiint_\tau (e_{ij} - \lambda_{i,j})\delta\sigma_{ij}\,\mathrm{d}\tau = \iiint_\tau (u_i - \lambda_i)n_j\delta\sigma_{ij}\,\mathrm{d}\tau \tag{25}$$

于是,从 $\delta\Pi_{\mathrm{II}}^* = 0$ 的驻值条件证明

$$\sigma_{ij} = a_{ijkl}e_{kl}, \ \sigma_{ij,j} + F_i = 0, \ u_i = \lambda_i \quad (在 \tau 内) \tag{26a, b, c}$$

$$\sigma_{ij}n_j = \bar{p}_i, \ \mu_i = -\lambda_i \quad (在 S_p 上) \tag{26d, e}$$

$$\lambda_i - \bar{u}_i = 0 \quad (在 S_u 上) \tag{26f}$$

其中(26a),(26b)分别代表应力应变关系(2)和平衡方程(5),(26c)给出了 λ_i 所代表的物理量 u_i,(26e)给出 μ_i 所代表的物理量 $-u_i$(在 S_p 上),最后,(26d),(26f)分别代表边界条件(7a),(7b). 把(23)式的 λ_i,μ_i 用 u_i 及 $-u_i$ 代替,即得 Π_{II}^* 的(22)式,即证明了变分原理Ⅳ.

现在让我们证明变分原理Ⅲ和Ⅳ是等价的,因为

$$\Pi_{\mathrm{I}}^* + \Pi_{\mathrm{II}b}^* = \iiint_\tau \left\{\frac{1}{2}(u_{i,j} + u_{j,i})\sigma_{ij} + \sigma_{ij,j}u_i\right\}\mathrm{d}\tau - \iint_{S_p}\sigma_{ij}n_j u_i\,\mathrm{d}S - \iint_{S_u} u_i\sigma_{ij}n_j\,\mathrm{d}S \tag{27}$$

但是

$$\iiint_\tau \left\{\frac{1}{2}(u_{i,j} + u_{j,i})\sigma_{ij} + \sigma_{ij,j}u_i\right\}\mathrm{d}\tau \iiint_\tau \{u_{i,j}\sigma_{ij} + \sigma_{ij,j}u_i\}\mathrm{d}\tau$$

$$= \iiint_\tau (u_i\sigma_{ij})\,\mathrm{d}\tau = \iint_{S_u+S_p} u_i\sigma_{ij}n_j\,\mathrm{d}S \tag{28}$$

这就证明了

$$\Pi_{\mathrm{I}}^* = -\Pi_{\mathrm{II}b}^* \tag{29}$$

这就证明了原理Ⅲ和原理Ⅳ的等同性. 胡海昌(1955)[3]称原理Ⅲ为广义位能原理,称原理Ⅳ为广义余能原理,显然这是容易引起误会的. 作者(1964)[5]曾证明了这个等同性原理. 鹫津久一郎(1968)在著作[9](35~36页)中,也发觉了这个问题. 但认为这种等同性原理只限于小位移问题(见[9]的36页),这是因为没有能在大位移问题中找到相应的余能原理所致. 关于这一点将在第三节第四节讨论.

上面证明了原理Ⅲ和原理Ⅳ只在形式上不同,在实质上是相等的. 它们所解决的物理问题相同,所用的变分泛函相等(只差一个正负号,这对于驻值条件是没有关系的),所以,我们在以后,将称原理Ⅲ为**小位移线性弹性理论的广义变分原理的位能形式**,原理Ⅳ则为**小位移线性弹性理论的广义变分原理的余能形式**. 它们都是完全的广义变分原理,可以统称为**小位移线性弹性理论的完全的广义变分原理**.

用相同的方法可以证明下列诸小位移线性弹性原理的**不完全的广义位能原理**：

变分原理 I A：在满足边界位移已知的条件(7b)的所有允许的 u_i，e_{ij}，σ_{ij} 中，实际的 e_{ij}，σ_{ij}，u_i 必使下列广义泛函为驻值

$$\Pi_{IA} = \iiint_\tau \left\{ A(e_{ij}) - \left[e_{ij} - \frac{1}{2}u_{i,j} - \frac{1}{2}u_{j,i} \right]\sigma_{ij} - F_i u_i \right\} d\tau - \iint_{S_q} \bar{p}_i u_i dS \quad (30)$$

在这里，原来的最小位能原理，有两组条件，现在只有一组条件。关于应变位移关系的条件，可以采用拉格朗日乘子 λ_{ij}，使它归纳入广义泛函，最后通过变分，决定它是 $-\sigma_{ij}$。

变分原理 I B：在满足应变位移关系(1)的所有允许的 u_i，e_{ij}，σ_{ij} 中，实际的 σ_{ij}，e_{ij}，u_i，必使下述泛函为驻值

$$\Pi_{IB} = \iiint_\tau \{ A(e_{ij}) - F_i u_i \} d\tau - \iint_{S_u} \bar{p}_i u_i dS - \iint_{S_p} (u_i - \bar{u}_i) \sigma_{ij} n_j dS \quad (31)$$

这个广义变分原理实质上就是 Jones(1964)等[16-19]在有限元法中使用的广义变分原理。

变分原理 I C：在满足一个边界位移已知的条件 $u_1 - \bar{u}_1 = 0$ 的所有允许的位移 u_i 应变 e_{ij} 和应力 σ_{ij} 中，实际的 u_i，e_{ij}，σ_{ij} 必使下列广义泛函为驻值

$$\Pi_{IC} = \iiint_\tau \left\{ A(e_{ij}) - \left(e_{ij} - \frac{1}{2}u_{i,j} - \frac{1}{2}u_{j,i} \right)\sigma_{ij} - F_i u_i \right\} d\tau$$
$$- \iint_{S_p} \bar{p}_i u_i dS - \iint_{S_n} \{ (u_2 - \bar{u}_2)\sigma_{2j} n_j + (u_3 - \bar{u}_3)\sigma_{3j} n_j \} dS \quad (32)$$

也还有满足任意一个或两个边界位移已知的条件的不完全广义位能原理。

变分原理 I D：在满足一个应变位移关系 $e_{11} - u_{1,1} = 0$ 的所有允许的 u_i，e_{ij}，σ_{ij} 中，实际的 u_i，e_{ij}，σ_{ij} 必使下列广义泛函为驻值

$$\Pi_{ID} = \iiint_\tau \left\{ A(e_{ij}) - \left(e_{ij} - \frac{1}{2}u_{i,j} - \frac{1}{2}u_{ji} \right)\sigma_{i,j} + (e_{11} - u_{1,1})\sigma_{11} - F_i u_i \right\} d\tau$$
$$- \iint_{S_p} \bar{p}_i u_i dS - \iint_{S_u} (u_i - \bar{u}_i)\sigma_{ij} n_j dS \quad (33)$$

也可以有满足任意个（五个以下）应变位移关系的变分，它们都是不完全的广义位能原理；也可以有满足一部分位移应变关系和一部分边界位移已知条件的不完全的广义位能原理。

下面是一些小位移非线性弹性理论的**不完全的广义余能原理**：

变分原理 II A：在满足边界外力已知的条件(7a)的所有允许的 u_i，e_{ij}，σ_{ij} 中，实际的 u_i，e_{ij}，σ_{ij} 必使下述广义泛函为驻值

$$\Pi_{IIA} = \iiint_\tau \{e_{ij}\sigma_{ij} - A(e_{ij}) + (\sigma_{ij,j} + F_i)u_i\}d\tau - \iint_{S_u} \sigma_{ij}n_j \bar{u}_i dS \tag{34}$$

变分原理 II B：在满足平衡方程(5)的所有允许的 u_i，e_{ij}，σ_{ij} 中，实际的 u_i，e_{ij}，σ_{ij} 必使下述广义泛函为驻值.

$$\Pi_{IIB} = \iiint_\tau [e_{ij}\sigma_{ij} - A(e_{ij})]d\tau - \iint_{S_p}(\sigma_{ij}n_j - \bar{p}_i u_i)dS - \iint_{S_u} \sigma_{ij}n_j \bar{u}_i dS \tag{35}$$

变分原理 II C：在满足一个边界外力已知的条件 $\bar{p}_1 = \sigma_{1j}n_j$ 的所有允许的 u_i，e_{ij}，σ_{ij} 中，实际的 u_i，e_{ij}，σ_{ij} 必使下列广义泛函为驻值

$$\Pi_{IIC} = \iiint_\tau [e_{ij}\sigma_{ij} - A(e_{ij}) + (\sigma_{ij,j} + F_i)u_i]d\tau - \iint_{S_u}\sigma_{ij}n_j \bar{u}_i dS$$

$$- \iint_{S_p}\{(\sigma_{2j} - \bar{p}_2)u_2 + (\sigma_{3j}n_j - \bar{p}_3)u_3\}dS \tag{36}$$

变分原理 II D：在满足一个平衡方程 $\sigma_{1j,j} + F_1 = 0$ 的所有允许的 u_i，e_{ij}，σ_{ij} 中，实际的 u_i，e_{ij}，σ_{ij} 必使下列广义泛函为驻值

$$\Pi_{IID} = \iiint_\tau \{e_{ij}\sigma_{ij} - A(e_{ij}) + (\sigma_{2j,j} + F_2)u_2 + (\sigma_{3j,j} + F_3)u_3\}d\tau$$

$$- \iint_{S_u}\sigma_{ij}n_j \bar{u}_i dS - \iint_{S_p}(\sigma_{ij}n_j - \bar{p}_i)u_i dS \tag{37}$$

也可以有满足任意一个或两个外力已知的边界条件，或任意一个或两个平衡方程的不完全的广义余能原理. 还有满足一部分平衡方程同时满足另一部分边界外力已知条件的不完全的广义变分原理. 变分原理 II B 也就是卞学璜用来处理断裂力学中应力强度因子的变分原理(1972)[15].

还有一类不完全的广义变分原理，所需满足的条件只在一个局部的区域内；在其他区域内的关系，都可以通过变分满足.

变分原理 I E(小位移线性弹性理论的分区不完全广义位能原理)：设弹性体的体积为 $\tau = \tau_1 + 2\tau$，在 τ_1 的表面上有 S_{p1}，S_{u1}，在 τ_2 的表面上有 S_{u2}，S_{p2}，其中 $S_u = S_{u1} + S_{u2}$，$S_p = S_{p1} + S_{p2}$. 在表面 S_{u1} 上满足位移已给的边界条件(7b)和在 τ_1 中满足位移应变关系(1)的所有允许的 u_i，e_{ij}，σ_{ij} 中，实际的 u_i，e_{ij}，σ_{ij} 必使下列广义泛函为驻值

$$\Pi_{IE} = \iiint_\tau \{A(e_{ij}) - F_i u_i\} d\tau - \iiint_{\tau_2} \left[e_{ij} - \frac{1}{2}(u_{i,j} + u_{j,i})\right] \sigma_{ij} d\tau$$

$$- \iint_{S_p} \bar{p}_i u_i dS - \iint_{S_{u2}} (u_i - \bar{u}_i) \sigma_{ij} n_j dS \tag{38}$$

变分原理 II E (小位移线性弹性理论的分区不完全广义余能原理): 设 $\tau = \tau_1 + \tau_2$, 在 τ_1 的表面上有 S_{u1}, S_{p1}, 在 τ_2 的表面上有 S_{u2}, S_{p2}, 其中 $S_u = S_{u1} + S_{u2}$, $S_p = S_{p1} + S_{p2}$, 在表面 S_{p1} 上满足外力已知的边界条件(7a)和在 τ_1 中满足平衡方程(5)的所有允许的 u_i, e_{ij}, σ_{ij} 中, 实际的 u_i, e_{ij}, σ_{ij} 必使下列广义泛函为驻值

$$\Pi_{IIE} = \iiint_\tau [\sigma_{ij} e_{ij} - A(e_{ij})] d\tau + \iiint_{\tau_2} (\sigma_{ij,j} + F_i) u_i d\tau$$

$$- \iint_{S_u} \sigma_{ij} n_j \bar{u}_i dS - \iint_{S_{p2}} (\sigma_{ij} n_j - \bar{p}_i) u_i dS \tag{39}$$

还有只在表面 S_{p1} 上满足任意一个或两个或全部外力已知的边界条件(7a)的分区不完全广义余能原理,或只在 τ_1 内满足任意一个或两个平衡方程或全部平衡方程(5)的分区不完全广义余能原理.

还有只在表面上满足任意一个或两个或全部位移已知的边界条件(7b)的分区不完全广义位能原理,或只在 τ_1 内满足任意一个或两个或全部应变位移关系(1)的分区不完全广义位能原理.

在下面将列举在各个区域内满足不同条件的混合变分原理.

变分原理 V (小位移线性弹性理论的分区混合变分原理): 设 $\tau = \tau_1 + \tau_2$, 在 τ_1 的表面上有 $S_{u1} + S_{p1}$, 在 τ_2 的表面上有 $S_{u2} + S_{p2}$, 而且 $S_u = S_{u1} + S_{u2}$, $S_p = S_{p1} + S_{p2}$, 在 τ_1 内满足应变位移关系(1), 在 S_{u1} 上满足边界位移已给的条件(7b), 在 τ_2 内满足平衡方程(5)和在 S_{p2} 上满足边界外力已给的条件(7a)的所有允许的 e_{ij}, σ_{ij}, u_i 中, 实际的 e_{ij}, σ_{ij}, u_i 必使下列泛函为驻值

$$\Pi_V = \iiint_{\tau_1} \{A(e_{ij}) - F_i u_i\} d\tau + \iiint_{\tau_2} \{A(e_{ij}) - e_{ij} \sigma_{ij}\} d\tau -$$

$$- \iint_{S_{p1}} \bar{p}_i u_i dS + \iint_{S_{u2}} \bar{u}_i \sigma_{ij} n_j dS - \iint_{S_0} \sigma_{ij} n_j^{(0)} u_i dS \tag{40}$$

其中 S_0 为 τ_1 和 τ_2 的界面, $n_j^{(0)}$ 为 τ_1 的界面 S_0 上的外向法线(从 τ_1 指向 τ_2)的方向余弦.

变分原理 VI (小位移线性弹性理论的完全的分区混合广义变分原理): 满足 (1), (2), (5), (7) 诸关系的 u_i, e_{ij}, σ_{ij} 的解, 必使下述混合泛函为驻值

$$\Pi_{VI} = \iiint_{\tau_1} \left\{ A(e_{ij}) - \left[e_{ij} - \frac{1}{2}(u_{i,j} + u_{j,i}) \right] \sigma_{ij} - F_i u_i \right\} d\tau$$

$$+ \iiint_{\tau_2} \{ A(e_{ij}) - e_{ij}\sigma_{ij} - (\sigma_{ij,j} + F_i) u_i \} d\tau$$

$$- \iint_{S_{p1}} \bar{p}_i u_i dS - \iint_{S_{u1}} (u_i - \bar{u}_i) \sigma_{ij} n_j dS$$

$$+ \iint_{S_{p2}} (\sigma_{ij} n_j - \bar{p}_i) u_i dS + \iint_{S_{u2}} \sigma_{ij} n_j dS - \iint_{S_0} \sigma_{ij} n_j^{(0)} u_i dS \tag{41}$$

其中 S_0 为 τ_1 和 τ_2 的界面，$n_j^{(0)}$ 为 τ_1 的界面 S_0 上从 τ_1 指向 τ_2 的法线的方向余弦，$S_{u1} + S_{p1}$ 为 τ_1 的表面，$S_{u2} + S_{p2}$ 为 τ_2 的表面，而且 $S_{u1} + S_{u2} = S_u$，$S_{p1} + S_{p2} = S_p$，$\tau_1 + \tau_2 = \tau$。

从变分原理Ⅴ或从变分原理Ⅵ，我们可以导出各级不完全的分区混合广义变分原理。

所有上述各种完全的和不完全的广义变分原理，在计算各种特殊几何形状的弹性体受到较复杂的边界条件作用的有限元解时，都是很有用处的。

三、大位移非线性弹性理论的最小位能原理和最小余能原理

设取拖带坐标（comoving coordinates）系，$x_i (i = 1, 2, 3)$，它是随着弹性体的变形而变形的。在这个坐标系内，$u_i (i = 1, 2, 3)$ 为位移分量，位移应变关系式为

$$e_{ij} = \frac{1}{2}(u_{i,j} + u_{j,i} + u_{k,i} u_{k,j}) \quad (i, j = 1, 2, 3) \tag{42}$$

应力应变关系可以通过应变能密度 $A(e_{ij})$ 来表示，亦即

$$\frac{\partial A}{\partial e_{ij}} = \sigma_{ij} \quad (i, j = 1, 2, 3) \tag{43}$$

如果称 $B(\sigma_{ij})$ 为余能密度，则有

$$\frac{\partial B}{\partial \sigma_{ij}} = e_{ij} \quad (i, j = 1, 2, 3) \tag{44}$$

而且根据应变能密度和余能密度的定义，有

$$A(e_{ij}) + B(\sigma_{ij}) = e_{ij} \sigma_{ij} \tag{45}$$

这里必须指出，对于线性的小应变理论而言，$A(e_{ij})$ 是 e_{ij} 的二次不变量，$B(\sigma_{ij})$ 是 σ_{ij} 的二次不变量，对于非线性的弹性体而言，$A(e_{ij})$ 是 e_{ij} 的高次不变量，$B(\sigma_{ij})$ 是

σ_{ij} 的高次不变量. 不论是线性的或是非线性的,(43),(44)式都代表应力应变关系式.

平衡方程应该写成

$$[(\delta_{ij}+u_{i,j})\sigma_{jk}]_{,k}+F_i=0 \quad (i=1,2,3) \tag{46}$$

其中 $(\delta_{ij}+u_{i,j})$ 代表面积元素在变形中的面积变化,δ_{ij} 为克氏符号

$$\delta_{ij}=\begin{cases}0 & i\neq j \\ 1 & i=j\end{cases} \tag{47}$$

边界条件为

（a）位移已给的边界条件

$$u_i=\bar{u}_i \quad (i=1,2,3) \quad (在 S_u 上) \tag{48a}$$

（b）外力已给的边界条件

$$(\delta_{ij}+u_{i,j})\sigma_{jk}n_k=\bar{p}_i \tag{48b}$$

在大位移非线性弹性理论中,最小位能原理仍成立.

变分原理Ⅶ（大位移非线性弹性理论的最小位能原理）：

在满足大位移应变关系(42)和边界位移已知的条件(48a)的所有允许的 u_i（和 e_{ij}）中,实际的 u_i（和 e_{ij}）必使弹性体的总位能

$$\Pi_{Ⅶ}=\iiint_\tau\{A(e_{ij})-F_iu_i\}\mathrm{d}\tau-\iint_{S_p}\bar{p}_iu_i\mathrm{d}S \tag{49}$$

为最小. 这里假定应力应变关系一般用(32)式表示. 通过变分,在利用了(43)式和 Green 公式以后,可以证明从 $\Pi_Ⅶ$ 的极值条件,得出平衡方程(46)式,及边界外力已给条件(48b). 证明是众所周知的(例如[8]的§3.8).

变分原理Ⅷ（大位移非线性弹性理论的最小余能原理）：

在满足大位移变形的平衡方程(46)式,及边界外力已给条件(48b)的所有允许的 σ_{ij},u_i 中,实际的应力 σ_{ij} 和位移 u_i 必使弹性体的泛函

$$\Pi_{Ⅷ}=\iiint_\tau\left\{B(\sigma_{ij})+\frac{1}{2}u_{k,j}u_{k,j}\sigma_{ij}\right\}\mathrm{d}\tau-\iint_{S_u}\bar{u}_i(\delta_{ik}+u_{i,k})\sigma_{kj}n_j\mathrm{d}S \tag{50}$$

为最小. 亦即,使(50)的泛函 $\Pi_Ⅷ$ 为最小的 σ_{ij},u_i,必满足边界位移已给的条件(48a). 在证明中,我们利用了应力应变关系(44),应变位移关系(42). 证明如下：

$$\delta\Pi_Ⅷ=\iiint_\tau\left\{\frac{\partial B}{\partial\sigma_{ij}}\delta\sigma_{ij}+\frac{1}{2}u_{k,j}u_{k,j}\delta\sigma_{ij}+u_{k,i}\delta u_{k,j}\right\}\mathrm{d}\tau$$

$$-\iint_{S_u} \bar{u}_i \delta[(\delta_{ik} + u_{i,k})\sigma_{kj}]n_j \mathrm{d}S \tag{51}$$

在利用了(44)和(42)以后

$$\frac{\partial B}{\partial \sigma_{ij}}\delta\sigma_{ij} + \frac{1}{2}u_{k,i}u_{k,j}\delta\sigma_{ij} = \frac{1}{2}(u_{i,j} + u_{j,i} + 2u_{k,i}u_{k,j})\delta\sigma_{ij}$$
$$= u_{k,i}(\delta_{kj} + u_{k,j})\delta\sigma_{ij} \tag{52}$$

而且,因为 δ_{kj} 为一常量,所以

$$u_{k,i}\sigma_{ij}\delta u_{k,j} = u_{k,i}\sigma_{ij}\delta[\delta_{kj} + u_{k,j}] \tag{53}$$

在利用了 Green 公式后,

$$\delta \Pi_{\text{VIII}} = -\iiint_\tau u_k \delta[(\delta_{kj} + u_{k,j})\sigma_{ij}]_{,i}\mathrm{d}\tau + \iint_{S_u}(u_k - \bar{u}_k)\delta[(\delta_{ki} + u_{k,i})\sigma_{ij}]n_j\mathrm{d}S \tag{54}$$

因为 u_i, σ_{ij} 满足平衡方程,所以 $[(\delta_{kj} + u_{k,j})\sigma_{ij}]_{,i} + F_k = 0$,或 $\delta[(\delta_{kj} + u_{k,j})\sigma_{ij}]_{,i} = 0$;于是 $\delta \Pi_{\text{VIII}} = 0$ 的条件为

$$\iint_{S_u}(u_k - \bar{u}_k)\delta[(\delta_{ki} + u_{k,i})\sigma_{ij}]n_j \mathrm{d}S = 0 \tag{55}$$

或 $u_k = \bar{u}_k$,它是边界位移已知的条件(48a).这就证明了大位移非线性弹性理论的最小余能原理.当 u_k 为小位移时, $u_k \ll 1$,从(50)中略去高级小量,即可还原为小位移的最小余能原理的泛函.

在上面有关变分定理Ⅶ和Ⅷ的证明中,不仅适用于大位移,而且也适用于非线性弹性体的问题.

四、大位移非线性弹性体的广义变分原理——完全的和不完全的

我们也可以通过拉格朗日乘子法,导出大位移非线性弹性体的有关广义变分原理.

设 λ_{ij} 和 u_i 为待定的拉格朗日乘子,于是根据(49)式导出的无条件的广义变分泛函为

$$\Pi_{\text{VIII}}^* = \iiint_\tau \{A(e_{ij}) - F_i u_i\}\mathrm{d}\tau - \iint_{S_p}\bar{p}_i u_i \mathrm{d}S$$
$$+ \iiint_\tau \left\{e_{ij} - \frac{1}{2}(u_{i,j} + u_{j,i} + u_{k,i} + u_{k,j})\right\}\lambda_{ij}\mathrm{d}\tau + \iint_{S_u}(u_i - \bar{u}_i)\mu_i \mathrm{d}S \tag{56}$$

把 e_{ij}, u_i, λ_{ij}, μ_i 当作独立变量进行变分,得

$$\delta \Pi_{\text{VII}}^* = \iiint_\tau \left\{ \left(\frac{\partial A}{\partial e_{ij}} + \lambda_{ij} \right) \delta e_{ij} + \left[e_{ij} - \frac{1}{2}(u_{i,j} + u_{j,i} + u_{k,i} u_{k,j}) \right] \delta \lambda_{ij} \right.$$
$$\left. - (\delta_{ki} + u_{k,i}) \lambda_{ij} \delta u_{k,j} - F_i \delta u_i \right\} d\tau$$
$$- \iint_{S_p} \bar{p}_i \delta u_i dS + \iint_{S_u} (u_i - \bar{u}_i) \delta \mu_i dS + \iint_{S_u} \mu_i \delta u_i dS \tag{57}$$

其中,利用应力应变关系(43)式,有 $\dfrac{\partial A}{\partial e_{ij}} + \lambda_{ij} = \sigma_{ij} + \lambda_{ij}$;其次,利用 Green 公式

$$-\iiint_\tau (\delta_{ki} + u_{k,i}) \lambda_{ij} \delta u_{k,j} d\tau = -\iint_S (\delta_{ki} + u_{k,i}) \lambda_{ij} n_j \delta u_k + \iiint_\tau [(\delta_{ki} + u_{k,i}) \lambda_{ij}]_{,j} \delta u_k d\tau \tag{58}$$

其中 n_j 为表面的外向法线方向余弦. 把(58)式代入(57),得

$$\delta \Pi_{\text{VII}}^* = \iiint_\tau \left\{ (\sigma_{ij} + \lambda_{ij}) \delta e_{ij} + \left[e_{ij} - \frac{1}{2}(u_{i,j} + u_{j,i} + u_{k,i} u_{k,j}) \right] \delta \lambda_{ij} \right\} d\tau$$
$$+ \iiint_\tau \{ [(\delta_{ki} + u_{k,i}) \lambda_{ij}]_{,j} - F_k \} \delta u_k d\tau + \iint_{S_u} (u_i - \bar{u}_i) \delta \mu_i dS$$
$$- \iint_{S_p} [(\delta_{ik} + u_{i,k}) \lambda_{kj} n_j + \bar{p}_i] \delta u_i dS - \iint_{S_u} [(\delta_{ik} + u_{i,k}) \lambda_{kj} n_j - \mu_i] \delta u_i dS \tag{59}$$

当 $\delta \Pi_{\text{VII}}^* = 0$ 时,δe_{ij}, $\delta \lambda_{ij}$, δu_k, $\delta \mu_i$ 都是独立变量时,得

$$\left. \begin{array}{ll}
(a)\ \sigma_{ij} + \lambda_{ij} = 0 & \text{在 } \tau \text{ 内} \\
(b)\ e_{ij} - \dfrac{1}{2}(u_{i,j} + u_{j,i} + u_{k,i} u_{k,j}) = 0 & \text{在 } \tau \text{ 内} \\
(c)\ [(\delta_{ki} + u_{k,i}) \lambda_{ij}]_{,j} - F_k = 0 & \text{在 } \tau \text{ 内} \\
(d)\ u_i - \bar{u}_i = 0 & \text{在 } S_u \text{ 上} \\
(e)\ (\delta_{ik} + u_{i,k}) \lambda_{kj} n_j + \bar{p}_i = 0 & \text{在 } S_p \text{ 上} \\
(f)\ (\delta_{ik} + u_{i,k}) \lambda_{kj} n_j - \mu_i = 0 & \text{在 } S_p \text{ 上}
\end{array} \right\} \tag{60}$$

从(60a),(60f)中给出待定的拉格朗日乘子 λ_{ij} 和 μ_i

$$\lambda_{ij} = -\sigma_{ij}, \qquad \mu_i = -(\delta_{ik} + u_{i,k}) \sigma_{kj} n_j \tag{61}$$

其余证实了满足应变位移关系(60b),平衡方程(60c),S_u 上的位移已知条件(60d),和 S_p 上的外力已知条件(60e),把(61)代入(56)式,即得广义变分泛函(62).

变分定理 Ⅸ（大位移非线性弹性理论的完全的广义变分原理——从最小位能原理导出）：

满足(42), (43), (46), (48a, b) 的 σ_{ij}, e_{ij}, u_i 的解,必使下述泛函 $\Pi_{\text{Ⅶ}}^*$ 为驻值.

$$\Pi_{\text{Ⅶ}}^* = \iiint_\tau \left\{ A(e_{ij}) - \left[e_{ij} - \frac{1}{2}(u_{i,j} + u_{j,i} + u_{k,i}u_{k,j}) \right]\sigma_{ij} - F_i u_i \right\} d\tau$$
$$- \iint_{S_p} \bar{p}_i u_i dS - \iint_{S_u} (u_i - \bar{u}_i)(\delta_{ik} + u_{i,k})\sigma_{kj} n_j dS \tag{62}$$

同样,我们可以从最小余能原理导出不同形式的大位移非线性弹性理论的广义变分原理.

变分定理 Ⅹ（大位移非线性弹性理论的完全的广义变分原理——从最小余能原理导出）：

满足(42), (43), (46), (48a, b) 的 σ_{ij}, e_{ij}, u_i 的解,必使下述泛函 $\Pi_{\text{Ⅷ}}^*$ 为驻值.

$$\Pi_{\text{Ⅷ}}^* = \iiint_\tau \left\{ \sigma_{ij} e_{ij} - A(e_{ij}) + \frac{1}{2} u_{k,i} u_{k,j} \sigma_{ij} + [(\delta_{ij} + u_{i,j})\sigma_{jk}]_{,k} u_i + F_i u_i \right\} d\tau -$$
$$- \iint_{S_p} \{(\delta_{ij} + u_{i,j})\sigma_{jk} n_k - \bar{p}_i\} u_i dS \iint_{S_u} (\delta_{ij} + u_{i,j}) \sigma_{jk} n_k \bar{u}_i dS \tag{63}$$

我们也可以用拉格朗日乘子法从最小余能变分原理 Ⅷ 和它的泛函(50)式导出.

我们应该指出,变分原理 Ⅶ (最小位能原理)和从它导出的广义变分原理 Ⅸ 是众所周知的(例如[9]),但是变分原理 Ⅷ 和它的泛函(50),以及从它导出的广义变分原理 Ⅹ 和它的泛函(63),在以前的文献中并不存在,而且是一直公认的困难问题(例如鹫津久一郎[9]著作的 74 页 3.12 节).

现在让我们证明大位移问题的两个广义变分原理[Ⅸ, Ⅹ]**的等同性**. 从(62), (63)

$$\Pi_{\text{Ⅶ}}^* + \Pi_{\text{Ⅷ}}^* = \iiint_\tau \{(u_{i,j} + u_{k,i} u_{k,j})\sigma_{ij} + [(\delta_{ij} + u_{i,j})\sigma_{jk}]_{,k} u_i\} d\tau$$
$$- \iint_{S_p} \{(\delta_{ij} + u_{i,j})\sigma_{jk} n_k\} u_i dS - \iint_{S_u} \{(\delta_{ij} + u_{i,j})\sigma_{jk} n_k\} u_i dS$$
$$= \iiint_\tau \{(\delta_{ij} + u_{i,j})\sigma_{jk} u_i\}_{,k} d\tau - \iint_S \{(\delta_{ij} + u_{i,j})\sigma_{jk} n_k\} u_i dS \tag{64}$$

在利用了 Green 公式后,即可证明

$$\Pi_{\text{Ⅶ}}^* + \Pi_{\text{Ⅷ}}^* = 0 \tag{65}$$

这就证明了这两个变分原理只在形式上有区别,在实质上是解决相同的物理问题的两个相同的泛函(只差一个符号).

从变分原理Ⅶ,Ⅷ,Ⅸ,Ⅹ可以派生出许多不同条件下变分的不完全的广义变分原理.例如有下列诸大位移非线性弹性理论的不完全的广义位能原理.

变分原理ⅦA：在满足边界位移已知条件(48a)的所有允许的 u_i, e_{ij}, σ_{ij} 中,实际的 u_i, e_{ij}, σ_{ij} 必使下述泛函为驻值.

$$\Pi_{\text{Ⅶ}A} = \iiint_\tau \left\{ A(e_{ij}) - \left[e_{ij} - \frac{1}{2}(u_{i,j} + u_{j,i} + u_{k,i}u_{k,j}) \right]\sigma_{ij} - F_i u_i \right\} d\tau - \iint_{S_p} \bar{p}_i u_i dS \tag{66}$$

变分原理ⅦB：在满足大位移应变关系(42)的所有允许的 u_i, e_{ij}, σ_{ij} 中,实际的 u_i, e_{ij}, σ_{ij} 必使下述泛函为驻值.

$$\Pi_{\text{Ⅶ}B} = \iiint_\tau \{A(e_{ij}) - F_i u_i\} d\tau - \iint_{S_p} \bar{p}_i u_i dS - \iint_{S_u} (u_i - \bar{u}_i)(\delta_{ij} + u_{i,j})\sigma_{jk} n_k dS \tag{67}$$

变分原理ⅦC：在满足一个边界位移已知的条件 $u_1 - \bar{u}_1 = 0$ 的所有允许的 u_i, e_{ij}, σ_{ij} 中,实际的 u_i, e_{ij}, σ_{ij} 必使下列广义泛函为驻值.

$$\begin{aligned}\Pi_{\text{Ⅶ}C} = &\iiint_\tau \left\{ A(e_{ij}) - \left[e_{ij} - \frac{1}{2}(u_{i,j} + u_{j,i} + u_{k,i}u_{k,j}) \right]\sigma_{ij} - F_i u_i \right\} d\tau \\ & - \iint_{S_p} \bar{p}_i u_i dS - \iint_{S_u} (u_2 - \bar{u}_2)(\delta_{2j} + u_{2,j})\sigma_{jk} n_k dS \\ & - \iint_{S_u} (u_3 - \bar{u}_3)(\delta_{3j} + u_{3,j})\sigma_{jk} n_k dS \end{aligned} \tag{68}$$

也还有只满足任意一个或两个边界位移已知的条件的不完全广义位能原理.

变分原理ⅦD：在满足一个应变位移关系 $e_{11} = u_{1,1} + \frac{1}{2} u_{k,1} u_{k,1}$ 的所有允许的 u_i, e_{ij}, σ_{ij} 中,实际的 u_i, e_{ij}, σ_{ij} 必使下列广义泛函为驻值.

$$\begin{aligned}\Pi_{\text{Ⅶ}D} = &\iiint_\tau \Big\{ A(e_{ij}) - \left[e_{ij} - \frac{1}{2}(u_{i,j} + u_{j,i} + u_{k,i}u_{k,j}) \right]\sigma_{ij} \\ & + \left[e_{11} - \frac{1}{2}(2u_{1,1} + u_{k,1}u_{k,1}) \right]\sigma_{11} - F_i u_i \Big\} d\tau \\ & - \iint_{S_p} \bar{p}_i u_i dS - \iint_{S_u} (u_i - \bar{u}_i)\sigma_{ij} n_j dS \end{aligned} \tag{69}$$

也可以有满足任意一个、两个、三个、四个或五个应变位移关系的广义变分,它们都是不完全的. 也还有满足一部分位移应变关系和一部分边界位移已知条件的不完全的广义位能原理.

下面是诸大位移非线性弹性理论的不完全的广义余能原理.

变分原理ⅧA：在满足边界外力已知的条件(48b)的所有允许的 u_i，e_{ij}，σ_{ij} 中,实际的 u_i，e_{ij}，σ_{ij} 必使下列广义泛函为驻值.

$$\Pi_{ⅧA} = \iiint_\tau \{e_{ij}\sigma_{ij} - A(e_{ij}) + [(\delta_{ik} + u_{i,k})\sigma_{kj}]_{,j} u_i + \overline{F}_i u_i\} d\tau \\ - \iint_{S_u} (\delta_{ik} + u_{i,k})\sigma_{kj} n_j \overline{u}_i dS \tag{70}$$

变分原理ⅧB：在满足平衡方程(46)式的所有允许的 σ_{ij}，e_{ij}，u_i 中,实际的 σ_{ij}，e_{ij}，u_i 必使下列广义泛函为驻值.

$$\Pi_{ⅧB} = \iiint_\tau \{e_{ij}\sigma_{ij} - A(e_{ij})\} d\tau - \iint_{S_p} \{(\delta_{ik} + u_{i,k})\sigma_{kj} n_j - \overline{p}_i\} u_i dS \\ - \iint_{S_u} (\delta_{ik} + u_{i,k})\sigma_{kj} n_j \overline{u}_i dS \tag{71}$$

变分原理ⅧC：在满足一个边界外力已知的条件 $(\delta_{1k} + u_{1,k})\sigma_{kj} n_j = \overline{p}_1$ 的所有允许的 u_i，e_{ij}，σ_{ij} 中,实际的 u_i，e_{ij}，σ_{ij} 必使下列广义泛函为驻值.

$$\Pi_{ⅧC} = \iiint_\tau \{e_{ij}\sigma_{ij} - A(e_{ij}) + [(\delta_{ik} + u_{i,k})\sigma_{kj}]_{,j} u_i + F_i u_i\} d\tau \\ - \iint_{S_p} \{[(\delta_{2k} + u_{2,k})\sigma_{kj} n_j - \overline{p}_2] u_2 + [(\delta_{3k} + u_{3,k})\sigma_{jk} n_j - \overline{p}_3] u_3\} dS \\ - \iint_{S_u} (\delta_{ik} + u_{i,k})\sigma_{kj} n_j \overline{u}_i dS \tag{72}$$

变分原理ⅧD：在满足一个平衡条件 $[(\delta_{1k} + u_{1,k})\sigma_{kj}]_{,j} + F_1 = 0$ 的所有允许的 u_{ij}，e_{ij}，σ_{ij} 中,实际的 σ_{ij}，e_{ij}，u_i 必使下列泛函为驻值.

$$\Pi_{ⅧD} = \iiint_\tau \{\sigma_{ij} e_{ij} - A(e_{ij}) + [(\delta_{2i} + u_{2,i})\sigma_{ik}]_{,k} u_2 + [(\delta_{3i} + u_{3,i})\sigma_{ik}]_{,k} u_3 \\ + u_2 F_2 + u_3 F_3\} d\tau - \iint_{S_p} \{(\delta_{ik} + u_{i,k})\sigma_{kj} n_j - \overline{p}_i\} u_i dS \\ - \iint_{S_u} (\delta_{ik} + u_{i,k})\sigma_{kj} n_j \overline{u}_i dS \tag{73}$$

也可以有满足(1) 任意一个或两个外力已知条件,或(2) 任意一个或两个平衡方程,或(3)一部分平衡方程和一部分外力已知条件的变分,它们也都是不完全的广义余能原理.

除了上述以外,在大位移非线性弹性理论中,也和小位移线性弹性理论中一样,有分区的不完全位能原理(如ⅠE原理),分区的不完全余能原理(如ⅡE原理),分区的混合变分原理(如Ⅴ原理),完全的分区混合广义变分原理(如Ⅵ原理),和各级不完全的分区混合广义变分原理,我们将不再一一列述.

五、广义变分原理在有限元计算中的应用

第一个利用广义变分原理作为有限元法的基础的是 Fraeijs de Veubeke (1964)[11],他提出了不连续的场函数求解变分原理ⅡB的有限元法(满足平衡方程的广义余能原理). 此后,他和他的同事们把本法推广到许多板弯曲的问题上, Fraeijs de Veubeke(1965)[12] (1966)[13], Fraeijs de Veubeke 和 Sander(1968)[14]. 他们这样做就没有必要一定要采用协调的插值函数,这样就大大简化了有限元法.

其次,卞学鐄[10]也是采用变分原理ⅡB,但是把应力分量和位移分量两部分变量都当作场函数,他把这种方法称为混合应力型法. 他指出这个方法对于含有应力奇点的问题,特别有效. 因此,可以用来处理断裂力学中的应力强度因子(1972)[15].

另一方面,也有人〔Jones (1964)[16], Yamamoto (1966)[17], Greene 等 (1968)[18], Harvey, Kelsey (1971)[19]等〕提出了用不连续的场函数求解变分原理ⅠB的有限元法(满足应变位移关系的广义位能原理),和用混合型有限元求解同一问题.

利用完全的广义变分原理的余能形式(即 Reissner 变分原理)的不连续场函数法曾由卞学鐄[10]讨论过. Herrmann(1966)[20] (1967)[21]曾用这种广义变分原理处理过板的弯曲问题,但是他用的是各有限元间连续的场函数.

本文将不再介绍上述广义变分原理在有限元法上的应用,但将提出:

(1) 广义变分原理在合理处理有限元法的边界条件的应用价值.

(2) 广义变分原理在使用了混合型有限元后,可以采用最简单的插值函数,得到各有限元间应力都连续的近似解法.

(3) 用广义变分原理消除位移型有限元的应力不连续性的方法.

所有这些广义变分原理在有限元法上的应用价值,还没有受到足够的重视.

(1) 用广义变分原理合理处理有限元法的边界条件

在有限元法中处理边界条件时,有时很困难,有时有争议. 例如:利用最小位能原理时,位移已知边界条件是要求通过修正刚度矩阵和外力矩阵来满足的. 但是,有时认为这个边界条件只要在结点上满足就足够了,有时认为必须在有限元的这一边界上在形状函数近似的范围内到处都满足才算合理. 前者比较简单. 后者就

常常引起较复杂的代数运算. 利用最小余能原理时, 就有外力已知的边界条件要求处理, 有人把边界外力分配到结点上来处理, 但是各人有各人的分配方案, 从而得到不同的计算结果.

这个问题是可以用广义变分原理来合理地求得解决的. 设取变分原理 I B 的泛函.

$$\Pi_{IB} = \iiint_\tau \left\{ \frac{1}{2} a_{ijkl} e_{ij} e_{kl} - F_i u_i \right\} d\tau - \iint_{S_p} \bar{p}_i u_i dS - \iint_{S_u} (u_i - \bar{u}_i) \sigma_{ij} n_j dS \quad (74)$$

其中位移已知边界条件已经不再是变分的条件, 剩下的变分条件只有应变位移关系了.

设取有限元(e), 设u_1, u_2, u_3的插值函数都是相同的, 即有限元的待定结点参数都有m个, 例如u_1有$q_{11}, q_{12}, q_{13}, \cdots, q_{1m}$等$m$个参数, u_2有$q_{21}, q_{22}, \cdots, q_{2m}$等$m$个参数, u_3有$q_{31}, q_{32}, q_{33}, \cdots, q_{3m}$等$m$个参数. 称有关插值函数为$N_1, N_2, \cdots, N_m$, 它们都是$x_i$的函数, 于是

$$u_i = [N_1, N_2, \cdots, N_m] \begin{Bmatrix} q_{i1} \\ q_{i2} \\ \vdots \\ q_{im} \end{Bmatrix} = [N]\{q_i\} \quad (75)$$

根据应变位移关系, 有

$$e_{ij} = \frac{1}{2}(u_{i,j} + u_{j,i}) = \frac{1}{2}[N_{,i}]\{q_i\} + \frac{1}{2}[N_{,j}]\{q_i\} \quad (76)$$

根据应力应变关系, 有

$$\sigma_{ij} = a_{ijkl} e_{kl} = a_{ijkl} u_{k,l} = a_{ijkl}[N_{,k}]\{q_l\} \quad (77)$$

我们将假设在这些有限元的边界上, 所有u_i和σ_{ij}都连续, 于是, 在有限元(e)内,

$$\Pi^{(e)} = \iiint_{\tau^{(e)}} \frac{1}{2} a_{ijkl} [N_{,i}^{(e)}][Nq_{,k}^{(e)}]\{q_j^{(e)}\}\{q_l^{(e)}\} d\tau - \iiint_{\tau^{(e)}} F_i^{(e)}[N]\{q_i^{(e)}\} d\tau$$

$$- \iint_{S_u^{(e)}} \{[N^{(e)}]\{q_i\} - \bar{u}_i^{(e)}\} a_{ijkl}[N_{,k}^{(e)}]\{q_l^{(e)}\} n_j dS$$

$$- \iint_{S_p^{(e)}} \bar{p}_i^{(e)}[N^{(e)}]\{q_i^{(e)}\} dS$$

$$= \frac{1}{2}[q_i^{(e)}][K_{il}^{(e)}]\{q_l^{(e)}\} - [F_i^{(e)}]\{q_i^{(e)}\} - [\hat{p}_i^{(e)}]\{q_i^{(e)}\}$$

$$-[q_i^{(e)}][S_{il}^{(e)}]\{q_l^{(e)}\} - [\hat{U}_i^{(e)}]\{q_i^{(e)}\} \tag{78}$$

其中

$$\left.\begin{aligned}
[K_{jl}^{(e)}] &= \iiint_{\tau^{(e)}} u_{ijkl}[N_i^{(e)}][N_k^{(e)}]\mathrm{d}\tau \\
[F_l^{(e)}] &= \iiint_{\tau^{(e)}} F_i^{(e)}[N^{(e)}]\mathrm{d}\tau \\
[\hat{P}_i^{(e)}] &= \iint_{S_p^{(e)}} \bar{p}_i^{(e)}[N^{(e)}]\mathrm{d}S \\
[\hat{S}_{il}^{(e)}] &= \iint_{S_u^{(e)}} [N^{(e)}]a_{ijkl}[N_{,k}^{(e)}]n_j^{(e)}\mathrm{d}S \\
[\hat{U}_i^{(e)}] &= \iint_{S_u^{(e)}} \bar{u}_k^{(e)}a_{ijkl}[N_j^{(e)}]n_l^{(e)}\mathrm{d}S
\end{aligned}\right\} \tag{79}$$

凡带"^"的矩阵只有当有限元的周界是弹性体的实际边界时才能出现. 对于内部有限元时,它们都是零.

如果称

$$\left.\begin{aligned}
[K_{il}^{*(e)}] &= [K_{il}^{(e)}] + [\hat{S}_{il}^{(e)}] + [\hat{S}_{il}^{(e)}]^T \\
[F_i^{*(e)}] &= [F_i^{(e)}] + [\hat{P}_i^{(e)}] + [\hat{U}_i^{(e)}]
\end{aligned}\right\} \tag{80}$$

则有限元泛函式可以写成

$$\Pi^{(e)} = \frac{1}{2}[q_i^{(e)}][K_{ij}^{*(e)}]\{q_j^{(e)}\} - [F_i^{*(e)}]\{q_i^{(e)}\} \tag{81}$$

如果称

$$[K^{*(e)}] = \begin{bmatrix} [K_{11}^{*(e)}] & [K_{12}^{*(e)}] & [K_{13}^{*(e)}] \\ [K_{21}^{*(e)}] & [K_{22}^{*(e)}] & [K_{23}^{*(e)}] \\ [K_{31}^{*(e)}] & [K_{32}^{*(e)}] & [K_{33}^{*(e)}] \end{bmatrix}$$

$$\{F^{*(e)}\} = \begin{Bmatrix} \{F_1^{*(e)}\} \\ \{F_2^{*(e)}\} \\ \{F_3^{*(e)}\} \end{Bmatrix}, \quad \{q^{(e)}\} = \begin{Bmatrix} \{q_1^{*(e)}\} \\ \{q_2^{*(e)}\} \\ \{q_3^{*(e)}\} \end{Bmatrix} \tag{82}$$

则(81)式可以写为

$$\Pi^{(e)} = \frac{1}{2}[q^{(e)}][K^{*(e)}]\{q^{(e)}\} - [F^{*(e)}]\{q^{(e)}\} \tag{83}$$

把所有有限元的 $[q^{(e)}]$，$[K^{*(e)}]$，$\{F^{*(e)}\}$ 组合起来（按一般的组合程序），即得整体的泛函

$$\Pi = \sum_{(e)} \Pi^{(e)} = \frac{1}{2}[q][K^*]\{q\} - [F^*]\{q\} \tag{84}$$

$[q]$，$[K^*]$，$\{F^*\}$ 都是有关的组合矩阵. 于是变分后的矩阵方程为

$$[K^*]\{q\} = \{F^*\} \tag{85}$$

从上面的处理可以看到，这里的边界位移已知条件是完全被吸收入泛函中的，它们的近似程度和有限元其他部分的近似程度完全相同.

再以边界位移已知的矩形板为例（固定板为其特例），其广义变分原理（Ⅲ）可以写成

$$\begin{aligned}
\Pi_I^* = & \iint_A \frac{1}{2} D\{w_{xx}^2 + 2\nu w_{xx} w_{yy} + w_{yy}^2 + 2(1-\gamma)w_{xy}^2\} \mathrm{d}x \mathrm{d}y \\
& - \iint_A f w \mathrm{d}x \mathrm{d}y + \int_{C_u} D \frac{\partial}{\partial n}\left[\nabla^2 w + \left(1-\nu\right)\frac{\partial^2 w}{\partial s^2}\right](w-\bar{w}) \mathrm{d}s \\
& - \int_{C_u} D\left\{\nabla^2 w - (1-\nu)\frac{\partial^2 w}{\partial s^2}\right\}\left(\frac{\partial w}{\partial n} - \frac{\partial \bar{w}}{\partial n}\right) \mathrm{d}s
\end{aligned} \tag{86}$$

取完全协调的有限元，设有 m 个自由度，它由结点上的参数 $(q_1, q_2, \cdots, q_m)^{(e)}$ 表示，在这些参数中，有的代表结点上的位移 w，有的代表结点上的位移的各阶导数. 于是

$$w(x, y) = N_1 q_1 + N_2 q_2 + \cdots + N_m q_m = [N]\{q\} \tag{87}$$

于是有限元的泛函可以写成

$$\begin{aligned}
\Pi_I^{*(e)} = & \frac{1}{2}[q^{(e)}][K^{(e)}]\{q^{(e)}\} - [F^{(e)}]\{q^{(e)}\} + [q^{(e)}][\hat{S}^{(e)}]\{q^{(e)}\} \\
& - [q^{(e)}][M^{(e)}]\{q^{(e)}\} - [\hat{W}^{(e)}]\{q^{(e)}\} + [\hat{W}_n^{(e)}]\{q^{(e)}\}
\end{aligned} \tag{88}$$

其中的矩阵 $[K^{(e)}]$，$[F^{(e)}]$，$[\hat{S}^{(e)}]$，$[\hat{M}^{(e)}]$，$[\hat{W}^{(e)}]$，$[\hat{W}_n^{(e)}]$ 的元素分别是

$$\begin{aligned}
K_{ij}^{(e)} = & \iint_{A^{(e)}} D\{N_{xxi}N_{xxj} + \nu(N_{xxi}N_{yyj} + N_{xxj}N_{yyi}) \\
& + N_{yyi}N_{yyj} + 2(1-\nu)N_{xyi}N_{xyj}\} \mathrm{d}x \mathrm{d}y
\end{aligned} \tag{89a}$$

$$F_i^{(e)} = \iint_{A^{(e)}} f(x, y) N_i \mathrm{d}x \mathrm{d}y \tag{89b}$$

$$S_{ij}^{(e)} = \int_{C_u^{(e)}} D \frac{\partial}{\partial n}\left[\nabla^2 N_i + (1-\nu)\frac{\partial^2 N_i}{\partial s^2}\right] N_j \mathrm{d}s \tag{89c}$$

$$M_{ij}^{(e)} = \int_{C_u^{(e)}} D\left[\nabla^2 N_i - (1-\nu)\frac{\partial^2 N_i}{\partial s^2}\right]\frac{\partial N_i}{\partial n}\mathrm{d}s \tag{89d}$$

$$\hat{W}_i^{(e)} = \int_{C_u^{(e)}} D \frac{\partial}{\partial n}\left[\nabla^2 N_i + (1-\nu)\frac{\partial^2 N_i}{\partial s^2}\right]\bar{w}\mathrm{d}s \tag{89e}$$

$$W_{ni}^{(e)} = \int_{C_u^{(e)}} D\left[\nabla^2 N_i - (1-\nu)\frac{\partial^2 N_i}{\partial s^2}\right]\frac{\partial \bar{w}}{\partial n}\mathrm{d}s \tag{89f}$$

也可以把(88)式归纳为

$$\Pi_{\mathrm{I}}^{*(e)} = \frac{1}{2}[q^{(e)}][K^{*(e)}]\{q^{(e)}\} - [F^{*(e)}]\{q^{(e)}\} \tag{90}$$

其中

$$\left.\begin{aligned}[K^{*(e)}] &= [K^{(e)}] + [\hat{S}^{(e)}] - [\hat{M}^{(e)}] + [S^{(e)}]^T - [\hat{M}^{(e)}]^T \\ [F^{*(e)}] &= [F^{(e)}] - [W^{(e)}] + [W_n^{(e)}]\end{aligned}\right\} \tag{91}$$

其余的问题就迎刃而解了．

(2) 用广义变分原理和混合型有限元，求得最简单的应力和位移都连续的解．

在一般有限元中，如果用位移型有限元，取位移的线性插值函数，则位移在有限元间是连续的，但由此算得的应变和应力都不连续．用变分原理来处理时应该考虑应力不连续所引起的修正．但是，我们可以采用混合型有限元消除这种不连续性．

设取广义变分原理(Ⅲ)其泛函为

$$\Pi_{\mathrm{I}}^* = \iiint_\tau \left\{\frac{1}{2}a_{ijkl}e_{ij}e_{kl} - \left[e_{ij} - \frac{1}{2}(u_{i,j}+u_{j,i})\right]\sigma_{ij} - F_i u_i\right\}\mathrm{d}\tau \\ - \iint_{S_p} \bar{p}_i u_i \mathrm{d}S - \iint_{S_u}(u_i-\bar{u}_i)\sigma_{ij}n_j \mathrm{d}S \tag{92}$$

让我们用最简单的 C_0 连续性的有限元，设取四角形四角体有限元，四个角点上的场函数值为待定参数，例如 u_i 的角点场函数值为 $u_{i(1)}$，$u_{i(2)}$，$u_{i(3)}$，$u_{i(4)}$，并设 L_1，L_2，L_3，L_4 为四角三维自然坐标或体积坐标，它们也是插值函数，也是 x_i 的线性函数，

$$\left.\begin{aligned}u_i &= L_1 u_{i(1)} + L_2 u_{i(2)} + L_3 u_{i(3)} + L_4 u_{i(4)} = [L]\{u_i\} \\ e_{ij} &= L_1 e_{ij(1)} + L_2 e_{ij(2)} + L_3 e_{ij(3)} + L_4 e_{ij(4)} = [L]\{e_{ij}\} \\ \sigma_{ij} &= L_1 \sigma_{ij(1)} + L_2 \sigma_{ij(2)} + L_3 \sigma_{ij(3)} + L_4 \sigma_{ij(4)} = [L]\{\sigma_{ij}\}\end{aligned}\right\} \quad (93)$$

于是有限元(e)的泛函可以写成

$$\begin{aligned}\Pi_{\mathrm{I}}^{*(e)} = &\frac{1}{2} a_{ijkl} [e_{ij}^{(e)}][R^{(e)}]\{e_{kl}^{(e)}\} - [e_{ij}^{(e)}][R^{(e)}]\{\sigma_{ij}^{(e)}\} \\ &+ [u_i^{(e)}][S_j^{(e)}]\{e_{ij}^{(e)}\} - [F_i^{(e)}]\{u_i^{(e)}\} - [P_i^{(e)}]\{u_i^{(e)}\} \\ &- [u_i^{(e)}][Q_j^{(e)}]\{\sigma_{ij}^{(e)}\} + [\widehat{u}_{ij}^{(e)}]\{\sigma_{ij}^{(e)}\}\end{aligned} \quad (94)$$

其中$[R^{(e)}], [S_j^{(e)}], [F_i^{(e)}], [\hat{P}_i^{(e)}], [\hat{Q}_j^{(e)}], [\widehat{\bar{u}}_{ij}]$的元素为

$$\left.\begin{aligned}R_{(\alpha,\beta)}^{(e)} &= \iiint_{\tau^{(e)}} L_\alpha L_\beta \mathrm{d}\tau \\ S_{j(\alpha,\beta)}^{(e)} &= \iiint_{\tau^{(e)}} L_{\alpha,j} L_\beta \mathrm{d}\tau \\ F_{i(\alpha)}^{(e)} &= \iiint_{\tau^{(e)}} F_i^{(e)} L_\alpha \mathrm{d}\tau \\ \hat{P}_{i(\alpha)}^{(e)} &= \iint_{S_p^{(e)}} \bar{p}_i^{(e)} L_\alpha \mathrm{d}S \quad (\alpha,\beta = 1,2,3,4) \\ Q_{j(\alpha,\beta)}^{(e)} &= \iint_{S_u^{(e)}} L_\alpha L_\beta n_j \mathrm{d}S \\ \widehat{\bar{u}}_{ij(\alpha)}^{(e)} &= \iint_{S_u^{(e)}} \bar{u}_i L_\alpha n_j \mathrm{d}S\end{aligned}\right\} \quad (95)$$

上式也可以写成

$$\begin{aligned}\Pi_{\mathrm{I}}^{*(e)} = &\frac{1}{2}[e_{ij}^{(e)}][K_{ijkl}^{(e)}]\{e_{kl}^{(e)}\} + [u_i^{(e)}][K_j^{(e)}]\{e_{ij}^{(e)}\} - [e_{ij}^{(e)}][R^{(e)}]\{\sigma_{ij}^{(e)}\} \\ &- [F_i^{(e)*}]\{u_i^{(e)}\} - [\widehat{\bar{u}}_{ij}^{(e)}]\{\sigma_{ij}^{(e)}\}\end{aligned} \quad (96)$$

其中

$$\left.\begin{aligned}[K_{ijkl}^{(e)}] &= a_{ijkl}[R^{(e)}] \\ [K_j^{(e)}] &= [S_j^{(e)}] - [\hat{Q}_j^{(e)}] \\ [F_i^{*(e)}] &= [F_i^{(e)}] + [\hat{P}_i^{(e)}]\end{aligned}\right\} \quad (97)$$

如果称

$$\{u^{(e)}\} = \begin{Bmatrix} \{u_1^{(e)}\} \\ \{u_2^{(e)}\} \\ \{u_3^{(e)}\} \end{Bmatrix}, \quad \{e^{(e)}\} = \begin{Bmatrix} \{e_{11}^{(e)}\} \\ \{e_{12}^{(e)}\} \\ \{e_{13}^{(e)}\} \\ \{e_{22}^{(e)}\} \\ \{e_{23}^{(e)}\} \\ \{e_{33}^{(e)}\} \end{Bmatrix} \quad \{\sigma^{(e)}\} = \begin{Bmatrix} \{\sigma_{11}^{(e)}\} \\ \{\sigma_{12}^{(e)}\} \\ \{\sigma_{13}^{(e)}\} \\ \{\sigma_{22}^{(e)}\} \\ \{\sigma_{23}^{(e)}\} \\ \{\sigma_{33}^{(e)}\} \end{Bmatrix} \quad (98\mathrm{a,\ b,\ c})$$

$$[K^{(e)}] = \begin{Bmatrix} [K_{1111}] & 2[K_{1112}] & 2[K_{1113}] & [K_{1122}] & 2[K_{1123}] & [K_{1133}] \\ 2[K_{1211}] & 4[K_{1212}] & 2[K_{1213}] & 2[K_{1222}] & 2[K_{1223}] & 2[K_{1233}] \\ 2[K_{1311}] & 2[K_{1312}] & 4[K_{1313}] & 2[K_{1322}] & 2[K_{1323}] & 2[K_{1333}] \\ [K_{2211}] & 2[K_{2212}] & 2[K_{2213}] & [K_{2222}] & 2[K_{2223}] & [K_{2233}] \\ 2[K_{2311}] & 2[K_{2312}] & 2[K_{2313}] & 2[K_{2322}] & 4[K_{2323}] & 2[K_{2333}] \\ [K_{3311}] & 2[K_{3312}] & 2[K_{3313}] & [K_{3322}] & 2[K_{3323}] & [K_{3333}] \end{Bmatrix}^{(e)}$$

$$(98\mathrm{d})$$

$$[S^{(e)}] = \begin{bmatrix} [K_1^{(e)}] & [K_2^{(e)}] & [K_3^{(e)}] & & & \\ & [K_1^{(e)}] & & [K_2^{(e)}] & [K_3^{(e)}] & \\ & & [K_1^{(e)}] & & [K_2^{(e)}] & [K_3^{(e)}] \end{bmatrix} \quad (98\mathrm{e})$$

$$[\widetilde{R}^{(e)}] = \begin{bmatrix} [R^{(e)}] & & & & & \\ & [R^{(e)}] & & & & \\ & & [R^{(e)}] & & & \\ & & & [R^{(e)}] & & \\ & & & & [R^{(e)}] & \\ & & & & & [R^{(e)}] \end{bmatrix} \quad (98\mathrm{f})$$

$$\{\widetilde{F}^{(e)}\} = \begin{Bmatrix} \{F_1^{(e)}\} \\ \{F_2^{(e)}\} \\ \{F_3^{(e)}\} \end{Bmatrix} \quad \{\widehat{\overline{u}}^{(e)}\} = \begin{Bmatrix} \{\widehat{\overline{u}}_{11}^{(e)}\} \\ \{\widehat{\overline{u}}_{12}\} \\ \{\widehat{\overline{u}}_{13}\} \\ \{\widehat{\overline{u}}_{22}\} \\ \{\widehat{\overline{u}}_{23}\} \\ \{\widehat{\overline{u}}_{33}\} \end{Bmatrix} \quad (98\mathrm{g,\ h})$$

上式可以写成

$$\Pi_{\mathrm{I}}^{*(e)} = \frac{1}{2}[e^{(e)}][K^{(e)}]\{e^{(e)}\} + [u^{(e)}][S^{(e)}]\{\sigma^{(e)}\} - [e^{(e)}][\widetilde{R}^{(e)}]\{\sigma^{(e)}\}$$
$$- [\widetilde{F}^{(e)}]\{u^{(e)}\} + [\widehat{\overline{u}}^{(e)}]\{\sigma^{(e)}\} \tag{99}$$

最后,我们可以把 $\Pi_{\mathrm{I}}^{*(e)}$ 组合为整体的泛函矩阵

$$\Pi_{\mathrm{I}}^{*} = \frac{1}{2}[e][K]\{e\} + [u][S]\{\sigma\} - [e][\widetilde{R}]\{\sigma\} - [\widetilde{F}]\{u\} + [\widehat{\overline{u}}]\{\sigma\} \tag{100}$$

变分得

$$\delta\Pi_{\mathrm{I}}^{*} = \{[e][K] - [\sigma][\widetilde{R}^T]\}\{\delta e\} + \{[u][S] - [e][\widetilde{R}] + [\widehat{\overline{u}}]\}\{\delta\sigma\}$$
$$+ \{[\sigma][S^T] - [\widetilde{F}]\}\{\delta u\} \tag{101}$$

由于 δe, $\delta\sigma$, δu 都是独立的,

$$\left. \begin{array}{l} [K]\{e\} - [\widetilde{R}]\{\sigma\} = 0 \\ [S^T]\{u\} - [\widetilde{R}^T]\{e\} + \{\widehat{\overline{u}}\} = 0 \\ [S]\{\sigma\} - \{\widetilde{F}\} = 0 \end{array} \right\} \tag{102}$$

解之,得

$$\left. \begin{array}{l} \{\sigma\} = [S]^{-1}\{\widetilde{F}\} \\ \{e\} = [K]^{-1}[\widetilde{R}][S]^{-1}\{\widetilde{F}\} \\ \{u\} = [S^T]^{-1}[\widetilde{R}^T][K]^{-1}[\widetilde{R}][S]^{-1}\{\widetilde{F}\} - [S^T]^{-1}\{\widehat{\overline{u}}\} \end{array} \right\} \tag{103}$$

对于平面应力问题而言,也可以相似地处理,但其计算则简单得多.

(3) **用广义变分原理消除位移型有限元间的应力不连续性.**

如果用每个有限元的广义变分原理ⅠB的泛函来组成整体的泛函,我们有

$$\Pi_{\mathrm{I}B} = \sum_m \left\{ \iiint_{\tau_m} \left[\frac{1}{2} a_{ijkl} e_{ij} e_{kl} - F_i u_i \right] \mathrm{d}\tau - \iint_{S_m} u_i \sigma_{ij} n_j \mathrm{d}S \right.$$
$$\left. - \iint_{S_{pm}} \bar{p}_i u_i \mathrm{d}S - \iint_{S_{um}} (u_i - \bar{u}_i)\sigma_{ij} n_j \mathrm{d}S \right\} \tag{104}$$

其中 τ_m 为有限元 m 的体积, S_{pm} 为有限元 m 的外力已知边界, S_{um} 为有限元 m 的位移已知边界, S_m 为有限元 m 和相邻的其他有限元的交界面. 如果 u_i, σ_{ij} 在有限元交界面都是连续的,则(104)式中 S_m 面积积分当各个有限元组合成整体时,正负相消(因为 n_j 在两个相邻的有限元的交界面上大小相等,正负相反). 如果我们用坐标 L_1, L_2, L_3, L_4 作为体积坐标,也作为四角点四面体有限元的插值函数,而参数则为 u_1, u_2, u_3 在四角点上的待定值,则 u_i 在各有限元间是连续的, $e_{ij} = \frac{1}{2}(u_{i,j} + u_{j,i})$ 就不连续,所以 $\sigma_{ij} = a_{ijkl} e_{kl}$ 也不连续. 于是对位移型的四个自由

度的有限元中，S_m 上的积分不能抵消．这就在每个有限元中对刚度矩阵进行了修正．

这种思想导致人们（如卞学璜[10]等）研究用不协调的有限元，再用有限元的广义变分原理进行修正其不连续性的计算方法．

从上面的讨论中可以看到，广义变分原理在有限元法上是很有用处的，其潜力还很大，很有进一步推广使用的价值．

参考文献与资料

［1］ Hellinger E. Der Allgemeine Ansatz der Mechanik der Kontinua. Encyclopadie der Mathematishen Wissenshaften, 1914, 4(4): 602-694.

［2］ Reissner E. On a variational theorem in elasticity. Journal of Mathematics and Physics, 1950, 29(2): 90-95.

［3］ 胡海昌. 弹塑性理论中的一些变分原理. 中国科学, 1955, 4(1): 33-54.

［4］ Washizu K（鹫津久一郎）. On the variational principles of elasticity and plasticity. Aeroelastic and Structures Research Laboratory, Massachusetts Institute of Technology, Technical Report, No. 25-18, 1955.

［5］ 钱伟长. 关于弹性力学的广义变分原理及其在板壳问题上的应用(1964). 未发表, 见力学学报编委来信 1964 年 10 月 6 日.

［6］ 钱令希, 钟万勰. 论固体力学中的极限分析并建议一个一般变分原理. 力学学报, 1963, 6(4): 287-303.

［7］ 王仁, 黄文彬, 曲圣年, 赵祖武, 梅占馨, 王长兴, 等. 对固体力学中的极限分析并建议一个一般变分原理一文的讨论. 力学学报, 1955, 8(1): 63-76.

［8］ 薛大为. 建议一组关于极限分析的定理. 科学通报, 1957, 20(4): 1975-1981.

［9］ Washizu K（鹫津久一郎）. Variational Methods in Elasticity and Plasticity. Pergamon, London, 1st ed. 1968; 3rd ed. 1977.

［10］ Pian T H H（卞学璜）, Tong Pin（董平）. Finite element methods in continuum mechanics//Yin C S（叶家训）. Advances in Applied Mechanics. 1972, (12): 1-53; 及其有关文献(1969).

［11］ Fraeijs de Veubeke B. Upper and Lower Bounds in Matrix Structural Analysis, AGARDograph, 1964, 72: 165-201.

［12］ Fraeijs de Veubeke B. Displacement and equilibrium models in the finite element method. Zienkiewlcz O C, Hollister G S. Stress Analysis. Wiley, New York, 1965: 145-197.

［13］ Fraeijs de Veubeke B. Bending and stretching of plates special models for upper and lower bounds//Proceedings of Conference On Matrix Methods in Structural Mechanics, 1st, 1965, AFFDL-TR-66-80, 1966: 863-886.

［14］ Fraeijs de Veubeke B. Sander G. An equilibrum model for plate bending. International Journal of Solids Structure, 1968, 4(4): 447-468.

[15] Pian T H H (卞学璜), Tong P (董平), Luk C H. Elastic crack analysis by a finite element hybrid Method//Proceedings of Conference on Matrix Methods in Structural Mechanics. 3rd. 1971.

[16] Jones R E. A generalization of the direct-stiffness method of structural analysis. AIAA Journal, 1966, 2(5): 821-826.

[17] Yamamoto Y. A Formulation of Matrix Displacement Method. Department of Aeonautics and Astronautics, Massachusetts Institute of Technology, Cambridge, 1966.

[18] Greene B E, Jones R E. McKay R W. Strome D R. General variational principles in the finite element methods. AIAA Journal, 1969, 7: 1254-1260.

[19] Harye Y J W, Kelsey S. Triangular plate bending element with enforced compatibility. AIAA Journal, 1971, 9(6): 1203-1026.

[20] Herrmann L R. A bending analysis for plates//Proceedings of Conference on Matrix Methods in Structural Mechanics, 1st, 1965, AFFDL-TR-66-80, 1966: 577-604.

[21] Herrmann L R. Finite element bending analysis for plates. Journal of Engineering Mechanics Division, American Society of Civil Engineers, 1967, 98(EM5): 13-26.

Studies on Generalized Variational Principles in Elasticity and their Applications in Finite Element Calculations

Abstract The purpose of this paper is to give a systematic way of deriving various generalized variational principles in elasticity, and also to give some applications of these principles for improving the finite element techniques. It is, however, easy to apply these methods for solving problems in other fields.

In the first, it is indicated that the functionals of these generalized variational principles can be obtained systematically by means of Lagrange multiplier method. The physical meaning of these multipliers can be determined uniquely through the variation processes. In this way, it is possible to eliminate the difficulty of finding the functionals in generalized principles.

In the second place, through Lagrange multiplier method, it is possible to establish various derived variational principles with fewer conditions of varition than those of the original variational principle. These derived variational principles with fewer conditions of variation may be called the incomplete generalized variational principles, on the other hand, we may call the derived variational principles without any conditions of variation the complete generalized variational principles, or briefly the generalized variational principles.

It is possible to establish various generalized variational principles, either completely or incompletely, for smalldisplacement theory of elasticity, including two well-known generalized variational principles derived from the principle of minimum potential energy, and from the principle of minimum complementary energy. The equivalence of these two generalized variational principles is proved. These generalized principles include also Hellinger (1914)[1] Reissner (1950)[2] principle and H. C. Hu-Wushizu (1955)[3, 4] principle.

It is also possible to establish principles of potential energy and complementary energy in finite displacement theory of elasticity, and various related incomplete generalized variational principles. The equivalence of these generalized variational principles derived from minimum potential energy and from minimum complementary energy has also been proved in the finite displacement theory.

In this paper, the well-known applications of generalized variational principles to finite element method are discussed. Three more ways of applications are also given.

有限元法的最新发展*

一、引论

有限元法经过了二十多年的蓬勃发展后,积累了大量经验. 但发展趋势,迄未衰落,相反,由于使用范围日趋广泛、新思想、新问题日益增多,文献资料成倍递增,迄今每年国际上发表的有独创价值的有关有限元法的论文约在 1 500~2 000 篇之间[1,2]. 如果把一般已知的方法和理论用来求解某一具体问题的工作都计算在内,则文献资料总数可能达二三倍于此数的数字[3-13].

当然,对于有限元法的文献资料的统计,在目前还无法进行. 因为,究竟那些可以算作是有限元范畴的工作,人们并没有统一的认识. 用样条函数作为试验函数的计算模式的方法,算不算有限元法呢? 还是一定要把有限元法限制在用局部的形状函数作试验函数的计算模式呢? 用了边界积分观念的方法算不算有限元法呢? 用了某些有限差分概念的方法算不算有限元法呢? 还是一定要限制于用权余概念、变分概念、最小二乘方概念或其他概念如配位概念等把场函数在各个有限元中进行近似的模式,才算是有限元法呢? 用满足边界条件的近似函数作为场函数的主要部分,把有限元法作为修正近似函数的手段的工作算不算有限元法呢? 用满足场内主要特性(如奇点特性)的分析解作为场函数的主要部分,把有限元法作为补充手段来满足边界条件的工作,算不算有限元法呢? 所有这些,目前各家并不是观点统一的. 因此,谈到有限元法的最新发展时,只能就作者接触到的,和有所理解的方面来进行探讨,挂一漏万,在所不免.

同时,有限元法由于可以使用到各个科学技术领域,如理论物理[12]、地球物理[14]、化学结构计算、电磁场、微波等方面,在使用有限元法时,各有特性. 就是在力学中,流体力学的有限元法计算中,由于流体力学方程的非线性特性和动力学的特性、和流场中的变化多端的特性、流动稳定性的特性等,就蕴藏着许多和固体力学不同的特点,它的发展就和固体力学中有限元法的发展很不一样. 当人们理解到这种专业化的限制特点后,就不难原谅作者今天只能就固体力学中所接触到的

原载《力学与实践》,1980,2(4): 4-11+16.

* 曾在重庆召开的全国弹性力学会议上宣读(1980 年 4 月).

范围进行探讨的作法了.

作者将就下列几个方面论述有限元法的最新发展：

（甲）和有限元法有关的变分原理

（乙）有限元的最优离散化问题

（丙）处理奇异点问题

（丁）非线性分析算法问题

（戊）接触问题和其他方面

二、变分法

在建立有限元法的代数方程组中，最基本也最常见的方法是变分法．当然在有些专业内，如流体力学内，权余法有时更为有效．但是在固体力学的范畴里，变分法仍为有限元法中使用新观点和获得新发展的基础．

在固体力学里，有限元计算一般都用位移为场函数，再用最小位能原理建立求解结点上位移函数的代数方程组．长期以来，人们重视选用表示有限元位移的形状函数，希望能保证在元素之间的界面或界线上，位移能得到一定程度的连续性．这样的连续性的保证有时并不简单．例如，薄板和薄壳问题就常常要求横向位移和它的一阶导数都能在相邻元素间的界线上连续．它叫做邻元素间的 C^1 连续．为了保证邻元素间的 C^1 连续，人们就得付出较多待定量（或称每一元素的较多自由度），从而有较大计算工作量的代价．例如，以三角有限板元为例，为了保证元素间的 C^1 连续，我们就须采用五项式来作为有限元素的形状函数．这样的有限元有 21 个自由度，它们代表三个角点上的三个位移，三个角点上的六个导数分量，三个边界中点上的三个法向导数，和三个角点上的九个二阶导数[15]．

另一个方法，叫做杂交元法，可以用以代替上述的位移元素的．杂交元法的根据是广义变分原理[16]，它同时用有限元素的位移和应力作为场函数，这样就无须采用高次多项式来近似场函数，从而简化了问题．杂交元法是由卞学鐄[17]首先倡议的．以后由 Horrigmoe[18, 19]、卞学鐄[20, 21]，以及 Edwards 和 Webster[22] 等建立了薄壳的杂交元．卞学鐄进一步证明了在蠕变分析[23]、不可压缩材料的分析[24]和断裂力学[25]等问题中，杂交元有其优点．Atluri[26] 曾用杂交元详细研究了断裂力学的问题．

最近若干年来，人们开始注意到非协调元的合理使用．非协调元可以降低自由度，缩小刚度矩阵的带宽，这样对有限元计算带来降低计算量的好处．但非协调元放弃了相邻有限元边界上的场函数的连续性要求，就降低了计算结果的可靠性，有时甚至引起不收敛的情况．

为使非协调元得到较合理的处理，人们使用广义变分原理，把相邻有限元素间的连续条件用拉格朗日乘子法作为界线积分的形式加入原变分原理的泛函内，从而得到一个包括连续条件在内的广义变分泛函[27,16]. 在这个新的广义变分原理的变分中,给出的是驻值,而不是极值. 如把非协调元的场函数代入变分,则有限元界线上的连续条件就在界线积分的意义上得到近似满足,也即是说,我们在较弱的积分意义上恢复了各有限元间的连续性(或协调性).

在这一方面有两个途径. 把拉格朗日乘子函数也作为待定函数;用某一种待定系数的多项式来近似地表示,于是通过变分,我们得到的联立代数方程中有较多的待定常数. 这样,一般说来,就会增加计算工作量;或者在这些联立代数方程中首先消除有关拉格朗日乘子的待定量,然后再在缩小了的联立方程组用计策机求解场函数的结点值,但这样做法,一般有大量的代数运算工作,同样带来不便. 不论怎样,为了保证 C^1 连续条件,我们仍然要付出相当大的代价. 在这一方面作出贡献的,有 Jones[28],Greene, Jones, Mclay, Strome[29],Anderheggen[30],Harvey & Kelsey[31],Key[32],以及 Thomas 和 Gallaghar[33].

这种拉格朗日乘子法可以进一步简化. 最有名的一种简化办法称为简化杂交位移法[34,35],或简写为 SHDM (Simplified Hybrid Displacement Method). 首先人们通过对用拉格朗日乘子修正后的泛函变分,求得拉格朗日乘子用场函数表示的表达式. 然后用这个表达式消去原泛函中的拉格朗日乘子,这样得到的修正泛函称为广义泛函,它的变分场函数中并不再含有新的变量(例如指引入的拉格朗日乘子),但有限元界面上的连续条件仍旧以积分的形式保留在广义泛函之内. 这样取得的简化泛函就是作者的分区广义变分原理的广义泛函的一种特殊形式[16]. 这样求得简化广义泛函显然可以采用非协调的简单有限元,它只要求有较少的自由度. 而且刚度矩阵的带宽缩小,从而简化了大量的计算工作量.

当然,这里必须指出,上述广义变分原理只是一个驻值原理,而不是一个极值原理. 当把有限元的尺寸逐步减小时,修正后的位能并不一定逐步降低,并趋近于经典的最小位能,而有时甚至会小于这个经典的最小位能,在有限元尺寸逐步减小过程中,计算结果会围绕驻值上下波动. Mang 和 Gallaghar[36]就曾发现了这些现象. 这是广义变分原理共有的特性.

三、有限元的最优离散化问题

有限元计算的工作业已广泛采用了自动布网程序. 这种自动布网程序一般都给出均匀分布的网点,这样却很难研究在全域已有给定数量的有限元素后,怎样分布安排元素的大小和位置才能给出最精确的数值解这样一类最优离散化问题. 这样的问题是有很大实用价值的,它不仅吸引着实际分析计算人员的注意,也是许多利研人员所关心的. Babuska[37]是第一个提出这个问题的人. 最近几年来,受到广泛的重视,文献也与日俱增.

其实,远在 1973 年和 McNeice 和 Mareal[38]就曾正确地提出了有限元的最优离散化的命题. 他们认为有限元分析, 是在既定的网点上, 变动场函数在各点上的值, 使该结构的位能达到最小值, 如果现在不仅让各网点上的场函数(即位移)可变, 而且连各该网点的坐标也是可变的. 则求位移值时的变量, 不仅是网点的位移, 而且还有网点的坐标, 这样的极值要求, 自然而然地引出了最优离散化的结果. 从这种观点出发, Turcke 和 McNeice[39-42], Pederson[43], Carroll[44]等研究了一些具体的理想问题, 但是, 在实际工作中, 我们所面对的是一个高度非线性的极值问题, 求解这样的非线性问题是非常困难的, 不仅在数学上困难, 而且在经济上也一定不合算的.

由于上述原因, 人们转而研究在什么区域需要增设有限元素, 如果有了准则能决定在哪里增设元素, 则第二个问题是, 怎样增设加密有限元素才是最有效的?

Oliveira[45]首先提出应变能密度变化最大的地区为增设有限元素的准则, 亦即是说, 在一定的网点分布的情况下, 计算了场函数的网点值分布以后, 可以根据这种分布计算各点的应变能密度, 从而绘制出等能量线, 这种等能量线是可以用来指示哪里网格应该密, 哪里网格可以稀的, 有时甚至可以利用这些等能量线和它的正交线族组成新的有限元, 这种有限元就是近似的最优离散化的有限元(Molinari, Viviani[47]). 当然比较简便而又同时取得效果的方法是在应变能密度变化最大的地区适当地增设加密有限元素, 同样能达到提高计算精确度的较优的目的 (Melosh, Marcal[46]). 除了等能量线外, 我们也可以用主应力线、最大剪应力线等来指示最优离散化的依据. 这个方法也还有些困难, 首先, 虽然一般的边界线总是属于这些曲线族的, 但怎样决定两条等值线之间的间距这一点, 还有一定的因素需要临场决定, 不能事先安排在计算程序指令之中, 从而不为人们所采用. 当然, 如果计算机上有专用的等能量线显示设备, 则这一点就不是问题了. 其次, 这样的计算, 只适用于单一加载的情形, 对于复合载荷而言, 不同的复合比例都应有不同的等值线图, 从而有不同的最优布点方案. 这对于研究复合载荷问题而言, 很不方便.

不论按等能量线而全部修改有限元的分布, 或是按能量密度变化最大的区域局部修改增设加密有限元, 在修改以后, 一般要全部或局部重算刚度矩阵, 再重新求解新的代数方程组. 这样修改重算确能得到较优的结果, 但由于计算工作量的增加, 经常形成得不偿失的局面, 因此, 人们转而引用局部增殖新有限元的方法来适应局部修改增密有限元的要求. 以矩形板元为例, 所谓增殖即指把局部的某些原来的矩阵有限元, 每个都分裂为四个相等的矩形的小有限元, 于是有关其他区域的有限元的刚度矩阵都不变, 新的新增殖的小形有限元的刚度矩阵的计算和原有限元的计算相同, 只须把线性尺度缩小为$\frac{1}{2}$就得到了. 当然, 新设的增殖有限元的某一角点就是相邻原有限元的边界中点, 它不是原来矩形的结点, 但它的场函数值可以用该元的其他结点值表示. 在这一点上, 增殖有限元的角点值应该等于原相邻有限元的边界中点值. 这样的约束条件应该计算在内. Carey[48]就用这样的方法研究过最优离散化问题. 这里必须指出, 增殖时力求把新旧有限元形状尺寸的相似性保留下来. 例如, 在矩形板元增殖时, 如果裂分为二, 则新有限元就变长了, 这样增殖的结果, 往往不很理想.

Peano等[49]曾提出了用分级结点来处理增殖过程的想法. Irons[50]曾用实例论证过, 对某一有限元, 当增设自由度时, 可以使原有结点自由度有关的刚度矩阵诸项不受任何影响, 只要把新设结点自由度有关的刚度矩阵分项加入旧有矩阵, 加以扩大就可以了. 也就是说新建的高级刚度矩阵是由原有的低级刚度矩阵扩大求得. 这样就对增殖过程提供了一个新的较有效的途径.

四、奇异点的处理问题

在线性断裂力学中, 有需要用形状函数来分析奇异应力场的问题. 在一般的集中荷载问题中, 同样也需要处理有奇异点的形状函数. 其他方面, 如电磁场和流体力学中, 也遇到相似的情况, 当然, 奇异点处理问题的发表, 主要是由断裂力学的需要所促成.

在有限元分析中怎样来表示奇异点, 有很多方法. 在这一方面, Gallaghar[51], Whiteman和Akin[52]曾有丰富的综述供读者参考. 最通用的办法是采用本身有奇点的形状函数. 另一可能是在某一符合情况的奇异函数上叠加通常的总体有限元分析[53,54]. 当然, 最有意义的工作是利用等参元获得有适合要求的奇异性的形状函数的这一类方法. 这里将把讨论的重点放在这个问题上.

对于奇异函数上叠加有限元分析而言, Benzley[54]把研究单边裂纹受拉板的应力强度因子问题用三类不同类型的有限元予以处理. 在裂纹尖端周围的矩形元中, 用普通的加载下裂纹尖端附近的第Ⅰ型应力场和位移场分析解为形状函数, 其中应力强度因子K_{I}待定(他称这种单元为A型单元). 在远离尖端处的单元中, 采用普通的矩形有限元(称为C型单元). 为了满足这两类单元之间的协调要求, 还引进了一些过渡单元(称为B型单元). Benzley[54]法的缺点是需要在不同的域内, 有不同类型的单元, 从而增加相当大的工作量. 同时, 这种算法, 把裂纹尖端周围的解只限于奇异项. 其实奇异项外同样还有次要的非奇异项, 这种非奇异项在满足边界条件中是很重要的. 作者[53]提出的奇异项叠加有限元的方法比较简单, 在整个域内都只用一个类型的有限元, 到处都是一个奇异项和叠加离散化后的形状函数处理. 计算指出, 这样做法不仅计算简单, 而且收敛也较好. 这样的思想应该可以用来指导其他各种断裂问题的计算.

使应力具有奇异性的等参元是Henshell[55]和Barsoum[56,57]所分别发现的. 他们证明: 在平面问题中, 对于三角形六节点的二次等参元而言, 只要在实际平面上把角点相邻两边的中节点移至四分点处, 对边中节点仍为中分点时, 该角点的应力具有$1/\sqrt{r}$的奇异性.对于四边形八节点元素而言,只要在实际平面上把角点相邻两边的中节点移至四分点处,其他两边的中节点仍为中分点时,该角点的应力也具有$1/\sqrt{r}$的奇异性.还有 20 节点矩形立方体的等参元也有相同的性质.劳洁声、刘秀兰[59]证明了在三角形有限元中,这样的结论既是充分的,也是必要的.但是 Hibbitt[60]发现:应力的这种奇异性只是顺着角点射出的边线方向才是存在的,顺着角点射出的其他直线方向并不具有这样的奇异性.其次他还证明了,上述在边线上以四分点为节点的等参矩形八节点元素的有关刚度矩阵并不收敛.这个发现基本上推翻了 Henshell 和 Barsoum 所发现的简单的奇异元素.接着 Barsoum[58]利用收缩折叠等参元克服了这个困难.他把矩形等参元上的"1,8,7"三点收缩折叠为实际三角形元素的角点"1"(见图 1a),把等参元的中分点"6"和"2"移至实际三角形元素中的邻边的四分点"6"和"2"(见图 1b)上.这样得到的收缩折叠的三角形六节点元的应力在角点"1"上顺着三角形内部的任何方向都有$1/\sqrt{r}$的奇异性,而且其刚度矩阵也是有界的.从图 1 的等参矩形有限元收缩折叠求得 1 点是$1/\sqrt{r}$的奇点.

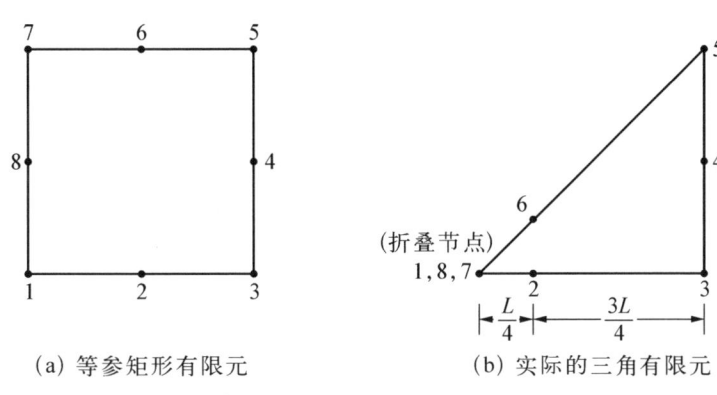

(a) 等参矩形有限元 (b) 实际的三角有限元

图 1

Lynn 和 Ingraffes[61]指出,如果在裂纹尖点上的奇异有限元四周直接和一般通常的有限元相连接,则精确度不高.为了改进计算的精确度,他建议在奇异有限元和通常有限元之间,再加上一层过渡有限元.所谓过渡有限元也是用等参元求得的.对于三角形有限元而言,等参有限元的边线中分点并不转换到过渡有限元的四分点上,而是转换到四分点和中分点之间的某一点,这点的位置是由$1/\sqrt{r}$型奇点离这个过渡有限元的位置的距离所决定(奇点在过渡有限元之外),有时过渡有限元也可以是不规则的四边形.

总的讲来,奇异有限元用在断裂力学上,还只是开始,一般只限于处理简单的拉板的横向边裂缝问题,其他平面裂缝和三维裂缝问题,很少处理.

五、非线性分析算法

非线性分析有多种多样的算法,但其本质只有迭代重演和逐步求解两种. Besseling[62]和 Felippa[63]曾经总结研究了各种算法,比较了它们的优劣. 总体讲来,各种算法都已明确定型,便于工作时的选用,当然常用的计算系统只有少数几种. 它们被人们称为切线刚度法和牛顿-刺夫逊(Newton-Raphson)程序,或两者的各种混合算法. 在 1977 年召开的非线性固体力学和结构力学挪威 Oeilo 会议[64]上,也并没有什么新的算法出现.

我们在这里将介绍一些非线性分析算法中有关程序对策性问题的最新发展.

首先是在载荷位移曲线上控制步长的对策程序.

在载荷位移曲线每前进一步都要付出相当大的计算工作量作为代价. 而且在下一步计算之前,希望对前一步计算结果进行审核的运算要求,也并不总是合理的. 在载荷位移曲线上的步进过程最好应该是分析算法程序本身的一部分,这里就要求对现有解答有一个简单的估价准则,对下一步的步长有一个选定准则. 但目前这一方面工作很少,所以 Bergan 和 Soreide[64] 提出的本步刚度参量(Current Stiffness Parameter)的概念是值得重视的.

在非线性分析中,载荷位移曲线上的前进过程可以用一系列的载荷增量矩阵 $\{\delta P_i\}$ 来表示,其中 i 代表第 i 步的增量. 和这一步载荷量有关的位移增量用矩阵 $\{\delta \Delta_i\}$ 表示. $[\delta P_i]\{\delta \Delta_i\}$ 代表第 i 步中外力所做的功. 当达到临界点时,位移增量失掉限制,这一步中外力所做的功达到无穷大. 一般说来,第一步加载所做的功为 $[\delta P_1]\{\delta \Delta_1\}$,第 i 步的本步刚度参数定义为:

$$S_i = \frac{[\delta P_1]}{[\delta P_i]} \frac{\{\delta \Delta_1\}}{\{\delta \Delta_i\}}$$

所以,载荷从第一步起到临界状态的最后一步为止,S_i 从 1 起逐步降低,最后为零. 步长就是用事前规定的各步的 S_i 值来决定的.

其次是有关非线性结构分析中,如何使算法程序能够适应各种不同的许可临界现象的对策问题. 例如,在几何非线性的结构分析中,既可以达到一个极限点,也可以达到一个分叉点,有时甚至在分叉点上可以分叉到两条以上加载线路上去. 于是,我们的分析算法程序,一定要能够在临界的加载曲线上进退自如. 这样一个关键问题,还有待于我们努力.

几乎所有已知的有限元的稳定性现象的数值计算都是在已知的条件下进行的. 在计算一开始,指导思想已定,或即计算对策已定,是向预期着的分叉条件前进的. 但是,在实际应用中,问题复杂,并不能事先预知这种结构的整体情况或局部情况,所以,非线性分析的算法一定要健全到这样程度,它有可能探测判断在载荷位移曲线的前进途中隐伏的不稳定性,而且有特殊的算法程序对付计算中遇到的这类情况. Hangai 和 Kawamata[65] 提出了处理上述问题的一般有限元非线性算法程序. 这是一个值得注意的发展. 同样应该注意的是 Care 等[66] 人所发展的在处理屈曲后现象中有关确定载荷位移线路问题的算法.

和时间有关的非线性分析仍旧是尚待解决的问题. 不仅有一些基本的规律、本构关系等问题尚有争论,就是可靠和有效的计算分析,也尚缺乏成熟的手段,这一方面工作,将是今后一个时期内有限元研究的重点.

六、接触问题和其他

即使在弹性小变形理论范围内,由于接触边界是待定的,所以接触问题仍然是非线性的. Tsuta, Yamaji[67], 崔俊芝[68]、茑纪夫[69] 等提出了以增量法配合有限元法解决非 Hertz 型弹性接触问题的有效办法. 为了计算方便,引进人为的时间参量,载荷按施加的先后分成恰当的有效份数,每份(即载荷增量)增量对应一个时段,逐时段进行计算. 增量解是通过试探和修正接触边界的迭代法求得的. 修正接触边界引起整体刚度矩阵的变化. 早期的处理办法是:每一步迭代时,要调整刚度矩阵后,解一个对应的非接触问题. 设若时段数为 m,每时段的平均迭代次数为 n,则解一个接触问题的工作量大体上相当于解 $m \times n$ 个非接触问题的工作量,所以,接触问题求解的工作量是浩大的.

对于二维问题,Fredriksson[70] 利用凝缩矩阵简化了上述计算. 鉴于单元刚度矩阵在加载过程中不变,迭代过程只局限于因修改边界而变化的部分. 这就所谓"凝缩". Fredrisson 在二维问题中采用超元技巧,将未知量分成内变量和外变量两部分,最后得到对应于每一可能接触点对而言,只有四个未知量的用于迭代的凝缩矩阵,这样的计算量显著减少. 1977 年,冈本纪明[71] 进一步得到每接触点对只有两个未知量的凝缩矩阵. 未知量按接触状态的不同,有时是相对位移,有时是接触内力,而且所用矩阵是不对称的,所以,这个办法仍有不足之处. 郭仲衡[72] 混合使用局部标架和整体标架,使用广义结构法,得到对称的迭代方程,其未知量是接触内力,每个可能接触点对有两个未知量. 在形成新的矩阵时,只须修改个别系数,这就进一步提高了求解效力. 当然上述进展,只限于二维问题,对于轴对称的三维问题也很易推广. 但是对于一般的三维问题和多点接触问题,尚有困难.

其次是轴对称问题,过去的有限元算法都是用各种截面的环形有限元,以 u, w 的位移场函数离散化以后进行计算[73],但是在轴上的刚度矩阵积分都不收敛,所以,都是用截面的形心坐标所谓平均坐标来近似积分. 这样的算法对于轴心留空的轴对称体是有效的,但对实心的轴对称体而言,计算误差很大. 作者[74] 最近提出以 u/r 和 w 为位移场函数离散化以后,就克服了这种困难. 对于轴对称壳的有限元问题,也有相同问题,现正用相同的方法进行处理中.

其他如无限元,伸缩元,边界元,单维元等新发展,限于篇幅从略.

参考文献

[1] Norrie D, de Vries G. Finite Element Bibliography. IFI/Plenum, New York, 1976.

[2] Whiteman J R. A Bibliography for Finite Elements. Academic Press, London, 1975.

[3] Whiteman J R. The Mathematics of Finite Elements and Applications. II. MAFELAP 1975. Academic Press, London, 1976.

[4] Whiteman J R. The Mathematics of Finite Elements and Applications. III. MAFELAP, 1978. Academic Press, London, 1978.

[5] Whiteman J R. The Mathematics of Finite Elements and Application. IV. MAFELAP, 1979. Academic Press, London, 1979.

[6] Bathe K J, Oden J T, Wunderlich N. Formulations and Computational Algorithms in Finite Element Analysis (U. S. -Germany Symposium), MIT Press, 1977.

[7] Anon. Proc of International Conference on Finite Elements in Non-linear Solid and Structural Mechanics. Geile, Norway, 1977.

[8] Wellford L C. Proc of Symposium on Applications of Computer Methods in Engineering. Univ of Southern California, 1977.

[9] Cheung Y K(张佑启), Hutton S G. Finite Element Methods in Engineering. Univ of Adslaide, 1976.

[10] Robinson J. Proc of World Congress on Finite Element Methods in Structural Mechanics. Bournemouth, 1975.

[11] Luxmore A R, Own D R J. Proc of Symposium on Numerical Methods in Fracture Mechanics, 1978.

[12] Glowinski R, Lions J L. Computing Methods in Applied Sciences (IRIA Symp, Paris 1975). Lecture Notes in Physics, 58. Springer-Verlag, Berlin, 1976.

[13] Gailigani I, Magenes E. Mathematical Aspects of Finite Elements Methods (Rome Symposium 1975) Lecture Notes in Meths 606. Springer-Verlag, Berlin, 1977.

[14] Gudehus G. Finite Elements in Geomechanics (Kralsruhe Symposium 1975). Wiley, New York, 1977.

[15] 钱伟长,谢志成,郑思梁,王瑞五. 协调三角形弯曲有限元的形函数及其有关刚度矩阵. 机械工程学会、航空学会、造船学会 1978 年联合举办的有限元会议,蚌埠,1978.

[16] 钱伟长. 弹性理论中广义变分原理的研究及其在有限元计算中的应用. 力学与实践. 1979,1(1): 16-24;1979,1(2): 18-27.

[17] Pian T H H(卞学鐄). A historical note about "hybrid elements". Inter J for Numerical Methods in Engineering, 1977, 12(2): 891-892.

[18] Horrigmoe G. Hybrid stress finite element model for non-linear Shell problems. Inter J for Numerical Methods in Engineering, 1978, 12(12): 1819-1840.

[19] Horrigmoe G. Finite element instability analysis of free form shells. Technical Report

77-2, Norwegian Institute of Technology, Trondheim, 1977.

[20] Lee S W, Pian T H H (卞学璜). Improvement of plate and shell finite elements by mixed formulations, AIAA, 1978, 16: 29-34.

[21] Boland P L, Pian T H H (卞学璜). Large deflection analysis of thin elastic stress hybrid finite element method. Computers and Structures, 1977, 7: 1-2.

[22] Edwards G, Debster J. Hybrid cylindrical shell finite element methods//Ashwill D, Gallagher R H. Finite Elements for Thin Shells and Curved Members, Wiley, London, 1976.

[23] Pian T H H (卞学璜), Lee S W. Creep and viscoplastic analysis by assumed stress finite elements//Proc Conf on Finite Elements in Nonlinear Solid and Structural Mechanics, Geilo, 1977.

[24] Pian T H H (卞学璜), Lee S W. Notes on finite elements for nearly incompressible materials. AIAA J, 1976, 14: 824-826.

[25] Pian T H H (卞学璜), Moriya K. Three dimensional fracture analysis by assumed stress hybrid elements//Luxmore A R, Owen D R J. Numerical Methods in Fracture Mechanics. Swansea, 1978: 363-373.

[26] Atluri S, Nakagaki M, Kathiresan K, Rhee R C, Chen W H. Hybrid finite element models for linear and nonlinear fracture analysis//Luxmore A R, Owen D R J. Numerical Methods in Fracture Mechanics. Swansea, 1978, 52-66.

[27] Pian T H H, Tong P. Finite element methods in continium mechanics//Advances in Applied Mechanics. 12. Academic Press, INC, 1972.

[28] Jones H E. A generalization of the direct stiffness method of structural analysis. AIAA J, 2: 821-826.

[29] Green B E, Jones R E, Relay R W, Strome D R. Generalized variational principles in the finite-element-method. AIAA J, 1969, 7: 1254-1260.

[30] Anderheggen E. A conforming triangular finite element plate bending solution. Int J Numerical Methods in Engineering, 1970, 2: 259-264.

[31] Harvey J W, Kelsey S. Triangular plate bending elements with enforced compatibility. AIAA J, 1971, 9: 1023-1026.

[32] Key S W. A specification of Jones generalization of direct stiffness method of structural analysis. AIAA J, 1971, 9: 984-985.

[33] Thomas G R, Gallagher R H. A triangular thin shall finite element: Linear analysis. NASA Technical Report, CR—2452, 1975.

[34] Kikuchi F, Ando Y. Some finite element solutions for plate bending problems by simplified hybrid displacement method. Nucl Eng and Design, 1972, 23: 155-178.

[35] Kikuchi F, Ando Y. A new variational functional for the finite element method and its application to plate and shell problems. Nucl Eng and Design, 1972, 21: 95-113.

[36] Meng H, Gallaghar R H. A critical assessment of the simplified hybrid displacement

[37] Babuska I. The self-adaptive approach in the finite element method//Whiteman J R. The Mathematic of Finite Elements and Applications. II. MAFELAP, 1975: 125-142.

[38] McNeice G M, Narcal P. Optimization of finite element grids based on minimum potential energy. Trans ASME J Eng for Industry, 1973, 95: 186-190.

[39] Turcke D J, McNeice G M. Application of grid selection procedures for improved finite element stress analysis//Proc Int Conf on Vehicle Structural Mechanics, SAE, Detroit, 1974: 203-216.

[40] Turcke D J, McNeice G M. A variational approach to grid optimization in the finite element method//Proc Conf on Variational Methods in Engrg, Southampton University, 1972.

[41] Turcke D J, McNeice G M. Guidelines for selecting finite element grids based on optimization study. Computers and Structures, 1974, 4: 499-519.

[42] Turcke D J. On optimum finite element grid configurations. AIAA J, 1976, 14: 264-265.

[43] Pederson F. Some properties of linear strain triangles and optimal finite element models. Inter J Numerical Methods in Engineering, 1973, 2: 415-431.

[44] Carroll W. Ramifications of optimal idealization geometry in discrete element analysis. Proc World Congress on the Finite Element Method in Structural Mechanics. Bournemouth, 1975.

[45] Oliveira E R, Arantes. Optimization of finite element solutions//Proc Conf Matrix Methods in Struct Mech, Wright-Pattreson, AFB, Ohio, 1971.

[46] Melosh R J, Marcal P V. An energy basis for mesh refinement in structural continue. Inter J Numerical Meth Eng, 1977, 11: 1083-1092.

[47] Molinari G, Viviani A. Grid and metric optimzation procedure in finite difference and finite element methods. IEEE Cont, 1978.

[48] Carry G F. A mesh refinement scheme for finite element computations. Comp Meth Appl Mech Eng 1976, 1: 93-105.

[49] Peano A, Fanelli M, Hiccioni R, Sandella L. Self-adaptive convergence at the crack tip of a dam buttress//Luxmore A R, Owon D R J. Numerical Methods in Fracture Mechanics. Swansea, 1978: 268-280.

[50] Irons B. A technique for degenerating brick-type isoparametric elements, using hierarchal midside nodes. Inter J Numerical Methods in Engineering, 1974, 8: 203-209.

[51] Gallagher R H. A review of finite element technique in fracture mechanics//Luxmore A R, Ower D R J. Numerical Methods in Fracture Mechanics. Swansea, 1978: 1-25.

[52] Whitemen J R, Akin J E. Finite elements singularities and fracture//Whiteman J R. The Mathematics of Finite Element and Applications. III. MAFELAP, 1978. Academic Press, London, 1979: 35-54.

[53] 铁伟长,谢志成,顾求林,杨宗发,周春田. 在奇异项上叠加有限元法计算应力强度因子//全国断裂力学会议论文(1979),清华大学学报,1980.

[54] Bonzley S E. Representation of singularities with isoparamertric finite elements. Inter J for Numerical Methods in Engineering, 1974, 8: 537 – 545.

[55] Henshell R D, Shaw K C. Crack tip elements are unnecessary. Inter J for Numerical Methods in Engineering, 1975, 9: 495 – 509.

[56] Barsoum R S. On the use of isoparametric finite elements in linear fracture mechanics. Inter J Numerical Methods in Engineering, 1976, 10: 25 – 37.

[57] Barsoum R S. A degenerate solid element for linear fracture analysis of plate bending and general shells. Inter J for Numerical Methods in Engineering, 1976, 10: 551 – 564.

[58] Barsoum R S. Triangular quarter point elements as elastic and perfectly plastic crack tip elements. Inter J for Numerical Methods in Engineering, 1977, 11: 85 – 89.

[59] 劳洁声,刘秀兰. 使应力具有 $r^{-\frac{1}{2}}$ 阶奇异等参元素的充要条件. 教育部高等学校计算结构力学学术交流会论文,大连,1978.

[60] Hibbict H D. Some properties of singular isoparametric elements. Inter J for Numerical Methods in Engineering, 1977, 11: 180 – 184.

[61] Lynn P, Ingraffea A R. Transition elements to be used with quarter-point crack tip elements. Inter J for Numerical Methods in Engineering, 1978, 12: 1031 – 1036.

[62] Besseling J F. Non-linear Analysis//Proc of Congress on Finite Elements in Structural Mechanics. Bournemouth, 1975.

[63] Felippa C A. Procedures for computer analysis of large nonlinear structural systems//Proc of Int Symp on Large Engrg System. Oxford: Pergmon Press, 1977.

[64] Bergan P G, Soreide T. Solution of displacement and instability problems using current stiffness parameter//Proc Conf on Finite Elements in Nonlinear Solid and Structural Mechanics, Oeilo, Norway, 1977.

[65] Hangai Y, Kawamata S. Analysis of geometrically non-linear and stability problems by static perturbation methods. Report 22, Institute of Industrial Science, University of Tokyo, 1973.

[66] Care R, Lawther R, Kabaila A. Finite dement post-buckling analysis for frames. Inter J Nomerical Method in Engineering, 1977, 11: 833 – 850.

[67] Tsuta T, Yamaji S. Finite element analysis of contact problem//Theory and Practice in Finite Element Structural Analysis. University of Tokyo Press, 1973, 177 – 194.

[68] 崔俊芝,李光宗,梁复刚,史光洁,李国润. 关于弹性接触问题的分析方法//有限单元法及其应用. 中国科学院计算技术研究所,1975, 167 – 182.

[69] 茑纪夫. 有限要素法の接触問題への応用. 機械の研究,1976, 28: 958 – 964.

[70] Fredriksson B. Finite element solution of surface nonlinearities. Comp and Struct, 1976, 6: 281 – 290.

[71] 冈本纪明. 有限要素法ぐちる非線性形接触問題の解析//日本機械学会文集,1977, 43:

3716 - 3722.

[72] 郭仲衡. 二维弹性接触问题有限元分析的混合标架-广义子结构法. 教育部高等学校计算结构力学学术交流会论文集(1978),大连;应用数学和力学,1981.

[73] Durocher L, Gasper A, Rhcades C. A numerical comparison of axisymmetric finite element. Inter J for Numerical Methods in Engineering, 1978, 12: 1415 - 1427.

[74] 钱伟长. 轴对称弹性体的有限元分析. 弹塑性力学学术交流会论文(1980);应用数学和力学,1980,1(1): 25 - 35.

协调三角形弯曲有限元的形函数及其有关刚度矩阵[*]

摘要 本文利用面积坐标求得了 21 个自由度的板弯曲三角形有限元的形函数显式，并求得了有关刚度矩阵.

一、引言

在板的弯曲问题中，选择有限元的插值函数是一个比较困难的问题，在历史上有许多人曾为此做过许多工作，花费过大量的劳动. 由于板的泛函中包含位移的二阶导数，因此为了保证有限元分析的收敛性，不仅要求位移函数本身在单元相邻边界上连续，而且也要求其一阶导数也连续. 这就是所谓 C^1 阶的连续性问题. 保证单元相邻边界上函数本身和它的斜度处处连续的有限元，习惯上称之为 C^1 阶连续的协调有限元(Felippa and Clough，1970)[1]

对一个三角形的弯曲板单元(图 1)，不少作者[2-4]对位移的插值函数采取一个五次的完备的多项式，即

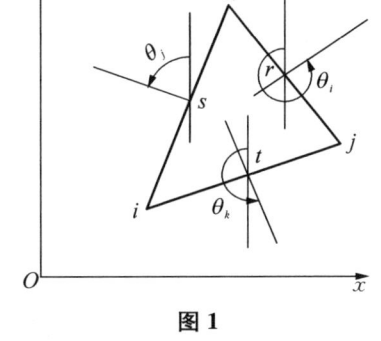

图 1

$$\begin{aligned}w =\ & \alpha_1 + \alpha_2 x + \alpha_3 y + \alpha_4 x^2 + \alpha_5 xy + \alpha_6 y^2 \\& + \alpha_7 x^3 + \alpha_8 x^2 y + \alpha_9 xy^2 + \alpha_{10} y^3 + \alpha_{11} x^4 \\& + \alpha_{12} x^3 y + \alpha_{13} x^2 y^2 + \alpha_{14} xy^3 + \alpha_{15} y^4 \\& + \alpha_{16} x^5 + \alpha_{17} x^4 y + \alpha_{18} x^3 y^2 + \alpha_{19} x^2 y^3 \\& + \alpha_{20} xy^4 + \alpha_{21} y^5\end{aligned} \quad (1)$$

此函数有 21 个待定常数，它依靠单元结点的值来确定. 这里和上述作者们一样选择三角形三个角点的 $w, \dfrac{\partial w}{\partial x}, \dfrac{\partial w}{\partial y}, \dfrac{\partial^2 w}{\partial x^2}, \dfrac{\partial^2 w}{\partial y^2}, \dfrac{\partial^2 w}{\partial x \partial y}$ 的值以及三条边中点的法向导数 $\dfrac{\partial w}{\partial n}$ 的值作为独立参量，这样正好有 21 个条件确定 21 个常数.

作者：钱伟长、谢志成、郑思梁、王瑞五. 原载《机械工程学报》，1980，16(4)：1—11.
[*] 曾在 1978 年 11 月大连召开的高等学校计算力学会议上宣读.

由于(1)式是一个完备的五次式,位移函数 w 在单元边界上如用线性坐标 s 来表示,则此函数 $w(s)$ 在边界上也是一个 s 的五次多项式,有六个待定常数. 而在一条交界边的两个结点上(例如 i, j 点),各有三个参数,即 w, $\frac{\partial w}{\partial s}$, $\frac{\partial^2 w}{\partial s^2}$,正好有六个条件确定这些常数. 因此,在相邻的单元边界上位移函数 $w(s)$ 是连续的,$\frac{\partial w}{\partial s}$,$\frac{\partial^2 w}{\partial s^2}$ 也是连续的. 场函数 w 是五次多项式,因而它在单元边界上的法向导数 $\frac{\partial w}{\partial n}$ 也必为 s 坐标的四次多项式,共有五个待定常数. 这些常数可以根据两角点(i, j) 的 $\frac{\partial w}{\partial n}$, $\frac{\partial^2 w}{\partial s \partial n}$ 四个条件以及边界中点的 $\frac{\partial w}{\partial n}$ 一个条件完全确定. 由于相邻边上有共同的结点,因而场函数在单元相邻边上的法向导数 $\frac{\partial w}{\partial n}$ 也到处连续.

要确定(1)式的 21 个常数,因为演算繁复,至今还只能依靠数值计算求逆矩阵(见 Bell, 1969)[5]. 这样对每一个单元都需作一次矩阵求逆的运算,非常花费计算时间. 本文的目的,就是利用三角形面积坐标的特点,从另一个途径找出三角形板弯曲有限元位移插值函数的显式,从而也找到相应的刚度矩阵系数的显式,使以后的计算时间大大缩短.

二、角形板弯曲单元的形函数

根据三角形单元 21 个结点条件,从(1)式将得出

$$\{W\} = [G]\{\alpha\} \tag{2}$$

其中 $\{W\}$ 为各结点独立参量的列阵,即

$$\{W\} = [w_i, w_{ix}, w_{iy}, w_{ixx}, w_{iyy}, w_{ixy}, w_{rn}, \cdots]^T \tag{3}$$

$\{\alpha\}$ 为(1)式中各待定常数列阵,即

$$\{\alpha\} = [\alpha_1, \alpha_2, \alpha_3, \cdots, \alpha_{21}]^T \tag{4}$$

$[G]$ 是一个与各结点坐标$(x_i, y_i, \cdots, x_t, y_t)$有关的矩阵,于是

$$\{\alpha\} = [G]^{-1}\{W\} \tag{5}$$

将(5)式代入(1)式后,将得出板弯曲单元的位移插值函数.

$$w = \sum_{i,j,k} (N_i w_i + N_{ix} w_{ix} + N_{iy} w_{iy} + N_{ixx} w_{ixx} + N_{iyy} w_{iyy} + N_{ixy} w_{ixy})$$
$$+ \sum_{r,s,t} N_{rn} w_{rn} \tag{6}$$

其中 N_i 等称为形函数. 由于(1)式是 x, y 的五次式,因此形函数也是 x, y 的五次

多项式.

如前所说,要确定各形函数,需作十分繁复的求逆运算($[G]^{-1}$),至少尚未得到它们的显式. 为了解决这个问题,我们引用面积坐标 L_i, L_j, L_k, 代替 x, y 作变量,即引用

$$\begin{Bmatrix} L_i \\ L_j \\ L_k \end{Bmatrix} = \frac{1}{2\Delta} \begin{bmatrix} \alpha_i & \beta_i & \gamma_i \\ \alpha_j & \beta_j & \gamma_j \\ \alpha_k & \beta_k & \gamma_k \end{bmatrix} \cdot \begin{Bmatrix} 1 \\ x \\ y \end{Bmatrix} \quad (7)$$

或

$$x = x_i L_i + x_j L_j + x_k L_k$$
$$y = y_i L_i + y_j L_j + y_k L_k \quad (8)$$

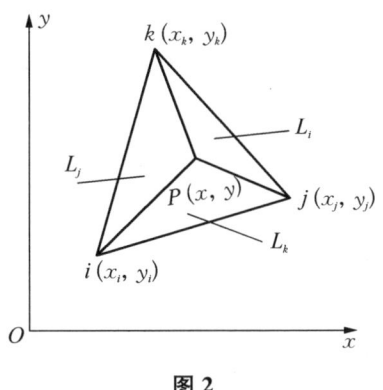

图 2

其中 L_i, L_j, L_k 为三角形内任一点 P 的面积坐标,它们分别表示(图 2)中三个三角形的面积与总面积 Δ 的比值. (7)式中的 α_i, β_i, γ_i 等分别表示

$$\alpha_i = x_j y_k - x_k y_j$$
$$\beta_i = y_j - y_k$$
$$\gamma_i = -x_j + x_k \quad (9)$$

将脚码轮换 $\underset{i \longrightarrow j}{\overset{k}{\swarrow}}$,将得出 α_j, β_j, γ_j, α_k, β_k, γ_k. (7)式中的 Δ 表示三角形总面积.

$$2\Delta = \begin{vmatrix} 1, & x_i, & y_i, \\ 1, & x_j, & y_j, \\ 1, & x_k, & y_k \end{vmatrix} = \beta_i \gamma_j - \beta_j \gamma_i = \beta_j \gamma_k - \beta_k \gamma_j = \beta_k \gamma_i = \beta_i \gamma_k \quad (10)$$

面积坐标 L_i, L_j, L_k 不是独立的,它们之间有

$$L_i + L_j + L_k = 1 \quad (11)$$

引用面积坐标后,三角形各结点的坐标如(图 3)所示,并且在 i 点的对边(即 j-k 边)上各点 $L_i = 0$, j 点的对边上 $L_j = 0$, k 点对边上 $L_k = 0$.

由于用面积坐标代替直角坐标是一种线性变换,故经过变换后,形函数也将是 L_i, L_j

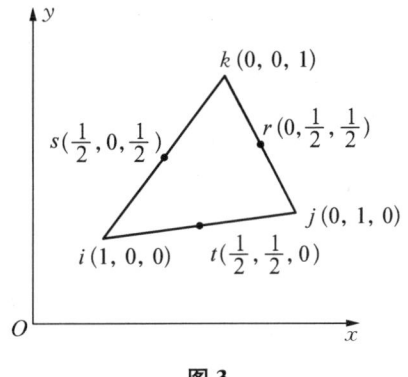

图 3

及 L_k 的五次多项式. 此外,这些形函数和它的一阶、二阶导数在各结点上只有两种状态,一种是零,一种是 1. 根据上述两点,不经过求逆矩阵而直接确定形函数并不是很困难的.

例如确定 N_{rn} 时,可假设

$$N_{rn} = A L_i L_j^2 L_k^2$$

这是一个五次式,并且式中 L_j 和 L_k 是对称的,它将满足在 i, j, k 三角点处的条件:

$$N_{rn} = 0, \quad \frac{\partial N_{rn}}{\partial x} = 0, \quad \frac{\partial N_{rn}}{\partial y} = 0$$

$$\frac{\partial^2 N_{rn}}{\partial x^2} = 0, \quad \frac{\partial^2 N_{rn}}{\partial y^2} = 0, \quad \frac{\partial^2 N_{rn}}{\partial x \partial y} = 0$$

同时在 s, t 点上,它的法向导数也满足 $\frac{\partial N_{rn}}{\partial n_s} = 0, \frac{\partial N_{rn}}{\partial n_t} = 0$ 的要求. 但在 r 点上,这形函数的法向导数应为 1,故

$$\frac{\partial N_{rn}}{\partial n_r} = A L_j^2 L_k^2 \frac{\partial L_i}{\partial n_r} + 2 A L_i L_j L_k^2 \frac{\partial L_j}{\partial n_r} + 2 A L_i L_j^2 L_k \frac{\partial L_k}{\partial n_r} = 1$$

将 $L_i = 0, L_j = \frac{1}{2}, L_k = \frac{1}{2}$ 代入后,即求得常数

$$A = \frac{16}{\dfrac{\partial L_i}{\partial n_r}}$$

如果我们规定 i 点的对边(即 j-k 边)的外法线与 y 轴的夹角为 θ_i,并规定沿 y 正向反时针转至外法线的角度为正(图 1),则

$$\frac{\partial L_i}{\partial n_r} = \frac{\partial L_i}{\partial x} \frac{\partial x}{\partial n_r} + \frac{\partial L_i}{\partial y} \frac{\partial y}{\partial n_r} = \frac{1}{2\Delta}(-\beta_i \sin\theta_i + \gamma_i \cos\theta_i)$$

于是

$$A = \frac{32\Delta}{-\beta_i \sin\theta_i + \gamma_i \cos\theta_i}$$

但

$$\sin\theta_i = \frac{y_j - y_k}{\sqrt{(x_j - x_k)^2 + (y_j - y_k)^2}} = \frac{\beta_i}{\sqrt{\beta_i^2 + \gamma_i^2}} = \frac{\beta_i}{l_i}$$

$$\cos\theta_i = \frac{x_j - x_k}{\sqrt{(x_j - x_k)^2 + (y_j - y_k)^2}} = \frac{-\gamma_i}{\sqrt{\beta_i^2 + \gamma_i^2}} = -\frac{\gamma_i}{l_i}$$

所以有

$$A = -\frac{32\Delta}{l_i}$$

其中 $l_i = \sqrt{(x_j - x_k)^2 + (y_j - y_k)^2} = \sqrt{\beta_i^2 + \gamma_i^2}$ 为 i 点对边 $(j - k)$ 的长度,故形函数

$$N_{rn} = -\frac{32\Delta}{l_i} L_i L_j^2 L_k^2$$

将脚码 i, j, k 轮换 $\underset{i \longrightarrow j}{\overset{k}{\swarrow \searrow}}$,得出 N_{sn},N_{tn} 两个形函数.

又如,在确定 N_i 时,可先设

$$N_i = A_1 + A_2 L_i + A_3 L_i^2 + A_4 L_i^3 + A_5 L_i^4 + A_6 L_i^5$$

若选择 $A_1 = A_2 = A_3 = 0$,这个五次式将自动满足 j 和 k 点 12 个结点条件和 r 点的 $\frac{\partial N_i}{\partial n_r} = 0$ 的条件.根据 i 点的三个条件,

$$N_i = 1, \quad \frac{\partial N_i}{\partial x} = 0, \quad \frac{\partial^2 N_i}{\partial x^2} = 0$$

将得出常数 A_4,A_5,A_6 为

$$A_4 = 10, \quad A_5 = -15, \quad A_6 = 6$$

于是

$$N_i = 10 L_i^3 - 15 L_i^4 + 6 L_i^5$$

显然这多项式也将自动满足 i 点的其余三个条件,

$$\frac{\partial N_i}{\partial y} = 0, \quad \frac{\partial^2 N_i}{\partial y^2} = 0, \quad \frac{\partial^2 N_i}{\partial x \partial y} = 0$$

但是上式并不满足 s 和 t 点上的法向导数为零的条件.为此,将上式再增加两项,即

$$N_i = 10 L_i^3 - 15 L_i^4 + 6 L_i^5 + A_7 L_i^2 L_j^2 L_k + A_8 L_i^2 L_j L_k^2$$

增加这两项并不违反 i, j, k 各点的条件,再根据 s 及 t 的条件 $\frac{\partial N_i}{\partial n_s} = 0$ 和 $\frac{\partial N_i}{\partial n_t} = 0$,将求出 A_7 和 A_8 两个常数,最后得出满足所有结点条件的形函数 N_i,即

$$N_i = 10 L_i - 15 L_i^4 + 6 L_i^5 - 30 \frac{-\beta_i \sin\theta_k + \gamma_i \cos\theta_k}{-\beta_k \sin\theta_k + \gamma_k \cos\theta_k} L_i^2 L_j^2 L_k$$

$$- 30 \frac{-\beta_i \sin\theta_j + \gamma_i \cos\theta_j}{-\beta_j \sin\theta_j + \gamma_j \cos\theta_j} L_i^2 L_j L_k^2$$

上述 N_i 还可以进一步简化，设

$$A_j = \frac{-\beta_i \sin\theta_k + \gamma_i \cos\theta_k}{-\beta_k \sin\theta_k + \gamma_k \cos\theta_k} = \frac{\beta_i \beta_k + \gamma_i \gamma_k}{\beta_k^2 + \gamma_k^2}$$

$$B_k = \frac{-\beta_i \sin\theta_j + \gamma_i \cos\theta_j}{-\beta_j \sin\theta_j + \gamma_j \cos\theta_j} = \frac{\beta_i \beta_j + \gamma_i \gamma_j}{\beta_j^2 + \gamma_j^2}$$

所以 $\quad N_i = 10L_i^3 - 15L_i^4 + 6L_i^5 - 30A_j L_i^2 L_j^2 L_k - 30B_k L_i^2 L_j L_k^2$

将脚码轮换，可以得 N_j 和 N_k。

下面列出 (6) 式中的 21 个形函数：

$$N_i = 10L_i^3 - 15L_i^4 + 6L_i^5 - 30A_j L_i^2 L_j^2 L_k - 30B_k L_i^2 L_j L_k^2$$

$$N_{ix} = -E_i(4L_i^3 - 7L_i^4 + 3L_i^5) - \frac{1}{2}\gamma_i(L_i^4 L_j - L_i^4 L_k) - 2\gamma_i(L_i^3 L_j^2 - L_i^3 L_k^2)$$

$$- (5\gamma_i + 7A_j \gamma_k)L_i^2 L_j^2 L_k + (5\gamma_i + 7B_k \gamma_j)L_i^2 L_j L_k^2$$

$$N_{iy} = F_i(4L_i^3 - 7L_i^4 + 3L_i^5) + \frac{1}{2}\beta_i(L_i^4 L_j - L_i^4 L_k) + 2\beta_i(L_i^3 L_j^2 - L_i^3 L_k^2)$$

$$+ (5\beta_i + 7A_j \beta_k)L_i^2 L_j^2 L_k - (5\beta_i + 7B_k \beta_j)L_i^2 L_j L_k^2$$

$$N_{ixx} = -\frac{1}{2}\gamma_k \gamma_j(L_i^3 - 2L_i^4 + L_i^5) - \frac{1}{2}\gamma_i \gamma_k L_i^3 L_j^2 - \frac{1}{2}\gamma_i \gamma_j L_i^3 L_k^2$$

$$- \frac{1}{2}(\gamma_j^2 B_k + 2\gamma_i \gamma_j)L_i^2 L_j L_k^2 - \frac{1}{2}(\gamma_k^2 A_j + 2\gamma_i \gamma_k)L_i^2 L_j^2 L_k$$

$$N_{iyy} = -\frac{1}{2}\beta_k \beta_j(L_i^3 - 2L_i^4 + L_i^5) - \frac{1}{2}\beta_i \beta_k L_i^3 L_j^2 - \frac{1}{2}\beta_i \beta_j L_i^3 L_k^2$$

$$- \frac{1}{2}(\beta_j^2 B_k + 2\beta_i \beta_j)L_i^2 L_j L_k^2 - \frac{1}{2}(\beta_k^2 A_j + 2\beta_i \beta_k)L_i^2 L_j^2 L_k$$

$$N_{ixy} = \frac{1}{2}C_i(L_i^3 - 2L_i^4 + L_i^5) + \frac{1}{2}C_j L_i^3 L_j^2 + \frac{1}{2}C_k L_i^3 L_k^2$$

$$+ (\beta_j \gamma_j B_k + C_k)L_i^2 L_j L_k^2 + (\beta_k \gamma_k A_j + C_j)L_i^2 L_j^2 L_k$$

$$N_{rn} = -\frac{32\Delta}{l_i}L_i L_j^2 L_k^2 \tag{12}$$

其中采用了下列符号：

$$C_k = \beta_i \gamma_j + \beta_j \gamma_i, \quad E_i = \frac{1}{2}(\gamma_j - \gamma_k), \quad F_i = \frac{1}{2}(\beta_j - \beta_k) \tag{13}$$

三、刚度矩阵

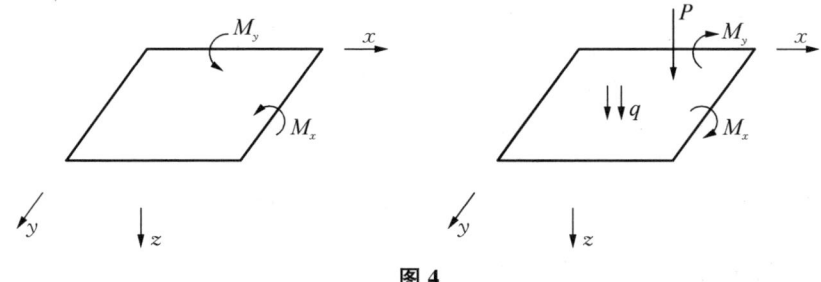

图 4

板的泛函变分的结果为

$$\delta \Pi = -\iint [\delta M_x \chi_x + \delta M_y \chi_y + \delta M_{xy} \cdot 2\chi_{xy}] \mathrm{d}x\mathrm{d}y - \delta w P$$

$$-\iint \delta w q \mathrm{d}x\mathrm{d}y - \int \delta\left(\frac{\partial w}{\delta x}\right) m_x \mathrm{d}y - \int \delta\left(\frac{\partial w}{\partial y}\right) m_y \mathrm{d}x$$

其中

$$M_x = -D\left(\frac{\partial^2 w}{\partial x^2} + \nu \frac{\partial^2 w}{\partial y^2}\right)$$

$$M_y = -D\left(\frac{\partial^2 w}{\partial y^2} + \nu \frac{\partial^2 w}{\partial x^2}\right)$$

$$M_{xy} = -D(1-\nu)\frac{\partial^2 w}{\partial x \partial y}$$

$$\chi_x = \frac{\partial^2 w}{\partial x^2}, \quad \chi_y = \frac{\partial^2 w}{\partial y^2}, \quad \chi_{xy} = \frac{\partial^2 w}{\partial x \partial y} \tag{14}$$

泛函第一个积分是板的变形能的变分

$$\delta U = D \iint \left[\delta\left(\frac{\partial^2 w}{\partial x^2}\right) \cdot \left(\frac{\partial^2 w}{\partial x^2}\right) + \nu \delta\left(\frac{\partial^2 w}{\partial y^2}\right) \cdot \left(\frac{\partial^2 w}{\partial x^2}\right) + \delta\left(\frac{\partial^2 w}{\partial y^2}\right) \cdot \left(\frac{\partial^2 w}{\partial y^2}\right) \right.$$

$$\left. + \nu \delta\left(\frac{\partial^2 w}{\partial x^2}\right) \cdot \left(\frac{\partial^2 w}{\partial y^2}\right) + 2(1-\nu)\delta\left(\frac{\partial^2 w}{\partial x \partial y}\right) \cdot \left(\frac{\partial^2 w}{\partial x \partial y}\right) \right] \mathrm{d}x\mathrm{d}y \tag{15}$$

如将(6)式的位移 w 表示为

$$w = [N] \cdot \{W\} = [W]\{N\} \tag{16}$$

其中

$$[N] = [N_i, N_{ix}, N_{iy}, N_{ixx}, N_{iyy}, N_{ixy}, N_{rn}, \cdots]$$

$$[W] = [w_i, w_{ix}, w_{iy}, w_{ixx}, w_{iyy}, w_{ixy}, w_{rn}, \cdots] \tag{17}$$

则变形能的变分(15)式变为

$$\delta U = D[\delta W] \iint \left[\frac{\partial^2}{\partial x^2}\{N\} \cdot \frac{\partial^2}{\partial x^2}[N] + \frac{\partial^2}{\partial y^2}\{N\} \cdot \frac{\partial^2}{\partial y^2}[N] \right.$$

$$+ \nu \left(\frac{\partial^2}{\partial x^2}\{N\} \frac{\partial^2}{\partial y^2}[N] + \frac{\partial^2}{\partial y^2}\{N\} \frac{\partial^2}{\partial x^2}[N] \right)$$

$$\left. + 2(1-\nu) \frac{\partial^2}{\partial x \partial y}\{N\} \frac{\partial^2}{\partial x \partial y}[N] \right] \mathrm{d}x\mathrm{d}y \{W\}$$

故单元刚度矩阵为

$$[K] = D \iint \left[\frac{\partial^2}{\partial x^2}\{N\} \cdot \frac{\partial^2}{\partial x^2}[N] + \frac{\partial^2}{\partial y^2}\{N\} \cdot \frac{\partial^2}{\partial y^2}[N] \right.$$

$$+ \nu \left(\frac{\partial^2}{\partial x^2}\{N\} \cdot \frac{\partial^2}{\partial y^2}[N] + \frac{\partial^2}{\partial y^2}\{N\} \cdot \frac{\partial^2}{\partial x^2}[N] \right)$$

$$\left. + 2(1-\nu) \frac{\partial^2}{\partial x \partial y}\{N\} \frac{\partial^2}{\partial x \partial y}[N] \right] \mathrm{d}x\mathrm{d}y \tag{18}$$

为了表示清楚单元刚度矩阵中的系数和形函数的关系,我们将形函数的编号改为

$$[N] = [N_1, N_2, N_3, \cdots, N_{21}] \tag{19}$$

于是刚度矩阵中的系数为

$$K_{m,n} = D \iint_\Delta \left[\frac{\partial^2 N_m}{\partial x^2} \cdot \frac{\partial^2 N_n}{\partial x^2} + \frac{\partial^2 N_m}{\partial y^2} \cdot \frac{\partial^2 N_n}{\partial y^2} \right.$$

$$+ 2 \frac{\partial^2}{\partial x \partial y} N_m \cdot \frac{\partial^2}{\partial x \partial y} N_n + \nu \left(\frac{\partial^2}{\partial x^2} N_m \cdot \frac{\partial^2}{\partial y^2} N_n \right.$$

$$\left. \left. + \frac{\partial^2}{\partial x^2} N_n \cdot \frac{\partial^2}{\partial y^2} N_m - 2 \frac{\partial^2}{\partial x \partial y} N_m \cdot \frac{\partial^2}{\partial x \partial y} N_n \right) \right] \mathrm{d}x \mathrm{d}y$$

$$(m, n = 1, 2, \cdots, 21) \tag{20}$$

为了便于计算,我们又将形函数的二阶导数写成矩阵形式,即

$$\frac{\partial^2 N_m}{\partial x^2} = [C_m^{\mathrm{I}}]\{L\} = [L]\{C_m^{\mathrm{I}}\}$$

$$\frac{\partial^2 N_m}{\partial y^2} = [C_m^{\mathrm{II}}]\{L\} = [L]\{C_m^{\mathrm{II}}\} \tag{21}$$

$$\frac{\partial^2 N_m}{\partial x \partial y} = [C_m^{\text{III}}]\{L\} = [L]\{C_m^{\text{III}}\}$$

其中[L]为

$$[L] = [L_i, L_i^2, L_i^3, L_i^2 L_j, L_i^2 L_k, L_i L_j^2, L_i L_k^2, L_j^2 L_k, L_j L_k^2, L_i L_j L_k] \tag{22}$$

前一组 21 个$[C_m]$的系数列在附表中，后两组 42 个$[C_m]$的系数可按 $\overset{k}{\underset{i \longrightarrow j}{\swarrow \searrow}}$ 轮换得到。由于$[C_m]$是个常数矩阵，将(21)式代入(20)式后，即得

$$K_{m,n} = D\Big[[C_m^{\text{I}}] \iint_\Delta \{L\}[L] \mathrm{d}x\mathrm{d}y \{C_n^{\text{I}}\} + [C_m^{\text{II}}] \iint_\Delta \{L\}[L] \mathrm{d}x\mathrm{d}y \{C_n^{\text{II}}\}$$
$$+ 2[C_m^{\text{III}}] \iint_\Delta \{L\}[L] \mathrm{d}x\mathrm{d}y \{C_n^{\text{III}}\} + \nu \Big([C_m^{\text{I}}] \iint_\Delta \{L\}[L] \mathrm{d}x\mathrm{d}y \{C_n^{\text{II}}\}$$
$$+ [C_m^{\text{I}}] \iint_\Delta \{L\}[L] \mathrm{d}x\mathrm{d}y \{C_m^{\text{II}}\} - 2[C_m^{\text{III}}] \iint_\Delta \{L\}[L] \mathrm{d}x\mathrm{d}y \{C_n^{\text{III}}\} \Big) \Big]$$

用[J]矩阵表示上式的积分

$$[J] = \iint_\Delta \{L\}[L] \mathrm{d}x\mathrm{d}y$$

应用面积坐标积分公式：

$$\iint_\Delta L_i^a L_j^b L_k^c \mathrm{d}x\mathrm{d}y = \frac{\lfloor a \cdot \lfloor b \cdot \lfloor c}{\lfloor a+b+c+2} \cdot 2\Delta$$

求得该矩阵为

$$[J] = \begin{bmatrix} 840 & 504 & 336 & 84 & 84 & 56 & 56 & 28 & 28 & 28 \\ & 336 & 240 & 48 & 48 & 24 & 24 & 8 & 8 & 12 \\ & & 180 & 30 & 30 & 12 & 12 & 3 & 3 & 6 \\ & & & 12 & 6 & 9 & 3 & 3 & 2 & 3 \\ & & & & 12 & 3 & 9 & 2 & 3 & 3 \\ & & & & & 12 & 2 & 6 & 3 & 3 \\ & \text{对} & \text{称} & & & & 12 & 3 & 6 & 3 \\ & & & & & & & 12 & 9 & 3 \\ & & & & & & & & 12 & 3 \\ & & & & & & & & & 2 \end{bmatrix} \times \frac{\Delta}{5\,040} \tag{23}$$

于是单元刚度矩阵的系数为

$$K_{m,n} = D[[C_m^I][J]\{C_n^I\} + [C_m^{II}][J]\{C_n^{II}\} + 2[C_m^{III}][J]\{C_n^{III}\}$$
$$+ \nu([C_m^I][J]\{C_n^{II}\} + [C_m^I][J]\{C_n^{II}\} - 2[C_m^{III}][J]\{C_n^{III}\})] \quad (24)$$

(24)式还可以进一步简化,若引进

$$[H] = \begin{bmatrix} [J] & \nu[J] & 0 \\ \nu[J] & [J] & 0 \\ 0 & 0 & 2(1-\nu)[J] \end{bmatrix} \quad (25)$$

$$\{C_m\} = \begin{Bmatrix} \{C_m^I\} \\ \{C_m^{II}\} \\ \{C_m^{III}\} \end{Bmatrix} \quad (26)$$

则最后得

$$K_{m,n} = D[C_m][H]\{C_n\} \quad (27)$$

而且有

$$K_{m,n} = K_{n,m} \quad (28)$$

四、结语

以上我们根据面积坐标的特性求出一个形函数的显式. 在选择该形函数的原始多项式时,可以采取其他不同的形式,但由于位移模式(Ⅰ)中的系数 α_i 的解是唯一的,因而形函数最后的结果也是唯一的. 例如在假设 N_{ix} 原始式时,我们曾分别选择过 $L_i^3 L_j^2$ 和 $L_i^3 L_j$ 两种不同的项,在应用了 $L_i + L_j + L_k = 1$ 的条件化简后,证明其结果完全一样.

应用(27)式求板三角单元的刚度矩阵系数,仍需对每个单元作矩阵乘法,但由于推出了形函数的显式,免去了矩阵求逆的过程,计算机的计算工作量仍将大大减轻.

附表

$[C_1^I]$	$[C_i^I]$	$[1, -3, 2, -\xi_j(B_k\xi_j + 2A_j\xi_k), -\xi_k(2B_k\xi_j + A_j\xi_k),$ $-2A_j\xi_j, -2B_k\xi_k, -A_j, -B_k, -4(B_k\xi_j + A_j\xi_k)]\dfrac{15\beta_i^2}{\Delta^2}$
$[C_2^I]$	$[C_{ix}^I]$	$[-12E_i, 42E_i, -30E_i, -3\gamma_i(1+4\xi_k)-2\xi_j\xi_k(5\gamma_i+7A_j\gamma_k)+\xi_j^2(5\gamma_i+7B_k\gamma_j),$ $3\gamma_i(1+4\xi_i)+2\xi_k\xi_k(5\gamma_i+7B_k\gamma_j)-\xi_k^2(5\gamma_i+7A_j\gamma_k), -6\gamma_i-2\xi_j(5\gamma_i+7A_j\gamma_k),$ $6\gamma_i+2\xi_k(5\gamma_i+7B_k\gamma_j), -(5\gamma_i+7A_j\gamma_k), 5\gamma_i+7B_k\gamma_j,$ $4[\xi_j(5\gamma_i+7B_k\gamma_j)-\xi_k(5\gamma_i+7A_j\gamma_k)]]\dfrac{\beta_i^2}{2\Delta^2}$

续　表

$[C_3^I]$	$[C_{iy}^I]$	$[12F_i,\ -42F_i,\ 30F_i,\ 3\beta_i(1+4\xi_k)+2\xi_j\xi_k(5\beta_i+7A_j\beta_k)-\xi_j^2(5\beta_i+7B_k\beta_j),$ $-3\beta_i(1+4\xi_j)-2\xi_j\xi_k(5\beta_i+7B_k\beta_j)+\xi_k^2(5\beta_i+7A_j\beta_k),\ 6\beta_i+2\xi_j(5\beta_i+7A_j\beta_k),$ $-6\beta_i-2\xi_k(5\beta_i+7B_k\beta_j),\ 5\beta_i+7A_j\beta_k,\ -(5\beta_i+7B_k\beta_j),$ $-4[\xi_j(5\beta_i+7B_k\beta_j)-\xi_k(5\beta_i+7A_j\gamma_k)]]\dfrac{\beta_i^2}{2\Delta^2}$
$[C_4^I]$	$[C_{ixx}^I]$	$[-3\gamma_k\gamma_j,\ 12\gamma_k\gamma_j,\ -10\gamma_k\gamma_j-\gamma_i(\gamma_j\xi_j^2+\gamma_k\xi_k^2),\ -6\gamma_i\gamma_k\xi_k-2\xi_k(\gamma_k^2A_j+2\gamma_i\gamma_k)$ $-\xi_j^2(\gamma_j^2B_k+2\gamma_i\gamma_j),\ -6\gamma_i\gamma_j\xi_j-2\xi_k(\gamma_j^2B_k+2\gamma_i\gamma_j)-\xi_k^2(\gamma_k^2A_j+2\gamma_i\gamma_k),$ $-3\gamma_i\gamma_k-2\xi_j(\gamma_k^2A_j+2\gamma_i\gamma_k),\ -3\gamma_i\gamma_j-2\xi_k(\gamma_j^2B_k+2\gamma_i\gamma_j),\ -(\gamma_k^2A_j+2\gamma_i\gamma_k),$ $-(\gamma_j^2B_k+2\gamma_i\gamma_j),\ -4[\xi_j(\gamma_j^2B_k+2\gamma_i\gamma_j)+\xi_k(\gamma_k^2A_j+2\gamma_i\gamma_k)]]\dfrac{\beta_i^2}{4\Delta^2}$
$[C_5^I]$	$[C_{iyy}^I]$	$[-3\beta_k\beta_j,\ 12\beta_k\beta_j,\ -9\beta_k\beta_j,\ -6\beta_j\beta_k-2\xi_k(\beta_k^2A_j+2\beta_i\beta_k)-\xi_j^2(\beta_j^2B_k+2\beta_i\beta_j),$ $-6\beta_j\beta_k-2\xi_j(\beta_j^2B_k+2\beta_i\beta_j)-\xi_k^2(\beta_k^2A_j+2\beta_i\beta_k),\ -3\beta_i\beta_k-2\xi_j(\beta_k^2A_j+2\beta_i\beta_k),$ $-3\beta_i\beta_j-2\xi_k(\beta_j^2B_k+2\beta_i\beta_j),\ -(\beta_k^2A_j+2\beta_i\beta_k),\ -(\beta_j^2B_k+2\beta_i\beta_j),$ $-4[\xi_j(\beta_j^2B_k+2\beta_i\beta_j)+\xi_k(\beta_k^2A_j+2\beta_i\beta_k)]]\dfrac{\beta_i^2}{4\Delta^2}$
$[C_6^I]$	$[C_{ixy}^I]$	$[3C_i,\ -12C_i,\ 10C_i+C_j\xi_k^2+C_k\xi_j^2,\ 6C_j\xi_k+4\xi_j\xi_k(\beta_k\gamma_kA_j+C_j)$ $+2\xi_j^2(\beta_j\gamma_jB_k+C_k),\ 6C_k\xi_j+4\xi_j\xi_k(\beta_j\gamma_jB_k+C_k)+2\xi_k^2(\beta_k\gamma_kA_j+C_j),$ $3C_j+4\xi_j(B_k\gamma_kA_j+C_j),\ 3C_k+4\xi_k(\beta_j\gamma_jB_k+C_k),\ 2(\beta_k\gamma_kA_j+C_j),$ $2(\beta_j\gamma_jB_k+C_k),\ 8[\xi_k(\beta_k\gamma_kA_j+C_j)+\xi_j(\beta_j\gamma_jB_k+C_k)]]\dfrac{\beta_i^2}{4\Delta^2}$
$[C_7^I]$	$[C_{rn}^I]$	$[0,\ 0,\ 0,\ 0,\ 0,\ \xi_j^2,\ \xi_k^2,\ 2\xi_j,\ 2\xi_k,\ 4\xi_j\xi_k]\times\left(-\dfrac{16\beta_i^2}{l_i\Delta}\right)$
$[C_1^{II}]$	$[C_i^{II}]$	$[1,\ -3,\ 2,\ -\eta_j(B_k\eta_j+2A_j\eta_k),\ -\eta_k(2B_k\eta_j+A_j\eta_k),$ $-2A_j\eta_j,\ -2B_k\eta_k,\ -A_j,\ -B_k,\ -4(B_k\eta_j+A_j\eta_k)]\dfrac{15\gamma_i}{\Delta^2}$
$[C_2^{II}]$	$[C_{ix}^{II}]$	$[-12E_i,\ 42E_i,\ -30E_i,\ -3\gamma_i(1+4\eta_k)-2\eta_j\eta_k(5\gamma_i+7A_j\gamma_k)+\eta_j^2(5\gamma_i+7B_k\gamma_j),$ $3\gamma_i(1+4\eta_j)+2\eta_j\eta_k(5\gamma_i+7B_k\gamma_j)-\eta_k^2(5\gamma_i+7A_j\gamma_k),\ -6\gamma_i-2\eta_j(5\gamma_i+7A_j\gamma_k),$ $6\gamma_i+2\eta_k(5\gamma_i+7B_k\gamma_j),\ -(5\gamma_i+7A_j\gamma_k),\ 5\gamma_i+7B_k\gamma_j,$ $4[\eta_j(5\gamma_i+7B_k\gamma_j)-\eta_k(5\gamma_i+7A_j\gamma_k)]]\dfrac{\gamma_i^2}{2\Delta^2}$
$[C_3^{II}]$	$[C_{iy}^{II}]$	$[12F_i,\ -42F_i,\ 30F_i,\ 3\beta_i(1+4\eta_k)+2\eta_j\eta_k(5\beta_i+7A_j\beta_k)-\eta_j^2(5\beta_k+7B_k\beta_j),$ $-3\beta_i(1+4\eta_j)-2\eta_j\eta_k(5\beta_i+7B_k\beta_j)+\eta_k^2(5\beta_i+7A_j\beta_k),\ 6\beta_i+2\eta_j(5\beta_i+7A_j\beta_k),$ $-6\beta_i-2\eta_k(5\beta_i+7B_k\beta_j),\ 5\beta_i+7A_j\beta_k,\ -(5\beta_i+7B_k\beta_j),$ $-4[\eta_j(5\beta_i+7B_k\beta_j)-\eta_k(5\beta_i+7A_j\beta_k)]]\dfrac{\gamma_i^2}{2\Delta^2}$

续 表

$[C_4^{II}]$	$[C_{ixx}^{II}]$	$[-3\gamma_k\gamma_j,\ 12\gamma_k\gamma_j,\ -9\gamma_k\gamma_j,\ -6\gamma_j\gamma_k-2\eta_j\ \eta_k(\gamma_k^2 A_j+2\gamma_i\gamma_k)-\eta_j^2(\gamma_j^2 B_k+2\gamma_i\gamma_j),$ $-6\gamma_j\gamma_k-2\eta_j\ \eta_k(\gamma_j^2 B_k+2\gamma_i\gamma_j)-\eta_k^2(\gamma_k^2 A_j+2\gamma_i\gamma_k),\ -3\gamma_j\gamma_k-2\eta_j(\gamma_k^2 A_j+2\gamma_i\gamma_k),$ $-3\gamma_i\gamma_j-2\eta_k(\gamma_j^2 B_k+2\gamma_i\gamma_j),\ -(\gamma_k^2 A_j+2\gamma_i\gamma_k),\ -(\gamma_j^2 B_k+2\gamma_i\gamma_j),$ $-4[\eta_j(\gamma_j^2 B_k+2\gamma_i\gamma_j)+\eta_k(\gamma_k^2 A_j+2\gamma_i\gamma_k)]]\dfrac{\gamma_i^2}{4\Delta^2}$
$[C_5^{II}]$	$[C_{iyy}^{II}]$	$[-3\beta_k\beta_j,\ 12\beta_k\beta_j,\ -10\beta_k\beta_j-\beta_i(\beta_j\eta_k^2+\beta_k\eta_j^2),\ -6\beta_i\beta_k\eta_k-2\eta_j\ \eta_k(\beta_k^2 A_j+2\beta_i\beta_k)$ $-\eta_j^2(\beta_j^2 B_k+2\beta_i\beta_j),\ -6\beta_i\beta_j\eta_j-2\eta_j\ \eta_k(\beta_j^2 B_k+2\beta_i\beta_j),\ -\eta_k^2(\beta_k^2 A_j+2\beta_i\beta_k),$ $-3\beta_j\beta_k-2\eta_j(\beta_k^2 A_j+2\beta_i\beta_k),\ -3\beta_i\beta_j-2\eta_k(\beta_j^2 B_k+2\beta_i\beta_j),\ -(\beta_k^2 A_j+2\beta_i\beta_k),$ $-(\beta_j^2 B_k+2\beta_i\beta_j),\ -4[\eta_j(\beta_j^2 B_k+2\beta_i\beta_j)+\eta_k(\beta_k^2 A_j+2\beta_i\beta_k)]]\dfrac{\gamma_i^2}{4\Delta^2}$
$[C_6^{II}]$	$[C_{ixy}^{II}]$	$[3C_i,\ -12C_i,\ 10C_i+C_j\eta_k^2+C_k\eta_j^2,\ 6C_j\eta_k+4\eta_j\ \eta_k(\beta_k\gamma_k A_j+C_j)+2\eta_j^2(\beta_j\gamma_j B_k+C_k),$ $6C_k\eta_j+4\eta_j\ \eta_k(\beta_j\gamma_j B_k+C_k)+2\eta_k^2(\beta_k\gamma_k A_j+C_j),\ 3C_j+4\eta_j(B_k\gamma_k A_j+C_j),$ $3C_k+4\eta_k(\beta_j\gamma_j B_k+C_k),\ 2(\beta_k\gamma_k A_j+C_j),\ 2(\beta_j\gamma_j B_k+C_k),$ $8[\eta_k(\beta_k\gamma_k A_j+C_j)+\eta_j(\beta_j\gamma_j B_k+C_k)]]\dfrac{\gamma_i^2}{4\Delta^2}$
$[C_7^{II}]$	$[C_{rn}^{II}]$	$[0,\ 0,\ 0,\ 0,\ 0,\ \eta_j^2,\ \eta_k^2,\ 2\eta_j,\ 2\eta_k,\ 4\eta_j\ \eta_k]\left(-\dfrac{16\gamma_i^2}{l_i^2\Delta}\right)$
$[C_1^{III}]$	$[C_i^{III}]$	$[1,\ -3,\ 2,\ -A_j(\xi_i\eta_k+\xi_k\eta_j)-B_k\xi_i\eta_j,\ -B_k(\xi_i\eta_k+\xi_k\eta_j)-A_j\xi_i\eta_k,$ $-A_j(\xi_j+\eta_k),\ -B_k(\xi_k+\eta_k),\ -A_j,\ -B_k,$ $-2[A_j(\xi_j+\eta_k)+B_k(\xi_j+\eta_j)]]\dfrac{15\gamma_i\beta_i}{\Delta^2}$
$[C_2^{III}]$	$[C_{ix}^{III}]$	$[-12E_i,\ 42E_i,\ -30E_i,\ -3\gamma_i-6\gamma_i(\xi_k+\eta_k)-(5\gamma_i+7A_j\gamma_k)(\xi_j\eta_k-\xi_k\eta_j)$ $+(5\gamma_i+7B_k\gamma_j)\xi_j\eta_j,\ 3\gamma_i+6\gamma_i(\xi_j+\eta_j)+(5\gamma_i+7B_k\gamma_j)(\xi_j\eta_k+\xi_k\eta_j)$ $-(5\gamma_i+7A_j\gamma_k)\xi_k\eta_k,\ -6\gamma_i-(5\gamma_i+7A_j\gamma_k)(\xi_j+\eta_j),$ $6\gamma_i+(5\gamma_i+7B_k\gamma_j)(\xi_k+\eta_k),\ -(5\gamma_i+7A_j\gamma_k),\ (5\gamma_i+7B_k\gamma_j),$ $2[(5\gamma_i+7B_k\gamma_j)(\xi_j+\eta_j)-(5\gamma_i+7A_j\gamma_k)(\xi_k+\eta_k)]]\dfrac{\beta_i\gamma_i}{2\Delta^2}$
$[C_3^{III}]$	$[C_{iy}^{III}]$	$[12F_i,\ -42F_i,\ 30F_i,\ 3\beta_i+6\beta_i(\xi_k+\eta_k)+(5\beta_i+7A_j\beta_k)(\xi_j\eta_k+\xi_k\eta_j)$ $-(5\beta_i+7B_k\beta_j)\xi_j\eta_j,\ -3\beta_i-6\beta_i(\xi_j+\eta_j)-(5\beta_i+7B_k\beta_j)(\xi_j\eta_k+\xi_k\eta_j)$ $+(5\beta_i+7A_j\beta_k)\xi_k\eta_k,\ 6\beta_i+(5\beta_i+7A_j\beta_k)(\xi_j+\eta_j),$ $-6\beta_i-(5\beta_i+7B_k\beta_j)(\xi_k+\eta_k),\ 5\beta_i+7A_j\beta_k,\ -(5\beta_i+7B_k\beta_j),$ $-2[(5\beta_i+7B_k\beta_j)(\xi_j+\eta_j)-(5\beta_i+7A_j\beta_k)(\xi_k+\eta_k)]]\dfrac{\beta_i\gamma_i}{2\Delta^2}$

续 表

$[C_4^{\text{III}}]$	$[C_{ixx}^{\text{III}}]$	$[-3\gamma_k\gamma_j,\ 12\gamma_k\gamma_j,\ -9\gamma_i\gamma_j,\ -3\gamma_i\gamma_k(\xi_j+\eta_k)-(\gamma_k^2 A_j+2\gamma_i\gamma_k)(\xi_j\eta_k+\xi_k\eta_j)$ $-(\gamma_j^2 B_k+2\gamma_i\gamma_j)\xi_j\eta_j,\ -3\gamma_i\gamma_j(\xi_j+\eta_j)-(\gamma_j^2 B_k+2\gamma_i\gamma_j)(\xi_j\eta_k+\xi_k\eta_j)$ $-(\gamma_k^2 A_j+2\gamma_i\gamma_k)\xi_k\eta_k,\ -3\gamma_i\gamma_k-(\gamma_k^2 A_j+2\gamma_i\gamma_k)(\xi_j+\eta_j),$ $-3\gamma_i\gamma_j-(\gamma_j^2 B_k+2\gamma_i\gamma_j)(\xi_k+\eta_k),\ -(\gamma_k^2 A_j+2\gamma_i\gamma_k),\ -(\gamma_j^2 B_k+2\gamma_i\gamma_j),$ $-2[(\gamma_j^2 B_k+2\gamma_i\gamma_j)(\xi_j+\eta_j)+(\gamma_k^2 A_j+2\gamma_i\gamma_k)(\xi_k+\eta_k)]]\dfrac{\beta_i\gamma_i}{4\Delta^2}$
$[C_5^{\text{III}}]$	$[C_{iyy}^{\text{III}}]$	$[-3\beta_k\beta_j,\ 12\beta_k\beta_j,\ -9\beta_i\beta_j,\ -3\beta_i\beta_k(\xi_j+\eta_k)-(\beta_k^2 A_j+2\beta_i\beta_k)(\xi_j\eta_k+\xi_k\eta_j)$ $-(\beta_k^2 B_k+2\beta_i\beta_j)\xi_j\eta_j,\ -3\beta_i\beta_j(\xi_j+\eta_j)-(\beta_j^2 B_k-2\beta_i\beta_j)(\xi_j\eta_k+\xi_k\eta_j)$ $-(\beta_k^2 A_j+2\beta_i\beta_k)\xi_k\eta_k,\ -3\beta_i\beta_k-(\beta_k^2 A_j+2\beta_i\beta_k)(\xi_j+\eta_j),$ $-3\beta_i\beta_j-(\beta_j^2 B_k+2\beta_i\beta_j)(\xi_k+\eta_k),\ -(\beta_k^2 A_j+2\beta_i\beta_k),\ -(\beta_j^2 B_k+2\beta_i\beta_j),$ $-2[(\beta_j^2 B_k+2\beta_i\beta_j)(\xi_j+\eta_j)+(\beta_k^2 A_j+2\beta_i\beta_k)(\xi_k+\eta_k)]]\dfrac{\beta_i\gamma_i}{4\Delta^2}$
$[C_6^{\text{III}}]$	$[C_{ixy}^{\text{III}}]$	$[3C_i,\ -12C_i,\ 10C_i+C_j\xi_k\eta_k+C_k\xi_j\eta_j,$ $3C_j(\xi_k+\eta_k)+2[(\beta_k\gamma_k A_j+C_j)(\xi_j\eta_k+\xi_k\eta_j)+(\beta_j\gamma_j B_k+C_k)\xi_j\eta_j],$ $3C_k(\xi_j+\eta_j)+2[(\beta_j\gamma_j B_k+C_k)(\xi_j\eta_k+\xi_k\eta_j)+(\beta_k\gamma_k A_j+C_j)\xi_k\eta_k],$ $3C_j+2(\beta_k\gamma_k A_j+C_j)(\xi_j+\eta_j),\ 3C_k+2(\beta_j\gamma_j B_k+C_k)(\xi_k+\eta_k),\ 2(\beta_k\gamma_k A_j+C_j),$ $2(\beta_j\gamma_j B_k+C_k),\ 4[(\beta_k\gamma_k A_j+C_j)(\xi_k+\eta_k)+(\beta_j\gamma_j B_k+C_k)(\xi_j+\eta_j)]]\dfrac{\beta_i\gamma_i}{4\Delta^2}$
$[C_7^{\text{III}}]$	$[C_{ixy}^{\text{III}}]$	$[0,\ 0,\ 0,\ 0,\ 0,\ \xi_j\eta_j,\ \xi_k\eta_k,\ \xi_j+\eta_j,\ \xi_k+\eta_k,$ $2(\xi_j\eta_k+\xi_k\eta_j)]\left(-\dfrac{16\beta_i\gamma_i}{l_i\Delta}\right)$

注: ① $\xi_j=\dfrac{\beta_k}{\beta_i},\quad \eta_j=\dfrac{\gamma_k}{\gamma_i},$

$\xi_k=\dfrac{\beta_j}{\beta_i},\quad \eta_k=\dfrac{\gamma_j}{\gamma_i},$

② 脚码轮换 $\overset{k}{\underset{i\longrightarrow j}{\swarrow}}$,即得到其他42个矩阵$[C_m]$的系数.

参考文献

[1] Felippa C A, Clough R W. 固体力学中的有限元法//连续区物理中场问题的数值解法. SIAM-AMS Proceedings,第二卷,美国数学学会,Providence, R I, 1970: 210-252.

[2] Butlin G A, Ford R. 一个协调的三角形板弯曲有限元. 报告 68—15 号,Leicester 大学工程系,英国,1968.10.

[3] Argyris J H, Fried I, Sharpf D W. 矩阵位移中的 TUBA 族板的有限元. 技术报告,皇家航空学会月刊(J Roy Aeronaut Soc),1968, 72.

[4] Bell K. 一个精细的三角形板弯曲有限元. 工程中数值方法国际月刊(Int J Numer Methods Eng), 1969, 1(1): 101-102.

[5] Bell K. 三角形板弯曲元素//Holand I, Bell K. 应力分析中的有限元法. 挪威技术大学, Trondheim, 1969: 213 - 252; 3 版. 1972.

Shape Function of a Compatiable Bending Triangular Finite Element and their Related Stiffness Matrix

Abstract In this paper, the explicit expressions for the shape function of a compatiable bending triangular finite element with 21 degrees of freedom are obtained with the help of the areal coordinates. The related stiffness matrix are also tabulated.

轴对称弹性体的有限元分析[*]

摘要 轴对称弹性力学问题的有限元分析长期以来都是采用三角圆环有限元和线性形状函数.由于积分困难,常用近似积分求得刚度矩阵,这种近似积分对于靠近旋转对称轴的元素,误差很大,所以,长期以来,被认为不满意的办法.也有用精确积分计算刚度矩阵的,但本文指出,这种积分只适用于有中孔的轴对称体.对于实心的轴对称体而言,这种刚度矩阵都不收敛,计算是无效的.

本文提出了一种新的形状函数,当径向坐标 r 接近于零时,这种形状函数的径向位移 u 自然地接近于零.如果用这种新的形状函数,则由此计算求得的刚度矩阵,不论三角圆环有限元的位置是否靠近轴线,都是存在的.这种有限元,就能用于计算实心的轴对称体的问题.

一、线性三角圆环有限元

对于轴对称弹性力学问题而言,不等于零的位移只有轴向位移 $w(r,z)$ 和径向位移 $u(r,z)$ 这里的 r 为径向坐标,z 为轴向坐标,应变位移关系为

$$\{e\} = \begin{Bmatrix} e_r \\ e_\theta \\ e_z \\ \gamma_{rz} \end{Bmatrix} = \begin{Bmatrix} \dfrac{\partial u}{\partial r} \\ \dfrac{u}{r} \\ \dfrac{\partial w}{\partial z} \\ \dfrac{\partial u}{\partial z} + \dfrac{\partial w}{\partial r} \end{Bmatrix} \qquad (1.1)$$

过去业已有威尔逊(1968)[1],克劳付及赖希德(1965)[2],维脱固(1968)[3],费尔德(1969)[4],辛克威茨(1967,1971)[5,6],德赛及阿贝尔(1972)[7],华东水利学院(1974)[8],复旦大学数学系(1976)[9],许勒纳(1975)[10]等用近似积分法研究了线性三角圆环有限元的刚度积分问题.

原载《应用数学和力学》,1980,1(1):25-35.
[*] 本文1979年3月完成,曾在上海交大、济南山东工学院和西安西北大学报告.

设三角形(图1)三个角点的位移分别为 (u_1, w_1), (u_2, w_2), (u_3, w_3), 则线性的形状函数可以写成

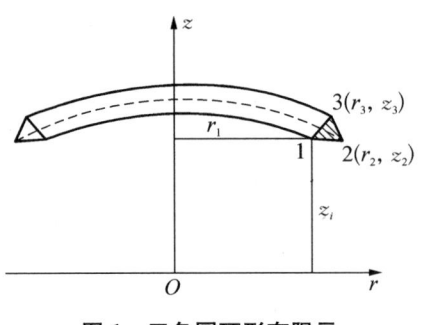

图1 三角圆环形有限元

$$\begin{Bmatrix} u \\ v \end{Bmatrix} = \begin{bmatrix} L_1 & 0 & L_2 & 0 & L_3 & 0 \\ 0 & L_1 & 0 & L_2 & 0 & L_3 \end{bmatrix} \begin{Bmatrix} u_1 \\ w_1 \\ u_2 \\ w_2 \\ u_3 \\ w_3 \end{Bmatrix} \quad (1.2)$$

其中 L_i 为三角形有限元的自然坐标. 它可以用 (u_i, w_i) 写成

$$L_i = \frac{1}{2\Delta}(a_i + b_i r + c_i z) \quad (1.3)$$

其中

$$a_i = r_j z_k - r_k z_j \quad (1.4a)$$
$$b_i = z_j - z_k \quad (1.4b)$$
$$c_i = r_k - r_j \quad (1.4c)$$
$$\Delta = \frac{1}{2}\begin{vmatrix} 1 & r_1 & z_1 \\ 1 & r_2 & z_2 \\ 1 & r_3 & z_3 \end{vmatrix} \quad (1.4d)$$

$P(r_i, z_i)$ 为角点 i 的坐标, (i, j, k) 为以 1, 2, 3 为次序的循环标号, 于是应变矩阵 $\{e\}$ 和位移矩阵 $\{u\}$ 的关系式为

$$\{e\} = [B]\{u\} \quad (1.5)$$

其中

$$\{e\}^T = [e_r, e_\theta, e_z, \gamma_{rz}] \quad \{u\}^T = [u_1, w_1, u_2, w_2, u_3, w_3] \quad (1.6a, b)$$

而且

$$[B] = \begin{bmatrix} \frac{\partial L_1}{\partial r} & 0 & \frac{\partial L_2}{\partial r} & 0 & \frac{\partial L_3}{\partial r} & 0 \\ \frac{L_1}{r} & 0 & \frac{L_2}{r} & 0 & \frac{L_3}{r} & 0 \\ 0 & \frac{\partial L_1}{\partial z} & 0 & \frac{\partial L_2}{\partial z} & 0 & \frac{\partial L_3}{\partial z} \\ \frac{\partial L_1}{\partial z} & \frac{\partial L_1}{\partial r} & \frac{\partial L_2}{\partial z} & \frac{\partial L_2}{\partial r} & \frac{\partial L_3}{\partial z} & \frac{\partial L_3}{\partial r} \end{bmatrix} = \frac{1}{2\Delta}\begin{bmatrix} b_1 & 0 & b_2 & 0 & b_3 & 0 \\ \frac{2L_1\Delta}{r} & 0 & \frac{2L_2\Delta}{r} & 0 & \frac{2L_3\Delta}{r} & 0 \\ 0 & c_1 & 0 & c_2 & 0 & c_3 \\ c_1 & b_1 & c_2 & b_2 & c_3 & b_3 \end{bmatrix}$$

$$(1.6c)$$

称弹性常数矩阵为

$$[E] = \begin{bmatrix} \lambda+2\mu & \lambda & \lambda & 0 \\ \lambda & \lambda+2\mu & \lambda & 0 \\ \lambda & \lambda & \lambda+2\mu & 0 \\ 0 & 0 & 0 & \mu \end{bmatrix} = E_0 \begin{bmatrix} 1-\nu & \nu & \nu & 0 \\ \nu & 1-\nu & \nu & 0 \\ \nu & \nu & 1-\nu & 0 \\ 0 & 0 & 0 & \dfrac{1}{2}(1-2\nu) \end{bmatrix} \qquad (1.7)$$

其中

$$E_0 = \frac{E}{(1+\nu)(1-2\nu)} \qquad (1.8)$$

则刚度矩阵为

$$[K] = \iint_\Delta [B]^{\mathrm{T}}[E][B] 2\pi r \, dz \, dr \qquad (1.9)$$

如果我们称 $[B]$ 的子矩阵为 $[B]_{(i)}$,

$$[B]_{(i)} = \frac{1}{2\Delta} \begin{bmatrix} b_i & 0 \\ \dfrac{2L_i \Delta}{r} & 0 \\ 0 & c_i \\ c_i & b_i \end{bmatrix} \qquad (1.10)$$

则根据郭仲衡[11, 12], $[K]$ 明显地可以分为九个子矩阵

$$[K] = \begin{bmatrix} [K]_{(11)} & [K]_{(12)} & [K]_{(13)} \\ [K]_{(21)} & [K]_{(22)} & [K]_{(23)} \\ [K]_{(31)} & [K]_{(32)} & [K]_{(33)} \end{bmatrix} \qquad (1.11)$$

其中

$$[K]_{(ij)} = \iint_\Delta [B]_{(i)}^{\mathrm{T}} [E] [B]_{(i)} 2\pi r \, dr \, dz$$

$$= \frac{E_0 \pi}{2\Delta^2} \iint_\Delta \begin{bmatrix} b_i & \dfrac{2L_i\Delta}{r} & 0 & c_i \\ 0 & 0 & c_i & b_i \end{bmatrix} \begin{bmatrix} 1-\nu & \nu & \nu & 0 \\ \nu & 1-\nu & \nu & 0 \\ \nu & \nu & 1-\nu & 0 \\ 0 & 0 & 0 & \dfrac{1-2\nu}{\nu} \end{bmatrix}$$

$$\begin{bmatrix} b_j & 0 \\ \dfrac{2L_j \Delta}{r} & 0 \\ 0 & c_j \\ c_j & b_j \end{bmatrix} r \mathrm{d}r\mathrm{d}z = \begin{bmatrix} H_{11} & H_{12} \\ H_{21} & H_{22} \end{bmatrix}_{(ij)} \tag{1.12}$$

其中各元素为

$$\left.\begin{aligned} H_{11}(i,j) &= \frac{E_0 \pi}{2\Delta}\Big\{(a_i b_j + a_j b_i) + \Big[2b_i b_j + \frac{1}{2}(1-2\nu)c_i c_j\Big]\bar{r} + (b_i c_j + b_j c_i)\bar{z} \\ &\quad + 2(1-\nu)[a_i a_j I_1 + (a_i c_j + c_j c_i)I_2 + c_i c_j I_3]\Big\} \\ H_{12}(i,j) &= \frac{E_0 \pi}{2\Delta}\Big\{\nu a_i c_j + \Big[2\nu b_i c_j + \frac{1}{2}(1-2\nu)c_i b_j\Big]\bar{r} + \nu c_i c_j \bar{z}\Big\} \\ H_{21}(i,j) &= \frac{E_0 \pi}{2\Delta}\Big\{\nu a_j c_i + \Big[2\nu c_i b_j + \frac{1}{2}(1-2\nu)c_i b_j\Big]\bar{r} + \nu c_i c_j \bar{z}\Big\} \\ H_{22}(i,j) &= \frac{E_0 \pi}{2\Delta}\Big\{\frac{1}{2}(1-2\nu)b_i b_j + (1-\nu)c_i c_j\Big\}\bar{r} \end{aligned}\right\} \tag{1.13}$$

I_1, I_2, I_3 为下列积分

$$\left.\begin{aligned} 2\Delta I_1 &= \iint_\Delta \frac{1}{r}\mathrm{d}r\mathrm{d}z \\ 2\Delta I_2 &= \iint_\Delta \frac{z}{r}\mathrm{d}r\mathrm{d}z \\ 2\Delta I_3 &= \iint_\Delta \frac{z^2}{r}\mathrm{d}r\mathrm{d}z \end{aligned}\right\} \tag{1.14}$$

$\bar{r}$, $\bar{z}$ 为三角形重心的坐标

$$\left.\begin{aligned} \bar{r} &= \frac{1}{\Delta}\iint_\Delta r\,\mathrm{d}r\mathrm{d}z = \frac{1}{3}(r_1 + r_2 + r_3) \\ \bar{z} &= \frac{1}{\Delta}\iint_\Delta z\,\mathrm{d}r\mathrm{d}z = \frac{1}{3}(z_1 + z_2 + z_3) \end{aligned}\right\} \tag{1.15}$$

在大多数作者中,由于(1.14)式中的积分比较复杂,从而采取较简单的近似办法,用三角形重心$\bar{r}$, $\bar{z}$代替(1.14)式积分中被积函数中的 r, z. 于是近似地得

$$I_1 \approx \frac{1}{2\bar{r}}, \quad I_2 \approx \frac{1}{2}\frac{\bar{z}}{\bar{r}}, \quad I_3 \approx \frac{1}{2}\frac{\bar{z}^2}{\bar{r}} \tag{1.16}$$

这样做当然绕过了与准确积分有关的全部困难. 但是由于邻近 z 轴的单元中, r 的相对变化很大, 特别是当这些单元较多时, 精确度损失很大.

辛克威茨在早期的著作(1967)[5]中, 曾对(1.14)式进行了精确积分, 但在 1971 年的著作[6]中又删去了. 而且认为"看来很奇怪, 实际上简单近似有时优于正确积分". 他认为正确公式中包含的对数项是引起较大误差的根源.

其实这三个积分都可以在三角形有限元内先对 z 积分, 然后对 r 积分求得, 最一般的三角形位置是: (1) 三角形的三个角点都不在 z 轴上. (2) 任何边都不和 z 轴平行, 即如图 2 的位置, 这三条边和 z 轴的交点 $z = A_{12}, A_{23}, A_{31}$, 它们为

$$\left.\begin{aligned} A_{31} &= \frac{z_1 r_3 - z_3 r_1}{r_3 - r_1} = -\frac{a_2}{c_2} \\ A_{12} &= \frac{z_2 r_1 - z_1 r_2}{r_1 - r_2} = -\frac{a_3}{c_3} \\ A_{23} &= \frac{z_3 r_2 - z_2 r_3}{r_2 - r_3} = -\frac{a_1}{c_1} \end{aligned}\right\} \quad (1.17)$$

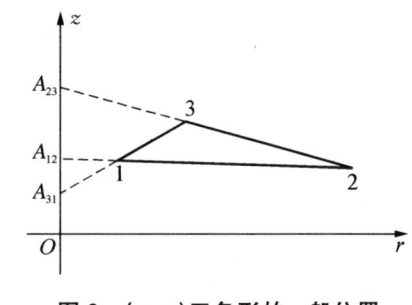

图 2 (r, z) 三角形的一般位置

如果称这三条边的斜度为

$$\left.\begin{aligned} m_{31} &= \frac{z_3 - z_1}{r_3 - r_1} = -\frac{b_2}{c_2} \\ m_{12} &= \frac{z_1 - z_2}{r_1 - r_2} = -\frac{b_3}{c_3} \\ m_{23} &= \frac{z_2 - z_3}{r_2 - r_3} = -\frac{b_1}{c_1} \end{aligned}\right\} \quad (1.18)$$

则这三条边的方程可以写成

$$\left.\begin{aligned} &(1\text{—}2\text{ 边的方程式}) \quad z = A_{12} + m_{12} r \\ &(2\text{—}3\text{ 边的方程式}) \quad z = A_{23} + m_{23} r \\ &(3\text{—}1\text{ 边的方程式}) \quad z = A_{31} + m_{31} r \end{aligned}\right\} \quad (1.19)$$

于是 I_1, I_2, I_3 就能积分. 例如:

$$2\Delta I_1 = \iint_\Delta \frac{1}{r} dz dr = \int_{r_1}^{r_3} (A_{31} + m_{31} r - A_{12} - m_{12} r) \frac{1}{r} dr$$

$$+ \int_{r_3}^{r_2} (A_{23} + m_{23} r - A_{12} - m_{12} r) \frac{1}{r} dr = A_{31} \ln \frac{r_3}{r_1} + A_{12} \ln \frac{r_1}{r_2}$$

$$+ A_{23} \ln \frac{r_2}{r_3} + m_{31}(r_3 - r_1) + m_{12}(r_1 - r_2) + m_{23}(r_2 - r_3) \quad (1.20)$$

在 $r_1 \neq r_2 \neq r_3$ 的条件下,很易证明

$$m_{31}(r_3 - r_1) + m_{12}(r_1 - r_2) + m_{23}(r_2 - r_3) = 0 \tag{1.21}$$

于是,辛克威茨[5]就根据(1.21)式,把(1.20)式简化为

$$2\Delta I_1 = A_{31}\ln\frac{r_3}{r_1} + A_{12}\ln\frac{r_1}{r_2} + A_{23}\frac{r_2}{r_3} \tag{1.22}$$

郭仲衡(1978)[11]指出,它们虽然恒等于零,但是保留它(像(1.20)式)并不影响计算结果,反而在三角形有一边平行于 z 轴时,可以大大简化程序.

用相同的方法,我们可以计算 I_2, I_3. 其结果为

$$\begin{aligned}2\Delta I_1 =\ & A_{31}\ln\frac{r_3}{r_1} + A_{12}\ln\frac{r_1}{r_2} + A_{23}\ln\frac{r_2}{r_3} + m_{31}(r_3 - r_1) \\ & + m_{12}(r_1 - r_2) + m_{23}(r_2 - r_3)\end{aligned} \tag{1.23a}$$

$$\begin{aligned}2\Delta I_2 =\ & \frac{1}{2}\left[A_{31}^2\ln\frac{r_3}{r_1} + A_{12}^2\ln\frac{r_1}{r_2} + A_{23}^2\ln\frac{r_2}{r_3}\right] + A_{31}(z_3 - z_1) \\ & + A_{23}(z_2 - z_3) + A_{12}(z_1 - z_2) + \frac{1}{4}[m_{31}^2(r_3^2 - r_1^2) \\ & + m_{12}^2(r_1^2 - r_2^2) + m_{23}^2(r_2^2 - r_3^2)]\end{aligned} \tag{1.23b}$$

$$\begin{aligned}2\Delta I_3 =\ & \frac{1}{3}\left[A_{31}^3\ln\frac{r_3}{r_1} + A_{12}^3\ln\frac{r_1}{r_2} + A_{23}^3\ln\frac{r_2}{r_3}\right] \\ & + [A_{31}^2(z_3 - z_1) + A_{12}^2(z_1 - z_2) + A_{23}^2(z_2 - z_3)] \\ & + \frac{1}{2}[A_{31}m_{31}^2(r_3^2 - r_1^2) + A_{12}m_{12}^2(r_1^2 - r_2^2) + A_{23}m_{23}^2(r_2^2 - r_3^2)] \\ & + \frac{1}{9}[m_{31}^3(r_3^3 - r_1^3) + m_{12}^3(r_1^3 - r_2^3) + m_{23}^2(r_2^3 - r_3^3)]\end{aligned} \tag{1.23c}$$

如果有一边平行于 z 轴,设它为 1—3 边,则

$$r_3 = r_1 \tag{1.24}$$

通过(图 3)积分,我们有

$$\left.\begin{aligned}2\Delta I_1 &= \int_{r_3}^{r_2} \frac{1}{r}[A_{23} + m_{23}r - A_{12} - m_{12}r]\mathrm{d}r \\ 2\Delta I_2 &= \int_{r_3}^{r_2} \frac{1}{2r}[(A_{23} + m_{23}r)^2 - (A_{12} + m_{12}r)^2]\mathrm{d}r \\ 2\Delta I_3 &= \int_{r_3}^{r_2} \frac{1}{3r}[(A_{23} + m_{23}r)^3 - (A_{12} + m_{12}r)^3]\mathrm{d}r\end{aligned}\right\} \tag{1.25}$$

积分后,得

$$\lim_{r_1 \to r_3} 2\Delta I_1 = (A_{23} - A_{12})\ln\frac{r_2}{r_3} + m_{23}(r_2 - r_3) + m_{12}(r_3 - r_2) \quad (1.26a)$$

$$\lim_{r_1 \to r_3} 2\Delta I_2 = \frac{1}{2}(A_{23}^2 - A_{12}^2)\ln\frac{r_2}{r_3} + (A_{23}m_{23} - A_{12}m_{12})(r_2 - r_3)$$
$$+ \frac{1}{4}(m_{23}^2 - m_{12}^2)(r_2^2 - r_3^2) \quad (1.26b)$$

$$\lim_{r_1 \to r_3} 2\Delta I_3 = \frac{1}{3}(A_{23}^3 - A_{12}^3)\ln\frac{r_2}{r_3} + (A_{23}^2 m_{23} - A_{12}^2 m_{12})(r_2 - r_3)$$
$$+ \frac{1}{2}(A_{23}m_{23}^2 - A_{12}m_{12}^2)(r_2^2 - r_3^2) + \frac{1}{9}(m_{23}^3 - m_{12}^3)(r_2^3 - r_3^3) \quad (1.26c)$$

从(1.25)式中可以看到,式中没有 A_{31} 和 m_{31},所以(1.26)中都不出现 A_{31} 和 m_{31}.这就是说,如果在一般表达式中(即(1.23)式),把 A_{31},m_{31} 置于零,即

$$A_{31} = 0, \; m_{31} = 0 \quad (1.27)$$

然后把 r_1 写成 r_3,即可得(1.26a,b,c)式,在计算机上直接工作时,(1.27)式的程序是易于执行的. 同时,还应指出,(1.26a)式中的最后两项 $m_{23}(r_2 - r_3) + m_{12}(r_3 - r_2)$ 或 $(m_{23} - m_{12})(r_2 - r_3)$,也可以从(1.23a)中的后三项中把 $m_{31} = 0$ 代入直接求. 辛克威茨在一般表达式中,消去了(1.23a)中的后三项,这在三角形的边都不和 z 轴平行时,是完全正确的. 但当三角形有一边(如 1—3 边)平行于 z 轴时,取 $r_1 \to r_3$ 极限,如果在一般表达式中没有后三项,就不可能得到(1.26a)式. 这就是辛克威茨得不到正确结论的一个原因.

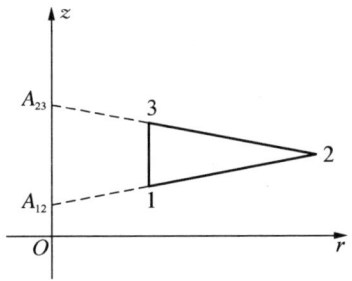
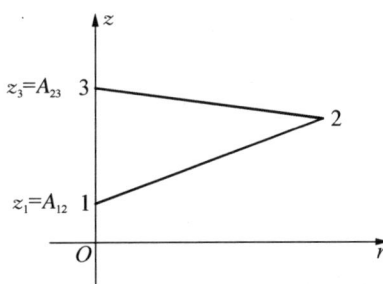

图3 1—3 边平行于 z 轴的 (r, z) 三角形元素　　图4 3—1 边在 z 轴上的 (r, z) 三角形元素

当然,我们必须指出,当用(1.2)式作为轴对称体三角圆环有限元的形状函数时,只有空心的轴对称体才是可行的. 如果是实心的轴对称体,则在划分有限元时,不可避免地一定会有一些有限元的某一边(如 1—3 边)完全处于 z 轴上(如图4),

于是积分 I_1, I_2, I_3 一定都是发散的. 例如

$$2\Delta I_1 = \int_0^{r_2} \frac{1}{r}[A_{23} + m_{23}r - A_{12} - m_{12}r]\mathrm{d}r \to \infty \tag{1.28}$$

所以,在实心的轴对称弹性体内,就无法使用(1.2)式这样的形状函数. 其实这一点可以从 e_θ 的表达式来理解

$$e_\theta = \frac{u}{r} = \frac{L_1 u_1 + L_2 u_2 + L_3 u_3}{r} \tag{1.29}$$

当 1 和 3 点在 z 轴上时,u_1, u_3 必须恒等于零. 不然 e_θ 在 1, 3 点就会是无穷大,所以,对于实心轴对称体有限元而言,取(1.2)式这样的形状函数是从头起不合理的,这是辛克威茨得不到正确结论的主要原因.

我们建议应该重新考虑下列新的有限元,来处理实心轴对称体的弹性力学问题.

二、实心轴对称体的三角环有限元

我们建议取下列新的三角环有限元的形状函数

$$\left.\begin{matrix} u = rL_1 e_1 + rL_2 e_2 + rL_3 e_3 \\ w = L_1 w_1 + L_2 w_2 + L_3 w_3 \end{matrix}\right\} \tag{2.1}$$

其中 e_1, e_2, e_3 为角点 1, 2, 3 上的 e_θ 值,这种有限元的特点是,当 $r = 0$ 时,亦即当在 z 轴上时,u 一定等于零. 这和实际情况是一致的.

(2.1)式也可以写成矩阵形式.

$$\begin{Bmatrix} u \\ v \end{Bmatrix} = \begin{bmatrix} rL_1 & 0 & rL_2 & 0 & rL_3 & 0 \\ 0 & L_1 & 0 & L_2 & 0 & L_3 \end{bmatrix} \begin{Bmatrix} e_1 \\ w_1 \\ e_2 \\ w_2 \\ e_3 \\ w_3 \end{Bmatrix} \tag{2.2}$$

于是,我们有

$$\{e\} = [B^*]\{u^*\} \tag{2.3}$$

其中

$$\{e\}^{\mathrm{T}} = [e_r, e_\theta, e_z, r_{rz}] \tag{2.4a}$$

$$\{u^*\}^{\mathrm{T}} = [e_1, w_1, e_2, w_2, e_3, w_3] \tag{2.4b}$$

$$[B^*] = \begin{bmatrix} L_1 + r\dfrac{\partial L_1}{\partial r} & 0 & L_2 + r\dfrac{\partial L_2}{\partial r} & 0 & L_3 + r\dfrac{\partial L_3}{\partial r} & 0 \\ L_1 & 0 & L_2 & 0 & L_3 & 0 \\ 0 & \dfrac{\partial L_1}{\partial z} & 0 & \dfrac{\partial L_2}{\partial z} & 0 & \dfrac{\partial L_3}{\partial z} \\ r\dfrac{\partial L_1}{\partial z} & \dfrac{\partial L_1}{\partial r} & r\dfrac{\partial L_2}{\partial z} & \dfrac{\partial L_2}{\partial r} & r\dfrac{\partial L_3}{\partial z} & \dfrac{\partial L_3}{\partial r} \end{bmatrix}$$

$$= \dfrac{1}{2\Delta} \begin{bmatrix} 2L_1\Delta + rb_1 & 0 & 2L_2\Delta + rb_2 & 0 & 2L_3\Delta + rb_3 & 0 \\ 2L_1\Delta & 0 & 2L_2\Delta & 0 & 2L_3\Delta & 0 \\ 0 & c_1 & 0 & c_2 & 0 & c_3 \\ rc_1 & b_1 & rc_2 & b_2 & rc_3 & b_3 \end{bmatrix} \tag{2.4c}$$

于是刚度矩阵为

$$[K^*] = \iint_\Delta [B^*]^{\mathrm{T}}[E][B^*] 2\pi r \mathrm{d}r\mathrm{d}z \tag{2.5}$$

如果,我们称$[B^*]$的子矩阵为$[B^*]_{(i)}$

$$[B^*]_{(i)} = \dfrac{1}{2\Delta} \begin{bmatrix} 2L_i\Delta + rb_i & 0 \\ 2L_i\Delta & 0 \\ 0 & c_i \\ rc_i & b_i \end{bmatrix} \tag{2.6}$$

则$[K^*]$明显地可以分为九个子矩阵

$$[K^*]_{(ij)} = \iint_\Delta [B^*]_{(i)}^{\mathrm{T}}[E][B^*]_{(j)} 2\pi r \mathrm{d}r\mathrm{d}z \tag{2.7}$$

而刚度矩阵可以写成

$$[K^*] = \begin{bmatrix} [K^*]_{(11)} & [K^*]_{(12)} & [K^*]_{(13)} \\ [K^*]_{(21)} & [K^*]_{(22)} & [K^*]_{(23)} \\ [K^*]_{(31)} & [K^*]_{(32)} & [K^*]_{(33)} \end{bmatrix} \tag{2.8}$$

$[K^*]_{(ij)}$也可以写成

$$[K^*]_{(ij)} = \begin{bmatrix} H_{11}^* & H_{12}^* \\ H_{21}^* & H_{22}^* \end{bmatrix}_{(ij)}$$

$$= \frac{E_0 \pi}{2\Delta^2} \iint_\Delta \begin{bmatrix} 2\Delta L_i + rb_i & 2\Delta L_i & 0 & rc_i \\ 0 & 0 & c_i & b_i \end{bmatrix} \begin{vmatrix} 1-\nu & \nu & \nu & 0 \\ \nu & 1-\nu & \nu & 0 \\ \nu & \gamma & 1-\nu & 0 \\ 0 & 0 & 0 & \frac{1-2\nu}{2} \end{vmatrix} \begin{vmatrix} 2\Delta L_j + rb_j & 0 \\ 2\Delta L_j & 0 \\ 0 & c_j \\ rc_j & b_j \end{vmatrix} r \mathrm{d}r\mathrm{d}z$$

(2.9)

$H_{11(ij)}^*$, $H_{12(ij)}^*$, $H_{21(ij)}^*$, $H_{22(ij)}^*$ 分别为

$$H_{11(ij)}^* = \Big\{ 2a_i a_j \bar{r} + 3(a_i b_j + a_j b_i) I_4 + 2(a_i c_j + a_j c_i) I_5$$
$$+ \Big[(5-\nu) b_i b_j + \frac{1}{2}(1-2\nu) c_i c_j \Big] I_6 + 3(b_i c_j + b_j c_i) I_7 + 2c_i c_j I_8 \Big\} \frac{E_0 \pi}{2\Delta}$$

(2.10a)

$$H_{12(ij)}^* = \Big\{ 2\nu a_i c_j \bar{r} + \Big[3rb_i c_j + \frac{1}{2}(1-2\nu) c_i b_j \Big] I_4 + 2\nu c_i c_j I_5 \Big\} \frac{E_0 \pi}{2\Delta} \quad (2.10b)$$

$$H_{21(ij)}^* = \Big\{ 2\nu a_j c_i \bar{r} + \Big[3rb_j c_i + \frac{1}{2}(1-2\nu) c_j b_i \Big] I_4 + 2\nu c_i c_j I_5 \Big\} \frac{E_0 \pi}{2\Delta} \quad (2.10c)$$

$$H_{22(ij)}^* = \Big\{ (1-\nu) c_i c_j \bar{r} + \frac{1}{2}(1-2\nu) b_i b_j \bar{r} \Big\} \frac{E_0 \pi}{2\Delta} \quad (2.10d)$$

其中 I_4、I_5、I_6、I_7、I_8 分别为

$$I_4 \Delta = \iint_\Delta r^2 \mathrm{d}r\mathrm{d}z \qquad I_5 \Delta = \iint_\Delta z r \mathrm{d}r\mathrm{d}z \qquad (2.11a, b)$$

$$I_6 \Delta = \iint_\Delta r^3 \mathrm{d}r\mathrm{d}z, \qquad I_7 \Delta = \iint_\Delta r^2 z \mathrm{d}r\mathrm{d}z, \qquad I_8 \Delta = \iint_\Delta r z^2 \mathrm{d}r\mathrm{d}z$$

(2.11c, d, e)

积分后得

$$I_4 \Delta = \frac{1}{3} \{ A_{31}(r_3^3 - r_1^3) + A_{12}(r_1^3 - r_2^3) + A_{23}(r_2^3 - r_3^3) \}$$
$$+ \frac{1}{4} \{ m_{31}(r_3^4 - r_1^4) + m_{12}(r_1^4 - r_2^4) + m_{23}(r_2^4 - r_3^4) \} \quad (2.12a)$$

$$I_5 \Delta = \frac{1}{4} \{ A_{31}^3 (r_3^2 - r_1^2) + A_{12}^2 (r_1^2 - r_2^2) + A_{23}^2 (r_2^2 - r_3^2) \}$$
$$+ \frac{1}{3} \{ m_{31} A_{31}(r_3^3 - r_1^3) + m_{12} A_{12}(r_1^3 - r_2^3) + m_{23} A_{23}(r_2^3 - r_3^2) \}$$

$$+ \frac{1}{8}\{m_{31}^2(r_3^4-r_1^4)+m_{12}^2(r_1^4-r_2^4)+m_{23}^2(r_2^4-r_3^4)\} \qquad (2.12\text{b})$$

$$I_6\Delta = \frac{1}{4}\{A_{31}(r_3^4-r_1^4)+A_{12}(r_1^4-r_2^4)+A_{23}(r_2^4-r_3^4)\}$$

$$+ \frac{1}{5}\{m_{31}(r_3^5-r_1^5)+m_{12}(r_1^5-r_2^5)+m_{23}(r_2^5-r_3^5)\} \qquad (2.12\text{c})$$

$$L_7\Delta = \frac{1}{6}\{A_{31}^2(r_3^3-r_1^3)+A_{12}^2(r_1^3-r_2^3)+A_{23}^2(r_2^3-r_3^3)\}$$

$$+ \frac{1}{4}\{A_{31}m_{31}(r_3^4-r_1^4)+m_{12}A_{12}(r_1^4-r_2^4)+m_{23}A_{23}(r_2^4-r_3^4)\}$$

$$+ \frac{1}{10}\{m_{31}^2(r_3^5-r_1^5)+m_{12}^2(r_1^5-r_2^5)+m_{23}^2(r_2^5-r_3^5)\} \qquad (2.12\text{d})$$

$$I_8\Delta = \frac{1}{6}\{A_{31}^3(r_3^2-r_1^2)+A_{12}^3(r_1^2-r_2^2)+A_{23}^3(r_2^2-r_3^2)\}$$

$$+ \frac{1}{3}\{A_{31}^2 m_{31}(r_3^3-r_1^3)+A_{12}^2 m_{12}(r_1^3-r_2^3)+A_{23}^2 m_{23}(r_2^3-r_3^3)\}$$

$$+ \frac{1}{4}\{A_{31}m_{31}^2(r_3^4-r_1^4)+A_{12}m_{12}^2(r_1^4-r_2^4)+A_{23}m_{23}^2(r_2^4-r_3^4)\}$$

$$+ \frac{1}{15}\{m_1^3(r_3^5-r_1^5)+m_{12}^3(r_1^5-r_2^5)+m_{23}^3(r_2^5-r_3^5)\} \qquad (2.12\text{e})$$

如果三角形有一边平行于 z 轴，则应该把(1.27)式代入(2.12a、b、c、d、e)式计算 ΔI_i，（而且 $r_1=r_3$）；如果三角形有一边处于 z 轴上，则除了把(1.27)式代入(2.12a、b、c、d、e)式外，还应该把 $r_1=r_3=0$ 代入，即得所需 ΔI_i。

这样的形状函数(2.1)式，不论三角环有限元在什么位置，(2.7)式的刚度矩阵元素都能计算．这就克服了辛克威茨等人用(1.2)式作为形状函数所引起的一切困难．

参考文献

[1] Wilson E L. Structural analysis of axisymmetric Solids. AIAA Journal, 1965, 4: 2269.
[2] Clough R, Rashid Y. Finite element analysis of axisymmetric solids. Proc ASCE, J Eng Mech, 1965, 91 (EMI): 71-85.
[3] Vitku S. Explicit expressions for triangular torus element stiffness Matrix. AIAA Journal, 1968, 6(8): 1174-1175.
[4] Fjeld S A. Three-dimensional theory of elasticity//Holand I, Bell K. Finite Element

[5] Zienjiewicz O C, Cheung Y K. The Finite Element Method in Structural and Continuum Mechanics. New York: McGraw-Hill Book Co. , 1967: 67 - 70.
辛克威茨 O C,张佑启. 结构和连续统力学的有限元法(1967 年原版). 北京:国防工业出版社,1974.

[6] Zienjiewicz O C. The Finite Element Method in Engineering Sciences, London: McGraw-Hill, 1971.

[7] Desai C S, Abel J F. Introduction to the Finite Element Method. New York: Van Nostrand Reinhold Co. , 1972.
德赛 C S,阿贝尔 J F. 有限元素法引论. 江伯南,尹泽勇,译. 徐芝纶,校. 北京:科学出版社,1978.

[8] 华东水利学院. 弹性力学有限元法. 北京:水利电力出版社,1974.

[9] 复旦大学数学系. 有限元法选讲. 北京:科学出版社,1976.

[10] Huebner K H. The Finite Element Method for Engineers. John Wiley and Sons, 1975.

[11] 郭仲衡. 关于有限元法轴对称问题的一点记注//1978 年教育部高等学校计算结构力学学术交流会论文集. 大连,1978.

[12] 郭仲衡. 内燃机活塞热应力计算(轴对称有限元法). 北京大学数力系应用数学 73 届讲义,1975.

Finite Element Analysis of Axisymmetric Elastic Body Problems

Abstract Linear form functions are commonly used in a long time for a toroidal volume element swept by a triangle revolved about the symmetrical axis for general axisymmetrical stress problems. It is difficult to obtain the rigidity matrix by exact integration, and as approximations close to the symmetrical axis, the accuracy of this approximation deteriorates very rapidly. The exact integrations have been suggested by some authors for the calculation of rigidity matrix. However, it is shown in this paper that these exact integrations can only be used for those axisymmetric elastic bodies with central hole. For solid axisymmetric body. it can be proved that the calculation fails due to the divergent property of rigidity matrix integration in this paper, a new form function is suggested. In this new form function, the radial displacement u vanishes as radial coordinates r approach to zero. The calculated rigidity matrix is convergent everywhere, including these triangular toroidal element closed to the symmetrical axis. This kind of element is useful for the calculation of axisymmetric elastic body problem.

16 个和 20 个自由度的四面体有限元的场函数表达式的显式

摘要 本文写出了 16 个和 20 个自由度的四面体有限元的场函数表达式的显式,它们是用体积坐标 L_1, L_2, L_3, L_4 来表达的.

一、引言

在 c^0 连续性的四面体有限元中,我们可以用 4 项角的场函数 ϕ_i 和它的导数值 $\phi_{xi}, \phi_{yi}, \phi_{zi}$ 等 16 个参数表示的三次多项式场函数(图 1),但这是不完备的. 为了使三次多项式完备,也有人建议增加四个界面重心结点上的场函数值作为参数. 于是,连同前面的 16 个参数,共有 20 个参数. 这样就能得到完备的三次多项式场函数(图 2),这些场函数可以用 x, y, z 多项式表示[1,2],也可以用体积坐标的多项式[3]来表示.

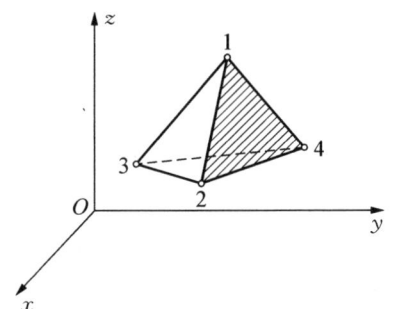 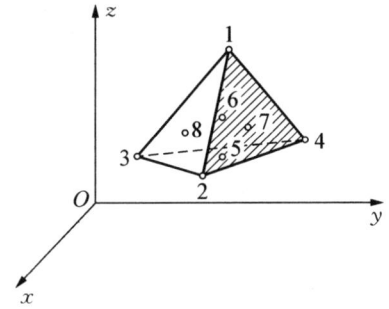

图 1 在 4 角的结点上,$\phi, \dfrac{\partial \phi}{\partial x}, \dfrac{\partial \phi}{\partial y}, \dfrac{\partial \phi}{\partial z}$ 已给共 16 个自由度

图 2 在 4 角的结点上,$\phi, \dfrac{\partial \phi}{\partial x}, \dfrac{\partial \phi}{\partial y}, \dfrac{\partial \phi}{\partial z}$ 已给在界面重心上,ϕ 已给,共有 20 个自由度

他们[1-3]指出,20 个自由度的场函数是一个完备的三次 x, y, z 多项式,如(1.1)式所示.

原载《应用数学和力学》,1980,1(2):153-158.

$$\phi(x, y, z) = \alpha_1 + \alpha_2 x + \alpha_3 y + \alpha_4 z + \alpha_5 xy + \alpha_6 yz + \alpha_7 zx + \alpha_8 x^2 + \alpha_9 y^2$$
$$+ \alpha_{10} z^2 + \alpha_{11} xy^2 + \alpha_{12} yz^2 + \alpha_{13} zx^2 + \alpha_{14} x^2 y + \alpha_{15} y^2 z$$
$$+ \alpha_{16} z^2 x + \alpha_{17} x^3 + \alpha_{18} y^3 + \alpha_{19} z^3 + \alpha_{20} xyz \tag{1.1}$$

费尔得[3]指出,如果用体积坐标的三次式,可以把16个自由度的场函数写成

$$\phi(x, y, z) = \alpha_1 L_1 + \alpha_2 L_2 + \alpha_3 L_3 + \alpha_4 L_4 + \alpha_5 L_1 L_2 + \alpha_6 L_1 L_3 + \alpha_7 L_1 L_4$$
$$+ \alpha_8 L_2 L_3 + \alpha_9 L_2 L_4 + \alpha_{10} L_3 L_4 + \alpha_{11}(L_1^2 L_2 - L_1 L_2^2)$$
$$+ \alpha_{12}(L_1^2 L_3 - L_1 L_3^2) + \alpha_{13}(L_1^2 L_4 - L_1 L_4^2) + \alpha_{14}(L_2^2 L_3 - L_2 L_3^2)$$
$$+ \alpha_{15}(L_2^2 L_4 - L_2 L_4^2) + \alpha_{16}(L_3^2 L_4 - L_3 L_4^2) \tag{1.2}$$

其中

$$L_i = \frac{1}{6V}(a_i + b_i x + c_i y + d_i z) \tag{1.3}$$

$$6V = \begin{vmatrix} 1 & x_1 & y_1 & z_1 \\ 1 & x_2 & y_2 & z_2 \\ 1 & x_3 & y_3 & z_3 \\ 1 & x_4 & y_4 & z_4 \end{vmatrix} \tag{1.4}$$

$$\left. \begin{array}{l} a_i = -(-1)^i \begin{vmatrix} x_j & y_j & z_j \\ x_k & y_k & z_k \\ x_l & y_l & z_l \end{vmatrix} \qquad b_i = (-1)^i \begin{vmatrix} 1 & y_j & z_j \\ 1 & y_k & z_k \\ 1 & y_l & z_l \end{vmatrix} \\ c_i = -(-1)^i \begin{vmatrix} 1 & x_i & z_i \\ 1 & x_k & z_k \\ 1 & x_l & z_l \end{vmatrix} \qquad d_i = (-1)^i \begin{vmatrix} 1 & x_i & y_i \\ 1 & x_k & y_k \\ 1 & x_l & y_l \end{vmatrix} \end{array} \right\} \tag{1.5}$$

这里 i, j, k, l 为 1 2 3 4 1 2 3 4 的循环标号. 利用了这些体积坐标后,有关导数为

$$\left. \begin{array}{l} \dfrac{\partial \phi}{\partial x} = \sum_{i=1}^{4} \dfrac{\partial \phi}{\partial L_i} \dfrac{\partial L_i}{\partial x} = \dfrac{1}{6V} \sum_{i=1}^{4} b_i \dfrac{\partial \phi}{\partial L_i} \\ \dfrac{\partial \phi}{\partial y} = \sum_{i=1}^{4} \dfrac{\partial \phi}{\partial L_i} \dfrac{\partial L_i}{\partial y} = \dfrac{1}{6V} \sum_{i=1}^{4} c_i \dfrac{\partial \phi}{\partial L_i} \\ \dfrac{\partial \phi}{\partial z} = \sum_{i=1}^{4} \dfrac{\partial \phi}{\partial L_i} \dfrac{\partial L_i}{\partial z} = \dfrac{1}{6V} \sum_{i=1}^{4} d_i \dfrac{\partial \phi}{\partial L_i} \end{array} \right\} \tag{1.6}$$

但是,我们发现,不论16个自由度的四面体元素,或20个自由度的四面体元

素,都可以直接用体积坐标写出插值函数 N_i, N_{xi}, N_{yi}, N_{zi} 等的显式,而不必从(1.2)式中求解 α_1, α_2, $\cdots$, α_{16} 那样来写出 $[N]$,这样就省去了求大型逆矩阵的一步手续.

二、16 个自由度的四面体有限元场函数

对于 16 个自由度的场函数(图 1),有

$$\phi(x, y, z) = [N]\{\phi\} = \sum_{i=1}^{4}(N_i\phi_i + N_{xi}\phi_{xi} + N_{yi}\phi_{yi} + N_{zi}\phi_{zi}) \quad (2.1)$$

其中

$$\phi_i = \phi(x_i, y_i, z_i)$$

$$\phi_{xi} = \frac{\partial\phi}{\partial x}(x_i, y_i, z_i), \phi_{yi} = \frac{\partial\phi}{\partial y}(x_i, y_i, z_i), \phi_{zi} = \frac{\partial\phi}{\partial z}(x_i, y_i, z_i) \quad (2.2)$$

N_i, N_{xi}, N_{yi}, N_{zi} 为

$$N_i = L_i^2(3 - 2L_i) \quad (2.3a)$$

$$N_{xi} = 6V \frac{\begin{vmatrix} L_j & L_k & L_l \\ c_j & c_k & c_l \\ d_j & d_k & d_l \end{vmatrix}}{\begin{vmatrix} b_j & b_k & b_l \\ c_j & c_k & c_l \\ d_j & d_k & d_l \end{vmatrix}} L_i^2 = 6VL_i^2(B_{kl}L_j + B_{lj}L_k + B_{jk}L_l)\frac{1}{\Delta_i} \quad (2.3b)$$

$$N_{yi} = 6V \frac{\begin{vmatrix} b_j & b_k & b_l \\ L_j & L_k & L_l \\ d_j & d_k & d_l \end{vmatrix}}{\begin{vmatrix} b_j & b_k & b_l \\ c_j & c_k & c_l \\ d_j & d_k & d_l \end{vmatrix}} L_i^2 = 6VL_i^2(C_{kl}L_j + C_{lj}L_k + C_{jk}L_l)\frac{1}{\Delta_i} \quad (2.3c)$$

$$N_{zi} = 6V \frac{\begin{vmatrix} b_j & b_k & b_l \\ c_j & c_k & c_l \\ L_j & L_k & L_l \end{vmatrix}}{\begin{vmatrix} b_j & b_k & b_l \\ c_j & c_k & c_l \\ d_j & d_k & d_l \end{vmatrix}} L_i^2 = 6VL_i^2(D_{kl}L_j + D_{lj}L_k + D_{jk}L_l)\frac{1}{\Delta_i} \quad (2.3d)$$

其中 $ijkl$ 为循环标号(次序按 1 2 3 4 1 2 3 4)

$$B_{ij} = c_i d_j - c_j d_i, \quad C_{ij} = d_i b_j - d_j b_i, \quad D_{ij} = b_i c_j - b_j c_i \tag{2.4}$$

$$\Delta_i = \begin{vmatrix} b_j & b_k & b_l \\ c_j & c_k & c_l \\ d_j & d_k & d_l \end{vmatrix} \tag{2.5}$$

根据(1.3)式,(2.3b),(2.3c),(2.3d)还可以进一步简化

$$\left.\begin{aligned} N_i &= L_i^2(3 - 2L_i) \\ N_{xi} &= 6VL_i^2(B_{kl}a_j + B_{lj}a_k + B_{jk}a_l + \Delta_i x)\frac{1}{\Delta_i} \\ N_{yi} &= 6VL_i^2(C_{kl}a_j + C_{lj}a_k + C_{jk}a_l + \Delta_i y)\frac{1}{\Delta_i} \\ N_{zi} &= 6VL_i^2(D_{kl}a_j + D_{lj}a_k + D_{jk}a_l + \Delta_i z)\frac{1}{\Delta_i} \end{aligned}\right\} \tag{2.6}$$

我们很易从(2.3)式校核 N_{xi}, N_{yi}, N_{zi}, N_i 是满足插值函数的要求的. 从这些插值函数中,也能计算弹性力学三维问题的刚度矩阵.

三、20 个自由度的四面体有限元场函数

对于 20 个自由度的场函数而言,(图 2)有

$$\phi(x, y, z) = [N]\{\phi\} = \sum_{i=1}^{4}\{N_i\phi_i + N_{4+i}\phi_{4+i} + N_{xi}\phi_{xi} + N_{yi}\phi_{yi} + N_{zi}\phi_{zi}\} \tag{3.1}$$

其中

$$N_i = L_i^2(3 - 2L_i) - 7L_i(L_j L_k + L_j L_l + L_k L_l) \quad i = 1, 2, 3, 4 \tag{3.2a}$$

$$N_{4+i} = 27 L_j L_l L_k \quad\quad\quad\quad\quad\quad\quad\quad\quad\quad\quad\quad i = 1, 2, 3, 4 \tag{3.2b}$$

$$N_{xi} = 6V \frac{\begin{vmatrix} L_j & L_k & L_l \\ c_j & c_k & c_l \\ d_j & d_k & d_l \end{vmatrix}}{\begin{vmatrix} b_j & b_k & b_l \\ c_j & c_k & c_l \\ d_j & d_k & d_l \end{vmatrix}} (L_i^2 - L_j L_k - L_j L_l - L_k L_l) \tag{3.2c}$$

$$N_{yi} = 6V \frac{\begin{vmatrix} b_j & b_k & b_l \\ L_j & L_k & L_l \\ d_j & d_k & d_l \end{vmatrix}}{\begin{vmatrix} b_j & b_k & b_l \\ c_j & c_k & c_l \\ d_j & d_k & d_l \end{vmatrix}} (L_i^2 - L_j L_k - L_j L_l - L_k L_l) \qquad (3.2d)$$

$$N_{zi} = 6V \frac{\begin{vmatrix} b_j & b_k & b_l \\ c_j & c_k & c_l \\ L_j & L_k & L_l \end{vmatrix}}{\begin{vmatrix} b_j & b_k & b_l \\ c_j & c_k & c_l \\ d_j & d_k & d_l \end{vmatrix}} (L_i^2 - L_j L_k - L_j L_l - L_k L_l) \qquad (3.2e)$$

利用(2.4)、(2.5)式，上式也可以写成

$$N_i = L_i^2(3 - 2L_i) - 7L_i(L_j L_k + L_j L_l + L_k L_l) \qquad (3.3a)$$

$$N_{i+4} = 27 L_j L_l L_k \qquad (3.3b)$$

$$N_{xi} = 6V(L_i^2 - L_j L_k - L_j L_l - L_k L_l)(B_{kl}L_j + B_{lj}L_k + B_{jk}L_l)\frac{1}{\Delta_i} \qquad (3.3c)$$

$$N_{yi} = 6V(L_i^2 - L_j L_k - L_j L_l - L_k L_l)(C_{kl}L_j + C_{lj}L_k + C_{jk}L_l)\frac{1}{\Delta_i} \qquad (3.3d)$$

$$N_{zi} = 6V(L_i^2 - L_j L_k - L_j L_l - L_k L_l)(D_{kl}L_j + D_{lj}L_k + D_{jk}L_l)\frac{1}{\Delta_i} \qquad (3.3e)$$

四、场函数的连续性问题

这里可以看到，不论是 16 个自由度的形状函数(2.3)式，还是 20 个自由度的形状函数(3.2)式，都是 L_i, L_j, L_k, L_l 所组成的三次式，也是 x, y, z 的三次式. 在四面体的任意界面上，形状函数一定也是界面坐标(设为 p, q)的三次式，它们共有 10 个待定常数. 对于 16 个自由度的四面体有限元而言，在每一界面一共只有 9 个已给的结点条件，即角点上的已给函数值值(共 3 个)，和角点上的场函数对界面坐标的导数 $\frac{\partial \phi}{\partial p}$, $\frac{\partial \phi}{\partial q}$ (共 6 个)，它们是从角点上的空间坐标导数 $\frac{\partial \phi}{\partial x}$, $\frac{\partial \phi}{\partial y}$, $\frac{\partial \phi}{\partial z}$ 求得，这样一共只有 9 个已给条件，不足以决定 10 个待定常数. 因此，在界面各角点上保

证 $\phi, \dfrac{\partial \phi}{\partial x}, \dfrac{\partial \phi}{\partial y}, \dfrac{\partial \phi}{\partial z}$ 的值和邻元素的相关值相等,并不能保证 ϕ 在界面上各点都连续. 但是,我们可以证明在四面体棱线上的场函数,是保证连续的. 这是因为场函数在棱线上必然是棱线坐标(设为 t)的三次多项式 $\phi = \alpha_1 + \alpha_2 t + \alpha_3 t^2 + \alpha_4 t^3$,共有四个待定常数 $\alpha_1, \alpha_2, \alpha_3, \alpha_4$,它们可以从已给的两端角点的 $\phi, \dfrac{\partial \phi}{\partial t}$ 来决定,$\dfrac{\partial \phi}{\partial t}$ 是可以从该角点上的 $\dfrac{\partial \phi}{\partial x}, \dfrac{\partial \phi}{\partial y}, \dfrac{\partial \phi}{\partial z}$ 计算求得的. 所以 16 个自由度的形状函数,只能在相邻各元素间,保证场函数在棱线上连续,但不能保证在界面上各点都连续. 场函数的导数,除了在角点上连续外,即使在棱线上也是不连续的.

对于 20 个自由度的四面体有限元而言,场函数在界面上也是界面坐标 (p, q) 的三次式,共有 10 个待定常数,它是由该界面的三个角点上已给的场函数值,和界面重心的已给的 3 个场函数值,和已给的 6 个场函数对界面坐标 p, q 的导数,以及界面重心的已给场函数等唯一地决定的. 所以场函数在界面上是和邻元素的场函数是连续的,所以,在各棱线上,相关邻元素的场函数也是连续的. 所以,20 个自由度的有限元场函数是到处连续的. 当然,它还不足以保证界面上的法向导数连续. 这是有 c^0 连续性的有限元,也是协调的.

参考文献

[1] Argyris J H, Fried I, Scharpf D W. The TET20 and TEA8 elements for the matrix displacement method. Aeronautical Journal,1968,72:691,618 - 623.

[2] Rashid Y R, Smith P D, Prince N. On further application of the finite element method to three dimensional elastic analysis//Proceeding IUTAM Symposium of High Speed Computing of Elastic Structures, University of Liege, Belgium, August, 1970.

[3] Fjeld S A. Three-dimensional theory of elasticity//Holand I, Bell K. Finite Element Method in Stress Analysis. Tapir Press, Trondheim, Norway, 1969:333 - 363.

The Explicit Forms of Field Functions in Tetrahedron Element with 16 and 20 Degrees of Freedom

Abstract In this paper, the explicit forms of field functions in tetrahedron elements with 16 and 20 degrees of freedom are given in terms of volume coordinates L_1, L_2, L_3, L_4 of tetrahedron.

在奇异项上叠加有限元法
计算应力强度因子*

摘要 虽然目前计算应力强度因子的有限元法已有很多种,但是由于裂纹尖端存在变异性,问题仍然相当繁复.本文采用在奇异项上叠加普通有限元法来确定应力强度因子,从而大大简化了问题,并提高了结果精度.例如对于承受均匀拉伸单边裂纹板,当裂纹长度与板宽之比为 0.5 及 0.8 时,应力强度因子的误差分别为 2.8% 及 3.5%.

一、引言

虽然目前计算应力强度因子的有限元法已有很多种[1],但是由于裂纹尖端存在奇异性,问题仍然相当繁复.可以设想,如果能在有限元法中利用已知的裂纹尖端附近的一般分析解结果[2],问题显然可以得到简化.Benzley 在这方面作了研究[3],他在裂纹尖端周围的普通四边形单元中,增加了固有的裂纹尖端附近的奇异性项次(A 型单元),而在离开尖端处仍采用普通四边形单元(C 型单元).计算实例表明,这样做法有一定成效.然而为了满足两种单元协调的要求,还必须在它们之间引入过渡性单元(B 型单元),因此使计算复杂化了.并且在裂纹长度与板宽比 $\frac{a}{W}$ 较大的情况下,计算结果误差较大 $\left(\text{如} \frac{a}{W} = 0.8 \text{ 的单边裂纹受拉板的误差约为 } 9.6\%\right)$.

本文对裂纹的整个区域,采用在奇异性分析解上叠加普通有限元法来满足一切条件,从而大大简化了计算,并提高了结果的精度 $\left(\text{如} \frac{a}{W} = 0.8 \text{ 的单边裂纹受拉的误差约为 } 3.5\%\right)$.

作者:钱伟长、谢志成、顾求林、杨宗发、周春田.原载《清华大学学报》,1980,20(2):15-24.
* 在 1979 年 10 月武昌召开的断裂力学会议上宣读.

二、基本公式

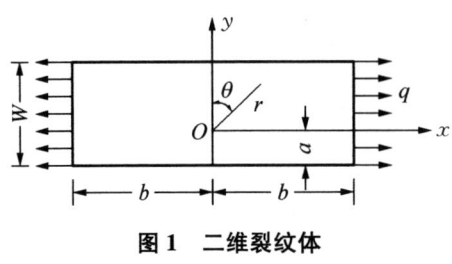

图 1 二维裂纹体

设有一厚度为 1 的二维张开型裂纹体(图 1)。令位移列阵为

$$\{u\} = \{f\} + \{w\} \tag{1}$$

其中诸符号意义如下：

1. $\{f\}$ 是有限元法计算的位移列阵，对于每一单元它可以表示为

$$\{f\} = [N][\delta]^e \tag{2}$$

其中 $\{\delta\}^e$ 为单元的结点位移列阵，$[N]$ 为形态矩阵。若采用常应变三角形单元，则有

$$\{\delta\}^e = [u_i \quad v_i \quad u_j \quad v_j \quad u_k \quad v_k]^T \tag{3}$$

其中 u_i、v_i、u_j、v_j、u_k、v_k 为结点 i、j、k 的位移(u、v 分别沿 x、y 方向)。

$$[N] = \begin{bmatrix} N_i & 0 & N_j & 0 & N_k & 0 \\ 0 & N_i & 0 & N_j & 0 & N_k \end{bmatrix} \tag{4}$$

其中 N_i、N_j、N_k 为形态函数，可表示为

$$\begin{cases} N_i = (a_i + b_i x + c_i y)/2\Delta \\ N_j = (a_j + b_j x + c_j y)/2\Delta \\ N_k = (a_k + b_k x + c_k y)/2\Delta \end{cases} \tag{5}$$

$$\begin{cases} a_i = x_j y_k - x_k y_j \\ a_j = x_k y_i - x_i y_k \\ a_k = x_i y_j - x_j y_i \end{cases} \begin{cases} b_i = y_j - y_k \\ b_j = y_k - y_i \\ b_k = y_i - y_j \end{cases} \begin{cases} c_i = -x_j + x_k \\ c_j = -x_k + x_i \\ c_k = -x_i + x_j \end{cases} \tag{6}$$

其中 x_i、y_i、x_j、y_j、x_k、y_k 为结点 i、j、k 的坐标，Δ 是三角形单元的面积。

2. $\{w\}$ 是裂纹尖端附近奇异性解的位移列阵，表示为

$$\{w\} = K_I \{S_u\} \tag{7}$$

其中 K_I 为待定的张开型应力强度因子。$\{S_u\}$ 为已知的奇异性解位移函数列阵，对于平面应力状态它表示为

$$\{S_u\} = \begin{Bmatrix} \dfrac{\sqrt{2}(1+\mu)}{\sqrt{\pi} E} \sqrt{r} \sin \dfrac{\theta}{2} \left(\dfrac{2}{1+\mu} - \cos^2 \dfrac{\theta}{2} \right) \\ \dfrac{\sqrt{2}(1+\mu)}{\sqrt{\pi} E} \sqrt{r} \cos \dfrac{\theta}{2} \left(\dfrac{1-\mu}{1+\mu} + \sin^2 \dfrac{\theta}{2} \right) \end{Bmatrix} \tag{8}$$

其中 E 为弹性系数，μ 为横向变形系数，r、θ 为所讨论的点的极坐标(图 1)。

将(2)、(7)式代入(1)式,可得对于每一单元,位移列阵为

$$\{u\} = [[N]\{S_u\}]\begin{Bmatrix} \{\delta\}^e \\ K_I \end{Bmatrix} \tag{9}$$

对上式微分,并应用应变-位移关系,得单元的应变列阵为

$$\{\varepsilon\} = [[B] \quad \{S_\varepsilon\}]\begin{Bmatrix} \{\delta\}^e \\ K_I \end{Bmatrix} \tag{10}$$

其中$[B]$为几何矩阵,对于常应变三角形单元它表示为

$$[B] = \frac{1}{2\Delta}\begin{bmatrix} b_i & 0 & b_j & 0 & b_k & 0 \\ 0 & c_i & 0 & c_j & 0 & c_k \\ c_i & b_i & c_j & b_j & c_k & b_k \end{bmatrix} \tag{11}$$

$\{S_\varepsilon\}$为已知的奇异性解应变函数列阵,对于平面应力状态它表示为

$$\{S_\varepsilon\} = \frac{\cos\dfrac{\theta}{2}}{\sqrt{2\pi r}E}\begin{Bmatrix} (1-\mu)+(1+\mu)\sin\dfrac{\theta}{2}\sin\dfrac{3\theta}{2} \\ (1-\mu)-(1+\mu)\sin\dfrac{\theta}{2}\sin\dfrac{3\theta}{2} \\ 2(1+\mu)\sin\dfrac{\theta}{2}\cos\dfrac{3\theta}{2} \end{Bmatrix} \tag{12}$$

由(10)式根据虎克定律,得单元的应力列阵为

$$\{\sigma\} = [[D] \quad \{S_\sigma\}]\begin{Bmatrix} \{\delta\}^e \\ K_I \end{Bmatrix} \tag{13}$$

其中$[D]$为转换矩阵,对于平面应力状态它表示为

$$[D] = \frac{E}{1-\mu^2}\begin{bmatrix} 1 & \mu & 0 \\ \mu & 1 & 0 \\ 0 & 0 & \dfrac{1-\mu}{2} \end{bmatrix}[B] \tag{14}$$

$\{S_\sigma\}$为已知的奇异性解应力函数列阵,表示为

$$\{S_\sigma\} = \frac{\cos\dfrac{\theta}{2}}{\sqrt{2\pi r}}\begin{Bmatrix} 1+\sin\dfrac{\theta}{2}\sin\dfrac{3\theta}{2} \\ 1-\sin\dfrac{\theta}{2}\sin\dfrac{3\theta}{2} \\ \sin\dfrac{\theta}{2}\cos\dfrac{3\theta}{2} \end{Bmatrix} \tag{15}$$

裂纹体系统的总势能为(不考虑体积力)

$$\Pi = \sum_e \left(\frac{1}{2} \iint_{\Omega_e} \{\varepsilon\}^T \{\sigma\} d\Omega - \int_{S_e} \{u\}^T \{p\} ds \right) \tag{16}$$

其中 Ω_e 为单元的面积,S_e 为单元上作用有外载荷的边界,$\{p\}$ 为裂纹体所受的单位长度上的外力列阵,对于所有内部边界它恒为零. 为了计算总势能 Π,由(9)、(10)、(13)式得

$$\{\varepsilon\}^T\{\sigma\} = \begin{Bmatrix} \{\delta\}^e \\ K_I \end{Bmatrix}^T \left[[B]\{S_\varepsilon\} \right]^T [D]\{S_\sigma\} \begin{Bmatrix} \{\delta\}^e \\ K_I \end{Bmatrix}$$

$$= \begin{Bmatrix} \{\delta\}^e \\ K_I \end{Bmatrix}^T \begin{bmatrix} [B]^T[D] & [B]^T\{S_\sigma\} \\ \{S_\varepsilon\}^T[D] & \{S_\varepsilon\}^T\{S_\sigma\} \end{bmatrix} \begin{Bmatrix} \{\delta\}^e \\ K_I \end{Bmatrix} \tag{17}$$

$$\{u\}^T\{p\} = \begin{Bmatrix} \{\delta\}^e \\ K_I \end{Bmatrix}^T \left[[N]\{S_u\} \right]^T \{p\} = \begin{Bmatrix} \{\delta\}^e \\ K_I \end{Bmatrix}^T \begin{bmatrix} [N]^T\{p\} \\ \{S_u\}^T\{p\} \end{bmatrix} \tag{18}$$

将(17)、(18)式代入(16)式,得

$$\Pi = \sum_e \left\{ \frac{1}{2} \iint_{\Omega_e} \begin{Bmatrix} \{\delta\}^e \\ K_I \end{Bmatrix}^T \begin{bmatrix} [B]^T[D] & [B]^T\{S_\sigma\} \\ \{S_\varepsilon\}^T[D] & \{S_\varepsilon\}^T\{S_\sigma\} \end{bmatrix} \begin{Bmatrix} \{\delta\}^e \\ K_I \end{Bmatrix} d\Omega \right.$$

$$\left. - \int_{S_e} \begin{Bmatrix} \{\delta\}^e \\ K_I \end{Bmatrix}^T \begin{bmatrix} [N]^T\{p\} \\ \{S_u\}^T\{p\} \end{bmatrix} ds \right\} \tag{19}$$

设所有结点位移为 u_m、$v_m (m=1,2,3,\cdots,n)$,则根据最小势能原理的条件:

$$\frac{\partial \Pi}{\partial u_m} = 0, \quad \frac{\partial \Pi}{\partial v_m} = 0 \ (m=1,2,3,\cdots,n) \ 及 \ \frac{\partial \Pi}{\partial K_I} = 0$$

由(19)式得下列方程组

$$\begin{bmatrix} [K_F] & \{Q\} \\ \{Q\}^T & A \end{bmatrix} \begin{Bmatrix} \{U\} \\ K_I \end{Bmatrix} - \begin{Bmatrix} \{P\} \\ P_s \end{Bmatrix} = 0 \tag{20}$$

其中诸符号意义如下:

1. $$[K_F] = \sum_e \left(\iint_{\Omega_e} [B]^T[D] d\Omega \right) = \sum_e [K^e] \tag{21}$$

$$[K^e] = \begin{bmatrix} [K_{ii}] & [K_{ij}] & [K_{ik}] \\ [K_{ji}] & [K_{jj}] & [K_{jk}] \\ [K_{ki}] & [K_{kj}] & [K_{kk}] \end{bmatrix} \tag{22}$$

其中对于平面应力状态有

$$[K_{rs}] = \frac{E}{4(1-\mu^2)\Delta} \begin{bmatrix} b_r b_s + \frac{1-\mu}{2} c_r c_s & \mu b_r c_s + \frac{1-\mu}{2} c_r b_s \\ \mu c_r b_s + \frac{1-\mu}{2} b_r c_s & c_r c_s + \frac{1-\mu}{2} b_r b_s \end{bmatrix} \tag{23}$$

$$(r = i, j, k; \quad s = i, j, k)$$

2. $\{Q\} = \sum_e \left[\iint_{\Omega_e} [B]^T \{S_\sigma\} d\Omega \right]$

注意到$[B]^T$为常数矩阵,则得

$$\{Q\} = \sum_e \left[[B]^T \iint_{\Omega_e} \{S_\sigma\} d\Omega \right] \tag{24}$$

应用(15)式,取$d\Omega = rdrd\theta$,对于裂纹周围四个单元(图2)求得积分为对于第1单元

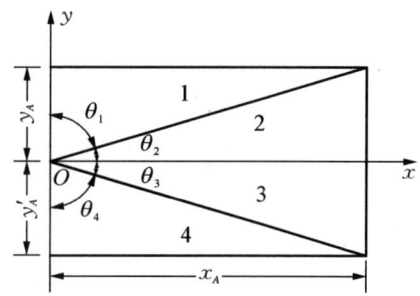

图 2 裂纹周围单元

$$\iint_{\Omega_e} \{S_\sigma\} d\Omega = \frac{\sqrt{2}}{3\sqrt{\pi}} y_A^{\frac{3}{2}} \begin{Bmatrix} \sin\frac{\theta_1}{2} \left[\frac{3}{\sqrt{\cos\theta_1}} - \sqrt{\cos\theta_1} \right] \\ \sin\frac{\theta_1}{2} \left[\frac{1}{\sqrt{\cos\theta_1}} + \sqrt{\cos\theta_1} \right] \\ 2 - \cos\frac{\theta_1}{2} \left[\frac{1}{\sqrt{\cos\theta_1}} + \sqrt{\cos\theta_1} \right] \end{Bmatrix} \tag{25}$$

对于第2单元

$$\iint_{\Omega_e} \{S_\sigma\} d\Omega = \frac{\sqrt{2}}{3\sqrt{\pi}} x_A^{\frac{3}{2}} \begin{Bmatrix} -\sqrt{2}\left[1 - \frac{\sin\frac{\theta_2}{2} + \cos\frac{\theta_2}{2}}{\sqrt{\cos\theta_2}}\right] \\ +\frac{1}{\sqrt{2}}\left[1 - \sqrt{\cos\theta_2}\left(\cos\frac{\theta_2}{2} - \sin\frac{\theta_2}{2}\right)\right] \\ -\sqrt{2}\left[1 - \frac{\sin\frac{\theta_2}{2} + \cos\frac{\theta_2}{2}}{\sqrt{\cos\theta_2}}\right] \\ -\frac{1}{\sqrt{2}}\left[1 - \sqrt{\cos\theta_2}\left(\cos\frac{\theta_2}{2} - \sin\frac{\theta_2}{2}\right)\right] \\ \frac{1}{\sqrt{2}}\left[1 - \sqrt{\cos\theta_2}\left(\cos\frac{\theta_2}{2} + \sin\frac{\theta_2}{2}\right)\right] \end{Bmatrix} \tag{26}$$

对于第 3 单元

$$\iint_{\Omega_e}\{S_\sigma\}\mathrm{d}\Omega = \frac{\sqrt{2}}{3\sqrt{\pi}}x_A^{\frac{3}{2}}\left\{\begin{array}{c}\sqrt{2}\left(1+\dfrac{\sin\dfrac{\theta_3}{2}-\cos\dfrac{\theta_3}{2}}{\sqrt{\cos\theta_3}}\right) \\ -\dfrac{1}{\sqrt{2}}\left[1-\sqrt{\cos\theta_3}\left(\cos\dfrac{\theta_3}{2}+\sin\dfrac{\theta_3}{2}\right)\right] \\ \sqrt{2}\left(1+\dfrac{\sin\dfrac{\theta_3}{2}-\cos\dfrac{\theta_3}{2}}{\sqrt{\cos\theta_3}}\right) \\ +\dfrac{1}{\sqrt{2}}\left[1-\sqrt{\cos\theta_3}\left(\cos\dfrac{\theta_3}{2}+\sin\dfrac{\theta_3}{2}\right)\right] \\ -\dfrac{1}{\sqrt{2}}\left[1-\sqrt{\cos\theta_3}\left(\dfrac{\cos\theta_3}{2}-\sin\dfrac{\theta_3}{2}\right)\right]\end{array}\right\} \qquad (27)$$

对于第 4 单元

$$\iint_{\Omega_e}\{S_\sigma\}\mathrm{d}\Omega = \frac{\sqrt{2}}{3\sqrt{\pi}}{y'_A}^{\frac{3}{2}}\left\{\begin{array}{c}-4+\cos\dfrac{\theta_4}{2}\left[\dfrac{3}{\sqrt{\cos\theta_4}}+\sqrt{\cos\theta_4}\right] \\ \cos\dfrac{\theta_4}{2}\left[\dfrac{1}{\sqrt{\cos\theta_4}}-\sqrt{\cos\theta_4}\right] \\ -\sin\dfrac{\theta_4}{2}\left[\dfrac{1}{\sqrt{\cos\theta_4}}-\sqrt{\cos\theta_4}\right]\end{array}\right\} \qquad (28)$$

其中 x_A、y_A、y'_A 及 θ_1、θ_2、θ_3、θ_4 如图 2 所示. 对于其他单元采用数值积分方法, 每单元分成四个三角形 (图 3), 用 6 个点的数值进行计算.

3.
$$A = \iint_\Omega \{S_\varepsilon\}^\mathrm{T}\{S_\sigma\}\mathrm{d}\Omega \qquad (29)$$

其中 Ω 为裂纹体的面积. 应用 (12)、(15) 式, 对图 4 所示的裂纹体求得此积分为

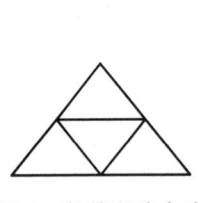

图 3　数值积分方法

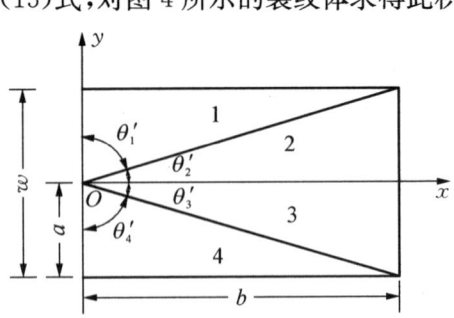

图 4　裂纹体的尺寸

对于第 1 部分

$$A = \frac{w-a}{2\pi E}\left[(1-\mu)\left(\theta'_1 - \ln\tan\frac{\theta'_2}{2}\right) - \frac{1}{2}(1+\mu)\left(\ln\tan\frac{\theta'_2}{2} + \cos\theta'_2\right)\right] \quad (30)$$

对于第 2 部分

$$A = \frac{b}{2\pi E}\left[-2(1-\mu)\ln\left(\sqrt{2}\sin\frac{\theta'_1}{2}\right) + \frac{1}{2}(1+\mu)\cos\theta'_1\right] \quad (31)$$

对于第 3 部分

$$A = \frac{b}{2\pi E}\left[2(1-\mu)\ln\left(\sqrt{2}\cos\frac{\theta'_4}{2}\right) + \frac{1}{2}(1+\mu)\cos\theta'_4\right] \quad (32)$$

对于第 4 部分

$$A = -\frac{a}{2\pi E}\left[(1-\mu)\left(\theta'_4 + \ln\tan\frac{\theta'_3}{2}\right) + \frac{1}{2}(1+\mu)\left(\ln\tan\frac{\theta'_3}{2} + \cos\theta'_3\right)\right] \quad (33)$$

其中 w、a、b 及 θ'_1、θ'_2、θ'_3、θ'_4 如图 4 所示.

4. $\{U\}$ 为结点位移列阵,即

$$\{U\} = [u_1 \quad v_1 \quad u_2 \quad v_2 \quad \cdots \quad u_n \quad v_n]^T \quad (34)$$

5. $\{p\} = \sum_e \int_{S_e}\left[[N]^T\{p\}\right]ds$

$$P_s = \iint_S \left[\{S_u\}^T\{p\}\right]ds \quad (36)$$

其中 S 为裂纹体的边界. 以上两式的计算均采用数值积分方法.

求得 $[K_F]$、$\{Q\}$、A、$\{P\}$ 及 P_s 后,代入(20)式,解联立方程,即可求得应力强度因子 K_I. 但是由于采用了奇异项与有限元解的叠加,而奇异项应力与 $\dfrac{1}{\sqrt{r}}$ 成正比,在远离裂纹尖端的边界上,它接近于零,所以在这些边界上,应力边界条件满足较好. 在接近裂纹尖端的边界上,奇异项应力值较大,普通三角形单元提供的常应力,难以与它们相抵消,因此在这些边界上,应力边界条件满足较差,从而导致计算结果误差较大. 例如对于单边裂纹受拉板,当 $\dfrac{a}{w} = 0.5$ 及 $\dfrac{a}{w} = 0.8$ 时(图1),上侧边界的 σ_y 及 τ_{xy} 的计算结果如图5所示(外加均匀拉应力 $q=1$),而计算求得的 K_I 与

理论值的误差达 $16\%\left(\dfrac{a}{w}=0.5\right)$ 及 $29.5\%\left(\dfrac{a}{w}=0.8\right)$.

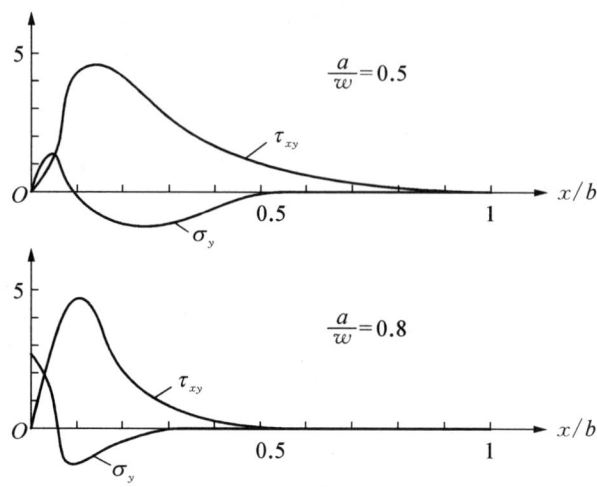

图 5 "多余边界应力"分布情况(上侧边)

为了消除这一影响,当然可以将单元分细,但显然这点受到计算机容量的限制. 本文采用迭代修正法,取得很好的效果. 设第一次计算得 K_I^*,将计算所得的"多余边界应力"反向后作为新的边界条件,按与第一次计算相同的方法,作第二次计算,求得 ΔK_{I_1}. 再将计算所得的"多余边界应力"反向后作为新的边界条件,作第三次计算,求得 ΔK_{I_2}. 以此类推,直至 ΔK 小到一定程度为止,而最后结果为

$$K_I = K_I^* + \Delta K_{I_1} + \Delta K_{I_2} + \cdots$$

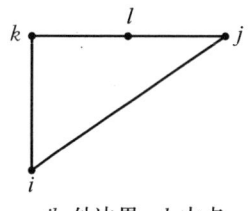

jk:外边界 l:内点

图 6 外边界内点

除了采用迭代修正法外,还可以采用在边界单元中增加外边界内点的方法(图 6),以消除奇异项的影响,使边界条件的满足得到改善.

三、计算实例

计算了如图 1 所示的受均匀拉力单边裂纹板的实例,考虑其一半(图 7). 具体数据如下:厚度为 1,$w=1$,$b=2w$,$q=1$,$\dfrac{a}{w}=0.5$ 及 0.8. 采用三角形单元,在 y 法向裂纹长度内分 8 格,韧带宽度内分 6 格,x 方向半长内分 16 格,共计 255 个结点,448 个单元. 在 DJS-18 型电子计算机(6912 机)上进行计算. 现将理论结果[4]与上述计算结果连同 Benzley 的结果列表于下:

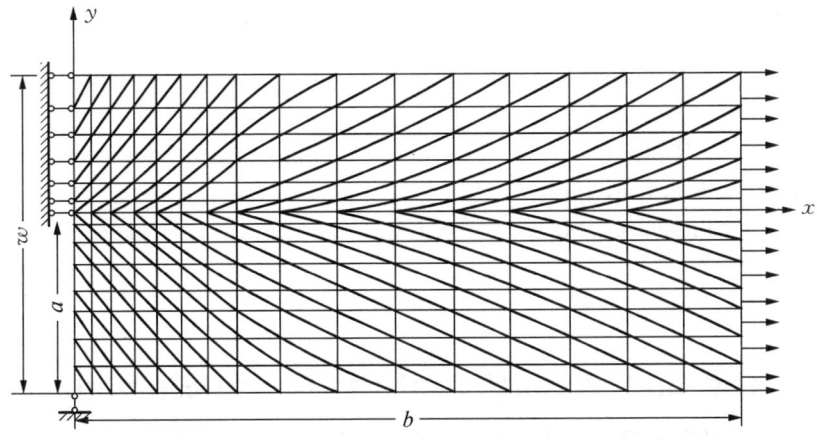

图 7 计算实例模型

			$\frac{a}{w}=0.5$				$\frac{a}{w}=0.8$			
			K_{I}^* 或 ΔK	$\left\|\frac{\Delta K}{K_{\mathrm{I}}^*}\right\|$	K_{I}	误差	K_{I}^* 或 ΔK	$\left\|\frac{\Delta K}{K_{\mathrm{I}}^*}\right\|$	K_{I}	误差
本文结果	迭代修正法	K_{I}^*	2.976				13.64			
		ΔK_{I_1}	0.652	21.9%			8.31	61%		
		ΔK_{I_2}	−0.377	12.7%	3.44	−2.8%	−2.41	17.7%	20.05	3.5%
		ΔK_{I_3}	0.189	6.4%			0.69	5.1%		
		ΔK_{I_4}					−0.18	1.3%		
	增加内点法								15.73	−18.8%
Benzley 结果					3.52	−0.6%			17.60	−9.6%
理 论 值					3.540				19.37	

四、讨论

由以上计算可见,本文的方法有下列优点:

1. 基本原理严密,概念清楚.
2. 计算方法简便可行,适用于国内一般计算机.
3. 结果误差较小,而且能不很困难地使结果达到所需的精度.

因此这是一个解决裂纹问题的很有希望的方法,可能推广到斜裂纹受拉及裂纹体弯曲等复杂的情况.

必须指出,结点位移${U}$并非裂纹体中对应点的真正位移,真正位移还应包括奇异性解的位移在内,这点在处理较复杂边界条件时应予注意.

参考文献

[1] 李灏. 确定应力强度因子的有限单元法. 断裂,1977,(1): 63-84.
[2] Milliams M L. On the stress distribution at the base of a stationary crack. JAM, 1957, 24(1): 109.
[3] Benzley S E. Representation of singularities with isoparametric finite elements. Int J for Num Methods in Eng, 1974, 8: 537-545.
[4] Keer L M, Freedman J M. Tensile strip with edge cracks. Int J Engng Sci, 1973, 11: 1265-1275.

The Superposition of the Finite Element Method on the Singularity Terms in Determinimg the Stress Intensity Factors

Abstract Although there are many kinds of finite element method for determining the stress intensity factors, the problem is still very complex because of the existence of the singularity at the crack tip. In this paper the superposition of the ordinary finite element method on the sigularity terms is applied to the determination of the stress intensity factors. Thus the problem is greatly simplified and the accuracy of the result is improved. For instance, the errors in the stress intensity factor of a single-edge-cracked plate under uniform tension with the ratio of the crack length to the width of the plate 0.5 and 0.8 are 2.8% and 3.5% respectively.

薄壳小挠度理论的合理基础*

摘要 本文根据克希霍夫经典假设,用中面变形及曲率变化作为量级比较的根据,略去高级小量,建立了一般薄壳的小挠度理论的基本方程和变分泛函.其结果证明和作者在1944年发表的《薄板薄壳的内裹理论》[4]完全相同.本文的结果是用中面位移表达的,因此,有较多的实用价值.

本文也将所得结果,用来处理轴对称壳方程,并将结果和 Flügge[1] 及 Timoshenko[2] 的结果,作了比较分析.

本文所作的推导,没有见到有人发表过.作者认为对于一般薄壳的小挠度理论而言,本文是比较简明的.

一、引论

长期以来,人们对于薄壳的一般理论中哪些量可以略去,哪些量可以保留的问题,一直是有争议的.由于这个争议,各家对于各种特殊形状的薄壳的理论方程,就很不一致.读者从 W. Flügge 和 S. Timoshenko 的薄壳著作[1, 2]中,就能发现这种不一致的地方.

本文的目的在于从三维理论着手,通过最小位能原理建立统一的薄壳理论;并从变分求得平衡方程及其他关系;最后用以处理轴对称壳问题.

二、坐标及三维的最小位能原理

让我们在薄壳中面上建立高斯中面坐标系 (α_1, α_2, z),如图 1 所示.

微元线段 ds 可以用下式表示

$$ds^2 = H_1^2 d\alpha_1 + H_2^2 d\alpha_2 + dz^2 \qquad (1)$$

其中 H_1, H_2 可以写成

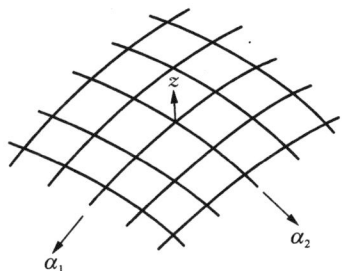

α_1, α_2 为中面上的正交曲线坐标,
z 为垂直于中面的坐标

图 1 中面上的高斯坐标系

原载《应用数学和力学论文集》,南京:江苏科技出版社,1980:1-10.
* 本文1978年完成,为波纹管研究报告之一,属于一机部科研任务.

$$H_1 = A_1\left(1+\frac{z}{R_1}\right), \quad H_2 = A_2\left(1+\frac{z}{R_2}\right) \tag{2}$$

而 A_1, A_2 为有关的中面坐标尺度, R_1, R_2 为中面坐标线的曲率半径. 所有 A_1, A_2, R_1, R_2 都是 α_1, α_2 的函数, 而且根据微分几何, 它们满足高斯-柯达兹(Gauss-Codazzi)方程

$$\left.\begin{aligned}\frac{\partial}{\partial \alpha_1}\left(\frac{A_2}{R_2}\right) &= \frac{1}{R_1}\frac{\partial A_2}{\partial \alpha_1} \\ \frac{\partial}{\partial \alpha_2}\left(\frac{A_1}{R_1}\right) &= \frac{1}{R_2}\frac{\partial A_1}{\partial \alpha_2} \\ \frac{\partial}{\partial \alpha_1}\left(\frac{1}{A_1}\frac{\partial A_2}{\partial \alpha_1}\right) + \frac{\partial}{\partial \alpha_2}\left(\frac{1}{A_2}\frac{\partial A_1}{\partial \alpha_2}\right) &= -\frac{A_1 A_2}{R_1 R_2}\end{aligned}\right\} \tag{3}$$

如果我们称有关的应力分量和应变分量为

$$\left.\begin{aligned}\sigma_{11}, \sigma_{22}, \sigma_{12}, \sigma_{zz}, \sigma_{1z}, \sigma_{2z} \\ e_{11}, e_{22}, e_{12}, e_{zz}, e_{1z}, e_{2z}\end{aligned}\right\} \tag{4}$$

则三维问题的变分泛函(最小位能原理)可以写成

$$\Pi = \Pi_0 + \iint q w_{(+)} \mathrm{d}\alpha_1 \mathrm{d}\alpha_2 H_1^{(+)} H_2^{(+)} - \int \mathrm{d}z \oint_{S_\sigma}(\bar{p}_1 u^* + \bar{p}_2 v^* + \bar{p}_3 w^*)\mathrm{d}s \tag{5}$$

其中

$$\Pi_0 = \frac{1}{2}\iiint\{e_{11}\sigma_{11} + e_{22}\sigma_{22} + e_{zz}\sigma_{zz} + 2e_{12}\sigma_{12} + 2e_{2z}\sigma_{2z} + 2e_{1z}\sigma_{1z}\}H_1 H_2 \mathrm{d}z\mathrm{d}\alpha_1\mathrm{d}\alpha_2 \tag{6}$$

u^*, v^*, w^* 为三个沿 α_1, α_2, z 轴的位移分量, $(\bar{p}_1, \bar{p}_2, \bar{p}_3)$ 为边界截面上所受的外力, q 为 $z = +\frac{h}{2}$ 的表面所受的法向力. 而

$$w_{(+)} = w_{z=h/2}, \quad H_1^{(+)} = A_1\left(1+\frac{h}{2R_1}\right), \quad H_2^{(+)} = A_2\left(1+\frac{h}{2R_2}\right) \tag{7}$$

三、应变位移关系和克希霍夫的薄壳古典假定

设三维位移 u^*, v^*, w^* 为

$$u^* = u^*(\alpha_1, \alpha_2, z), \quad v^* = v^*(\alpha_1, \alpha_2, z), \quad w^* = w^*(\alpha_1, \alpha_2, z) \tag{8}$$

而应变位移关系可以写成[3]

$$e_{11} = \frac{1}{H_1}\left(\frac{\partial u^*}{\partial \alpha_1} + \frac{1}{H_2}\frac{\partial H_1}{\partial \alpha_2}v^* + \frac{A_1}{R_1}w^*\right) \tag{9a}$$

$$e_{22} = \frac{1}{H_2}\left(\frac{\partial v^*}{\partial \alpha_2} + \frac{1}{H_1}\frac{\partial H_2}{\partial \alpha_1}u^* + \frac{A_2}{R_2}w^*\right) \tag{9b}$$

$$e_{zz} = \frac{\partial w^*}{\partial z} \tag{9c}$$

$$2e_{12} = \frac{H_2}{H_1}\frac{\partial}{\partial \alpha_1}\left(\frac{v^*}{H_2}\right) + \frac{H_1}{H_2}\frac{\partial}{\partial \alpha_2}\left(\frac{u^*}{H_1}\right) \tag{9d}$$

$$2e_{1z} = H_1\frac{\partial}{\partial z}\left(\frac{u^*}{H_1}\right) + \frac{2}{H_1}\frac{\partial w^*}{\partial \alpha_1} \tag{9e}$$

$$2e_{2z} = H_2\frac{\partial}{\partial z}\left(\frac{v^*}{H_2}\right) + \frac{1}{H_2}\frac{\partial w^*}{\partial \alpha_2} \tag{9f}$$

应力应变关系为

$$\left.\begin{aligned} e_{11} &= \frac{1}{E}[\sigma_{11} - \nu(\sigma_{22} + \sigma_{zz})], & e_{1z} &= \frac{1+\nu}{E}\sigma_{1z} \\ e_{22} &= \frac{1}{E}[\sigma_{22} - \nu(\sigma_{11} + \sigma_{zz})], & e_{1z} &= \frac{1+\nu}{E}\sigma_{1z} \\ e_{zz} &= \frac{1}{E}[\sigma_{zz} - \nu(\sigma_{11} + \sigma_{22})], & e_2 &= \frac{1+\nu}{E}\sigma_{2z} \end{aligned}\right\} \tag{10}$$

其中 E 为杨氏模量, ν 为泊松比.

现在让我们引进克希霍夫薄壳假定: 薄壳在变形中, 1) 中面法线保持为中面法线, 2) 厚度保持不变(亦即略去厚度的变化), 3) 同时我们还可以略去中面法线应力 σ_{zz}. 这也是说, 假定

$$e_{1z} = 0, \quad e_{2z} = 0, \quad e_{zz} = 0(\text{而且 } \sigma_{zz} = 0) \tag{11}$$

把这三个假定代入(9)式, 得

$$\left.\begin{aligned} \frac{\partial w^*}{\partial z} &= 0 \\ H_1\frac{\partial}{\partial z}\left(\frac{u^*}{H_1}\right) + \frac{1}{H_1}\frac{\partial w^*}{\partial \alpha_1} &= 0 \\ H_2\frac{\partial}{\partial z}\left(\frac{v^*}{H_2}\right) + \frac{1}{H_2}\frac{\partial w^*}{\partial \alpha_2} &= 0 \end{aligned}\right\} \tag{12}$$

积分第一式, 得

$$w^* = w(\alpha_1, \alpha_2) \tag{13}$$

把它代入(12)式的第二第三式,得

$$\frac{\partial}{\partial z}\left(\frac{u^*}{H_1}\right) = -\frac{1}{H_1^2}\frac{\partial w}{\partial \alpha_1}, \quad \frac{\partial}{\partial z}\left(\frac{v^*}{H_2}\right) = -\frac{1}{H_2^2}\frac{\partial w}{\partial \alpha_2} \tag{14}$$

注意到(2)式,即 $H_1 = A_1\left(1+\dfrac{z}{R_1}\right)$, $H_2 = A_2\left(1+\dfrac{z}{R_2}\right)$,上式可以对 z 积分,得

$$\frac{u^*}{H_1} = C_1 + \frac{R_1}{A_1 H_1}\frac{\partial w}{\partial \alpha_1}, \quad \frac{v^*}{H_2} = C_2 + \frac{R_2}{A_2 H_2}\frac{\partial w}{\partial \alpha_2} \tag{15}$$

C_1 和 C_2 为积分常量(都是 α_1, α_2 的待定函数).当 $z=0$ 时,定义中面位移为 $u(\alpha_1, \alpha_2)$, $v(\alpha_1, \alpha_2)$,或

$$u^*(\alpha_1, \alpha_2, 0) = u(\alpha_1, \alpha_2), \quad v^*(\alpha_1, \alpha_2, 0) = v(\alpha_1, \alpha_2) \tag{16}$$

于是(15)式在中面上 ($z=0$) 可以写成

$$\frac{u}{A_1} = C_1 + \frac{R_1}{A_1^2}\frac{\partial w}{\partial \alpha_1}, \quad \frac{v}{A_2} = C_2 + \frac{R}{A_2^2}\frac{\partial w}{\partial \alpha_2} \tag{17}$$

或即

$$C_1 = \frac{u}{A_1} - \frac{R_1}{A_1^2}\frac{\partial w}{\partial \alpha_1}, \quad C_2 = \frac{v}{A_2} - \frac{R_2}{A_2^2}\frac{\partial w}{\partial \alpha_2} \tag{18}$$

把 C_1, C_2 代入(15)式,得

$$u^* = u - z\left(\frac{1}{A_1}\frac{\partial w}{\partial \alpha_1} - \frac{u}{R_1}\right), \quad v^* = v - z\left(\frac{1}{A_2}\frac{\partial w}{\partial \alpha} - \frac{v}{R_2}\right) \tag{19}$$

(13),(19)代表在克希霍夫薄壳薄板古典假设下的位移表达式.它们用中面位移 u, v, $w(\alpha_1, \alpha_2)$ 表示了壳内各点的位移 u^*, v^*, $w^*(\alpha_1, \alpha_2, z)$.

$$\left.\begin{array}{l} e_{11} = \dfrac{1}{1+\dfrac{z}{R_1}}(\hat{e}_{11} - z\hat{k}_{11}), \quad e_{22} = \dfrac{1}{1+\dfrac{z}{R_2}}(\hat{e}_{22} - z\hat{k}_{22}) \\[2ex] 2e_{12} = \dfrac{1}{1+\dfrac{z}{R_1}}(\hat{\gamma}_{12} - z\hat{\tau}_{12}) + \dfrac{1}{1+\dfrac{z}{R_2}}(\hat{\gamma}_{21} - z\hat{\tau}_{21}) \end{array}\right\} \tag{20}$$

其中,$\hat{e}_{11}$, $\hat{e}_{22}$, $\hat{\gamma}_{12}$, $\hat{\gamma}_{21}$, $\hat{k}_{11}$, $\hat{k}_{22}$, $\hat{\tau}_{12}$, $\hat{\tau}_{21}$ 都是 α_1, α_2 的函数,和 z 无关.

$$\left.\begin{aligned}
\hat{e}_{11} &= \frac{1}{A_1}\left[\frac{\partial u}{\partial \alpha_1} + \frac{1}{A_2}\frac{\partial A_1}{\partial \alpha_2}v + \frac{A_1}{R_1}w\right] \\
\hat{e}_{22} &= \frac{1}{A_2}\left[\frac{\partial v}{\partial \alpha_2} + \frac{1}{A_1}\frac{\partial A_2}{\partial \alpha_1}u + \frac{A_2}{R_2}w\right] \\
\hat{\gamma}_{12} &= \frac{A_2}{A_1}\frac{\partial}{\partial \alpha_1}\left(\frac{v}{A_2}\right) \\
\hat{\gamma}_{21} &= \frac{A_1}{A_2}\frac{\partial}{\partial \alpha_2}\left(\frac{u}{A_1}\right) \\
\hat{k}_{11} &= \frac{1}{A_1}\frac{\partial}{\partial \alpha_1}\left(\frac{1}{A_1}\frac{\partial w}{\partial \alpha_1} - \frac{u}{R_1}\right) + \frac{1}{A_1 A_2}\frac{\partial A_1}{\partial \alpha_2}\left(\frac{1}{A_2}\frac{\partial w}{\partial \alpha_2} - \frac{v}{R_2}\right) \\
\hat{k}_{22} &= \frac{1}{A_2}\frac{\partial}{\partial \alpha_2}\left(\frac{1}{A_2}\frac{\partial w}{\partial \alpha_2} - \frac{v}{R_2}\right) + \frac{1}{A_1 A_2}\frac{\partial A_2}{\partial \alpha_1}\left(\frac{1}{A_1}\frac{\partial w}{\partial \alpha_1} - \frac{u}{R_1}\right) \\
\hat{\tau}_{12} &= \frac{A_2}{A_1}\frac{\partial}{\partial \alpha_1}\left[\frac{1}{A_2}\left(\frac{1}{A_2}\frac{\partial w}{\partial \alpha_2} - \frac{v}{R_2}\right)\right] \\
\hat{\tau}_{21} &= \frac{A_1}{A_2}\frac{\partial}{\partial \alpha_2}\left[\frac{1}{A_1}\left(\frac{1}{A_1}\frac{\partial w}{\partial \alpha_1} - \frac{u}{R_1}\right)\right]
\end{aligned}\right\} \quad (21)$$

由于克希霍夫假定(11)式中的 $\sigma_{zz} = 0$，我们从(10)式有

$$e_{11} = \frac{1}{E}[\sigma_{11} - \nu\sigma_{22}], \quad e_{22} = \frac{1}{E}[\sigma_{22} - \nu\sigma_{11}], \quad e_{12} = \frac{1+\nu}{E}\sigma_{12} \quad (22)$$

或可用应变分量表示应力分量，为

$$\sigma_{11} = \frac{E}{1-\nu^2}(e_{11} + \nu e_{22}), \quad \sigma_{22} = \frac{E}{1-\nu^2}(e_{22} + \nu e_{11}), \quad \sigma_{12} = \frac{E}{1+\nu}e_{12} \quad (23)$$

于是 Π_0 [见(6)式]可以写成 ($e_{1z}, e_{2z}, e_{zz} = 0$)

$$\Pi_0 = \frac{1}{2}\iiint \frac{E}{1-\nu^2}[e_{11}^2 + e_{22}^2 + 2\nu e_{11}e_{22} + 2(1-\nu)e_{12}^2]A_1 A_2\left(1 + \frac{z}{R_1}\right)\left(1 + \frac{2}{R_2}\right)d\alpha_1 d\alpha_2 dz \quad (24)$$

把(20)式代入(24)式，得

$$\Pi_0 = \frac{1}{2}\iiint \frac{E}{1-\nu^2}\left\{\frac{1}{\left(1+\frac{z}{R_1}\right)^2}(\hat{e}_{11} - 2\hat{k}_{11})^2 + \frac{1}{\left(1+\frac{z}{R_2}\right)^2}(\hat{e}_{22} - z\hat{k}_{22})^2 \right.$$
$$+ \frac{2\nu}{\left(1+\frac{z}{R_1}\right)\left(1+\frac{z}{R_2}\right)}(\hat{e}_{11} - z\hat{k}_{11})(\hat{e}_{22} - z\hat{k}_{22}) + (1-\nu)\left[\frac{1}{1+\frac{z_1}{R_1}}(\hat{\gamma}_{12} - z\hat{\tau}_{12})\right.$$

$$+\frac{1}{1+\frac{z}{R_2}}(\hat{\gamma}_{21}-z\,\hat{\tau}_{21})\Bigg]^2\Bigg\}A_1A_2\left(1+\frac{z}{R_1}\right)\left(1+\frac{z}{R_2}\right)\mathrm{d}\alpha_1\,\mathrm{d}\alpha_2\,\mathrm{d}z \tag{25}$$

四、合理的近似泛函

为了把 Π_0 对 z 积分,我们可以把 $\left(1+\frac{z}{R_1}\right)^{-2}$, $\left(1+\frac{z}{R_2}\right)^{-2}$ 展开为 z 的级数. 同时,因为我们有

$$\left.\begin{array}{ll}\displaystyle\int_{-h/2}^{h/2}\mathrm{d}z=h, & \displaystyle\int_{-h/2}^{h/2}z\,\mathrm{d}z=0\\[2mm]\displaystyle\int_{-h/2}^{h/2}z^2\,\mathrm{d}z=\frac{1}{12}h^3, & \displaystyle\int_{-h/2}^{h/2}z^3\,\mathrm{d}z=0\end{array}\right\} \tag{26}$$

并引进刚度系数

$$\frac{hE}{1-\nu^2}=B,\quad\frac{h^3E}{12(1-\nu^2)}=D \tag{27}$$

Π_0 可以写成(保留 h^3 的项)

$$\begin{aligned}\Pi_0=&\frac{1}{2}\iint B\big[\hat{e}_{11}^2+\hat{e}_{22}^2+2\nu\,\hat{e}_{11}\,\hat{e}_{22}+2(1-\nu)\,\hat{e}_{12}^2\big]A_1A_2\,\mathrm{d}\alpha_1\,\mathrm{d}\alpha_2\\&+\frac{1}{2}\iint D\Big\{\hat{k}_{11}^2+\hat{k}_{22}^2+2\nu\,\hat{k}_{11}\,\hat{k}_{22}+2(1-\nu)\,\hat{k}_{12}^2\\&+\left(\frac{1}{R_1}-\frac{1}{R_2}\right)(1-\nu)\left[\frac{1}{R_1}\,\hat{\gamma}_{12}^2-\frac{1}{R_2}\,\hat{\gamma}_{21}^2+2\,\hat{\tau}_{21}\,\hat{\gamma}_{21}-2\,\hat{\tau}_{12}\,\hat{\gamma}_{12}\right]\\&+\left(\frac{1}{R_1}-\frac{1}{R_2}\right)\left[\frac{1}{R_1}\,\hat{e}_{11}^2-\frac{1}{R_2}\,\hat{e}_{22}^2+2\,\hat{k}_{11}\,\hat{e}_{11}-2\,\hat{e}_{22}\,\hat{k}_{22}\right]\Big\}A_1A_2\,\mathrm{d}\alpha_1\,\mathrm{d}\alpha_2+O(h^5)\end{aligned}$$
$$\tag{28}$$

其中 $\hat{e}_{12}$, $\hat{k}_{12}$ 为中面的剪应变和扭曲变形:

$$\hat{e}_{12}=\frac{1}{2}(\hat{\gamma}_{12}+\hat{\gamma}_{21}),\quad\hat{k}_{12}=\frac{1}{2}(\hat{\tau}_{12}+\hat{\tau}_{21}) \tag{29}$$

从(21)式中,有 $\hat{\gamma}_{12}$, $\hat{\gamma}_{21}$, $\hat{\tau}_{12}$, $\hat{\tau}_{21}$ 的表达式,代入上式,得

$$\left.\begin{array}{l}\hat{e}_{12}=\hat{e}_{21}=\dfrac{1}{2}\left[\dfrac{A_2}{A_1}\,\dfrac{\partial}{\partial\alpha_1}\left(\dfrac{v}{A_2}\right)+\dfrac{A_1}{A_2}\,\dfrac{\partial}{\partial\alpha_2}\left(\dfrac{u}{A_1}\right)\right]\\[3mm]\hat{k}_{12}=\hat{k}_{21}=\dfrac{1}{2}\left\{\dfrac{A_2}{A_1}\,\dfrac{\partial}{\partial\alpha_1}\left[\dfrac{1}{A_2}\left(\dfrac{1}{A_2}\,\dfrac{\partial w}{\partial\alpha_2}-\dfrac{v}{R_2}\right)\right]+\dfrac{A_1}{A_2}\,\dfrac{\partial}{\partial\alpha_2}\left[\dfrac{1}{A_1}\left(\dfrac{1}{A_1}\,\dfrac{\partial w}{\partial\alpha_1}-\dfrac{u}{R_1}\right)\right]\right\}\end{array}\right\}$$
$$\tag{30}$$

现在让我们比较(28)式中各项的量级,设

$$\left.\begin{array}{l} e = \hat{e}_{11}, \hat{e}_{22}, \hat{e}_{12}, \hat{\gamma}_{12}, \hat{\gamma}_{21} \text{ 的量级} \\ k = \hat{k}_{11}, \hat{k}_{22}, \hat{k}_{12}, \hat{\tau}_{12}, \hat{\tau}_{21} \text{ 的量级} \\ B = h \text{ 的量级}, C = h^3 \text{ 的量级} \end{array}\right\} \quad (31)$$

则

$$\left.\begin{array}{l} B[\hat{e}_{11}^2 + \hat{e}_{22}^2 + 2\nu \hat{e}_{11}\hat{e}_{22} + 2(1-\nu)\hat{e}_{12}^2] = he^2 \text{ 的量级} \\ D[\hat{k}_{11}^2 + \hat{k}_{22}^2 + 2\nu \hat{k}_{11}\hat{k}_{22} + 2(1-\nu)\hat{k}_{12}^2] = h^3 k^2 \text{ 的量级} \\ D\left\{\left[\dfrac{1}{R_1}\hat{\gamma}_{12}^2 - \dfrac{1}{R_2}\hat{\gamma}_{21}^2\right](1-\nu) + \left[\dfrac{1}{R_1}\hat{e}_{11}^2 - \dfrac{1}{R_2}\hat{e}_{22}^2\right]\right\}\left(\dfrac{1}{R_1} - \dfrac{1}{R_2}\right) = h^3 e^2 \text{ 的量级} \\ D\{[2\hat{\tau}_{21}\hat{\gamma}_{21} - 2\hat{\tau}_{12}\hat{\gamma}_{12}](1-\nu) + [2\hat{k}_{11}\hat{e}_{11} - 2\hat{e}_{22}\hat{k}_{22}]\}\left(\dfrac{1}{R_1} - \dfrac{1}{R_2}\right) = h^3 ek \text{ 的量级} \end{array}\right\}$$
(32)

设壳的薄膜能(he^2 的量级)和壳的弯曲能($h^3 k^2$ 的量级)大小相当,则

$$he^2 = h^3 k^2 \quad \text{或} \quad e = hk$$

于是

$$h^3 e^2 = h^2 \cdot he^2, \quad h^3 ek = h \cdot he^2 \quad (33)$$

这就指出,如果薄膜能和弯曲能的量级大小相当,则(32)式中第三式(量级 $h^3 e^2$)所代表的量级,比薄膜能和弯曲能为小,(32)式中的第四式也比 he^2 的量级为小,所以都可以略去不计.

于是,合理的薄壳应变能表达式应该可以写成

$$\Pi'_0 = \dfrac{1}{2}\iint B[(\hat{e}_{11}+\hat{e}_{22})^2 - 2(1-\nu)(\hat{e}_{11}\hat{e}_{22} - \hat{e}_{12}^2)]A_1 A_2 \,d\alpha_1 d\alpha_2$$
$$+ \dfrac{1}{2}\iint D[(\hat{k}_{11}+\hat{k}_{22})^2 - 2(1-\nu)(\hat{k}_{11}\hat{k}_{22} - \hat{k}_{12}^2)]A_1 A_2 \,d\alpha_1 d\alpha_2 \quad (35)$$

其中 $\hat{e}_{11}, \hat{e}_{22}, \hat{k}_{11}, \hat{k}_{22}$ 见(21)式, $\hat{e}_{12}, \hat{k}_{12}$ 见(30)式.

根据相同的近似,薄膜力和弯矩可以写成

$$\left.\begin{array}{ll} N_{11} = B[\hat{e}_{11} + \nu \hat{e}_{22}], & M_{11} = -D[\hat{k}_{11} + \nu \hat{k}_{22}] \\ N_{22} = B[\hat{e}_{22} + \nu \hat{e}_{11}], & M_{22} = -D[\hat{k}_{22} + \nu \hat{k}_{11}] \\ N_{12} = (1-\nu)B\hat{e}_{12}, & M_{12} = -(1-\nu)D\hat{k}_{12} \end{array}\right\} \quad (36)$$

在相同的近似下，还有下列积分的表达式：

$$\iint qw_+^* H_1^+ H_2^+ \, d\alpha_1 d\alpha_2 \approx \iint qw A_1 A_2 \, d\alpha_1 d\alpha_2 \tag{37}$$

$$\int dz \oint_{S_\sigma} (\bar{p}_1 u^* + \bar{p}_2 v^* + \bar{p}_3 w^*) ds$$
$$= \oint_{S_\sigma} (\overline{P}_1 u + \overline{P}_2 v) ds + \oint_{S_\sigma} \overline{P}_3 w \, ds$$
$$+ \oint_{S_\sigma} \left\{ \overline{M}_1 \left(\frac{1}{A_1} \frac{\partial w}{\partial \alpha_1} - \frac{u}{R_1} \right) + \overline{M}_2 \left(\frac{1}{A_2} \frac{\partial w}{\partial \alpha_2} - \frac{v}{R_2} \right) \right\} ds \tag{38}$$

其中

$$\left.\begin{aligned} \overline{P}_1 &= \int_{-h/2}^{h/2} \bar{p}_1 \, dz, \quad \overline{P}_2 = \int_{-h/2}^{h/2} \bar{p}_2 \, dz, \quad \overline{P}_3 = \int_{-h/2}^{h/2} \bar{p}_3 \, dz \\ \overline{M}_1 &= \int_{-h/2}^{h/2} z \bar{p}_1 \, dz, \quad \overline{M}_2 = \int_{-h/2}^{h/2} z \bar{p}_2 \, dz \end{aligned}\right\} \tag{39}$$

于是一般薄壳的最小位能原理的泛函可以写成

$$\Pi = \frac{1}{2} \iint B[(\hat{e}_{11} + \hat{e}_{22})^2 - 2(1-\nu)(\hat{e}_{11} \hat{e}_{22} - \hat{e}_{12}^2)] A_1 A_2 \, d\alpha_1 d\alpha_2$$
$$+ \frac{1}{2} \iint D[(\hat{k}_{11} + \hat{k}_{22})^2 - 2(1-\nu)(\hat{k}_{11} \hat{k}_{22} - \hat{k}_{12}^2)] A_1 A_2 \, d\alpha_1 d\alpha_2$$
$$- \iint qw A_1 A_2 \, d\alpha_1 d\alpha_2 - \oint_{S_\sigma} (\overline{P}_1 u + \overline{P}_2 u) ds - \oint_{S_\sigma} \overline{P}_3 w \, ds$$
$$+ \oint_{S_\sigma} \left\{ \overline{M}_1 \left(\frac{1}{A_1} \frac{\partial w}{\partial \alpha_1} - \frac{u}{R_1} \right) + \overline{M}_2 \left(\frac{1}{A_2} \frac{\partial w}{\partial \alpha_2} - \frac{v}{R_2} \right) \right\} ds \tag{40}$$

五、平衡方程

将 Π 变分，在利用了(36)式以后，得

$$\delta\Pi = \iint (N_{11} \delta\hat{e}_{11} + N_{22} \delta\hat{e}_{22} + 2N_{12} \delta\hat{e}_{12}) A_1 A_2 \, d\alpha_1 d\alpha_2$$
$$- \iint (M_{11} \delta\hat{k}_{11} + M_{22} \delta\hat{k}_{22} + 2M_{12} \delta\hat{k}_{12}) A_1 A_2 \, d\alpha_1 d\alpha_2$$
$$- \iint q \delta w A_1 A_2 \, d\alpha_1 d\alpha_2 - \oint_{S_\sigma} (\overline{P}_1 \delta u + \overline{P}_2 \delta v) ds - \oint_{S_\sigma} \overline{P}_3 \delta w \, ds$$
$$+ \oint_{S_\sigma} \left\{ \overline{M}_1 \left(\frac{1}{A_1} \frac{\partial \delta w}{\partial \alpha_1} - \frac{\delta u}{R_1} \right) + \overline{M}_2 \left(\frac{1}{A_2} \frac{\partial \delta w}{\partial \alpha_2} - \frac{\delta v}{R_2} \right) \right\} ds = 0 \tag{41}$$

其欧拉方程为

$$-\frac{\partial}{\partial \alpha_1}(N_{11}A_2) + N_{22}\frac{\partial A_2}{\partial \alpha_1} - \frac{1}{A_1}\frac{\partial}{\partial \alpha_2}(N_{12}A_1^2) - \frac{1}{R_1}\frac{\partial}{\partial \alpha_1}(M_{11}A_2)$$
$$+ \frac{1}{R_1}M_{22}\frac{\partial A_2}{\partial \alpha_1} - \frac{1}{A_1R_1}\frac{\partial}{\partial \alpha_2}(M_{12}A_1^2) = 0 \qquad (41a)$$

$$-\frac{\partial}{\partial \alpha_2}(N_{22}A_1) + N_{11}\frac{\partial A_1}{\partial \alpha_2} - \frac{1}{A_2}\frac{\partial}{\partial \alpha_1}(N_{12}A_2^2) + M_{11}\frac{1}{R_2}\frac{\partial A_1}{\partial \alpha_2}$$
$$- \frac{1}{R_2}\frac{\partial}{\partial \alpha_2}(A_1M_{22}) - \frac{1}{A_2R_2}\frac{\partial}{\partial \alpha_1}(M_{12}A_2^2) = 0 \qquad (41b)$$

$$N_{11}\frac{A_1A_2}{R_1} + N_{22}\frac{A_1A_2}{R_2} - \frac{\partial}{\partial \alpha_1}\left[\frac{1}{A_1}\frac{\partial}{\partial \alpha_1}(A_2M_{11})\right] - \frac{\partial}{\partial \alpha_2}\left[\frac{1}{A_2}\frac{\partial}{\partial \alpha_2}(A_1M_{22})\right]$$
$$+ \frac{\partial}{\partial \alpha_2}\left[\frac{1}{A_2}M_{11}\frac{\partial A_1}{\partial \alpha_2}\right] + \frac{\partial}{\partial \alpha_1}\left[\frac{1}{A_1}\frac{\partial A_2}{\partial \alpha_1}M_{22}\right] - \frac{\partial}{\partial \alpha_2}\left[\frac{1}{A_2^2}\frac{\partial}{\partial \alpha_1}(M_{12}A_2^2)\right]$$
$$- \frac{\partial}{\partial \alpha_1}\left[\frac{1}{A_1^2}\frac{\partial}{\partial \alpha_2}(M_{12}A_1^2)\right] - qA_1A_2 = 0 \qquad (41c)$$

还有相应的边界条件.

六、轴对称壳

对于轴对称壳而言,取坐标 θ 和 φ(图 2).

有关线元为

$$ds^2 = r_1^2 d\varphi^2 + r^2 d\theta \qquad (43)$$

于是,有

$$\left.\begin{array}{l} \alpha_1 = \varphi, \quad \alpha_2 = \theta \\ A_1 = r_1, \quad A_2 = r \\ R_1 = r_1, \quad R_2 = r_2 \end{array}\right\} \qquad (44)$$

而且 r_2 和 r 的关系为

$$r_2 = \frac{r}{\sin \varphi} \qquad (45)$$

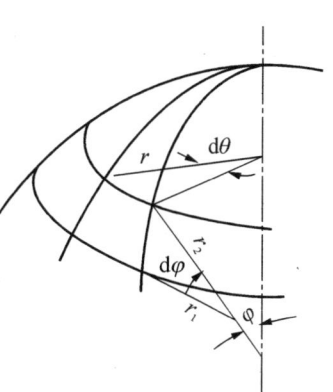

图 2 轴对称壳的坐标

还有

$$\frac{1}{A_1A_2}\frac{\partial A_2}{\partial \alpha_1} = \frac{1}{rr_1}\frac{\partial r}{\partial \varphi} = \frac{1}{r_2}\cot \varphi \qquad (46)$$

于是,(21)式和(30)式可以写成

$$
\left.\begin{aligned}
\hat{e}_{11} &= \frac{1}{r_1}\left[\frac{\partial u}{\partial \varphi} + w\right] \\
\hat{e}_{22} &= \frac{1}{r}\left[\frac{\partial v}{\partial \theta} + \frac{ur}{r_2}\cot\varphi + \frac{r}{r_2}w\right] \\
\hat{e}_{12} &= \frac{1}{2}\left[\frac{r}{r_1}\frac{\partial}{\partial \varphi}\left(\frac{v}{r}\right) + \frac{r_1}{r}\frac{\partial}{\partial \theta}\left(\frac{u}{r_1}\right)\right] \\
\hat{k}_{11} &= \frac{1}{r_1}\frac{\partial}{\partial \varphi}\left(\frac{1}{r_1}\frac{\partial w}{\partial \varphi} - \frac{u}{r_1}\right) \\
\hat{k}_{22} &= \frac{1}{r}\frac{\partial}{\partial \theta}\left(\frac{1}{r}\frac{\partial w}{\partial \theta} - \frac{v}{r}\right) + \frac{1}{r_2}\cot\varphi\left(\frac{1}{r_1}\frac{\partial w}{\partial \varphi} - \frac{u}{r_1}\right) \\
\hat{k}_{12} &= \frac{1}{2}\left\{\frac{r}{r_1}\frac{\partial}{\partial \varphi}\left[\frac{1}{r}\left(\frac{1}{r}\frac{\mathrm{d}w}{\mathrm{d}\theta} - \frac{v}{r_2}\right)\right] + \frac{r_1}{r}\frac{\mathrm{d}}{\mathrm{d}\theta}\left[\frac{1}{r_1}\left(\frac{1}{r_1}\frac{\mathrm{d}w}{\mathrm{d}p} - \frac{u}{r_1}\right)\right]\right\}
\end{aligned}\right\} \quad (47)
$$

如果变形也是轴对称的,则

$$v = 0, \quad \frac{\partial w}{\partial \theta} = 0, \quad \frac{\partial u}{\partial \theta} = 0 \quad (48)$$

于是(47)式可以进一步简化为

$$
\left.\begin{aligned}
\hat{e}_{11} &= \frac{1}{r_1}\left(\frac{\partial u}{\partial \varphi} + w\right), & \hat{k}_{11} &= \frac{1}{r_1}\frac{\partial \chi}{\partial \varphi} \\
\hat{e}_{22} &= \frac{1}{r_2}(u\cot\varphi + w), & \hat{k}_{22} &= \frac{1}{r_2}\cot\varphi\,\chi \\
\hat{e}_{12} &= 0, & \hat{k}_{12} &= 0
\end{aligned}\right\} \quad (49)
$$

其中 χ 代表子午线的切线转角

$$\chi = \frac{1}{r_1}\left(\frac{\partial w}{\partial \varphi} - u\right) \quad (50)$$

最后,泛函 Π_0 在轴对称壳和轴对称变形的条件下可以写成

$$\Pi_0 = \frac{1}{2}\iint B\left\{\frac{1}{r_1^2}\left(\frac{\partial u}{\partial \varphi} + w\right)^2 + \frac{1}{r_2^2}(u\cot\varphi + w)^2 + 2\nu\frac{1}{r_1 r_2}\left(\frac{\partial u}{\partial \varphi} + w\right)(u\cot\varphi + w)\right\}r_1 r\,\mathrm{d}\theta\,\mathrm{d}\varphi$$
$$+ \frac{1}{2}\iint D\left\{\frac{1}{r_1^2}\left(\frac{\partial \chi}{\partial \varphi}\right)^2 + \frac{1}{r_2^2}\cot^2\varphi\,\chi^2 + 2\nu\frac{1}{r_1 r_2}\cot\varphi\,\chi\frac{\partial \chi}{\partial \varphi}\right\}r_1 r\,\mathrm{d}\theta\,\mathrm{d}\varphi \quad (51)$$

(49)式和 Flügge 的简化结果(见[1]355~357 页)相同,但和未简化前的结果完全不同(见[1]318 页),其差别就在于没有略去(32)中有关 $h^3 e^2$,$h^3 ek$ 诸量级的量。

(49)式和 S. Timoshenko 的结果(见[2]最后一章)相同. (49)式和 A. Л. 哥尔琴文塞尔[5]的结果不同. 这是因为哥尔琴文塞尔的方程考虑了 N_{21}, N_{12}, M_{21}, M_{12} 的不对称性. 从本文的推证看来,这种不对称性是没有必要考虑的.

参考文献

[1] Flügge W. Stresses in Shells. Springer-Verlag, 1960.
[2] 铁摩辛柯 S,沃诺斯基 S. 板壳理论.《板壳理论》翻译组(北航),译. 北京:科学出版社,1977.
[3] 诺沃日洛夫 B B. 非线性弹性力学基础. 朱兆祥,译. 北京:科学出版社,1958.
[4] Chien W Z (钱伟长). Intrinsic Theory of Shells and Plates. Quarterly of Applied Mathematics, 1944, 1(4): 297-327; 1944, 2(1): 43-59; 1944, 2(2): 120-135.
[5] 哥尔琴文塞尔 A Л. 弹性薄壳理论. 薛振东,刘树阑,译. 上海:上海科学技术出版社,1963.

波纹管的制造、设计、实验和理论[*]

一、引论

波纹管作为主要弹性元件业已有 100 多年的历史,在第二次世界大战中迅速发展,成为液压气压敏感元件、密封元件、热膨胀接头元件和柔性元件的主要形式. 由于原子反应堆及宇航的需要,对生产的要求日益严格. 长期以来,理论设计落后于生产要求. 经验或半经验的设计公式各国各企业都各有长短,很不一致. 本文的目的在于从波纹管的发展历史、生产情况、制造方法、型式和性能、应用情况、测试方法、设计公式等方面作一全面简单的介绍,并提出进一步全面地进行理论研究的看法.

二、名称

波纹管(corrugated Tube)是美国的习惯名称,有时也称波纹囊(corrugated Box),在欧洲大陆一般称金属囊(如德国称 Metallbälgen,英国称 Metal Bellow),这种命名来源于老式的手工操作的鼓风气囊(Bellow).

三、波纹管主要型式

波纹管按其制成情况,共分下列五种类型:

1. 厚板焊接成型(图 1a,b),一般用于热膨胀器.

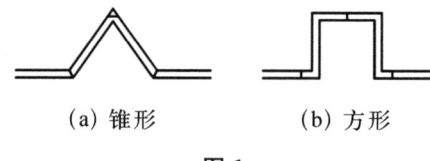

(a) 锥形 (b) 方形

图 1

2. 薄圆板压制成型,内外缘环焊(图 2a,b,c,d),一般用于测压.

原载《应用数学和力学论文集》,南京:江苏科学技术出版社,1979:110-126.

[*] 本文于 1978 年 12 月在上海召开的第六届弹性元件学术会议上分发参考.

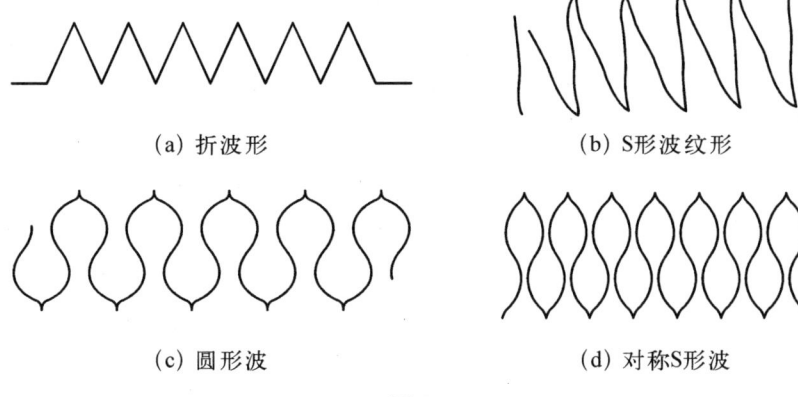

图 2

3. 薄圆管膨胀成型,在内缘焊接(环焊)(图 3a,b),一般用于热膨胀器.

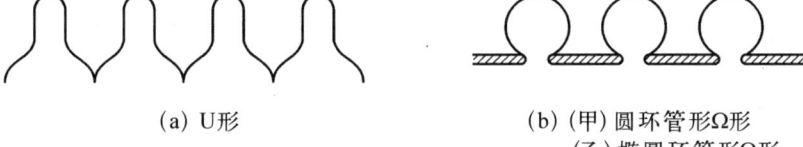

(a) U形　　　　　　　　　(b) (甲) 圆环管形Ω形
　　　　　　　　　　　　　　　(乙) 椭圆环管形Ω形

图 3

4. 薄圆管膨胀成型,无焊接(图 4a,b,c),一般用于测压.

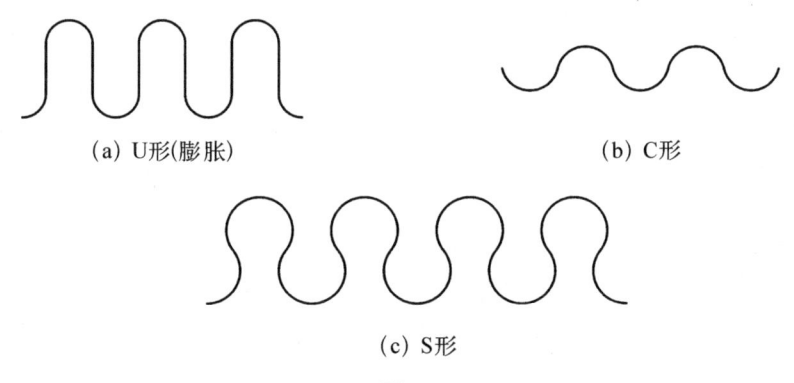

图 4

5. 实心柱体车削成型(图 5),一般用于弹性支承载荷,如水轮机座.

图 5　U形(车削)

四、发展情况及主要应用

波纹管首次提出是由于火车锅炉的测压需要(1844),蒸汽机要求有一种非液测压计.当时共提出了三种测压元件,即(1)波纹板、(2)波纹管和(3)压力压管(Borden Tube).在当时的生产条件下,波纹板(即膜盒)和 Borden 管都获得了成功,在 1844 年到 1845 年即投入大量生产.波纹管由于加工制造的困难,没有成功,半途而废.

到 1881 年,普鲁士企业提出了三块波纹板组成的匣式测压计(图6),把膜盒测压计提高到一个新的水平.

到 1903 年,英国由于气象工作的需要,正式大量生产名为 Sylphon 的波纹管(图7),有好几种型号,其材料主要是铜和铜合金.

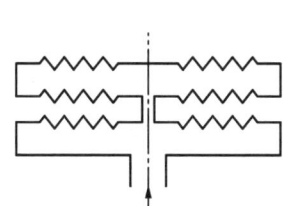

图 6　普鲁士企业在 1881 年生产的膜盒测压计示意图

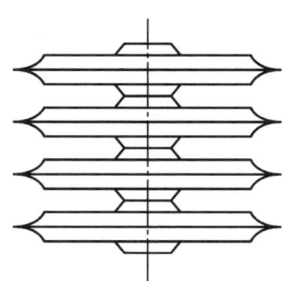

图 7　英国 Sylphon 波纹管 B_3 型

在第二次世界大战开始阶段,即 1940 年左右,波纹管的生产,由于航空、潜艇和气象工作的要求,规模有了较大的发展.在英国有五个专业厂,在美国有六七个,还有一些航空工厂也有专用车间生产波纹管(如美国加利福尼亚州 San Diago 市的 Solar Aircraft 就在 1938 年建成专用车间,生产 1 m 直径的大型波纹管),它们的分工大体是一个厂专做焊接生产的波纹管,大批量定型生产;另一个厂做不锈钢的波纹管,也是大批量定型生产;两个或三个厂做液压形成的波纹管,也是大批量定型生产,另有一个或几个厂专做特殊要求的个别生产的气囊或热膨胀器.

在这期间,军事订货增加了,尺寸和特殊性能的种类扩大了,既有高温的,也有高压的,还有要求较高的交变特性的.

但那时生产还是落后的,对于特殊订货,耗时很长,例如,一种特殊尺寸的 U 形波纹管,要等候 4 个月到 6 个月.成套的气囊也至少要半年.

从 1960 年起,由于化学工业、宇航工业、原子能工业的发展,工业的组成有了很大的变化,波纹管的生产面貌也有了显著的改变,生产的规模有了很大的发展,美、英、法、德、日都增设了许多工厂,例如,在美国,有案可查的(根据美国制造商协会会员录)就有 30 家左右. 许多产品都已自动化成批生产,成本大量降低,使用范围进一步扩大. 焊接技术有了进步,有些尺寸的焊接波纹管也能自动化批量生产. 特殊要求的波纹管又有了加强环等新的生产工艺(图 8),或多层气囊等新的设计(图 9). 在热膨胀接头的应用上有了许多成熟的经验和附加设备.

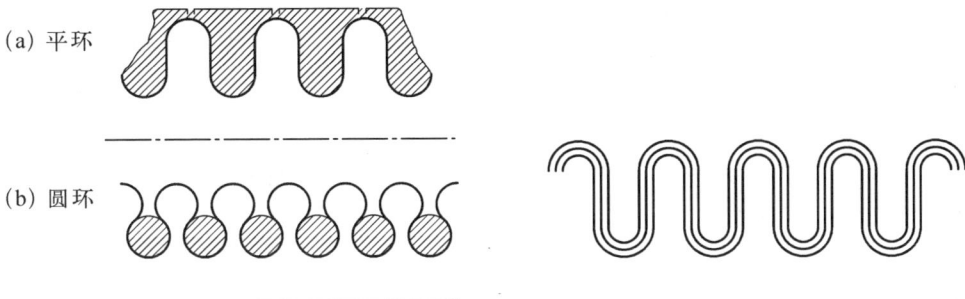

图 8　波纹管的加强环　　　　图 9　多层波纹管

我国在解放前完全没有这方面的生产,现有的弹性元件厂都是解放后建立起来的,例如沈阳、上海、西安、重庆、太原等地都建立了不同规模的弹性元件厂,一机部还建立了有关的科研机构. 已经能批量生产约 200 多种规格不同的黄铜和不锈钢的波纹管. 尺寸从 $\varnothing 15$ 到 $\varnothing 200$,厚度在 0.6—0.4 mm 不等,刚度公差约 $\pm 30\%$ 左右,最大工作温度达 $400℃$,最大工作压力在 5 atm 左右. 西安仪表厂弹性元件车间也生产一些铍青铜、磷青铜、Monel 合金和弹簧钢等交变性能较好的波纹管. 重庆和沈阳弹性元件厂生产一些超大型的波纹管,基本上掌握了液压成型、一般焊接、点焊、堆焊等工艺. 拉管一次成型的技术业已用于生产. 沈阳研究所的铝模电镀的技术业已探索成功,适用于某些特殊要求的生产工艺.

目前的问题是品种规格不齐,特大、特小、耐高压、耐高温的品种还待试制. Monel 合金应用较少,产品性能不稳定. 焊接工艺如真空焊、氩焊等技术还未能用于成批生产. 最重要的是附件和接头规格未定,也未生产,严重影响了弹性元件的推广使用.

波纹管的应用大致可以分四个方面:

1. 液压气压敏感元件(这里包括测压元件、利用气压的制动元件、测温元件和各种调节元件):在民用方面,可以用于自动调温、调节阀门、气动调节器、各种控制仪表(如热工仪表)、测压、测温、测温差、测压差和用于制冷机、制氮机、流速仪、时间阻迟器等控调机构. 军用方面涉及的面更广,它是鱼雷、地雷、炸弹等的触发元件;在航空及宇航中,它是氧气调节器、机舱调温设备、发动机增压器、燃料注入调节器、发动机指示器、防火设备、测压、测速、测温等的必要元件;降落架的缓冲器、降落伞的自动开伞装置等无一不使用波纹管.

2. 密封元件:它是转轴的密封元件,能调制的密封室的调制元件,飞机的高空密封元件和变压器的密封元件.

3. 热膨胀接头元件:为了保护管道,使其热膨胀时不受破坏,早期人们都用弯曲管道来消除热膨胀变形,如图 10. 这样做既费工也费料,有些管道为此而多耗 10%～15% 的管料. 而且有时由于空间(如机器内部,反应堆工程等)不允许,造成设计上的困难,所以日益改用波纹管作为热膨胀接头元件. 其中最通用的如:石油管道,化工管道,热工管道,航空发动机的燃料输送管,变压器的密封通道,潜水艇的轴接头等.

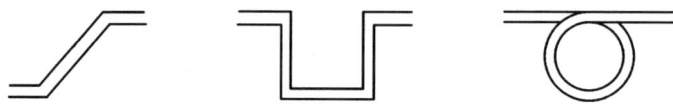

图 10　弯曲管道抗除热膨胀变形几种常见安排

4. 弹性元件:用于管道的弹性连接元件,尤其是偏心、偏角的接头,也常用于传递转矩和运动的(如阀门)弹性配合元件.

五、制造方法

波纹管的制造方法主要有下列几种:

1. 液压成型　先把圆板拉成薄圆筒,在管外分层加装配式圆环模板,在内部加液压,管膨胀成波纹管(图 11). 这样制成的波纹管内缘半径和环板的内缘半径相同,外缘半径可以随意调节. 这种波纹管内缘较厚,外缘较薄,厚薄和半径距离大致成线性关系.

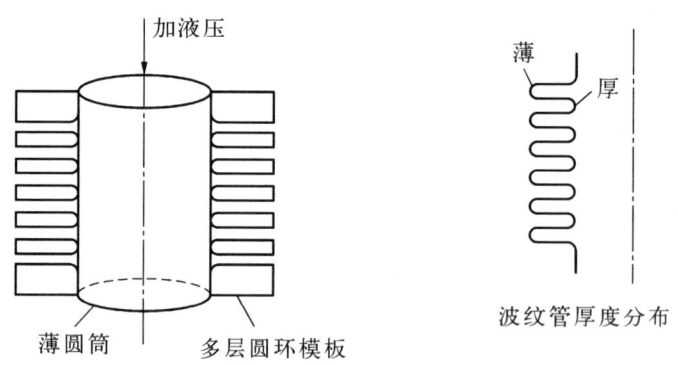

图 11　液压成型波纹管示意图

2. 滚压成型　在可散内模上用外模在外部滚压,这样制成的波纹管内缘较薄,外缘较厚.

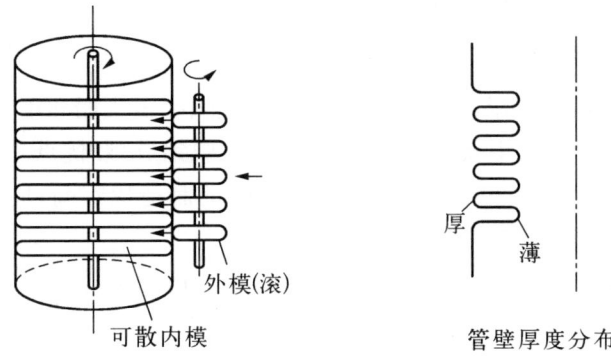

图 12　滚压成型的示意图

3. 内涨外压　内外都是相对滚压的可动模板.

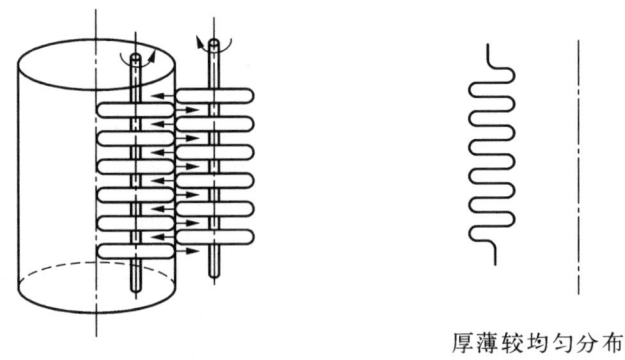

图 13　内涨外压的相对滚压

以上三种制造方法较为通用,都能大批生产,工本便宜.但是,它们仅适宜于生产管径较小(约 10 cm 以下)的波纹管,材料也只适用于延性金属,而且成品寿命不稳定,性能较分散,所以,它们的使用受到了限制.直径较大型的(20～30 cm 以上的),可以用薄板卷焊成筒形,然后用液压或滚压成型.但上述三种方法都应有认真的热处理.

4. 焊接　先压成曲片,然后在外缘内缘焊接(图 14).焊接时应该尽量缩小焊区,一般可以用点焊,避免焊区和最大应力区重合,避免有焊角和焊接条缝等发生,尽量缩小热影响的区域.热处理时铁质材料和奥斯丁焊料都应得到均匀退火.严格要求没有氧化层,最好用惰性气体保护焊接.严格要求焊接均匀、平服,最后应作表面处理(一般应研磨),要有非破坏性试验来决定焊接质量.

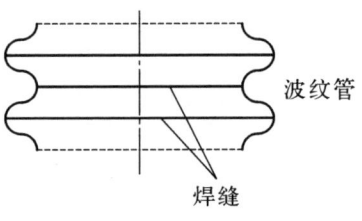

图 14　焊接波纹管

焊接波纹管的优点在于材料广泛，尺寸大小不限（可以大至 2 m 直径），质量稳定，寿命较长．缺点是价格较贵，生产周期较长，不能批量生产．主要用于较大的设备，有抗腐、抗温、抗压要求的设备，如原子能、潜艇、宇宙飞船和重要的化工设备．

5. 电镀　一般是先铝模镀铜，然后化学酸性脱铝成型．优点是性能稳定，厚薄均匀．特别适用于较小型的波纹管．缺点是铝模的制造成本高，周期长，材料有限制．主要适用于做研究试验用的模型．

6. 切削成型　一般只用于承载元件的生产，不适用于批量生产．

材料的选择，根据操作温度、压力和抗腐蚀等要求决定．表 1 为各种材料的性能和制造成本表．

表 1　各种材料的波纹管的性能和制造成本

材　料	抗　腐　性	最高温度	制造易难	应本比例
黄铜(80Cu 20Zn)	一般(对热水不好)	350°F	易	1
黄铜镀银	优	350°F	易	3
青铜(95Cu 5Sn)	一般(较黄铜略好)	350°F	易	2
Monel (40Cu 60Ni)	良(抗热水)	900°F	较难	4
不锈钢	优	1 100°F	较难	5
Inconel(合金钢)	优	1 500°F	较难	5

波纹管只有在内压超过 4 atm 时才有使用加强环的必要．温度高于 900°F 时应该特殊设计．加强环的材料一般是铸铁和合金钢．具体情况见图 15．

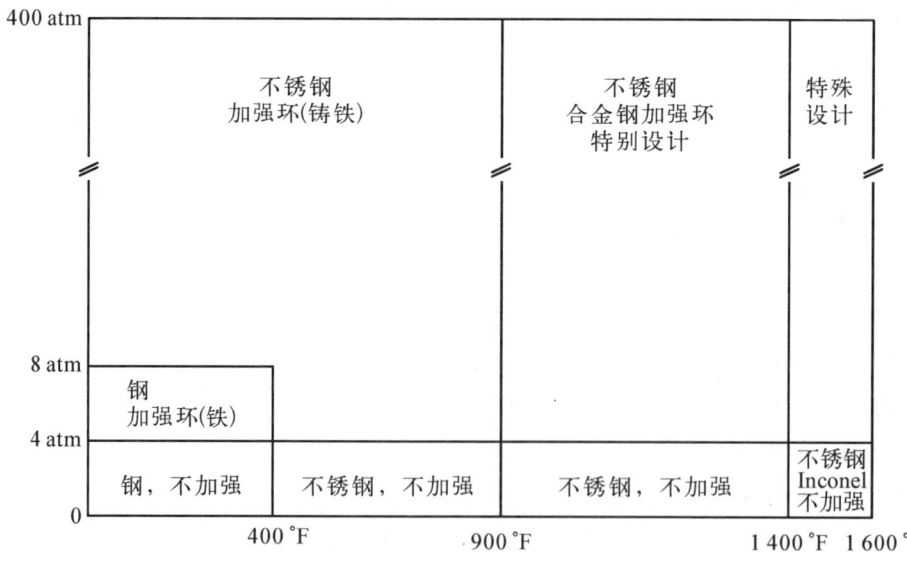

图 15　材料和加强环对温度压力关系

六、波纹管的附加件

为了更方便和合理地使用波纹管,波纹管的制造厂必须重视附加件的规格和生产.所谓附加件有三个方面:(1)管头设计;(2)内衬管;(3)各种支架.

1. **管头**　管头设计一般有六种(图16a,b,c,d,e,f):

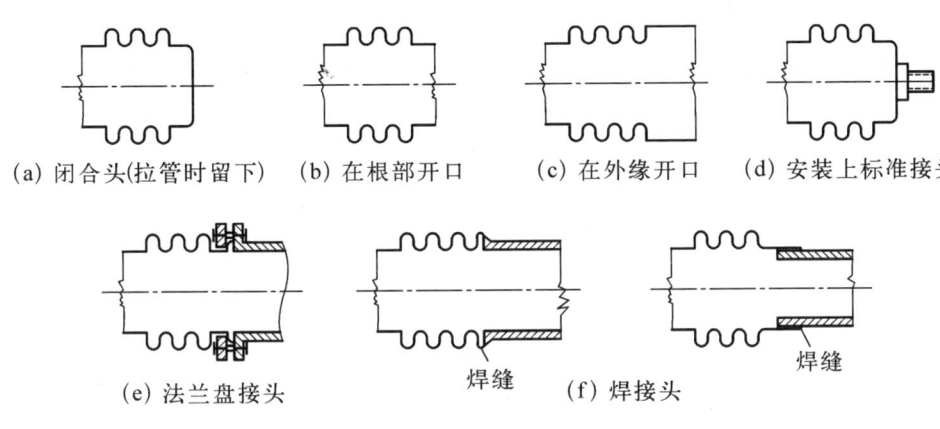

图 16　管头设计

2. **内衬管**　为了减少流阻、湍流、流动空蚀作用,在波纹管内部常有内衬管附件.内衬管对于可动性的要求不同而有各种形式(图 17a,b,c,d).

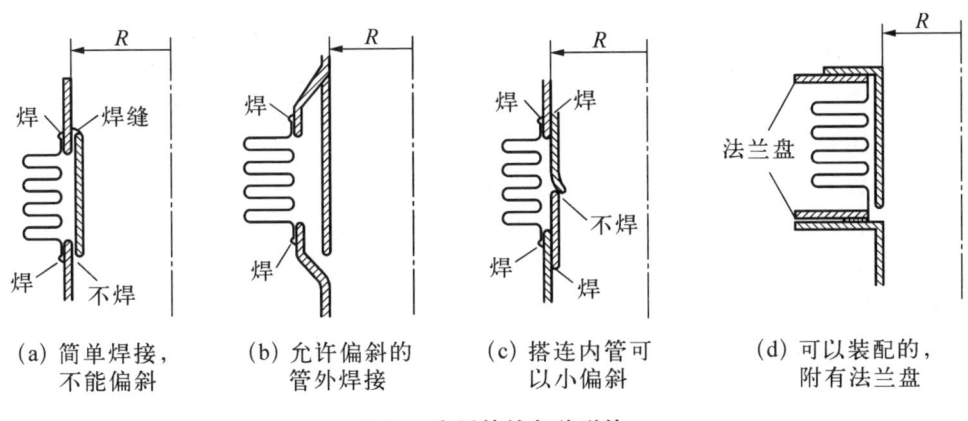

图 17　内衬管的各种附件

3. **支架**　为了限制其运动,可以有各种支架,加于管外的支架形式见图 18.

七、可比特性

波纹管的可比特性有下列各种:

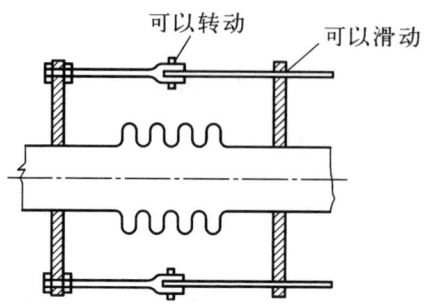 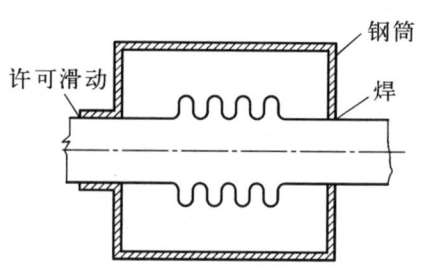

(a) 可以在一个平面内转动而使波纹管弯曲的支架

(b) 限制在一切平面内转动从而不许波纹管弯曲的筒形支架

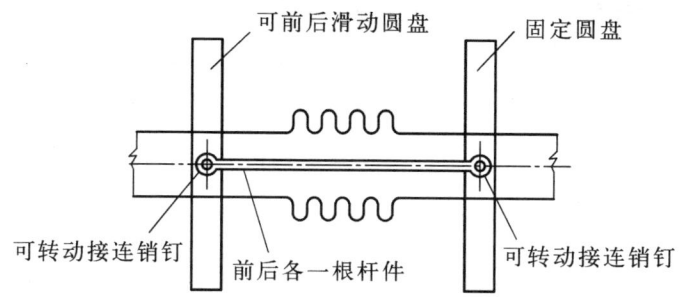

(c) 可以在一个平面内转动而使波纹管弯曲的支架

图 18 各种支架

(1) 在内压下的有效面积保持不变的性能；
(2) 单位长度的最大冲程；
(3) 压紧后的长度缩短的最大值；
(4) 较短的自然长度产生较大的体积补偿的性能；
(5) 较好的弹性特性和压力变形曲线的性能；
(6) 元件的均匀性；
(7) 耐压性；
(8) 可靠性；
(9) 耐高温性；
(10) 耐腐蚀性；
(11) 寿命和其可预测的程度.

当然，对于不同的使用场合，有不同的目的，从而有不同的要求，决定这些性能的是：(1) 材料；(2) 生产加工工艺；(3) 形状尺寸.

表 2 是不同形状的波纹管所具有的不同特性.

表 2　不同形状的波纹管所具有的不同性能

形　状	⊓⊔	⩙	⩗	⌒⌒
抗压性能	一般	差	良	优
单位长度冲程	差	优	一般	一般
有效面积在不同内压下的均匀性	优	差	一般	优
内压和伸长度的线性要求	短冲程很好	较好	一般	较好
弹簧系数	低	只能拉，不能压	高（拉）	高

八、设计因素和生产试验

设计考虑和选择的方面主要有材料、形状和尺寸. 对于材料和形状在前面业已有所讨论，这一部分将主要讨论尺寸问题，并主要以最常见的 U 型或平板型作为讨论的对象.

U 型或平板型（图 19）的尺寸及其符号如下：

外缘直径（O.D）	$2R_0$
内缘直径（I.D）	$2R_i$
波纹圆弧半径	a
波纹跨度	$2a$
波纹槽深	$R_0 - R_i = H$
波纹管平均半径	$R_m = \frac{1}{2}(R_0 + R_i)$
壁厚	h
波纹数	n

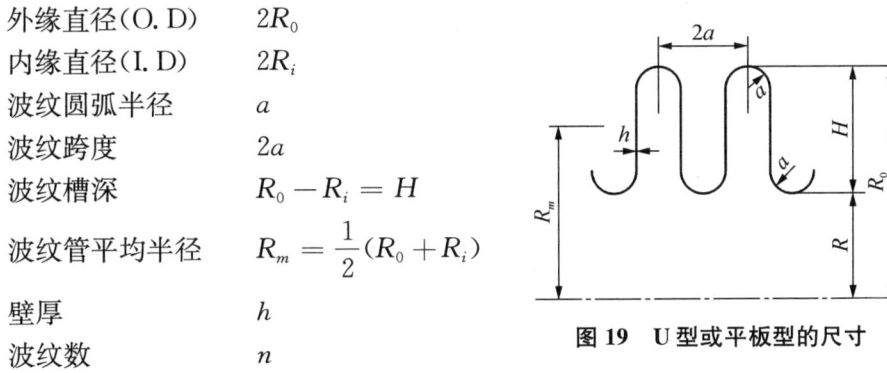

图 19　U 型或平板型的尺寸

其中独立的尺寸只有四个即 R_0, R_i, a, h，其他尺寸都可以从这四个量推导出来的.

生产试验在一般条件下要求测量下列三种数据：

1. **最大衡程和弹簧系数（刚度）**　最大冲程即指在轴向力作用下的最大拉伸长度；弹簧系数（刚度）是指每一波纹每伸长单位长度所需的轴向拉力.

2. **最大内压和内压柔度**　内压柔度即指每一波纹每单位内压所生的轴向伸长；有时也测最大外压和外压柔度. 产生相等的轴向伸长时轴向力和内压之比值称为有效面积.

3. **交变寿命**　有两种：① 即在定压下交替伸长压缩的寿命；② 在定长下压力有变化时的交变寿命. 有效面积有时也用下面的定义：当波纹管充压时，在轴向加力阻止其伸长,这种轴向力和内压的比值称为有效面积.

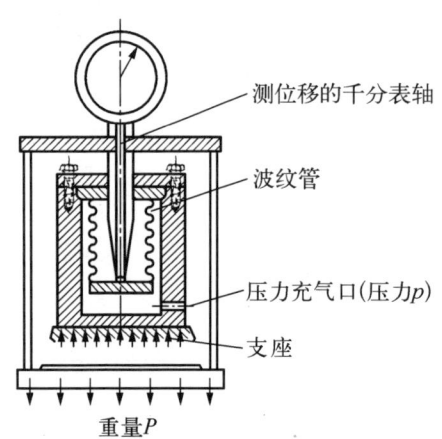

图 20　测尺寸较大的波纹管的刚度和有效面积的仪器

下面是 Exline[4] 同时测量刚度和有效面积的生产实验:

当尺寸较大时,实验仪器比较简单(图 20),设波纹管的拉伸刚度为 k_b,有效面积为 A_e,在充压前的挂重为 P,相应的千分表读数为 δ,然后充压,千分表读数为 δ_1,于是,得

$$\Delta\delta = \delta - \delta_1 = \frac{A_e}{k_b}P \tag{1}$$

再将挂重 P 换为 P',千分表读数为

$$\Delta\delta' = \delta' - \delta = \frac{1}{k_b}(P' - P) \tag{2}$$

从(1)和(2)计算 k_b 和 A_e.

对于尺寸较小的波纹管而言,在加压时常常易于失稳而发生整体弯曲,因此,需要有导管在外面保护它,使它保持直线形状(图 21). 为了易于量测,准备两条刚度不等的弹簧,其刚度分别为 k_s 和 k_s',其量级和波纹管的刚度 k_b 相当. 转动底部螺丝,调正拉力,千分表读数为 δ,充压到 p,千分表读数为 δ_1,于是有

$$\Delta\delta = \delta - \delta_1 \tag{3}$$

$$pA_e = (k_b + k_s)\Delta\delta \tag{4}$$

称

$$m = \frac{\Delta\delta}{p} \tag{5}$$

得

$$m = \frac{\Delta\delta}{p} = \frac{A_e}{k_b + k_s} \tag{6}$$

换第二种弹簧,其刚度为 k_s',得 $\frac{\Delta\delta'}{p} = m'$,而

$$m' = \frac{\Delta\delta'}{p} = \frac{A_e}{k_b + k_s'} \tag{7}$$

解(6)和(7),得

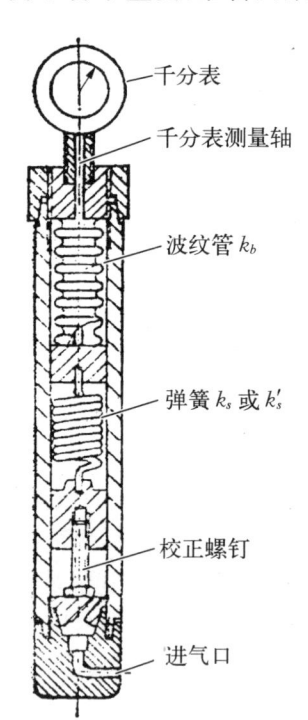

图 21　测尺寸较小的波纹管的刚度和有效截面的装置

$$k_b = \frac{m'k'_s - mk_s}{m - m'} \qquad A_e = \frac{mm'(k_s - k'_s)}{m' - m} \tag{8}$$

不论前者和后者,实验结果都给出

$$\Delta\delta = \frac{A_e}{k_b}p + \frac{1}{k_b}P \tag{9}$$

Exline 测了 12 种尺寸的波纹管,最大 $R_0 = 2.5$ 英寸,最小 $R_0 = 0.09$ 英寸,亦测了两种 $\Delta\delta$—p 的加载卸载曲线,证明都有一定的滞阻现象.

Nothdurft[9]曾给出西德某制造厂的生产试验的大概情况. 首先,他指出弹簧系数(即刚度 k_b)应该从实验曲线求得其平均斜度,在拉力 P 的作用下的轴向伸长 f 的曲线如图 22 所示. 根据定义

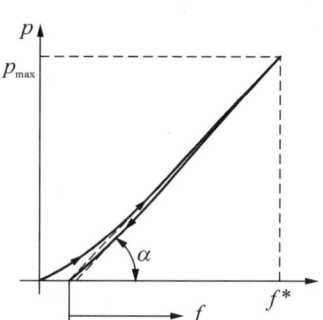

$$k_b = \frac{\mathrm{d}P}{\mathrm{d}f} \tag{10}$$

而根据实验,对于一定类型和一定尺寸范围的平板型波纹管而言,有

图 22 轴向力和伸长 f 的曲线

$$k_b = \frac{a_1 \pi E h^3 R_0}{H^3 n} \tag{11}$$

a_1 为一和加工有关的系数. 同时最大冲程

$$f^* = \frac{a_2 \sigma_r H^2}{Eh}n \tag{12}$$

其中 σ_r 为屈服应力,a_2 为另一与加工有关的系数. Nothdurft 并没有详细给出 a_1,a_2 这些系数的数值和它们的实用范围.

其次,他指出压力试验可以这样进行(图 23):其压力加在管外,变形由体积变形来表示. 根据实验结果

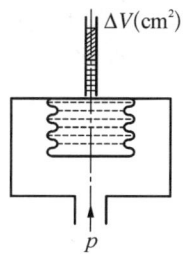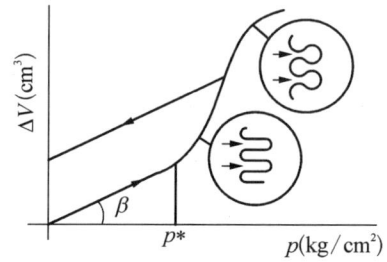

图 23 压力和体积变形

$$\text{最大压力(外压)} = p^* = a_3 \frac{\sigma_r h^2}{H^2} \tag{13}$$

而斜度

$$v = \tan\beta = a_4 \frac{H^5 R_m n}{E h^3} \tag{14}$$

其中 a_3, a_4 由实验决定.

我国1966年仪器和仪表新产品展览会上也展出了一机部研究所自制的刚度和有效面积测量仪. 该仪用千分尺测量位移, 采用电子式电接触指示器作测量接触指示, 因而测量力近似于零, 毫不影响被测元件的刚度值. 另一方面, 为了消除千分尺死行程的影响, 在千分尺上附加一个反作用弹簧, 以保持单面接触. 在测量有效面积时, 先对波纹管加集中载荷, 然后在其相反方向加分布压力, 直至波纹管恢复到原始状态为止. 集中力和压力的比值为有效面积. 为了测内压和轴向变形的关系曲线, 也展出了立式的测量波纹管长度的仪器, 该仪器根据阿贝原则①, 在垂直方向用测量链测长度. 当波纹管逐步充压时, 用该仪器逐步测量其长度(最小刻度 $1\ \mu m$), 即得变形曲线(测量范围 0—100 mm). 展览会上也展出了一架波纹管的交变试验机, 该机同时能试验四个波纹管, 两个在试验等压但拉伸交变的特性, 另两个安装在其垂直方向, 在试验等压位差交变的特性. 所有四个试件都连接在一个轴上, 该轴在轴向作前后往复行动, 该轴由一架小马达带动.

九、刚度和最大应力设计公式

本节将综合阐述一些外国常用的有关波纹管刚度和最大应力的经验设计公式. 这些公式的根据一般是半经验的, 或是把波纹壳近似为杆件和平板而计算的. 有关波纹壳作为环壳理论来处理的更为精确的理论, 见"半圆弧波纹管的计算"一文.

首先, 导出波纹壳作为近似杆件的设计公式.

Feely-Goryl[5](1950)利用近似杆件的理论, 研究了平板锥形波型(图 1a)的设计公式. 他把这种波纹管的一个锥形圆环(半个波)近似成一个悬臂梁. 首先这里略去了锥度(图 24). Feely-Goryl 假设这个近似悬梁的有效抗弯刚度等于平均半径处的圆周长为宽的杆件的抗弯刚度 EI_m, 即

$$I_m = 2\pi R_m \frac{h^3}{12} \tag{15}$$

---

① 阿贝原则是什么？因为仪器内部未见到, 实在不很明白, 可能指用光学原理的光学测量法.

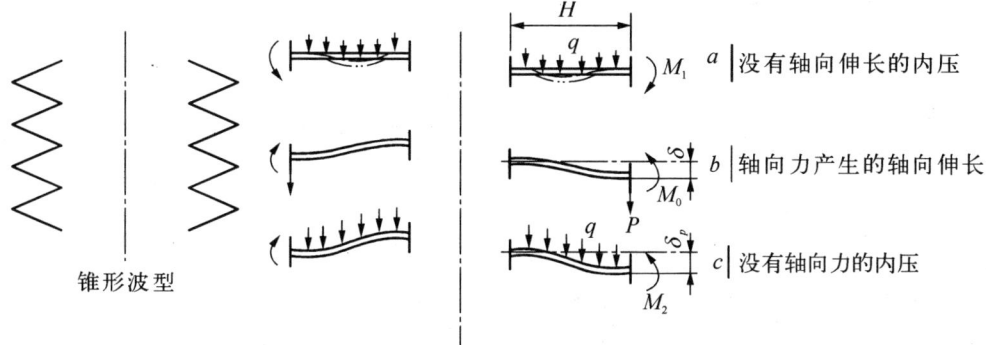

锥形波型

图 24 Feely-Goryl 的杆件简化模型

当受内压 p 作用时,悬梁上也受均布力 q 作用,这个均布力 q 的强度等于平均半径处圆环上所受内压的合力,即

$$q = 2\pi R_m p \tag{16}$$

根据杆件分析,很易证明在单纯轴向拉伸(图 24b)时,每半波的轴向变形(伸长)为

$$\delta = \frac{PH^3}{2\pi R_m E h^3} \tag{17}$$

整个波纹管有 n 个波,它的轴向总伸长 $\Delta = 2n\delta$,

$$\Delta = \frac{nPH^3}{\pi R_m E h^3} \tag{18}$$

于是,抗拉刚度 k_b 为

$$k_b = \frac{\mathrm{d}P}{\mathrm{d}\Delta} = \frac{\pi R_m E h^3}{nH^3} \tag{19}$$

如果和 Nothdurft 的经验公式(11)相比,可以看到他的系数 a_1 应该是 $\dfrac{R_m}{R_0}$. 同时由 δ 所产生的最大弯曲应力(在外侧边缘上)为

$$\sigma_\delta = \frac{3Eh}{H^2}\delta = \frac{3Eh}{2nH^2}\Delta \tag{20}$$

我们还可以计算纯粹由内压 p 所产生的最大弯曲应力(这时的轴向拉伸为 0,图 24a). 这个弯曲应力也发生在外侧边缘上

$$\sigma_p = \frac{H^2}{2h^2}p \tag{21}$$

当拉伸和内压同时作用下的总应力为

$$\sigma_T = \sigma_\delta + \sigma_p = \frac{3Eh}{2nH}\Delta + \frac{H^2}{2h^2}p \tag{22}$$

这个公式和 Kellogg 公司[7]所公布的设计公式完全相同. 从(20),我们可以求得内压为零时的最大冲程 $\Delta_{\max} = f^*$ 表达式,

$$f^* = \Delta_{\max} = \frac{2nH^2}{3Eh}[\sigma] \tag{23}$$

$[\sigma]$ 为拉伸屈服限. 和 Hothdurft 的经验公式相比,他的 a_2 在这里应该是 $\frac{2}{3}$. 当在轴向无力限制其变形,只在内压下作用时(图 24c),很易证明

$$\delta_p = \frac{\pi R_m p H^4}{12EI_m} \quad \text{或} \quad \Delta_p = \frac{npH^4}{Eh^3} \tag{24}$$

如果有效面积(根据图 23)为

$$A_e = \pi(R_m H + R_i^2) \tag{25}$$

则在内压下的体积变形为

$$\Delta V = A_e \Delta_p = \frac{n\pi R_m H^5 p}{Eh^3}\left(1 + \frac{R_i^2}{R_m H}\right) \tag{26}$$

和 Hothdurft 的有关公式(14)相比较,有 $a_4 = \pi\left(1 + \frac{R_i^2}{R_m H}\right)$. 在没有轴向力限制条件下内压作用时的最大应力发生在内缘,其值为 $\sigma = \frac{2pH^2}{h^2}$. 最大内压于是为

$$p^* = \frac{h^2}{2H^2}[\sigma] \tag{27}$$

和 Hothdurft 公式(13)相比较,$a_4 = \frac{1}{2}$. 这里指出 Hothdurft 的经验公式都是建立在杆件近似的理论基础上的.

Feely-Goryl 还讨论了波纹管在发生总体弯曲时的抗弯刚度和总应力(图 25). 首先,在总体弯曲 θ 角后,波纹管外侧纤维发生整体总伸长为

$$\Delta = 2n\delta = R_m \sin\theta \approx R_m\theta \tag{28}$$

于是,在外侧的边缘上,由于整体弯曲和内压同时作用下的总应力,根据(22)式应该写成

$$\sigma_T = \frac{3Eh}{2nH}R_m\theta + \frac{H^2}{2h^2}p \tag{29}$$

现在让我们计算弯曲 θ 所需弯矩 M_φ. 由于环绕波纹管的一圈上各点的变形不相同（图 25），在各点上所受弯矩也不相等. 例如，在 A 点，整体弯矩产生的伸长为 $\Delta_\varphi = R_m\theta\sin\varphi$，轴向力根据 (17) 为 $P_\varphi = \dfrac{\pi R_m E h^3}{nH^3}\Delta_\varphi = \dfrac{\pi R_m^2 E h^3}{nH^3}\theta\sin\varphi$，弯矩为 $P_\varphi H \dfrac{d\varphi}{2\pi}$，这个弯矩作用在 OA 平面内（图 26），对于弯曲中性轴的投影为 $P_\varphi H \dfrac{d\varphi}{2\pi}\sin\varphi$，所以总弯矩为

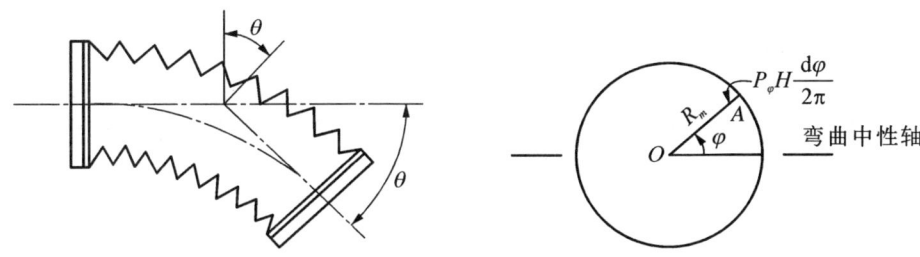

图 25 波纹管的总体弯曲　　图 26 波纹管截面和弯曲中性轴

$$M = \int_0^{2\pi} P_\varphi H \frac{d\varphi}{2\pi}\sin\varphi = \frac{ER_m^2 h^3}{2H^2 n}\pi\theta \tag{30}$$

于是，抗弯整体刚度 k_B 为

$$k_B = \frac{dM}{d\theta} = \frac{ER_m^2 h^3}{2H^2 n}\pi \tag{31}$$

Feely-Goryl 还研究了在定压下选择波纹槽深 H 以获得最大冲程的设计. 从 (22)，有

$$\delta = \left[\sigma_T H^2 - \frac{pH^4}{2h^2}\right]\frac{1}{3hE} \tag{32}$$

对于已知 σ_T, H, h 而言，δ 是 H 的函数，它的最大值决定于条件

$$\frac{d\delta}{dH} = \left[2\sigma_T H - \frac{2pH^3}{h^2}\right]\frac{1}{3hE} = 0 \quad 或 \quad H = h\sqrt{\frac{\sigma_T}{p}} \tag{33}$$

这就是波纹槽深 H 的最大冲程设计公式. 这时的最大冲程为

$$\delta_{max} = \frac{\sigma_T^2 h}{6pE} \quad 或 \quad \Delta_{max} = 2n\delta_{max} = \frac{n\sigma_T^2 h}{3pE} \tag{34}$$

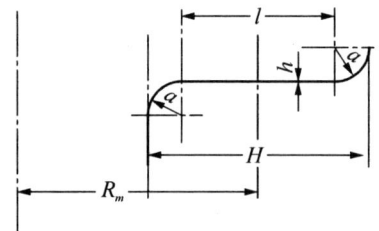

图 27 波纹管截面近似为一曲杆

其次，A. Semoiloff（1961）[10] 把 Feely-Goryl 的杆件近似理论推广，应用到 U 型的波纹管问题上去(图 4a)，把 U 型波纹管近似为一根曲杆(图 27)。和 Feely-Goryl 的假定相同，有效抗弯刚度为 EI_m，而 $I_m = 2\pi R_m \dfrac{h^3}{12}$，有效分布力 $q = 2\pi R_m p$。根据曲杆的理论指导，可以得到 n 个波的抗拉刚度为

$$\left. \begin{aligned} k_b &= \frac{\mathrm{d}P}{\mathrm{d}\Delta} = \frac{ER_m\pi}{n}\left(\frac{h^3}{H^3}\right)\frac{1}{C} \\ C &= 12\left\{\frac{1}{12} + \left(\frac{\pi}{4} - \frac{1}{2}\right)\frac{a}{H} - (\pi - 3)\frac{a^2}{H^2} + \left(\frac{3}{2}H - \frac{14}{3}\right)\frac{a^3}{H^3}\right\} \end{aligned} \right\} \tag{35}$$

当 $a \ll H$ 时，Semoiloff 公式渐近于 Feely-Goryl 公式(19)，而且由 Δ 所产生的最大弯曲应力为

$$\sigma_\delta = \frac{3Eh}{2nH^3}\Delta\frac{1}{C} \tag{36}$$

Semoiloff 公式到此为止，有关内压问题并未处理。

参考文献

[1] Феодосяев В И. 费奥多谢夫. 精密仪器弹性元件的理论和计算. 北京：科学出版社，1963.

[2] Андреева А Е. Упругие Элементы Приборов, Машгиз, 1962, 24.

[3] Crockes S. Piping Handbook. McGraw-Hill, 1945.

[4] Exline P G. Pressure-respone elements, Trans ASME, 1938, 60(6): 625 - 632.

[5] Feely F J, Goryl W M. Stress studies on piping expansion bellows. J of Applied Mechanics, 1950, 17(2): 136 - 141.

[6] Howard J H. Designing with metal bellows. Machine Design, 1954, 26(1): 137 - 148.

[7] Kellogg M W. Company, Design of Piping System. 2nd ed. New York: John-Wiley and sons, 1956.

[8] Molyneur F. Design of expansion joints and flexible pipes. Chem and Processing Eng, 1962, 43(12): 639 - 645.

[9] Nothdurft H. Eigenschaften von Metalhälgen Regulungstechnik, 1957, 5(10): 334 - 338.

[10] Semoiloff A. Evaluation of Expansion Joint. Power, 1961, 105(1): 57 - 59.

细环壳极限方程的非齐次解及其在仪器仪表上的应用

摘要 本文把作者最近发展的细环壳极限方程的非齐次解[1]应用于环管形热膨胀器,均布内压的细环管和细圆曲管弯曲(即 Borden 管)等问题,并和历史上的实验数据进行了广泛的比较,证明简单的细环管理论完全适用于工程计算,并给出了一系列实用的设计公式.

一、细环壳的极限方程及其意义

多数实用问题如环管形热膨胀器、波纹管、Borden 管等都有一个共同点,即环壳的截面半径 a 和环的半径 R 的比率 $\alpha = \dfrac{a}{R}$ 比 1 小得很多,即

$$\alpha = \frac{a}{R} \ll 1$$

如果我们略去 α 在微分方程[1]中的影响,就相当于把环壳作为一薄壁曲杆问题处理,这类问题称为细环壳问题.

在 Love-Kirchhoff 薄壳假定下,В. В. Новожилов 导出的轴对称环壳复变量方程为[1,2]

$$(1+\alpha\sin\varphi)\frac{\mathrm{d}^2 V}{\mathrm{d}\varphi^2} - \alpha\cos\varphi\frac{\mathrm{d}V}{\mathrm{d}\varphi} + \mathrm{i}2\mu\sin\varphi V = 2\mu P_0\cos\varphi \tag{1}$$

其中

$$V = \mathrm{i}\frac{2\mu}{\alpha}\frac{(1+\alpha\sin\varphi)^2}{\sin\varphi}Q - \mathrm{i}2\mu\frac{Q_0}{\alpha}\cot\varphi - \frac{4\mu^2 D}{\alpha a^2}(1+\alpha\sin\varphi)\chi \tag{2}$$

$$P_0 = -\frac{1}{2}\alpha q a\mathrm{i} + \frac{Q_0}{\alpha}2\mu \tag{3}$$

原载《仪器仪表学报》,1980,1(1):89-112.

其中 $\alpha = \dfrac{a}{R}$,$\mu \approx \sqrt{3(1-\nu^2)}\,\dfrac{a^2}{Rh}$,$\nu =$ 泊松比,$h =$ 壳的厚度,q 为壳壁所受分布载荷(外向为正),χ 和 Q 分别为壳的轴向转角变形和环向截面内的剪力. 壳的尺寸、坐标和位移及转角变形见图 1.

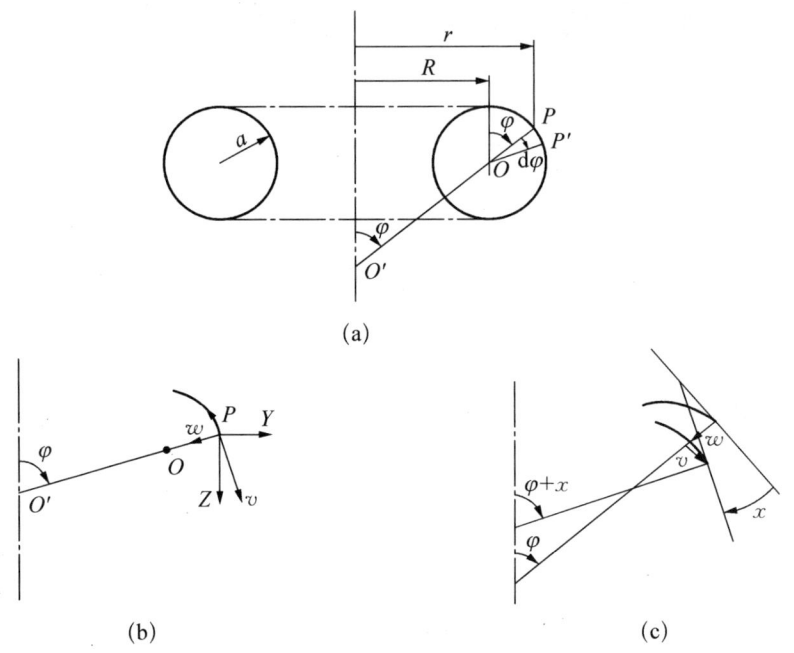

图 1 环壳的尺寸、坐标、位移及转角

如果根据(1)式求得解 V,我们可以用它的虚数部分($\operatorname{Im}V$)和它的实数部分($\operatorname{Re}V$)来表达诸内力素和变形. 内力素的表达式为

$$N_\varphi = -\frac{\alpha\cos\varphi}{2\mu(1+\alpha\sin\varphi)^2}\operatorname{Im}V + \frac{1}{2}qa\,\frac{(2+\alpha\sin\varphi)}{(1+\alpha\sin\varphi)} + Q_0\,\frac{\alpha+\sin\varphi}{(1+\alpha\sin\varphi)^2} \tag{4A}$$

$$N_\theta = -\frac{1}{2\mu}\frac{d}{d\varphi}\left[\frac{\operatorname{Im}V}{1+\alpha\sin\varphi}\right] + \frac{1}{2}qa - Q_0\,\frac{\alpha+\sin\varphi}{(1+\alpha\sin\varphi)^2} \tag{4B}$$

$$M_\varphi = \frac{\alpha a}{4\mu^2}\left\{\frac{d}{d\varphi}\left[\frac{\operatorname{Re}V}{1+\alpha\sin\varphi}\right] + \nu\,\frac{\alpha\cos\varphi}{(1+\alpha\sin\varphi)^2}\operatorname{Re}V\right\} \tag{4C}$$

$$M_\theta = \frac{\alpha a}{4\mu^2}\left\{\nu\,\frac{d}{d\varphi}\left[\frac{\operatorname{Re}V}{1+\alpha\sin\varphi}\right] + \frac{\alpha\cos\varphi}{(1+\alpha\sin\varphi)^2}\operatorname{Re}V\right\} \tag{4D}$$

$$Q = \frac{\alpha}{2\mu}\,\frac{\sin\varphi}{(1+\alpha\sin\varphi)^2}\operatorname{Im}V + Q_0\,\frac{\cos\varphi}{(1+\alpha\sin\varphi)^2} \tag{4E}$$

其中 $Q_0 = Q_{\varphi=0}$.

轴向切线的变形转角 χ，各点上的径向位移 Y 和轴向位移 Z 的表达式为

$$\chi = -\frac{\operatorname{Re} V}{Eh\alpha(1+\alpha\sin\varphi)} \tag{5A}$$

$$Y = \frac{R}{Eh}(1+\alpha\sin\varphi)(N_\theta - \nu N_\varphi) \tag{5B}$$

$$Z = Z_0 - \int_{\varphi_0}^{\varphi} \frac{R}{Eh} \frac{\cos\varphi}{(1+\alpha\sin\varphi)} \operatorname{Re} V \mathrm{d}\varphi \tag{5C}$$

式中 $E = $ 弹性系数，$Z_0 = Z_{\varphi=\varphi_0}$.

在细环壳问题中，就是略去 α 在平衡方程中的作用，在数学上，就是取 $\alpha \to 0$ 的极限问题. 从(2)式，可以看到 $\frac{\alpha}{2\mu}V$ 和 Q, Q_0 是同量级的. 从(4A)式，我们还可以看到 $\frac{\alpha}{2\mu}V$ 和 aq 也是同量级的. 于是，我们将在 $\frac{\alpha}{2\mu}V$，Q_0，aq 保持量级不变的条件下，取 $\alpha \to 0$ 的极限，在这种极限条件下，(1),(2),(3),(4),(5)各式可以写成

$$\frac{\mathrm{d}^2 V}{\mathrm{d}\varphi^2} + \mathrm{i}2\mu\sin\varphi V = 2\mu P_0 \cos\varphi \tag{6}$$

$$V = \mathrm{i}\frac{2\mu}{\alpha}\frac{1}{\sin\varphi}Q = \mathrm{i}2\mu\frac{Q_0}{\alpha}\cot\varphi - \frac{4\mu^2 D}{\alpha a^2}\chi \tag{7}$$

$$P_0 = \frac{Q_0}{\alpha}2\mu \tag{8}$$

内力素表达式化为

$$N_\varphi = -\frac{\alpha}{2\mu}\cos\varphi \operatorname{Im} V + Q_0 \sin\varphi + aq \tag{9A}$$

$$N_\theta = -\frac{1}{2\mu}\frac{\mathrm{d}}{\mathrm{d}\varphi}\operatorname{Im} V \tag{9B}$$

$$M_\varphi = \frac{a\alpha}{4\mu^2}\frac{\mathrm{d}}{\mathrm{d}\varphi}\operatorname{Re} V \tag{9C}$$

$$M_\theta = \frac{a\alpha}{4\mu^2}\nu\frac{\mathrm{d}}{\mathrm{d}\varphi}\operatorname{Re} V \tag{9D}$$

$$Q = \frac{\alpha}{2\mu}\sin\varphi \operatorname{Im} V + Q_0 \cos\varphi \tag{9E}$$

位移表达式(5A,B,C)为

$$\chi = -\frac{1}{Eh\alpha} \text{Re} V \qquad (10A)$$

$$Y = \frac{R}{Eh} N_\theta \qquad (10B)$$

$$Z = Z_0 - \int_{\varphi_0}^{\varphi} \frac{R}{Eh} \cos\varphi \, \text{Re} V \mathrm{d}\varphi \qquad (10C)$$

其他各项都在极限条件下略去了.

式(6)是细环壳的极限方程.它是研究截面半径比环半径小得很多的问题的近似方程.从(6)式中求得了解以后,代入(9A,B,C,D,E),(10A,B,C)即得内力素和位移的近似方程.

二、细环壳极限方程的非齐次解(周期性解)

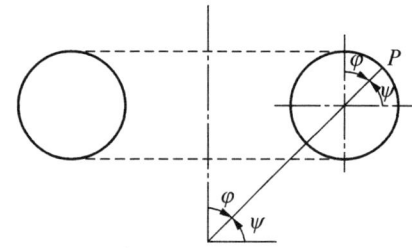

图 2　坐标角 φ,ψ 的关系

式(6)的非齐次解可以用三角级数求得,它在环内是有周期性的解.这种解在全壳内都收敛,首先让我们引用新的坐标角 ψ(图2),设

$$\psi = \frac{\pi}{2} - \varphi \qquad (11)$$

于是(6)式可以写成

$$\frac{\mathrm{d}^2 V}{\mathrm{d}\psi^2} + \mathrm{i} 2\mu \cos\psi V = 2\mu P_0 \sin\psi, \quad P_0 = \frac{Q_0}{a} 2\mu \qquad (12)$$

(12)式的非齐次解可以写成

$$V^* = -\{A_1 \sin\psi + A_2 \sin 2\psi + A_3 \sin 3\psi + \cdots\} 4\mu \frac{Q_0}{\alpha} \qquad (13)$$

把上式代入(12)式,恒等两端有关项的系数,并利用关系

$$\left.\begin{array}{l} \sin n\psi \cos\psi = \dfrac{1}{2}[\sin(n+1)\psi + \sin(n-1)\psi] \\ \sin\psi \cos\psi = \dfrac{1}{2}\sin 2\psi \end{array}\right\} \qquad (14)$$

得递推公式

$$\left.\begin{array}{l} -A_1 + \mu i A_2 = -\mu \\ \mu i A_1 - 2^2 A_2 + \mu i A_3 = 0 \\ \cdots\cdots \\ \mu i A_{n+1} - n^2 A_n + \mu i A_{n-1} = 0 \\ \cdots\cdots \end{array}\right\} \qquad (15)$$

(15)的一般式可以写成

$$\frac{A_n}{A_{n-1}} = \frac{i}{\dfrac{n^2}{\mu} - i \dfrac{A_{n+1}}{A_n}} \qquad (16)$$

从第一式,得

$$A_1 = \frac{1}{\dfrac{1}{\mu} - i \dfrac{A_2}{A_1}} \qquad (17)$$

从(16),(17)式逐一迭代,消去 $\dfrac{A_2}{A_1}, \dfrac{A_3}{A_2}, \dfrac{A_4}{A_3}, \cdots$,即得求 A_1 的连分式

$$A_1 = \cfrac{1}{\cfrac{1}{\mu} + \cfrac{1}{\cfrac{2^2}{\mu} + \cfrac{1}{\cfrac{3^2}{\mu} + \cfrac{1}{\cfrac{4^2}{\mu} + \cdots}}}} \qquad (18)$$

其他的系数比值 $\dfrac{A_n}{A_{n-1}}$ 可以写成

$$S_n = \frac{A_n}{A_{n-1}} = \cfrac{i}{\cfrac{n^2}{\mu} + \cfrac{1}{\cfrac{(n+1)^2}{\mu} + \cfrac{1}{\cfrac{(n+2)^2}{\mu} + \cfrac{1}{\cfrac{(n+3)^2}{\mu} + \cdots}}}} \qquad (n \geqslant 2) \quad (19)$$

很易证明

$$\lim_{n \to \infty} S_n = 0 \qquad (20)$$

所以,(13)式是绝对收敛的. 在求得了 S_n 后

$$A_n = A_1 S_2 S_3 \cdots S_n \qquad (n \geqslant 2) \qquad (21)$$

在实际数值计算时,一般可以直接利用(16)式从 n 的大值逐一向前推算.

显然,(13)式所表示的非齐次解是周期性的,一定能用来解决一系列闭合截面的问题.

三、细环壳非齐次解的应用之一：环管形热膨胀补偿器的近似理论及 N. C. Dahl 实验[3]

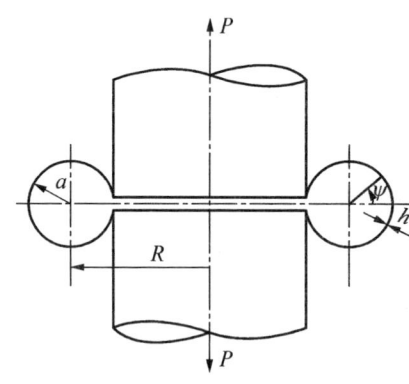

图 3 环管形热膨胀补偿器

图 3 为一环管形的热膨胀补偿器,我们的任务是计算这种补偿器在轴向力 P 作用下的轴向膨胀变形和有关的应力分布. 这种热膨胀补偿器一般都是 α 值较小,因此,可以近似地按细环壳理论处理.

在本题中,$q = 0$. 于是,在 $\psi = \pi$ 或 $\varphi = -\dfrac{\pi}{2}$ 处的 N_φ 为 $-\dfrac{P}{2\pi(R-a)} \approx -\dfrac{P}{2\pi R}$；同时从(9A),有

$$[N_\varphi]_{\varphi=-\frac{\pi}{2}} = -Q_0 = -\frac{P}{2\pi R} \tag{22}$$

于是,非齐次解(13)式为

$$V^* = -\frac{2\mu}{\pi a} P \{A_1 \sin\psi + A_2 \sin 2\psi + A_3 \sin 3\psi + \cdots\} \tag{23}$$

同时,我们注意到(19)式的解给出 A_1, A_3, A_5, $\cdots$ 是实数,A_2, A_4, A_6, $\cdots$ 是虚数,让我们称

$$A_{2n} = \mathrm{i}B_{2n}, \quad n = 1, 2, 3, \cdots \tag{24}$$

则(23)式的解可以分为虚实两部分：

$$\mathrm{Re}\,V^* = -\frac{2\mu}{\pi a} P \{A_1 \sin\psi + A_3 \sin 3\psi + A_5 \sin 5\psi + \cdots\} \tag{25A}$$

$$\mathrm{Im}\,V^* = -\frac{2\mu}{\pi a} P \{B_2 \sin 2\psi + B_4 \sin 4\psi + B_6 \sin 6\psi + \cdots\} \tag{25B}$$

将(25A, B)代入(9A, B, C, D, E)式,即得各内力素表达式：

$$N_\varphi = \frac{P}{2\pi R}\{(1+B_2)\cos\psi - (B_2 - B_4)\cos 3\psi - (B_4 - B_6)\cos 5\psi + \cdots\}$$

(26A)

$$N_\theta = -\frac{P}{\pi a}\{2B_2\cos 2\psi + 4B_4\cos 4\psi + 6B_6\cos 6\psi + \cdots\} \tag{26B}$$

$$M_\varphi = \frac{\alpha P}{2\pi\mu}\{A_1\cos\psi + 3A_3\cos 3\psi + 5A_5\cos 5\psi + \cdots\} \tag{26C}$$

$$M_\theta = \nu M_\varphi \tag{26D}$$

$$Q = \frac{P}{2\pi R}\{(1-B_2)\sin\psi - (B_2+B_4)\sin 3\psi - (B_4+B_6)\sin 5\psi + \cdots\} \tag{26E}$$

现在让我们从(10C)计算膨胀位移 δ. 如果把 $\psi=0$ 这一点看作是固定的,则 $\delta = -2Z_{\psi=\pi}$

$$\delta = -2\int_0^\pi \frac{R}{Eh}\sin\psi\,\mathrm{Re}\,V^*\,\mathrm{d}\psi = \frac{2\mu}{Eh\alpha}A_1 P = \sqrt{12(1-\nu^2)}\;A_1\frac{Pa}{Eh^2} \tag{27}$$

N. C. Dahl(1953)[3] 曾对这样的膨胀器测定过膨胀位移和应力分布,他的实验模型的尺寸和材料性质为

$$\left.\begin{array}{ll} a = 2.160\text{ 英寸} & R = 8.49\text{ 英寸} \qquad h = 0.066\text{ 英寸} \\ \nu = 0.30 & E = 29.0\times 10^6\text{ 磅/英寸}^2 \end{array}\right\} \tag{28}$$

于是

$$\alpha = 0.2544,\quad 2\mu = 27.51 \tag{29}$$

根据(18),(19),(21)式,我们计算得

$$\left.\begin{array}{l} A_1 = 1.0000_4,\; B_2 = 0.9273_0,\; A_3 = -0.7303_8,\; B_4 = -0.4494_0 \\ A_5 = 0.2076_3,\; B_6 = 0.0720_3,\; A_7 = -0.0191_1,\; B_8 = -0.0039_7 \\ A_9 = 0.0006_6,\; B_{10} = 0.00000_9,\; A_{11} = -0.00000_1,\; B_{12} = -0.00000_1 \end{array}\right\} \tag{30}$$

代入(27),得

$$\delta = 3.305\frac{Pa}{Eh^2}\text{(理论值)} \tag{31}$$

Dahl 的实验结果从图上量测得

$$\delta_{\text{expt}} = 3.35\frac{Pa}{Eh^2} \tag{32}$$

可以见到,这样的近似理论是有效的. 复函数 V^* 为

$$\begin{aligned}
\mathrm{Re}\,V^* &= \frac{2\mu}{\pi a}P\{1.000\,0_4\sin\psi - 0.730\,3_8\sin 3\psi + 0.207\,6_3\sin 5\psi \\
&\quad - 0.019\,1_1\sin 7\psi + 0.000\,6_6\sin 9\psi - 0.000\,0_1\sin 11\psi + \cdots\} \\
\mathrm{Im}\,V^* &= \frac{2\mu}{\pi a}P\{0.927\,3_0\sin 2\psi - 0.449\,4_0\sin 4\psi + 0.072\,0_3\sin 6\psi \\
&\quad - 0.003\,9_7\sin 8\psi + 0.000\,0_9\sin 10\psi - 0.000\,0_1\sin 12\psi + \cdots\}
\end{aligned} \quad (33)$$

可见这个级数的收敛是很快的.

薄膜应力 $\sigma_{m\varphi}$, $\sigma_{m\theta}$ 和弯曲应力 $\sigma_{B\varphi}$, $\sigma_{B\theta}$ (壳外侧纤维的应力) 为

$$\begin{aligned}
\sigma_{m\varphi} &= \frac{N_\varphi}{h} = \frac{P}{2\pi hR}\{1.927\,3_0\cos\psi - 1.376\,7_0\cos 3\psi + 0.521\,4_3\cos 5\psi \\
&\quad - 0.011\,0_0\cos 7\psi + 0.004\,0_6\cos 9\psi - 0.000\,1_0\cos 11\psi + \cdots\} \\
\sigma_{m\varphi} &= \frac{N_\theta}{h} = \frac{P}{\pi ah}\{-1.854\,6_0\cos 2\psi + 1.797\,6_0\cos 4\psi - 0.432\,1_8\cos 6\psi \\
&\quad + 0.031\,7_6\cos 8\psi - 0.000\,9_0\cos 10\psi + 0.000\,1_2\cos 12\psi - \cdots\} \\
\sigma_{B\varphi} &= -\frac{6M_\varphi}{h^2} = -\frac{3\alpha P}{\pi\mu h^2}\{1.000\,0_4\cos\psi - 2.191\,1_4\cos 3\psi + 1.038\,1_5\cos 5\psi \\
&\quad - 0.133\,7_7\cos 7\psi + 0.005\,9_4\cos 9\psi - 0.000\,1_1\cos 11\psi + \cdots\} \\
\sigma_{B\varphi} &= -\frac{6M_\theta}{h^2} = \nu\sigma_{B\varphi}
\end{aligned} \quad (34)$$

(34)式的近似理论值和 Dahl 实验值的比较见图 4(a), 4(b), 4(c), 4(d). 可以看到近似理论和实验值非常接近. 也可以从结果中看到轴向最大应力主要是由弯曲应力产生的, 大约在 $\pm 110°$ 和 $\pm 70°$ 附近; 环向的最大应力由薄膜应力产生的, 地点在 $\pm 90°$. 轴向最大弯曲应力约比环向最大薄膜应力大 40%, 因此, 这类热膨胀补偿器应该按最大径向弯曲应力来设计其强度. 从上面的实验结果的比较中可以看到细环壳理论可以适用到 $\alpha = \frac{1}{4}$ 这样粗的环壳. 所以细环壳理论的实用价值是很大的.

现在让我们用细环壳理论研究一下热膨胀补偿器的设计公式和参数 μ 的关系问题.

首先研究膨胀变形和 μ 的关系. 从(27)式, 由于 A_1 是 μ 的函数, 所以 $\delta\dfrac{Eh^2}{Pa}$ 也是 μ 的函数. 当 $\mu \to \infty$ 时, 从(18)式可知

$$\lim_{\mu\to\infty} A_1 = 1 \quad (35)$$

亦即是说, 当 μ 较大时

$$\lim_{\mu\to\infty}\delta = \sqrt{12(1-\nu^2)}\frac{Pa^2}{Eh^2} \quad (36)$$

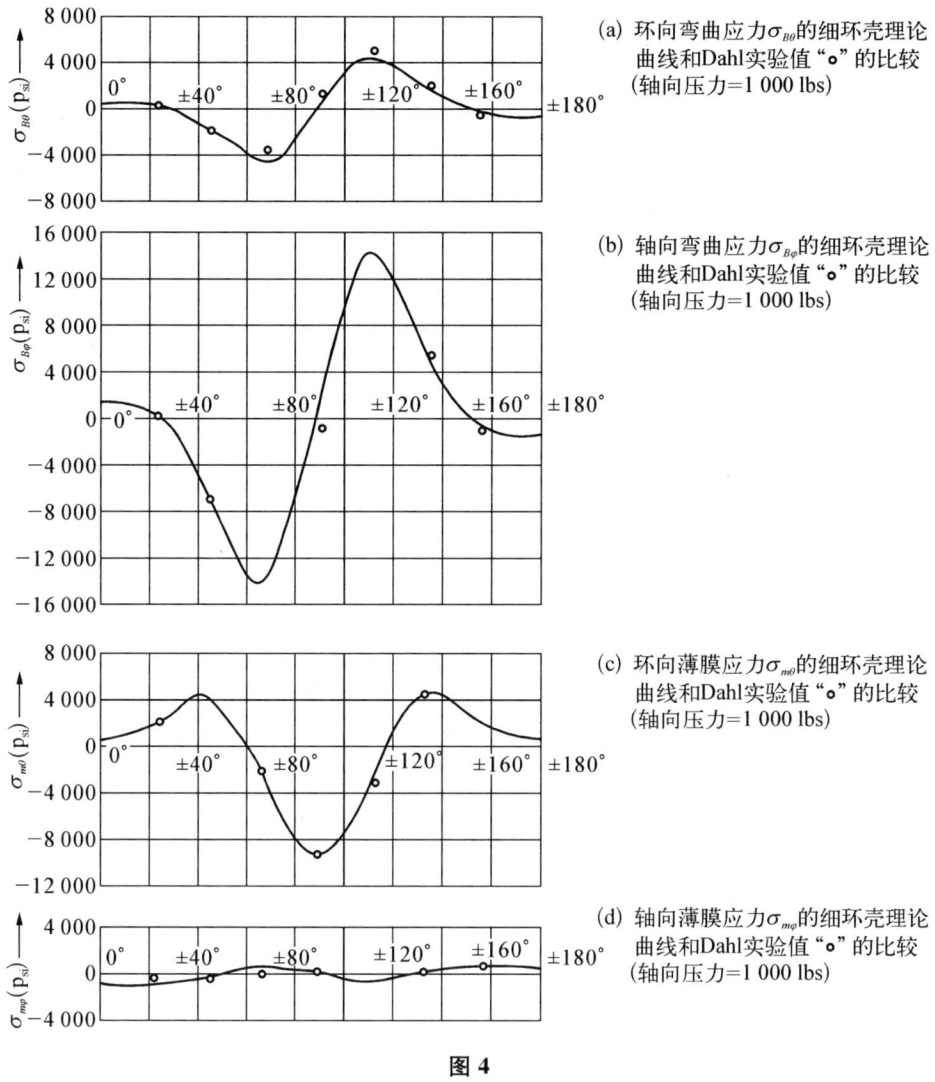

图 4

其次当 $\mu \to 0$ 时，或 μ 较小时

$$\lim_{\mu \to 0} \frac{A_1}{\mu} = 1 \tag{37}$$

亦即是说，当 μ 较小时

$$\lim_{\mu \to 0} \delta = \sqrt{12(1-\nu^2)} \mu \frac{Pa}{Eh^2} = \frac{a^3 P}{2RD} \tag{38}$$

这里应该指出：$\dfrac{a^3 P}{2RD}$ 等于一段长度为 $2\pi R$，圆截面半径为 a，厚度为 h 的开口直管

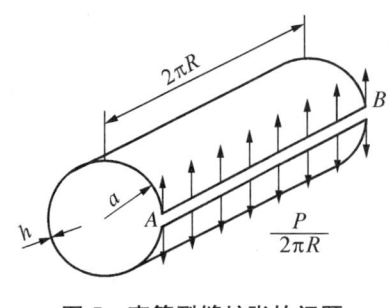

图 5 直管裂缝扩张的问题
（AB 限制转动）

在其开口直缝上作用均布力 $\dfrac{P}{2\pi R}$ 时造成的裂缝扩张位移（图 5）. 现在将 $\dfrac{\delta}{\sqrt{12(1-\nu^2)}\dfrac{Pa}{Eh^2}}$ 的值对 μ 的关系表示如图 6，这实际上就是 A_1 对 μ 的关系曲线，即(18)式的关系曲线. 从曲线上可以看到，在很大一部分有实用价值的 μ 值范围内，A_1 很接近于 1. 只有在 $\mu < 6$ 的范围内，才有较显著的误差. 但是即使在这一段中，有 $1 < \mu < 6$ 的一段，如果把 A_1 近似地看作为 1，其误差也不可能超过 6%. 因此，我们可以近似地把设计公式写成渐近公式

$$\delta \approx \sqrt{12(1-\nu^2)}\frac{Pa}{Eh^2} \qquad (1 < \mu < \infty). \tag{39}$$

这个设计公式在 $6 < \mu < \infty$ 中特别正确，在 $1 < \mu < 6$ 比较差些. 如果我们要求得到比较正确的 A_1（亦即 δ 值），我们可以直接从连分式求得.

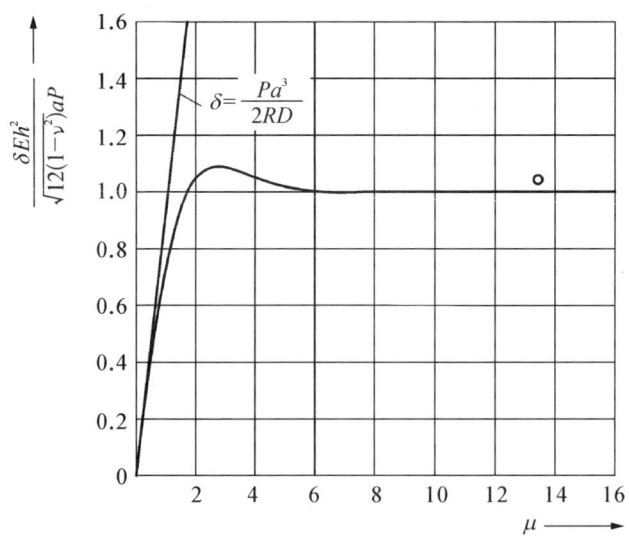

图 6　$\delta Eh^2 / \sqrt{12(1-\nu^2)}aP$ 和 μ 的关系曲线
（○ 为 Dahl 的实验值）

"轴对称圆环壳的复变量方程和轴对称细环壳的一般解"一文中的附表Ⅰ给出了 $\mu = 0.1, 0.2, \cdots, 0.9, 1, 2, 3, \cdots, 15$ 时，正确到四位数字的非齐次解系数表，从这个表内也可以用插值法求得相应的 A_1 值.

现在让我们研究最大环向和轴向应力和 μ 的关系. 首先,最大环向应力主要由薄膜应力 $\sigma_{m\theta}$ 产生, $\sigma_{m\theta\max}$ 发生在 $\psi=\pm\frac{\pi}{2}$ 时, 在 $\psi=\pm\frac{\pi}{2}$ 处是拉力(当轴向力 P 为拉力时), 其值为

$$\sigma_{m\theta\max} = \frac{P}{\pi ah}(2B_2 - 4B_4 + 6B_6 - 8B_8 + \cdots) \tag{40}$$

同时,最大轴向应力主要由环向弯曲应力 $\sigma_{B\varphi}$ 产生. 它等于

$$\sigma_{B\varphi} = \frac{3aP}{\pi\mu h^2}(A_1\cos\psi + 3A_3\cos 3\psi + 5A_5\cos 5\psi + \cdots) \tag{41}$$

极大极小值发生在满足 $\frac{\partial \sigma_{B\varphi}}{\partial \psi}=0$ 的 $\psi=\psi_m$ 处. 亦即

$$A_1\sin\psi_m + 9A_3\sin 3\psi_m + 25A_5\sin 5\psi_m + 49A_7\sin 7\psi_m + \cdots = 0 \tag{42}$$

或消去 $\sin\psi_m$ ($\sin\psi_m=0$ 这个根在一般情况下,相当于极小).

$$A_1 + 9A_3(3 - 4\sin^2\psi_m) + 25A_5(5 - 20\sin^2\psi_m + 16\sin^4\psi_m) + G = 0 \tag{43}$$

其中

$$G = 49A_7\frac{\sin 7\psi_m}{\sin\psi_m} + 81A_9\frac{\sin 9\psi_m}{\sin\psi_m} + 121A_{11}\frac{\sin 11\psi_m}{\sin\psi_m} + \cdots \tag{44}$$

在一般 μ 值中, G 很小可以略去; 在 μ 较大时, 可以用重演法求解 (43) 式. 先取一近似的 ψ_m, 计算 G 值, 然后将这个 G 代入 (43) 式, 求解初步近似的 ψ_m 值, 由此重新计算 G 值, 再由 (43) 式计算下一步近似的 ψ_m 值. 在 $1<\mu<15$ 之间, 这个重演求解 ψ_m 的过程, 收敛过快, 一般只要一次重演就能达到所需正确度.

$$\sin^2\psi_m = \frac{1}{800A_5}\{36A_3 + 5\,000A_5$$
$$\pm\sqrt{(36A_5 + 500A_5)^2 - 1\,600A_5(A_1 + 27A_3 + 125A_5 + G)}\} \tag{45}$$

在这两个根中, 有一根大于 1, 不是我们所要求的解. 有一正根小于 1, 才是我们的解. 最后

$$\sigma_{B\varphi\max} = \frac{3aP}{\pi\mu h^2}\{A_1\cos\psi_m + 3A_3\cos 3\psi_m + 5A_6\cos 5\psi_m + \cdots\} \tag{46}$$

我们必须指出, 在 $\mu<\mu_0$ 时, (45) 式的根 $\sin^2\psi_m$ 都是负的, 亦即是说, 这时, $\sigma_{B\varphi}$ 曲线只有 $\sin\psi_m=0$ 所决定的 $\psi_m=0$ 或 $\psi_m=\pi$ 一对极值, 它们中的 $\psi_m=0$ 处是极大,

$\psi_m = \pi$ 处是极小(负值极大). 现在让我们决定一下临界值 μ_0. μ_0 一般很小, 从具体计算中知道 $1 < \mu_0 < 2$, 这时 G 完全可以略去. 同时 $36A_3 + 500A_5 < 0$, 这就要求 $A_1 + 27A_3 + 125A_5 < 0$ 时, $\sin^2 \psi_m$ 才有正根, 所以临界点 μ_0 由

$$A_1 + 27A_3 + 125A_5 = 0 \tag{47}$$

决定. 这个方程可以近似地求解. 首先用拉格朗日插值公式, 利用 $\mu = 1$, $\mu = 2$, $\mu = 3$ 三点的 A_1, A_3, A_5 值来表示(47)式中的 A_1, A_3, A_5, 得

$$\left. \begin{aligned} A_1 &= 0.804\,32 \frac{(\mu-2)(\mu-3)}{(1-2)(1-3)} + 1.051\,41 \frac{(\mu-1)(\mu-3)}{(2-1)(2-3)} + 1.063\,46 \frac{(\mu-1)(\mu-2)}{(3-1)(3-2)} \\ A_2 &= -0.021\,59 \frac{(\mu-2)(\mu-3)}{(1-2)(1-3)} - 0.102\,83 \frac{(\mu-1)(\mu-3)}{(2-1)(2-3)} - 0.202\,78 \frac{(\mu-1)(\mu-2)}{(3-1)(3-2)} \\ A_3 &= 0.000\,05 \frac{(\mu-2)(\mu-3)}{(1-2)(1-3)} + 0.001\,01 \frac{(\mu-1)(\mu-3)}{(2-1)(2-3)} + 0.004\,42 \frac{(\mu-1)(\mu-2)}{(3-1)(3-2)} \end{aligned} \right\} \tag{48}$$

把(48)式代入(47)式, 整理后, 得

$$-0.216\,98\mu^2 - 1.175\,45\mu + 1.620\,07 = 0 \tag{49}$$

得解 $1.201\,1$ 和 $-6.617\,0$, 其中只有 $1.201\,1$ 在 $1 < \mu < 2$ 之间, 所以只有它是我们所要求的解

$$\mu_0 = 1.201\,1 \tag{50}$$

亦即当 μ 小于 μ_0 时, $\sigma_{B\varphi\max}$ 都发生在 $\psi = 0$ 处. 这时 $\sigma_{B\varphi\max}$ 应该是

$$\sigma_{B\varphi\max} = \frac{3\alpha P}{\pi \mu h^2} \{A_1 + 3A_3 + 5A_5 + 7A_7 + \cdots\} \tag{51}$$

当 $\mu \to 0$ 时, 环壳接近于图 5 的直管裂缝受拉力的问题. 很易计算, 这样的直管的最大弯矩发生在裂缝的对面母线上, 其弯曲应力为 $\frac{3\alpha P}{\pi R h^2}$. 我们也可以从(51)式中取极限求得这个值. 因为

$$\lim_{\mu \to 0} \frac{A_1}{\mu} = 1, \qquad \lim_{\mu \to 0} \frac{A_n}{\mu} = 0 \qquad (n \geqslant 2) \tag{52}$$

于是,

$$\lim_{\mu \to 0} \sigma_{B\varphi\max} = \frac{3\alpha P}{\pi h^2} = \frac{3aP}{\pi R h^2} \tag{53}$$

图 7 给出了最大弯曲应力 $\sigma_{B\varphi\max}$ 的位置 $\frac{\pi}{2} - \psi_m = \varphi_m$ 和 μ 的关系. 图 8 给出了最大

弯曲应力 $\sigma_{B\varphi\max}$ 本身和 μ 的关系. 图 8 也给出了最大薄膜应力 $\sigma_{m\theta\max}$ 和 μ 的关系. 在图 8 上,我们都用 $\dfrac{3aP}{\pi Rh^2}$ 为比较应力的单位.

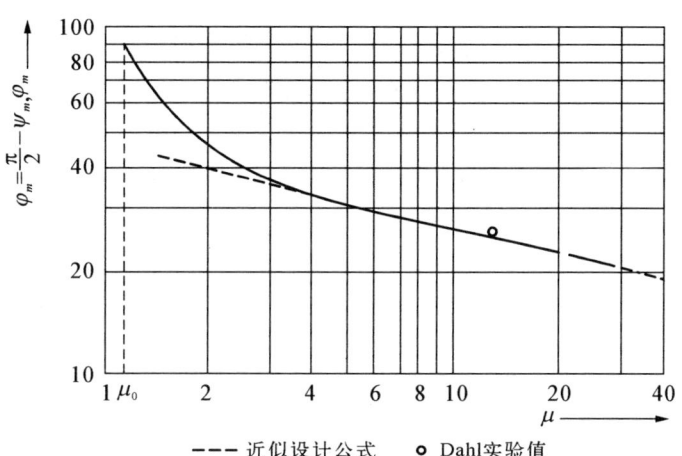

图 7　最大弯曲应力的位置 $\varphi_m = \dfrac{\pi}{2} - \psi_m$ 和 μ 的关系

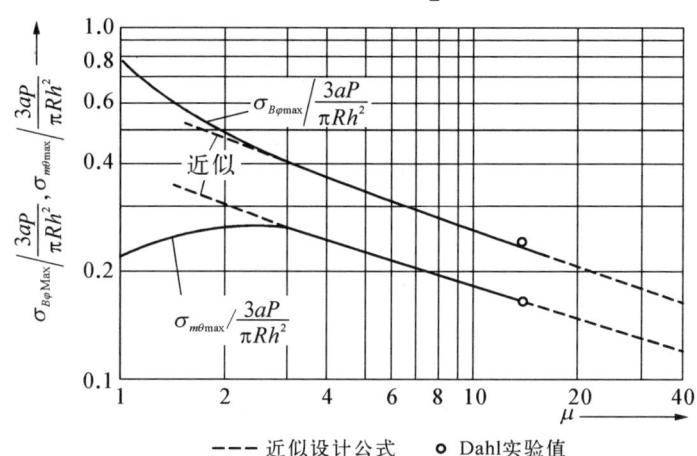

图 8　最大弯曲应力 $\sigma_{B\varphi\max}$,最大薄膜应力 $\sigma_{m\theta\max}$ 与 μ 的关系

在曲线的主要部分上,它们都可以用直线来近似. 结果有下列三个设计公式

$$\left.\begin{aligned}\varphi_m &= \frac{\pi}{2} - \psi_m = \frac{47.40°}{\mu^{1/4}}, & 8 < \mu < 20 \\ \sigma_{m\theta\max} &= \frac{0.3739}{\mu^{0.313}}\frac{3aP}{\pi Rh^2}, & 3 < \mu < 20 \\ \sigma_{B\varphi\max} &= \frac{0.5642}{\mu^{0.313}}\frac{3aP}{\pi Rh^2}, & 3 < \mu < 20\end{aligned}\right\} \quad (54)$$

四、细环壳非齐次解的应用之二：均布内压的细环壳

有内压的细环壳问题，如果壳的截面是闭合的，或是在 $\varphi = -\dfrac{\pi}{2}$ 处有裂缝，但裂缝固定不许转动，只许在轴向自由伸缩时，都可以用细环壳的非齐次解求得其解。其他如在轴向同时受拉力或压力的内压问题，可以将本节的结果和上节的结果叠加处理。

这个问题的主要环节是如何决定解中的常量 Q_0。

先让我们处理闭合截面圆环受内压作用时的 Q_0（图 9）。让我们考虑任意一个包含有旋转对称轴的截面所切出的一个圆环的力的平衡问题。截面上的 N_θ 的合力一定和作用在圆截面 πa^2 上的内压相等，亦即

$$\pi a^2 q = \int_0^{2\pi} N_\theta a \, d\varphi \tag{55}$$

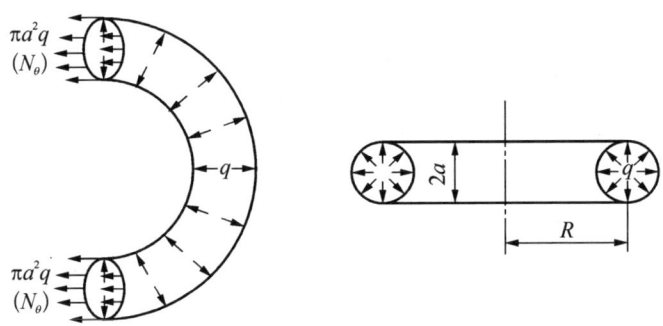

图 9　闭合截面环壳受内压问题

根据 (4B) 式的第二式，同时，由于非齐次解 V^* 的周期性质，有

$$\int_0^{2\pi} \frac{d}{d\varphi} \frac{\mathrm{Im} V^*}{1 + \alpha \sin \varphi} d\varphi = 0 \tag{56}$$

于是，得

$$\pi a^2 q = \pi a^2 q - Q_0 \int_0^{2\pi} \frac{\alpha + \sin \varphi}{(1 + \alpha \sin \varphi)^2} a \, d\varphi \tag{57}$$

上式的右端积分不等于零。因此，对于受均匀内压的闭合截面环壳而言

$$Q_0 = 0 \tag{58}$$

现在让我们处理在 $\varphi = -\dfrac{\pi}{2}$ 处有裂缝的细环管受内压 q 作用下的 Q_0。这个问

题给出图 3 的热膨胀补偿器在内压 q 作用下的应力和变形分布. 当然, 在一般情况下, 在管道内壁上也受有相等的内压, 这种内压当管道的刚度不太大时引起管道变形, 因而也影响细环管的变形和应力. 但是, 如果管道的刚度较大, 其变形的影响可以略去, 则就和假定 $\varphi=-\frac{\pi}{2}$ 处没有转角的边界条件假设相一致了. 这样的假设在前一节中业已引用, 对于一般化工管道或石油管道的实际情况是比较符合的.

如果在裂缝上不受轴向力, 则

$$(N_\varphi)_{\varphi=-\frac{\pi}{2}} = 0 \tag{59}$$

利用(4A)式, 得

$$\frac{1}{2}aq\frac{2-\alpha}{1-\alpha} + Q_0\frac{\alpha-1}{(1-\alpha)^2} = 0 \tag{60}$$

于是, 得

$$Q_0 = \frac{1}{2}(2-\alpha)aq \approx aq \tag{61}$$

这就是第二个问题(即裂缝环壳)的 Q_0 值. 所以在这两个问题内, Q_0 是不相同的.

现在先让我们处理闭合截面环壳受内压问题. 在这种条件下, $Q_0 = 0$, (3)式当取 $\alpha \to 0$ 的细环壳的极限时, 可以写成

$$\frac{d^2 V}{d\varphi^2} + i2\mu\sin\varphi V = -i\mu\alpha a q \cos\varphi \tag{62}$$

这个方程的解可以写成

$$V^* = i\alpha a q \{A_1\sin\psi + A_2\sin 2\psi + A_3\sin 3\psi + \cdots\} \tag{63}$$

其中 $\psi = \frac{\pi}{2} - \varphi$, $A_1, A_2, \cdots, A_n, \cdots$ 由(18), (19)决定, 它们都是 μ 的函数, 见文献[1]的附表 I. 内力素表达式(4A, B, C, D, E)可以略去 α 的高次项, 写成

$$\left.\begin{aligned} N_\varphi &= aq \\ N_\theta &= \frac{1}{2}aq \\ M_\varphi &= \frac{a\alpha}{4\mu^2}\frac{d}{d\varphi}\operatorname{Re} V^* \\ M_\theta &= \nu M_\varphi \\ Q &= \frac{\alpha}{2\mu}\sin\varphi \operatorname{Im} V^* \end{aligned}\right\} \tag{64}$$

把(63)式代入,利用(24)式,得

$$\left.\begin{aligned}
& N_\varphi = aq, \qquad N_\theta = \frac{1}{2}aq, \qquad M_\theta = \nu M_\varphi \\
& M_\varphi = \frac{Dq}{Eh}\{2B_2\cos 2\psi + 4B_4\cos 4\psi + 6B_6\cos 6\psi + \cdots\} \\
& Q = \frac{Dq}{Eha}\mu\{A_1 - (A_1 - A_3)\cos 2\psi - (A_3 - A_5)\cos 4\psi + \cdots\}
\end{aligned}\right\} \quad (65)$$

而应力分布可以写成

$$\left.\begin{aligned}
& \sigma_{m\varphi} = \frac{a}{h}q, \qquad \sigma_{m\theta} = \frac{1}{2}\frac{a}{h}q, \qquad \sigma_{B\theta} = \nu\sigma_{B\varphi} \\
& \sigma_{B\varphi} = -\frac{q}{2(1-\nu^2)}\{2B_2\cos 2\psi + 4B_4\cos 4\psi + 6B_6\cos 6\psi + \cdots\}
\end{aligned}\right\} \quad (66)$$

很易看到 $\sigma_{m\varphi}$ 是一个常数,这和闭截面直管受均布内压的结果一致. $\sigma_{B\varphi}$ 分布和前一节中的 N_θ (图 4c)一致,最大值在 $\psi = \frac{\pi}{2}$ 处,它是

$$\sigma_{B\varphi\max} = -\frac{q}{2(1-\nu^2)}(2B_2 - 4B_4 + 6B_6 - 8B_8 + \cdots) \quad (67)$$

用上节相同的方法可以求得近似设计公式

$$\sigma_{B\varphi\max} = -\frac{0.3739}{\mu^{0.313}}\frac{3a^2q}{2(1-\nu^2)\pi Rh} = -0.1187\mu^{0.687}q \quad (68)$$

现在让我们处理内压下的热膨胀补偿器的问题. 设在裂缝上转角为零和在轴向可以自由伸缩,这时 $Q_0 \approx aq$ [见(61)式].

把(61)式中的 Q_0 代入(1)和(3),略去式中的 α 高次项,并作 $\varphi = \frac{\pi}{2} - \psi$ 代换,得

$$\frac{d^2 V}{d\psi^2} + i2\mu\cos\psi V = 4\mu^2\frac{aq}{\alpha}\sin\psi \quad (69)$$

其非齐次解可以写成

$$V^* = -\frac{4\mu aq}{\alpha}\{A_1\sin\psi + A_2\sin 2\psi + A_3\sin 3\psi + \cdots\} \quad (70)$$

于是(4A,B,C,D,N)在 $\alpha \to 0$ 的条件下可以写成

$$\left.\begin{aligned}N_\varphi &= -\frac{\alpha}{2\mu}\sin\psi\,\text{Im}V^* + aq(1+\cos\psi)\\ N_\theta &= \frac{1}{2\mu}\frac{\mathrm{d}}{\mathrm{d}\psi}\text{Im}V^*\\ M_\varphi &= -\frac{a\alpha}{4\mu^2}\frac{\mathrm{d}}{\mathrm{d}\psi}\text{Re}V^*,\quad M_\theta = \nu M_\varphi\\ Q &= \frac{\alpha}{2\mu}\cos\psi\,\text{Im}V^* + aq\sin\psi\end{aligned}\right\} \tag{71}$$

把(70)代入(71)式,得

$$\left.\begin{aligned}N_\varphi &= aq\{1+(1+B_2)\cos\psi-(B_2-B_4)\cos3\psi-(B_4-B_6)\cos5\psi-\cdots\}\\ N_\theta &= -\frac{2aq}{\alpha}\{2B_2\cos2\psi+4B_4\cos4\psi+\cdots\}\\ M_\varphi &= \frac{a^2q}{\mu}\{A_1\cos\psi+3A_3\cos3\psi+5A_5\cos5\psi+\cdots\},\quad M_\theta = \nu M_\varphi\\ Q &= aq\{(1-B_2)\sin\psi-(B_2+B_4)\sin3\psi-(B_4+B_6)\sin5\psi-\cdots\}\end{aligned}\right\}$$
(72)

这里可以看到,内力素的分布和前节在轴向拉力下的内力素分布基本相同. 如果把(26A,B,C,D,E)中的 $P/2\pi R$ 换成 aq,即得(72)式的 N_θ, M_φ, Q,只有 N_φ 多了一项常数项 aq. 但 N_φ 本身比 N_θ 小得很多,一般不是重要的. 所以其区别就无关紧要了. 于是只要把前节中的 $P/2\pi R$ 换成 aq,即得相应的内压作用下的补偿器的变形和应力分布. 用同样的方法,我们得下列近似设计公式:

$$\left.\begin{aligned}\delta &= \sqrt{12(1-\nu^2)}\,\frac{2\pi a^2}{Eh^2}q\\ \sigma_{m\theta\max} &= \frac{0.3739}{\mu^{0.313}}\frac{6a^2q}{h^2}\\ \sigma_{B\theta\max} &= \frac{0.5642}{\mu^{0.313}}\frac{6a^2q}{h^2}\end{aligned}\right\} \tag{73}$$

五、细圆曲管和弯曲理论及其实验校核

细圆曲管在其平面内的弯曲问题和测压仪表的设计有密切关系. 长期以来受到各方面的注意. von Kármán (1911)[4]首先注意到对于圆曲管的弯曲而言,可以略去 $\alpha=a/R$,他用最小势能原理求得了近似解. Lorenz (1912)[5]用最小余能原理处理了同一问题. 他自己认为他的结果应该比 von Kármán 的结果更符合实际一些. 但是,Karl (1943)[6]指出,最小余能原理给出刚度的上限,而最小势能原理给出

刚度的下限. Baskin (1945)[7]重新用最小势能原理计算了较大范围的参数 μ 值下的结果. 最后 Clark, R. A., Reissner, E. (1951)[8]利用渐近法求解了极限方程, 得到了比较全面的结果.

Bantlin, A. (1910)[8]和 Lorenz, H. (1912)[5]对这个问题做了一些实验测定, 其结果指出, 对于截面相同的直管和曲管而言, 曲管的抗弯刚度小于直管. von Kármán, Th. 的工作就是针对这个问题进行的. 在下面我们将证明, 这和圆管截面在弯曲时的变扁的倾向有关.

我们要研究的问题是圆曲管(即圆环壳的一段)在其自己的中心线平面内的弯曲的刚度问题(图 10). 设其弯矩为 m, 它以使环的半径 R 减小为正. m 在各个子午线截面内都相等, 即为纯弯问题. 所以对于应力而言, 它是一个轴对称圆环壳问题. 当然, 其变形不是轴对称的. 虽然在各个子午线平面内, 位移 w, v 或 Z, Y 都相同, 都是轴对称的, 但由于弯曲在环向也发生了一定的环向位移 u, 它并不是轴对称的. 设环壳的一段曲管 AB 段在弯曲后, 使其曲率中心仍和环壳的轴心重合, 则 $A'B'$ 的新位置所占的圆周角 $2(\theta+\Delta\theta)$ 比原占圆周角 2θ 大了 $2\Delta\theta$, 亦即是说 A 端截面上任一点 P 变到 P' 时, 在环向发生了一个位移 u. 我们在这里假定 $\theta = 0$ 这线未动, 这个位移必然是半径 $OP = r$ 的函数, 并有

$$r = R(1+\alpha\sin\varphi) = R(1+\alpha\cos\psi) \tag{74}$$

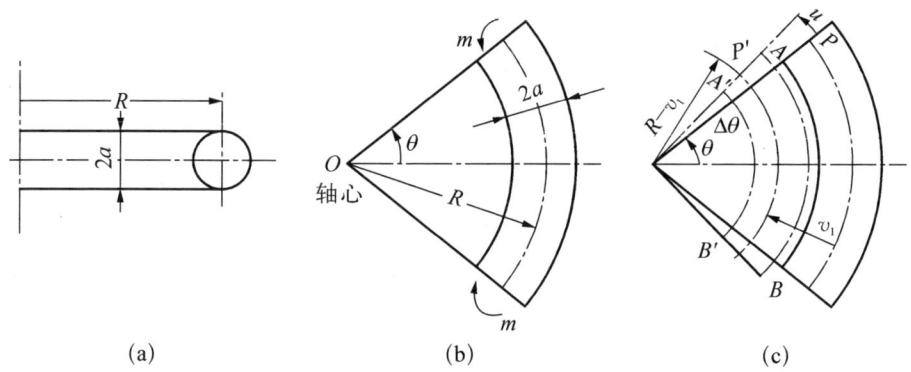

图 10 圆曲管的弯曲和曲率变化

现设圆曲管的中心线的长度在弯曲时保持不变, 则有

$$R\theta = (R-v_1)(\theta+\Delta\theta) \tag{75}$$

其中 v_1 为 $\psi = -\dfrac{\pi}{2}$ 的那一点的位移 v (见图 1), 或为 $\psi = \dfrac{\pi}{2}$ 那一点的位移 $-v$. 略去高级小量, 有

$$\frac{\Delta\theta}{\theta} = \frac{v_1}{R} \tag{76}$$

于是，P 点的环向位移可以写成

$$u = r\Delta\theta = r\frac{v_1}{R}\theta = (1+\alpha\cos\psi)v_1\theta \tag{77}$$

而且，环向和轴向的应变分量为

$$\left.\begin{aligned} e_\varphi &= \frac{1}{a}\left(\frac{\mathrm{d}r}{\mathrm{d}\varphi}-w\right) = -\frac{1}{a}\left(\frac{\mathrm{d}v}{\mathrm{d}\psi}+w\right) \\ e_\theta &= \frac{1}{r}(v\sin\psi - w\cos\psi) + \frac{1}{r}\frac{\partial q}{\partial\theta} = \frac{1}{r}(v\sin\psi - w\cos\psi) + \frac{v_1}{R} \end{aligned}\right\} \tag{78}$$

和轴对称变形的问题的 e_φ, e_θ 相差只在 $\dfrac{v_1}{R}$ 这一项常数. 所以虽然变形不是轴对称的, 但是应变仍是轴对称的.

以上的讨论肯定了应变是轴对称的, 应力应变关系也是轴对称的. 因此, 平衡方程仍是轴对称的. 于是, 我们可以重复所有环壳轴对称问题的推导[1], 最后得到

$$\left.\begin{aligned} (1+\alpha\cos\psi)\frac{\mathrm{d}^2 V}{\mathrm{d}\psi^2} &+ \alpha\sin\psi\frac{\mathrm{d}V}{\mathrm{d}\psi} + \mathrm{i}2\mu\cos\psi V = 2\mu P_0\sin\psi \\ P_0 &= -\frac{1}{2}a\alpha q\mathrm{i} - \frac{\alpha v_1 Eh\mathrm{i}}{R} + \mu\frac{Q_0}{\alpha} \end{aligned}\right\} \tag{79}$$

这和(1),(3)不同之处，就在于 P_0 中多了第二项，并且和(4),(5)相关的关系式为

$$\left.\begin{aligned} \mathrm{Im}V &= \frac{2\mu}{\alpha}\frac{(1+\alpha\cos\psi)}{\cos\psi}Q - 2\mu\frac{Q_0}{\alpha}\tan\psi \\ \mathrm{Re}V &= -\frac{4\mu^2 D}{\alpha^2}(1+\alpha\cos\psi)\chi + \frac{\alpha^2 v_1}{R}Eh\sin\psi \end{aligned}\right\} \tag{80}$$

诸内力素表达式为

$$N_\varphi = -\frac{\alpha\sin\psi}{2\mu(1+\alpha\cos\psi)^2}\mathrm{Im}V + \frac{1}{2}aq\frac{(2+\alpha\cos\psi)}{1+\alpha\cos\psi} + Q_0\frac{\alpha+\cos\psi}{(1+\alpha\cos\psi)^2} \tag{81A}$$

$$N_\theta = \frac{1}{2\mu}\frac{\mathrm{d}}{\mathrm{d}\psi}\left[\frac{\mathrm{Im}V}{1+\alpha\cos\psi}\right] + \frac{1}{2}aq - Q_0\frac{\alpha+\cos\psi}{(1+\alpha\cos\psi)^2} \tag{81B}$$

$$Q = \frac{\alpha}{2\mu}\frac{\cos\psi}{(1+\alpha\cos\psi)^2}\mathrm{Im}V + Q_0\frac{\sin\psi}{(1+\alpha\cos\psi)^2} \tag{81C}$$

$$M_\varphi = -\frac{a\alpha}{4\mu^2}\left\{\frac{\mathrm{d}}{\mathrm{d}\psi}\left[\frac{\mathrm{Re}\,V}{1+\alpha\cos\psi}\right] - \nu\frac{\alpha\sin\psi}{(1+\alpha\cos\psi)^2}\mathrm{Re}\,V\right.$$
$$\left. -\frac{\alpha^2 v_1}{R}Eh\,\frac{(1-\nu)\alpha + \cos\psi(1+\alpha\nu\cos\psi)}{(1+\alpha\cos\psi)^2}\right\} \tag{81D}$$

$$M_\theta = -\frac{a\alpha}{4\mu^2}\left\{\nu\frac{\mathrm{d}}{\mathrm{d}\psi}\left[\frac{\mathrm{Re}\,V}{1+\alpha\cos\psi}\right] - \frac{\alpha\sin\psi}{(1+\alpha\cos\psi)^2}\mathrm{Re}\,V\right.$$
$$\left. -\frac{\alpha^2 v_1}{R}Eh\,\frac{-\alpha(1-\nu) + \cos\psi(\nu+\alpha\cos\psi)}{(1+\alpha\cos\psi)^2}\right\} \tag{81E}$$

而轴向位移 Z 和径向位移 Y 可以写成

$$\left.\begin{aligned} Y &= (1+\alpha\cos\psi)\left\{\frac{R}{Eh}(N_\theta - \nu N_\varphi) - v_1\right\} \\ Z &= Z_0 + \int_{\psi_0}^{\psi}\frac{\sin\psi}{1+\alpha\cos\psi}\left[\frac{R}{Eh}\mathrm{Re}\,V - \alpha^2 v_1\sin\psi\right]\mathrm{d}\psi \end{aligned}\right\} \tag{82}$$

在圆曲管弯曲这个问题中，$q=0$，$Q=0$，并可以略去 α，取 $\alpha \to 0$ 的极限. 于是 (79),(80),(81),(82) 分别可以写成

$$\frac{\mathrm{d}^2 V}{\mathrm{d}\psi^2} + \mathrm{i}2\mu\cos\psi V = -\mathrm{i}2\mu\frac{\alpha v_1 Eh}{R}\sin\psi \tag{83}$$

而其解的实数虚数部分为

$$\left.\begin{aligned} \mathrm{Im}\,V &= \frac{2\mu}{\alpha}\frac{1}{\cos\psi}Q \\ \mathrm{Re}\,V &= -\frac{4\mu^2 D}{\alpha a^2}\chi \end{aligned}\right\} \tag{84}$$

(81)式可以写成

$$\left.\begin{aligned} N_\varphi &= -\frac{\alpha\sin\psi}{2\mu}\mathrm{Im}\,V \\ N_\theta &= \frac{1}{2\mu}\frac{\mathrm{d}}{\mathrm{d}\psi}\mathrm{Im}\,V \\ Q &= \frac{\alpha}{2\mu}\cos\psi\,\mathrm{Im}\,V \\ M_\varphi &= -\frac{a\alpha}{4\mu^2}\frac{\mathrm{d}}{\mathrm{d}\psi}\mathrm{Re}\,V \\ M_\theta &= \nu M_\varphi \end{aligned}\right\} \tag{85}$$

式(82)简化为

$$\left.\begin{aligned} Y &= \frac{R}{2\mu Eh} \frac{\mathrm{d}}{\mathrm{d}\psi} \mathrm{Im} V - v_1(1+\alpha\cos\psi) \\ Z &= \int_0^\psi \sin\psi \frac{R}{Eh} \mathrm{Re} V \mathrm{d}\psi \end{aligned}\right\} \quad (86)$$

这里我们假定 $\psi=0$ 时,$Z_0=0$.

同时,我们很易证明由于弯曲所产生的曲率变化 K 为

$$K = \frac{1}{R-v_1} - \frac{1}{R} \approx \frac{v_1}{R^2} \quad (87)$$

同时,N_θ 在环向的合力为一纯力矩

$$T = \int_0^{2\pi} N_\theta a \, \mathrm{d}\psi = \frac{a}{2\mu} \mathrm{Im} V \Big|_0^{2\pi} = 0 \quad (88)$$

M_θ 和 M_φ 组合的合力矩 m 为

$$m = \int_0^{2\pi} N_\theta a^2 \cos\psi \mathrm{d}\psi - \int_0^{2\pi} M_\theta \cos\psi \cdot a\mathrm{d}\psi \quad (89)$$

在利用了(84)和(85)以后,得

$$m = \frac{a^2}{2\mu} \int_0^{2\pi} \mathrm{Im} V \sin\psi \mathrm{d}\psi + \frac{a^2\alpha}{4\mu^2}\nu \int_0^{2\pi} \mathrm{Re} V \sin\psi \mathrm{d}\psi \approx \frac{a^2}{2\mu} \int_0^{2\pi} \mathrm{Im} V \sin\psi \mathrm{d}\psi \quad (90)$$

(83)式的非齐次解是唯一有周期性的解,它和(62)式的解很相像,可以写成

$$V^* = 2\frac{\alpha v_1 Eh}{R} \mathrm{i}[A_1 \sin\psi + A_2 \sin 2\psi + A_3 \sin 3\psi + \cdots] \quad (91)$$

其虚数和实数部分分别为

$$\left.\begin{aligned} \mathrm{Im} V^* &= 2\frac{\pi v_1 Eh}{R}[A_1\sin\psi + A_3\sin 3\psi + A_5\sin 5\psi + \cdots] \\ \mathrm{Re} V^* &= -2\frac{\alpha v_1 Eh}{R}[B_2\sin 2\psi + B_4\sin 4\psi + B_6\sin 6\psi + \cdots] \end{aligned}\right\} \quad (92)$$

A_n,B_n 的定义见(18),(21),(24)式,其值见文献[1]的附表 I.

把(92)式代入(90),得

$$m = a\frac{\alpha v_1^2 Eh}{\mu}\pi A_1 \quad (93)$$

381

于是,这个圆曲管的抗弯刚度为 $EI' = \dfrac{m}{K}$,而且

$$EI' = \dfrac{m}{K} = \dfrac{EI}{\mu}A_1 \quad \text{或} \quad \dfrac{EI'}{EI} = \dfrac{A_1}{\mu} \tag{94}$$

其中 $EI = \pi a^3 h E$ 为直圆管的抗弯刚度. 很易看到,当 $\mu \to 0$ 时, $\dfrac{A_1}{\mu} \to 1$. 这证明当 $\mu \to 0$ 时,曲管展开为直管. 也可以看到在较大 μ 值时, $A_1 \to 1$,或 $EI'/EI \to 1/\mu <$ 1,所以曲管的抗弯刚度一般小于直管的抗弯刚度. 我们将称 A_1/μ 为刚度系数.

图 11 为刚度系数对 μ 值的理论曲线. 从图上可以看到渐近公式 $EI'/EI = 1/\mu$ 适用于全部实用区域. 图上也标出了有关刚度测定的各家实验点,从而肯定地验证了这个简单细管理论的有效性. 这些实验点是分别根据 Pardue, T. 和

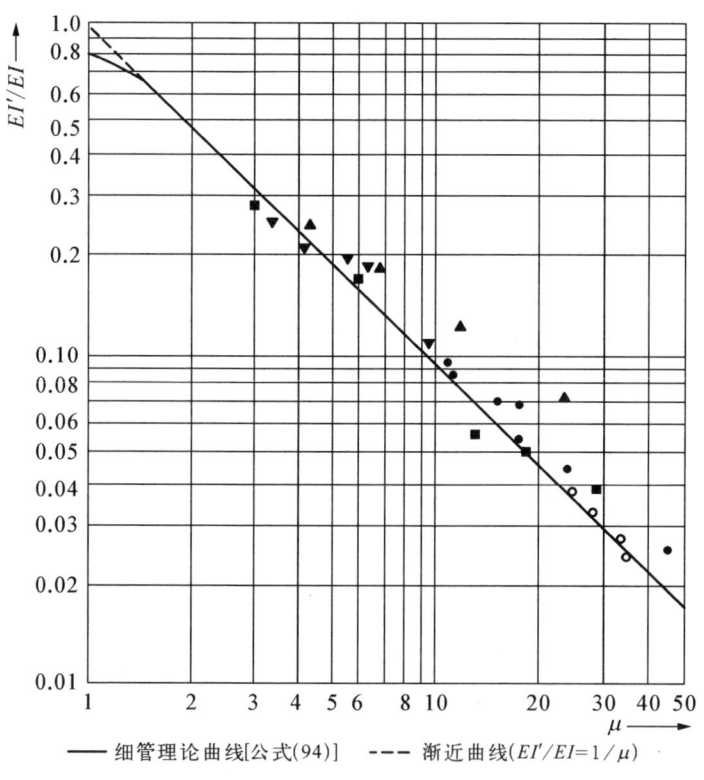

—— 细管理论曲线[公式(94)]　--- 渐近曲线($EI'/EI=1/\mu$)

实验点　▲ Vissat和del Buone　　$\alpha=0.500, 180°$ 圆曲管
　　　　▼ Vissat和del Buone　　$\alpha=0.333, 180°$ 圆曲管
　　　　■ Gross, Gross和Ford　　$\alpha=0.345, 90°$　圆曲管
　　　　○ Pardue和Vigness　　　$\alpha=0.333, 180°$ 圆曲管
　　　　● Pardue和Vigness　　　$\alpha=0.333, 90°$　圆曲管

图 11　圆曲管弯曲时的抗弯刚度系数和 μ 的关系

Vigness, I. (1951)[9], Gross, N. (1952~1953)[10], Gross, N. 和 Ford, H. (1952~1953)[11], Vissat, P. L. 和 del Buone, A. J. (1955)[12]的论文折算得到的. 他们的实验模型的尺寸数据看图 11 的附注.

现在让我们研究一下在弯曲时圆截面的变形问题,在弯曲时,圆管截面在圆环的对称轴向是膨胀的,其膨胀长度为

$$\Delta_V = Z\left(-\frac{\pi}{2}\right) - Z\left(\frac{\pi}{2}\right) \tag{95}$$

同时,圆管截面在圆环的径向是缩小的,其缩短的距离为

$$\Delta_H = Y(\pi) - Y(0) \tag{96}$$

Δ_V 代替圆管截面在垂直于其弯曲平面方向的膨胀变形,Δ_H 为在弯曲平面方向的收缩变形. 由于这变形,造成曲管的抗弯刚度小于直管的抗弯刚度这一特有现象.

把(92)代入(86)式,再用(93)式消去 v_1,得

$$\Delta_H = \frac{2maR}{EIA_1}\{\mu - A_1 - 3A_3 - 5A_5 - \cdots\} \tag{97A}$$

$$\Delta_V = \frac{8mRa\mu}{EIA_1}\left\{\frac{1}{1\cdot 3}B_2 - \frac{2}{3\cdot 5}B_4 + \frac{3}{5\cdot 7}B_6 - \frac{4}{7\cdot 9}B_8 + \frac{5}{9\cdot 11}B_{10} + \cdots\right] \tag{97B}$$

$\Delta_H / \frac{maR}{EI}$, $\Delta_V / \frac{maR}{EI}$ 和 μ 的关系曲线见图 12.

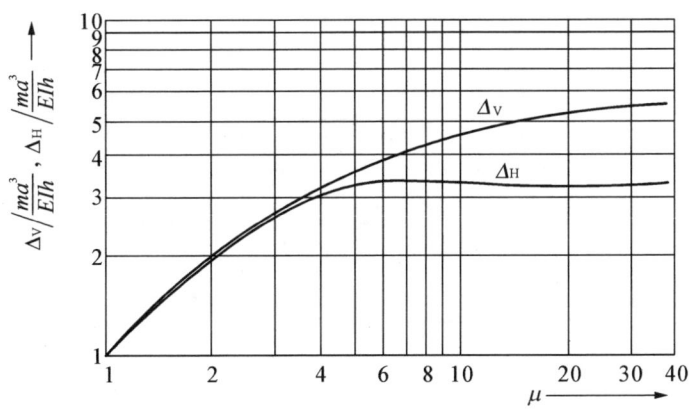

图 12　圆曲管弯曲时的截面变形 Δ_V, Δ_H 和 μ 的关系

有关的薄膜应力 $\sigma_{m\varphi}$, $\sigma_{m\theta}$,弯曲应力 $\sigma_{B\varphi}$, $\sigma_{B\theta}$ 可以从(85)式导出,将(92)式代入这些方程,并利用(93)消去 v_1,得

$$\left.\begin{aligned}
\sigma_{m\varphi} &= -\frac{ma\alpha}{IA_1}\sin\psi[A_1\sin\psi + A_3\sin 3\psi + A_5\sin 5\psi + \cdots] \\
\sigma_{m\theta} &= \frac{ma}{IA_1}[A_1\cos\psi + 3A_3\cos 3\psi + 5A_5\cos 5\psi + \cdots] \\
\sigma_{B\varphi} &= \frac{6}{\sqrt{12(1-\nu^2)}}\frac{ma}{IA_1}[2B_2\cos 2\psi + 4B_4\cos 4\psi + 6B_6\cos 6\psi + \cdots] \\
\sigma_{B\theta} &= \nu\sigma_{B\varphi}
\end{aligned}\right\} \quad (98)$$

如果(98)式和(26)式相比较,很易看到这里的弯曲所生的 $\sigma_{m\theta}$ 和补偿器的 $\sigma_{B\varphi}$ 分布相似,弯曲所生的 $\sigma_{B\varphi}$ 和补偿器的 $\sigma_{m\theta}$ 相似. 这些应力分布的理论可以用 Gross-Ford (1952~1953)[11] 的实验测得的应力分布来核校其可靠性. 他所用的曲管的参数为 $\alpha = 0.339, \mu = 17.887$. 根据(18),(19),(21)式计算求得的解的系数为

$$\left.\begin{aligned}
&A_1 = 1.000\,2_9,\ B_2 = 0.944\,0_8,\ A_3 = -0.789\,1_8,\ B_4 = -0.546\,9_9 \\
&A_5 = 0.299\,8_9,\ B_6 = 0.127\,8_6,\ A_7 = -0.042\,5_6,\ B_8 = -0.011\,2_6 \\
&A_9 = 0.002\,2_9,\ B_{10} = 0.000\,4_0,\ A_{11} = -0.000\,0_6,\ B_{12} = -0.000\,0_1
\end{aligned}\right\} \quad (99)$$

于是,从(98)式就能计算该曲管的应力分布曲线,其结果见图 13A,B. Gross-Ford 的实验点和理论曲线,除个别点外,是相当一致的.

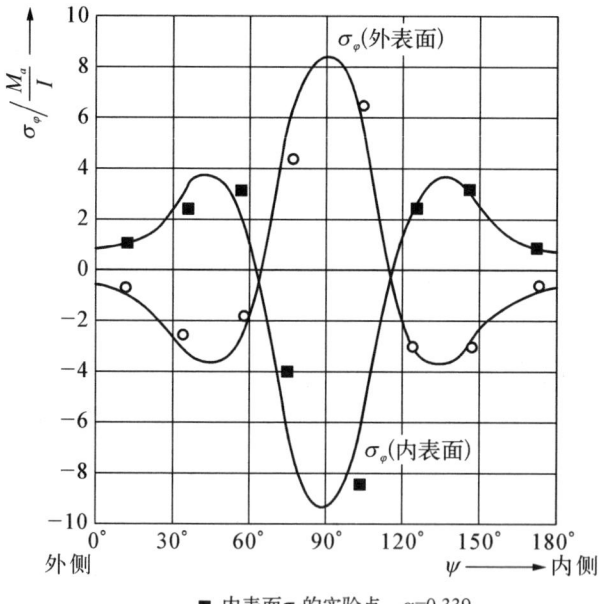

图 13A 圆管弯曲时的轴向应力的细管理论和 Gross-Ford (1952~1953)实验值的比较

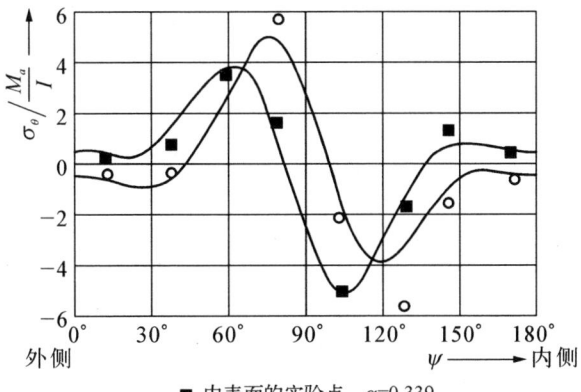

图 13B　圆管弯曲时的环向应力的细管理论和 Gross-Ford
(1952~1953)实验的比较

最大应力显然由 $\sigma_{m\theta}$，$\sigma_{B\varphi}$ 决定，并且可以看到，$\sigma_{m\theta}$ 的分布和热膨胀补偿器的 $\sigma_{B\varphi}$ [见(34)第三式]相似，而 $\sigma_{B\varphi}$ 则和补偿器的 $\sigma_{m\theta}$ [见(34)第二式]相似. 可见 $\psi = \dfrac{\pi}{2}$ 时，发生外侧纤维的最大弯曲应力 $\sigma_{B\varphi\max}$，在 $\psi = \psi_m$ 时[见(45)式]，发生最大环向拉应力 $\sigma_{m\theta\max}$，在 $\psi = \pi - \psi_m$ 时，发生最大环向压应力，$\sigma_{m\theta\max}$，$\sigma_{B\varphi\max}$ 和 ψ_m 的近似设计公式可以写成

$$\varphi_m = \frac{\pi}{2} - \psi_m = \frac{47.40°}{\mu^{1/4}} (\sigma_{m\max} \text{ 位置}) \qquad (100A)$$

$$\sigma_{m\theta\max} = 0.5642 \mu^{0.687} \frac{ma}{I} \qquad (100B)$$

$$\sigma_{B\varphi\max} = 1.2326 \mu^{0.687} \frac{ma}{I} \qquad (100C)$$

这些式子可以从(40)，(41)，(54)，(98)式的对比中写出. 其中利用了 $\lim\limits_{\mu \to \infty} A_1 \to 1$ 的近似和 $2\mu = \sqrt{12(1-\nu^2)} \dfrac{a^2}{hR}$ 的关系式. $\sigma_{B\varphi\max}$，$\sigma_{m\theta\max}$ 和 μ 的关系曲线见图 14，图中还附有各家的实验值 $\sigma_{B\max}$. 这里必须指出，各家实验都有在 $\psi = \dfrac{\pi}{2}$ 处的外表面上的 $\sigma_{\varphi\max}$. 我们利用了 $\sigma_{m\varphi}\left(\dfrac{\pi}{2}\right)$ 的理论值才把 $\sigma_{B\max}$ 的实验值计算出来的，亦即

$$\sigma_{B\varphi\max}(\text{实验值}) = \sigma_{\varphi\max}(\text{实验值}) - \sigma_{m\varphi}\left(\frac{\pi}{2}\right)(\text{理论值}) \qquad (101)$$

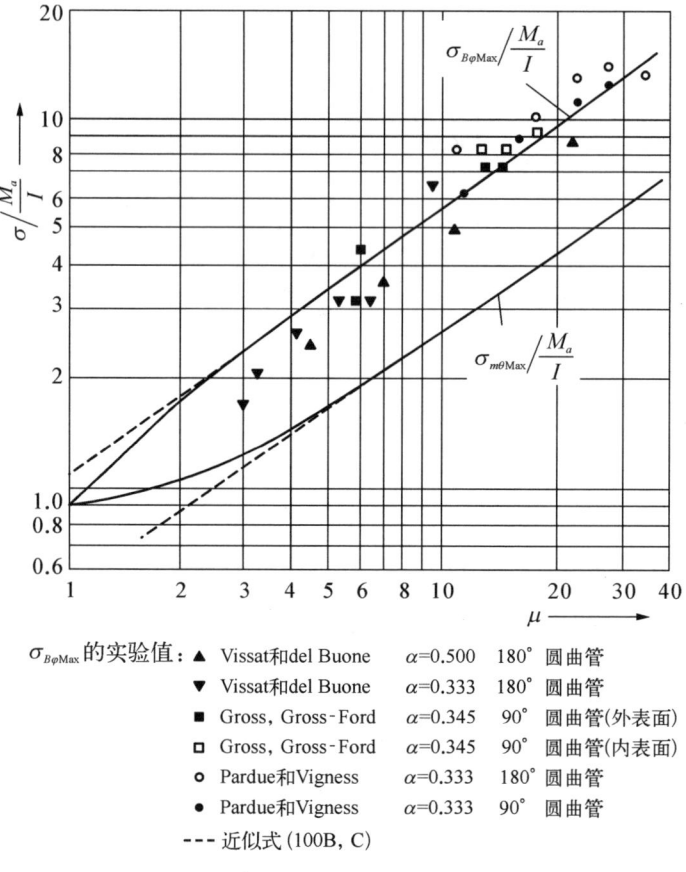

图 14 圆曲管弯曲时的最大应力和 μ 的关系

其中根据(98)式,有

$$\sigma_{m\varphi}\left(\frac{\pi}{2}\right)(理论值) = -\frac{ma\alpha}{IA_1}[A_1 - A_3 + A_5 - \cdots] \tag{102}$$

从图 14 中可以看到细管理论有很大的适用范围.

参考文献

[1] 钱伟长,郑思梁. 轴对称圆环壳的复变量方程和轴对称细环壳的一般解. 清华大学学报,1979,19(1):27-47.

[2] Новожилов В В. 薄壳理论. 北京石油学院,译. 北京:科学出版社,1954.

[3] Dahl N C. Toroidal-shell expansion joints. J of Applied Mechanics, ASME, 1953, 20: 497-503.

[4] von Kármán Th. Uber Die Formänderung Dünnwandiger Rohre, Insbonsondere Federnder Ausgleichrohre. Zeitschrift des Vereines Deutscher Ingenieurer, 1911, 55: 1889-1894.

[5] Lorenz H. Zeitschrift des Vereines Deutscher Ingenieurer, 1910,54: 1865.

Lorenz H. Die Biegung Krummer Rohre. Physik, Physik, Zeitschrift, 1912, 13: 768–774.

[6] Karl H. Biegung Gekrummter Dunnwandiger Rohre. Z angew Math Mech, 1943, 23: 331–345.

[7] Beskin L. Bending of curved thin tubes. J Applied Mechanics, 1945, 12: A1–A7.

[8] Bantlin A. Formänderung und Beanspruchung federnder Ausgleichsrohyen. Zeitgchrift des Vereines deutscher Ingenieuer, 1919, 54: 43–49.

[9] Pardue T F, Vigness I. Properties of thin-walled curved tubes. Trans Amer Sec, Mech Engrs, 1951, 73: 77–87.

[10] Gross N. Experiments on short radius pipe bends. Proc Institute of Mechanical Engineers, London, 1952/1953,18: 465–497.

[11] Gross N, Ford H. The flexibitily of short radius pipe-bonds. Proc Institute of Mechanical Engineers, London, 1952/1952, 18: 480–491.

[12] Vissat P L, del Buone A J. In plane bending propertties of welding elbows. Trans Amer Sec, Mech Engrs, 1955, 77: 161–171.

轴对称圆环壳的一般解

摘要 本文是前文[1]的推广,它不限于细环壳 $\alpha = a/R \ll 1$ 的假定,其中 a 为环壳的截面半径,R 为环壳的总体半径. 提出了轴对称圆环壳在 $0 \leqslant \alpha < 1$ 范围内的一般解,本文的解可以用来解决波纹壳、热膨胀器、高压容器的过渡部分和波登管等实用问题. 本文的结果是前人从未求得的圆环壳的一般解.

一、基本方程及非齐次解

在 Love-Kirchhoff 薄壳假定下,В. В. Новожилов 导出的轴对称环壳复变量方程为

$$(1+\alpha\sin\varphi)\frac{\mathrm{d}^2 V}{\mathrm{d}\varphi^2} - \alpha\cos\varphi\frac{\mathrm{d}V}{\mathrm{d}\varphi} + \mathrm{i}2\mu\sin\varphi V = 2\mu P_0 \cos\varphi \tag{1.1}$$

其中

$$V = -\frac{4\mu^2 D}{\alpha a^2}(1+\alpha\sin\varphi)\chi + \mathrm{i}\left\{\frac{2\mu}{\alpha}\frac{(1+\alpha\sin\varphi)^2}{\sin\varphi}Q - 2\mu\frac{Q_0}{\alpha}\cot\varphi\right\} \tag{1.1a}$$

$$P_0 = -\frac{1}{2}\alpha q a\,\mathrm{i} + \frac{Q_0}{\alpha}2\mu \tag{1.1b}$$

式中 $\alpha = a/R$,$\mu \approx \sqrt{3(1-\nu^2)}\dfrac{a^2}{Rh}$,$\nu$ 为泊松比,h 为壳的厚度,q 为壳壁所受分布载荷(外向为正),Q_0 为 $\varphi=0$ 处的剪力,χ 和 Q 分别为壳的轴向转角变形和剪力.

如果根据(1.1)式求得解 V,我们可以用它的虚数部分($\mathrm{Im}\,V$)和实数部分($\mathrm{Re}\,V$)来表达内力和变形,内力素表达式为

$$\left.\begin{array}{l} N_\varphi = -\dfrac{\alpha\cos\varphi}{2\mu(1+\alpha\sin\varphi)^2}\mathrm{Im}\,V + \dfrac{1}{2}qa\dfrac{(2+\alpha\sin\varphi)}{1+\alpha\sin\varphi} + Q_0\dfrac{\alpha+\sin\varphi}{(1+\alpha\sin\varphi)^2} \\[2mm] N_\theta = -\dfrac{1}{2\mu}\dfrac{\mathrm{d}}{\mathrm{d}\varphi}\left[\dfrac{\mathrm{Im}\,V}{1+\alpha\sin\varphi}\right] + \dfrac{1}{2}qa - Q_0\dfrac{\alpha+\sin\varphi}{(1+\alpha\sin\varphi)^2} \end{array}\right|$$

作者:钱伟长、郑思梁. 原载《应用数学和力学》,1980,1(3):287-299.

$$\left. \begin{aligned} M_\varphi &= \frac{\alpha a}{4\mu^2} \left\{ \frac{\mathrm{d}}{\mathrm{d}\varphi}\left[\frac{\mathrm{Re}\,V}{1+\alpha\sin\varphi}\right] + \nu\,\frac{\alpha\cos\varphi}{(1+\alpha\sin\varphi)^2}\mathrm{Re}\,V \right\} \\ M_\theta &= \frac{\alpha a}{4\mu^2} \left\{ \nu\,\frac{\mathrm{d}}{\mathrm{d}\varphi}\left[\frac{\mathrm{Re}\,V}{1+\alpha\sin\varphi}\right] + \frac{\alpha\cos\varphi}{(1+\alpha\sin\varphi)^2}\mathrm{Re}\,V \right\} \\ Q &= \frac{\alpha}{2\mu}\,\frac{\sin\varphi}{(1+\alpha\sin\varphi)^2}\mathrm{Im}\,V + Q_0\,\frac{\cos\varphi}{(1+\alpha\sin\varphi)^2} \end{aligned} \right\} \quad (1.2)$$

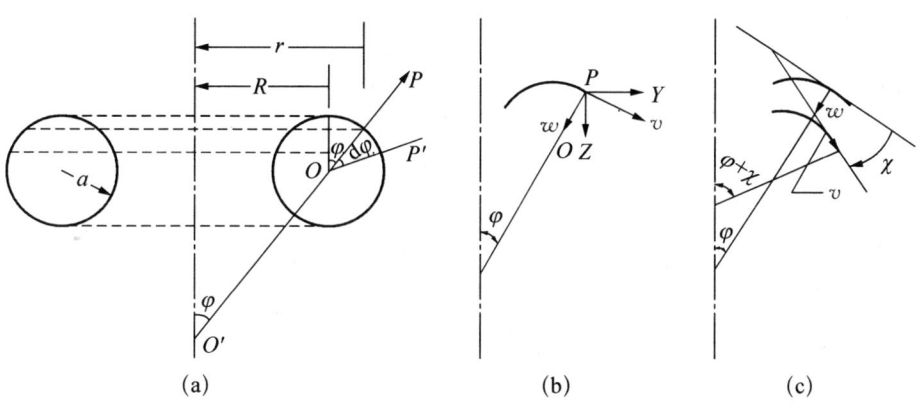

图1 环壳的尺寸、坐标、位移和转角变形

轴向切线的变形转角 χ、各点的径向位移 Y 和轴向位移 Z 的表达式为

$$\left. \begin{aligned} \chi &= -\frac{\mathrm{Re}\,V}{Eh\alpha(1+\alpha\sin\varphi)} \\ Y &= \frac{R}{Eh}(1+\alpha\sin\varphi)(N_\theta - \nu N_\varphi) \\ Z &= Z_0 - \int_{\varphi_0}^{\varphi}\frac{R}{Eh}\,\frac{\cos\varphi}{(1+\alpha\sin\varphi)}\mathrm{Re}\,V\,\mathrm{d}\varphi \end{aligned} \right\} \quad (1.3)$$

式中 E 为弹性系数，$Z_0 = Z_{\varphi=\varphi_0}$。

方程(1.1)的非齐次解设为 V^*

$$\begin{aligned} V^* = -2P_0\{ & A_1\cos\varphi + A_2\sin 2\varphi - A_3\cos 3\varphi - A_4\sin 4\varphi + A_5\cos 5\varphi + A_6\sin 6\varphi \\ & - A_7\cos 7\varphi - A_8\sin 8\varphi + \cdots + A_{4n+1}\cos(4n+1)\varphi + A_{4n+2}\sin(4n+2)\varphi \\ & - A_{4n+3}\cos(4n+3)\varphi - A_{4n+4}\sin(4n+4)\varphi + \cdots \} \end{aligned} \quad (1.4)$$

代入(1.1)，恒等两端有关项的系数，并利用三角关系式

$$\sin n\varphi \sin\varphi = \frac{1}{2}[\cos(n-1)\varphi - \cos(n+1)\varphi]$$

$$\cos n\varphi \sin\varphi = -\frac{1}{2}[\sin(n-1)\varphi - \sin(n+1)\varphi]$$

得递推关系：

$$A_1 = \frac{1}{\frac{1}{\mu} - i\left(1 + i\frac{2\cdot 3}{2\mu}\alpha\right)\frac{A_2}{A_1}} \tag{1.5a}$$

$$\frac{A_n}{A_{n-1}} = \frac{i\left[1 + i\frac{(n-1)(n-2)}{2\mu}\alpha\right]}{\frac{n^2}{\mu} - i\left[1 + i\frac{(n+1)(n+2)}{2\mu}\alpha\right]\frac{A_{n+1}}{A_n}} \quad (n = 1, 2, 3, \cdots) \tag{1.5b}$$

令

$$S_n = \frac{A_n}{A_{n-1}} \tag{1.6}$$

很易证明

$$S = \lim_{n\to\infty} S_n = -\frac{1}{\alpha} \pm \sqrt{\frac{1}{\alpha^2} - 1} \tag{1.7}$$

所以，根据 O. Perron 定理[3]，连分式的极限比例收敛至(1.7)式的小根，于是，当 $\alpha < 1$ 时

$$|S| < 1 \tag{1.8}$$

亦即(1.4)是绝对收敛的.

在实际计算中，可以直接利用(1.5b)，逐一计算系数比值 $\frac{A_n}{A_{n-1}}$, $\frac{A_{n-1}}{A_{n-2}}$, $\cdots$, $\frac{A_4}{A_3}$, $\frac{A_3}{A_2}$, $\frac{A_2}{A_1}$，然后代入(1.5a)求得 A_1，有了 A_1 之后，$A_2 = \frac{A_2}{A_1} \cdot A_1$, $\cdots$, $A_n = \frac{A_n}{A_{n-1}} \cdot A_{n-1}$，从而计算得系数 $A_1, A_2, A_3, \cdots, A_n$.

(1.4)式的解是 В. В. Новожилов[4] 求得的周期解，因此，它无法满足边界条件. 为此，我们必须求得(1.1)式的齐次解.

二、齐次解

(1.1)的齐次方程可写成

$$\left[1 - \frac{i\alpha}{2}(e^{i\varphi} - e^{-i\varphi})\right]\frac{d^2V}{d\varphi^2} - \frac{\alpha}{2}(e^{i\varphi} + e^{-i\varphi})\frac{dV}{d\varphi} + \mu(e^{i\varphi} - e^{-i\varphi})V = 0 \tag{2.1}$$

设其解为

$$V = e^{\lambda\varphi} \sum_{n=-\infty}^{\infty} C_n e^{in\varphi} \tag{2.2}$$

其中 λ 为待定的指数，C_n 为待定系数. 代入(2.1)得有关系数的递推公式

$n > 0$

$$\frac{C_n}{C_{n-1}} = \frac{-\left\{\mu - \frac{i\alpha}{2}[\lambda + i(n-1)][\lambda + i(n-2)]\right\}}{(\lambda + in)^2 - \left\{\mu - \frac{i\alpha}{2}[\lambda + i(n+1)][\lambda + i(n+2)]\right\}\frac{C_{n+1}}{C_n}} \tag{2.3a}$$

$n < 0$

$$\frac{C_n}{C_{n+1}} = \frac{\left\{\mu - \frac{i\alpha}{2}[\lambda + i(n+1)][\lambda + i(n+2)]\right\}}{(\lambda + in)^2 + \left\{\mu - \frac{i\alpha}{2}[\lambda + i(n-1)][\lambda + i(n-2)]\right\}\frac{C_{n-1}}{C_n}} \tag{2.3b}$$

$n = 0$

$$\left[\mu - \frac{i\alpha}{2}(\lambda - i)(\lambda - 2i)\right]\frac{C_{-1}}{C_0} + \lambda^2 - \left[\mu - \frac{i\alpha}{2}(\lambda + i)(\lambda + 2i)\right]\frac{C_1}{C_0} = 0 \tag{2.3c}$$

令

$$\left.\begin{aligned} S_n^{(1)} &= \frac{C_n}{C_{n-1}} \quad n > 0 \\ S_n^{(2)} &= \frac{C_n}{C_{n+1}} \quad n < 0 \end{aligned}\right\} \tag{2.4}$$

容易证明

$$\left.\begin{aligned} S^{(1)} &= \lim_{n\to\infty} S_n^{(1)} = i\left(\frac{1}{\alpha} \pm \sqrt{\frac{1}{\alpha^2} - 1}\right) \\ |S^{(1)}| &= \frac{1}{\alpha} \pm \sqrt{\frac{1}{\alpha^2} - 1} \\ S^{(2)} &= \lim_{n\to\infty} S_n^{(2)} = i\left(-\frac{1}{\alpha} \pm \sqrt{\frac{1}{\alpha^2} - 1}\right) \\ |S^{(2)}| &= -\frac{1}{\alpha} \pm \sqrt{\frac{1}{\alpha^2} - 1} \end{aligned}\right\} \tag{2.5}$$

其中 $\alpha < 1$.

正如文[2]所证明,级数的系数比收敛到极限二次式的"大根",而连分式则收敛至"小根",所以它们是收敛的.

由(2.3)式,利用迭代法,可以得到 λ 及 C_n 系数值.

必须指出,如果将 λ 改为 $-\lambda$,则(2.3)不变,其差别只在于有关的 $\dfrac{C_{-n}}{C_0}$,$\dfrac{C_n}{C_0}$ 相互对调而已,因此

$$\left.\begin{aligned} V_{(1)} &= e^{\lambda\varphi} \sum_{n=-\infty}^{\infty} C_n e^{in\varphi} \\ V_{(2)} &= e^{-\lambda\varphi} \sum_{n=-\infty}^{\infty} (-1)^n C_n e^{-in\varphi} \end{aligned}\right\} \tag{2.6}$$

是一对独立解. λ,$\dfrac{C_n}{C_{n-1}}$ $(n>0)$,$\dfrac{C_n}{C_{n+1}}$ $(n<0)$,… 都是复数.

令

$$\lambda = \beta + i\gamma, \quad \frac{C_n}{C_0} = \frac{1}{2}(a_n + ib_n), \quad \frac{C_{-n}}{C_0} = \frac{1}{2}(a_{-n} + ib_{-n}) \tag{2.7}$$

则 $V_{(1)}$,$V_{(2)}$ 可表为

$$\left.\begin{aligned} V_{(1)} &= e^{\beta\varphi}(\cos\gamma\varphi + i\sin\gamma\varphi) \sum_{n=-\infty}^{\infty} C_n e^{in\varphi} \\ V_{(2)} &= e^{-\beta\varphi}(\cos\gamma\varphi - i\sin\gamma\varphi) \sum_{n=-\infty}^{\infty} (-1)^n C_n e^{-in\varphi} \end{aligned}\right\} \tag{2.8}$$

如果环壳的区域为 $\varphi_1 \leqslant \varphi \leqslant \varphi_2$,其中 $\varphi = \varphi_1$,$\varphi = \varphi_2$ 为壳的两条边界,我们认为在处理边值问题时,最方便合用的两个独立的齐次解,可写成

$$\left.\begin{aligned} V_{(1)} &= (C_0' + i\bar{C}_0')e^{-\beta(\varphi_2-\varphi)}(\cos\gamma\varphi + i\sin\gamma\varphi)[f_1(\varphi) + if_2(\varphi)] \\ V_{(2)} &= (B_0' + i\bar{B}_0')e^{-\beta(\varphi-\varphi_1)}(\cos\gamma\varphi - i\sin\gamma\varphi)[g_1(\varphi) + ig_2(\varphi)] \end{aligned}\right\} \tag{2.9}$$

式中 $f_1(\varphi)$、$f_2(\varphi)$、$g_1(\varphi)$ 和 $g_2(\varphi)$ 为三角级数形式的实函数,C_0'、$\bar{C}_0'$、B_0' 及 $\bar{B}_0'$ 为待定的实数

$$f_1(\varphi) = 1 + \sum_{n=1}^{\infty}(p_n\cos n\varphi - q_n'\sin n\varphi) \tag{2.10a}$$

$$f_2(\varphi) = \sum_{n=1}^{\infty}(p_n'\sin n\varphi + q_n\cos n\varphi) \tag{2.10b}$$

$$g_1(\varphi) = 1 + \sum_{n=1}^{\infty}(-1)^n(p_n\cos n\varphi + q_n'\sin n\varphi) \qquad (2.10c)$$

$$g_2(\varphi) = \sum_{n=1}^{\infty}(-1)^n(-p_n'\sin n\varphi + q_n\cos n\varphi) \qquad (2.10d)$$

其中

$$p_n = \frac{1}{2}(a_n + a_{-n}),\ q_n = \frac{1}{2}(b_n + b_{-n}),$$

$$p_n' = \frac{1}{2}(a_n - a_{-n}),\ q_n' = \frac{1}{2}(b_n - b_{-n}) \qquad (2.11)$$

由于(2.9)的解中有 $e^{-\beta(\varphi-\varphi_1)}$ 和 $e^{-\beta(\varphi_2-\varphi)}$,所以这些解在远离边界时衰减很快,这种衰减的性质指出,$V_{(1)}$、$V_{(2)}$ 都是代表边界效应性质的应力部分;在壳的内部,其应力分布主要决定于非齐次解. 其次,上述齐次解适用于壳的全域,没有奇点,可见级数解的收敛域的限制,完全是由于采取级数解的形式所引起的,并不是微分方程解的本质问题.

三、$\lambda = \beta + i\gamma$ 的计算

根据(1.1)式,可以看到 λ 为 μ 和 α 的函数,对细环壳而言,$\alpha = 0$,所以 $\lambda(\mu, 0)$ 为 μ 的函数. 对于实际的薄环壳而言,$h/a \leqslant \frac{1}{10}$,于是,对于已给的 μ 值而言,对 $\alpha = \frac{a}{R}$ 有一定限制,因为

$$\mu = \sqrt{3(1-\nu^2)}\,\frac{a^2}{Rh} \geqslant 10\alpha\sqrt{3(1-\nu^2)} \qquad (3.1)$$

或

$$\alpha \leqslant \frac{\mu}{10\sqrt{3(1-\nu^2)}} = \frac{\mu}{16.52} \qquad (3.2)$$

所以,对于薄壳而言,$\mu = 1$ 时,$\alpha \leqslant 0.06$;$\mu = 10$ 时,$\alpha \leqslant 0.605$,以此类推,我们将在(3.2)式的限制条件下,用迭代法计算(2.3)式的 λ 值.

设 λ_k 为第 k 次的迭代值. 从(2.3c)式,有

$$\lambda_k = \sqrt{T_1(\lambda_{k-1}) - T_2(\lambda_{k-1})} \qquad (3.3)$$

其中

$$T_1(\lambda_{k-1}) = \left[\mu - \frac{\alpha}{2}\mathrm{i}(\lambda_{k-1}+\mathrm{i})(\lambda_{k-1}+2\mathrm{i})\right]\left(\frac{C_1}{C_0}\right)_{k-1}$$

$$T_2(\lambda_{k-1}) = \left[\mu - \frac{\alpha}{2}\mathrm{i}(\lambda_{k-1}-\mathrm{i})(\lambda_{k-1}-2\mathrm{i})\right]\left(\frac{C_{-1}}{C_0}\right)_{k-1}$$

而且有 $n > 0$ 时

$$\left(\frac{C_n}{C_{n-1}}\right)_{k-1} = \frac{-\left\{\mu - \frac{\alpha}{2}\mathrm{i}[\lambda_{k-1}+\mathrm{i}(n-1)][\lambda_{k-1}+\mathrm{i}(n-2)]\right\}}{(\lambda_{k-1}+\mathrm{i}n)^2 - \left\{\mu - \frac{\alpha}{2}\mathrm{i}[\lambda_{k-1}+\mathrm{i}(n+1)][\lambda_{k-1}+\mathrm{i}(n+2)]\right\}\left(\frac{C_{n+1}}{C_n}\right)_{k-1}} \tag{3.4a}$$

$n < 0$ 时

$$\left(\frac{C_n}{C_{n+1}}\right)_{k-1} = \frac{\left\{\mu - \frac{\alpha}{2}\mathrm{i}[\lambda_{k-1}+\mathrm{i}(n+1)][\lambda_{k-1}+\mathrm{i}(n+2)]\right\}}{(\lambda_{k-1}+\mathrm{i}n)^2 + \left\{\mu - \frac{\alpha}{2}\mathrm{i}[\lambda_{k-1}+\mathrm{i}(n-1)][\lambda_{k-1}+\mathrm{i}(n-2)]\right\}\left(\frac{C_{n-1}}{C_n}\right)_{k-1}} \tag{3.4b}$$

求(3.3)式的解,在实际上是在(y,λ)平面中,求曲线

$$\begin{cases} y = \lambda \\ y = \sqrt{T_1(\lambda) - T_2(\lambda)} \end{cases} \tag{3.5}$$

的交点. 当然,因为 $\lambda = \beta + \mathrm{i}\gamma$ 和 $\sqrt{T_1(\lambda)-T_2(\lambda)}$ 都是复数,所以,其说明比较复杂. 为了简单起见,先设 $\alpha = 0$,于是不论 λ 和 $\sqrt{T_1(\lambda)-T_2(\lambda)}$ 都是实数. 通过实际计算,(3.5)式的两条曲线有图 2(a,b,c) 三种情况:

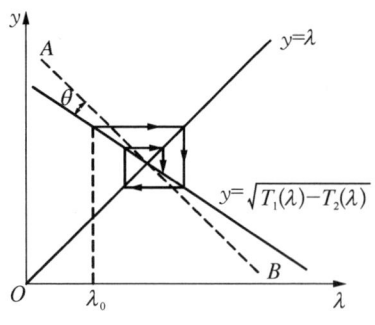

图 2a　$AB \perp (y = \lambda)$　$45° > \theta > 0°$

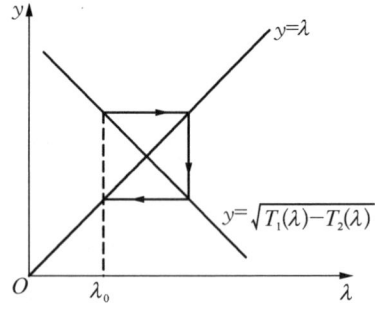

图 2b　$y = \lambda$ 和 $y = \sqrt{T_1(\lambda) - T_2(\lambda)}$ 正交

当图2a中，$45°>\theta>0$时，明显地看到，当用(3.3)式的简单迭代就能达到收敛于交点的结果. 这是多数的情况，当$\mu<1$时是这样的情况，简单迭代就能得到预期的结果.

在图2b中，$y=\lambda$ 和 $y=\sqrt{T_1(\lambda)-T_2(\lambda)}$ 正交，于是，当用(3.3)式的简单迭代时，达到临界状态，往复迭代，既不收敛也不发散.

在图2c中，$y=\lambda$ 和 $y=\sqrt{T_1(\lambda)-T_2(\lambda)}$ 不正交，设AB和$y=\lambda$正交，$y=\sqrt{T_1(\lambda)-T_2(\lambda)}$ 和 AB 的交角 θ 和图2a相反，θ向上，很容易看到，当用(3.3)式进行简单迭代时，是发散的.

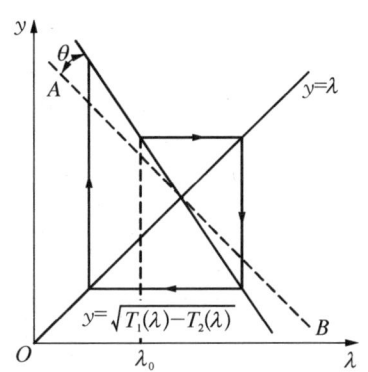

图2c $y=\lambda$ 和 $y=\sqrt{T_1(\lambda)-T_2(\lambda)}$ 相交处，θ 从 AB 线向上

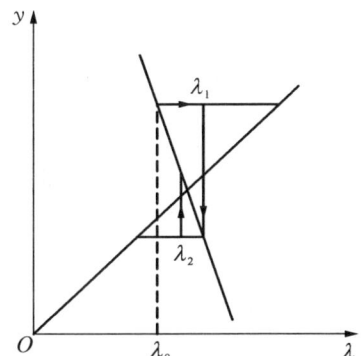

图3 折算迭代法
$\lambda_1 = \eta\lambda_0 + (1-\eta)\sqrt{T_1(\lambda_0)-T_2(\lambda_0)}$
$\lambda_2 = \eta\lambda_1 + (1-\eta)\sqrt{T_1(\lambda_1)-T_2(\lambda_1)}$

在遇到图2b和图2c的情况时，我们不能用简单迭代. 我们建议采用折算迭代法，称

$$\lambda_k = \eta\lambda_{k-1} + (1-\eta)\sqrt{T_1(\lambda_{k-1})-T_2(\lambda_{k-1})} \tag{3.6}$$

其中 η 取大于 $1/2$ 的数. $1/2<\eta<1$. 当图2c中的 θ 越大（$\leqslant 45°$）时，η 应该取越大的值. 在 $\mu=3\sim 6$ 之间，η 有时要取到 $99/100$ 这样接近于1的数. 见图3，这样的折算迭代可以收到收敛的效果.

当曲线 $y=\sqrt{T_1(\lambda)-T_2(\lambda)}$ 很接近于 y 轴的平行线时，要求 λ_0 值的选择很接近于交点，不然，稍一偏离，$\sqrt{T_1(\lambda)-T_2(\lambda)}$ 值就相差很大，所以，要求用拉格朗日插入法从 μ、α 值附近的已知 $\lambda=\beta+i\gamma$ 值中估计 λ_0 值.

λ 计算结果见表Ⅰ、Ⅱ及图4a、b. 有关非齐次解系数 A_n 和齐次解系数 a_n、a_{-n}、b_n 和 b_{-n}，因篇幅关系将另文发表.

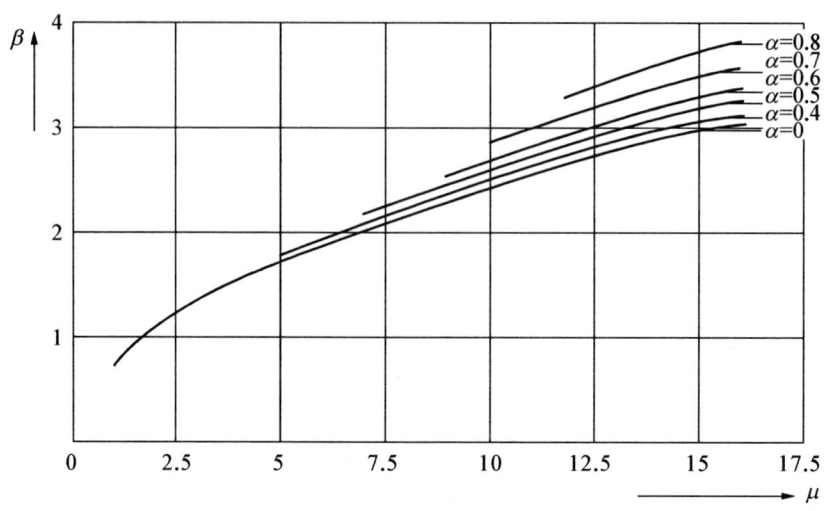

图 4a μ—β 关系曲线

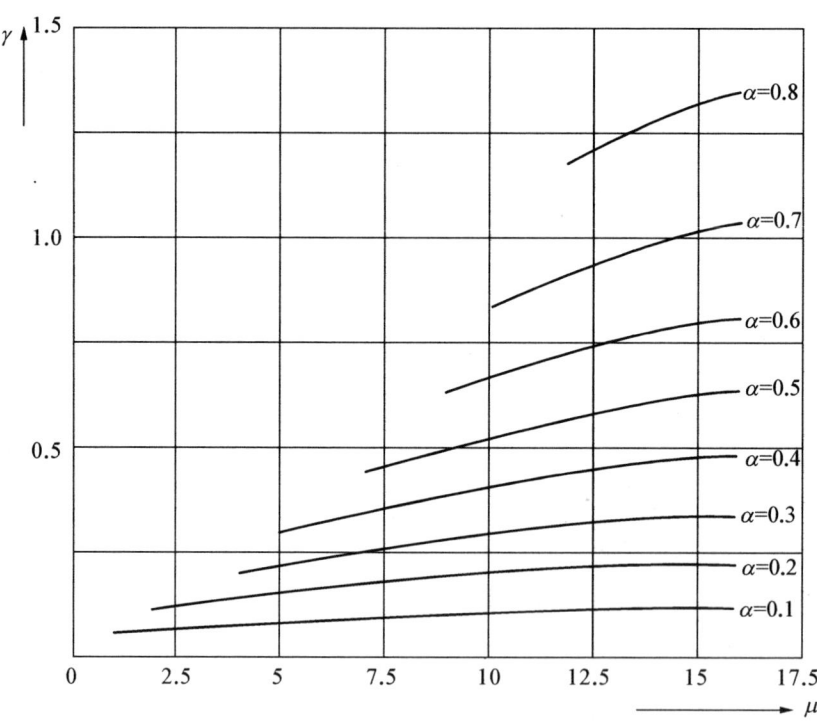

图 4b μ—γ 关系曲线

表 I $\lambda=\beta+i\gamma$ 中的 β 值

α\μ	0	0.001	0.002	0.003	0.004	0.005	0.006	0.007	0.008	0.009	0.010	0.015
0.1	0.137 352$_2$	0.137 354$_1$	0.137 359$_9$	0.137 369$_6$	0.137 383$_1$	0.137 400$_5$	0.137 421$_7$	0.137 446$_7$				
0.2	0.256 150$_1$	0.256 151$_2$	0.256 154$_4$	0.256 159$_7$	0.256 167$_2$	0.256 176$_8$	0.256 185$_5$	0.256 202$_3$				
0.3	0.353 357$_5$	0.353 358$_3$	0.353 360$_5$	0.353 364$_2$	0.353 369$_4$	0.353 376$_0$	0.353 384$_7$	0.353 393$_3$	0.353 404$_9$	0.353 417$_5$	0.353 431$_5$	0.353 523$_7$
0.4	0.433 513$_4$	0.433 513$_9$	0.433 515$_7$	0.433 518$_5$	0.433 522$_6$	0.433 527$_7$	0.433 534$_1$	0.433 541$_5$	0.433 554$_4$	0.433 559$_9$	0.433 570$_8$	0.433 642$_7$
0.5	0.501 378$_6$	0.501 379$_1$	0.501 380$_5$	0.501 383$_0$	0.501 386$_3$	0.501 390$_7$	0.501 396$_0$	0.501 402$_3$	0.501 409$_9$	0.501 417$_8$	0.501 426$_9$	0.501 487$_4$
0.6	0.560 412$_7$	0.560 413$_1$	0.560 414$_4$	0.560 416$_6$	0.560 419$_6$	0.560 423$_5$	0.560 428$_2$	0.560 433$_8$	0.560 440$_2$	0.560 447$_6$	0.560 455$_8$	0.560 509$_3$
0.7	0.612 966$_1$	0.612 966$_6$	0.612 967$_8$	0.612 969$_8$	0.612 972$_6$	0.612 976$_2$	0.612 980$_6$	0.612 985$_8$	0.612 992$_1$	0.612 998$_6$	0.613 006$_2$	0.613 056$_5$
0.8	0.660 637$_6$	0.660 637$_9$	0.660 639$_1$	0.660 641$_0$	0.660 643$_7$	0.660 647$_1$	0.660 651$_3$	0.660 656$_3$	0.660 662$_3$	0.660 668$_5$	0.660 675$_8$	0.660 723$_3$

α\μ	0	0.010	0.02	0.025	0.03	0.035	0.04	0.045	0.05	0.06	0.07	0.08
0.3	0.353 357$_5$		0.353 653$_0$									
0.4	0.433 513$_4$		0.433 743$_5$	0.433 872$_5$								
0.5	0.501 378$_6$		0.501 572$_3$	0.501 680$_8$	0.501 813$_5$	0.501 970$_7$						
0.6	0.560 412$_7$		0.560 585$_4$	0.560 681$_6$	0.560 800$_8$	0.560 940$_5$	0.561 101$_8$					
0.7	0.612 966$_1$		0.613 126$_2$	0.613 216$_2$	0.613 326$_3$	0.613 456$_6$	0.613 606$_2$	0.613 777$_0$				
0.8	0.660 637$_6$		0.660 790$_0$	0.660 876$_3$	0.660 981$_7$	0.661 105$_6$	0.661 249$_3$	0.661 412$_2$	0.661 594$_4$			
0.9	0.704 534$_4$		0.704 682$_8$		0.704 869$_6$		0.705 130$_8$		0.705 465$_8$			
1	0.745 441$_4$	0.745 477$_7$	0.745 587$_6$		0.745 771$_9$		0.746 029$_8$		0.746 360$_7$	0.746 766$_3$		
2	1.066 549$_3$	1.066 589$_3$	1.066 704$_6$		1.066 899$_1$		1.067 170$_4$		1.067 520$_5$	1.067 948$_0$	1.068 454$_1$	1.069 038$_7$

续表

μ \ α	0	0.1	0.2	0.3	0.4	0.5	0.6	0.7	0.8	0.9
1	$0.745\,441_4$	$0.749\,129_3$								
2	$1.066\,549_3$	$1.070\,446_1$	$1.082\,331_7$							
3	$1.310\,949_2$	$1.315\,140_6$	$1.327\,948_4$							
4	$1.516\,731_1$	$1.521\,217_5$	$1.534\,943_2$	$1.558\,767_0$						
5	$1.697\,751_9$	$1.702\,535_2$	$1.717\,180_0$	$1.742\,628_8$	$1.780\,710_4$					
6	$1.861\,235_0$	$1.866\,307_3$	$1.881\,839_9$	$1.908\,858_1$	$1.949\,336_9$					
7	$2.011\,469_3$	$2.016\,818_2$	$2.033\,203_3$	$2.061\,719_3$	$2.104\,487_8$	$2.165\,255_6$				
8	$2.151\,236_4$	$2.156\,850_6$	$2.174\,051_1$	$2.204\,003_1$	$2.248\,956_0$	$2.312\,891_2$				
9	$2.282\,461_3$	$2.288\,328_5$	$2.306\,312_4$	$2.337\,639_7$	$2.384\,685_1$	$2.451\,649_0$	$2.546\,099_2$			
10	$2.406\,530_1$	$2.412\,653_7$	$2.431\,390_1$	$2.464\,038_6$	$2.513\,093_4$	$2.582\,961_4$	$2.681\,586_7$	$2.824\,532_7$		
11	$2.524\,527_9$	$2.530\,877_2$	$2.550\,438_9$	$2.584\,263_8$	$2.635\,252_2$	$2.707\,912_5$	$2.810\,548_5$	$2.959\,425_7$		
12	$2.637\,244_1$	$2.643\,820_3$	$2.663\,984_0$	$2.699\,137_8$	$2.751\,992_5$	$2.827\,346_2$	$2.933\,847_2$	$3.088\,436_6$	$3.330\,356_7$	
13	$2.745\,334_7$	$2.752\,130_1$	$2.772\,972_8$	$2.809\,318_1$	$2.863\,976_7$	$2.941\,935_3$	$3.052\,168_0$	$3.212\,264_4$	$3.462\,984_7$	
14	$2.849\,326_3$	$2.856\,337_7$	$2.877\,838_7$	$2.915\,336_5$	$2.971\,746_4$	$3.052\,225_1$	$3.166\,067_8$	$3.331\,494_9$	$3.590\,716_6$	$4.082\,103_5$
15	$2.949\,655_3$	$2.956\,875_2$	$2.979\,014_6$	$3.017\,632_9$	$3.075\,740_0$	$3.158\,665_2$	$3.276\,011_9$	$3.446\,601_4$	$3.714\,054_5$	$4.221\,358_8$
16	$3.046\,682_7$	$3.054\,104_0$	$3.076\,865_6$	$3.116\,573_6$	$3.176\,330_6$	$3.261\,633_5$	$3.382\,382_9$	$3.557\,986_9$	$3.833\,429_8$	$4.356\,166_4$

表 II $\lambda = \beta + i\gamma$ 中的 γ 值

α \ μ	0	0.001	0.002	0.003	0.004	0.005	0.006	0.007	0.008	0.009	0.010	0.015
0.1	0	0.000 658$_9$	0.001 317$_8$	0.001 976$_5$	0.002 635$_1$	0.003 293$_5$	0.003 951$_6$	0.004 609$_4$				
0.2	0	0.000 569$_1$	0.001 138$_2$	0.001 707$_3$	0.002 276$_3$	0.002 845$_3$	0.003 414$_2$	0.003 983$_1$				
0.3	0	0.000 495$_9$	0.000 991$_8$	0.001 487$_7$	0.001 983$_5$	0.002 479$_4$	0.002 975$_2$	0.003 471$_0$	0.003 966$_8$	0.004 462$_5$	0.004 958$_1$	0.007 435$_7$
0.4	0	0.000 448$_6$	0.000 897$_3$	0.001 345$_9$	0.001 794$_5$	0.002 243$_1$	0.002 691$_7$	0.003 140$_3$	0.003 588$_9$	0.004 037$_4$	0.004 485$_9$	0.006 728$_2$
0.5	0	0.000 421$_0$	0.000 842$_1$	0.001 263$_1$	0.001 684$_1$	0.002 105$_1$	0.002 526$_3$	0.002 947$_1$	0.003 368$_1$	0.003 789$_1$	0.004 210$_1$	0.006 314$_8$
0.6	0	0.000 406$_5$	0.000 813$_2$	0.001 219$_5$	0.001 625$_9$	0.002 032$_3$	0.002 438$_8$	0.002 845$_3$	0.003 251$_8$	0.003 658$_2$	0.004 064$_7$	0.006 096$_8$
0.7	0	0.000 400$_4$	0.000 800$_8$	0.001 201$_1$	0.001 601$_4$	0.002 001$_8$	0.002 402$_2$	0.002 802$_6$	0.003 209$_0$	0.003 603$_3$	0.004 003$_6$	0.006 005$_4$
0.8	0	0.000 399$_8$	0.000 799$_4$	0.001 199$_1$	0.001 598$_8$	0.001 998$_5$	0.002 398$_3$	0.002 797$_9$	0.003 197$_7$	0.003 597$_4$	0.003 997$_1$	0.005 995$_7$

α \ μ	0	0.010	0.020	0.025	0.030	0.035	0.040	0.045	0.050	0.060	0.070	0.080
0.3	0		0.009 911$_1$									
0.4	0		0.008 969$_6$	0.011 209$_8$								
0.5	0		0.008 419$_1$	0.010 522$_8$	0.012 625$_8$	0.014 728$_0$						
0.6	0		0.008 129$_0$	0.010 160$_6$	0.012 192$_1$	0.014 223$_1$	0.016 253$_8$					
0.7	0		0.008 007$_1$	0.010 008$_7$	0.012 010$_3$	0.014 011$_8$	0.016 013$_6$	0.018 014$_3$				
0.8	0		0.007 994$_1$	0.009 993$_0$	0.011 991$_6$	0.013 990$_4$	0.015 989$_2$	0.017 988$_2$	0.019 987$_2$			
0.9	0		0.008 051$_8$		0.012 078$_0$		0.016 105$_1$		0.020 133$_0$			
1	0	0.004 077$_0$	0.008 154$_2$		0.012 232$_1$		0.016 310$_8$		0.020 391$_1$	0.024 473$_2$		
2	0	0.004 863$_9$	0.009 728$_5$		0.014 594$_5$		0.019 462$_6$		0.024 336$_6$	0.029 208$_2$	0.034 086$_9$	0.038 970$_8$

续表

α / μ	0	0.1	0.2	0.3	0.4	0.5	0.6	0.7	0.8	0.9
1	0	$0.040\,821_5$								
2	0	$0.048\,756_5$	$0.098\,252_3$							
3	0	$0.056\,004_1$	$0.113\,053_0$							
4	0	$0.062\,443_7$	$0.126\,187_0$	$0.192\,728_8$						
5	0	$0.068\,336_1$	$0.138\,182_9$	$0.211\,270_8$	$0.289\,859_9$					
6	0	$0.073\,787_6$	$0.149\,269_5$	$0.228\,384_2$	$0.313\,653_6$					
7	0	$0.078\,876_0$	$0.159\,610_9$	$0.244\,332_5$	$0.335\,801_4$	$0.438\,035_9$				
8	0	$0.083\,661_8$	$0.169\,334_1$	$0.259\,319_8$	$0.356\,595_8$	$0.465\,501_1$				
9	0	$0.088\,190_8$	$0.178\,534_9$	$0.273\,495_1$	$0.376\,255_6$	$0.491\,446_2$	$0.626\,622_7$			
10	0	$0.092\,502_0$	$0.187\,291_2$	$0.286\,978_2$	$0.394\,944_3$	$0.516\,097_4$	$0.658\,437_3$	$0.836\,920_5$		
11	0	$0.096\,623_2$	$0.195\,658_2$	$0.299\,860_7$	$0.412\,795_0$	$0.539\,629_5$	$0.688\,789_5$	$0.876\,019_0$		
12	0	$0.100\,574_9$	$0.203\,684_5$	$0.312\,215_7$	$0.429\,908_3$	$0.562\,190_5$	$0.717\,861_9$	$0.913\,449_2$	$1.186\,380_0$	
13	0	$0.104\,379_5$	$0.211\,406_9$	$0.324\,103_4$	$0.446\,369_6$	$0.583\,865_6$	$0.745\,806_8$	$0.949\,407_1$	$1.233\,721_7$	
14	0	$0.108\,052_1$	$0.218\,860_2$	$0.335\,571_1$	$0.462\,246_3$	$0.604\,774_7$	$0.772\,743_8$	$0.984\,054_2$	$1.279\,319_8$	$1.790\,849_3$
15	0	$0.111\,603_2$	$0.226\,068_8$	$0.346\,661_7$	$0.477\,594_8$	$0.624\,987_9$	$0.798\,773_7$	$1.017\,523_1$	$1.323\,353_4$	$1.853\,455_4$
16	0	$0.115\,045_3$	$0.233\,055_3$	$0.357\,408_9$	$0.492\,471_9$	$0.644\,566_4$	$0.823\,984_9$	$1.049\,929_0$	$1.365\,962_4$	$1.913\,985_2$

参考文献

[1] 钱伟长,郑思梁. 轴对称圆环壳的复变量方程和轴对称细环壳的一般解. 清华大学学报, 1979,19(1): 27-47.

[2] 钱伟长. 轴对称圆环壳级数解的收敛问题. 兰州大学学报,1979,(力学专刊).

[3] Perron O. Die Lehre von den Kettenbrüchen. Springer-Verlage, 1950: 第 7 章.

[4] Новожилов В В. 薄壳理论. 北京石油学院,译,北京: 科学出版社,1951.

General Solutions of Axial Symmetrical Ring Shells

Abstract This paper gives the general solutions of axial symmetrical ring shells all for values of slenderness ratio. This solution is new, and can be used to solve various practical problems, including corrugated tubes, thermal expansion joints, Borden tubes, etc.

两个积分公式的证明

摘要 在《关于一些三角级数的和》[1]一文中,有两个积分公式(42a),(42b)并未证明,即

$$I_1(x) = \int_0^x \frac{\sin\left(\frac{m}{2} - s'\right)\zeta}{\sin\frac{m}{2}\zeta} d\zeta = -\frac{2}{m}\sum_{k=1}^{m-1}\sin\frac{2\pi s'k}{m}\ln\left[\sin\left(\frac{x}{2} - \frac{\pi k}{m}\right)\right]$$

$$I_2(x) = \int_{\frac{\pi}{m}}^x \frac{\cos\left(\frac{m}{2} - s'\right)\zeta}{\sin\frac{m}{2}\zeta} d\zeta = \frac{2}{m}\ln\left\{\frac{\sin\frac{x}{2}}{\sin\frac{\pi}{2m}}\right\} + \frac{2}{m}\sum_{k=1}^{m-1}\cos\frac{2s'k\pi}{m}\ln\left\{\frac{\sin\left(\frac{x}{2} - \frac{k\pi}{m}\right)}{\sin(1-2k)\frac{\pi}{2m}}\right\}$$

中其 m, s' 都是整数,而且 $0 < s' < m$,本文给出了证明.

一、$I_1(x)$ 的证明

通过变换积分变量 $\zeta = 4\eta$,$I_1(x)$ 可以写成

$$I_1(x) = 4\int_0^{\frac{x}{4}} \frac{\sin(2m - 4s')\eta}{\sin 2m\eta} d\eta \tag{1}$$

我们有

$$\sin 2m\eta = 2m\sin\eta\cos\eta\prod_{k=1}^{m-1}\left(1 - \frac{\sin^2\eta}{\sin^2\left(\frac{k\pi}{2m}\right)}\right) \tag{2}$$

因为 $0 < s' < m$,所以 $|2m - 4s'| < 2m$,$\sin 2m\eta$ 为 $\sin\eta\cos\eta P_{m-1}$,其中 $P_{m-1} = P_{m-1}(\sin^2\zeta)$ 为 $m-1$ 次多项式,而 $\sin(2m-4s')\eta$ 为 $\cos\eta\sin\eta P_{|m-2s'|-1}$,其中 $P_{|m-2s'|-1}(\sin^2\zeta)$ 为 $\sin^2\zeta$ 的 $|m-2s'|-1$ 次多项式,所以 $\sin(2m-4s')\eta$ 的次数小于 $\sin 2m\eta$ 的次数,因而 $\sin(2m-4s')\eta\csc 2m\eta$ 必能展出为下列部分分式:

原载《应用数学与力学论文集》,南京:江苏科学技术出版社,1980:228-232.

$$\frac{\sin(2m-4s')\eta}{\sin 2m\eta} = \sum_{k=1}^{m-1} \frac{A_k}{1-\dfrac{\sin^2\eta}{\sin^2\left(\dfrac{k\pi}{2m}\right)}} \tag{3}$$

其中 A_k 为待定常数，上式也可以写成

$$\sin(2m-4s')\eta = \sum_{k=1}^{m-1} \frac{A_k \sin 2m\eta}{1-\dfrac{\sin^2\eta}{\sin^2\left(\dfrac{k\pi}{2m}\right)}} \tag{4}$$

在上式中，把 η 用 $\dfrac{k\pi}{2m}$ 代入，即得

$$\sin(2m-4s')\frac{k\pi}{2m} = A_k \frac{\dfrac{d}{d\eta}(\sin 2m\eta)}{\dfrac{d}{d\eta}\left[1-\dfrac{\sin^2\eta}{\sin^2\left(\dfrac{k\pi}{2m}\right)}\right]}\Bigg|_{\eta=\frac{k\pi}{2m}} = -A_k m \cos k\pi \tan\frac{k\pi}{2m} \tag{5}$$

但是

$$\sin(2m-4s')\frac{k\pi}{2m} = \sin\left(k\pi - \frac{2ks'\pi}{m}\right) = -\cos k\pi \sin\frac{2ks'\pi}{m} \tag{6}$$

从(5),(6)求得

$$A_k = \frac{1}{m}\cot\frac{k\pi}{2m}\sin\frac{2k\pi s'}{m} \tag{7}$$

把(7)式代入(3)式，然后代入(1)式，即得

$$I_1(x) = \frac{4}{m}\sum_{k=1}^{m-1}\cot\frac{k\pi}{2m}\sin\frac{2k\pi s'}{m}\int_0^{\frac{x}{4}}\frac{1}{1-\left[\dfrac{\sin\eta}{\sin\dfrac{k\pi}{2m}}\right]^2}d\eta \tag{8}$$

其中

$$\int_0^{\frac{x}{4}}\frac{1}{1-\left[\dfrac{\sin\eta}{\sin\dfrac{k\pi}{2m}}\right]^2}d\eta = \frac{1}{2}\tan\frac{k\pi}{2m}\ln\left[\frac{\sin\left(\dfrac{x}{4}+\dfrac{k\pi}{2m}\right)}{\sin\left(\dfrac{x}{4}-\dfrac{k\pi}{2m}\right)}\right] \tag{9}$$

所以,得

$$I_1(x) = \int_0^x \frac{\sin\left(\frac{m}{2} - s'\right)\zeta}{\sin\frac{m}{2}\zeta} d\zeta = \frac{2}{m} \sum_{k=1}^{m-1} \sin\frac{2k\pi s'}{m} \ln\left[\frac{\sin\left(\frac{x}{4} + \frac{k\pi}{2m}\right)}{\sin\left(\frac{x}{4} - \frac{k\pi}{2m}\right)}\right] \quad (10)$$

如果把 $k = m - k'$ 进行置换,可以证明

$$\sum_{k=1}^{m-1} \sin\frac{2k\pi s'}{m} \ln\sin\left(\frac{x}{4} + \frac{k\pi}{2m}\right) = \sum_{k'=m-1}^{1} \sin\frac{2\pi s'}{m}(m-k') \ln\left[\sin\left(\frac{x}{4} + \frac{\pi}{2m}(m-k')\right)\right]$$

$$= -\sum_{k'=m-1}^{1} \sin\frac{2\pi s' k'}{m} \ln\left[\cos\left(\frac{x}{4} - \frac{\pi k'}{2m}\right)\right]$$

$$= -\sum_{k=1}^{m-1} \sin\frac{2\pi s' k}{m} \ln\left[\cos\left(\frac{x}{4} - \frac{\pi k}{2m}\right)\right] \quad (11)$$

于是(10)式可以进一步简化为

$$I_1(x) = -\frac{2}{m} \sum_{k=1}^{m-1} \sin\frac{2\pi s' k}{m} \ln\left[\frac{1}{2}\sin\left(\frac{x}{2} - \frac{\pi k}{m}\right)\right] \quad (12)$$

根据三角关系(参考文献[1]的(11)式),我们有

$$\sum_{k=1}^{m-1} \sin\frac{2\pi s' k}{m} = \sin\pi s' \sin\left(\frac{m-1}{m}\right)\pi s' \csc\frac{\pi s'}{m} = 0 \quad (13)$$

所以,$I_1(x)$ 最后可以写成

$$I_1(x) = \int_0^x \frac{\sin\left(\frac{m}{2} - s'\right)\zeta}{\sin\frac{m}{2}\zeta} d\zeta = -\frac{2}{m} \sum_{k=1}^{m-1} \sin\frac{2\pi s' k}{m} \ln\left[\sin\left(\frac{x}{2} - \frac{\pi k}{m}\right)\right] \quad (14)$$

这就证明了 $I_1(x)$ 的积分式.

二、$I_2(x)$ 的证明

$I_1(x)$ 在变换积分变量后,可以写成

$$I_2(x) = \int_{\frac{\pi}{m}}^x \cos\left(\frac{m}{2} - s'\right)\zeta \csc\frac{m}{2}\zeta d\zeta = 4\int_{\frac{\pi}{4m}}^{\frac{x}{4}} \frac{\cos(2m - 4s')\eta}{\sin 2m\eta} d\eta \quad (15)$$

和 $I_1(x)$ 一样,可以展开为下列分式的积分之和,即

$$I_2(x) = -\frac{4}{m} \sum_{k=1}^{m-1} \cos\frac{2s'k\pi}{m} \cos^2\left(\frac{k\pi}{2m}\right) \int_{\frac{\pi}{4m}}^{\frac{x}{4}} \frac{1}{\sin\eta\cos\eta\left[1-\left(\dfrac{\sin\eta}{\sin\dfrac{k\pi}{2m}}\right)^2\right]} d\eta \quad (16)$$

但每一积分可以求得为

$$\int_{\frac{\pi}{4m}}^{\frac{x}{4}} \frac{1}{\sin\eta\cos\eta\left[1-\left(\dfrac{\sin\eta}{\sin\dfrac{k\pi}{2m}}\right)^2\right]} d\eta$$

$$= \int_{\frac{\pi}{4m}}^{\frac{x}{4}} \left\{ \frac{\cos\eta}{\sin\eta} - \left(\frac{\sin\dfrac{k\pi}{2m}}{\cos\dfrac{k\pi}{2m}}\right)^2 \frac{\sin\eta}{\cos\eta} + \frac{\sin\eta\cos\eta}{\sin^2\left(\dfrac{k\pi}{2m}\right)\cos^2\left(\dfrac{k\pi}{2m}\right)\left[1-\left(\dfrac{\sin\eta}{\sin\dfrac{k\pi}{2m}}\right)^2\right]} \right\} d\eta$$

$$= \ln\left[\frac{\sin\dfrac{x}{4}}{\sin\dfrac{\pi}{4m}}\right] + \left(\frac{\sin\dfrac{k\pi}{2m}}{\cos\dfrac{k\pi}{2m}}\right)^2 \ln\left[\frac{\cos\dfrac{x}{4}}{\cos\dfrac{\pi}{4m}}\right] - \frac{1}{2\cos^2\left(\dfrac{k\pi}{2m}\right)} \ln\left[\frac{\sin^2\left(\dfrac{x}{4}\right)-\sin^2\left(\dfrac{k\pi}{2m}\right)}{\sin^2\left(\dfrac{\pi}{4m}\right)-\sin^2\left(\dfrac{k\pi}{2m}\right)}\right]$$

(17)

而且，我们有

$$\frac{\sin^2\left(\dfrac{x}{4}\right)-\sin^2\left(\dfrac{k\pi}{2m}\right)}{\sin^2\left(\dfrac{\pi}{4m}\right)-\sin^2\left(\dfrac{k\pi}{2m}\right)} = \frac{\sin\left(\dfrac{x}{4}+\dfrac{k\pi}{2m}\right)\sin\left(\dfrac{x}{4}-\dfrac{k\pi}{2m}\right)}{\sin\left(\dfrac{\pi}{4m}(1+2k)\right)\sin\left(\dfrac{\pi}{4m}(1-2k)\right)} \quad (18)$$

因此，(16)式可以写成

$$I_2(x) = -\frac{4}{m} \sum_{k=1}^{m-1} \cos\frac{2\pi s'k}{m} \left\{ \cos^2\left(\frac{k\pi}{2m}\right) \ln\left[\frac{\sin\dfrac{x}{4}}{\sin\dfrac{\pi}{4m}}\right] + \sin^2\left(\frac{k\pi}{2m}\right) \ln\left[\frac{\cos\dfrac{x}{4}}{\cos\dfrac{\pi}{4m}}\right] \right.$$

$$\left. -\frac{1}{2}\ln\left[\frac{\sin\left(\dfrac{x}{4}+\dfrac{k\pi}{2m}\right)\sin\left(\dfrac{x}{4}-\dfrac{k\pi}{2m}\right)}{\sin\left[\dfrac{\pi}{4m}(1+2k)\right]\sin\left[\dfrac{\pi}{4m}(1-2k)\right]}\right] \right\} \quad (19)$$

我们利用三角公式

$$\sum_{k=1}^{k=m-1}\cos kx = \cos\frac{mx}{2}\sin\frac{m-1}{2}x\csc\frac{x}{2} \qquad (20)$$

可以证明

$$\sum_{k=1}^{m-1}\cos\frac{2ks'\pi}{m} = -1 \qquad (21)$$

$$\sum_{k=1}^{m-1}\cos\frac{2ks'\pi}{m}\cos\frac{k\pi}{m} = \frac{1}{2}\sum_{k=1}^{m-1}\left[\cos(2s'+1)\frac{k\pi}{m}+\cos(2s'-1)\frac{k\pi}{m}\right] = 0 \qquad (22)$$

于是，有

$$\left.\begin{array}{l}\displaystyle\sum_{k=1}^{m-1}\cos\frac{2ks'\pi}{m}\cos^2\left(\frac{k\pi}{2m}\right) = \frac{1}{2}\sum_{k=1}^{m-1}\cos\frac{2s'k\pi}{m}\left(1-\cos\frac{k\pi}{m}\right) = -\frac{1}{2} \\[2mm] \displaystyle\sum_{k=1}^{m-1}\cos\frac{2ks'\pi}{m}\sin^2\left(\frac{k\pi}{2m}\right) = \frac{1}{2}\sum_{k=1}^{m-1}\cos\frac{2s'k\pi}{m}\left(1+\cos\frac{k\pi}{m}\right) = -\frac{1}{2}\end{array}\right\} \qquad (23)$$

同时，设 $k = m - k'$，则 $k' = 1$ 时，$k = m-1$，而 $k' = m-1$ 时 $k = 1$，所以

$$\sum_{k=1}^{m-1}\cos\frac{2s'k\pi}{m}\ln\left[\sin\left(\frac{x}{4}+\frac{k\pi}{2m}\right)\right]$$

$$= \sum_{k'=m-1}^{1}\cos\frac{2s'\pi}{m}(m-k')\ln\left[\sin\left(\frac{x}{4}+\frac{\pi}{2m}(m-k')\right)\right]$$

$$= \sum_{k'=1}^{m-1}\cos\frac{2s'k'\pi}{m}\ln\left[\cos\left(\frac{x}{4}-\frac{\pi}{2m}k'\right)\right] \qquad (24)$$

又

$$\sum_{k=1}^{m-1}\cos\frac{2s'k\pi}{m}\ln\left[\sin(1+2k)\frac{\pi}{4m}\right] = \sum_{k=1}^{m-1}\cos\frac{2s'k\pi}{m}\ln\left[\cos(1-2k)\frac{\pi}{4m}\right] \qquad (25)$$

利用了(21),(22),(23),(24),(25)以后，(19)式可以简化为

$$I_2(x) = \frac{2}{m}\ln\left[\frac{\sin\frac{x}{2}}{\sin\frac{\pi}{2m}}\right] + \frac{2}{m}\sum_{k=1}^{m-1}\cos\frac{2s'k\pi}{m}\ln\left[\frac{\sin\left(\frac{x}{2}-\frac{k\pi}{m}\right)}{\sin(1-2k)\frac{\pi}{2m}}\right]$$

这就是 $I_2(x)$ 的表达式.

以上证明了一切结果.

参考文献

[1] 钱伟长. 关于一些三角级数的和. 清华大学学报, 1978, 18(4): 53-78.

$\sum\limits_{k=1}^{\infty} \dfrac{\cos kx}{k \pm \dfrac{s}{m}}$, $\sum\limits_{k=1}^{\infty} \dfrac{\sin kx}{k \pm \dfrac{s}{m}}$ 的数值表

本表根据《关于一些三角级数的和》第(100)式计算求得,即

$$\sum_{k=1}^{\infty} \frac{\cos kx}{k \pm \dfrac{s}{m}} = -\sum_{k=0}^{t} \frac{m\cos kx}{s-mk} + \frac{\pi}{2}\cos\left[\frac{sx}{m}-(2n+1)\frac{s\pi}{m}\right]\csc\frac{s\pi}{m}$$

$$-\sum_{k=0}^{m-1}\cos\left[\frac{sx}{m}-(n+k)\frac{2\pi s}{m}\right]\ln\left[\sin\left(\frac{x}{2m}-\frac{n+k}{m}\pi\right)\right]$$

$$\sum_{k=1}^{\infty} \frac{\sin kx}{k \pm \dfrac{s}{m}} = \sum_{k=0}^{t} \frac{m\sin kx}{s-mk} - \frac{\pi}{2}\sin\left[\frac{sx}{m}-(2n+1)\frac{s\pi}{m}\right]\csc\frac{s\pi}{m}$$

$$+\sum_{k=0}^{m-1}\sin\left[\frac{sx}{m}-(n+k)\frac{2\pi s}{m}\right]\ln\left[\sin\left(\frac{x}{2m}-\frac{n+k}{m}\pi\right)\right]$$

$$\sum_{k=1}^{\infty} \frac{\cos kx}{k - \dfrac{s}{m}} = -\sum_{k=1}^{t} \frac{m\cos kx}{s-mk} - \frac{\pi}{2}\cos\left[\frac{sx}{m}-(2n+1)\frac{s\pi}{m}\right]\csc\frac{s\pi}{m}$$

$$-\sum_{k=0}^{m-1}\cos\left[\frac{sx}{m}-(n+k)\frac{2\pi s}{m}\right]\ln\left[\sin\left(\frac{x}{2m}-\frac{n+k}{m}\pi\right)\right]$$

$$\sum_{k=1}^{\infty} \frac{\sin kx}{k - \dfrac{s}{m}} = -\sum_{k=1}^{t} \frac{m\sin kx}{s-mk} - \frac{\pi}{2}\sin\left[\frac{sx}{m}-(2n+1)\frac{s\pi}{m}\right]\csc\frac{s\pi}{m}$$

$$-\sum_{k=0}^{m-1}\sin\left[\frac{sx}{m}-(n+k)\frac{2\pi s}{m}\right]\ln\left[\sin\left(\frac{x}{2m}-\frac{n+k}{m}\pi\right)\right]$$

其中 $t < \dfrac{s}{m} < t+1$, $2n\pi < x < (2n+2)\pi$ $(n=0, 1, 2, \cdots)$.

原载《应用数学和力学论文集》,南京:江苏科学技术出版社,1980:233-265.

表1 $\sum_{k=1}^{\infty}\dfrac{\cos kx}{k+\alpha}$ $\alpha=0, 0.1, 0.2, 0.3, 0.4, 0.5, 0.6, 0.7, 0.8, 0.9, 1.0$, $x=0°\sim 180°$, $\Delta x=1°$

$x/(°)$	$\alpha=0$	0.1	0.2	0.3	0.4	0.5	0.6	0.7	0.8	0.9	1.0	$x/(°)$
1	4.048 24	3.897 51	3.766 60	3.648 35	3.543 22	3.448 02	3.364 11	3.281 26	3.207 45	3.138 88	3.074 89	1
2	3.355 13	3.207 09	3.077 75	2.963 22	2.869 69	2.768 04	2.688 67	2.606 32	2.534 98	2.468 86	2.407 30	2
3	2.949 73	2.804 39	2.677 64	2.565 67	2.465 66	2.375 49	2.293 55	2.213 59	2.149 61	2.085 80	2.026 53	3
4	2.662 14	2.519 42	2.395 87	2.285 82	2.188 26	2.100 48	2.020 89	1.948 22	1.881 49	1.819 91	1.762 79	4
5	2.439 11	2.299 02	2.177 41	2.070 42	1.976 25	1.889 80	1.812 48	1.742 03	1.677 47	1.617 97	1.562 93	5
6	2.256 93	2.119 44	2.000 34	1.895 77	1.802 93	1.719 75	1.644 82	1.573 31	1.513 82	1.456 36	1.403 28	6
7	2.102 94	1.968 04	1.851 41	1.749 21	1.658 66	1.577 69	1.504 70	1.438 45	1.377 96	1.323 43	1.271 25	7
8	1.969 60	1.837 26	1.723 07	1.623 20	1.534 89	1.496 08	1.385 16	1.321 00	1.263 45	1.208 71	1.159 33	8
9	1.852 03	1.722 23	1.610 45	1.512 88	1.428 77	1.350 03	1.281 15	1.218 84	1.162 15	1.110 31	1.062 67	9
10	1.746 91	1.619 63	1.510 23	1.414 92	1.330 95	1.256 29	1.189 35	1.128 93	1.074 05	1.023 94	0.977 99	10
11	1.651 87	1.527 09	1.420 04	1.326 95	1.245 10	1.172 44	1.107 41	1.048 81	0.995 69	0.947 27	0.902 93	11
12	1.565 13	1.442 85	1.338 13	1.247 23	1.187 44	1.096 74	1.033 58	0.976 76	0.925 34	0.878 55	0.835 76	12
13	1.485 42	1.365 59	1.263 16	1.174 41	1.096 66	1.027 88	0.966 54	0.911 46	0.861 69	0.816 46	0.775 19	13
14	1.411 66	1.294 26	1.194 10	1.107 48	1.031 72	0.964 82	0.905 27	0.851 87	0.803 69	0.760 00	0.720 18	14
15	1.343 03	1.228 06	1.130 14	1.045 65	0.971 82	0.906 76	0.848 94	0.797 18	0.750 57	0.708 36	0.669 95	15
16	1.278 89	1.166 32	1.078 62	0.988 16	0.916 28	0.853 03	0.796 91	0.746 75	0.701 66	0.660 88	0.623 83	16
17	1.218 68	1.108 50	1.014 99	0.934 56	0.864 58	0.803 10	0.748 64	0.700 05	0.656 42	0.617 04	0.581 33	17
18	1.161 97	1.054 15	0.982 82	0.884 39	0.816 27	0.756 52	0.703 68	0.656 62	0.614 43	0.576 41	0.541 96	18
19	1.108 37	1.002 90	0.913 71	0.837 26	0.770 97	0.712 93	0.661 68	0.616 10	0.575 32	0.538 61	0.505 41	19
20	1.057 58	0.954 43	0.867 37	0.792 87	0.728 37	0.672 00	0.622 31	0.578 19	0.538 76	0.503 34	0.471 35	20

续表

$x/(°)$	$a=0$	0.1	0.2	0.3	0.4	0.5	0.6	0.7	0.8	0.9	1.0	$x/(°)$
21	1.009 31	0.908 47	0.823 51	0.750 93	0.688 21	0.633 48	0.585 30	0.542 61	0.504 52	0.470 34	0.439 52	21
22	0.963 34	0.864 79	0.781 91	0.711 23	0.650 25	0.597 12	0.550 45	0.509 14	0.472 34	0.439 38	0.409 70	22
23	0.919 46	0.823 19	0.742 37	0.673 55	0.614 28	0.562 74	0.517 53	0.477 58	0.442 05	0.410 27	0.381 70	23
24	0.877 50	0.783 48	0.704 69	0.637 73	0.580 15	0.530 16	0.486 38	0.447 76	0.413 46	0.382 84	0.355 35	24
25	0.837 30	0.745 52	0.668 74	0.603 80	0.547 69	0.499 25	0.456 85	0.419 53	0.388 44	0.356 94	0.330 49	25
26	0.798 73	0.709 17	0.634 38	0.571 04	0.518 77	0.469 80	0.428 81	0.392 76	0.360 85	0.332 43	0.307 02	26
27	0.761 66	0.674 71	0.601 49	0.539 93	0.487 27	0.441 77	0.402 13	0.367 32	0.336 56	0.309 22	0.284 80	27
28	0.735 99	0.640 83	0.569 96	0.510 15	0.459 08	0.415 04	0.376 72	0.343 13	0.313 50	0.287 20	0.263 74	28
29	0.681 63	0.606 64	0.539 70	0.481 63	0.432 11	0.389 49	0.352 47	0.320 08	0.291 55	0.266 27	0.243 76	29
30	0.658 48	0.577 64	0.510 61	0.454 24	0.406 28	0.365 05	0.329 31	0.298 08	0.270 63	0.246 35	0.224 76	30
31	0.626 47	0.547 76	0.482 52	0.427 95	0.381 50	0.341 65	0.307 18	0.277 09	0.250 68	0.227 37	0.206 68	31
32	0.595 52	0.518 94	0.455 66	0.408 66	0.357 71	0.319 21	0.285 95	0.257 00	0.231 63	0.209 27	0.189 45	32
33	0.565 58	0.491 10	0.429 68	0.378 31	0.334 84	0.297 68	0.265 63	0.237 78	0.213 41	0.191 67	0.173 01	33
34	0.536 58	0.464 19	0.404 60	0.354 86	0.312 84	0.276 99	0.246 17	0.219 35	0.195 97	0.175 44	0.157 31	34
35	0.508 48	0.438 15	0.380 38	0.332 24	0.291 65	0.257 09	0.227 39	0.201 68	0.179 27	0.159 63	0.142 30	35
36	0.481 21	0.412 94	0.356 96	0.310 41	0.271 24	0.237 94	0.209 39	0.184 74	0.163 25	0.144 47	0.127 94	36
37	0.454 75	0.388 51	0.334 31	0.289 39	0.251 55	0.219 50	0.192 07	0.168 41	0.147 87	0.129 94	0.114 19	37
38	0.429 04	0.364 82	0.314 38	0.268 94	0.232 54	0.201 72	0.176 39	0.152 73	0.133 10	0.115 99	0.101 00	38
39	0.404 05	0.341 83	0.291 13	0.249 23	0.214 18	0.184 56	0.159 32	0.137 64	0.118 90	0.102 80	0.088 35	39
40	0.379 74	0.319 51	0.270 53	0.230 14	0.196 42	0.168 00	0.143 83	0.123 11	0.105 25	0.089 74	0.076 21	40

续表

$x/(°)$	$\alpha=0$	0.1	0.2	0.3	0.4	0.5	0.6	0.7	0.8	0.9	1.0	$x/(°)$
41	0.356 08	0.297 83	0.250 55	0.211 66	0.179 25	0.152 00	0.128 88	0.109 11	0.092 09	0.077 36	0.064 18	41
42	0.333 05	0.276 74	0.331 17	0.193 73	0.162 64	0.136 54	0.114 44	0.095 60	0.079 42	0.065 45	0.053 32	42
43	0.310 61	0.255 24	0.212 33	0.176 36	0.146 54	0.121 58	0.100 49	0.082 58	0.067 20	0.053 98	0.042 51	43
44	0.288 73	0.236 29	0.194 03	0.159 50	0.130 95	0.107 10	0.087 01	0.069 98	0.055 42	0.042 92	0.032 13	44
45	0.267 40	0.216 86	0.176 25	0.143 13	0.116 83	0.093 08	0.073 98	0.057 81	0.044 04	0.032 26	0.022 12	45
46	0.246 59	0.197 94	0.158 99	0.127 23	0.101 16	0.079 50	0.061 36	0.046 06	0.033 07	0.021 97	0.012 47	46
47	0.226 28	0.179 50	0.142 11	0.111 78	0.086 94	0.066 34	0.049 14	0.034 68	0.022 45	0.012 05	0.003 16	47
48	0.206 44	0.161 53	0.125 72	0.098 77	0.073 11	0.053 57	0.037 31	0.023 68	0.012 19	0.002 46	−0.005 82	48
49	0.187 07	0.144 00	0.109 76	0.082 17	0.059 69	0.041 14	0.025 84	0.013 03	0.002 27	−0.006 81	−0.014 50	49
50	0.168 14	0.126 89	0.094 21	0.067 96	0.046 64	0.029 16	0.014 72	0.002 70	−0.007 33	−0.015 73	−0.022 87	50
51	0.149 64	0.110 20	0.079 060	0.054 13	0.033 96	0.017 48	0.003 93	−0.007 29	−0.016 63	−0.024 43	−0.030 97	51
52	0.131 54	0.093 91	0.064 28	0.040 66	0.021 63	0.006 14	−0.006 54	−0.016 99	−0.025 63	−0.032 82	−0.038 80	52
53	0.113 85	0.077 99	0.049 88	0.027 55	0.009 63	−0.004 88	−0.016 70	−0.026 38	−0.034 36	−0.040 93	−0.046 47	53
54	0.096 53	0.062 44	0.035 82	0.014 77	−0.002 05	−0.015 60	−0.025 57	−0.035 51	−0.042 81	−0.048 80	−0.053 70	54
55	0.079 59	0.047 25	0.022 10	0.002 31	−0.013 42	−0.026 02	−0.036 16	−0.044 36	−0.051 02	−0.056 42	−0.061 37	55
56	0.063 00	0.032 39	0.008 71	−0.009 84	−0.024 49	−0.036 15	−0.045 47	−0.052 96	−0.058 97	−0.063 80	−0.067 67	56
57	0.046 76	0.017 87	−0.004 37	−0.021 68	−0.035 27	−0.046 02	−0.054 54	−0.051 32	−0.066 69	−0.070 96	−0.074 32	57
58	0.030 85	0.003 67	−0.017 14	−0.033 24	−0.045 70	−0.055 62	−0.063 35	−0.069 42	−0.074 19	−0.077 90	−0.080 78	58
59	0.015 27	−0.010 23	−0.029 67	−0.044 52	−0.056 03	−0.064 97	−0.071 92	−0.077 31	−0.081 47	−0.084 64	−0.087 03	59
60	0.000 00	−0.023 82	−0.041 81	−0.055 52	−0.066 02	−0.074 08	−0.080 26	−0.084 98	−0.088 54	−0.091 18	−0.089 31	60

续 表

$x/(°)$	$a=0$	0.1	0.2	0.3	0.4	0.5	0.6	0.7	0.8	0.9	1.0	$x/(°)$
61	−0.014 96	−0.037 13	−0.053 73	−0.066 27	−0.075 77	−0.082 96	−0.088 38	−0.092 43	−0.095 41	−0.097 53	−0.098 99	61
62	−0.029 63	−0.050 15	−0.065 39	−0.076 76	−0.085 27	−0.091 61	−0.096 29	−0.099 68	−0.102 09	−0.103 70	−0.104 70	62
63	−0.044 01	−0.062 91	−0.076 79	−0.087 02	−0.094 54	−0.100 04	−0.103 98	−0.106 74	−0.108 58	−0.109 69	−0.110 25	63
64	−0.058 12	−0.075 40	−0.087 93	−0.097 03	−0.103 59	−0.108 26	−0.111 48	−0.113 61	−0.114 89	−0.115 52	−0.115 64	64
65	−0.071 95	−0.087 83	−0.098 84	−0.106 82	−0.112 43	−0.116 27	−0.118 79	−0.120 30	−0.121 03	−0.121 17	−0.120 87	65
66	−0.085 52	−0.009 61	−0.109 51	−0.116 39	−0.121 06	−0.124 09	−0.125 91	−0.126 81	−0.127 01	−0.126 68	−0.125 96	66
67	−0.098 83	−0.111 36	−0.119 95	−0.125 74	−0.129 48	−0.131 72	−0.132 86	−0.133 15	−0.132 83	−0.132 04	−0.130 90	67
68	−0.111 89	−0.122 86	−0.130 18	−0.134 88	−0.137 71	−0.139 19	−0.139 62	−0.139 33	−0.138 49	−0.137 24	−0.135 70	68
69	−0.124 70	−0.134 14	−0.140 18	−0.143 83	−0.145 75	−0.146 44	−0.146 22	−0.145 35	−0.144 00	−0.142 31	−0.140 37	69
70	−0.137 28	−0.145 20	−0.149 98	−0.152 57	−0.153 61	−0.153 54	−0.152 66	−0.151 22	−0.149 38	−0.147 24	−0.144 92	70
71	−0.149 63	−0.156 04	−0.159 58	−0.161 13	−0.161 29	−0.160 46	−0.158 95	−0.156 95	−0.154 61	−0.152 04	−0.149 34	71
72	−0.161 75	−0.166 67	−0.168 98	−0.177 70	−0.168 69	−0.167 23	−0.165 08	−0.162 52	−0.159 71	−0.156 72	−0.153 64	72
73	−0.173 66	−0.177 09	−0.178 18	−0.185 71	−0.176 13	−0.173 84	−0.171 06	−0.167 97	−0.164 67	−0.161 27	−0.157 82	73
74	−0.185 34	−0.187 31	−0.187 21	−0.193 56	−0.183 31	−0.180 30	−0.176 90	−0.173 27	−0.169 52	−0.165 71	−0.161 90	74
75	−0.196 82	−0.197 34	−0.196 04	−0.201 25	−0.190 33	−0.186 61	−0.182 61	−0.178 45	−0.174 24	−0.170 03	−0.165 87	75
76	−0.208 09	−0.207 17	−0.204 70	−0.208 78	−0.197 19	−0.192 77	−0.188 18	−0.183 50	−0.178 84	−0.174 24	−0.169 73	76
77	−0.219 16	−0.216 82	−0.213 19	−0.216 14	−0.203 80	−0.198 80	−0.193 61	−0.188 44	−0.183 33	−0.178 34	−0.173 46	77
78	−0.230 03	−0.226 29	−0.221 51	−0.223 36	−0.210 47	−0.204 69	−0.198 93	−0.193 25	−0.187 71	−0.182 34	−0.177 16	78
79	−0.240 71	−0.235 58	−0.229 66	−0.230 42	−0.216 90	−0.210 45	−0.204 12	−0.197 95	−0.191 98	−0.186 24	−0.180 74	79
80	−0.251 21	−0.244 69	−0.237 65	−0.237 34	−0.223 19	−0.218 08	−0.209 19	−0.202 53	−0.196 15	−0.190 04	−0.184 22	80

续表

$x/(°)$	$a=0$	0.1	0.2	0.3	0.4	0.5	0.6	0.7	0.8	0.9	1.0	$x/(°)$
81	−0.261 59	−0.253 83	−0.245 49	0.237 34	−0.229 34	−0.221 59	−0.214 14	−0.207 01	−0.200 22	−0.193 75	−0.187 62	81
82	−0.271 64	−0.262 42	−0.253 17	−0.244 14	−0.230 36	−0.226 98	−0.218 98	−0.211 39	−0.204 19	−0.197 37	−0.190 92	82
83	−0.281 59	−0.271 04	−0.260 70	−0.250 76	−0.241 26	−0.232 24	−0.223 71	−0.215 76	−0.208 06	−0.200 89	−0.191 45	83
84	−0.291 37	−0.279 50	−0.268 10	−0.257 26	−0.247 03	−0.237 40	−0.228 34	−0.219 83	−0.211 14	−0.204 38	−0.197 29	84
85	−0.300 98	−0.287 80	−0.275 34	−0.263 63	−0.252 68	−0.242 24	−0.232 86	−0.223 91	−0.215 54	−0.209 70	−0.200 36	85
86	−0.310 42	−0.295 95	−0.282 45	−0.269 89	−0.258 21	−0.247 37	−0.237 28	−0.227 98	−0.219 14	0.210 98	−0.203 35	86
87	−0.319 70	−0.303 95	−0.289 42	−0.276 01	−0.263 63	−0.252 19	−0.241 60	−0.231 79	−0.223 67	−0.214 18	−0.206 27	87
88	−0.328 81	−0.311 80	−0.296 24	−0.282 01	−0.268 94	−0.256 91	−0.245 83	−0.236 59	−0.226 11	−0.217 31	−0.209 11	88
89	−0.337 77	−0.319 51	−0.302 95	−0.287 89	−0.274 13	−0.261 53	−0.249 96	−0.239 31	−0.229 47	−0.220 35	−0.211 90	89
90	−0.346 57	−0.327 08	−0.309 53	−0.293 65	−0.279 22	−0.266 05	−0.254 01	−0.242 94	−0.232 75	−0.223 33	−0.214 61	90
91	−0.355 22	−0.334 61	−0.315 98	−0.299 09	−0.284 20	−0.270 48	−0.257 96	−0.246 94	−0.235 95	−0.226 23	−0.217 25	91
92	−0.363 73	−0.341 81	−0.322 31	−0.304 83	−0.289 08	−0.274 81	−0.251 83	−0.249 96	−0.239 08	−0.229 07	−0.219 83	92
93	−0.372 08	−0.348 97	−0.328 51	−0.310 26	−0.293 86	−0.279 05	−0.265 61	−0.253 36	−0.242 14	−0.231 84	−0.222 35	93
94	−0.380 29	−0.356 01	−0.334 60	−0.315 57	−0.298 54	−0.283 20	−0.269 31	−0.256 67	−0.245 13	−0.231 52	−0.224 81	94
95	−0.388 36	−0.362 91	−0.340 57	−0.320 78	−0.303 12	−0.287 26	−0.272 93	−0.259 92	−0.248 05	−0.237 19	−0.227 21	95
96	−0.396 28	−0.369 69	−0.345 43	−0.325 89	−0.307 81	−0.291 23	−0.276 47	−0.263 09	−0.250 91	−0.239 77	−0.229 56	96
97	−0.404 07	−0.376 34	−0.354 18	−0.330 90	−0.312 01	−0.295 12	−0.279 93	−0.266 19	−0.253 70	−0.232 29	−0.231 85	97
98	−0.411 73	−0.382 88	−0.357 81	−0.335 81	−0.316 32	−0.298 93	−0.283 32	−0.269 22	−0.256 42	−0.244 76	−0.234 08	98
99	−0.419 24	−0.389 29	−0.363 34	−0.340 62	−0.320 54	−0.302 66	−0.286 64	−0.272 18	−0.259 09	−0.247 16	−0.236 27	99
100	−0.426 63	−0.395 59	−0.368 77	−0.345 33	−0.324 67	−0.306 31	−0.289 88	−0.275 08	−0.261 70	−0.249 51	−0.238 39	100

续表

$x/(°)$	$a=0$	0.1	0.2	0.3	0.4	0.5	0.6	0.7	0.8	0.9	1.0	$x/(°)$
101	−0.433 89	−0.401 77	−0.374 09	−0.349 96	−0.328 72	−0.309 88	−0.293 05	−0.277 02	−0.264 24	−0.251 81	−0.239 12	101
102	−0.441 02	−0.407 83	−0.379 30	−0.364 49	−0.332 60	−0.313 38	−0.296 16	−0.280 69	−0.266 73	−0.254 04	−0.242 51	102
103	−0.448 02	−0.413 79	−0.384 42	−0.358 93	−0.336 58	−0.316 81	−0.299 19	−0.283 40	−0.269 16	−0.256 25	−0.244 49	103
104	−0.454 90	−0.419 64	−0.389 44	−0.363 28	−0.340 38	−0.320 16	−0.302 17	−0.286 05	−0.271 53	−0.258 38	−0.246 43	104
105	−0.461 66	−0.425 36	−0.394 36	−0.367 54	−0.344 11	−0.323 44	−0.305 07	−0.288 64	−0.273 86	−0.260 48	−0.248 32	105
106	−0.468 30	−0.430 99	−0.399 18	−0.371 72	−0.347 76	−0.326 65	−0.307 92	−0.291 18	−0.276 13	−0.252 52	−0.250 17	106
107	−0.474 81	−0.436 52	−0.403 98	−0.375 82	−0.351 33	−0.329 79	−0.310 70	−0.293 65	−0.278 34	−0.264 52	−0.251 97	107
108	−0.481 21	−0.441 93	−0.408 56	−0.379 83	−0.354 83	−0.332 87	−0.313 42	−0.296 08	−0.280 51	−0.266 47	−0.253 73	108
109	−0.487 49	−0.447 25	−0.413 11	−0.383 76	−0.358 26	−0.335 88	−0.316 08	−0.298 45	−0.282 63	−0.268 38	−0.255 45	109
110	−0.493 66	−0.452 47	−0.417 57	−0.387 62	−0.361 62	−0.338 83	−0.318 69	−0.300 76	−0.284 70	−0.270 23	−0.257 13	110
111	−0.499 72	−0.457 48	−0.421 94	−0.391 39	−0.364 90	−0.341 71	−0.321 24	−0.300 03	−0.286 73	−0.270 25	−0.258 77	111
112	−0.505 66	−0.462 60	−0.426 23	−0.395 09	−0.368 12	−0.344 53	−0.323 73	−0.305 24	−0.288 71	−0.273 83	−0.260 38	112
113	−0.511 49	−0.467 51	−0.430 43	−0.398 71	−0.371 27	−0.347 29	−0.326 16	−0.307 40	−0.290 64	−0.275 56	−0.261 94	113
114	−0.517 21	−0.472 34	−0.434 54	−0.402 26	−0.373 45	−0.349 99	−0.328 55	−0.309 52	−0.292 53	−0.277 25	−0.263 47	114
115	−0.522 82	−0.477 07	−0.438 57	−0.405 73	−0.377 37	−0.352 64	−0.330 88	−0.311 59	−0.294 37	−0.278 91	−0.264 96	115
116	−0.528 33	−0.481 71	−0.442 52	−0.409 13	−0.380 36	−0.355 22	−0.333 15	−0.313 61	−0.296 17	−0.280 53	−0.266 41	116
117	−0.533 73	−0.486 26	−0.446 30	−0.412 46	−0.383 21	−0.357 75	−0.336 38	−0.315 58	−0.297 93	−0.282 11	−0.267 84	117
118	−0.539 02	−0.490 71	−0.450 18	−0.415 72	−0.386 04	−0.360 22	−0.337 56	−0.317 51	−0.299 65	−0.283 65	−0.269 22	118
119	−0.544 22	−0.495 07	−0.453 90	−0.418 90	−0.388 80	−0.362 64	−0.339 68	−0.319 39	−0.301 33	−0.285 15	−0.270 58	119
120	−0.549 31	−0.499 34	−0.457 53	−0.422 02	−0.391 51	−0.365 00	−0.341 76	−0.321 23	−0.302 98	−0.286 61	−0.271 90	120

续 表

$x/(°)$	$a=0$	0.1	0.2	0.3	0.4	0.5	0.6	0.7	0.8	0.9	1.0	$x/(°)$
121	−0.554 29	−0.503 53	−0.461 09	−0.425 08	−0.394 15	−0.367 31	−0.343 79	−0.323 43	−0.304 57	−0.288 05	−0.273 19	121
122	−0.559 18	−0.507 63	−0.464 57	−0.428 06	−0.396 74	−0.369 55	−0.345 78	−0.324 79	−0.306 13	−0.289 45	−0.274 44	122
123	−0.563 97	−0.511 64	−0.467 97	−0.430 99	−0.399 26	−0.371 77	−0.347 72	−0.326 50	−0.307 65	−0.290 81	−0.275 67	123
124	−0.568 66	−0.515 57	−0.471 31	−0.433 84	−0.401 74	−0.373 92	−0.349 61	−0.328 18	−0.309 14	−0.292 15	−0.276 87	124
135	−0.573 25	−0.519 42	−0.474 57	−0.436 63	−0.404 14	−0.376 03	−0.351 46	−0.329 81	−0.310 50	−0.293 44	−0.278 03	125
126	−0.577 74	−0.523 18	−0.477 75	−0.439 37	−0.406 51	−0.378 08	−0.353 26	−0.331 40	−0.312 02	−0.294 71	−0.279 17	126
127	−0.582 14	−0.526 86	−0.480 87	−0.442 03	−0.408 81	−0.380 09	−0.355 02	−0.332 96	−0.313 40	−0.295 95	−0.280 28	127
128	−0.586 4p	−0.530 46	−0.483 91	−0.444 64	−0.411 06	−0.382 05	−0.356 74	−0.334 48	−0.314 75	−0.297 14	−0.281 36	128
129	−0.590 65	−0.533 98	−0.486 90	−0.447 18	−0.413 25	−0.383 96	−0.358 42	−0.335 96	−0.316 06	−0.298 32	−0.282 41	129
130	−0.594 77	−0.537 41	−0.489 80	−0.449 66	−0.415 40	−0.385 83	−0.360 05	−0.337 40	−0.317 34	−0.299 47	−0.283 44	130
131	−0.598 79	−0.540 77	−0.492 63	−0.452 10	−0.417 49	−0.387 65	−0.361 65	−0.338 81	−0.318 59	−0.300 58	−0.284 44	131
132	−0.602 72	−0.544 05	−0.495 41	−0.454 46	−0.419 54	−0.389 42	−0.363 20	−0.340 18	−0.319 81	−0.301 67	−0.285 41	132
133	−0.606 56	−0.547 25	−0.498 11	−0.456 77	−0.421 52	−0.391 15	−0.364 71	−0.341 51	−0.320 99	−0.302 72	−0.286 36	133
134	−0.610 31	−0.550 38	−0.500 76	−0.459 02	−0.423 46	−0.392 83	−0.366 18	−0.342 81	−0.322 14	−0.303 74	−0.287 28	134
135	−0.613 97	−0.553 43	−0.503 32	−0.461 21	−0.425 35	−0.394 48	−0.367 63	−0.344 08	−0.323 27	−0.304 74	−0.288 17	135
136	−0.617 54	−0.556 40	−0.505 83	−0.463 35	−0.427 19	−0.396 07	−0.369 03	−0.345 31	−0.324 36	−0.305 72	−0.289 05	136
137	−0.621 03	−0.559 30	−0.508 27	−0.465 43	−0.428 99	−0.397 63	−0.370 38	−0.346 51	−0.325 42	−0.306 65	−0.289 89	137
138	−0.624 42	−0.562 12	−0.510 56	−0.467 46	−0.430 73	−0.399 14	−0.371 71	−0.347 67	−0.326 46	−0.307 59	−0.280 72	138
139	−0.627 73	−0.564 88	−0.512 97	−0.469 43	−0.432 43	−0.400 62	−0.372 99	−0.348 83	−0.327 45	−0.308 48	−0.281 52	139
140	−0.630 94	−0.567 55	−0.515 23	−0.471 36	−0.434 08	−0.402 05	−0.374 24	−0.349 90	−0.328 42	−0.309 32	−0.292 29	140

续表

$x/(°)$	$a=0$	0.1	0.2	0.3	0.4	0.5	0.6	0.7	0.8	0.9	1.0	$x/(°)$
141	−0.634 08	−0.570 16	−0.517 42	−0.473 22	−0.435 68	−0.403 44	−0.375 46	−0.350 97	−0.329 37	−0.310 19	−0.293 05	141
142	−0.637 13	−0.572 69	−0.519 55	−0.475 03	−0.437 24	−0.404 79	−0.376 64	−0.352 01	−0.330 29	−0.311 01	−0.293 78	142
143	−0.640 09	−0.575 15	−0.521 62	−0.476 79	−0.438 75	−0.406 10	−0.377 78	−0.353 01	−0.331 18	−0.311 80	−0.294 48	143
144	−0.642 97	−0.577 54	−0.523 63	−0.478 50	−0.440 22	−0.407 37	−0.378 89	−0.353 99	−0.332 04	−0.312 56	−0.295 17	144
145	−0.645 76	−0.579 86	−0.525 57	−0.480 16	−0.441 64	−0.408 60	−0.379 96	−0.354 94	−0.332 87	−0.313 31	−0.295 84	145
146	−0.648 47	−0.582 10	−0.527 46	−0.481 75	−0.443 02	−0.409 79	−0.381 01	−0.355 85	−0.333 69	−0.314 03	−0.296 48	146
147	−0.651 09	−0.584 28	−0.529 29	−0.483 32	−0.444 35	−0.410 94	−0.382 01	−0.356 73	−0.334 47	−0.314 72	−0.297 10	147
148	−0.653 64	−0.586 39	−0.531 06	−0.484 82	−0.445 64	−0.412 06	−0.382 99	−0.357 59	−0.335 22	−0.315 39	−0.297 70	148
149	−0.656 10	−0.588 42	−0.532 78	−0.488 27	−0.446 88	−0.413 14	−0.383 93	−0.358 41	−0.335 95	−0.316 04	−0.298 28	149
150	−0.658 48	−0.590 40	−0.534 43	−0.487 68	−0.448 09	−0.414 18	−0.384 83	−0.359 21	−0.336 66	−0.316 66	−0.298 84	150
151	−0.660 78	−0.592 30	−0.536 02	−0.489 03	−0.449 25	−0.415 18	−0.335 71	−0.359 98	−0.337 34	−0.317 27	−0.299 38	151
152	−0.662 99	−0.594 13	−0.537 56	−0.490 34	−0.450 37	−0.416 15	−0.386 55	−0.360 72	−0.337 99	−0.317 85	−0.299 90	152
153	−0.665 13	−0.596 91	−0.539 05	−0.491 60	−0.451 45	−0.417 09	−0.387 36	−0.361 43	−0.338 62	−0.318 41	−0.300 40	153
154	−0.667 18	−0.597 61	−0.540 48	−0.492 81	−0.452 49	−0.417 98	−0.338 14	−0.362 11	−0.339 22	−0.313 95	−0.300 88	154
155	−0.669 16	−0.599 24	−0.541 85	−0.493 97	−0.453 48	−0.418 84	−0.388 89	−0.362 77	−0.339 80	−0.319 46	−0.301 34	155
156	−0.671 05	−0.600 81	−0.543 16	−0.495 08	−0.454 43	−0.419 66	−0.389 61	−0.363 40	−0.340 36	−0.319 96	−0.301 78	156
157	−0.672 87	−0.602 31	−0.544 42	−0.496 15	−0.455 35	−0.420 45	−0.390 30	−0.364 00	−9.340 89	−0.320 43	−0.302 20	157
158	−0.674 60	−0.603 75	−0.545 62	−0.497 17	−0.456 22	−0.421 20	−0.390 95	−0.364 58	−0.341 40	−0.320 88	−0.302 60	158
159	−0.676 26	−0.606 41	−0.546 76	−0.498 14	−0.457 05	−0.421 92	−0.391 58	−0.365 12	−0.341 88	−0.321 31	−0.302 98	159
160	−0.677 84	−0.608 42	−0.547 86	−0.499 06	−0.457 84	−0.422 61	−0.392 17	−0.365 64	−0.342 34	−0.321 72	−0.303 35	160

续表

$x/(°)$	$\alpha=0$	0.1	0.2	0.3	0.4	0.5	0.6	0.7	0.8	0.9	1.0	$x/(°)$
161	−0.679 34	−0.607 66	−0.548 90	−0.499 94	−0.458 59	−0.423 25	−0.392 74	−0.366 14	−0.342 78	−0.322 10	−0.303 69	161
162	−0.680 76	−0.608 83	−0.549 88	−0.500 78	−0.459 31	−0.423 87	−0.393 27	−0.366 61	−0.343 19	−0.322 47	−0.304 02	162
163	−0.682 10	−0.609 94	−0.550 81	−0.501 56	−0.459 98	−0.424 45	−0.393 78	−0.367 05	−0.343 58	−0.322 82	−0.304 33	163
164	−0.683 37	−0.610 99	−0.551 68	−0.502 30	−0.460 61	−0.425 00	−0.394 25	−0.367 47	−0.343 95	−0.323 14	−0.304 62	164
165	−0.684 65	−0.614 97	−0.552 50	−0.503 00	−0.461 21	−0.425 51	−0.394 70	−0.367 86	−0.344 29	−0.323 45	−0.304 89	165
166	−0.685 67	−0.612 88	−0.553 27	−0.503 65	−0.461 76	−0.425 99	−0.395 11	−0.368 22	−0.344 61	−0.323 73	−0.305 15	166
167	−0.686 70	−0.613 73	−0.553 98	−0.504 25	−0.462 28	−0.426 43	−0.395 50	−0.368 56	−0.344 91	−0.324 00	−0.305 38	167
168	−0.687 65	−0.614 52	−0.554 64	−0.504 81	−0.462 76	−0.426 84	−0.395 86	−0.368 87	−0.345 19	−0.324 24	−0.305 60	168
169	−0.688 53	−0.615 25	−0.555 25	−0.505 32	−0.463 19	−0.427 22	0.396 19	−0.369 16	−0.345 44	−0.324 47	−0.305 80	169
170	−0.689 33	−0.615 91	−0.555 80	−0.506 79	−0.463 59	−0.427 57	−0.396 49	−0.369 43	−0.345 67	−0.324 68	−0.305 98	170
171	−0.690 06	−0.616 51	−0.556 30	−0.506 22	−0.463 95	−0.427 88	−0.396 77	−0.369 66	−0.345 88	−0.324 86	−0.306 15	171
172	−0.690 71	−0.617 04	−0.556 57	−0.506 59	−0.464 28	−0.428 16	−0.397 00	−0.369 87	−0.345 07	−0.325 02	−0.306 30	172
173	−0.691 28	−0.617 52	−0.557 15	−0.506 92	−0.464 56	−0.428 40	−0.397 21	−0.370 06	−0.345 19	−0.325 17	−0.306 43	173
174	−0.691 78	−0.617 93	−0.557 49	−0.507 21	−0.464 81	−0.428 62	−0.397 40	−0.370 22	−0.346 38	−0.325 30	−0.306 54	174
175	−0.692 19	−0.618 27	−0.557 78	−0.507 46	−0.465 02	−0.428 80	−0.397 55	−0.370 36	−0.346 50	−0.325 40	−0.306 64	175
176	−0.692 54	−0.618 55	−0.558 02	−0.597 66	−0.465 19	−0.428 94	−0.397 68	−0.370 47	−0.346 60	−0.325 49	−0.306 71	176
177	−0.692 80	−0.618 77	−0.551 20	−0.507 81	−0.465 32	−0.429 06	−0.397 78	−0.370 56	−0.346 67	−0.325 55	−0.306 78	177
178	−0.692 99	−0.618 93	−0.558 33	−0.507 92	−0.465 42	−0.429 14	−0.397 85	−0.370 62	−0.346 73	−0.325 61	−0.306 81	178
179	−0.693 11	−0.619 03	−0.558 41	−0.507 99	−0.465 47	−0.429 19	−0.397 90	−0.370 66	−0.346 76	−0.326 64	−0.306 84	179
180	−0.693 15	−0.619 06	−0.558 43	−0.508 01	−0.465 49	−0.429 20	−0.397 91	−0.370 67	−0.346 77	−0.326 65	−0.306 85	180

表 2 $\sum_{k=1}^{\infty} \frac{\sin kx}{k+\alpha}$ $\alpha=0, 0.1, 0.2, 0.3, 0.4, 0.5, 0.6, 0.7, 0.8, 0.9, 1.0$, $x=0°\sim 180°$, $\Delta x=1°$

$x/(°)$	$\alpha=0$	0.1	0.2	0.3	0.4	0.5	0.6	0.7	0.8	0.9	1.0	$x/(°)$
0	1.570 80	1.570 80	1.570 80	1.570 80	1.570 80	1.570 80	1.570 80	1.570 80	1.570 80	1.570 80	1.570 80	0
1	1.562 07	1.553 52	1.545 44	1.537 75	1.530 39	1.523 31	1.516 48	1.509 87	1.503 47	1.497 24	1.491 18	1
2	1.533 34	1.538 67	1.524 91	1.511 92	1.499 59	1.487 81	1.476 52	1.465 67	1.455 21	1.446 02	1.436 25	2
3	1.544 62	1.524 72	1.505 19	1.488 80	1.472 36	1.456 76	1.441 88	1.427 64	1.413 97	1.400 81	1.388 12	3
4	1.535 89	1.511 36	1.488 63	1.464 40	1.447 44	1.428 56	1.410 63	1.393 54	1.377 19	1.361 52	1.346 45	4
5	1.527 16	1.498 43	1.471 94	1.447 29	1.424 21	1.402 46	1.381 88	1.362 32	1.343 68	1.325 85	1.308 77	5
6	1.518 44	1.485 86	1.455 93	1.428 20	1.402 31	1.378 01	1.356 08	1.333 36	1.312 71	1.293 03	1.274 21	6
7	1.509 71	1.473 57	1.440 49	1.409 94	1.381 52	1.354 91	1.329 86	1.306 24	1.283 82	1.262 50	1.242 17	7
8	1.500 98	1.451 52	1.425 53	1.392 39	1.361 65	1.332 95	1.306 04	1.280 68	1.256 68	1.233 92	1.212 76	8
9	1.492 26	1.449 69	1.410 95	1.335 46	1.342 60	1.312 00	1.283 37	1.256 45	1.231 05	1.207 00	1.184 16	9
10	1.483 53	1.438 05	1.396 82	1.359 07	1.324 25	1.291 91	1.261 71	1.233 39	1.206 72	1.181 51	1.157 64	10
11	1.474 80	1.426 58	1.382 98	1.343 17	1.306 54	1.272 59	1.240 97	1.211 37	1.183 56	1.157 33	1.132 52	11
12	1.466 08	1.416 26	1.369 44	1.327 71	1.289 39	1.257 97	1.221 04	1.190 28	1.161 43	1.134 27	1.108 64	12
13	1.457 34	1.404 08	1.358 18	1.312 65	1.272 77	1.235 98	1.201 84	1.170 02	1.140 23	1.112 24	1.085 85	13
14	1.448 62	1.393 04	1.343 18	1.297 95	1.256 61	1.218 56	1.183 32	1.150 53	1.119 88	1.091 14	1.064 08	14
15	1.439 90	1.382 17	1.330 38	1.233 59	1.240 89	1.201 66	1.165 41	1.131 73	1.100 31	1.070 88	1.043 23	15
16	1.431 17	1.371 29	1.317 81	1.269 54	1.225 58	1.185 27	1.148 07	1.113 58	1.081 45	1.051 41	1.023 22	16
17	1.422 44	1.360 58	1.305 45	1.255 78	1.210 64	1.169 32	1.131 26	1.096 02	1.063 25	1.032 65	1.004 01	17
18	1.413 72	1.349 97	1.293 27	1.242 29	1.196 05	1.153 79	1.114 93	1.079 01	1.045 65	1.014 55	0.985 46	18
19	1.404 99	1.339 45	1.281 27	1.229 06	1.181 78	1.138 65	1.099 07	1.062 51	1.028 62	0.997 07	0.967 59	19
20	1.396 26	1.329 01	1.269 43	1.216 07	1.167 82	1.123 88	1.083 61	1.046 49	1.012 12	0.981 7	0.950 35	20

续 表

$x/(°)$	$\alpha=0$	0.1	0.2	0.3	0.4	0.5	0.6	0.7	0.8	0.9	1.0	$x/(°)$
21	1.387 54	1.318 66	1.257 77	1.203 30	1.154 15	1.109 46	1.068 56	1.030 92	0.996 11	0.963 79	0.933 67	21
22	1.378 81	1.308 39	1.246 23	1.190 75	1.140 75	1.095 37	1.053 89	1.015 77	0.980 57	0.947 93	0.917 54	22
23	1.370 08	1.298 19	1.234 84	1.178 39	1.127 62	1.081 58	1.039 57	1.001 02	0.965 46	0.932 53	0.901 90	23
24	1.361 36	1.288 06	1.223 59	1.166 24	1.114 72	1.068 09	1.025 59	0.986 64	0.950 76	0.917 57	0.886 75	24
25	1.352 63	1.278 00	1.212 46	1.154 26	1.102 06	1.054 78	1.011 93	0.972 62	0.936 45	0.903 04	0.872 04	25
26	1.343 90	1.268 00	1.201 48	1.143 46	1.080 62	1.041 92	0.998 56	0.958 93	0.922 51	0.888 90	0.857 75	26
27	1.335 18	1.258 07	1.190 58	1.130 82	1.077 39	1.029 21	0.985 49	0.945 66	0.908 92	0.875 13	0.843 87	27
28	1.346 45	1.248 20	1.179 81	1.119 35	1.065 36	1.016 75	0.972 69	0.932 50	0.896 56	0.861 73	0.830 35	28
29	1.317 72	1.238 38	1.169 15	1.108 03	1.053 52	1.004 52	0.960 14	0.919 72	0.882 71	0.848 65	0.817 19	29
30	1.309 00	1.228 82	1.158 59	1.096 85	1.041 87	0.992 49	0.947 64	0.907 22	0.870 06	0.835 90	0.804 38	30
31	1.300 27	1.218 91	1.148 13	1.085 81	1.030 39	0.980 68	0.935 79	0.894 98	0.857 69	0.823 46	0.791 89	31
32	1.291 54	1.209 25	1.137 77	1.074 91	1.019 08	0.969 08	0.923 95	0.882 99	0.845 60	0.811 30	0.779 71	32
33	1.282 82	1.199 64	1.127 50	1.064 14	1.007 94	0.957 66	0.912 34	0.871 24	0.833 76	0.799 42	0.767 82	33
34	1.274 09	1.190 08	1.117 31	1.053 50	0.996 95	0.946 42	0.900 94	0.859 72	0.822 18	0.787 83	0.756 21	34
35	1.265 36	1.180 57	1.107 22	1.042 97	0.986 12	0.935 37	0.889 73	0.848 43	0.810 84	0.776 46	0.744 88	35
36	1.256 64	1.171 10	1.097 20	1.032 66	0.975 43	0.924 48	0.878 72	0.837 34	0.799 72	0.765 34	0.733 79	36
37	1.247 91	1.161 67	1.087 27	1.022 27	0.964 88	0.913 76	0.867 89	0.826 46	0.788 82	0.754 46	0.722 95	37
38	1.239 18	1.152 29	1.077 42	1.012 08	0.954 46	0.903 20	0.857 24	0.815 77	0.778 13	0.743 80	0.712 35	38
39	1.230 46	1.142 95	1.067 64	1.001 99	0.944 17	0.892 78	0.846 76	0.805 27	0.767 65	0.733 36	0.701 97	39
40	1.221 73	1.133 64	1.057 93	0.992 01	0.934 01	0.882 52	0.836 45	0.794 95	0.757 36	0.723 12	0.691 81	40

续 表

$x/(°)$	$\alpha=0$	0.1	0.2	0.3	0.4	0.5	0.6	0.7	0.8	0.9	1.0	$x/(°)$
41	1.231 00	1.124 38	1.048 29	0.982 13	0.923 98	0.872 40	0.826 29	0.784 81	0.747 25	0.713 09	0.682 17	41
42	1.204 28	1.115 15	1.038 73	0.972 34	0.914 06	0.862 41	0.816 29	0.774 83	0.737 33	0.703 23	0.672 10	42
43	1.195 55	1.105 96	1.029 23	0.962 65	0.904 25	0.852 56	0.806 44	0.765 01	0.727 58	0.693 57	0.662 54	43
44	1.186 82	1.096 80	1.019 79	0.953 04	0.894 56	0.842 83	0.796 73	0.755 36	0.718 00	0.684 09	0.653 16	44
45	1.178 10	1.087 68	1.010 42	0.943 52	0.884 97	0.833 24	0.787 16	0.745 85	0.707 58	0.674 77	0.643 96	45
46	1.169 37	1.078 59	1.001 11	0.934 09	0.875 46	0.823 76	0.777 73	0.736 49	0.699 31	0.665 62	0.634 93	46
47	1.160 64	1.069 54	0.991 85	0.924 74	0.866 10	0.814 39	0.768 42	0.727 27	0.690 20	0.656 62	0.626 07	47
48	1.151 92	1.060 51	0.982 66	0.915 46	0.856 82	0.805 14	0.759 24	0.718 19	0.681 23	0.647 78	0.617 37	48
49	1.143 18	1.051 52	0.973 52	0.906 27	0.847 63	0.795 00	0.750 19	0.709 24	0.672 40	0.639 09	0.608 82	49
50	1.134 46	1.042 56	0.964 44	0.897 15	0.838 53	0.788 97	0.741 25	0.700 41	0.662 71	0.630 54	0.600 42	50
51	1.125 74	1.033 62	0.955 41	0.888 10	0.829 52	0.778 04	0.732 42	0.691 71	0.655 15	0.622 13	0.592 16	51
52	1.117 01	1.024 72	0.946 43	0.879 13	0.820 60	0.769 21	0.723 71	0.683 14	0.646 72	0.613 86	0.584 04	52
53	1.108 28	1.015 84	0.937 51	0.870 22	0.811 77	0.760 48	0.715 11	0.674 68	0.638 41	0.605 71	0.576 06	53
54	1.099 56	1.006 99	0.928 63	0.861 39	0.803 01	0.751 84	0.706 61	0.666 33	0.630 23	0.597 69	0.568 44	54
55	1.090 83	0.998 19	0.919 81	0.852 62	0.794 34	0.743 21	0.698 21	0.658 08	0.622 16	0.589 79	0.561 30	55
56	1.082 10	0.989 37	0.911 02	0.843 91	0.785 75	0.734 84	0.689 91	0.649 96	0.614 20	0.582 01	0.552 87	56
57	1.073 38	0.980 60	0.902 29	0.835 27	0.777 23	0.726 47	0.681 71	0.641 93	0.605 35	0.574 34	0.545 39	57
58	1.064 65	0.971 86	0.893 60	0.826 68	0.768 78	0.718 19	0.673 60	0.634 00	0.598 61	0.566 78	0.538 01	58
59	1.055 92	0.963 14	0.884 96	0.818 16	0.760 41	0.709 99	0.665 58	0.626 17	0.590 97	0.559 33	0.530 75	59
60	1.047 20	0.954 44	0.876 35	0.809 69	0.752 11	0.701 87	0.657 65	0.618 44	0.583 43	0.551 98	0.523 60	60

续 表

$x/(°)$	$a=0$	0.1	0.2	0.3	0.4	0.5	0.6	0.7	0.8	0.9	1.0	$x/(°)$
61	1.038 47	0.945 77	0.867 79	0.801 29	0.743 88	0.693 83	0.649 81	0.610 79	0.575 98	0.544 74	0.516 55	61
62	1.029 74	0.937 12	0.859 28	0.792 94	0.735 72	0.685 87	0.642 05	0.603 24	0.568 64	0.537 59	0.509 60	62
63	1.021 02	0.928 49	0.850 80	0.784 64	0.727 62	0.677 97	0.634 37	0.595 77	0.561 38	0.530 54	0.502 75	63
64	1.012 29	0.919 88	0.842 36	0.776 39	0.719 58	0.670 16	0.626 77	0.588 39	0.554 20	0.523 59	0.495 99	64
65	1.003 56	0.911 30	0.883 96	0.768 20	0.711 61	0.662 41	0.619 25	0.581 10	0.547 13	0.516 72	0.489 33	65
66	0.994 84	0.902 73	0.825 60	0.760 06	0.703 70	0.654 73	0.611 81	0.573 88	0.540 14	0.509 94	0.482 76	66
67	0.986 11	0.894 19	0.817 27	0.751 96	0.695 85	0.647 12	0.604 43	0.566 74	0.533 23	0.503 24	0.476 27	67
68	0.977 38	0.885 67	0.808 98	0.743 92	0.688 05	0.639 58	0.597 13	0.559 68	0.526 39	0.496 63	0.469 87	68
69	0.968 66	0.877 17	0.800 72	0.735 92	0.680 32	0.632 10	0.589 90	0.552 64	0.519 64	0.490 10	0.463 56	69
70	0.959 93	0.868 68	0.792 50	0.727 97	0.672 64	0.624 68	0.582 74	0.545 78	0.512 96	0.483 65	0.457 13	70
71	0.951 20	0.860 22	0.784 32	0.720 07	0.665 01	0.617 32	0.575 65	0.538 93	0.506 36	0.477 27	0.451 16	71
72	0.942 48	0.851 77	0.776 16	0.712 21	0.657 43	0.610 03	0.568 62	0.532 16	0.499 83	0.470 97	0.445 08	72
73	0.933 75	0.843 35	0.768 04	0.704 39	0.649 91	0.602 79	0.561 65	0.525 45	0.493 36	0.464 74	0.439 07	73
74	0.925 03	0.834 94	0.759 96	0.696 61	0.642 44	0.595 61	0.554 75	0.518 81	0.486 97	0.458 59	0.433 13	74
75	0.916 32	0.825 55	0.751 90	0.688 88	0.635 02	0.588 48	0.547 90	0.512 23	0.480 64	0.452 50	0.427 27	75
76	0.907 57	0.818 18	0.743 87	0.681 19	0.627 64	0.581 41	0.541 12	0.505 71	0.474 38	0.446 47	0.421 47	76
77	0.898 85	0.809 82	0.735 87	0.673 53	0.620 32	0.574 39	0.534 39	0.499 26	0.468 18	0.440 52	0.415 74	77
78	0.890 12	0.801 48	0.727 91	0.665 92	0.613 04	0.567 43	0.527 72	0.492 87	0.462 05	0.434 62	0.410 07	78
79	0.881 39	0.793 16	0.719 97	0.658 34	0.605 80	0.560 51	0.521 10	0.486 53	0.455 97	0.428 79	0.404 47	79
80	0.872 67	0.784 85	0.712 06	0.650 81	0.598 61	0.553 65	0.514 54	0.480 52	0.449 96	0.423 02	0.398 93	80

续 表

$x/(°)$	$\alpha=0$	0.1	0.2	0.3	0.4	0.5	0.6	0.7	0.8	0.9	1.0	$x/(°)$
81	0.863 94	0.776 56	0.704 17	0.643 30	0.591 46	0.546 83	0.508 03	0.474 02	0.444 00	0.417 31	0.393 52	81
82	0.885 21	0.768 28	0.696 32	0.635 84	0.584 36	0.540 06	0.501 57	0.467 85	0.428 09	0.411 65	0.388 02	82
83	0.846 49	0.760 02	0.688 49	0.628 41	0.577 30	0.533 34	0.495 16	0.461 73	0.432 24	0.406 05	0.382 66	83
84	0.837 76	0.751 77	0.680 68	0.621 01	0.570 27	0.526 66	0.488 80	0.455 67	0.426 45	0.400 51	0.377 35	84
85	0.829 03	0.743 54	0.672 90	0.613 65	0.563 29	0.520 03	0.482 49	0.449 65	0.420 71	0.395 02	0.372 09	85
86	0.820 31	0.735 32	0.665 15	0.606 32	0.556 35	0.513 44	0.476 23	0.443 69	0.415 01	0.389 58	0.366 88	86
87	0.811 58	0.727 12	0.657 42	0.599 02	0.549 44	0.506 89	0.470 01	0.437 77	0.409 37	0.384 19	0.361 73	87
88	0.802 85	0.718 93	0.649 72	0.591 75	0.542 58	0.500 38	0.463 83	0.431 90	0.403 78	0.378 86	0.356 63	88
89	0.794 13	0.710 76	0.642 04	0.584 62	0.535 75	0.493 92	0.457 70	0.426 70	0.398 32	0.373 57	0.351 58	89
90	0.785 40	0.702 59	0.634 38	0.577 52	0.528 95	0.487 49	0.451 61	0.420 29	0.392 73	0.368 33	0.346 57	90
91	0.776 67	0.694 44	0.626 74	0.570 14	0.522 19	0.481 11	0.445 57	0.414 55	0.387 28	0.363 13	0.341 62	91
92	0.767 95	0.686 31	0.619 13	0.563 00	0.515 47	0.474 76	0.439 56	0.408 86	0.381 87	0.367 98	0.336 70	92
93	0.759 22	0.678 18	0.611 54	0.555 88	0.508 77	0.468 45	0.433 60	0.403 21	0.376 50	0.352 87	0.331 84	93
94	0.750 49	0.670 07	0.603 97	0.548 79	0.502 11	0.462 18	0.427 67	0.397 60	0.371 18	0.347 81	0.327 01	94
95	0.741 77	0.661 97	0.596 42	0.541 73	0.495 49	0.455 94	0.421 79	0.392 03	0.365 88	0.342 79	0.322 23	95
96	0.733 04	0.653 89	0.588 90	0.534 70	0.488 89	0.449 74	0.415 94	0.386 49	0.360 65	0.337 81	0.317 40	96
97	0.724 31	0.645 81	0.581 39	0.527 69	0.482 33	0.443 57	0.410 12	0.381 00	0.355 45	0.332 87	0.312 79	97
98	0.715 59	0.637 75	0.573 90	0.520 71	0.475 80	0.437 44	0.404 34	0.375 54	0.350 28	0.327 96	0.308 13	98
99	0.706 86	0.629 69	0.566 43	0.513 75	0.469 27	0.431 34	0.398 60	0.370 12	0.345 15	0.323 10	0.303 50	99
100	0.698 13	0.621 65	0.558 98	0.506 82	0.462 82	0.425 27	0.392 89	0.364 74	0.340 06	0.318 28	0.298 92	100

续表

$x/(°)$	$a=0$	0.1	0.2	0.3	0.4	0.5	0.6	0.7	0.8	0.9	1.0	$x/(°)$
101	0.689 41	0.613 62	0.551 55	0.499 92	0.456 37	0.419 37	0.387 22	0.359 39	0.335 01	0.313 49	0.294 37	101
102	0.680 68	0.605 60	0.544 14	0.493 03	0.449 95	0.413 22	0.381 58	0.354 08	0.329 99	0.308 73	0.289 86	102
103	0.671 95	0.597 59	0.536 75	0.486 17	0.443 56	0.407 24	0.375 97	0.348 80	0.325 00	0.304 01	0.285 39	103
104	0.663 23	0.589 59	0.529 37	0.479 34	0.437 20	0.401 30	0.370 39	0.343 55	0.320 05	0.299 33	0.280 94	104
105	0.654 50	0.581 60	0.522 01	0.472 53	0.430 86	0.395 38	0.364 84	0.338 33	0.415 13	0.294 68	0.276 53	105
106	0.645 77	0.573 62	0.514 67	0.465 73	0.424 55	0.389 49	0.359 33	0.333 15	0.310 24	0.290 06	0.272 16	106
107	0.637 05	0.565 65	0.507 35	0.458 96	0.418 27	0.383 63	0.353 84	0.328 00	0.305 39	0.285 47	0.267 81	107
108	0.628 32	0.557 69	0.500 04	0.452 22	0.412 00	0.377 79	0.348 38	0.322 87	0.300 56	0.280 92	0.263 50	108
109	0.619 59	0.549 74	0.492 75	0.445 49	0.405 77	0.371 98	0.342 95	0.317 78	0.295 77	0.276 37	0.259 22	109
110	0.610 87	0.541 80	0.485 47	0.438 78	0.399 35	0.366 20	0.337 55	0.312 71	0.291 00	0.271 89	0.254 96	110
111	0.602 14	0.533 87	0.478 21	0.432 09	0.393 36	0.360 44	0.332 17	0.306 77	0.286 27	0.267 43	0.250 74	111
112	0.593 41	0.525 95	0.470 96	0.425 43	0.387 19	0.354 71	0.326 82	0.302 66	0.281 56	0.262 99	0.246 54	112
113	0.584 69	0.518 03	0.463 73	0.418 78	0.381 05	0.349 30	0.321 50	0.297 68	0.276 87	0.258 58	0.242 37	113
114	0.575 96	0.510 12	0.456 51	0.412 15	0.374 92	0.343 37	0.316 20	0.292 72	0.272 22	0.254 19	0.238 23	114
115	0.567 23	0.502 22	0.449 31	0.405 54	0.368 82	0.337 66	0.310 93	0.287 79	0.267 59	0.249 83	0.234 12	115
116	0.558 51	0.494 34	0.442 12	0.398 94	0.362 74	0.332 02	0.305 68	0.282 88	0.262 99	0.245 50	0.230 03	116
117	0.549 78	0.486 45	0.434 95	0.392 37	0.356 68	0.326 40	0.300 45	0.278 00	0.258 41	0.241 19	0.225 96	117
118	0.541 05	0.478 58	0.427 79	0.385 81	0.350 64	0.320 81	0.295 25	0.273 14	0.253 85	0.236 91	0.221 92	118
119	0.532 33	0.470 71	0.420 64	0.379 27	0.344 62	0.315 24	0.290 07	0.268 30	0.249 32	0.232 65	0.217 91	119
120	0.523 60	0.462 85	0.413 50	0.372 74	0.338 61	0.309 69	0.284 91	0.263 49	0.244 81	0.228 41	0.213 91	120

续表

$x/(°)$	$a=0$	0.1	0.2	0.3	0.4	0.5	0.6	0.7	0.8	0.9	1.0	$x/(°)$
121	0.514 87	0.455 00	0.406 38	0.366 23	0.332 63	0.304 15	0.279 77	0.258 70	0.240 33	0.224 20	0.209 94	121
122	0.506 15	0.447 16	0.399 27	0.359 74	0.326 66	0.298 64	0.274 66	0.253 93	0.235 86	0.220 01	0.206 00	122
123	0.497 42	0.439 32	0.392 17	0.353 26	0.320 71	0.293 15	0.269 56	0.249 18	0.231 42	0.215 84	0.202 07	123
124	0.488 69	0.431 49	0.385 08	0.346 80	0.314 78	0.287 68	0.264 48	0.244 45	0.227 00	0.211 69	0.198 17	124
125	0.479 97	0.423 67	0.378 00	0.340 35	0.308 87	0.282 22	0.259 43	0.239 74	0.222 60	0.207 57	0.194 28	125
126	0.461 24	0.415 85	0.370 94	0.333 92	0.302 97	0.276 79	0.254 39	0.235 06	0.218 22	0.203 46	0.190 53	126
127	0.462 51	0.408 04	0.363 89	0.327 50	0.297 09	0.271 37	0.249 37	0.230 38	0.213 86	0.199 07	0.186 57	127
128	0.453 79	0.400 24	0.356 84	0.321 10	0.291 23	0.265 90	0.244 37	0.255 74	0.209 52	0.195 30	0.182 75	128
129	0.450 09	0.392 44	0.349 81	0.314 70	0.285 38	0.260 58	0.239 39	0.221 11	0.205 20	0.191 25	0.178 94	129
130	0.436 33	0.384 65	0.342 79	0.308 33	0.279 55	0.255 22	0.234 43	0.216 49	0.200 89	0.187 22	0.175 15	130
131	0.427 61	0.376 86	0.335 78	0.301 96	0.273 73	0.249 86	0.229 48	0.211 90	0.196 61	0.183 21	0.171 38	131
132	0.418 88	0.369 08	0.328 78	0.285 61	0.267 92	0.244 53	0.224 55	0.207 32	0.192 34	0.179 21	0.161 63	132
133	0.410 15	0.361 31	0.321 78	0.289 27	0.262 13	0.239 21	0.219 63	0.202 76	0.188 08	0.175 23	0.163 89	133
134	0.401 43	0.353 54	0.314 80	0.282 94	0.256 35	0.233 90	0.214 73	0.198 21	0.183 85	0.171 27	0.160 17	134
135	0.393 70	0.345 78	0.307 83	0.276 62	0.250 59	0.228 61	0.209 85	0.193 68	0.179 63	0.167 32	0.156 46	135
136	0.383 97	0.338 02	0.300 86	0.270 31	0.244 84	0.223 33	0.204 98	0.189 16	0.175 42	0.163 39	0.152 77	136
137	0.375 25	0.330 26	0.293 90	0.264 02	0.239 10	0.218 07	0.200 12	0.184 66	0.171 23	0.159 47	0.149 10	137
138	0.366 52	0.322 52	0.286 95	0.257 73	0.233 37	0.212 82	0.195 28	0.180 18	0.167 06	0.155 67	0.145 44	138
139	0.357 79	0.314 77	0.280 01	0.251 46	0.227 66	0.207 58	0.190 46	0.175 71	0.162 89	0.151 68	0.141 79	139
140	0.349 07	0.307 03	0.273 08	0.245 20	0.221 97	0.202 36	0.185 64	0.171 25	0.158 75	0.147 81	0.138 16	140

续表

$x/(°)$	$\alpha=0$	0.1	0.2	0.3	0.4	0.5	0.6	0.7	0.8	0.9	1.0	$x/(°)$
141	0.340 34	0.299 30	0.266 16	0.238 94	0.216 27	0.197 15	0.180 84	0.166 80	0.154 61	0.143 94	0.134 55	141
142	0.331 61	0.291 57	0.259 24	0.232 70	0.210 59	0.191 95	0.176 05	0.162 37	0.150 49	0.140 10	0.130 94	142
143	0.322 89	0.283 85	0.252 33	0.226 46	0.204 92	0.186 76	0.171 28	0.157 95	0.146 38	0.136 36	0.127 35	143
144	0.314 16	0.276 13	0.245 43	0.220 24	0.199 26	0.181 58	0.166 51	0.153 54	0.142 28	0.132 44	0.123 67	144
145	0.305 43	0.268 41	0.238 53	0.214 02	0.193 61	0.176 41	0.161 76	0.149 15	0.138 20	0.128 63	0.120 20	145
146	0.296 71	0.260 70	0.231 56	0.207 81	0.187 98	0.171 25	0.157 01	0.144 76	0.134 13	0.124 83	0.116 64	146
147	0.287 98	0.252 99	0.224 76	0.201 61	0.182 35	0.166 11	0.152 28	0.140 39	0.130 07	0.121 04	0.113 09	147
148	0.279 25	0.245 28	0.217 87	0.195 42	0.176 73	0.160 98	0.147 56	0.136 02	0.126 01	0.117 26	0.109 55	148
149	0.270 53	0.237 58	0.211 02	0.189 24	0.171 12	0.155 85	0.142 85	0.131 67	0.121 97	0.113 50	0.106 03	149
150	0.261 80	0.229 88	0.204 15	0.183 07	0.165 51	0.150 73	0.138 15	0.127 33	0.117 94	0.109 74	0.102 51	150
151	0.253 07	0.222 19	0.197 30	0.176 89	0.159 92	0.145 63	0.133 46	0.123 00	0.113 92	0.105 99	0.099 01	151
152	0.244 35	0.214 50	0.190 44	0.170 73	0.154 33	0.140 53	0.128 77	0.118 67	0.109 91	0.102 25	0.095 51	152
153	0.235 62	0.208 81	0.183 59	0.164 57	0.148 75	0.135 44	0.124 10	0.114 36	0.105 91	0.098 52	0.092 02	153
154	0.226 89	0.199 12	0.176 75	0.158 42	0.143 18	0.130 35	0.119 43	0.110 05	0.101 91	0.094 80	0.088 54	154
155	0.218 17	0.191 44	0.169 91	0.152 28	0.137 62	0.125 28	0.114 78	0.105 75	0.097 93	0.091 09	0.085 07	155
156	0.209 44	0.183 76	0.146 14	0.132 06	0.120 21	0.120 21	0.110 13	0.101 46	0.093 95	0.087 38	0.081 61	156
157	0.200 71	0.176 09	0.156 26	0.140 01	0.126 51	0.115 15	0.105 48	0.097 18	0.089 98	0.083 69	0.078 15	157
158	0.191 99	0.168 41	0.149 43	0.133 88	0.120 97	0.110 10	0.100 85	0.092 90	0.086 01	0.080 00	0.074 70	158
159	0.183 26	0.160 74	0.142 61	0.127 76	0.115 43	0.105 05	0.096 22	0.088 63	0.082 06	0.076 31	0.071 26	159
160	0.174 53	0.153 07	0.135 79	0.121 65	0.109 89	0.100 01	0.091 59	0.084 37	0.078 11	0.072 64	0.067 83	160

续 表

$x/(°)$	$\alpha=0$	0.1	0.2	0.3	0.4	0.5	0.6	0.7	0.8	0.9	1.0	$x/(°)$
161	0.165 81	0.145 40	0.128 98	0.115 53	0.104 37	0.094 97	0.086 98	0.080 11	0.074 16	0.068 97	0.064 40	161
162	0.157 08	0.137 74	0.122 17	0.109 43	0.098 84	0.089 94	0.082 37	0.075 86	0.070 23	0.065 30	0.060 97	162
163	0.148 35	0.130 08	0.116 37	0.103 33	0.093 33	0.084 91	0.077 78	0.071 62	0.066 29	0.061 65	0.057 55	163
164	0.139 63	0.122 41	0.108 56	0.097 23	0.084 81	0.079 89	0.073 16	0.067 38	0.062 37	0.057 99	0.054 14	164
165	0.130 90	0.114 76	0.101 76	0.091 13	0.082 30	0.074 88	0.068 56	0.063 14	0.058 45	0.054 34	0.050 73	165
166	0.122 17	0.107 10	0.094 97	0.085 04	0.076 80	0.069 86	0.063 97	0.058 91	0.054 63	0.050 70	0.047 33	166
167	0.113 45	0.099 44	0.088 17	0.078 95	0.071 28	0.064 86	0.059 39	0.054 69	0.050 62	0.047 06	0.043 93	167
168	0.104 72	0.091 79	0.081 38	0.072 87	0.065 80	0.059 86	0.054 80	0.050 46	0.046 71	0.043 43	0.041 54	168
169	0.095 99	0.084 13	0.074 59	0.066 79	0.060 31	0.054 86	0.050 22	0.046 25	0.042 80	0.039 79	0.037 15	169
170	0.087 27	0.076 48	0.067 81	0.067 11	0.054 81	0.049 86	0.045 65	0.042 03	0.038 90	0.036 17	0.033 76	170
171	0.078 54	0.068 83	0.061 02	0.054 63	0.049 32	0.044 87	0.041 07	0.037 82	0.035 00	0.032 54	171
172	0.069 81	0.061 18	0.054 23	0.048 55	0.043 84	0.039 87	0.036 50	0.033 61	0.031 11	0.028 92	0.026 99	172
173	0.061 09	0.053 53	0.047 45	0.042 48	0.038 35	0.034 90	0.031 94	0.029 41	0.027 21	0.025 30	0.023 61	173
174	0.052 36	0.045 88	0.040 67	0.038 41	0.032 87	0.029 90	0.027 37	0.025 19	0.023 32	0.021 68	0.020 23	174
175	0.043 63	0.038 23	0.033 89	0.030 34	0.027 39	0.024 91	0.022 81	0.021 00	0.019 43	0.018 06	0.016 86	175
176	0.034 91	0.030 58	0.027 11	0.024 27	0.021 91	0.019 93	0.018 24	0.016 80	0.015 54	0.014 45	0.013 48	176
177	0.026 18	0.022 94	0.020 33	0.018 20	0.016 43	0.014 95	0.013 68	0.012 60	0.011 66	0.010 84	0.010 11	177
178	0.017 45	0.015 29	0.013 56	0.012 13	0.010 95	0.009 96	0.009 12	0.008 40	0.007 77	0.007 22	0.006 74	178
179	0.008 73	0.007 65	0.006 78	0.006 07	0.005 48	0.004 98	0.004 56	0.004 20	0.003 89	0.003 61	0.003 37	179
180	0	0	0	0	0	0	0	0	0	0	0	180

表3 $\sum_{k=1}^{\infty}\frac{\cos kx}{k-\alpha}$ $\alpha=0, 0.1, 0.2, 0.3, 0.4, 0.5, 0.6, 0.7, 0.8, 0.9, x=0°\sim180°, \Delta x=1°$

$x/(°)$	$\alpha=0$	0.1	0.2	0.3	0.4	0.5	0.6	0.7	0.8	0.9	$x/(°)$
0	∞	∞	∞	∞	∞	∞	∞	∞	∞	∞	0
1	3.074 89	4.223 21	4.430 53	4.682 76	5.000 55	5.420 60	6.015 59	6.953 78	8.737 19	13.808 28	1
2	2.407 30	3.527 36	3.731 89	3.981 28	4.296 16	4.713 21	5.305 09	6.239 95	8.019 61	13.145 35	2
3	2.026 53	3.119 22	3.320 95	3.567 44	3.879 32	4.293 25	4.881 79	5.813 00	7.588 29	12.707 02	3
4	1.762 79	2.828 90	3.027 80	3.271 36	3.580 17	3.990 84	4.575 87	5.503 10	7.273 41	12.383 50	4
5	1.562 93	2.603 14	2.799 21	3.039 80	3.345 47	3.752 77	4.334 09	5.257 05	7.021 81	12.121 62	5
6	1.403 28	2.418 25	2.611 46	2.849 04	3.151 51	3.555 33	4.132 78	5.051 17	6.809 80	11.897 74	6
7	1.271 25	2.261 55	2.451 91	2.686 46	2.985 65	3.385 90	3.959 30	4.872 83	6.624 79	11.699 25	7
8	1.159 33	2.125 51	2.313 00	2.544 48	2.840 36	3.236 93	3.806 12	4.714 52	6.459 21	11.518 66	8
9	1.062 67	2.005 25	2.189 87	2.418 26	2.710 76	3.103 56	3.668 40	4.571 38	6.308 34	11.351 13	9
10	0.978 00	1.897 45	2.079 19	2.304 46	2.593 53	2.982 48	3.542 80	4.440 12	6.168 77	11.193 39	10
11	0.902 93	1.799 73	1.978 60	2.200 73	2.486 32	2.871 33	3.426 99	4.318 38	6.038 20	11.043 10	11
12	0.835 76	1.710 35	1.886 33	2.105 30	2.387 37	2.768 35	3.319 22	4.204 42	5.914 90	10.898 55	12
13	0.775 19	1.627 97	1.801 06	2.016 86	2.295 36	2.672 24	3.218 17	4.096 93	5.797 56	10.758 44	13
14	0.720 18	1.551 56	1.721 77	1.934 36	2.209 26	2.581 96	3.122 81	3.994 90	5.685 17	10.621 77	14
15	0.669 95	1.480 31	1.647 62	1.857 00	2.218 26	2.496 70	3.032 35	3.897 52	5.576 94	10.487 76	15
16	0.623 83	1.413 54	1.577 96	1.784 11	2.051 69	2.415 80	2.946 12	3.804 15	5.472 22	10.355 77	16
17	0.581 33	1.350 72	1.512 26	1.715 16	1.979 02	2.338 74	2.863 61	3.714 26	5.370 49	10.225 31	17
18	0.541 96	1.291 41	1.450 70	1.649 70	1.909 80	2.265 07	2.784 36	3.627 40	5.271 33	10.095 96	18
19	0.505 41	1.235 22	1.390 98	1.587 36	1.843 68	2.191 44	2.708 01	3.543 23	5.174 39	9.967 36	19
20	0.471 35	1.181 85	1.334 72	1.527 82	1.780 32	2.126 47	2.634 26	3.461 44	5.079 35	9.839 25	20

续表

$x/(°)$	$a=0$	0.1	0.2	0.3	0.4	0.5	0.6	0.7	0.8	0.9	$x/(°)$
21	0.439 52	1.131 02	1.281 01	1.470 81	1.719 46	2.060 97	2.562 84	3.381 77	4.985 97	9.711 37	21
22	0.409 70	1.082 49	1.229 60	1.416 10	1.660 88	1.997 68	2.493 53	3.303 99	4.894 04	9.583 53	22
23	0.381 70	1.306 07	1.180 30	1.363 49	1.604 37	1.936 41	2.426 12	3.227 92	4.803 38	9.455 55	23
24	0.355 35	0.991 58	1.132 94	1.312 81	1.549 76	1.876 99	2.360 46	3.153 39	4.713 81	9.327 30	24
25	0.330 49	0.948 86	1.087 36	1.263 90	1.496 90	1.819 26	2.296 40	3.080 26	4.625 21	9.198 64	25
26	0.307 02	0.907 79	1.043 42	1.216 63	1.445 66	1.763 10	2.233 80	3.008 41	4.537 46	9.069 48	26
27	0.284 80	0.868 23	1.001 00	1.170 88	1.395 91	1.708 38	2.172 55	2.937 72	4.450 45	8.939 73	27
28	0.263 74	0.830 08	0.960 00	1.126 54	1.347 55	1.655 01	2.112 56	2.868 10	4.364 10	8.809 31	28
29	0.243 76	0.793 25	0.920 32	1.083 52	1.300 49	1.602 90	2.053 13	2.799 45	4.278 31	8.678 15	29
30	0.224 75	0.757 65	0.881 88	1.041 72	1.254 65	1.551 95	1.995 98	2.731 71	4.193 03	8.546 20	30
31	0.206 68	0.723 19	0.844 59	1.001 09	1.209 94	1.502 10	1.939 24	2.664 81	4.108 20	8.413 42	31
32	0.189 45	0.689 82	0.808 40	0.961 53	1.166 30	1.453 27	1.883 44	2.598 68	4.023 75	8.279 76	32
33	0.173 01	0.657 45	0.773 22	0.923 00	1.123 66	1.405 42	1.828 54	2.533 28	3.939 64	8.145 20	33
34	0.157 31	0.626 06	0.739 01	0.885 44	1.081 98	1.358 48	1.774 46	2.468 54	3.855 82	8.009 72	34
35	0.142 30	0.595 57	0.705 71	0.848 79	1.041 19	1.312 40	1.722 18	2.404 44	3.773 37	7.873 28	35
36	0.127 94	0.565 93	0.673 28	0.813 00	1.001 26	1.267 14	1.668 64	2.340 93	3.688 95	7.735 89	36
37	0.114 19	0.537 10	0.641 67	0.778 03	0.962 14	1.222 66	1.616 81	2.277 97	3.605 83	7.597 52	37
38	0.101 00	0.509 04	0.610 83	0.743 85	0.923 79	1.178 91	1.565 65	2.215 54	3.522 89	7.458 17	38
39	0.088 35	0.481 71	0.580 74	0.710 41	0.886 18	1.135 88	1.515 12	2.153 59	3.440 09	7.317 83	39
40	0.076 21	0.455 09	0.551 36	0.677 67	0.849 26	1.093 51	1.465 21	2.092 12	3.357 44	7.176 51	40

续 表

$x/(°)$	$\alpha=0$	0.1	0.2	0.3	0.4	0.5	0.6	0.7	0.8	0.9	$x/(°)$
41	0.064 18	0.429 12	0.522 65	0.645 62	0.813 02	1.051 79	1.415 88	2.031 10	3.274 90	7.034 21	41
42	0.053 32	0.403 80	0.494 58	0.614 22	0.777 42	1.010 69	1.367 10	1.970 50	3.192 47	6.890 93	42
43	0.042 53	0.379 80	0.467 13	0.583 44	0.742 43	0.970 18	1.318 86	1.910 30	3.110 12	6.746 68	43
44	0.032 13	0.354 94	0.440 28	0.553 25	0.708 04	0.930 24	1.271 13	1.850 49	3.027 87	6.601 47	44
45	0.022 12	0.331 35	0.413 99	0.523 64	0.674 21	0.890 85	1.223 90	1.791 06	2.945 68	6.455 31	45
46	0.012 47	0.508 30	0.388 25	0.494 58	0.640 94	0.851 95	1.177 15	1.731 98	2.863 57	6.308 21	46
47	0.003 16	0.285 77	0.363 03	0.466 05	0.608 19	0.813 63	1.130 85	1.673 26	2.781 51	6.160 20	47
48	−0.005 82	0.263 73	0.338 32	0.438 03	0.575 95	0.775 77	1.085 01	1.614 87	2.699 52	6.011 28	48
49	−0.014 50	0.242 16	0.314 10	0.410 51	0.544 21	0.738 38	1.039 59	1.556 80	2.617 58	5.861 47	49
50	−0.022 87	0.221 05	0.290 34	0.383 45	0.512 94	0.701 46	0.994 60	1.499 05	2.535 69	5.710 80	50
51	−0.030 97	0.200 38	0.267 04	0.356 88	0.482 14	0.664 99	0.950 01	1.441 61	2.453 86	5.559 28	51
52	−0.038 80	0.180 14	0.244 17	0.330 74	0.451 78	0.628 96	0.905 82	1.384 48	2.372 08	5.406 94	52
53	−0.046 47	0.160 31	0.221 73	0.305 04	0.421 86	0.593 35	0.862 03	1.327 64	2.290 36	5.253 80	53
54	−0.053 70	0.140 87	0.199 70	0.279 75	0.392 37	0.558 15	0.818 61	1.271 09	2.208 70	5.099 88	54
55	−0.061 37	0.121 82	0.178 07	0.254 87	0.363 28	0.523 36	0.775 56	1.214 82	2.127 10	4.945 21	55
56	−0.067 67	0.103 15	0.156 82	0.230 39	0.334 60	0.488 96	0.732 87	1.158 84	2.045 56	4.789 82	56
57	−0.074 32	0.084 83	0.135 95	0.206 30	0.306 30	0.454 94	0.690 55	1.103 14	1.964 09	4.633 72	57
58	−0.080 87	0.066 86	0.115 44	0.182 58	0.278 39	0.421 30	0.648 57	1.047 72	1.882 70	4.476 96	58
59	−0.087 03	0.049 23	0.095 28	0.159 22	0.250 84	0.388 03	0.606 93	0.992 57	1.801 38	4.319 55	59
60	−0.089 31	0.031 93	0.075 47	0.136 22	0.223 66	0.355 12	0.565 64	0.937 69	1.720 15	4.161 52	60

续 表

$x/(°)$	$\alpha=0$	0.1	0.2	0.3	0.4	0.5	0.6	0.7	0.8	0.9	$x/(°)$
61	−0.098 99	0.014 95	0.055 99	0.113 56	0.196 83	0.322 56	0.524 68	0.883 08	1.639 01	4.002 91	61
62	−0.104 70	−0.001 72	0.036 84	0.096 25	0.170 36	0.290 35	0.484 05	0.828 75	1.557 96	3.843 75	62
63	−0.110 25	−0.018 08	0.018 00	0.069 26	0.144 22	0.258 49	0.443 74	0.774 68	1.477 03	3.684 06	63
64	−0.115 64	−0.034 16	−0.000 52	0.047 60	0.118 41	0.226 95	0.403 76	0.720 89	1.396 20	3.523 88	64
65	−0.120 87	−0.049 94	−0.018 75	0.005 21	0.092 93	0.195 75	0.364 09	0.667 36	1.315 50	3.563 23	65
66	−0.125 96	−0.065 45	−0.036 68	0.005 21	0.067 77	0.164 87	0.324 74	0.614 10	1.234 92	3.202 16	66
67	−0.130 90	−0.080 68	−0.054 32	−0.015 53	0.042 93	0.134 32	0.285 71	0.561 12	1.154 49	3.040 69	67
68	−0.135 70	−0.095 65	−0.071 69	−0.035 97	0.018 39	0.104 07	0.246 98	0.508 41	1.074 20	2.878 86	68
69	−0.140 37	−0.110 36	−0.088 77	−0.056 12	−0.005 85	0.074 14	0.208 56	0.455 97	0.994 06	2.716 70	69
70	−0.144 92	−0.124 82	−0.105 59	−0.075 98	−0.029 78	0.044 52	0.170 44	0.403 81	0.914 09	2.654 25	70
71	−0.149 34	−0.139 03	−0.133 15	−0.095 57	−0.053 42	0.015 20	0.132 63	0.351 93	0.834 30	2.391 53	71
72	−0.153 64	−0.153 00	−0.138 44	−0.114 88	−0.076 77	−0.013 81	0.095 13	0.300 33	0.754 69	2.228 58	72
73	−0.157 82	−0.166 73	−0.154 49	−0.133 92	−0.099 84	−0.042 53	0.057 92	0.249 01	0.675 28	2.065 44	73
74	−0.161 90	−0.180 23	−0.170 28	−0.152 70	−0.122 62	−0.070 96	0.021 01	0.197 97	0.596 07	1.902 15	74
75	−0.165 87	−0.193 51	−0.185 84	−0.171 22	−0.145 13	−0.099 09	−0.015 59	0.147 23	0.517 08	1.738 73	75
76	−0.169 73	−0.206 56	−0.201 15	−0.189 48	−0.167 36	−0.126 93	−0.051 90	0.096 77	0.438 31	1.575 23	76
77	−0.173 46	−0.219 40	−0.216 24	−0.207 49	−0.189 33	−0.154 49	−0.087 91	0.046 60	0.359 79	1.411 67	77
78	−0.177 16	−0.232 02	−0.231 09	−0.225 26	−0.211 03	−0.181 76	−0.123 62	−0.003 27	0.281 51	1.248 11	78
79	−0.180 74	−0.244 44	−0.245 72	−0.242 78	−0.232 46	−0.208 75	−0.159 03	−0.052 84	0.230 49	1.084 56	79
80	−0.184 22	−0.256 65	−0.260 12	−0.260 05	−0.253 63	−0.235 63	−0.194 15	−0.102 10	0.125 74	0.921 07	80

续 表

$x/(°)$	$\alpha=0$	0.1	0.2	0.3	0.4	0.5	0.6	0.7	0.8	0.9	$x/(°)$
81	−0.187 62	−0.268 66	−0.274 31	−0.277 09	−0.274 55	−0.261 89	−0.228 97	−0.151 06	0.048 27	0.257 67	81
82	−0.190 92	−0.280 48	−0.288 28	−0.293 90	−0.295 21	−0.288 05	−0.263 50	−0.199 71	−0.028 91	0.594 41	82
83	−0.194 15	−0.292 10	−0.302 04	−0.310 48	−0.315 62	−0.313 93	−0.297 72	−0.248 05	−0.105 78	0.431 31	83
84	−0.197 29	−0.303 53	−0.315 60	−0.326 82	−0.335 78	−0.339 53	−0.331 65	−0.296 07	−0.182 33	0.268 42	84
85	−0.200 36	−0.314 78	−0.328 95	−0.342 95	−0.355 69	−0.364 87	−0.365 28	−0.343 77	−0.258 65	0.105 76	85
86	−0.203 35	−0.325 84	−0.342 09	−0.358 85	−0.375 36	−0.389 93	−0.398 61	−0.391 14	−0.334 45	−0.056 61	86
87	−0.206 27	−0.336 73	−0.355 04	−0.374 53	−0.304 78	−0.414 72	−0.431 65	−0.438 19	−0.409 99	−0.218 67	87
88	−0.209 13	−0.347 43	−0.367 80	−0.389 99	−0.413 96	−0.439 25	−0.464 38	−0.484 90	−0.485 16	−0.380 38	88
89	−0.211 90	−0.357 96	−0.380 36	−0.405 25	−0.432 91	−0.439 25	−0.463 50	−0.531 28	−0.559 96	−0.541 70	89
90	−0.214 61	−0.368 33	−0.392 73	−0.420 29	−0.451 61	−0.487 50	−0.528 95	−0.577 32	−0.634 38	−0.702 59	90
91	−0.217 25	−0.378 52	−0.404 92	−0.435 12	−0.470 09	−0.511 22	−0.560 78	−0.623 01	−0.708 40	−0.863 02	91
92	−0.219 83	−0.388 54	−0.416 92	−0.449 74	−0.488 32	−0.534 68	−0.592 31	−0.668 35	−0.782 00	−1.022 96	92
93	−0.222 35	−0.398 41	−0.428 73	−0.464 16	−0.506 33	−0.557 88	−0.623 54	−0.713 33	−0.855 19	−1.182 35	93
94	−0.224 81	−0.408 11	−0.440 37	−0.478 38	−0.524 11	−0.580 81	−0.654 46	−0.757 96	−0.927 94	−1.341 17	94
95	−0.227 21	−0.417 65	−0.451 83	−0.492 39	−0.541 65	−0.603 48	−0.685 07	−0.802 23	−1.000 25	−1.499 38	95
96	−0.229 56	−0.427 04	−0.463 11	−0.506 20	−0.558 97	−0.625 89	−0.715 38	−0.846 13	−1.072 10	−1.656 95	96
97	−0.231 85	−0.436 27	−0.474 22	−0.519 82	−0.576 07	−0.648 04	−0.745 38	−0.889 66	−1.143 48	−1.813 82	97
98	−0.234 08	−0.445 35	−0.485 15	−0.533 24	−0.592 83	−0.669 92	−0.775 08	−0.932 82	−1.214 38	−1.969 98	98
99	−0.236 27	−0.454 28	−0.495 92	−0.546 47	−0.609 58	−0.691 55	−0.804 46	−0.975 59	−1.284 79	−2.125 39	99
100	−0.238 39	−0.463 06	−0.506 51	−0.559 50	−0.626 00	−0.712 91	−0.833 53	−1.017 98	−1.354 70	−2.279 99	100

续 表

$x/(°)$	$a=0$	0.1	0.2	0.3	0.4	0.5	0.6	0.7	0.8	0.9	$x/(°)$
101	−0.239 12	−0.471 69	−0.516 94	−0.572 34	−0.642 20	−0.734 02	−0.862 29	−1.059 99	−1.424 09	−2.433 78	101
102	−0.242 51	−0.480 18	−0.527 21	−0.585 00	−0.658 19	−0.754 86	−0.890 73	−1.101 60	−1.492 95	−2.586 69	102
103	−0.244 49	−0.488 53	−0.537 31	−0.597 47	−0.673 95	−0.775 44	−0.918 86	−1.142 81	−1.561 27	−2.738 70	103
104	−0.246 43	−0.496 73	−0.547 26	−0.609 75	−0.689 49	−0.795 77	−0.946 67	−1.183 62	−1.629 04	−2.889 78	104
105	−0.248 32	−0.504 80	−0.557 04	−0.621 84	−0.704 82	−0.815 83	−0.974 17	−1.224 03	−1.696 25	−3.039 88	105
106	−0.250 17	−0.512 73	−0.566 66	−0.633 75	−0.719 93	−0.835 64	−1.001 34	−1.264 02	−1.762 89	−3.188 98	106
107	−0.251 97	−0.520 52	−0.576 13	−0.645 48	−0.734 83	−0.855 18	−1.028 20	−1.303 60	−1.828 94	−3.337 03	107
108	−0.253 73	−0.528 18	−0.585 44	−0.657 03	−0.749 51	−0.874 47	−1.054 73	−1.342 77	−1.894 40	−3.484 00	108
109	−0.255 45	−0.535 70	−0.594 60	−0.668 40	−0.763 97	−0.893 50	−1.080 94	−1.381 50	−1.959 25	−3.629 86	109
110	−0.257 13	−0.543 09	−0.503 60	−0.679 58	−0.778 23	−0.912 27	−1.106 83	−1.419 81	−2.023 48	−3.774 58	110
111	−0.258 77	−0.550 36	−0.612 46	−0.690 60	−0.792 27	−0.930 78	−1.132 39	−1.457 69	−2.087 08	−3.918 11	111
112	−0.260 38	−0.557 49	−0.261 16	−0.701 43	−0.806 10	−0.949 03	−1.157 62	−1.495 14	−2.150 03	−4.060 42	112
113	−0.261 94	−0.564 49	−0.629 72	−0.712 09	−0.819 72	−0.967 02	−1.182 52	−1.532 14	−2.212 34	−4.201 49	113
114	−0.263 47	−0.571 37	−0.638 12	−0.722 57	−0.833 13	−0.984 76	−1.207 09	−1.558 69	−2.273 99	−4.341 27	114
115	−0.264 96	−0.578 12	−0.646 39	−0.732 88	−0.846 32	−1.002 23	−1.231 33	−1.604 80	−2.334 96	−4.479 73	115
116	−0.266 41	−0.584 76	−0.654 50	−0.743 02	−0.859 31	−1.019 44	−1.255 24	−1.640 46	−2.395 24	−4.616 85	116
117	−0.267 84	−0.591 26	−0.662 47	−0.752 98	−0.872 09	−1.036 40	−1.278 81	−1.675 66	−2.454 83	−4.752 58	117
118	−0.269 22	−0.597 65	−0.670 30	−0.762 78	−0.884 67	−1.053 09	−1.302 04	−1.710 39	−2.513 72	−4.886 90	118
119	−0.270 58	−0.603 91	−0.677 99	−0.772 40	−0.897 03	−1.069 52	−1.324 94	−1.744 66	−2.571 89	−5.019 78	119
120	−0.271 90	−0.610 07	−0.685 53	−0.717 85	−0.909 19	−1.085 70	−1.347 49	−1.778 46	−2.629 34	−5.151 17	120

续表

$x/(°)$	$\alpha=0$	0.1	0.2	0.3	0.4	0.5	0.6	0.7	0.8	0.9	$x/(°)$
121	−0.273 19	−0.616 03	−0.692 93	−0.791 14	−0.921 14	−1.101 61	−1.369 71	−1.811 77	−2.686 05	−5.281 06	121
122	−0.274 44	−0.621 99	−0.700 20	−0.800 26	−0.932 89	−1.117 26	−1.391 58	−1.844 64	−2.742 01	−5.409 40	122
123	−0.275 67	−0.627 78	−0.707 32	−0.809 21	−0.944 42	−1.132 66	−1.413 12	−1.877 00	−2.797 22	−5.536 18	123
124	−0.276 87	−0.633 46	−0.714 31	−0.817 99	−0.955 76	−1.147 79	−1.434 30	−1.108 89	−2.851 66	−5.661 35	124
125	−0.278 03	−0.639 02	−0.721 16	−0.826 61	−0.966 88	−1.162 66	−1.455 14	−1.940 28	−2.905 33	−5.787 89	125
126	−0.279 17	−0.644 47	−0.727 88	−0.835 06	−0.977 81	−1.177 26	−1.475 63	−1.971 18	−2.958 21	−5.906 77	126
127	−0.280 28	−0.649 80	−0.734 46	−0.843 35	−0.988 53	−1.191 61	−1.495 78	−2.001 58	−3.010 29	−6.026 95	127
128	−0.281 36	−0.655 02	−0.740 90	−0.851 48	−0.999 04	−1.205 70	−1.515 57	−2.031 49	−3.061 58	−6.145 42	128
129	−0.282 41	−0.660 13	−0.747 22	−0.859 44	−1.009 35	−1.219 52	−1.535 01	−2.060 89	−3.112 05	−6.262 15	129
130	−0.283 44	−0.665 13	−0.753 39	−0.867 24	−1.019 46	−1.233 08	−1.554 10	−2.089 78	−3.161 69	−6.377 09	130
131	−0.284 44	−0.670 02	−0.759 44	−0.874 87	−1.029 36	−1.246 37	−1.572 83	−2.118 16	−3.210 51	−6.490 23	131
132	−0.285 41	−0.674 80	−0.765 36	−0.882 35	−1.039 06	−1.259 41	−1.591 21	−2.147 02	−3.258 49	−6.601 55	132
133	−0.286 36	−0.679 48	−0.771 14	−0.889 66	−1.048 56	−1.272 18	−1.609 23	−2.173 37	−3.305 62	−6.711 00	133
134	−0.287 28	−0.684 04	−0.776 79	−0.896 81	−1.057 85	−1.284 69	−1.626 89	−2.200 20	−3.351 89	−6.818 57	134
135	−0.288 17	−0.688 50	−0.782 32	−0.903 81	−1.066 95	−1.296 93	−1.644 19	−2.226 50	−3.397 30	−6.924 23	135
136	−0.289 05	−0.692 85	−0.787 71	−0.910 64	−1.075 84	−1.308 91	−1.661 13	−2.252 27	−3.441 83	−7.027 96	136
137	−0.289 89	−0.697 09	−0.792 98	−0.917 31	−1.084 53	−1.320 62	−1.677 71	−2.277 51	−3.485 48	−7.129 73	137
138	−0.280 72	−0.701 23	−0.798 11	−0.923 83	−1.093 01	−1.332 07	−1.693 43	−2.302 22	−3.528 24	−7.229 51	138
139	−0.281 52	−0.705 26	−0.803 12	−0.930 19	−1.101 30	−1.343 26	−1.709 78	−2.326 38	−3.570 11	−7.327 24	139
140	−0.292 29	−0.701 99	−0.808 01	−0.936 38	−1.109 38	−1.354 18	−1.725 26	−2.350 01	−3.811 07	−7.423 03	140

续 表

$x/(°)$	$a=0$	0.1	0.2	0.3	0.4	0.5	0.6	0.7	0.8	0.9	$x/(°)$
141	−0.293 05	−0.713 02	−0.812 76	−0.042 43	−1.117 26	−1.364 83	−1.740 38	−2.373 10	−3.621 12	−7.516 72	141
142	−0.293 78	−0.716 74	−0.817 39	−0.948 31	−1.124 95	−1.375 22	−1.755 13	−2.595 64	−3.690 25	−7.608 33	142
143	−0.294 48	−0.720 36	−9.821 90	−0.954 04	−1.132 43	−1.385 34	−1.769 51	−2.417 62	−3.728 45	−7.697 85	143
144	−0.295 17	−0.723 88	−0.826 28	−0.959 61	−1.139 70	−1.395 20	−1.733 52	−2.439 06	−3.765 72	−7.785 24	144
145	−0.295 84	−0.727 30	−0.830 53	−0.965 02	−1.146 79	−1.404 79	−1.797 16	−2.459 94	−3.802 05	−7.870 58	145
146	−0.296 48	−0.730 62	−0.834 66	−0.970 28	−1.153 66	−1.414 11	−1.810 43	−2.480 27	−3.837 44	−7.953 57	146
147	−0.297 10	−0.733 83	−0.838 67	−0.975 38	−1.160 34	−1.423 17	−1.823 17	−2.500 03	−3.871 87	−8.034 47	147
148	−0.297 70	−0.736 05	−0.842 55	−0.980 33	−1.166 82	−1.431 95	−1.835 85	−2.519 23	−3.905 34	−8.113 17	148
149	−0.298 28	−0.739 96	−0.846 31	−0.985 12	−1.173 10	−1.440 47	−1.847 99	−2.537 87	−3.937 84	−8.189 65	149
150	−0.298 84	−0.742 87	−0.849 95	−0.989 76	−1.179 17	−1.448 73	−1.859 76	−2.555 94	−3.969 37	−8.263 89	150
151	−0.299 38	−0.745 59	−0.853 46	−0.994 24	−1.185 05	−1.456 71	−1.871 15	−2.573 44	−3.999 39	−8.335 88	151
152	−0.299 90	−0.748 41	−0.856 86	−0.998 57	−1.190 73	−1.464 43	−1.882 17	−2.590 36	−4.029 50	−8.405 58	152
153	−0.300 40	−0.751 03	−0.860 13	−1.002 75	−1.196 21	−1.471 88	−1.892 80	−2.606 72	−4.059 09	−8.473 00	153
154	−0.300 88	−0.753 55	−0.863 27	−1.006 77	−1.201 49	−1.479 06	−1.903 06	−2.622 50	−4.085 68	−8.538 11	154
155	−0.301 34	−0.755 97	−0.866 30	−1.010 64	−1.206 58	−1.485 96	−1.912 93	−2.637 69	−4.112 27	−8.600 89	155
156	−0.301 78	−0.758 30	−0.869 21	−1.014 35	−1.211 44	−1.492 60	−1.922 43	−2.652 31	−4.137 86	−8.661 33	156
157	−0.302 20	−0.760 53	−0.872 00	−1.017 91	−1.216 12	−1.498 98	−1.931 54	−2.666 35	−4.162 44	−8.719 42	157
158	−0.302 60	−0.762 66	−0.874 66	−1.021 32	−1.220 60	−1.505 08	−1.940 28	−2.679 80	−4.186 01	−8.775 14	158
159	−0.302 98	−0.764 69	−0.877 21	−1.024 58	−1.224 88	−1.510 91	−1.948 52	−2.692 67	−4.208 57	−8.828 49	159
160	−0.303 35	−0.766 63	−0.879 64	−1.027 68	−1.228 96	−1.516 47	−1.956 59	−2.704 95	−4.230 09	−8.879 43	160

续表

$x/(°)$	$a=0$	0.1	0.2	0.3	0.4	0.5	0.6	0.7	0.8	0.9	$x/(°)$
161	−0.303 69	−0.768 48	−0.881 94	−1.030 63	−1.232 84	−1.521 76	−1.964 17	−2.716 64	−4.250 59	−8.927 97	161
162	−0.304 02	−0.770 22	−0.884 13	−1.033 43	−1.236 53	−1.526 78	−1.971 37	−2.727 74	−4.270 07	−8.974 10	162
163	−0.304 33	−0.771 87	−0.886 20	−1.036 08	−1.240 01	−1.531 53	−1.978 17	−2.738 25	−4.288 51	−9.017 79	163
164	−0.304 62	−0.773 43	−0.888 15	−1.038 57	−1.243 29	−1.536 01	−1.984 59	−2.748 16	−4.305 92	−9.059 04	164
165	−0.304 89	−0.774 89	−0.889 98	−1.040 91	−1.246 38	−1.540 22	−1.990 63	−2.757 48	−4.322 29	−9.097 84	165
166	−0.305 15	−0.776 26	−0.891 69	−1.043 11	−1.249 26	−1.544 16	−1.996 28	−2.766 31	−4.337 62	−9.134 19	166
167	−0.305 38	−0.777 53	−0.893 28	−1.045 14	−1.251 95	−1.547 83	−2.001 54	−2.774 34	−4.361 90	−9.168 08	167
168	−0.305 60	−0.778 70	−0.894 75	−1.047 03	−1.254 43	−1.551 23	−2.006 41	−2.781 87	−4.365 14	−9.199 46	168
169	−0.305 80	−0.779 78	−0.896 11	−1.048 77	−1.256 72	−1.554 35	−2.010 89	−2.788 80	−4.377 32	−9.228 38	169
170	−0.305 98	−0.780 77	−0.897 34	−1.050 37	−1.258 81	−1.557 20	−2.014 99	−2.795 13	−4.388 45	−9.254 80	170
171	−0.306 15	−0.781 66	−0.898 46	−1.057 19	−1.260 70	−1.559 79	−2.018 70	−2.800 86	−4.398 53	−9.278 73	171
172	−0.306 30	−0.782 46	−0.889 46	−1.053 07	−1.262 39	−1.562 10	−2.022 01	−2.805 99	−4.407 56	−9.300 16	172
173	−0.306 30	−0.783 17	−0.900 35	−1.054 20	−1.263 88	−1.564 14	−2.024 94	−2.810 52	−4.415 52	−9.219 07	173
174	−0.306 54	−0.783 78	−0.901 11	−1.055 18	−1.265 18	−1.565 90	−2.027 48	−2.814 45	−4.422 43	−9.335 47	174
175	−0.306 64	−0.784 29	−0.901 76	−1.056 01	−1.266 27	−1.567 40	−2.029 63	−2.817 77	−4.428 27	−9.349 36	175
176	−0.306 71	−0.784 71	−0.902 29	−1.056 69	−1.267 17	−1.568 62	−2.031 38	−2.820 49	−4.433 06	−9.360 73	176
177	−0.306 78	−0.785 04	−0.902 70	−1.057 22	−1.267 88	−1.569 57	−2.032 75	−2.822 60	−4.436 78	−9.369 57	177
178	−0.306 82	−0.785 28	−0.902 99	−1.057 60	−1.268 36	−1.570 25	−2.033 73	−2.824 11	−4.439 44	−9.375 89	178
179	−0.306 84	−0.785 42	−0.903 17	−1.057 83	−1.268 66	−1.570 66	−2.034 31	−2.825 02	−4.441 04	−9.379 68	179
180	−0.306 85	−0.785 47	−0.903 23	−1.057 90	−1.268 76	1.570 80	−2.034 51	−2.825 32	−4.441 57	−9.380 94	180

表 4 $\sum_{k=1}^{\infty} \frac{\sin kx}{k-\alpha}$ $\alpha=0, 0.1, 0.2, 0.3, 0.4, 0.5, 0.6, 0.7, 0.8, 0.9,\ x=0°\sim180°,\ \Delta x=1°$

$x/(°)$	$\alpha=0$	0.1	0.2	0.3	0.4	0.5	0.6	0.7	0.8	0.9	$x/(°)$
0	1.570 80	1.570 80	1.570 80	1.570 80	1.570 80	1.570 80	1.570 80	1.570 80	1.570 80	1.570 80	0
1	1.491 18	1.571 19	1.581 04	1.591 85	1.604 00	1.618 16	1.635 63	1.659 37	1.698 19	1.795 83	1
2	1.436 25	1.569 16	1.586 42	1.605 59	1.627 45	1.653 31	1.685 76	1.730 75	1.805 89	1.998 65	2
3	1.388 12	1.566 21	1.589 95	1.616 56	1.647 16	1.683 76	1.730 23	1.795 49	1.905 94	2.192 76	3
4	1.346 45	1.562 66	1.592 28	1.625 70	1.664 43	1.711 12	1.770 95	1.855 80	2.000 87	2.380 99	4
5	1.308 77	1.558 66	1.593 71	1.633 47	1.679 85	1.736 14	1.808 83	1.912 75	2.091 89	2.564 66	5
6	1.274 21	1.554 32	1.594 42	1.640 15	1.693 78	1.759 28	1.844 41	1.966 96	2.179 69	2.744 54	6
7	1.242 17	1.549 67	1.594 62	1.645 91	1.706 46	1.780 83	1.878 03	2.018 84	2.264 73	2.921 12	7
8	1.212 76	1.544 77	1.595 11	1.650 87	1.718 06	1.800 98	1.909 95	2.068 66	2.347 33	3.094 73	8
9	1.184 16	1.539 64	1.593 23	1.655 12	1.728 70	1.819 91	1.940 35	2.116 64	2.427 72	3.265 60	9
10	1.157 46	1.534 32	1.591 96	1.658 76	1.738 49	1.837 73	1.969 37	2.162 95	2.506 09	3.433 93	10
11	1.132 52	1.528 82	1.590 31	1.661 82	1.747 49	1.854 54	1.997 13	2.207 72	2.592 57	3.599 84	11
12	1.108 64	1.523 16	1.588 32	1.664 36	1.755 77	1.870 41	2.023 72	2.251 05	2.657 29	3.763 44	12
13	1.085 85	1.517 34	1.586 03	1.666 43	1.763 38	1.885 42	2.049 22	2.293 03	2.730 32	3.924 80	13
14	1.064 08	1.511 39	1.583 45	1.668 04	1.770 38	1.899 62	2.073 69	2.333 72	2.801 75	4.083 99	14
15	1.043 23	1.505 31	1.580 61	1.669 24	1.776 79	1.913 05	2.097 18	2.393 21	2.871 65	4.241 05	15
16	1.023 22	1.499 10	1.577 51	1.670 04	1.782 65	1.925 75	2.119 76	2.411 52	2.940 05	4.396 03	16
17	1.004 01	1.429 79	1.574 17	1.670 48	1.787 99	1.937 77	2.141 45	2.448 72	3.007 02	4.548 94	17
18	0.985 46	1.488 37	1.570 62	1.670 56	1.792 84	1.949 13	2.162 29	2.484 84	3.072 59	4.699 82	18
19	0.967 59	1.479 85	1.566 85	1.670 30	1.797 21	1.959 86	2.182 32	2.519 91	3.136 78	4.848 67	19
20	0.950 35	1.473 23	1.562 88	1.669 73	1.801 13	1.969 98	2.201 56	2.553 97	3.199 64	4.995 50	20

续 表

$x/(°)$	$a=0$	0.1	0.2	0.3	0.4	0.5	0.6	0.7	0.8	0.9	$x/(°)$
21	0.933 67	1.466 52	1.558 71	1.668 85	1.804 62	1.979 53	2.220 05	2.587 05	3.261 18	5.140 32	21
22	0.917 54	1.459 72	1.554 37	1.667 68	1.807 69	1.988 51	2.237 79	2.619 16	3.321 43	5.283 14	22
23	0.901 91	1.452 85	1.549 85	1.666 23	1.810 36	1.996 94	2.254 82	2.650 33	3.380 40	5.423 94	23
24	0.886 75	1.445 89	1.545 16	1.664 51	1.812 65	2.004 86	2.271 16	2.680 58	3.438 11	5.562 74	24
25	0.872 04	1.438 86	1.540 31	1.662 53	1.814 55	2.012 26	2.286 81	2.709 94	3.494 58	5.699 51	25
26	0.857 75	1.431 75	1.535 30	1.660 30	1.816 10	2.019 16	2.301 81	2.738 40	3.549 82	5.834 27	26
27	0.843 87	1.424 57	1.530 14	1.657 82	1.817 29	2.025 58	2.316 15	2.766 00	3.603 84	5.966 98	27
28	0.830 35	1.417 33	1.524 83	1.655 11	1.818 14	2.031 53	2.329 86	2.792 73	3.656 65	6.097 66	28
29	0.817 20	1.410 02	1.519 39	1.652 17	1.817 65	2.037 01	2.342 95	2.818 63	3.708 26	6.226 28	29
30	0.804 38	1.402 64	1.513 81	1.649 00	1.818 85	2.042 05	2.355 42	2.843 69	3.758 68	6.352 83	30
31	0.791 89	1.395 21	1.508 09	1.645 62	1.817 82	2.046 65	2.367 30	2.867 93	3.807 90	6.477 31	31
32	0.779 71	1.387 72	1.502 25	1.642 04	1.818 29	2.050 82	2.378 59	2.891 35	3.855 95	6.599 69	32
33	0.767 82	1.382 16	1.496 29	1.638 24	1.817 56	2.054 56	2.389 30	2.913 97	3.902 81	6.719 97	33
34	0.756 22	1.372 56	1.490 20	1.634 25	1.816 53	2.057 90	2.399 43	2.935 80	3.948 51	6.838 12	34
35	0.744 88	1.364 90	1.483 99	1.630 06	1.815 21	2.060 82	2.409 01	2.956 84	3.990 34	6.954 14	35
36	0.733 79	1.357 18	1.477 67	1.625 69	1.813 61	2.063 35	2.418 03	2.977 10	4.036 40	7.068 01	36
37	0.722 95	1.349 42	1.471 24	1.621 13	1.811 74	2.065 49	2.426 51	2.996 59	4.078 60	7.179 71	37
38	0.712 35	1.341 61	1.464 70	1.616 38	1.809 60	2.067 24	2.434 44	3.016 31	4.119 64	7.289 24	38
39	0.701 97	1.333 74	1.458 05	1.611 46	1.807 19	2.068 61	2.441 85	3.033 27	4.159 52	7.396 56	39
40	0.691 81	1.325 83	1.451 30	1.606 37	1.804 52	2.069 61	2.448 72	3.050 48	4.198 25	7.501 67	40

续表

$x/(°)$	$\alpha=0$	0.1	0.2	0.3	0.4	0.5	0.6	0.7	0.8	0.9	$x/(°)$
41	0.682 17	1.317 88	1.444 45	1.601 11	1.801 59	2.070 25	2.455 08	3.066 94	4.235 83	7.604 56	41
42	0.672 10	1.309 88	1.437 50	1.595 68	1.798 42	2.070 52	2.460 93	3.082 66	4.272 25	7.705 20	42
43	0.662 54	1.201 84	1.430 45	1.590 09	1.795 00	2.070 44	2.466 25	3.097 64	4.307 53	7.803 59	43
44	0.653 16	1.293 75	1.423 31	1.584 34	1.791 33	2.070 00	2.471 10	3.111 189	4.341 65	7.899 70	44
45	0.643 96	1.285 62	1.416 70	1.578 43	1.787 43	2.069 22	2.475 44	3.125 40	4.374 63	7.993 52	45
46	0.634 93	1.277 45	1.408 74	1.572 37	1.783 29	2.068 10	2.479 28	3.138 20	4.406 46	8.085 04	46
47	0.626 07	1.269 24	1.401 33	1.566 16	1.778 93	2.076 66	2.482 64	3.150 27	4.437 14	8.174 24	47
48	0.617 37	1.261 00	1.373 84	1.559 80	1.774 33	2.064 85	2.485 51	3.161 63	4.466 68	8.261 11	48
49	0.608 82	1.252 71	1.386 24	1.553 29	1.769 52	2.062 72	2.487 91	3.172 28	4.495 07	8.345 63	49
50	0.600 42	1.244 39	1.378 57	1.546 64	1.764 48	2.060 28	2.389 33	3.182 22	4.522 32	8.427 79	50
51	0.592 16	1.236 03	1.370 81	1.539 85	1.759 23	2.057 52	2.491 29	3.191 45	4.548 43	8.507 58	51
52	0.584 04	1.227 64	1.362 98	1.532 93	1.753 76	2.054 43	2.492 28	3.199 99	4.573 39	8.584 99	52
53	0.576 06	1.219 21	1.355 06	1.525 86	1.748 08	2.051 04	2.492 81	3.207 83	4.597 22	8.659 99	53
54	0.568 44	1.210 74	1.347 07	1.518 67	1.742 20	2.047 34	2.492 88	3.214 98	4.519 90	8.732 58	54
55	0.561 30	1.202 25	1.339 00	1.511 34	1.736 11	2.043 33	2.492 50	3.221 44	4.641 44	8.802 75	55
56	0.552 87	1.193 72	1.330 86	1.503 88	1.729 82	2.029 02	2.491 67	3.227 21	4.661 85	8.870 48	56
57	0.545 39	1.185 15	1.322 65	1.496 30	1.723 33	2.034 41	2.490 40	3.232 30	4.681 11	8.935 77	57
58	0.538 01	1.176 56	1.314 36	1.488 59	1.716 64	2.029 51	2.488 68	3.236 71	4.699 24	8.998 60	58
59	0.530 75	1.167 93	1.306 00	1.480 76	1.709 76	2.024 31	2.486 53	3.240 45	4.716 23	9.058 96	59
60	0.523 60	1.159 28	1.297 57	1.472 81	1.702 69	2.018 83	2.483 94	3.243 51	4.732 09	9.116 84	60

续 表

$x/(°)$	$a=0$	0.1	0.2	0.3	0.4	0.5	0.6	0.7	0.8	0.9	$x/(°)$
61	0.516 55	1.150 59	1.289 07	1.464 73	1.695 43	2.013 06	2.480 94	3.245 91	4.746 82	9.172 24	61
62	0.509 60	1.141 88	1.280 51	1.456 54	1.687 99	2.007 01	2.477 48	3.247 64	4.760 41	9.225 14	62
63	0.502 75	1.133 13	1.271 88	1.448 24	1.680 36	2.000 67	2.473 61	3.248 71	4.772 87	9.275 54	63
64	0.495 99	1.124 36	1.263 18	1.439 81	1.672 55	1.994 07	2.469 32	3.249 12	4.784 20	9.323 43	64
65	0.489 33	1.115 56	1.254 42	1.431 28	1.664 56	1.987 18	2.464 61	3.248 87	4.794 41	9.368 79	65
66	0.482 76	1.106 73	1.245 60	1.422 64	1.656 39	1.980 03	2.459 49	3.247 97	4.803 49	9.411 63	66
67	0.476 27	1.097 88	1.236 71	1.413 88	1.648 05	1.972 61	2.453 96	3.246 42	4.811 44	9.451 93	67
68	0.469 87	1.089 00	1.227 77	1.405 02	1.639 54	1.964 92	2.448 03	3.244 23	4.818 27	9.489 70	68
69	0.463 56	1.080 09	1.218 76	1.396 05	1.630 86	1.956 97	2.441 68	3.241 39	4.823 99	9.524 92	69
70	0.457 13	1.071 16	1.209 69	1.386 98	1.622 01	1.948 76	2.434 94	3.237 92	4.828 58	9.557 59	70
71	0.451 16	1.062 20	1.200 57	1.377 81	1.612 99	1.940 30	2.427 80	3.233 81	4.832 06	9.587 71	71
72	0.445 08	1.053 22	1.191 39	1.368 53	1.603 81	1.931 58	2.420 27	3.229 07	4.834 43	9.615 27	72
73	0.439 07	1.044 21	1.182 15	1.359 15	1.594 46	1.922 60	2.412 34	3.233 70	4.835 68	9.640 27	73
74	0.433 13	1.035 19	1.172 86	1.349 67	1.584 96	1.913 38	2.404 03	3.217 70	4.835 83	9.662 70	74
75	0.427 27	1.026 13	1.163 51	1.340 10	1.575 30	1.903 91	2.395 33	3.211 08	4.834 87	9.682 57	75
76	0.421 47	1.017 06	1.154 11	1.330 43	1.565 48	1.894 20	2.386 25	3.203 34	4.832 82	9.699 87	76
77	0.415 74	1.007 96	1.144 65	1.320 66	1.555 51	1.884 24	2.376 79	3.195 99	4.829 96	9.714 61	77
78	0.410 07	0.998 84	1.135 14	1.310 80	1.545 39	1.874 05	2.366 96	3.187 53	4.825 41	9.726 77	78
79	0.404 47	0.989 70	1.125 58	1.300 85	1.535 11	1.863 62	2.356 76	3.178 46	4.820 07	9.736 36	79
80	0.398 93	0.980 53	1.115 97	1.290 81	1.524 69	1.852 95	2.346 17	3.168 79	4.813 64	9.743 39	80

续表

$x/(°)$	$\alpha=0$	0.1	0.2	0.3	0.4	0.5	0.6	0.7	0.8	0.9	$x/(°)$
81	0.393 52	0.971 35	1.106 31	1.280 67	1.514 12	1.842 06	2.353 23	3.158 51	4.806 13	9.747 85	81
82	0.388 02	0.962 14	1.096 61	1.270 45	1.503 40	1.830 93	2.323 92	3.147 64	4.797 54	9.748 74	82
83	0.382 88	0.952 91	1.086 85	1.260 14	1.492 54	1.819 58	2.312 26	3.136 18	4.787 87	9.749 07	83
84	0.377 34	0.943 67	1.077 04	1.249 75	1.481 54	1.808 00	2.300 24	3.124 13	4.777 13	9.745 84	84
85	0.372 09	0.934 40	1.067 19	1.239 27	1.470 40	1.796 20	2.287 86	3.111 50	4.765 33	9.740 05	85
86	0.366 88	0.925 12	1.057 29	1.228 70	1.459 12	1.784 18	2.275 13	3.098 28	4.742 45	9.731 71	86
87	0.361 73	0.915 81	1.047 35	1.218 06	1.447 71	1.771 94	2.262 06	3.084 49	4.738 54	9.720 82	87
88	0.356 63	0.906 49	1.037 36	1.207 33	1.436 16	1.759 49	2.242 64	3.070 12	4.723 56	9.707 39	88
89	0.351 58	0.897 14	1.027 33	1.196 52	1.424 48	1.746 82	2.234 88	3.055 19	4.707 54	9.691 42	89
90	0.346 57	0.887 78	1.017 25	1.185 63	1.412 66	1.733 95	2.220 78	3.039 69	4.690 47	9.672 92	90
91	0.341 62	0.878 41	1.007 14	1.174 67	1.400 72	1.720 86	2.206 35	3.023 63	4.672 37	9.651 89	91
92	0.336 70	0.869 01	0.996 97	1.163 62	1.388 65	1.707 57	2.191 59	3.007 01	4.653 24	9.628 35	92
93	0.331 83	0.859 60	0.986 77	1.152 50	1.376 45	1.694 08	2.176 49	2.989 85	4.633 08	9.602 31	93
94	0.327 01	0.850 17	0.976 53	1.141 31	1.364 12	1.680 38	2.161 08	2.972 13	4.611 91	9.573 76	94
95	0.322 23	0.840 72	0.966 24	1.130 04	1.351 68	1.666 49	2.145 33	2.953 87	4.589 72	9.542 72	95
96	0.317 49	0.831 25	0.955 92	1.118 70	1.339 11	1.652 40	2.129 28	2.935 08	4.566 52	9.509 21	96
97	0.312 79	0.821 77	0.945 56	1.107 29	1.326 42	1.638 11	2.112 90	2.915 75	4.542 33	9.473 22	97
98	0.308 13	0.812 28	0.935 16	1.095 80	1.313 61	1.623 63	2.096 21	2.895 89	4.517 14	9.434 77	98
99	0.303 50	0.802 77	0.924 72	1.084 25	1.300 69	1.608 97	2.079 21	2.875 50	4.490 96	9.393 88	99
100	0.298 92	0.793 24	0.914 24	1.072 63	1.287 65	1.594 11	2.061 91	2.854 60	4.463 81	9.350 55	100

续表

$x/(°)$	$a=0$	0.1	0.2	0.3	0.4	0.5	0.6	0.7	0.8	0.9	$x/(°)$
101	0.294 37	0.783 70	0.903 73	1.060 94	1.374 49	1.579 07	2.044 30	2.833 18	4.435 68	9.304 80	101
102	0.289 86	0.774 14	0.893 18	1.049 18	1.261 23	1.563 85	2.026 40	2.811 24	4.406 59	9.256 64	102
103	0.285 39	0.764 57	0.882 60	1.037 36	1.247 85	1.548 44	2.008 20	2.788 81	4.376 54	9.206 09	103
104	0.280 94	0.754 98	0.871 98	1.025 47	1.234 36	1.532 86	1.989 70	2.765 87	4.345 54	9.153 16	104
105	0.276 53	0.745 38	0.861 32	1.013 52	1.220 77	1.517 10	1.970 92	2.742 43	4.313 60	9.097 86	105
106	0.272 16	0.735 77	0.850 63	1.001 51	1.207 07	1.501 17	1.951 85	2.718 51	4.280 72	9.040 21	106
107	0.267 81	0.726 14	0.839 91	0.989 43	1.193 27	1.485 06	1.932 49	2.694 10	4.246 92	8.980 23	107
108	0.263 50	0.716 50	0.829 16	0.977 29	1.179 36	1.468 79	1.912 86	2.669 20	4.212 20	8.917 93	108
109	0.259 22	0.706 84	0.818 37	0.965 10	1.165 10	1.452 35	1.892 95	2.643 84	4.176 57	8.853 32	109
110	0.254 96	0.697 17	0.807 75	0.952 84	1.151 24	1.435 74	1.872 77	2.618 00	4.140 04	8.786 44	110
111	0.250 74	0.687 49	0.796 71	0.940 53	1.137 03	1.418 97	1.852 32	2.591 69	4.102 61	8.717 29	111
112	0.246 54	0.677 80	0.785 83	0.928 16	1.122 72	1.402 05	1.831 60	2.564 93	4.064 30	8.645 90	112
113	0.242 37	0.668 09	0.774 92	0.915 73	1.108 32	1.384 96	1.810 62	2.537 71	4.025 12	8.572 29	113
114	0.238 23	0.658 38	0.763 98	0.903 25	1.093 82	1.367 72	1.789 38	2.510 04	3.985 07	8.496 46	114
115	0.234 12	0.648 65	0.753 01	0.890 71	1.079 24	1.350 32	1.767 89	2.481 92	3.944 17	8.418 46	115
116	0.230 03	0.638 90	0.742 01	0.878 12	1.064 55	1.332 77	1.746 14	2.453 37	3.902 42	8.338 28	116
117	0.225 96	0.629 15	0.730 99	0.865 48	1.049 78	1.315 07	1.724 14	2.424 39	3.859 83	8.255 97	117
118	0.221 92	0.619 39	0.719 93	0.852 78	1.034 93	1.297 23	1.701 91	2.394 98	3.816 42	8.171 53	118
119	0.217 93	0.609 61	0.708 85	0.840 04	1.019 98	1.279 24	1.679 42	2.365 15	3.771 28	8.084 99	119
120	0.213 91	0.599 83	0.697 75	0.827 24	1.004 95	1.261 11	1.656 70	2.334 90	3.727 15	7.996 38	120

续 表

$x/(°)$	$a=0$	0.1	0.2	0.3	0.4	0.5	0.6	0.7	0.8	0.9	$x/(°)$
121	0.209 94	0.590 03	0.686 61	0.814 39	0.999 83	1.242 84	1.633 75	2.304 24	3.681 31	7.905 72	121
122	0.206 00	0.580 22	0.675 46	0.801 50	0.974 63	1.224 43	1.610 56	2.273 18	3.634 69	7.813 03	122
123	0.202 07	0.570 50	0.664 27	0.788 56	0.955 35	1.205 89	1.587 15	2.241 71	3.587 29	7.718 33	123
124	0.198 17	0.560 58	0.653 06	0.775 57	0.943 99	1.187 21	1.563 52	2.209 86	3.639 12	7.621 66	124
125	0.194 28	0.550 74	0.641 83	0.762 54	0.928 56	1.168 40	1.539 66	2.177 62	3.490 21	7.523 03	125
126	0.190 53	0.540 89	0.630 58	0.749 46	0.913 04	1.149 47	1.515 59	2.145 00	3.440 54	7.422 48	126
127	0.186 57	0.531 04	0.619 30	0.736 34	0.897 45	1.130 40	1.491 30	2.112 00	3.390 15	7.320 02	127
128	0.182 75	0.521 17	0.608 00	0.723 18	0.881 79	1.111 22	1.466 81	2.078 64	3.339 03	7.215 69	128
129	0.178 94	0.511 30	0.596 67	0.709 97	0.866 05	1.091 91	1.442 11	2.044 91	3.287 20	7.109 51	129
130	0.175 15	0.501 41	0.585 33	0.696 73	0.850 74	1.072 48	1.417 21	2.010 83	3.234 68	7.001 52	130
131	0.171 38	0.491 52	0.573 96	0.683 44	0.834 36	1.052 93	1.392 11	1.976 40	3.181 46	6.891 73	131
132	0.167 63	0.481 62	0.562 57	0.676 11	0.818 41	1.033 27	1.366 81	1.941 62	3.127 57	6.780 18	132
133	0.163 89	0.471 71	0.551 16	0.656 75	0.802 40	1.013 50	1.341 33	1.906 51	3.073 02	6.666 89	133
134	0.160 17	0.461 80	0.539 73	0.643 34	0.786 32	0.993 62	1.315 66	1.871 07	3.017 81	6.551 90	134
135	0.156 46	0.451 87	0.528 29	0.629 90	0.770 18	0.973 63	1.289 80	1.835 30	2.961 97	6.435 24	135
136	0.152 77	0.441 94	0.516 82	0.616 43	0.753 97	0.953 53	1.263 77	1.799 21	2.905 49	6.316 93	136
137	0.149 10	0.432 00	0.505 33	0.602 91	0.737 70	0.933 33	1.237 56	1.762 81	2.848 40	6.197 00	137
138	0.145 44	0.422 05	0.493 83	9.589 37	0.721 37	0.913 03	1.211 18	1.726 11	2.790 71	6.075 50	138
139	0.147 79	0.412 10	0.482 31	0.575 79	0.704 99	0.892 63	1.184 63	1.689 11	2.732 43	5.952 44	139
140	0.138 16	0.402 14	0.470 77	0.562 17	0.688 54	0.872 13	1.157 91	1.651 82	2.673 57	5.827 86	140

续 表

$x/(°)$	$a=0$	0.1	0.2	0.3	0.4	0.5	0.6	0.7	0.8	0.9	$x/(°)$
141	0.134 55	0.392 17	0.459 21	0.548 53	0.672 05	0.851 54	1.131 05	1.614 24	2.614 14	5.701 79	141
142	0.130 94	0.382 20	0.447 64	0.534 85	0.655 49	0.830 86	1.104 02	1.576 38	2.554 16	5.574 27	142
143	0.127 35	0.372 22	0.436 06	0.521 14	0.638 89	0.810 09	1.076 83	1.538 25	2.493 64	5.445 33	143
144	0.123 76	0.362 23	0.424 45	0.507 41	0.622 23	0.789 23	1.049 50	1.499 85	2.432 59	5.315 00	144
145	0.120 20	0.352 24	0.412 83	0.493 34	0.605 52	0.768 28	1.022 03	1.461 20	2.371 03	5.183 31	145
146	0.116 64	0.342 24	0.401 20	0.479 85	0.588 76	0.747 26	0.994 41	1.422 29	2.308 97	5.050 29	146
147	0.113 09	0.332 23	0.389 55	0.466 03	0.571 96	0.726 15	0.966 66	1.383 15	2.246 42	4.915 99	147
148	0.109 55	0.322 22	0.377 89	0.452 18	0.555 11	0.704 96	0.938 77	1.343 76	2.183 39	4.780 44	148
149	0.106 03	0.312 21	0.366 22	0.438 31	0.538 21	0.683 70	0.910 76	1.304 14	2.119 91	4.643 67	149
150	0.102 51	0.302 19	0.354 53	0.424 41	0.621 27	0.662 37	0.882 62	1.264 29	2.055 98	4.505 72	150
151	0.099 01	0.292 16	0.342 83	0.410 49	0.504 30	0.640 97	0.854 35	1.224 23	1.991 62	4.366 61	151
152	0.095 51	0.282 13	0.331 12	0.396 55	0.487 28	0.619 49	0.825 98	1.183 96	1.926 84	4.226 39	152
153	0.092 02	0.272 19	0.310 30	0.382 58	0.470 22	0.597 95	0.797 48	1.143 49	1.861 65	4.085 10	153
154	0.088 54	0.262 07	0.307 65	0.368 59	0.453 12	0.576 35	0.768 88	1.102 82	1.796 06	3.942 77	154
155	0.085 07	0.252 01	0.295 96	0.354 59	0.435 99	0.554 69	0.740 17	1.061 96	1.730 10	3.799 43	155
156	0.081 61	0.241 96	0.284 16	0.340 56	0.418 82	0.532 96	0.711 36	1.020 92	1.663 78	3.655 12	156
157	0.078 15	0.231 91	0.272 39	0.326 51	0.401 62	0.511 18	0.682 46	0.979 70	1.597 10	3.509 88	157
158	0.074 70	0.221 86	0.260 62	0.312 44	0.384 39	0.489 35	0.653 46	0.938 31	1.530 09	3.363 75	158
159	0.071 26	0.211 80	0.248 84	0.298 36	0.367 13	0.467 46	0.624 37	0.896 77	1.472 76	3.216 76	159
160	0.067 83	0.201 73	0.237 04	0.284 26	0.349 83	0.445 53	0.595 19	0.855 07	1.395 12	3.068 96	160

续 表

$x/(°)$	$\alpha=0$	0.1	0.2	0.3	0.4	0.5	0.6	0.7	0.8	0.9	$x/(°)$
161	0.064 40	0.191 67	0.225 24	0.270 15	0.332 51	0.423 54	0.565 94	0.813 22	1.327 19	2.920 37	161
162	0.060 97	0.181 60	0.213 43	0.256 02	0.315 17	0.401 51	0.536 60	0.771 24	1.258 97	2.771 03	162
163	0.057 55	0.171 52	0.201 62	0.241 87	0.297 80	0.379 44	0.507 20	0.729 12	1.190 49	2.621 10	163
164	0.054 14	0.161 45	0.189 79	0.227 71	0.280 40	0.357 33	0.477 72	0.686 88	1.121 77	2.470 29	164
165	0.050 73	0.151 37	0.177 96	0.213 54	0.262 98	0.335 18	0.448 18	0.644 52	1.052 80	2.318 96	165
166	0.047 33	0.141 29	0.166 13	0.199 36	0.245 54	0.313 00	0.418 58	0.602 05	0.983 61	2.167 03	166
167	0.043 93	0.131 21	0.154 28	0.185 17	0.228 09	0.290 78	0.388 92	0.559 48	0.914 22	2.014 56	167
168	0.040 54	0.121 12	0.142 44	0.170 96	0.210 61	0.268 53	0.359 21	0.516 81	0.844 64	1.861 57	168
169	0.037 15	0.111 04	0.130 58	0.156 75	0.193 12	0.246 25	0.329 45	0.474 05	0.774 88	1.708 11	169
170	0.033 76	0.100 95	0.118 73	0.142 53	0.175 61	0.223 95	0.299 64	0.431 22	0.704 95	1.554 21	170
171	0.030 37	0.090 86	0.106 87	0.128 30	0.158 09	0.201 62	0.269 79	0.388 30	0.634 88	1.399 92	171
172	0.026 99	0.080 77	0.095 00	0.114 06	0.140 56	0.179 27	0.239 91	0.345 33	0.564 67	1.245 27	172
173	0.023 61	0.070 67	0.083 13	0.099 82	0.123 01	0.156 91	0.209 99	0.302 29	0.494 35	1.090 31	173
174	0.020 23	0.060 58	0.071 26	0.085 57	0.105 46	0.134 52	0.180 05	0.259 20	0.423 92	0.935 06	174
175	0.016 86	0.050 48	0.059 39	0.071 31	0.087 89	0.112 12	0.150 08	0.216 07	0.353 40	0.779 58	175
176	0.013 48	0.040 39	0.047 51	0.057 06	0.070 32	0.089 71	0.120 08	0.172 90	0.282 81	0.623 91	176
177	0.010 11	0.030 29	0.035 64	0.042 79	0.052 75	0.067 29	0.090 08	0.129 70	0.212 16	0.468 07	177
178	0.006 74	0.030 20	0.023 76	0.028 53	0.035 17	0.044 87	0.060 06	0.086 48	0.141 47	0.312 11	178
179	0.003 37	0.010 10	0.011 88	0.014 27	0.017 58	0.022 43	0.030 03	0.043 24	0.070 74	0.156 08	179
180	0	0	0	0	0	0	0	0	0	0	180

表5 $F_n = \sum\limits_{k=1}^{\infty} \cos kx/k^n$ $(n=1, 3, 5, \cdots)$, $F_n = \sum\limits_{k=1}^{\infty} \sin kx/k^n$ $(n=2, 4, 6, \cdots)$

$x/(°)$	x	$F_1(x)$	$F_2(x)$	$F_3(x)$	$F_4(x)$	$F_5(x)$	$F_6(x)$
0	0	∞	0	1.2021	0	1.0369	0
1	0.0175	4.0482	0.0881	1.2012	0.0210	1.0367	0.0181
2	0.0349	3.3551	0.1520	1.1991	0.0419	1.0362	0.0362
3	0.0524	2.9497	0.2068	1.1960	0.0628	1.0353	0.0543
4	0.0698	2.6621	0.2557	1.1919	0.0837	1.0304	0.0723
5	0.0873	2.4391	0.3001	1.1871	0.1044	1.0324	0.0904
6	0.1047	2.2569	0.3410	1.1815	0.1251	1.0304	0.1084
7	0.1222	2.1029	0.3790	1.1752	0.1457	1.0280	0.1263
8	0.1396	1.9696	0.4146	1.1682	0.1661	1.0253	0.1442
9	0.1571	1.8520	0.4479	1.1607	0.1864	1.0222	0.1621
10	0.1745	1.7469	0.4793	1.1526	0.2066	1.0188	0.1799
11	0.1920	1.6519	0.5089	1.1440	0.2267	1.0150	0.1977
12	0.2094	1.5651	0.5370	1.1349	0.2466	1.0109	0.2153
13	0.2269	1.4854	0.5636	1.1253	0.2663	1.0064	0.2330
14	0.2443	1.4117	0.5889	1.1152	0.2858	1.0016	0.2505
15	0.2618	1.3430	0.6129	1.1047	0.3052	0.9964	0.2679
16	0.2793	1.2789	0.6358	1.0938	0.3244	0.9909	0.2853
17	0.2967	1.2189	0.6576	1.0825	0.3434	0.9851	0.3025
18	0.3142	1.1620	0.6783	1.0709	0.3622	0.9789	0.3196
19	0.3316	1.1084	0.6981	1.0589	0.3808	0.9724	0.3367
20	0.3491	1.0576	0.7170	1.0465	0.3991	0.9656	0.3536
21	0.3665	1.0093	0.7351	1.0338	0.4173	0.9585	0.3704
22	0.3840	0.9633	0.7523	1.0208	0.4352	0.9511	0.3870
23	0.4014	0.9195	0.7687	1.0076	0.4529	0.9433	0.4036
24	0.4189	0.8775	0.7844	0.9940	0.4704	0.9353	0.4200
25	0.4363	0.8373	0.7994	0.9802	0.4876	0.9269	0.4362
26	0.4538	0.7987	0.8136	0.9661	0.5046	0.9182	0.4523
27	0.4712	0.7617	0.8272	0.9518	0.5213	0.9093	0.4683
28	0.4887	0.7260	0.8402	0.9372	0.5378	0.9000	0.4841
29	0.5061	0.6916	0.8526	0.9225	0.5541	0.8905	0.4997
30	0.5236	0.6585	0.8644	0.9075	0.5700	0.8807	0.5151
31	0.5410	0.6265	0.8756	0.8923	0.5857	0.8706	0.5304
32	0.5585	0.5955	0.8863	0.8769	0.6012	0.8603	0.5455
33	0.5760	0.5656	0.8964	0.8614	0.6163	0.8496	0.5604
34	0.5934	0.5366	0.9060	0.8456	0.6312	0.8387	0.5752
35	0.6109	0.5085	0.9151	0.8287	0.6459	0.8276	0.5897
36	0.6283	0.4812	0.9238	0.8137	0.6602	0.8162	0.6041
37	0.6458	0.4547	0.9319	0.7975	0.6743	0.8046	0.6182
38	0.6632	0.4290	0.9396	0.7812	0.6880	0.7927	0.6322
39	0.6807	0.4040	0.9469	0.7647	0.7015	0.7805	0.6459
40	0.6981	0.3797	0.9537	0.7481	0.7147	0.7682	0.6594

续 表

$x/(°)$	x	$F_1(x)$	$F_2(x)$	$F_3(x)$	$F_4(x)$	$F_5(x)$	$F_6(x)$
41	0.715 6	0.356 1	0.960 2	0.731 4	0.727 6	0.755 6	0.672 7
42	0.733 0	0.333 1	0.966 2	0.714 6	0.740 3	0.742 8	0.685 8
43	0.750 5	0.310 6	0.971 8	0.697 7	0.752 6	0.729 8	0.698 6
44	0.767 9	0.288 7	0.977 0	0.680 7	0.764 6	0.716 5	0.711 2
45	0.785 4	0.267 4	0.981 9	0.663 6	0.776 3	0.703 1	0.723 6
46	0.802 9	0.246 6	0.986 4	0.646 4	0.787 8	0.689 4	0.735 8
47	0.820 3	0.226 3	0.990 5	0.629 2	0.798 9	0.675 6	0.747 7
48	0.837 8	0.206 4	0.994 3	0.611 8	0.809 7	0.661 5	0.759 4
49	0.855 2	0.187 1	0.997 7	0.594 5	0.820 3	0.647 3	0.770 8
50	0.872 7	0.168 1	1.000 8	0.577 0	0.830 5	0.632 9	0.782 0
51	0.890 1	0.149 6	1.003 6	0.559 5	0.840 4	0.618 3	0.792 9
52	0.907 5	0.131 5	1.006 0	0.542 0	0.850 0	0.603 6	0.803 5
53	0.925 0	0.113 8	1.008 2	0.524 4	0.859 3	0.588 7	0.813 9
54	0.942 5	0.096 5	1.010 0	0.506 8	0.868 3	0.573 6	0.824 1
55	0.959 9	0.079 6	1.011 5	0.489 2	0.877 0	0.558 3	0.831 0
56	0.977 4	0.063 0	1.012 8	0.471 5	0.885 4	0.543 0	0.843 6
57	0.994 8	0.046 8	1.013 7	0.453 8	0.893 5	0.527 4	0.852 9
58	1.012 3	0.030 9	1.014 4	0.436 1	0.901 2	0.511 8	0.862 0
59	1.029 7	0.015 3	1.014 8	0.418 4	0.908 7	0.496 0	0.870 8
60	1.047 2	0.000 0	1.014 9	0.400 7	0.915 8	0.480 1	0.879 3
61	1.064 7	−0.015 0	1.014 8	0.383 0	0.922 7	0.464 0	0.887 5
62	1.082 1	−0.029 6	1.014 4	0.365 3	0.929 2	0.447 9	0.895 5
63	1.099 6	−0.044 0	1.013 8	0.347 6	0.935 4	0.431 6	0.903 2
64	1.117 0	−0.058 1	1.012 9	0.329 9	0.941 3	0.415 2	0.910 6
65	1.134 5	−0.072 0	1.011 8	0.312 2	0.947 0	0.398 7	0.917 7
66	1.151 9	−0.085 5	1.010 4	0.294 6	0.952 2	0.382 1	0.924 5
67	1.169 4	−0.098 8	1.008 8	0.276 9	0.957 2	0.365 5	0.931 0
68	1.186 8	−0.111 9	1.006 9	0.259 4	0.961 9	0.348 7	0.937 2
69	1.204 3	−0.124 7	1.004 9	0.241 8	0.966 3	0.331 9	0.943 2
70	1.221 7	−0.137 3	1.002 6	0.224 3	0.970 4	0.315 0	0.948 8
71	1.239 2	−0.149 6	1.000 1	0.206 8	0.974 1	0.298 0	0.954 2
72	1.256 6	−0.161 8	0.997 4	0.189 4	0.977 6	0.281 0	0.959 2
73	1.274 1	−0.173 7	0.994 4	0.172 0	0.980 7	0.263 9	0.964 0
74	1.291 5	−0.185 3	0.991 3	0.154 7	0.983 6	0.246 8	0.968 4
75	1.309 0	−0.196 8	0.988 0	0.137 4	0.986 1	0.229 6	0.972 6
76	1.326 4	−0.208 1	0.984 4	0.120 2	0.988 4	0.212 4	0.976 5
77	1.343 9	−0.219 2	0.980 7	0.103 0	0.990 3	0.195 1	0.980 0
78	1.361 4	−0.230 0	0.976 8	0.085 9	0.992 0	0.177 8	0.983 3
79	1.378 8	−0.240 7	0.972 7	0.068 9	0.993 3	0.160 5	0.986 2
80	1.396 3	−0.251 2	0.968 4	0.052 0	0.994 4	0.143 1	0.988 9

续 表

$x/(°)$	x	$F_1(x)$	$F_2(x)$	$F_3(x)$	$F_4(x)$	$F_5(x)$	$F_6(x)$
81	1.413 7	−0.261 5	0.963 9	0.035 1	0.995 1	0.125 8	0.991 2
82	1.431 2	−0.271 7	0.959 2	0.018 3	0.995 6	0.108 4	0.993 2
83	1.448 6	−0.281 6	0.954 4	0.001 6	0.995 8	0.091 0	0.995 0
84	1.466 1	−0.291 4	0.949 4	−0.015 0	0.995 7	0.073 6	0.996 4
85	1.483 5	−0.301 0	0.944 2	−0.031 5	0.995 3	0.056 3	0.997 6
86	1.501 0	−0.310 4	0.938 9	−0.047 9	0.994 6	0.038 9	0.998 4
87	1.518 4	−0.319 7	0.933 4	−0.064 3	0.993 6	0.021 5	0.998 9
88	1.535 9	−0.328 8	0.927 8	−0.080 5	0.992 3	0.004 2	0.999 1
89	1.553 3	−0.337 8	0.921 9	−0.096 7	0.990 8	−0.013 1	0.999 1
90	1.570 8	−0.346 6	0.916 0	−0.112 7	0.988 9	−0.030 4	0.998 7
91	1.588 3	−0.355 2	0.909 8	−0.128 6	0.986 9	−0.047 6	0.998 0
92	1.605 7	−0.363 7	0.903 6	−0.144 5	0.984 5	−0.064 8	0.997 0
93	1.623 2	−0.372 1	0.897 1	−0.160 2	0.981 8	−0.082 0	0.995 7
94	1.640 6	−0.380 3	0.890 6	−0.175 8	0.978 9	−0.099 1	0.994 2
95	1.658 1	−0.388 4	0.883 9	−0.191 3	0.975 7	−0.116 2	0.992 3
96	1.675 5	−0.396 3	0.877 0	−0.206 6	0.972 2	−0.133 1	0.990 1
97	1.693 0	−0.404 1	0.870 0	−0.221 9	0.968 5	−0.150 1	0.987 6
98	1.710 4	−0.411 7	0.862 9	−0.237 0	0.964 4	−0.167 0	0.984 9
99	1.727 9	−0.419 3	0.855 7	−0.252 0	0.960 2	−0.183 7	0.981 8
100	1.745 3	−0.426 6	0.848 3	−0.266 9	0.955 7	−0.200 5	0.978 5
101	1.762 8	−0.433 9	0.840 8	−0.281 6	0.950 9	−0.217 1	0.974 8
102	1.780 2	−0.441 0	0.833 1	−0.296 2	0.945 8	−0.233 7	0.970 9
103	1.797 7	−0.448 0	0.825 4	−0.310 7	0.940 5	−0.250 1	0.966 7
104	1.815 1	−0.454 9	0.817 5	−0.325 0	0.935 0	−0.266 5	0.962 1
105	1.832 6	−0.461 7	0.809 5	−0.339 2	0.929 2	−0.282 8	0.957 4
106	1.850 0	−0.468 3	0.801 4	−0.353 3	0.923 1	−0.298 9	0.952 3
107	1.867 5	−0.474 8	0.793 2	−0.367 2	0.916 9	−0.315 0	0.946 9
108	1.885 0	−0.481 2	0.784 8	−0.381 0	0.910 3	−0.330 9	0.941 3
109	1.902 4	−0.487 5	0.776 4	−0.394 6	0.903 6	−0.346 8	0.935 4
110	1.919 9	−0.493 7	0.767 8	−0.408 1	0.896 5	−0.362 5	0.929 2
111	1.937 3	−0.499 7	0.759 1	−0.421 4	0.889 3	−0.378 0	0.922 7
112	1.954 8	−0.505 7	0.750 4	−0.434 6	0.881 8	−0.393 5	0.916 0
113	1.972 2	−0.511 5	0.741 5	−0.447 6	0.874 1	−0.408 8	0.909 0
114	1.989 7	−0.517 2	0.732 5	−0.460 4	0.866 2	−0.424 0	0.901 7
115	2.007 1	−0.522 8	0.723 4	−0.473 1	0.858 1	−0.439 1	0.894 2
116	2.024 6	−0.528 3	0.714 3	−0.485 7	0.849 7	−0.454 0	0.886 4
117	2.042 0	−0.533 7	0.705 0	−0.498 1	0.841 1	−0.468 7	0.878 3
118	2.059 5	−0.539 0	0.695 6	−0.510 3	0.832 3	−0.483 3	0.870 0
119	2.076 9	−0.544 2	0.686 2	−0.522 4	0.823 3	−0.497 8	0.861 5
120	2.094 4	−0.549 3	0.676 6	−0.534 2	0.814 1	−0.512 1	0.852 7

续表

$x/(°)$	x	$F_1(x)$	$F_2(x)$	$F_3(x)$	$F_4(x)$	$F_5(x)$	$F_6(x)$
121	2.111 8	−0.554 3	0.667 0	−0.546 0	0.804 7	−0.526 2	0.843 6
122	2.129 3	−0.559 2	0.657 3	−0.557 5	0.795 0	−0.540 2	0.834 3
123	2.146 8	−0.564 0	0.647 5	−0.568 9	0.785 2	−0.553 9	0.824 7
124	2.164 2	−0.568 7	0.637 6	−0.580 1	0.774 2	−0.567 6	0.815 0
125	2.181 7	−0.573 2	0.627 6	−0.591 2	0.765 0	−0.581 0	0.804 9
126	2.199 1	−0.577 8	0.617 5	−0.602 0	0.754 5	−0.549 3	0.794 7
127	2.216 6	−0.582 1	0.607 5	−0.612 7	0.743 9	−0.607 3	0.784 2
128	2.234 0	−0.586 5	0.597 3	−0.623 2	0.733 2	−0.620 2	0.773 4
129	2.251 5	−0.590 6	0.587 0	−0.633 6	0.722 2	−0.632 9	0.762 5
130	2.268 9	−0.594 8	0.576 6	−0.643 7	0.711 0	−0.645 4	0.751 4
131	2.280 4	−0.598 8	0.566 2	−0.653 7	0.699 7	−0.657 7	0.740 0
132	2.303 8	−0.602 7	0.555 7	−0.663 5	0.688 2	−0.669 9	0.728 4
133	2.321 3	−0.606 6	0.545 2	−0.673 1	0.676 6	−0.681 8	0.716 6
134	2.338 7	−0.610 3	0.534 6	−0.682 5	0.664 7	−0.693 5	0.704 6
135	2.356 2	−0.614 0	0.523 9	−0.691 8	0.652 7	−0.705 0	0.692 4
136	2.373 6	−0.617 5	0.513 1	−0.700 8	0.640 6	−0.716 3	0.680 0
137	2.391 1	−0.621 0	0.502 3	−0.709 7	0.628 3	−0.727 3	0.667 4
138	2.408 6	−0.624 4	0.491 5	−0.718 3	0.615 8	−0.738 2	0.654 6
139	2.426 0	−0.627 7	0.480 5	−0.726 8	0.603 2	−0.748 8	0.647 1
140	2.443 5	−0.630 9	0.469 6	−0.735 1	0.590 4	−0.759 2	0.628 5
141	2.460 9	−0.634 1	0.458 5	−0.743 2	0.577 5	−0.769 4	0.615 2
142	2.478 4	−0.637 1	0.447 4	−0.751 1	0.564 5	−0.779 4	0.601 6
143	2.495 8	−0.640 1	0.436 3	−0.758 8	0.551 3	−0.789 1	0.588 0
144	2.513 3	−0.643 0	0.425 1	−0.766 4	0.538 0	−0.798 6	0.574 1
145	2.530 7	−0.645 8	0.413 8	−0.773 7	0.524 6	−0.807 9	0.560 1
146	2.548 2	−0.648 5	0.402 5	−0.780 8	0.511 0	−0.817 0	0.545 9
147	2.565 6	−0.651 1	0.391 2	−0.787 7	0.497 3	−0.825 8	0.531 8
148	2.583 1	−0.653 6	0.379 8	−0.794 5	0.483 5	−0.834 3	0.517 1
149	2.600 5	−0.656 1	0.368 4	−0.801 0	0.469 6	−0.842 3	0.502 4
150	2.618 0	−0.658 5	0.356 9	−0.807 3	0.455 5	−0.850 7	0.487 7
151	2.635 4	−0.660 8	0.345 4	−0.813 4	0.441 4	0.858 5	0.472 7
152	2.652 9	−0.663 0	0.333 8	−0.819 4	0.427 2	−0.866 1	0.457 7
153	2.670 4	−0.665 1	0.322 3	−0.825 1	0.412 8	−0.873 4	0.442 5
154	2.686 7	−0.667 2	0.310 6	−0.830 6	0.398 4	−0.880 5	0.427 2
155	2.705 3	−0.669 2	0.299 0	−0.835 9	0.383 8	−0.887 3	0.411 8
156	2.722 7	−0.671 1	0.287 3	−0.841 1	0.369 2	−0.893 9	0.396 2
157	2.740 2	−0.672 9	0.275 5	−0.846 0	0.354 5	−0.900 2	0.380 6
158	2.757 6	−0.674 6	0.263 8	−0.850 7	0.339 6	−0.906 3	0.364 8
159	2.775 1	−0.676 3	0.252 0	−0.855 2	0.324 8	−0.912 1	0.348 9
160	2.792 5	−0.677 8	0.240 2	−0.859 5	0.309 8	−0.917 6	0.333 0

续 表

$x/(°)$	x	$F_1(x)$	$F_2(x)$	$F_3(x)$	$F_4(x)$	$F_5(x)$	$F_6(x)$
161	2.180 0	−0.679 3	0.228 3	−0.863 6	0.294 8	−0.922 9	0.316 9
162	2.827 4	−0.680 8	0.216 5	−0.867 4	0.279 7	−0.927 9	0.300 8
163	2.844 9	−0.682 1	0.204 6	−0.871 1	0.264 5	−0.932 7	0.284 5
164	2.862 3	−0.683 4	0.192 7	−0.874 6	0.249 2	−0.937 1	0.268 2
165	2.879 8	−0.684 6	0.180 7	−0.877 8	0.234 0	−0.941 4	0.251 8
166	2.897 2	−0.685 7	0.168 8	−0.880 9	0.218 6	−0.945 3	0.235 3
167	2.914 7	−0.686 7	0.156 8	−0.883 7	0.203 2	−0.949 0	0.218 8
168	2.932 2	−0.687 6	0.144 8	−0.886 4	0.187 8	−0.952 4	0.202 2
169	2.949 6	−0.688 5	0.132 8	−0.888 8	0.172 3	−0.955 5	0.185 6
170	2.967 1	−0.689 3	0.120 8	−0.891 0	0.156 7	−0.958 4	0.168 9
171	2.984 5	−0.690 1	0.108 7	−0.893 0	0.141 2	−0.961 0	0.152 1
172	3.002 0	−0.690 7	0.096 7	−0.894 8	0.125 6	−0.963 3	0.135 3
173	3.019 4	−0.691 3	0.084 6	−0.896 4	0.109 9	−0.965 4	0.118 5
174	3.036 9	−0.691 8	0.072 5	−0.897 7	0.094 3	−0.967 2	0.101 6
175	3.054 3	−0.692 2	0.060 5	−0.898 9	0.078 6	−0.968 7	0.084 7
176	3.071 8	−0.692 5	0.048 4	−0.899 9	0.062 9	−0.969 9	0.067 8
177	3.089 2	−0.692 8	0.036 3	−0.090 6	0.047 2	−0.970 9	0.050 9
178	3.106 7	−0.693 0	0.024 2	−0.901 1	0.031 5	−0.971 6	0.033 9
179	3.124 1	−0.693 1	0.012 1	−0.901 4	0.015 7	−0.972 0	0.017 0
180	3.141 6	−0.693 1	0.000 0	−0.901 5	0.000 0	−0.972 1	0.000 0

$$F_n(x) = \sum_{k=1}^{\infty} \cos kx / k^n \qquad n = 1, 3, 5, \cdots$$

$$F_n(x) = \sum_{k=1}^{\infty} \sin kx / k^n \qquad n = 2, 4, 6, \cdots$$

$$F_n(\pi - x) = \sum_{k=1}^{\infty} (-1)^{k-1} \frac{1}{k^n} \sin kx \qquad n = 2, 4, 5, \cdots$$

$$F_n(\pi - x) = \sum_{k=1}^{\infty} (-1)^{k-1} \frac{1}{k^n} \cos kx \qquad n = 1, 3, 5, \cdots$$

表6 $f_n(x) = \sum\limits_{k=1,3,5,\cdots}^{\infty} \cos kx/k^n \ (n=1, 3, 5, \cdots), f_n(x) = \sum\limits_{k=1,3,5,\cdots}^{\infty} \sin kx/k^n \ (n=2, 4, 6, \cdots)$

$x/(°)$	x	$f_1(x)$	$f_2(x)$	$f_3(x)$	$f_4(x)$	$f_5(x)$	$f_6(x)$	x	$x/(°)$
0	0	∞	0	1.051 3	0	1.004 5	0	3.141 6	180
1	0.017 5	2.370 7	0.050 1	1.051 3	0.018 4	1.004 4	0.017 6	3.124 1	179
2	0.034 9	2.024 1	0.088 1	1.050 1	0.036 7	1.003 9	0.035 0	3.106 7	178
3	0.052 4	1.821 3	1.121 5	1.048 3	0.055 0	1.003 1	0.052 6	3.089 2	177
4	0.069 8	1.677 3	0.152 0	1.045 9	0.073 3	1.002 0	0.070 0	3.071 8	176
5	0.087 3	1.565 6	0.180 3	1.043 0	0.091 5	1.000 6	0.087 6	3.054 3	175
6	0.104 7	1.474 4	0.206 8	1.039 6	0.109 7	0.998 8	0.105 0	3.036 9	174
7	0.122 2	1.397 1	0.231 8	1.035 8	0.127 8	0.996 7	0.122 4	3.019 4	173
8	0.139 6	1.330 2	0.255 6	1.031 5	0.145 8	0.994 3	0.139 8	3.002 0	172
9	0.157 1	1.271 0	0.278 3	1.026 9	0.163 8	0.991 6	0.157 1	2.984 5	171
10	0.174 5	1.218 1	0.300 0	1.021 8	0.181 6	0.988 6	0.174 4	2.967 1	170
11	0.192 0	1.170 2	0.320 9	1.016 4	0.199 5	0.985 2	0.191 6	2.949 6	169
12	0.209 4	1.126 4	0.340 9	1.010 6	0.217 2	0.981 6	0.208 8	2.932 2	168
13	0.226 9	1.086 1	0.350 2	1.004 5	0.234 8	0.977 7	0.225 9	2.914 7	167
14	0.244 3	1.048 6	0.378 8	0.993 0	0.252 2	0.973 4	0.242 9	2.897 2	166
15	0.261 8	1.013 8	0.396 8	0.991 3	0.269 6	0.968 9	0.259 8	2.879 8	165
16	0.279 3	0.981 1	0.414 2	0.984 2	0.286 8	0.964 0	0.276 8	2.862 3	164
17	0.296 7	0.950 4	0.431 1	0.976 8	0.304 0	0.958 9	0.293 5	2.844 9	163
18	0.314 2	0.921 4	0.447 4	0.969 2	0.321 0	0.953 4	0.310 2	2.827 4	162
19	0.331 6	0.893 8	0.463 2	0.961 2	0.337 8	0.947 7	0.326 8	2.810 0	161
20	0.349 1	0.867 7	0.478 6	0.953 0	0.354 4	0.941 6	0.343 3	2.792 5	160
21	0.366 5	0.842 8	0.493 5	0.944 5	0.371 0	0.935 3	0.359 6	2.775 1	159
22	0.384 0	0.819 0	0.508 0	0.935 8	0.387 4	0.928 7	0.375 9	2.757 6	158
23	0.401 4	0.796 2	0.522 1	0.926 8	0.403 7	0.921 8	0.392 1	2.740 2	157
24	0.418 9	0.774 3	0.535 8	0.917 5	0.419 8	0.914 6	0.408 1	2.722 7	156
25	0.436 3	0.753 2	0.549 2	0.908 1	0.435 7	0.907 1	0.424 0	2.705 3	155
26	0.453 8	0.733 0	0.562 1	0.898 4	0.451 5	0.899 4	0.439 8	2.687 8	154
27	0.471 2	0.713 4	0.574 8	0.888 4	0.467 0	0.891 4	0.455 4	2.670 4	153
28	0.488 7	0.694 5	0.587 0	0.878 3	0.482 5	0.883 0	0.470 9	2.652 9	152
29	0.506 1	0.676 2	0.599 0	0.868 0	0.497 8	0.874 5	0.486 2	2.635 4	151
30	0.523 6	0.658 6	0.610 6	0.857 4	0.512 8	0.865 7	0.501 4	2.618 0	150
31	0.541 0	0.641 3	0.622 0	0.846 6	0.527 6	0.856 6	0.516 4	2.600 5	149
32	0.558 5	0.624 6	0.633 0	0.835 7	0.542 4	0.847 3	0.531 3	2.583 1	148
33	0.576 0	0.608 3	0.643 8	0.824 5	0.556 8	0.837 7	0.546 0	2.565 6	147
34	0.593 4	0.592 5	0.654 3	0.813 2	0.571 1	0.827 8	0.560 6	2.548 2	146
35	0.610 9	0.577 1	0.664 5	0.801 7	0.585 2	0.817 8	0.574 9	2.530 7	145
36	0.628 3	0.562 1	0.674 4	0.790 0	0.599 1	0.807 4	0.589 1	2.513 3	144
37	0.645 8	0.547 4	0.684 1	0.778 2	0.612 8	0.796 8	0.603 1	2.495 8	143
38	0.663 2	0.533 1	0.693 5	0.766 1	0.626 2	0.786 0	0.616 9	2.478 4	142
39	0.680 7	0.519 1	0.702 7	0.754 0	0.639 5	0.775 0	0.630 6	2.460 9	141
40	0.698 1	0.505 3	0.711 6	0.741 6	0.652 6	0.763 7	0.644 0	2.443 5	140
$x/(°)$	x	$-f_1(x)$	$f_2(x)$	$-f_3(x)$	$f_4(x)$	$-f_5(x)$	$f_6(x)$	x	$x/(°)$

续 表

$x/(°)$	x	$f_1(x)$	$f_2(x)$	$f_3(x)$	$f_4(x)$	$f_5(x)$	$f_6(x)$	x	$x/(°)$
41	0.7156	0.4919	0.7203	0.7291	0.6654	0.7522	0.6572	2.4260	139
42	0.7330	0.4787	0.7288	0.7165	0.6780	0.7405	0.6702	2.4088	138
43	0.7505	0.4658	0.7371	0.7037	0.6904	0.7286	0.6830	2.3911	137
44	0.7679	0.4531	0.7451	0.6907	0.7026	0.7164	0.6956	2.3736	136
45	0.7854	0.4407	0.7529	0.6777	0.7145	0.7040	0.7080	2.3562	135
46	0.8029	0.4284	0.7605	0.6645	0.7262	0.6914	0.7202	2.3387	134
47	0.8203	0.4164	0.7678	0.6511	0.7378	0.6787	0.7322	2.3213	133
48	0.8378	0.4046	0.7750	0.6377	0.7490	0.6657	0.7439	2.3038	132
49	0.8552	0.3929	0.7820	0.6241	0.7600	0.6525	0.7554	2.2864	131
50	0.8727	0.3815	0.7887	0.6104	0.7708	0.6392	0.7667	2.2689	130
51	0.8901	0.3710	0.7953	0.5966	0.7813	0.6256	0.7777	2.2515	129
52	0.9075	0.3590	0.8016	0.5826	0.7916	0.6119	0.7884	2.2340	128
53	0.9250	0.3480	0.8078	0.5686	0.8016	0.5980	0.7990	2.2166	127
54	0.9425	0.3372	0.8138	0.5544	0.8114	0.5840	0.8094	2.1991	126
55	0.9599	0.3264	0.8196	0.5402	0.8210	0.5696	0.8194	2.1817	125
56	0.9774	0.3158	0.8252	0.5258	0.8303	0.5553	0.8293	2.1642	124
57	0.9948	0.3054	0.8306	0.5114	0.8394	0.5406	0.8388	2.1468	123
58	1.0123	0.2950	0.8358	0.4968	0.8481	0.5260	0.8482	2.1293	122
59	1.0297	0.2848	0.8409	0.4822	0.8567	0.5111	0.8572	2.1118	121
60	1.0472	0.2747	0.8458	0.4675	0.8650	0.4961	0.8660	2.0944	120
61	1.0647	0.2646	0.8505	0.4527	0.8730	0.4809	0.8745	2.0769	119
62	1.0821	0.2547	0.8550	0.4378	0.8808	0.4656	0.8828	2.0595	118
63	1.0996	0.2449	0.8594	0.4228	0.8882	0.4502	0.8908	2.0420	117
64	1.1170	0.2351	0.8636	0.4078	0.8955	0.4346	0.8985	2.0264	116
65	1.1345	0.2254	0.8676	0.3927	0.9026	0.4189	0.9060	2.0071	115
66	1.1519	0.2158	0.8714	0.3775	0.9092	0.4030	0.9131	1.9897	114
67	1.1694	0.2063	0.8751	0.3623	0.9156	0.3872	0.9200	1.9722	113
68	1.1868	0.1969	0.8786	0.3470	0.9218	0.3711	0.9266	1.9548	112
69	1.2043	1.1875	0.8820	0.3316	0.9278	0.3550	0.9330	1.9373	111
70	1.2217	0.1782	0.8852	0.3162	0.9334	0.3388	0.9390	1.9199	110
71	1.2392	0.1689	0.8882	0.3007	0.9388	0.3224	0.9448	1.9024	109
72	1.2566	0.1593	0.8911	0.2852	0.9440	0.3060	0.9502	1.8850	108
73	1.2741	0.1506	0.8938	0.2696	0.9488	0.2894	0.9554	1.8675	107
74	1.2915	0.1415	0.8963	0.2540	0.9534	0.2728	0.9604	1.8500	106
75	1.3090	0.1324	0.8987	0.2383	0.9576	0.2562	0.9650	1.8326	105
76	1.3264	0.1234	0.9010	0.2226	0.9617	0.2395	0.9693	1.8151	104
77	1.3439	0.1144	0.9030	0.2069	0.9654	0.2226	0.9734	1.7977	103
78	1.3614	0.1055	0.9050	0.1911	0.9689	0.2058	0.9771	1.7802	102
79	1.3788	0.0966	0.9067	0.1753	0.9721	0.1886	0.9805	1.7628	101
80	1.3963	0.0877	0.9083	0.1594	0.9750	0.1718	0.9837	1.7453	100
$x/(°)$	x	$-f_1(x)$	$f_2(x)$	$-f_3(x)$	$f_4(x)$	$-f_5(x)$	$f_6(x)$	x	$x/(°)$

续 表

$x/(°)$	x	$f_1(x)$	$f_2(x)$	$f_3(x)$	$f_4(x)$	$f_5(x)$	$f_6(x)$	x	$x/(°)$
81	1.413 7	0.078 9	0.909 8	0.143 6	0.977 6	0.154 8	0.986 5	1.727 9	99
82	1.431 2	0.070 0	0.911 1	0.127 7	0.980 0	0.137 7	0.989 0	1.710 4	98
83	1.448 6	0.061 2	0.912 2	0.111 8	0.982 2	0.120 6	0.991 3	1.693 0	97
84	1.466 1	0.052 4	0.913 2	0.095 8	0.980 4	0.103 4	0.993 2	1.675 5	96
85	1.483 5	0.043 7	0.914 1	0.079 9	0.985 5	0.086 2	0.995 0	1.658 1	95
86	1.501 0	0.034 9	0.914 8	0.063 9	0.986 8	0.069 0	0.996 3	1.640 6	94
87	1.518 4	0.026 2	0.915 3	0.047 9	0.987 7	0.051 8	0.997 3	1.623 2	93
88	1.535 9	0.017 5	0.915 7	0.032 0	0.988 4	0.034 5	0.998 0	1.605 7	92
89	1.554 3	0.008 7	0.915 9	0.016 0	0.988 8	0.017 3	0.998 5	1.588 3	91
90	1.570 8	0	0.916 0	0	0.988 9	0	0.998 7	1.570 8	90
$x/(°)$	x	$-f_1(x)$	$f_2(x)$	$-f_3(x)$	$f_4(x)$	$-f_5(x)$	$f_6(x)$	x	$x/(°)$

$$f_n(x) = \sum_{k=1,3,5,\cdots}^{\infty} \cos kx / k^n, \quad n = 1, 3, 5, \cdots$$

$$f_n(x) = \sum_{k=1,3,5,\cdots}^{\infty} \sin kx / k^n, \quad n = 2, 4, 6, \cdots$$

$$f_n\left(\frac{\pi}{2} - x\right) = \sum_{k=1,3,5,\cdots}^{\infty} (-1)^{(k-1)/2} \frac{1}{k^n} \sin kx, \quad n = 1, 3, 5, \cdots$$

$$f_n\left(\frac{\pi}{2} - x\right) = \sum_{k=1,3,5,\cdots}^{\infty} (-1)^{(k-1)/2} \frac{1}{k^n} \cos kx, \quad n = 2, 4, 6, \cdots$$

后　　记

钱伟长先生离开我们已有两年多了，下个月我们将迎来他的百年华诞。上海大学出版社隆重推出四卷本的《钱伟长学术论文集》，以表达对这位科学伟人的缅怀之情。

钱先生一生著述颇丰，出版了19种专著，发表了近200篇的学术论文。近30年来，各出版社陆续推出了多种钱伟长科学论文选，此次上海大学出版社出版《钱伟长学术论文集》，我们遵循了如下原则：

——以求真务实的精神精挑细选。论文集中选录钱伟长先生最有代表性的学术论文108篇，涵盖了他在65年科研生涯中的主要论文著述。其中第一卷收录1937—1955年的论文25篇，第二卷收录1956—1981年的论文26篇，第三卷收录1982—1984年的论文26篇，第四卷收录1985—2002年的论文31篇。

——以精益求精的态度精心编辑。所收录的论文都经过适当的编辑加工，按时间顺序重新编排，既保留原文发表时的全部内容，又减少了论文因种种原因产生的疏误；既继承原文的风格，又尽可能统一编排体例格式。需要说明的是，考虑到论文发表的时间跨度较长、各国执行的标准不一等因素，对文中的非国标的量和单位原则上不作处理。

——以细致入微的方法精雕细刻。所收录的论文都经过编校人员的反复校阅，力求确保出版质量。

为了节省篇幅，原文仅以英文发表的，全文照录；同时以中英文双语发表的（例如在《应用数学和力学》上发表的论文），仅收录中文版的，但在附录中给出全部相关信息。这一论文集仅收录钱先生公开发表的学术论文，而他曾在报章杂志上发表的数百篇有关学术研究的文章，在新编的《钱伟长文选》中予以编选收录，这里不再出现。

在此由衷地感谢郑哲敏院士为这本论文集专门撰写的序。郑先生是1946年成为学成归来的钱先生第一批学生和后来的同事，最有资格从学术角度为此书写序，这一序言可以视作这本论文集的导读文章。

戴世强
2012年9月5日